हिन्दी साहित्य
तथ्यों के आलोक में

हिन्दी साहित्य
तथ्यों के आलोक में

नेट-जेआरएफ़, पीजीटी/टीजीटी एवं सभी
प्रतियोगी परीक्षाओं के लिए उपयोगी

डॉ. निशान्त जैन
डॉ. प्रशान्त कुमार सिंह

वाणी प्रकाशन
प्रकाशन के उत्कृष्टतम 62 वर्ष

सजिल्द प्रथम संस्करण : 2025

vaniprakashan.com

वाणी प्रकाशन

4695, 21-ए, दरियागंज, नयी दिल्ली-110 002

फ़ोन : + 91 11 23273167, 23275710

शाखाएँ

अशोक राजपथ, पटना-800 004, बिहार

कॉफ़ी हाउस कैम्पस, महात्मा गांधी मार्ग, प्रयागराज-211 001, उत्तर प्रदेश

महात्मा गांधी अन्तरराष्ट्रीय हिन्दी विश्वविद्यालय, वर्धा-442 001, महाराष्ट्र

sales@vaniprakashan.in
vaniprakashan@gmail.com

Hindi Sahitya : Tathyon Ke Aalok Mein
by Dr. Nishant Jain, Dr. Prashant Kumar Singh

ISBN : 978-93-5775-448-4
History of Hindi Literature

मूल्य : ₹ 750

आर. टेक ऑफ़सेट, दिल्ली-110 093 में मुद्रित

वाणी प्रकाशन का लोगो मक़बूल फ़िदा हुसैन की कूची से

अनुक्रम

1
भाषा

- भाषा शब्द संस्कृत के 'भाष्' धातु से निकला है जिसका अर्थ 'भाष् व्यक्तायां वाचि' अर्थात् 'व्यक्त वाणी' है।
- भाषा के लिए कहा गया है 'भाष्यते व्यक्तवाग् रूपेण अभिव्याज्यते इति भाषा' अर्थात् भाषा वह है जो व्यक्त वाणी के रूप में अभिव्यक्ति पाती है।

  भाषा को पाश्चात्य एवं भारतीय विचारकों ने निम्न प्रकार से परिभाषित किया है—

पाश्चात्य विचारक

- ''भाषा उस स्पष्ट सीमित तथा सुसंगठित ध्वनि को कहते हैं जो अभिव्यंजना के लिए नियुक्त की जाती है।'' **—क्रोचे**
- ''भाषा और कुछ नहीं है, केवल मानव की चतुर बुद्धि द्वारा आविष्कृत एक ऐसा उपाय है जिसकी सहायता से हम अपने विचार सरलता से दूसरों तक पहुँचा सकते हैं।'' **—मैक्समूलर**
- ''भाषा यादृच्छिक ध्वनि-संकेतों की वह प्रणाली है जिसके द्वारा मनुष्य परस्पर विचारों का आदान-प्रदान करता है।'' **—ब्लाख तथा ट्रेगर**
- ''ध्वन्यात्मक शब्दों द्वारा विचारों का प्रकट करना ही भाषा है।''

  —हेनरी स्वीट
- ''भाषा एक प्रकार का चिन्ह है, जिनके माध्यम से मानव अपना विचार दूसरों तक पहुँचाता है।'' **—वान्द्रेये**

भारतीय विचारक

- ''भाषा वह साधन है, जिसके द्वारा मनुष्य अपने विचार दूसरों पर भली-भाँति प्रकट कर सकता है और दूसरों के विचार आप स्पष्ट रूप से समझ सकते हैं।'' **—कामताप्रसाद गुरु**

- ''भाषा यादृच्छिक रूढ़ उच्चारित संकेतों की वह प्रणाली है जिसके द्वारा मानव परस्पर विचार-विनिमय अथवा भाषाभिव्यक्ति करते हैं।''

—आचार्य देवेन्द्रनाथ शर्मा

- ''मनुष्य और मनुष्य के बीच वस्तुओं के विषय में अपनी इच्छा का आदान-प्रदान करने हेतु जिन ध्वनि-संकेतों का व्यवहार होता है, उसे भाषा कहते हैं।'' **—डॉ. श्यामसुन्दर दास**
- ''भाषा निश्चित प्रयत्न के फलस्वरूप मनुष्य के मुख से नि:सृत वह सार्थक ध्वनि समष्टि है, जिसका विश्लेषण और अध्ययन हो सके।''

—डॉ. भोलानाथ तिवारी

- '' 'व्यक्ता वाचि वर्णा येषा त इमे व्यक्तवाच:' अर्थात् वह वाणी जो वर्णों में व्यक्त हो सके, उसे भाषा कहते हैं।'' **—पतंजलि**

  भाषा की उत्पत्ति के सन्दर्भ में कुछ सिद्धान्त प्रस्तुत किये गये हैं जो निम्न हैं—
- संकेत सिद्धान्त—रूसो
- दिव्योत्पत्ति सिद्धान्त—धर्मग्रन्थ
- धातु सिद्धान्त—मैक्समूलर, हेस
- सम्पर्क सिद्धान्त—जी. रेवेज
- श्रम ध्वनि सिद्धान्त—न्वारे
- रमण सिद्धान्त—प्लेटो, हेस
- भाषा की प्राचीनता को ध्यान में रखते हुए उसकी उत्पत्ति और निर्माण पर पेरिस में भाषा-विज्ञानियों की एक बैठक हुई। यह बैठक सन् 1866 ई. में हुई। उस बैठक में 'ला सिसिएते द लेंगिस्तीक' समिति द्वारा 'भाषा की उत्पत्ति और विश्वभाषा-निर्माण' नामक विषयों पर विचार **न** करने का निर्णय लिया गया।

विश्व की भाषाओं का वर्गीकरण

- विश्व की भाषाओं की संख्या के सन्दर्भ में विद्वान एकमत नहीं हैं। गणना के अनुसार कुछ विद्वानों ने इसकी संख्या 2796 बतायी तथा कुछ विद्वानों ने सामान्यत: इसकी संख्या 3000 बतायी है।
- संसार की सम्पूर्ण भाषाओं का अध्ययन बिना वर्गीकरण के सम्भव नहीं है। इसी को ध्यान में रखते हुए भाषा-विज्ञानियों ने सम्पूर्ण वैश्विक भाषाओं को दो वर्गों में वर्गीकृत किया है—

(1) आकृतिमूलक वर्गीकरण

(2) पारिवारिक वर्गीकरण

आकृतिमूलक वर्गीकरण	पारिवारिक वर्गीकरण
• आधार-रचना तत्त्व (वाक्य और पद रचना) • इसका अन्य नाम व्याकरणिक वर्गीकरण, रचनात्मक, रूपात्मक, वाक्यात्मक, पदात्मक एवं पदाश्रित वर्गीकरण है। • इसमें रूप (पद) रचना एवं वाक्य रचना को आधार मानकर वर्गीकरण किया गया।	• रचना तत्त्व+अर्थ तत्त्व (इतिहास) • इसे वंशानुक्रमिक वर्गीकरण, वंशात्मक, ऐतिहासिक एवं कुलात्मक वर्गीकरण भी कहते हैं। • इसमें वाक्य रचना, ध्वनि, शब्द, अर्थ, पद एवं स्थानिक समीपता को आधार मानकर वर्गीकरण किया गया।

❑ विश्व की भाषाओं का आकृतिमूलक वर्गीकरण सर्वप्रथम प्रो. श्लेगल ने किया था।

❑ आकृतिमूलक वर्गीकरण इस प्रकार से हैं—

1. अयोगात्मक
2. योगात्मक
   - (क) अश्लिष्ट
     - (1) पूर्व योगात्मक
     - (2) मध्य योगात्मक
     - (3) अन्त योगात्मक
     - (4) पूर्वान्त योगात्मक
   - (ख) श्लिष्ट
     - (1) अन्तर्मुखी
       - (क) संयोगात्मक
       - (ख) वियोगात्मक
     - (2) बहिर्मुखी
       - (क) संयोगात्मक (संस्कृत)
       - (ख) वियोगात्मक (हिन्दी)
   - (ग) प्रश्लिष्ट
     - (1) पूर्ण प्रश्लिष्ट
     - (2) आंशिक प्रश्लिष्ट

❑ **आकृतिमूलक भाषाओं की विशेषताएँ**

(1) अयोगात्मक भाषा—इसमें प्रकृति और प्रत्यय और सम्बन्ध तत्त्व का संयोग नहीं होता है; जैसे—चीनी, बर्मी, तिब्बती आदि।

(2) योगात्मक भाषा—इसमें प्रकृति और प्रत्यय और सम्बन्ध तत्त्व का

संयोग होता है।

(क) अश्लिष्ट—यह प्रत्यय युक्त है; जैसे—तुर्की
  1. पूर्व योगात्मक—जुलू, काफ़िर
  2. मध्य योगात्मक—सन्थाली
  3. अन्त योगात्मक—कन्नड़
  4. पूर्वान्त योगात्मक—मफोर

(ख) श्लिष्ट—यह प्रत्यय और प्रकृति से मिले होते हैं।
  1. अन्तर्मुखी
    (क) संयोगात्मक—अरबी   (ख) वियोगात्मक—हिब्रू
  2. बहिर्मुखी
    (क) संयोगात्मक—संस्कृत
    (ख) वियोगात्मक—हिन्दी, बांग्ला, अंग्रेज़ी
    (ग) प्रश्लिष्ट—यह समास प्रधान है।
      (1) पूर्ण प्रश्लिष्ट—चेरोफी
      (2) आंशिक प्रश्लिष्ट—बास्क

- विश्व की सम्पूर्ण भाषाओं का ठीक प्रकार से अध्ययन करने हेतु विद्वानों ने अनेक भाषा-परिवारों को मान्यता दी है। इन अध्ययनों में एकरूपता नहीं है। उनमें अनेक मत दिखाई देते हैं।
- भारत के भोलानाथ तिवारी एवं अन्य विद्वान विल्हेल्म फॉन हुम्बोल्ट ने भाषा-परिवारों की संख्या 13 मानी है।
- एक अन्य विद्वान फ्रीड्रिश म्यूलर ने भाषा-परिवारों की संख्या 100 तक मानी है।
- इन्हीं मतभेदों के बीच भाषा-परिवारों का वर्गीकरण भौगोलिक क्षेत्र के आधार पर करने का प्रयास हुआ है।
- अब निर्विवाद रूप से चार भौगोलिक क्षेत्र के अन्तर्गत अट्ठारह भाषा-परिवारों को प्रमुखता दी गयी है। यह वर्गीकरण निम्न है—

भौगोलिक क्षेत्र	भाषा-परिवार
(1) यूरेशिया (यूरोप और एशिया)	(1) भारोपीय (भारत और यूरोपीय) (2) द्रविड़ परिवार (3) काकेशी परिवार (4) बुरूशस्की परिवार (5) उराल अल्ताई परिवार (6) चीनी परिवार (7) बास्क परिवार (8)

	सामी-हामी परिवार (9) जापानी-कोरियाई परिवार (10) अत्युत्तरी (हाइपस्बोरी) परिवार।
(2) अफ्रीका भूखण्ड	(1) बन्तू परिवार (2) होतेतोत-बुशमैनी परिवार (3) सुदानी परिवार
(3) प्रशान्त महासागरीय भूखण्ड	(1) पापुई परिवार (2) दक्षिण-पूर्व एशियाई परिवार (3) मलय-पोलिनेशियाई परिवार (4) आस्ट्रेलियन परिवार
(4) अमेरिका भूखण्ड	(1) अमेरिकी परिवार

- भारतीय भाषाओं का प्रारम्भ भारोपीय भाषा-परिवार से हुआ है।

भारोपीय भाषा-परिवार

(क) सतम् (शतम)

1. भारत-ईरानी (आर्य) 2. आर्मीनी
3. बाल्टो-स्लाविक 4. अल्बानी

(ख) केन्तुम

1. केल्टिक 2. जर्मनिक 3. ग्रीक
4. हिटाइट (हितों) 5. इटालिक (रोमानी) 6. तोखारी

- भारतीय परिवार को इंडो-जर्मनिक, भारत, हिन्दी, आर्य परिवार के भी नाम से जाना जाता है।
- ध्वनि को आधार बनाकर भारोपीय परिवार को दो वर्गों में बाँटा गया है जिसमें 10 शाखाएँ हैं—

भारोपीय परिवार

- भाषा विद्वान डॉ. ग्रियर्सन ने भारत-ईरानी के तीन उपवर्गों का उल्लेख किया है जो निम्न हैं—

भारत-ईरानी (आर्य)

1. दरद 2. ईरानी 3. भारतीय आर्यभाषाएँ

- दरद—दरद का अर्थ 'पर्वत' है। दरद भाषा का क्षेत्र पश्चिमोत्तर पंजाब तथा पामीर क्षेत्र है।
- दरद का प्राचीन नाम 'पैशाची प्राकृत' है।

- दरद उपवर्ग की प्रमुख भाषाएँ चित्रली, काफ़िर, कोहिस्तानी, कश्मीरी इत्यादि हैं।
- ईरानी से ही आधुनिक फ़ारसी बनी है।

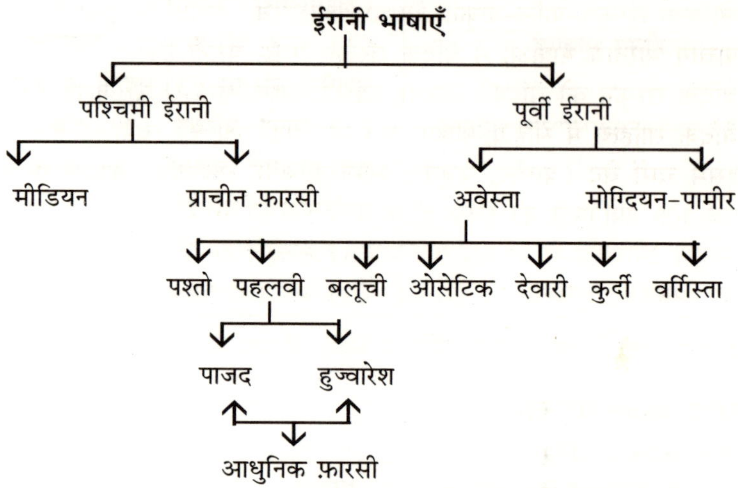

भारतीय आयभाषाएँ

भारतीय आर्यभाषाओं का वर्गीकरण निम्न प्रकार से किया गया है—

प्राचीन भारतीय आर्य भाषा	मध्यकालीन भारतीय आर्यभाषा	आधुनिक भारतीय आर्य भाषा
(2000 ई.पू. से 500 ई.पू. तक) (1) वैदिक संस्कृत (2000 ई.पू. से 800 ई.पू. तक) (2) लौकिक संस्कृत या संस्कृत (800 ई. पू. से 500 ई.पू. तक।	500 ई.पू. से 1000 ई. तक। (1) पालि (प्रथम प्राकृत) 500 ई.पू. से 01 ई. तक। (2) प्राकृत (द्वितीय प्राकृत)-01 ई. से 500 ई. तक। (3) अपभ्रंश (तृतीय प्राकृत)-500 ई. से 1000 ई. तक।	(1000 ई. से अब तक) हिन्दी, बांग्ला, उड़िया, मराठी, पंजाबी, गुजराती इत्यादि।

प्राचीन भारतीय आर्यभाषा

- इस प्रकार आधुनिक भारतीय भाषाओं का विकास—वैदिक संस्कृत-लौकिक संस्कृत-पालि-प्राकृत-अपभ्रंश-आधुनिक भाषाओं से हुआ है।
- प्राचीन भारतीय भाषाओं में वैदिक संस्कृत सबसे पुरानी है।
- वैदिक संस्कृत को वैदिकी, छन्दस्, छान्द्स आदि नामों से भी जानते हैं।
- वैदिक साहित्य में संहिता, ब्राह्मण एवं उपनिषद ग्रन्थ की रचना हुई है।
- इसमें चारों वेद (ऋग्वेद, यजुर्वेद, सामवेद, और अथर्ववेद) ब्राह्मण ग्रन्थों एवं 108 उपनिषदों की रचना हुई है।
- सम्पूर्ण उपनिषदों में 12 उपनिषद मुख्य माने जाते हैं—
  (1) केन (2) कठ (3) ईश (4) तैत्तरीय (5) मुण्डक (6) कौषीतकी (7) माण्डूक्य (8) श्वेताश्वतर (9) प्रश्न (10) ऐतरेय (11) छान्दोग्य (12) वृहदारण्यक उपनिषद।
- डॉ. उदय नारायण तिवारी, डॉ. धीरेन्द्र वर्मा, कपिलदेव द्विवेदी जैसे विद्वानों ने वैदिक ध्वनियों की संख्या 52 मानी है, जिनमें 13 स्वर तथा 39 व्यंजन हैं।
- डॉ. हरदेव बाहरी ने वैदिक स्वरों की संख्या 14 मानी है।
- लौकिक संस्कृत में 'रामायण' और 'महाभारत' की रचना हुई है।

मध्यकालीन भारतीय आर्यभाषा

(1) पालि (प्रथम प्राकृत) : मध्यकालीन आर्यभाषा की पहली अवस्था

- 'पालि' शब्द की उत्पत्ति के विषय में विद्वानों में मतभेद है—

विद्वान	**व्युत्पत्ति**
उदय नारायण तिवारी	पा + णिम् + लि = पालि
कोसाम्बी	पाल्–पालि
आ. विधुशेखर	पन्ति–पत्ति–पट्टि–पल्लि–पालि
मैक्स वालेसर	पाटलि-पाडलि-पाअलि-पालि
भिक्षु सिद्धार्थ	पाठ–पाल–पालि–पालि
भिक्षु जगदीश कश्यप	परियाय–पलियाय–पालियाय–पालि

- 'पालि' का अर्थ 'बुद्ध वचन' है। भगवान बुद्ध का 'त्रिपिटक' पालि भाषा में ही है।
- त्रिपिटकों की संख्या तीन है—(1) सुत्त पिटक (2) विनय पिटक (3) अभिधम्म पिटक।

- ‘सुत्त पिटक’ बुद्ध के उपदेशों का संग्रह है। इसके अन्तर्गत पाँच निकाय हैं—(1) खुद्दक निकाय (2) दीघ निकाय (3) मज्झिम निकाय (4) संयुक्त निकाय (5) अंगुत्तर निकाय। खुद्दक निकाय में 15 ग्रन्थ हैं।
- ‘विनय पिटक’ बुद्ध के संघ संचालन हेतु दी गयी शिक्षाओं का संकलन है। इनमें निम्न ग्रन्थ हैं—(1) पाचित्तिय (2) पाराजिक (3) परिवार (4) महावग्ग। (5) चुल्लवग्ग
- ‘अभिधम्म पिटक’ में चित्त, चैतसिक धर्मों का विशद विश्लेषण किया गया है।
- ‘अभिधम्म पिटक’ में सात ग्रन्थ हैं—(1) धम्म संगणी (2) विभंग (3) पुग्गल (4) धातुकथा (5) यणक (6) पट्ठान (7) कथावत्थु।
- बौद्ध धर्म के प्रचार-प्रसार हेतु सम्राट अशोक के पुत्र कुमार महेन्द्र त्रिपिटकों के साथ लंका गये थे।
- पालि भाषा में ‘अट्ठकथा साहित्य’, ‘मिलिन्द वञहो’ दीपवंश आदि ग्रन्थ भी मिलते हैं।
- पालि का प्रचार न केवल उत्तरी भारत में था अपितु लंका, बर्मा, तिब्बत और चीन आदि देशों में भी था।
- बुद्धघोष कृत ‘विसुद्धि मग्ग’ (विशुद्ध मार्ग) को बौद्ध सिद्धान्तों का कोश कहा जाता है।

(1) पालि व्याकरण

- कच्चायन व्याकरण (7वीं सदी)—महाकच्चायन
- मोग्गलान व्याकरण—मोग्गलान
- सद्यनीति व्याकरण (1154 ई.)—अग्गवंश
- कच्चायन व्याकरण को ‘कच्चान गन्ध’ या ‘सुसन्धिकप्प’ भी कहा जाता है।
- ‘मोग्गलान व्याकरण’ पालि व्याकरण में पूर्णता तथा गम्भीरता में सर्वश्रेष्ठ व्याकरण है। इसमें 817 व्याकरण के सूत्र हैं।

पालि भाषा के प्रदेश की सहमतियाँ

विद्वान	पालि भाषा प्रदेश
ग्रियर्सन	मगध
रीज़ डेविडण	कोसल

राहुल सांकृत्यायन	मगध
श्रीलंकाई बौद्ध	मगध
वेस्टरगार्ड	उज्जयिनी या विंध्य प्रदेश
सुनीतिकुमार चटर्जी	मध्यदेश की बोली
उदयनारायण तिवारी	मध्यदेश की बोली
देवेन्द्रनाथ शर्मा	मथुरा के आस पास का क्षेत्र

- पालि भाषा का सर्वमान्य प्रदेश, मध्य प्रदेश की बोली को स्वीकार किया गया है।
- पालि के प्रसिद्ध वैयाकरण कच्चायन के अनुसार उसमें 41 ध्वनियाँ हैं, वहीं मोग्गलान ने 43 ध्वनियों को स्वीकार किया है।
- मोग्गलान ने 10 स्वर तथा 33 व्यंजन तथा कच्चायन ने 8 स्वर तथा 33 व्यंजन स्वीकार किया है।

पालि में वर्गों की संख्या

(क) स्वर वर्ण—

ह्रस्व स्वर—	अ, इ, उ,
दीर्घ स्वर—	आ, ई, ऊ, ए, ओ

(ख) व्यंजन वर्ण—

क वर्ग—	क, ख, ग, घ, ड़
च वर्ग—	च, छ, ज, झ, ञ
ट वर्ग—	ट, ठ, ड, ढ, ण
त वर्ग—	त, थ, द, ध, न
प वर्ग—	प, फ, ब, भ, म
	य, र, ल, व, स, ह, ळ, अं

- संस्कृत भाषा का 'ऋ' और 'लृ' पालि में समाप्त हो गया।
- संयुक्त व्यंजनों में भी परिवर्तन हुआ है; जैसे—श, ष का स हो गया।
- पालि में तीन लिंग, तीन वाच्य तथा दो वचन का प्रयोग मिलता है। पालि में द्विवचन नहीं होता है।
- पालि हलन्त रहित है। इसमें छ: कारक तथा आठ लकार होते हैं।
- पालि के अधिकांश लेख शिला पर मिलने के कारण इसे अभिलेखी प्राकृत या शिलालेखी प्राकृत भी कहा जाता है।
- पालि की शब्द सम्पदा का मूल आधार स्वाभाविक रूप से तद्भव शब्द है।

- टर्नर के अनुसार पालि में वैदिक की भाँति बलात्मक एवं संगीतात्मक दोनों स्वराघात थे।
- भोलानाथ तिवारी एवं ग्रियर्सन ने भी पालि में कलात्मक स्वराघात स्वीकार किया है।
- जूल ब्लाक पालि में किसी भी स्वराघात को स्वीकार नहीं करते हैं।
- पालि में स्थानीय एवं देशज शब्दों का विकास हुआ; जैसे-बप्प (पिता), ढेकणी (ढ़क्कन)

(2) प्राकृत (द्वितीय प्राकृत)

- प्राकृत का समय 1 ई. से 500 ई. तक माना गया है।
- 'प्राकृत' की व्युत्पत्ति के सम्बन्ध में दो मत प्रचलित हैं—
- प्राकृत प्राचीनतम जनभाषा है—नमि साधु
- प्राकृत की उत्पत्ति संस्कृत से हुई है—हेमचन्द्र, मार्कण्डेय, वासुदेव, लक्ष्मीधर।
- अब प्राकृत की उत्पत्ति का सर्वमान्य मत संस्कृत से मान्य हो गया है।
- सामान्य रूप से वर्तमान काल में 'प्राकृत' नाम ईस्वी सन् की शुरुआत से पाँचवीं शताब्दी तक प्रमुख साहित्यिक भाषा के रूप में प्रचलित रहा।
- 'प्राकृत' भाषा के विषय में सर्वप्रथम भरतमुनि ने 'नाट्यशास्त्र' में विचार किया है।
- विद्वानों ने प्राकृत के विभिन्न भेद किये हैं—

विद्वान	ग्रन्थ	भेद
भरतमुनि	नाट्यशास्त्र	**मुख्य प्राकृत**—मागधी, अवन्तिका, सूरसेनी (शौरसेनी), अर्धमागधी, प्राच्या, बाह्लीक, दक्षिणात्य (महाराष्ट्री। **गौण विभाषा**—आभीरी, चाण्डाली, सचरी, शाबरी, दाविड़ी, उद्रजा, वनेचरी।
वररुचि	प्राकृत प्रकाश	पैशाची, मागधी, महाराष्ट्री, शौरसेनी
हेमचन्द्र	प्राकृत व्याकरण	आर्षी (अर्धमागधी), चूलिका पैशाची, अपभ्रंश

- हेमचन्द्र की 'चूलिका पैशाची' को दण्डी ने 'भूत भाषा' कहा है।
- हेमचन्द्र को प्राकृत का पाणिनि कहा जाता है।
- महाराष्ट्री को आदर्श, परिनिष्ठित तथा मानक प्राकृत माना जाता है।
- डॉ. हार्नले महाराष्ट्री को 'महान राष्ट्र' की भाषा कहते हैं।
- पालि में 'य' व्यंजन का प्रयोग होता था। यह 'य' प्राकृत में आते-आते समाप्त हो गया और उसके स्थान पर 'ज' हो गया; जैसे—यश-जस, यः-जो।
- डॉ. मनमोहन घोष और डॉ. सुकुमार सेन ने महाराष्ट्री प्राकृत को शौरसेनी का विकसित रूप माना है।
- महाराष्ट्री के प्राकृत में लिखी गयी साहित्यिक पुस्तकें—
- 'गाहा सतसई' (गाथा सप्तशती)—राजा हाल
- 'कुमारपाल चरित'—हेमचन्द्र
- 'रावराणहो'—प्रवर सेन
- शौरसेनी प्राकृत मूलतः शूरसेन और मथुरा के आस-पास बोली जाती है।
- वररुचि ने शौरसेनी प्राकृत को प्राकृत भाषा का मूल माना है।
- पैशाची प्राकृत को ग्राम्य भाषा, भूत भाषा, भूतवचन, वैशचिका, भूत भाषित आदि नामों से भी जाना जाता है।
- जार्ज ग्रियर्सन ने पैशाची भाषी लोगों का निवास उत्तर-पश्चिम पंजाब तथा अफ़गानिस्तान माना है।
- लक्ष्मीधर ने अपने ग्रन्थ 'षड् भाषा चन्द्रिका' में राक्षस, पिशाच तथा नीच पात्रों के लिए पैशाची भाषा का प्रयोग बतलाया है।
- मगधी प्राकृत—मगध देश की भाषा रही है। मार्कण्डेय ने शौरसेनी से मागधी की उत्पत्ति मानी है।
- अश्वघोष के नाटकों में मागधी के चाण्डाली, शाबरी और शाकारी रूप मिलते हैं।
- जैनियों ने आर्षी, आर्ष, ऋषिभाषा य आदिभाषा नाम से अर्धमागधी को अभिहित बताया है।
- ग्रियर्सन के अनुसार अर्धमागधी प्राकृत मध्य प्रदेश (शूरसेन) और मगध के अयोध्या या कोसल की भाषा थी।
- अर्धमागधी का प्रयोग मुख्यतः जैन साहित्य में हुआ है। जैन साहित्य का सम्पूर्ण धर्मोपदेश इसी भाषा में है।

(3) अपभ्रंश (तृतीय प्राकृत)

- ❑ अपभ्रंश मध्यकालीन एवं आधुनिक भारतीय आर्यभाषाओं की कड़ी है। इसलिए विद्वानों द्वारा अपभ्रंश को 'सांध्यकालीन' (संध्या या संधा) भाषा भी कहा गया।
- ❑ अपभ्रंश को ग्रामीण भाषा, देशी भाषा, आभीरी, आभीरोक्ति, अवहंस आदि नामों से भी जाना जाता है।
- ❑ भर्तृहरि के 'वाक्यपदीयम्' के अनुसार व्यादि ने संस्कृत के शब्दों से अलग संस्कार च्युत, भ्रष्ट और अशुद्ध शब्दों को अपभ्रंश कहा है।
- ❑ व्यादि की पुस्तक 'लक्षश्लोकात्मक-संग्रह' थी जो अनुपलब्ध है।
- ❑ अपभ्रंश का सबसे प्राचीन उदाहरण भरतमुनि के 'नाट्यशास्त्र' में मिलता है। इस ग्रन्थ में अपभ्रंश को विभ्रष्ट कहा गया है।
- ❑ अपभ्रंश का प्रामाणिक प्रयोग पतंजलि के 'महाभाष्य' में मिलता है।
- ❑ डॉ. उदयनारायण तिवारी एवं भोलानाथ तिवारी ने अपभ्रंश शब्द का भाषा के अर्थ में प्रयोग सर्वप्रथम चण्ड (6वीं शताब्दी) के 'प्राकृत-लक्षण' नामक ग्रन्थ से किया माना है।
- ❑ आचार्य किशोरीदास वाजपेयी ने अपभ्रंश को 'ण-ण' भाषा कहा है।
- ❑ अपभ्रंश के सन्दर्भ में आ. रामचन्द्र शुक्ल का कथन है—''अपभ्रंश नाम पहले पहल बल्लभी के राजा धारसेन द्वितीय के शिलालेख में मिलता है जिसमें उसने अपने पिता गुहसेन (वि.स. 650 के पहले) को संस्कृत, प्राकृत और अपभ्रंश तीनों का कवि कहा है।''
- ❑ आचार्य दण्डी ने 'काव्यादर्श' में अपभ्रंश को 'आभीर' की संज्ञा दी है।
- ❑ भामह ने 'काव्यालंकार' में अपभ्रंश को संस्कृत और प्राकृत के साथ काव्योपयोगी भाषा कहा है।
- ❑ कीथ ने अपभ्रंश का सम्बन्ध आभीरों तथा गुर्जरों से माना है।
- ❑ रुद्रट ने 'काव्यालंकार' में अपभ्रंश का भी उल्लेख किया है।
- ❑ 'उक्तिव्यक्तिप्रकरण' (दामोदर पण्डित) में कोसल की भाषा को अपभ्रष्ट कहा गया है।

विद्वान	भाषा
ग्रियर्सन, भण्डारकर, चटर्जी, वुलनर, पिसेल	देशभाषा माना
कीथ, ज्यूल ब्लाख, याकोबी, असडार्फ	देशभाषा नहीं माना

- डॉ. सुनीतिकुमार चटर्जी ने अपभ्रंश को भारतीय आर्यभाषा का विकास माना है।
- धनपाल का 'भविस्सयत कहा' अपभ्रंश का प्रथम प्रबन्ध काव्य है। डॉ. याकोबी ने इसका सम्पादन किया है।

विभिन्न विद्वानों के अनुसार अपभ्रंश के निम्न भेद हैं—

विद्वान	भेद
नमि साक्षु	(1) उपनागर (2) आभीर (3) ग्राम्य
याकोबी	(1) पूर्वी (2) पश्चिमी (3) दक्षिणी (4) उत्तरी
तागरे	(1) पूर्वी (2) पश्चिमी (3) दक्षिणी
मार्कण्डेय	(1) नागर (2) उपनागर (3) ब्राचड
नामवर सिंह	(1) पूर्वी (2) पश्चिमी

- 'नागर' गुजरात की बोली।
- 'ब्राचड़' सिन्ध की बोली।
- 'उपनागर' राजस्थान की बोली।
- अपभ्रंश भाषा प्रारम्भ से ही शब्द-ग्रहण और व्याकरण की दृष्टि से उदार थी। इसलिए वह सम्भवतः लोक, परम्पराओं की तरफ़ मुड़ती गई।
- डॉ. हरदेव बाहरी ने 7वीं शती से 11वीं शती तक के समय को 'अपभ्रंश का स्वर्णकाल' कहा है।
- अपभ्रंश की रचना 'पउमचरिउ' (8वीं शती), 'महापुराण' (10वीं शती) क्रमशः स्वयंभू एवं पुष्पदन्त की रचनाएँ हैं।
- डॉ. धीरेन्द्र वर्मा अपभ्रंश की पाँच स्थिति स्वीकारते हैं—

  —शौरसेनी अपभ्रंश

  —पैशाची अपभ्रंश

  —मागधी अपभ्रंश

  —अर्धमागधी अपभ्रंश

  —महाराष्ट्री अपभ्रंश
- डॉ. उदयनारायण तिवारी ने अपभ्रंश की निम्न ध्वनियाँ बतायी हैं—

  स्वर — 10

  ह्रस्व — अ, इ, उ

  दीर्घ — आ, ई, ऊ, ए, ऐ, ओ, औ

  व्यंजन — 30

कण्ठ्य — क, ख, ग, घ
तालव्य — च, छ, ज, झ
मूर्धन्य — ट, ठ, ड, ढ, ण
दन्त्य — त, थ, द, ध, (न-पूर्वी अपभ्रंश)
ओष्ठ्य — प, फ, ब, भ, म
अन्तस्थ — य, र, ल, व (श-पूर्वी अपभ्रंश)
ऊष्म — स, ह

- अपभ्रंश को उकार बहुला भाषा कहा जाता है।
- अपभ्रंश में दो वचन (एक वचन और बहुवचन) और दो ही लिंग (पुलिंग और स्त्रीलिंग) होते हैं।
- साहित्य में अपभ्रंश का प्रयोग चौदहवीं शताब्दी तक होता रहा है।
- अपभ्रंश में तत्सम, तद्भव, देशज, तथा विदेशज शब्द मिलते हैं।
- अवहट्ट को अपभ्रंश का ही परिवर्तित रूप कहा गया है।
- ज्योतिश्वर ठाकुर ने 'वर्णरत्नाकर' में 'अवहट्ट' शब्द का सर्वप्रथम प्रयोग किया है।
- डॉ. सुनीति कुमार चटर्जी ने अपभ्रंश और आधुनिक भारतीय आर्यभाषाओं के बीच की कड़ी को 'अवहट्ट' कहा है।
- विद्वानों ने अवहट्ट का समय 9वीं शताब्दी से 11वीं शताब्दी तक माना है।
- 'सन्देश रासक' (अद्दहमाण) में अवहट्ट का उल्लेख मिलता है।
- विद्यापति ने 'कीर्तिलता' की भाषा को 'अवहट्ट' कहा है।
- 'राउलवेल' (रोड कवि) एवं 'ज्ञानेश्वरी' (सन्त ज्ञानेश्वर) ग्रन्थ को भी कुछ विद्वान अवहट्ट का मानते हैं।
- चन्द्रधर शर्मा 'गुलेरी' परवर्ती अपभ्रंश को ही 'पुरानी हिन्दी' कहते हैं।
- सिद्धों की भाषा में 9वीं शताब्दी के समय अपभ्रंश से निकलती हिन्दी दिखाई देती है।
- कुछ विद्वानों ने पुष्यदन्त को 'हिन्दी' का कवि कहा है। लेकिन ये मूलतः अपभ्रंश के कवि हैं।
- नाथों और जोगियों की वाणी में आरम्भिक हिन्दी का रूप दिखाई देता है।
- शरफुद्दीन बू अली कलंदर (1345 ई. मृत्यु) ने लिखा है—

  सजन सकारे जाएँगे, नैन मरेंगे रोय।
  विधना ऐसी रैन कर, भोर कभौं न होय॥

- शुद्ध खड़ी बोली के प्रारम्भिक नमूने ख़ुसरो की शायरी में मिलते हैं।
- दक्खिनी, अवधी और खड़ी बोली किसी का भी 'एक भाषी' ग्रन्थ 1250 ई. के पूर्व का उपलब्ध नहीं है। इन्हीं तीनों भाषाओं की परम्परा आगे चली है।

आधुनिक भारतीय आर्यभाषाएँ

भारत एक प्राचीन देश है। इसलिए यहाँ पर विभिन्न भाषा-परिवारों की भाषाएँ बोली जाती हैं।

(i) भारोपीय भाषा-परिवार—उत्तर भारत
(ii) चीनी तिब्बती परिवार—उत्तर-निकोबार द्वीप समूह
(iii) बुकशस्की परिवार—अंडमान-निकोबार द्वीप समूह
(iv) द्रविड़ परिवार—दक्षिण भारत
(v) अस्ट्रो एशियाटिक परिवार—झारखण्ड, छत्तीसगढ़, उड़ीसा, प. बंगाल।

- उत्तर भारत की आर्यभाषाओं का सम्बन्ध संस्कृत से है जिसका अध्ययन आवश्यक है।
- आधुनिक भारतीय आर्यभाषाओं का जन्म 'अपभ्रंश' से हुआ है।
- डॉ. ए.एफ.आर. हार्नले ने सर्वप्रथम 1880 ई. में आधुनिक भारतीय आर्यभाषाओं का वर्गीकरण प्रस्तुत किया था।
- डॉ. हार्नले ने मध्य प्रदेश अथवा केन्द्र के आर्य को 'भीतरी आर्य' तथा चारों ओर फैले हुए आर्य को 'बाहरी आर्य' कहा है।
- विभिन्न विद्वानों के आधुनिक भारतीय आर्यभाषाओं का वर्गीकरण निम्न है—

डॉ. हार्नले

1. पूर्वी गौडियन	पूर्वी हिन्दी, बंगला, असमी, उड़िया।
2. पश्चिमी गौडियन	पश्चिमी हिन्दी, राजस्थानी, गुजराती, सिन्धी, पंजाबी।
3. उत्तरी गौडियन	गढ़वाली, नेपाली, पहाड़ी।
4. दक्षिणी गौडियन	मराठी।

डॉ. ग्रियर्सन (लिंग्विस्टिक सर्वे ऑफ़ इंडिया)

(1) बाहरी उपशाखा (क) उत्तरी-पश्चिमी समुदाय
(i) लहँदा (ii) सिन्धी
(ख) दक्षिणी समुदाय
(i) मराठी

(ग) पूर्वी समुदाय
(i) उड़िया (ii) बिहारी
(iii) बंगला (iv) असमिया

(2) मध्य उपशाखा (क) मध्यवर्ती समुदाय
(i) पूर्वी हिन्दी

(3) भीतरी उपशाखा (क) केन्द्रीय समुदाय
(i) पश्चिमी हिन्दी (ii) पंजाबी
(iii) गुजराती (iv) भीरनी
(v) खानदेशी (vi) राजस्थानी
(ख) पहाड़ी समुदाय
(i) पूर्वी पहाड़ी (नेपाली)
(ii) मध्य या केन्द्रीय पहाड़ी
(iii) पश्चिमी पहाड़ी

डॉ. धीरेन्द्र वर्मा

1. उदीच्य — सिन्धी, लहँदा, पंजाबी
2. प्रतीच्य — गुजराती
3. मध्यदेशीय — राजस्थानी, पश्चिमी हिन्दी, पूर्वी हिन्दी, बिहारी
4. प्राच्य — उड़िया, असमिया, बंगला
5. दक्षिणात्य — मराठी

डॉ. सुनीति कुमार चटर्जी

1. उदीच्य — सिन्धी, लहँदा, पंजाबी
2. प्रतीच्य — गुजराती, राजस्थानी,
3. मध्यदेशीय — पश्चिमी हिन्दी
4. प्राच्य — बिहारी, पूर्वी हिन्दी, उड़िया, असमिया, बंगला,
5. दक्षिणात्य — मराठी

भोलानाथ तिवारी

अपभ्रंश	आधुनिक आर्यभाषाएँ
1. शौरसेनी (मध्यवर्ती)	पश्चिमी हिन्दी, राजस्थानी, पहाड़ी, गुजराती
2. मागधी (पूर्वीय)	बिहारी, बंगाली, उड़िया, असमिया

3. अर्धमागधी (मध्य पूर्वी)	पूर्वी हिन्दी
4. महाराष्ट्री (दक्षिणी)	मराठी
5. ब्राचड़-पैशाची (पश्चिमोत्तरी)	सिन्धी, लहँदा, पंजाबी

सीताराम चतुर्वेदी (परसर्गों के आधार पर वर्गीकरण)

का	हिन्दी, पहाड़ी, जयपुरी, भोजपुरी
दा	पंजाबी, लहँदा
जो	सिन्धी, कच्छी
नो	गुजराती
एर	बंगाली, उड़िया, असमिया

डॉ. हरदेव बाहरी

1. हिन्दी वर्ग	मध्य पहाड़ी, राजस्थानी, पश्चिमी हिन्दी, पूर्वी हिन्दी, बिहारी
2. हिन्दीतर (अ-हिन्दी) वर्ग	(i) उत्तरी—नेपाली, पश्चिमी, पंजाबी, सिन्धी, गुजराती (ii) दक्षिणी—सिंहली, मराठी (iii) पूर्वी—उड़िया, बंगला, असमिया

- ❑ डॉ. सुनीति कुमार चटर्जी ने ग्रियर्सन के वर्गीकरण की आलोचना ध्वनिगत एवं व्याकरणगत आधारों पर की है।
- ❑ भोलानाथ तिवारी ने क्षेत्रीय तथा सम्बद्ध अपभ्रंशों के आधार पर वर्गीकरण किया है।
- ❑ सिन्धी शब्द का सम्बन्ध संस्कृत के सिन्धु से है। विद्वानों ने सिन्धु देश में सिन्धु नदी के किनारे पर बोली जाने वाली भाषा को सिन्धी कहा है।
- ❑ सिन्धी की लिपि 'लण्डा' है। यह गुरुमुखी तथा फ़ारसी-लिपि में भी लिखी जाती है।
- ❑ लहँदा की लिपि भी सिन्धी की तरह 'लण्डा' है जो कश्मीर में शारदा-लिपि की ही एक उपशाखा है।
- ❑ पंजाबी की अपनी लिपि 'लण्डा' थी जिसमें गुरु अंगद ने सुधार कर गुरुमुखी लिपि बनायी।
- ❑ पंजाबी की मुख्य बोलियाँ माझी, दोआबी, राठी और डोगरी हैं।

- गुजराती का सम्बन्ध गुजरात से है। इसकी लिपि 'गुजराती' नाम से ही है। यह कैथी से मिलती-जुलती लिपि है। इसमें शिरोरेख नहीं होती है।
- मराठी की लिपि देवनागरी है किन्तु कुछ विद्वान 'मोड़ी लिपि' का भी उल्लेख करते हैं।
- असमी (असमिया) की अपनी लिपि बांगला है। जो असम प्रदेश की भाषा है।
- उड़िया (ओडिया) की लिपि ब्राह्मी की उत्तरी शैली से विकसित है। यह उड़ीसा (ओडिसा) की भाषा है। इसकी मुख्य बोलियाँ सम्भलपुरी, भत्री, गंजामी आदि हैं।

हिन्दी प्रदेश, उपभाषाएँ तथा बोलियाँ

हिन्दी भारत के बहुसंख्यक लोगों की भाषा है। यह मुख्यतः उत्तर भारत के लगभग दस राज्यों में भली-भाँति बोली और समझी जाती है। भारत के भू-भाग पर सबसे अधिक प्रयोग की जाने वाली भाषा हिन्दी ही है। इसका प्रयोग जिन राज्यों में किया जाता है वे निम्न हैं—

(1) उत्तर प्रदेश (2) दिल्ली
(3) हरियाणा (4) हिमाचल प्रदेश
(5) उत्तराखण्ड (6) छत्तीसगढ़
(7) झारखण्ड (8) मध्य प्रदेश
(9) बिहार (10) राजस्थान।

इस विस्तृत भूभाग में हिन्दी के अनेक क्षेत्रीय रूपान्तर प्रचलित हैं। भाषा-वैज्ञानिकों ने भाषा और बोली के बीच की कड़ी को 'उपभाषा' नाम स्वीकार किया है। जिससे हिन्दी भाषा का वर्गीकरण पाँच उपभाषाओं तथा 18 बोलियों में किया गया है। कुछ विद्वान बोलियों की संख्या 17 भी बताते हैं।

- आधुनिक आर्य भाषाओं का जन्म अपभ्रंश के विभिन्न क्षेत्रीय रूपों में हुआ है—

अपभ्रंश	आधुनिक भाषाएँ तथा उपभाषाएँ
1. शौरसेनी	पश्चिमी हिन्दी, राजस्थानी, गुजराती
2. अर्धमागधी	पूर्वी हिन्दी
3. मागधी	बिहारी, बंगला, उड़िया, असमिया
4. महाराष्ट्री	मराठी
5. खस	पहाड़ी, कुमाऊँनी, गढ़वाली

6. ब्राचड़	सिन्धी
7. पैशाची	लहँदा, पंजाबी

अपभ्रंश	उपभाषा	बोली
(क) शौरसेनी	पश्चिमी हिन्दी	1. कौरवी (खड़ी बोली) 2. हरियाणवी, 3. दक्खिनी, 4. ब्रजभाषा, 5. कन्नौजी, 6. बुन्देली
	राजस्थानी हिन्दी (त वर्ग बहुला)	1. मारवाड़ी, 2. मेवाती, 3. जयपुरी/ढूढ़ाणी, 4. मालवी
	पहाड़ी हिन्दी	1. कुमाऊँनी, 2. गढ़वाली
(ख) अर्धमागधी	पूर्वी हिन्दी	1. अवधी, 2. बघेली, 3. छत्तीसगढ़ी
(ग) मागधी	बिहारी हिन्दी	1. भोजपुरी, 2. मैथिली 3. मगही

- हिन्दी की प्रमुख बोलियों के नामकरण का सन्दर्भ निम्न है—

बोली	नामकरणकर्ता विद्वान
1. कौरवी	राहुल सांकृत्यायन
2. भोजपुरी	रेमण्ड
3. मैथिली	कोलब्रुक
4. डिंगल	बाँकीदास
5. बिहारी	ग्रियर्सन
6. राजस्थानी (भाषा)	ग्रियर्सन
7. ब्रजबुली	ईश्वरचन्द्र गुप्त

हिन्दी बोलियों का क्षेत्र एवं विशेषताएँ

राजस्थानी हिन्दी (उपभाषा)

- 'राजस्थानी हिन्दी' उपभाषा 'ट' वर्ग बहुला उपभाषा है। इसमें मराठी की ध्वनि 'ळ' प्रयुक्त होती है।

- इसमें 'को' परसर्ग के स्थान पर 'नै' तथा 'से' परसर्ग के स्थान पर 'सूँ' का प्रयोग किया जाता है।
- इसमें पुल्लिग एवं स्त्रीलिंग शब्दों के बहुवचन में 'आँ' का प्रयोग होता है जैसे—ताराँ।
- इसको बोलने वालों की संख्या लगभग 4 करोड़ है।
- यह राजस्थानी हिन्दी, राजस्थान, मालवा जनपद एवं सिन्ध के कुछ क्षेत्रों में बोली जाती है।
- इस उपभाषा के अन्तर्गत चार बोलियाँ हैं।

(i) मारवाड़ी

- इसे पश्चिमी राजस्थानी भी कहते हैं।
- यह बोली पश्चिमी राजस्थान अर्थात् जोधपुर, मेवाड़, अजमेर, किशनगढ़, सिरोही, बीकानेर, जैसलमेर, चुरू, नागौर, उदयपुर, पाली, जालौर, बाड़मेर तथा पाकिस्तान के सिन्ध प्रान्त के पूर्वी भागों में बोली जाती है।
- मारवाड़ी की मेवाड़ी, सिरोही, थली, शेखावटी, बागड़ी इत्यादि प्रमुख उपबोलियाँ हैं।
- पुरानी मारवाड़ी को 'डिंगल' कहा जाता है।
- मीरा के पद कहीं 'ब्रजभाषा' तो कही 'मारवाड़ी' में भी हैं।

(ii) मेवाती

- यह मेव जाति के निवास स्थान 'मेवात' के कारण मेवाती कहलायी।
- इसकी उपबोलियाँ अहीरवाटी, राठी, कठर, गुजरी आदि हैं।
- इसे उत्तरी राजस्थानी भी कहते हैं।
- यह बोली गुड़गाँव, भरतपुर, अलवर, करनाल के पश्चिमी क्षेत्र में बोली जाती है।

(iii) जयपुरी

- जयपुरी का पुराना नाम 'ढूँढ़ाण' है, इसी कारण इसे 'ढूढ़ाणी' भी कहते हैं।
- इसे पूर्वी राजस्थानी भी कहा जाता है।
- यह राजस्थान के पूर्वी भाग जयपुर, किशनगढ़, अजमेर, कोटा, बूँदी, बारन, झालावाड़, बड़ौती आदि में बोली जाती है।

- जयपुरी की उपबोलियाँ काँठड़ा, चौरासी, आजमेरी, तोरावती, हड़ौती जयपुरी हैं।

(iv) मालवी

- मालवी को दक्षिणी राजस्थानी भी कहा जाता है।
- उज्जैन के क्षेत्र को मालवा कहा जाता है, इसलिए यहाँ की बोली को मालवी कहा गया।
- मालवी की उपबोलियाँ राँगड़ी, पाटबी, रतलामी, सोंडवाड़ी आदि हैं।
- मालवी इन्दौर, उज्जैन, देवास, भोपाल, होशंगाबाद, प्रतापगढ़, गुना, रतलाम, टोंक, नीमच आदि क्षेत्रों में बोली जाती है।

पश्चिमी हिन्दी (उपभाषा)

पश्चिमी हिन्दी से ही खड़ी बोली हिन्दी की उत्पत्ति हुई है। यह भाषा का सबसे बड़ा उपवर्ग है। इसका क्षेत्र कानपुर से अम्बाला तक तथा देहरादून से महाराष्ट्र तक फैला हुआ है। इसकी बोलियों में आकार बहुला एवं ओकार बहुला दोनों रूप मिलते हैं।

(i) खड़ी बोली (कौरवी)

- यह आकार बहुला बोली है। खड़ी बोली का दूसरा नाम भैरवी है।
- सुनीति कुमार चटर्जी, धीरेन्द्र वर्मा आदि भाषा-वैज्ञानिकों ने खड़ी बोली का आधार कौरवी को माना है।
- वहीं दूसरी तरफ़ खड़ी बोली मानक हिन्दी का आधार कोलब्रुक ने 'कन्नौजी' को, इस्ताविक ने 'ब्रजभाषा' को तथा मसऊद हसन ख़ाँ ने 'हरियाणवी' को माना है।
- खड़ी बोली या कौरवी का अनुभव शौरसेनी अपभ्रंश के उत्तरी रूप से हुआ है।
- इसका क्षेत्र देहरादून का मैदानी भाग, सहारनपुर, मुज़फ़्फ़रपुर, मुरादाबाद, बिजनौर, मेरठ, रामपुर, अम्बाला, पटियाला इत्यादि है।
- खड़ी बोली में लोक-साहित्य समृद्ध है।
- हिन्दी, उर्दू, हिन्दुस्तानी तथा दक्खिनी हिन्दी एक सीमा तक खड़ी बोली पर आधारित है।

- सुनीति कुमार चटर्जी ने खड़ी बोली का अर्थ 'सीधी', गिलक्राइस्ट ने 'गँवारू', किशोरीदास वाजपेयी ने 'खड़ी पाई', कामताप्रसाद गुरु ने 'कर्कश' से लगाया है।

(ii) हरियाणवी (हरियाणी)

- इसका विकास उत्तरी शौरसेनी अपभ्रंश के पश्चिमी रूप से हुआ है।
- इसका सम्बन्ध हरियाणा से रहा है, इसलिए इसे हरियाणवी कहा गया।
- ग्रियर्सन ने इसे 'बांगरू' तथा अन्य ने 'जाटू' भी कहा है।
- हरियाणवी में लोक-साहित्य पर्याप्त मात्रा में उपलब्ध है।
- यह बोली दिल्ली, करनाल, कुरुक्षेत्र, हिसार, रोहतक, नाभा, पटियाला और जीन्द क्षेत्र में बोली जाती है।
- यह आकार बहुला बोली है।
- हरियाणवी का अन्य नाम बाँगरू, देसवाली है तथा उपबोलियाँ जाटू, चमरणा है।

(iii) दक्खिनी

- दक्खिनी हिन्दी अधिकांश दक्षिण भारत में प्रचलित है। दक्खिनी हिन्दी का अन्य नाम देहलवी, हिन्दवी, गूजरी एवं दकनी है।
- हैदराबाद में दक्खिनी हिन्दी का रूप 'हैदराबादी हिन्दी' कहलाता है।
- दक्खिनी हिन्दी का क्षेत्र आन्ध्र प्रदेश, कर्नाटक, मद्रास, मुम्बई, बरार, बीदर, बीजापुर, गोलकुण्डा, अहमदनगर में प्रचलित है।
- इसकी मुख्य उपबोलियाँ बीदरी, बीजापुरी, हैदराबादी, गुलबर्गी हैं।
- यह आकार बहुला बोली है।

(iv) ब्रजभाषा

- इसका विकास शौरसेनी अपभ्रंश के मध्यवर्ती रूप से हुआ है।
- 'ब्रज' का अर्थ पशुओं या गायों के समूह से है। चरागाह या पशुपालन की अधिकता के कारण यह क्षेत्र 'ब्रज' कहलाया तथा इस क्षेत्र की भाषा ब्रजभाषा कहलायी।
- ब्रजभाषा में विपुल रूप में साहित्य उपलब्ध है।
- ब्रजभाषा का अन्य नाम 'अन्तर्वेदी' है तथा इसकी प्रमुख उपबोलियाँ भुक्सा, डांगी, जादोवाटी, भरतपुरी, माथुरी हैं।

- ब्रजभाषा का क्षेत्र उत्तर प्रदेश के मथुरा, आगरा, मैनपुरी, एटा, बदायूँ, अलीगढ़, बरेली, मध्य प्रदेश के ग्वालियर का पश्चिमी भाग तथा राजस्थान के भरतपुर, धौलपुर, जयपुर तथा करौली है।
- हिन्दी साहित्य में ब्रजभाषा का प्रयोग आदिकाल, भक्तिकाल, रीतिकाल एवं आधुनिक काल तक में हुआ है।
- बंगाली कवि ईश्वरचन्द्र गुप्त ने 'ब्रजबुलि' शब्द का सर्वप्रथम प्रयोग किया है।
- यह ओकार बहुला बोली है।

(v) कन्नौजी

- यह कन्नौज क्षेत्र की बोली है।
- कन्नौज शब्द संस्कृत के कान्यकुब्ज शब्द से विकसित है। कुछ विद्वानों ने कन्नौजी को ब्रजभाषा का ही रूप माना है। जबकि ग्रियर्सन इसे अलग बोली मानते हैं।
- कन्नौजी का क्षेत्र इटावा, फ़र्रुख़ाबाद, शाहजहाँपुर, कानपुर, पीलीभीत, हरदोई आदि है।
- यह एक ओकार बहुला बोली है। कन्नौज जनपद का प्राचीन नाम 'पांचाल' था।

(vi) बुन्देली

- यह बुन्देलखण्ड की बोली है। अत्यधिक भू-भाग विस्तार के कारण बुन्देली पश्चिमी हिन्दी की सबसे व्यापक बोली है।
- बुन्देली में लोक-साहित्य पर्याप्त मात्रा में उपलब्ध है। लोक-साहित्य के रूप में 'ईशुरी के फाग' बुन्देलखण्ड में प्रसिद्ध हैं।
- धीरेन्द्र वर्मा ने 'बुन्देली' को 'कन्नौजी' के समान ही 'ब्रज' की एक उपबोली कहा है।
- इसका क्षेत्र झाँसी, हमीरपुर, बाँदा, छत्तरपुर, सागर, जालौन, ग्वालियर, भोपाल, ओरछा, नरसिंहपुर, होशंगाबाद, सिवनी इत्यादि है।
- बुन्देली में 'आल्हा' एक प्रसिद्ध लोकगाथा है जिसे बुन्देली की ही एक उपबोली 'बनाफरी' में लिखा गया है जो बहुत प्रचलित है।
- यह ओकार बहुला बोली है। इसकी उपबोलियाँ पावरी, बनाफरी, लोधान्ती निभट्टा हैं।

पहाड़ी हिन्दी (उपभाषा)

- यह हिन्दी उत्तर भारत के पर्वतीय क्षेत्रों में बोली जाती है।
- इस उपवर्ग की बोलियों में सानुनासिक स्वरों की प्रधानता होती है।
- इसकी बोलियों में ओकार से अन्त होता है, जैसे—घोड़ो, कालो।
- पहाड़ी हिन्दी पर संस्कृत, चीनी, खस एवं तिब्बती का भी प्रभाव देखा जाता है।

(i) कुमाऊँनी

- नैनीताल, पिथौरागढ़ और अल्मोड़ा क्षेत्र को कुमाऊँ कहते हैं तथा इसकी बोली को 'कुमाऊँनी' कहते हैं।
- कुमाऊँनी की उपबोलियाँ अत्यधिक हैं जिसमें कुमैयाँ, फल्दकोटिया, चौगरखिया, गंगोला, जोहारी, भोटिया, रउचोभैंसी, सीराली, दानपुरिया मुख्य हैं।
- कुमाऊँनी बोली का क्षेत्र अल्मोड़ा, पिथौरागढ़, नैनीताल, रानीखेत आदि है।

(ii) गढ़वाली

- इस बोली को मध्यवर्ती पहाड़ी भी कहा जाता है। बावन गढ़ियों में बँटे होने के कारण इसे गढ़वाल कहा जाता है तथा यहाँ की बोली को गढ़वाली कहा जाता है।
- इस बोली में शक, किरात, नागा, खस, भोटिया जातियों की भाषा का मेलमिलाप है। इस बोली पर पंजाबी का भी प्रभाव दिखता है।
- गढ़वाली बोली का क्षेत्र चमोली, टिहरी, गढ़वाल, कुमाऊँ तथा उत्तरकाशी के आसपास का है।

पूर्वी हिन्दी (उपभाषा)

- प्राचीन समय में यह क्षेत्र उत्तरी तथा दक्षिणी कोसल कहलाता था, वही पूर्वी हिन्दी का क्षेत्र कहलाया।
- इसका विकास अर्धमागधी अपभ्रंश से हुआ है। इसका क्षेत्र मध्य प्रदेश, छत्तीसगढ़ तथा उत्तर प्रदेश के कुछ क्षेत्रों में फैला हुआ है।

(i) अवधी

- 'अवधी' अवध क्षेत्र में बोली जाती है जिसे अयोध्या भी कहते हैं।

- 'अवधी' का अन्य नाम कोशली, बैसवाड़ी है तथा इसकी उपबोलियाँ गहोरा, जोलहा तथा जूड़र हैं।
- डॉ. भोलानाथ तिवारी ने इसकी उपबोलियों में बैसबाड़ी, मिर्ज़ापुरी तथा बगौनी को शामिल किया है।
- अवधी का विकास हिन्दी साहित्य के चारों कालों में दिखाई देता हैं यथा—आदिकाल, भक्तिकाल, रीतिकाल और आधुनिक काल।
- अवधी में विपुल मात्रा में साहित्य उपलब्ध है।
- अवधी लखनऊ, अयोध्या, लखीमपुर खीरी, सीतापुर, उन्नाव, गोण्डा, रायबरेली, फ़ैज़ाबाद, सुल्तानपुर, मिर्ज़ापुर, जौनपुर, इलाहाबाद (प्रयागराज), प्रतापगढ़, बाराबंकी आदि क्षेत्र में बोली जाती है।
- इसका विकास अर्धमागधी अपभ्रंश से हुआ है।
- देश के बाहर विदेशों, यथा—त्रिनिदाद, गुयाना, मॉरीशस, दुबई, फ़िजी आदि देशों में भी अवधी में बातचीत होती है।

(ii) बघेली

- बघेली, रीवा के आसपास का क्षेत्र है। जिसे बघेलखण्ड कहते हैं और यहाँ की बोली को बघेली कहा जाता है।
- बघेली का अन्य नाम 'रीवाई' है तथा निबट्टा, जुड़ाट, गहोरा, तिरहारी इसकी उपबोलियाँ हैं।
- इसका क्षेत्र उत्तर प्रदेश के फतेहपुर, बाँदा, हमीरपुर तथा मध्य प्रदेश के दमोह, रीवाँ, मुण्डला, बलाघाट तथा जबलपुर है।
- बाबूराम सक्सेना 'बघेली' को 'अवधी' की ही उपबोली मानते हैं।

(iii) छत्तीसगढ़ी

- यह छत्तीसगढ़ राज्य की भाषा है। इसे दक्षिणी कोसल भी कहा गया है।
- छत्तीसगढ़ी का अन्य नाम खल्टाही और लरिया है। इसकी उपबोलियाँ सदरी, बैगानी, बिंझवाली, सरगुजिया मुख्य हैं।
- छत्तीसगढ़ी का क्षेत्र विलासपुर, रायगढ़, दुर्ग, सरगुजा, नन्दगाँव, रायपुर, कांकेर, कोरिया और खैरागढ़ है।

बिहारी हिन्दी (उपभाषा)

- इसकी बोलियाँ उत्तर प्रदेश, बिहार एवं झारखण्ड में बोली जाती हैं।

(i) भोजपुरी

- यह बिहारी हिन्दी, मागधी अपभ्रंश से निकली हुई बोली है।
- यह बिहारी हिन्दी उपभाषा की सर्वाधिक महत्त्वपूर्ण एवं विस्तृत क्षेत्र में बोली जाने वाली बोली है।
- भोजपुरी का बोली के रूप में सर्वप्रथम प्रयोग राजा चेत सिंह के सिपाहियों के लिए 1789 ई. में किया गया था।
- यह लोक-प्रचलन की दृष्टि से हिन्दी के सबसे बड़े भू-भाग पर बोली जाने वाली बोली है।
- भोजपुरी में लोक-साहित्य भी विपुल मात्रा में मिलता है। इसमें नाटक भी महत्त्वपूर्ण हैं। भिखारी ठाकुर को भोजपुरी का शेक्सपियर कहा जाता है। उनकी प्रसिद्धि का नाटक 'विदेशिया' भोजपुरी क्षेत्र में मान्यता प्राप्त नाटक है। इन्होंने लगभग 12 नाटकों की रचना की है।
- भोजपुरी का क्षेत्र विस्तृत है जिसमें बिहार का भोजपुर, छपरा, सिवान, गोपालगंज, भभुआ, रोहतास, सासाराम, मोतीहारी, पूर्वी चम्पारन, पश्चिमी चम्पारन, उत्तर प्रदेश का कुशीनगर, देवरिया, बलिया, आजमगढ़, वाराणसी, ग़ाज़ीपुर, महराजगंज, मऊ, चन्दौली, सोनभद्र, संतकबीरनगर, जौनपुर, मिर्ज़ापुर, बस्ती तथा झारखण्ड का राँची और पलामू है।
- भोजपुरी भारत के बाहर मॉरिशस, फ़िज़ी आदि देशों में भी साहित्यिक रूप में प्रचलित है।

(ii) मैथिली

- मैथिली का उद्भव मागधी अपभ्रंश के मध्यवर्ती रूप से हुआ है। यह मिथिला की बोली है, इसलिए इसे मैथिली कहा जाता है।
- मैथिली में 'छ' और 'ल' ध्वनियों का अत्यधिक प्रयोग है।
- साहित्यिक दृष्टि से मैथिली का साहित्य विपुल मात्रा में उपलब्ध है।
- मैथिली की छह उपबोलियाँ दक्षिणी मैथिली, उत्तरी मैथिली, पूर्वी मैथिली, पश्चिमी मैथिली, जोलहा मैथिली एवं छिकाछिकी मैथिली हैं।
- मैथिली बोली का क्षेत्र भागलपुर, दरभंगा, पूर्णिया, पूर्वी चम्पारन, मुज़फ़्फ़रपुर, मुंगेर, उत्तरी संथाल परगना, माल्दह, दिनाजपुर, एवं नेपाल के तराई क्षेत्र में बोली जाती है।

(iii) मगही

- मगही का अर्थ 'मगध' की भाषा है। यह मागधी अपभ्रंश से निकली है।
- मगही में पर्याप्त लोक-साहित्य उपलब्ध है। यहाँ लोरिक और गोपीचन्द के लोकगीत प्रसिद्ध हैं।
- मगही का क्षेत्र बिहार का गया, पटना, जहानाबाद, नालन्दा, नवादा, मुंगेर, जमुई, शेखपुरा, भागलपुर, औरंगाबाद, लखीसराय तथा झारखण्ड हज़ारीबाग़ तथा पलामू हैं।
- मगही का परिलक्षित रूप गया ज़िले में प्राप्त होता है।

भाषा के अर्थ में हिन्दी

- 'हिन्दी' शब्द की व्युत्पत्ति के सन्दर्भ में कहा गया है—हिन्दी, हिन् (नष्ट करना) + टु (दुष्ट)। अर्थात् हिन्दु का अर्थ है जो दुष्टों का विनाश करे (हिनास्ति दुष्टान)।
- 'हिन्दु' शब्द 'हीन + दुष + डु' से बना है जिसका अर्थ है 'हीनों को दूषित करने वाला' (हीन दूषयति)।
- 'हिन्दु' शब्द फ़ारसी है जो संस्कृत शब्द सिन्धु का फ़ारसी रूपान्तरण हो गया है।
- भोलानाथ तिवारी ने लिखा है, 'हिन्दु' शब्द का प्राचीनतम प्रयोग 7वीं सदी के अन्तिम चरण के ग्रन्थ 'निशीथचूर्णि' में प्रथम बार मिला है।
- 'सिन्धु' शब्द का प्रथम प्रयोग ऋग्वेद में नदी के रूप में हुआ है।
- संस्कृत के 'सिन्धु' का ईरानी में 'हिन्दु' हो गया जो सिन्धु नदी के आसपास के प्रदेश के अर्थ में प्रयुक्त हुआ।
- आर्थिक विकास में 'हिन्दु' का अर्थ 'भारत' हुआ। इसमें बलाघात के कारण 'उ' का लोप हो गया तथा हिन्दु से हिन्द हुआ।
- 'हिन्द' में विशेषण प्रत्यय 'ईक' जोड़ने से 'हिन्दीक' शब्द बना जिसका अर्थ 'हिन्द का' जो कालान्तर में 'क' लुप्त हो जाने पर 'हिन्दी' शब्द बना।
- 'हिन्दी' व्यावहारिक दृष्टि से (सं.) सिन्धु-हिन्दु-हिन्द-हिन्दीक-हिन्दी।
- 'हिन्दवी' शब्द का प्रथम प्रयोग 'अबू सईद' के फ़ारसी इतिहास (1049) में मिलता है। हिन्दी फ़ारसी भाषा का शब्द है।
- भाषा के अर्थ में 'हिन्दी' शब्द का प्रयोग 'फ़ारस' और 'अरब' से होता है।
- अरबी-फ़ारसी में 'ज़बाने-हिन्दी' शब्द का प्रयोग भारत की समस्त भाषा में संस्कृत, पालि, प्राकृत, अपभ्रंश में मिलता है।

- भारत के फ़ारसी कवि औफी ने सर्वप्रथम 1228 ई. में 'हिन्दवी' शब्द का प्रयोग भारत की मध्यदेशीय भाषाओं के लिए किया था।
- शरफुद्दीन यज़्दी ने सन् 1424 ई. में अपने ग्रन्थ 'ज़फ़रनामा' में विदेशों में 'हिन्दी' भाषा के लिए 'हिन्दी' शब्द का प्रथम प्रयोग किया था।
- ऐसा माना गया है कि फ़ारसी में 'स' की ध्वनि है ही नहीं। यही कारण है कि सिन्धु का हिन्दु और सिन्ध का उच्चारण 'हिन्द' हो गया।
- डॉ. भोलानाथ तिवारी एवं उदयनारायण तिवारी ने भाषा के अर्थ में ख़ुसरो द्वारा प्रयुक्त 'हिन्दु' को सन्दिग्ध माना है। उन्होंने 'हिन्दी' शब्द 'भारतीय मुसलमानों' के अर्थ में रेखांकित किया है।
- डॉ. धीरेन्द्र वर्मा ने 'हिन्दी साहित्य कोश'-भाग-1, में 13-14वीं शती के देशी भाषा को 'हिन्दी' या 'हिन्दकी' या 'हिन्दुई' नाम देने में अमीर ख़ुसरो का नाम महत्त्वपूर्ण माना है।
- डॉ. भोलानाथ तिवारी का कथन है, ''ख़ुसरो ने 'हिन्दी' शब्द का प्रयोग भारतीय मुसलमानों के लिए किया है और 'हिन्दवी' शब्द का 'मध्यदेशीय भाषा' के लिए। यह 'हिन्दवी' शब्द वस्तुत: 'हिन्दवी' या 'हिन्दुई' है। हिन्दू + ई = अर्थात् हिन्दुओं की भाषा 'हिन्दवी' के शब्द-प्रयोग के कुछ दिन बाद 'हिन्दी' (अर्थात् भारतीय मुसलमानों) की भाषा के लिए कदाचित 'हिन्दी' शब्द चल पड़ा।
- 18वीं सदी तक 'हिन्दी' मुसलमानों की भाषा न रहकर हिन्दुओं की भाषा की ओर झुक गयी।
- 19वीं शताब्दी के मध्य तक 'हिन्दी' का प्रयोग 'उर्दू' या 'रेख़्ता' के समानार्थी रूप में चलने लगा था।
- 'उर्दू' मूलत: तुर्की का शब्द है जिसका मतलब 'ख़ेमा' या 'शाही शिविर' होता है।
- भारत में 'रेख़्ता' शब्द का प्रयोग पहले छन्द और संगीत के क्षेत्र में हुआ।
- हिन्दी का नवीन अर्थ में प्रयोग फ़ोर्ट विलियम कॉलेज से प्राप्त होता है। फ़ोर्ट विलियम कॉलेज में हिन्दुस्तानी भाषा के अध्यक्ष कैप्टन टेलर ने 1812 ई. में 'हिन्दी' का नवीन अर्थ में प्रयोग किया।

हिन्दी भाषा की ध्वनि व्यवस्था

- भाषा की सबसे छोटी इकाई को 'ध्वनि' कहते हैं तथा उसके संकेत चिह्नों को वर्ण (अक्षर) कहते हैं।

- वर्ण या अक्षर के खण्ड नहीं हो सकते; जैसे—क्, ख्, ग्, इत्यादि।
- हिन्दी में स्वरों की संख्या 11 तथा व्यंजनों की संख्या 33 है।
- कामताप्रसाद गुरु ने वर्णों की संख्या 44 स्वीकार की है, जिनमें 11 स्वर और 33 व्यंजन हैं।
- हिन्दी की वर्णमाला में कुल 52 ध्वनियाँ हैं जिन्हें अधिकांश विद्वानों ने स्वीकार कर लिया है।
- **वर्तमान में केन्द्रीय हिन्दी निदेशालय ने वर्णों की संख्या 52 से बढ़ाकर 53 कर दी है। नया वर्ण 'ळ' स्वीकार किया गया।**

  स्वर—अ, आ, इ, ई, उ, ऊ, ऋ, ए, ऐ, ओ, औ = 11
  अनुस्वार—अं (ं)
  विसर्ग—अः (:) अयोगवाह = 02
  व्यंजन —क वर्ग—क, ख, ग, घ, ङ—(कण्ठ्य) = 05
  च वर्ग—च, छ, ज, झ, ञ (तालव्य) = 05
  ट वर्ग—ट, ठ, ड, ढ, ण (मूर्धन्य) = 05
  त वर्ग—त, थ, द, ध, न (दन्त्य) = 05
  प वर्ग—प, फ, ब, भ, म (ओष्ठ्य) = 05
  अन्तस्थ—य, र, ल, व = 04
  उष्ण—श, ष, स, ह = 04
  संयुक्त व्यंजन—क्ष, त्र, ज्ञ, श्र = 04
  द्विगुण व्यंजन—ड़, ढ़ = 2

स्वर वर्ण

- **स्वर**—जिन ध्वनियों (वर्णों) के उच्चारण में किसी अन्य ध्वनि की सहायता नहीं ली जाती, उसे स्वर कहते हैं।
- स्वर तीन प्रकार के होते हैं—

  ह्रस्व स्वर—अ, इ, उ
  दीर्घ स्वर—आ, ई, ऊ, ए, ऐ, ओ, औ।
  प्लुत (बहुत लम्बा)— ऊऽऽऽऽ
- डॉ. भोलानाथ तिवारी ने 'ऋ' को स्वरों में स्थान नहीं दिया है। उनका कथन है कि 'ऋ' का उच्चारण (र + इ) के संयोग से होता है।

स्वर के उच्चारण का आधार वर्गीकरण

जीभ के उठने के आधार पर

- अग्रस्वर—इ, ई, ए, ऐ
- मध्यस्वर—अ
- पश्च स्वर—आ, उ, ऊ, ओ, औ।

मुख द्वार खुलने के आधार पर

- विवृत—आ
- अर्धविवृत—ऐ, औ, आँ।
- संवृत—इ, ई, उ, ऊ
- अर्ध संवृत—ए, ओ

❑ **अनुनासिक**—वे ध्वनियाँ हैं जिनका उच्चारण नाक और मुख दोनों से होता है जैसे—आँचल; **अनुस्वार**—अंगार, कंगन; **विसर्ग**—दुःख,

ओठ की स्थिति के आधार पर

- वृत्ताकार—उ, ऊ, ओ, औ, आँ
- अवृत्ताकार—अ, आ, इ, ई, ए, ऐ
- सभी स्वर 'सघोष' होते हैं।
- स्वर के उच्चारण में हवा अबाध गति से मुख विवर से बाहर निकलती है।
- सभी स्वर आक्षरिक होते हैं।
- सभी स्वर अल्पप्राण होते हैं।

व्यंजन वर्ण

❑ जिन ध्वनियों का उच्चारण करते समय स्वरों की सहायता ली जाती है, उसे व्यंजन कहते हैं। इसके उच्चारण में भीतर से आने वाली वायु मुख विवर में कहीं न कहीं बाधित होती है।

❑ व्यंजनों का वर्गीकरण दो आधारों पर किया जाता है—

(1) उच्चारण स्थान

(2) प्रयत्न स्थान

- उच्चारण स्थान के आधार पर वर्गीकरण

  कण्ठ्य—क, ख, ग, घ, ङ

  तालव्य—च, छ, ज, झ, ञ, य, श

  मूर्धन्य—ट, ठ, ड, ढ, ण, ष

  दन्त्य—त, थ, द, ध

वृत्स्य—न, स, र, ल
ओष्ठ्य—प, फ, ब, भ, म
दन्तोष्ठ्य—व, फ
काकल्प—क

- प्रयत्न स्थान के आधार पर वर्गीकरण
  (1) आभ्यन्तर प्रयत्न
  (2) बाह्य प्रयत्न
- आभ्यन्तर प्रयत्न
- स्पर्श व्यंजन

क वर्ग—क, ख, ग, घ, ङ
च वर्ग—च, छ, ज, झ, ञ
ट वर्ग—ट, ठ, ड, ढ, ण
त वर्ग—त, थ, द, ध, न
प वर्ग—प, फ, ब, भ, म
अन्तःस्थ व्यंजन—य, र, ल, व
उष्ण व्यंजन—श, ष, स, ह
अर्धस्वर—य, व
लुण्ठित—र
अनुनासिक—ङ, ञ, ण, न, म

- बाह्य प्रयत्न
- घोषत्व के आधार पर वर्गीकरण

घोष व्यंजन— ग, घ, ड़, ज, झ, मा,
ड, ढ, ण, द, ध, न
ब, भ, म, य, र, ल, व—प्रत्येक वर्ग का प्रथम व द्वितीय वर्ण।

अघोष व्यंजन—क, ख, च, छ, ट, ठ, त, थ, प, फ, श, ष, स प्रत्येक वर्ग का तृतीय, चतुर्थ एवं पंचम वर्ण।

- प्राणत्व के आधार पर
- अल्प प्राण— क, ग, ड, च, ज, ञ
  प, ब, म, ट,
  ड, ण, त, द, न—प्रत्येक वर्ग का प्रथम, तृतीय एवं पंचम वर्ण

• महाप्राण— ख, घ, छ, झ, फ, भ, ठ,
ढ, थ, ध, श, स, ष, ह—प्रत्येक वर्ग का द्वितीय एवं चतुर्थ वर्ण।

देवनागरी लिपि

- उच्चारित ध्वनि संकेतों के द्वारा भाव या विचारों की अभिव्यक्ति 'भाषा' है तथा लिखित वर्ण संकेतों के द्वारा भाव या विचार की अभिव्यक्ति 'लिपि' कहलाती है। भाषा श्रव्य होती है जबकि लिपि दृश्य।
- कामताप्रसाद गुरु का कथन है, ''लिखित भाषा में मूल ध्वनियों के लिए जो चिह्न मान लिये गये हैं, वे वर्ण कहलाते हैं। पर जिस रूप में ये लिखे जाते हैं, उसे लिपि कहते हैं।''
- भारत में लिपि के विकास के सम्बन्ध में दो लिपियाँ मुख्य हैं—
  (1) खरोष्ठी लिपि
  (2) ब्राह्मी लिपि
- गुप्तकाल के प्रारम्भ में ब्राह्मी के दो भेद हो गये—
  (1) उत्तरी ब्राह्मी
  (2) दक्षिणी ब्राह्मी
- दक्षिणी लिपि से तमिल, कलिंग, तेलुगु-कन्नड़ लिपि, ग्रन्थ लिपि, मलयालम लिपि का विकास हुआ।
- उत्तरी ब्राह्मी लिपि-गुप्त लिपि-सिद्ध मात्रिक लिपि-कुटिल लिपि-नागरी लिपि

लिपि विकास की अवस्थाएँ

- चित्र लिपिप्रतीक, लिपिभाव, लिपिध्वनि, लिपिवर्णात्मक, अक्षरात्मक
- भारत की सभी लिपियाँ अक्षरात्मक हैं।
- भारत के प्राचीन समय में तीन लिपियाँ प्रचलित मिलती हैं, जो निम्न हैं—
  (1) सिन्धु घाटी लिपि
  (2) खरोष्ठी लिपि
  (3) ब्राह्मी लिपि
- सिन्धु घाटी लिपि हड़प्पा और सिन्ध के लरकाना के मुअनजोदड़ो में मिली हैं।
- खरोष्ठी लिपि के नमूने पश्चिमोत्तर भारत के शाहबाज़ गढ़ी और मानसेरा (पंजाब) में अशोक के अभिलेखों में प्राप्त हुए हैं।

- ब्राह्मी लिपि के नमूने उ.प्र. के बस्ती ज़िले में पिपराला के स्तूप तथा अजमेर ज़िले के बड़ाली गाँव के शिलालेख में मिले हैं।
- देवनागरी लिपि का विकास इस प्रकार है—

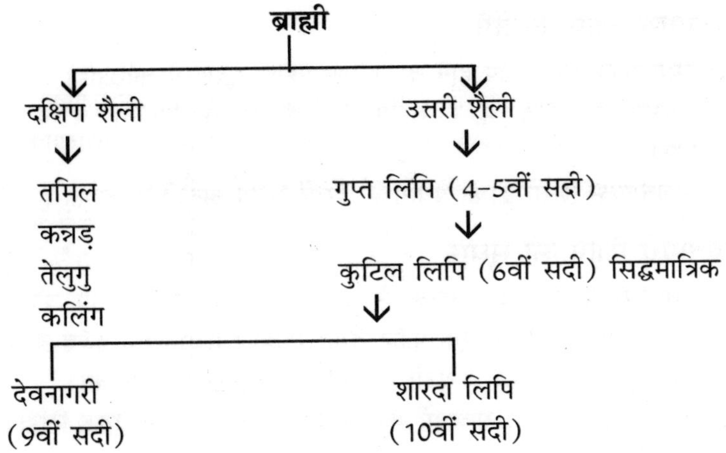

- देवनागरी लिपि के नामकरण पर अनेक मत हैं—
- नगरों में प्रचलित होने के कारण 'देवनागरी' नाम पड़ा।
- चन्द्रगुप्त को 'देव' तथा पाटलिपुत्र को 'नागर' कहने के कारण 'देवनागरी' नाम पड़ा।
- 'नागलिपि' से 'नागरी' नाम पड़ा।
- गुजरात के नागर, ब्राह्मणों के नाम पर 'नागरी' नाम पड़ा।
- डॉ. धीरेन्द्र वर्मा ने कहा है कि मध्ययुग के स्थापत्य की एक शैली का नाम 'नागर' होने के कारण 'नागरी' नाम पड़ा।
- गुजरात के राजा जयभट्ट (7-8वीं सदी) के एक शिलालेख में देवनागरी का सर्वप्रथम प्रयोग मिलता है।
- देवनागरी लिपि को 'लोक नागरी' एवं 'हिन्दी लिपि' भी कहा जाता है।
- अपने अस्तित्व में आने के तुरन्त बाद देवभाषा संस्कृत को लिपिबद्ध किया गया, इसलिए 'नागरी' में 'देव' शब्द जुड़ गया और 'देवनागरी' हो गया।
- देवनागरी लिपि आक्षरिक है। इसमें एक वर्ण के लिए एक ही ध्वनि है। इसका वर्णमाला का क्रम वैज्ञानिक है।
- देवनागरी लिपि बायीं से दायीं ओर लिखी जाती है।

- जो ध्वनि का नाम होता है, वही वर्ण का उच्चारण होता है।
- एक वर्ण में दूसरे वर्ण का भ्रम नहीं है।
- व्यापक प्रयोग (संस्कृत, हिन्दी, मराठी, नेपाली भी एकमात्र लिपि)।

देवनागरी लिपि के दोष

- इसमें कुल 403 टाइप होने के कारण टंकण, मुद्रण में कठिनाई।
- समरूप वर्ण ('ख' में, र, व, का 'घ' में 'ध' का 'म' में 'भ' का थोड़ा भ्रम)।
- अनावश्यक शिरोरेख का प्रयोग है, इसमें समय अत्यधिक लगता है।

देवनागरी लिपि का सुधार

- सर्वप्रथम बालगंगाधर तिलक ने 1904 में अनावश्यक टाइप की छँटाई करके 190 टाइपों का एक फॉन्ट तैयार किया जिसे तिलक फॉन्ट कहते हैं।
- महाराष्ट्र के सावरकर बन्धुओं ने 'अ' की बारहखड़ी तैयार की।
- डॉ. गोरख प्रसाद ने मात्राओं को व्यंजन के बाद दाहिनी तरफ़ लिखने का प्रस्ताव दिया।
- डॉ. श्यामसुन्दर दास ने पंचमाक्षर (ङ्, ञ्, ण, न्, म्) के स्थान पर अनुस्वार (ं) का प्रस्ताव दिया।
- हिन्दी साहित्य सम्मेलन के इन्दौर अधिवेशन और काका कालेलकर के संयोजकत्व में नागरी लिपि सुधार समिति का गठन (1935 में) हुआ। इसमें कुल 14 सुझावों को स्वीकार किया गया।
- नागरी प्रचारिणी सभा द्वारा नागरी लिपि सुधार समिति का 1945 ई. में गठन किया गया।
- उत्तर प्रदेश सरकार द्वारा आचार्य नरेन्द्र देव समिति का गठन (1947) और उनकी सिफ़ारिशें 'लिपि सुधार परिषद्' की अध्यक्षता उत्तर प्रदेश सरकार द्वारा उपराष्ट्रपति डॉ. सर्वपल्ली राधाकृष्णन ने की थी।
- शिक्षा मंत्रालय द्वारा मानक देवनागरी वर्णमाला (1966), हिन्दी वर्तनी का मानकीकरण (1966), देवनागरी लिपि द्वारा हिन्दी वर्तनी का मानकीकरण (1983) आदि महत्त्वपूर्ण हैं।

राजभाषा

- राजभाषा का शाब्दिक अर्थ 'राजकाज की भाषा' होता है। जो भाषा देश के राजकीय कार्यों के लिए प्रयुक्त होती है, वह राजभाषा कहलाती है।

- राजाओं-नवाबों के समय में यही 'दरबारी भाषा' कहलाती थी।
- राजभाषा एक संवैधानिक शब्द है। हिन्दी को 14 सितम्बर, 1949 को संवैधानिक रूप से राजभाषा घोषित किया गया। इसलिए प्रत्येक वर्ष 14 सितम्बर को 'हिन्दी दिवस' मनाया जाता है।
- सी. राजगोपालाचारी द्वारा 1949 में भारतीय संविधान सभा में नेशनल लैंग्वेज के समान्तर 'स्टेट लैंग्वेज' शब्द का प्रयोग किया गया। इसी 'स्टेट लैंग्वेज' का हिन्दी रूपान्तर 'राजभाषा' है।
- वर्तमान समय में भारत सरकार के कार्यालयों एवं हिन्दी भाषी राज्यों में राजकाज हिन्दी में होता है जबकि अन्य राज्यों महाराष्ट्र में मराठी, गुजरात में गुजराती, पंजाब में पंजाबी इत्यादि भाषा में राजकाज का कार्य किया जाता हैं।
- भारतीय संविधान के भाग-17 में अनुच्छेद 343-351 तक राजभाषा का प्रावधान किया गया है।
- संविधान की आठवीं अनुसूची में 22 भाषाएँ हैं।
- प्रारम्भ में आठवीं अनुसूची में 14 भाषाएँ थीं—

1. असमिया	2. बांग्ला	3. तमिल	4. हिन्दी
5. गुजराती	6. कश्मीरी	7. मलयालम	8. तेलुगु
9. उर्दू	10. संस्कृत	11. पंजाबी	12. उड़िया
13. मराठी	14. कन्नड़		

बाद में शामिल की गई भाषाएँ—

15. सिन्धी (1967)	16. कोंकणी (1992)
17. मणिपुरी (1992)	18. नेपाली (1992)
19. बोडो (2003)	20. डोगरी (2003)
21. मैथिली (2003)	22. संथाली (2003)

- इस प्रकार वर्तमान में आठवीं अनुसूची में 22 भाषाएँ हैं।

हिन्दी भाषा की संवैधानिक स्थिति

- संविधान के अनुच्छेद 343-351 तक संघ की भाषा, प्रदेश की भाषा, न्यायालयों की भाषा का उल्लेख है।
- भारतीय संविधान के अनुच्छेद 343 में कहा गया है, "संघ की राजभाषा

हिन्दी और लिपि देवनागरी होगी।'' इसमें ''संघ के शासकीय प्रयोजनों के लिए प्रयोग होने वाले भारतीय अंकों का अन्तरराष्ट्रीय रूप होगा।''

- अनुच्छेद 343 में ही शासकीय प्रयोजनों के लिए अंग्रेज़ी भाषा का प्रयोग 15 वर्षों तक (1965) होता रहेगा।
- अनुच्छेद 344 में कहा गया है कि संविधान के प्रारम्भ होने के पाँच वर्ष पश्चात् राष्ट्रपति एक आयोग गठित करेगा जो हिन्दी के विस्तार पर सुझाव देगा। इसी अनुच्छेद में 10 वर्ष बाद संसद की समिति का भी उल्लेख है।
- अनुच्छेद 345 में कहा गया है कि किसी राज्य का विधान मण्डल, विधि द्वारा, उस राज्य में प्रयुक्त होने वाली या किसी अन्य भाषा को या हिन्दी को शासकीय प्रयोजन के लिए स्वीकार कर सकेगा।
- अनुच्छेद 346 के अनुसार एक राज्य और दूसरे राज्य के बीच या किसी राज्य और संघ की सरकार के बीच पत्र आदि की राजभाषा।
- अनुच्छेद 347 में स्वीकार किया गया है कि किसी राज्य की जनसंख्या के किसी अनुभाग द्वारा बोली जाने वाली भाषा को उस राज्य में (दूसरी भाषा के रूप में) मान्यता दी जाये तो राष्ट्रपति उस पर निर्देश दे सकेगा।
- अनुच्छेद 348 यह प्रावधान करता है कि जब तक विधि द्वारा कोई और उपबन्ध न करें, तब तक उच्चतम न्यायालय तथा उच्च न्यायालयों की सभी कार्यवाहियाँ अंग्रेज़ी में ही होंगी। इसके अतिरिक्त संघ तथा राज्यों के सभी विधेयकों, संशोधनों, अधिनियमों, अध्यादेशों, आदेशों तथा उपनियमों के पाठ भी अंग्रेज़ी में ही होंगे। लेकिन किसी राज्य का राज्यपाल, राष्ट्रपति की पूर्व सहमति से शासकीय प्रयोजनों के लिए हिन्दी भाषा या उस राज्य के किसी भाषा के प्रयोग को प्राधिकृत कर सकता है।
- अनुच्छेद 349 के अनुसार यदि संसद राजभाषा से सम्बन्धित कोई विधेयक या संशोधन प्रस्तावित करना चाहे तो राष्ट्रपति की पूर्व मंजूरी आवश्यक होगी।
- अनुच्छेद 350 में यह प्रावधान है कि भाषाई आधार पर अल्पसंख्यक वर्ग को प्राथमिक स्तर पर मातृभाषा में शिक्षा दी जाये।
- अनुच्छेद 351 में यह निर्देश दिया गया है कि संघ का यह कर्तव्य होगा कि वह हिन्दी भाषा का प्रसार करे ताकि वह भारत की मिली-जुली संस्कृति की अभिव्यक्ति का माध्यम बन सके।

- संविधान के प्रावधानों के अनुसार 1955 में राष्ट्रपति ने बाला साहेब गंगाधर खेर की अध्यक्षता में 'राजभाषा आयोग' का गठन किया।
- 1959 में 'संसदीय राजभाषा समिति' का गठन।

प्रमुख संस्थाएँ

केन्द्रीय हिन्दी समिति, नयी दिल्ली (स्थापना-1967), भारत सरकार के विभिन्न मन्त्रालयों द्वारा हिन्दी के प्रचार-प्रसारार्थ।

शिक्षा मन्त्रालय के अधीन संस्थाएँ

- साहित्य अकादेमी, नयी दिल्ली (1954)
- नेशनल बुक ट्रस्ट, नयी दिल्ली (1957)
- केन्द्रीय हिन्दी निदेशालय, नयी दिल्ली (1960)
- वैज्ञानिक तथा तकनीकी शब्दावली आयोग, नयी दिल्ली (1961)

गृह मंत्रालय के अधीन संस्थाएँ

- राजभाषा विधायी हिन्दी आयोग (1965-75)
- केन्द्रीय अनुवाद ब्यूरो (1971)
- राजभाषा विभाग (1975)
- राजभाषा विधायी आयोग (1975), (अब विधि/क़ानून मन्त्रालय के अधीन)
- राजभाषा अधिनियम, 1976 के अनुसार केन्द्रीय सरकार के कार्यालयों को तीन वर्ग क्षेत्रों में विभाजित किया गया है—

'क' वर्ग क्षेत्र	'ख' वर्ग क्षेत्र	'ग' वर्ग क्षेत्र
(पत्र-व्यवहार हिन्दी में किये जायें)	(पत्र-व्यवहार द्विभाषी होगा)	(पत्र-व्यवहार अंग्रज़ी में किये जायें)
1. उत्तर प्रदेश 2. राजस्थान 3. मध्य प्रदेश 4. दिल्ली 5. हरियाणा 6. बिहार 7. हिमाचल	1. पंजाब 2. महाराष्ट्र 3. चण्डीगढ़ 4. अण्डमान-निकोबार 5. गुजरात	1. उड़ीसा 2. पश्चिम बंगाल 3. उत्तर-पूर्वी क्षेत्र 4. द्रविड़ भाषी क्षेत्र

राष्ट्रभाषा

- राष्ट्रभाषा वह है जो समस्त राष्ट्र में प्रयुक्त हो अर्थात् आमजन की भाषा जो सम्पूर्ण राष्ट्र में जन-जन के विचार विनिमय का माध्यम हो।
- राष्ट्रभाषा का तात्पर्य उस देश के अधिकांश लोगों के बोलने एवं समझने की भाषा होती है। उसके साथ उनका सांस्कृतिक और भावात्मक जुड़ाव होता है।
- राष्ट्रभाषा शब्द संवैधानिक नहीं है बल्कि प्रयोगात्मक, व्यावहारिक व जन मान्यता प्राप्त शब्द है।
- राष्ट्रभाषा का रूप लचीला होता है और इसे जनता के अनुरूप ढालने की कोशिश की जा सकती है।
- राष्ट्रभाषा का प्रयोग क्षेत्र विस्तृत होता है। यह भाषा अखिल स्तर पर होती है। राष्ट्रभाषा को देश की सम्पर्क भाषा भी कह सकते हैं।
- राष्ट्रभाषा सामाजिक, सांस्कृतिक मान्यताओं, परम्पराओं के द्वारा देश को जोड़ने का काम करती है।
- राष्ट्रभाषा का शब्द भण्डार व्यापक होता है, उसमें देश के विभिन्न हिस्सों में प्रचलित शब्दावली शामिल होती है। राष्ट्रभाषा में अन्य भाषाओं के शब्दों को सहजतापूर्वक शामिल करने की शक्ति होती है।
- राष्ट्रभाषा का व्याकरण सरल होता है ताकि देश के अन्य हिस्सों के निवासी भी उस भाषा को सीख सकें।
- हमारे देश भारत की कोई भी राष्ट्रभाषा नहीं है। यह दुर्भाग्यपूर्ण है।
- भारत की अखिल भारतीय राष्ट्रीय कांग्रेस के बड़े नेताओं ने राष्ट्रीय चेतना के लिए एक भाषा की आवश्यकता पर बल देते हुए हिन्दी को उपयुक्त बताया।
- सरदार पटेल द्वारा 1936 में 'काठियावाड़ राष्ट्रभाषा प्रचार समिति' नामक संस्था स्थापित की।
- सुभाष चन्द्र बोस ने हिन्दी या हिन्दुस्तान पर बात करते हुए कहा है, ''यदि हम लोगों ने तन-मन-धन से प्रयत्न किया तो वह दिन दूर नहीं है जब भारत स्वाधीन होगा और उसकी राष्ट्रभाषा होगी—हिन्दी।''
- सी. राजगोपालाचारी ने 1929 में कहा था, ''हिन्दी भारत की राष्ट्रभाषा तो है ही, यही जनतन्त्रात्मक भारत में राजभाषा भी होगी।''

- कांग्रेस के इन्दौर अधिवेशन (1918) में गांधी जी ने कहा था, ''हिन्दी ही हिन्दुस्तान की राष्ट्रभाषा हो सकती है और होनी चाहिए। हिन्दी का प्रश्न स्वराज्य का प्रश्न है। इसी उद्देश्य से गांधी जी ने वर्धा और मद्रास में 'राष्ट्रभाषा प्रचार सभाएँ' स्थापित करने की ओर ध्यान दिया।
- राष्ट्रभाषा को बनने के लिए उच्चकोटि के साहित्य की आवश्यकता होती है। इस आवश्यकता पर हिन्दी पूरी तरह से खरी उतरती है।

2
भारतीय काव्यशास्त्र

काव्यशास्त्र एक सिद्धान्त और अध्ययन का क्षेत्र है जो काव्य (कविता) की रचना, उसकी संरचना, तत्त्व और सौन्दर्यशास्त्र को समझाता है। यह शास्त्र काव्य के विभिन्न तत्त्वों, जैसे रस, अलंकार, छन्द, और तात्तिवक दृष्टिकोणों का विश्लेषण करता है। काव्यशास्त्र न केवल काव्य की तकनीकी दृष्टि से अध्ययन करता है, बल्कि यह उसके सामाजिक और सांस्कृतिक सन्दर्भों को भी उजागर करता है।

भारतीय काव्यशास्त्र, जिसे संस्कृत में 'काव्यशास्त्र' कहा जाता है, काव्य की संरचना, तत्त्वों और सौन्दर्यशास्त्र का अध्ययन है। इसका प्रमुख उद्देश्य काव्य के तत्त्वों को समझना और उनकी कला की व्याख्या करना है।

- काव्यशास्त्र का प्राचीनतम ग्रन्थ 'नाट्यशास्त्र' भरतमुनि द्वारा रचित है। इसमें नाटक को काव्य का एक रूप मानकर काव्यांगों का निरूपण किया गया है।

संस्कृत के आचार्यों की सूची/तथा परम्परा

ग्रन्थ	आचार्य	काल
1. नाट्यशास्त्र	भरतमुनि	दूसरी शताब्दी
2. काव्यालंकार	भामह	छठी शताब्दी
3. काव्यादर्श	दण्डी	सातवीं शताब्दी
4. काव्यालंकार सूत्र	वामन	आठवीं शताब्दी
5. काव्यालंकार सार-संग्रह	उद्भट	आठवीं शताब्दी
6. ध्वन्यालोक	आनन्दवर्धन	नौवीं शताब्दी
7. काव्यालंकार	रुद्रट	नौवीं शताब्दी
8. तन्त्रालोक	अभिनवगुप्त	दसवीं शताब्दी
9. वक्रोक्ति जीवितम्	कुन्तक	दसवीं शताब्दी
10. दशरूपक	धनंजय	दसवीं शताब्दी
11. श्रृंगार प्रकाश	भोजराज	ग्यारहवीं शताब्दी

12. व्यक्ति विवेक	महिम भट्ट	ग्यारहवीं शताब्दी
13. कविकण्ठाभरण	क्षेमेन्द्र	ग्यारहवीं शताब्दी
14. काव्य प्रकाश	मम्मट	ग्यारहवीं शताब्दी
15. अलंकार सर्वस्व	रुष्ठह्यक	बारहवीं शताब्दी
16. नाट्यदर्पण	रामचन्द्र-गुणचन्द्र	बारहवीं शताब्दी
17. काव्यानुशासन	हेमचन्द्र	बारहवीं शताब्दी
18. चन्द्रालोक	जयदेव	तेरहवीं शताब्दी
19. एकावली	विद्याधर	चौदहवीं शताब्दी
20. साहित्य दर्पण	विश्वनाथ	चौदहवीं शताब्दी
21. रसमंजरी, रसतरंगिणी	भानुदत्त	चौदहवीं शताब्दी
22. वृत्ति-वार्तिक	अप्पय दीक्षित	सोलहवीं शताब्दी
23. उज्ज्वल नीलमणि	रूपगोस्वामी	सोलहवीं शताब्दी
24. रस गंगाधर	पण्डित जगन्नाथ	सत्रहवीं शताब्दी
25. अलंकार कौस्तुभ	विश्वेश्वर पण्डित	अठारहवीं शताब्दी

संस्कृत के आचार्यों द्वारा दी गयी 'काव्य की परिभाषाएँ'

इन्हें ही काव्य-लक्षण कहा गया है—

- ''शब्दार्थो सहितौ काव्यम् गद्यं वद्यं च तद्विधा।''—**भामह**
- ''ननु शब्दार्थो काव्यम्।''—**रुद्रट**
- ''वाक्यं रसात्मकं काव्यम्।''—**आचार्य विश्वनाथ**
- ''रमणीयार्थ प्रतिपादकः शब्दः काव्यम्।''—**पण्डितराज जगन्नाथ**
- ''शब्दार्थ शरीरं तावत्काव्यम्।''—**आनन्दवर्धन**
- ''काव्यशब्दोयं गुणालंकार सहितयोः शब्दार्थयोवर्तते।''—**वामन**
- ''तद्दोषौ शब्दार्थो सगुणावनलंकृति पुनः क्वापि।''—**मम्मट**
- ''वक्रोक्तिः काव्य जीवितम्।''—**कुन्तक**
- ''शरीरं तावदिष्टार्थन्यवच्छिन्ना पदावली।''—**आचार्य दण्डी**
- ''अदोषौ सगुणौ सालंकारौ च शब्दार्थो काव्यम्।''—**आचार्य हेमचन्द्र**

हिन्दी के विद्वानों द्वारा दी गयी काव्य की परिभाषाएँ

- ''कविता जीवन और जगत् की अभिव्यक्ति है।''—**आचार्य रामचन्द्र शुक्ल**
- ''जिस प्रकार आत्मा की मुक्तावस्था ज्ञानदशा कहलाती है, उसी प्रकार हृदय की मुक्तावस्था रसदशा कहलाती है, हृदय की इसी मुक्ति-साधना के लिए

मनुष्य की वाणी जो शब्द-विधान करती आयी है, उसे कविता कहते हैं।''

—आचार्य रामचन्द्र शुक्ल

- ''सत्वोद्रेक या हृदय की मुक्तावस्था के लिए किया हुआ शब्द विधान काव्य है''—**आचार्य रामचन्द्र शुक्ल**
- ''साहित्य जनसमूह के हृदय का विकास है।''—**बालकृष्ण भट्ट**
- ''कविता द्वारा असम्भव को भी सम्भव किया जा सकता है।''

  —महावीर प्रसाद द्विवेदी
- ''अन्त:करण की वृत्तियों के चित्र का नाम कविता है।''

  —महावीर प्रसाद द्विवेदी
- ''मनोभाव शब्दों का रूप धारण करते हैं। वही कविता है, चाहे वह पद्यात्मक हो या गद्यात्मक।''—**महावीर प्रसाद द्विवेदी**
- ''कविता प्रभावशाली रचना है, जो पाठक या श्रोता के मन पर आनन्दमयी प्रभाव डालती है।''—**महावीर प्रसाद द्विवेदी**
- ''ज्ञान राशि में संचित कोष का नाम साहित्य है।''—**महावीर प्रसाद द्विवेदी**
- ''काव्य आत्मा की संकल्पात्मक अनुभूति है जिसका सम्बन्ध विश्लेषण या विज्ञान से नहीं है।''—**जयशंकर प्रसाद**
- ''आत्मा की मनन शक्ति की वह असाधारण अवस्था जो श्रेय सत्य को उसके मूलचारूत्व में सहसा ग्रहण कर लेती है, काव्य में संकल्पात्मक अनुभूति कही जा सकती है।''—**जयशंकर प्रसाद**
- ''काँटा चुभाकर उसकी पीड़ा की अनुभूति तो संसार कराता है पर कवि बिना काँटा चुभाए उसकी पीड़ा की अनुभूति करा देता है।''

  —महादेवी वर्मा
- ''कविता कवि विशेष की भावनाओं का चित्रण है और वह चित्रण इतना ठीक है कि उसके जैसी ही भावनाएँ दूसरे के हृदय में आविर्भूत हो जाती हैं।''—**महादेवी वर्मा**
- ''कविता हमारे परिपूर्ण क्षणों की वाणी है।''—**सुमित्रानन्दन पन्त**
- ''काव्य जीवन की आलोचना है।''—**मुंशी प्रेमचन्द**
- ''काव्य आत्माभिव्यक्ति है।''—**डॉ. नगेन्द्र**
- ''रसात्मक शब्दार्थ काव्य है और उसकी छन्दोमयी विशिष्ट विधा आधुनिक अर्थ में कविता है।''— **डॉ. नगेन्द्र**

- ''कविता सबसे पहले और अन्त में शब्द है।''—**अज्ञेय**
- ''कविता भाषा में आदमी होने की तमीज़ है।''—**धूमिल**
- ''काव्य तो प्रकृत मानव अनुभूतियों का नैसर्गिक कल्पना के सहारे ऐसा सौन्दर्यमय चित्रण है, जो मनुष्यभाव में स्वभावत: अपने अनुरूप भावोच्छ्वास और सौन्दर्य-संवेदन उत्पन्न करता है, इसी सौन्दर्य-संवेदन को भारतीय पारिभाषिक शब्दावली में 'रस' कहते हैं।''
  —आचार्य नन्ददुलारे वाजपेयी
- ''काव्य संसार के प्रति कवि की भावप्रधान, किन्तु वैयक्तिक सम्बन्धों से मुक्त मानसिक प्रतिक्रियाओं, कल्पना के साँचे में ढली हुई, श्रेय की प्रेयरूपा प्रभावोत्पादक अभिव्यक्ति है।''—**डॉ. गुलाबराय**

पाश्चात्य विद्वानों द्वारा दी गयी काव्य की परिभाषाएँ

- ''आदर्श का प्रदर्शन ही कविता है और कविता का तत्त्व है कल्पना।''
  —अरस्तू
- ''कविता जीवन की सौन्दर्यमयी और आनन्दपूर्ण व्याख्या है।''
  —मैथ्यू आर्नाल्ड
- ''कविता सर्वोत्तम शब्दों का सर्वोत्तम क्रम है।''—**कॉलरिज**
- ''कविता प्रबल भावों का सहज उच्छ्वास है।''—**वर्ड्सवर्थ**
- ''शब्दों के काल्पनिक जाल में फँसाने वाली जादूगरनी कविता है।''
  —लार्ड मैकाले
- ''कल्पना के आवेग में अभिजात मूल्यों की सर्जना को कविता कहते हैं।''
  —रस्किन
- ''कविता सत्य, सौन्दर्य और शान्ति के तीव्रभाव की अभिव्यक्ति है जो अपने विचारों को कल्पना और भावना के द्वारा स्पष्ट करती है।''
  —ले हंट
- ''कविता सुखद और उत्कृष्ट मस्तिष्क द्वारा सुखद और उत्कृष्ट क्षणों का संग्रह है।''—**पी.बी. शैली**
- ''कविता सौन्दर्य का लयात्मक सृजन है।''—**एडगर एलन पो**
- कविता छन्दोमयी रचना है।—**जॉनसन**
- कविता कल्पनाओं और भावनाओं से निर्मित विचारों को सुरीली शब्दावली में व्यक्त करने की कला है।—**चैम्बर्स डिक्शनरी**

काव्य हेतु

'भारतीय आचार्यों ने काव्य के सृजन के उन हेतुओं, कारणों अथवा स्रोतों पर भी गहरायी से विचार किया है, जिसके संयुक्त प्रभाव से काव्य में शब्द और अर्थ का ऐसा अविच्छेद सम्बन्ध घटित होता है, जो काव्याभिव्यक्ति को शास्त्रीय वचनों और सामान्य कथनों से विशिष्ट एवं पृथक् स्वरूप प्रदान करता है।' आसान शब्दों में जिन कारणों से काव्य की रचना होती है, उसे काव्य हेतु कहते हैं।

आचार्य भामह के अनुसार गुरु के उपदेश से जड़बुद्धि शिष्य भी शास्त्र का अध्ययन कर लेते हैं, किन्तु काव्य तो किसी प्रतिभाशाली को ही कभी-कभी स्फुरित होता है।

- काव्य हेतु तीन प्रकार के माने गये हैं—(1) प्रतिभा (2) व्युत्पत्ति (3) अभ्यास

1. प्रतिभा

'संस्कृतशब्दार्थ–कौस्तुभ' के अनुसार प्रतिभा का अर्थ है असाधारण मानसिक क्षमता। प्रतिभा शब्द 'भा' धातु से निर्मित है, जिसका अर्थ है प्रकाश, कान्ति, चमक आदि। प्रतिभा वह मानसिक क्षमता है, जो अपनी दीप्ति से बाह्य विषयों को आलोकित करती है तथा जिसमें बाह्य विषय नये रूप में भासित होते हैं। प्रतिभा (शक्ति) को काव्य हेतु में विशेष महत्त्वपूर्ण माना गया है। इसके सन्दर्भ में आचार्यों के मत निम्नलिखित हैं—

- ''शक्तिः कवित्वबीजरूपः संस्कारविशेषः।''—**मम्मट**
- ''सा (प्रतिभा) काव्यघटनानुकूल-शब्दोपस्थितिः।''—**जगन्नाथ**
- ''प्रज्ञा नवनवोन्मेषशालिनी प्रतिभा मत।''—**भट्टतौत**
- आचार्य रामचन्द्र शुक्ल ने प्रतिभा को 'अन्तःकरण की उद्भावित क्रिया' के रूप में व्याख्यायित किया है।

2. व्युत्पत्ति

काव्य हेतु में व्युत्पत्ति का मतलब है निपुणता, यह एक ऐसा हेतु है जो लोक और शास्त्र के ज्ञान से मिलकर बनता है। व्युत्पत्ति दो तरह की होती है : लौकिक व्युत्पत्ति, शास्त्रीय व्युत्पत्ति।

लौकिक व्युत्पत्ति चीज़ों को देखने-परखने या निरीक्षण से होती है। जबकि शास्त्रीय व्युत्पत्ति अध्ययन करने से होती है। लोक और शास्त्र दोनों का ज्ञान जिस कवि में होता है। उसकी व्युत्पत्ति सराहनीय होती है।

मम्मट का कहना है कि लोक-ज्ञान, शास्त्रज्ञान और काव्य आदि के परिशीलन से निपुणता, बहुज्ञता या व्युत्पत्ति आती है। 'निपुणता लोकशास्त्रकाव्याद्यवेक्षणात्'।

- ''उचितानुचित विवेको व्युत्पत्तिः।''—**राजशेखर** (उचित-अनुचित का विवेक ही व्युत्पत्ति है।)

3. अभ्यास

काव्य-रचना के लिए निष्ठापूर्वक बार-बार किये जाने वाले प्रयत्नों की अखण्ड शृंखला ही अभ्यास है। बार-बार के अभ्यास से कवि का ध्यान एकाग्र होता है और उसकी प्रतिभा काव्य-प्रणयन की दिशा में सक्रिय हो उठती है। वह भावनाओं को साकार करने वाली नयी-नयी उद्भावनाएँ करने लगती है।

आचार्य वामन ने 'प्रकीर्ण' के अन्तर्गत 'अभ्यास' को भी सम्मिलित किया है, किन्तु उसके लिए 'अभियोग' शब्द का प्रयोग किया है। उन्होंने 'अभियोग' की व्याख्या करते हुए लिखा है।

- ''निरन्तर प्रयास करते रहना ही अभ्यास है।''—**राजशेखर**

पाश्चात्य काव्य हेतु

- ''मानव की चिरन्तन हीनता-ग्रन्थि के निराकरण की प्रवृत्ति और अहं की स्थापना''—**एडलर**
- ''जीवनेच्छा''—**युंग**
- ''अभुक्त काम की प्रेरणा''—**फ्रायड**
- ''सौन्दर्य-प्रेम, आत्मप्रदर्शन और अनुकरण''—**काण्ट और हीगेल**
- ''अनुकरण''—**अरस्तू और होरेस**

काव्य-प्रयोजन

उपदेशान्वित आनन्द या उद्‌देश्यान्वित सरसता ही काव्य का प्रयोजन है। काव्य का प्रयोजन अनेकार्थी होता है जो कवि की अभिव्यक्ति और पाठक के अनुभव को समाहित करता है।

संस्कृत में आद्याचार्य भरत ने अपने नाट्यशास्त्र में नाटक (काव्य) के प्रयोजनों पर प्रकाश डाला है। उनका कहना है कि यह नाटक लोक में दुःख, श्रम, शोक से कातर लोगों तथा तपस्वियों को विश्राम प्रदान करने वाला होगा तथा यह धर्म, यश, आयु, कल्याण तथा लोकोपदेश प्रदान करेगा :

दु:खर्त्तानां श्रमार्त्तानां तपस्विनाम्।
विश्रामजननं लोके नाट्यमेतद् भविष्यति।।
धर्म्यं यशस्यमायुष्यं हितं बुद्धिविवर्द्धनम्।
लोकोपदेशजननं नाट्यमेतद् भविष्यति।।

संस्कृत आचार्यों के अनुसार काव्य-प्रयोजन

- ''दु:ख, परिश्रम, शोक तथा साधना से आत (पीड़ित) मनुष्य को विश्रान्ति (आनन्द) प्रदान करना काव्य का प्रयोजन है।''—**भरतमुनि**
- ''काव्य का प्रयोजन अज्ञानान्धकार को नष्ट करके ज्ञानज्योति का प्रसार करना है।'' एक अन्य स्थान पर दण्डी ने अमर कीर्ति का प्रसार करना काव्य का प्रयोजन स्वीकार किया है।—**आचार्य दण्डी**
- ''पुरुषार्थ-चतुष्ट्य (धर्म, अर्थ, काम, मोक्ष), कीर्ति, प्रीति और समस्त कलाओं का ज्ञान।''—**भामह**
- ''कीर्ति और प्रीति।''—**भोजराज**
- ''पुरुषार्थ-चतुष्ट्य, व्यवहार ज्ञान व परमानन्द।''—**कुन्तक**

हिन्दी के कवियों व विद्वानों के अनुसार काव्य प्रयोजन

- ''काव्य का अन्तिम लक्ष्य जगत् के मार्मिक पक्षों का प्रत्यक्षीकरण करके उनके साथ मनुष्य हृदय का सामंजस्य प्रतिस्थापन है।''

  —**आचार्य रामचन्द्र शुक्ल**
- *जस सम्पत्ति आनन्द अति दुरितन डारे खोई।*
  होत कवित्त ते चतुरई जगत् राम बस होई।।—**कुलपति मिश्र**
- *कीरति भनिति भूति भलि सोई।*
  सुरसरि सम सब कर हित होई।।—**गोस्वामी तुलसीदास**
- *ज्ञान का विस्तार और आनन्द की अनुभूति।*—**महावीर प्रसाद द्विवेदी**
- *केवल मनोरंजन न कवि का कर्म होना चाहिए।*
  उसमें उचित उपदेश का भी मर्म होना चाहिए।—**मैथिलीशरण गुप्त**
- *आनन्द की अनुभूति और लोकहित की भावना।*—**भारतेन्दु हरिश्चन्द्र**
- *आत्माभिव्यक्ति को साहित्य का प्रयोजन माना है।*—**डॉ. नगेन्द्र**
- *आत्मानुभूति ही काव्य का प्रयोजन है।*—**आचार्य नन्ददुलारे वाजपेयी**

काव्य-प्रयोजन (पाश्चात्य दृष्टिकोण)

काव्य-प्रयोजन	**पाश्चात्य विचारक**
आनन्द	कॉलरिज
आनन्द, शिक्षा	जॉन ड्राइडेन
लोकमंगल	प्लेटो
उपदेश	हैसियड
आनन्द, ज्ञानार्जन	अरस्तू

रस-सिद्धान्त

- 'रस सम्प्रदाय' संस्कृत काव्यशास्त्र का सर्वाधिक प्राचीन सम्प्रदाय है।
- काव्य का पठन, सुनना और देखना आदि से जो आनन्द की अनुभूति होती है, उसे 'रस' कहते हैं।
- रस सम्प्रदाय में प्रवर्तक आचार्य भरतमुनि को माना जाता है।
- आचार्य भरतमुनि ने 'नाट्यशास्त्र' के छठे और सप्तम् अध्यायों में 'रस' और भाव का निरूपण किया है।
- रस-निरूपण के प्रथम व्याख्याता एवं रस-निरूपण का प्रथम ग्रन्थ आचार्य भरतमुनि के द्वारा रचित 'नाट्यशास्त्र' को ही माना जाता है।

विभिन्न आचार्यों द्वारा रस-निरूपण के मत

- *शब्दार्थो ते शरीरं रस आत्मां।*—**आचार्य राजशेखर**
- *विभावानुभावव्यभिचारिसंयोगाद्रस-निष्पत्तिः*—**आचार्य भरतमुनि** (विभाव, अनुभाव और व्यभिचारिभाव (संचारी भाव) के संयोग से ही रस की निष्पत्ति होती है।)
- *सर्वथा रसनात्मकं वीतविघ्न प्रतीतिग्राह्यो भाव एव रसः।*—**अभिनवगुप्त**
- *विभावेनानुभावेन व्यक्तः संचारिणी तथा।*
रसतामेति रत्यादिः स्थायी भावः सचेतसाम्।—**विश्वनाथ**
- *विभावैनुभावैश्च सात्विकैर्व्य भिचारिभिः।*
आनीयमानः स्वाघत्व स्थायी भावो रसः स्मृतः॥—**धनंजय**
- *व्यक्तः स तैर्विभावाद्यौः स्थायी भावो रसः स्मृतः।*—**मम्मट**
- भामह ने काव्य रस का ही प्रयोग किया है और इन्होंने रस को अलंकार तथा विभाव को ही रस स्वीकार किया है।
- **दण्डी** के मतानुसार—"सभी अलंकारों का मन्तव्य काव्य को रसमय बनाना है।"

- आचार्य **क्षेमेन्द्र** ने 'रस' को ही आधार बनाकर औचित्य सिद्धान्त का प्रतिपादन किया है।
- ध्वनि सम्प्रदाय के **आचार्य आनन्दवर्धन** ने रस को ही सर्वाधिक महत्त्व दिया है। इन्होंने सभी काव्य-तत्त्वों का महत्त्व रस को ही केन्द्रबिन्दु मानकर स्वीकार किया है।
- "काव्य सार शब्दार्थ को, रसतेहिं काव्य सुसार"—**रीतिकालीन कवि देव**

हिन्दी विद्वानों द्वारा रस-निरूपण के मत

- "हृदय की मुक्तावस्था रसदशा कहलाती है।"—**आचार्य रामचन्द्र शुक्ल**
- "रस कविता का सबसे बड़ा गुण है।"—**आचार्य महावीर प्रसाद द्विवेदी**
- "'रस' काव्य की आत्मा है।"—**डॉ. नन्ददुलारे वाजपेयी** और **डॉ. नगेन्द्र** का एक ही मत है।
- "रस अमर है, वह काव्य का सबसे महत्त्वपूर्ण अंग भी है, जब तक काव्य रहेगा, रस की सृष्टि निरन्तर होती रहेगी।"—**डॉ. रामकुमार वर्मा**
- "मृत जाति को कवि ही जिलाते रस सुधा के योग से।"—**मैथिलीशरण गुप्त** द्वारा रचित भारत-भारती से उद्धृत पंक्ति है जो रस के आत्मस्वरूप का ही उद्घाटन करती है।

रस के अंग

आचार्य भरत मुनि के अनुसार भाव ही रस के मूल कारण हैं। स्थायी भाव ही विभावों, अनुभावों और संचारी भावों के संयोग से रस-दशा को प्राप्त होते हैं। अत: कुल मिलाकर रस के चार अंग या घटक हैं–स्थायी भाव, विभाव, अनुभाव और व्यभिचारी (संचारी) भाव।

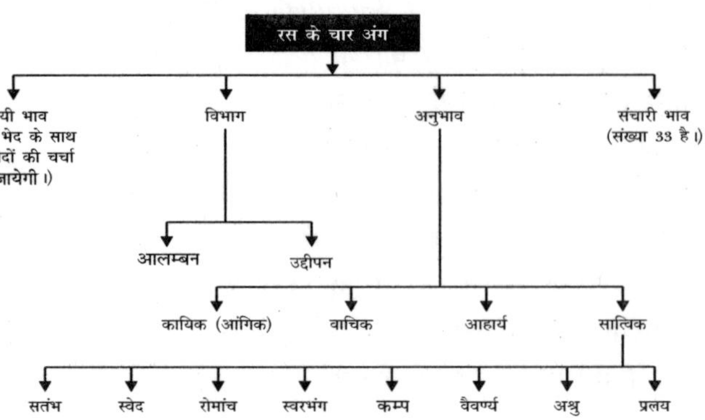

स्थायी भाव

मानव के अन्त:करण में वासना-रूप में निरन्तर रहने वाले रति, उत्साह, भय आदि उन मनोविकारों को स्थायी भाव कहते हैं, जो विभाव, अनुभाव, संचारी भाव के संयोग से रस में परिणत होने की क्षमता रखते हैं। स्थायी भाव मानव के मूल मनोवेग हैं। आचार्य विश्वनाथ ने स्थायी भाव की परिभाषा करते हुए लिखा है कि जिस भाव को कोई अविरुद्ध या विरुद्ध भाव नहीं दबा सकता तथा जो रस-रूप आस्वाद का मूल हेतु है, वह स्थायी भाव कहलाता है।

विभाव

जो व्यक्ति, व्यक्तियों की चेष्टाएँ तथा परिवेशगत प्रभाव रति आदि स्थायी भाव को जागरित करते हैं और जागरित भाव को और अधिक उभारते या उद्‌दीप्त करते हैं, वे विभाव कहलाते हैं। ये मुख्यत: दो कार्य करते हैं—

(1) कारण के रूप में ये स्थायी भाव को जागरित करते हैं, तब ये आलम्बन विभाव कहलाते हैं।

(2) बाह्य उद्‌दीपक प्रभाव के रूप में ये जागरित भाव को और अधिक उभारते है, तब ये उद्‌दीपक विभाव कहलाते हैं।

अनुभाव

'अनुभाव' शब्द अनु और भाव के योग से बनता है। 'अनु' उपसर्ग का अर्थ है पश्चात्। भावोदय के पश्चात् होने वाली ये चेष्टाएँ, जो आश्रय के हृदय में उदित अदृश्य भाव को सहृदयों (दर्शकों या पाठकों) के लिए ग्राह्य बना देती हैं, अनुभाव कहलाती हैं।

व्यभिचारी (संचारी) भाव

'चर्' धातु में वि तथा अभि उपसर्ग जुड़ने से व्यभिचारी तथा सम् उपसर्ग जुड़ने से 'संचारी' शब्द बनता है। 'चर्' धातु का अर्थ है चलना या विचरण करना। रस के सन्दर्भ में व्यभिचारी या संचारी का अर्थ है, वे भाव जो स्थायी भाव की ओर संचरण करते हैं। स्थायी भाव की पुष्टि के लिए उसकी ओर संचरणशील भावों को संचारी या व्यभिचारी कहते हैं।

रस के भेद

- रसों की संख्या मूलत: आठ मानी जाती है लेकिन कुछ आचार्यों ने समय-समय पर इसमें परिवर्तन किया है।

रस विभिन्न आचार्यों द्वारा प्रतिष्ठित रस		
प्रस्तोता आचार्य	**रस**	**स्थायी भाव**
आचार्य भरतमुनि	शृंगार रस	रति
आचार्य भरतमुनि	हास्य रस	हास
आचार्य भरतमुनि	रौद्र रस	क्रोध
आचार्य भरतमुनि	करुण रस	शोक
आचार्य भरतमुनि	वीर रस	उत्साह
आचार्य भरतमुनि	अद्‌भुत रस	विस्मय
आचार्य भरतमुनि	वीभत्स रस	जुगुप्सा
आचार्य भरतमुनि	भयानक रस	भय
आवार्य उद्‌भट	शान्त रस	निर्वेद
आचार्य रुद्रट	प्रेयान रस	स्नेह
आचार्य विश्वनाथ	वात्सल्य रस	वत्सलता
आचार्य रूपगोस्वामी	भक्ति रस	ईश्वर विषयक रति

- ❑ अभिनवगुप्त ने शान्त रस का स्थायी भाव 'तृष्णाजन्य सुख' को माना।
- ❑ आचार्य भरतमुनि ने आठ रसों को मान्यता दी किन्तु प्रमुख चार को ही माना है—शृंगार, रौद्र, वीर और वीभत्स और बाद में शृंगार से हास्य, रौद्र से करुण, वीर से अद्‌भुत और वीभत्स से भयानक रस की उत्पत्ति मानी है।
- ❑ आचार्य भरतमुनि, हेमचन्द्र, रुद्रट, अभिनवगुप्त, आनन्दवर्धन, रुद्रट, विद्याधर और विश्वनाथ ने रसराज 'शृंगार' को ही सर्वोत्कृष्ट रस माना है।
- ❑ वाक्यं रसात्मकं काव्यम्—**विश्वनाथ**
- ❑ शब्दार्थो ते शरीरं रस आत्मा—**आचार्य राजशेखर**
- ❑ रमणीयार्थ प्रतिपादक: काव्यम्—**पण्डित जगन्नाथ**
- ❑ ये रसस्यां गिन:—**मम्मट**

रस का स्वरूप

भरत ने रस जैसे सूक्ष्म तत्त्व की बहुत ही वस्तुनिष्ठ, वैज्ञानिक विवेचना करने का स्तुत्य प्रयास किया है। उन्होंने विभाव, अनुभाव, संचारी भावों से पोषित स्थायी

भाव की रस में परिणति दर्शाकर रस-चिन्तन की पुष्ट मनोवैज्ञानिक पीठिका प्रस्तुत की है।

भरत के अनुसार रस एक प्रकार की भावमूलक, कलात्मक स्थिति है, जो विभाव, अनुभाव, व्यभिचारी भावों के अभिनय के माध्यम से मंच पर प्रस्तुत की जाती है।

रस की स्वरूपगत विशेषताएँ निम्न है–

–रस अखण्ड है

–रस स्वप्रकाश है

–रस आनन्दमय है

–रस चिन्मय है

–रस वेद्यान्तरस्पर्शशून्य है

–रस ब्रह्मानन्दसहोदर है व इत्यादि।

रस निष्पत्ति

- भरतमुनि ने 'निष्पत्ति' शब्द का प्रथम प्रयोग रस-सूत्र में किया है।
- रस निष्पत्ति का अर्थ है—काव्य-आस्वाद की प्रक्रिया। काव्य-आस्वाद की प्रक्रिया का प्रश्न रचना में कवि द्वारा रस के सृजन तथा पाठक द्वारा रस को ग्रहण करने की प्रक्रिया से सम्बन्धित है।

भरतमुनि के रससूत्र की व्याख्या करने वाले व्याख्याकार, रससूत्र के प्रति उन पर पड़ने वाला प्रभाव और व्याख्या

आचार्य (दर्शन)	निष्पत्ति	व्याख्या	संयोग	रस की अवस्थिति
1. भट्टलोल्लट (मीमांसा)	उत्पत्ति	उत्पत्तिवाद (आरोपवाद)	सम्बन्ध (उत्पाद्य-उत्पादक-भाव सम्बन्ध) (गम्य-गमक-भाव सम्बन्ध)	अनुकार्य में अर्थात् वास्तविक रामादि।
2. भट्टनायक (सांख्य)	मुक्ति	मुक्तिवाद (भोगवाद)	'विभावन' (भोज्य-भोजक-भाव)	प्रेक्षक में अर्थात् दर्शक

3. अभिनवगुप्त (शैव)	अभिव्यक्ति	अभिव्यक्तिवाद	'अभिव्यंजना' (व्यंग्य-व्यंजक -भाव)	सामाजिक में अर्थात् (सहृदय)
4. श्री शंकुक (न्याय)	अनुमिति	अनुमितिवाद	'अनुमान' (अनुमाप्य-अनुमापक-भाव)	अनुकर्ता में (अभिनेता नट)

भट्ट लोल्लट का उत्पत्तिवाद—

- भट्ट लोल्लट ने निष्पत्ति का अर्थ उत्पत्तिवाद से लिया है तथा संयोग शब्द के तीन अर्थ निकाले हैं। स्थायी भाव के साथ उत्पाद्य-उत्पादक भाव सम्बन्ध, अनुभाव के साथ गम्य-गमक भाव सम्बन्ध तथा संचारी भावों के साथ पोष्य-पोषण सम्बन्ध।

श्री शंकुक का अनुमितिवाद—

- शंकुक ने निष्पत्ति का अर्थ अनुमिति से लिया है तथा संयोग का अर्थ लिया है। अनुमाप्य-अनुमापक भाव सम्बन्ध।

भट्टनायक का भुक्तिवाद—

- भट्टनायक ने निष्पत्ति से मुक्ति का अर्थ ग्रहण किया है तथा संयोग का भाव के लिए भोज्य-भोजक सम्बन्ध को माना है।

अभिनवगुप्त का अभिव्यक्तिवाद—

- अभिनवगुप्त ने निष्पत्ति का अर्थ अभिव्यक्तिवाद से लेकर संयोग का अर्थ व्यंग्य-व्यंजक भाव सम्बन्ध के रूप में लिया है।

साधारणीकरण

- काव्य को पढ़कर या नाटक देखकर पाठक या दर्शक ऐसा अनुभव करे कि रचनाकार ने उसकी ही भावना को अभिव्यक्ति प्रदान की है तो वह क्षण भर के लिए सब कुछ भूलकर काव्यधारा में निमग्न हो जाता है। इसी स्थिति को 'साधारणीकरण' कहा जाता है।
- 'मुक्त हो जाने' का अभिप्राय सबके (सामान्य) हो जाने से है।
- कवि या रचनाकार की अनुभूति का जन-जन की अनुभूति बन जाना ही साधारणीकरण है।

- **भट्टनायक** ने अपने सिद्धान्त 'भुक्तिवाद' में घोषित किया है कि काव्य में तीन व्यापार होते हैं—अभिधा, भावकत्व और भोजकत्व।
- भावकत्व द्वारा विभावादि का साधारणीकरण होता है।
- **अभिनवगुप्त** का मत है कि ''साधारणीकरण विभावादि का नहीं होता है, अपितु स्थायी भावों का होता है।''
- **आचार्य रामचन्द्र शुक्ल** ने साधारणीकरण को दो पक्षों में ग्रहण किया है—(1) साधारणीकरण आलम्बन धर्म का होता है, (2) सहृदय का आश्रय के साथ तादात्म्य होता है।
- **आचार्य रामचन्द्र शुक्ल** के अनुसार—''साधारणीकरण का अभिप्राय यह है कि पाठक या श्रोता के मन में जो व्यक्ति विशेष या वस्तु विशेष आती है, वह जैसे काव्य में वर्णित 'आश्रय' के भाव का आलम्बन होती है, वैसे ही सब सहृदय पाठकों या श्रोताओं के भाव का आलम्बन हो जाती है।''
- **आचार्य शुक्ल** ने 'काव्यानन्द' अथवा 'रस' को ब्रह्मानन्द सहोदर नहीं माना है, अपितु सामाजिक के धरातल पर 'रस' की नवीन व्याख्या की है।
- **डॉ. नगेन्द्र** का मत है—''साधारणीकरण न तो आलम्बन का होता है और न आश्रय का, साधारणीकरण तो कवि की अनुभूति का होता है।''
- **धनंजय** के अनुसार—'धीरोदात्ताद्यवस्थानां रामादिप्रतिपादकः।' रामादि कवि के सृजन के अनुसार नायक की धीरोदात्त आदि विभिन्न अवस्थाओं में से किसी एक के द्योतक होते हैं। ये काव्य में अपनी ऐतिहासिक अवस्था का द्योतक नहीं करते।
- **धनंजय** के अनुसार—''काव्यगत पात्रों का अपना विशिष्ट सन्दर्भ त्यागकर सामान्य मानव-मात्र हो जाने से वे सहृदय का आलम्बन बन जाते हैं तथा उससे सहृदय का रसास्वादन सम्भव होता है।''
- **डॉ. श्यामसुन्दर दास** के अनुसार—''साधारणीकरण की अवस्था में प्राणी या वस्तु के साथ जो सम्बन्ध होता है, वह मिट जाता है। साधारणीकरण की स्थिति 'योग की मधुमती भूमिका' के सदृश होती है।''
- जगन्नाथ ने 'साधारणीकरण' के 'दोष-दर्शन' की स्थापना की है।
- **जगन्नाथ** के अनुसार—''व्यंजना वृत्ति से सामाजिक को रामादि के रति आदि भावों का बोध होता है। तत्पश्चात् उसकी सहृदयता से उसमें एक दोष-भावना जाग्रत होती है। इस दोष-भावना से उसकी आत्मा कल्पित विभावादि से घिर जाती है और जैसे सीपी के टुकड़े में चाँदी का भ्रम होता

है, वैसे ही इस दोष से रति आदि चित्तवृत्तियाँ उत्पन्न हो जाती हैं, यही चित्तवृत्तियाँ आत्मा-चैतन्य द्वारा प्रकाशित हो रसास्वाद कहलाती है।''

- **विश्वनाथ** का मानना है कि साधारणीकरण के कारण ही सहृदय का आश्रय से तादात्म्य हो जाता है और वह इस प्रकार देव-महापुरुष आदि विशिष्टों के कार्यों-अनुभूतियों के आस्वादन में समर्थ हो जाता है। इसी से रति आदि भाव पात्रों और सामाजिक के अपने निजी न रहकर साधारण होकर, दोनों के हो जाते हैं, और इस तरह पात्रों के रति आदि भाव सामाजिक के इन्हीं भावों के उद्‌बोधक हो जाते हैं। यही रसास्वाद की पृष्ठभूमि है।

रस : लक्षण एवं उदाहरण

भारतीय काव्यशास्त्र में नौ स्थायी भावों के आधार पर नौ रसों की स्थिति स्वीकार की जाती है जिसमें नौ रस हैं—शृंगार, हास्य, करुण, रौद्र, वीर, भयानक, अद्‌भुत, वीभत्स और शान्त रस।

(1) शृंगार रस—शृंगार रस का आधार स्त्री-पुरुष का पारस्परिक आकर्षण है जिसे काव्यशास्त्र में 'रति' कहा जाता है। 'रति' भाव को बढ़ाने वाले तत्त्वों को शृंगार कहते हैं और जब विभाव, अनुभाव और संचारी भाव के संयोग से रति में आस्वाद की योग्यता उत्पन्न हो जाती है, तब उसे 'शृंगार रस' कहते हैं।

शृंगार रस के दो भेद हैं—(1) संयोग शृंगार रस (2) वियोग शृंगार रस। जहाँ नायक-नायिका के मिलन की स्थिति हो 'संयोग शृंगार रस' और जहाँ वियोग की स्थिति हो वहाँ 'वियोग शृंगार रस' का प्रयोग होता है—

उदाहरण—

संयोग शृंगार रस—''बूझत स्याम कौन तू गोरी।
कहाँ रहति काकी तू बेरी, देखी नाहिं कहूँ ब्रज खोरी।''

वियोग शृंगार रस— ''बिनु गोपाल बैरिन भई कुंजैं।''

(2) हास्य रस—काव्यादि में जहाँ किसी वस्तु या व्यक्ति के विकृत रूप, वेशभूषा, व्यंग्यात्मक कथन, चेष्टाओं आदि को देखकर या सुनकर हासभाव जाग्रत होता है, वहाँ 'हास्य रस' होता है अर्थात् जहाँ हँसी के भाव उत्पन्न हों, उसे 'हास्य रस' कहते हैं।

उदाहरण— ''चूरन साहेब लोग जो खाता, सारा हिन्द हजम कर जाता।
चूरन पुलिसवाले खाते, सब कानून हजम कर जाते॥''

(3) करुण रस—जिस रस के आस्वादन से हृदय में पीड़ा/दुःख/विषाद/शोक की भावना उत्पन्न होती है, उसे 'करुण रस' कहते हैं।

उदाहरण—"देखि सुदामा की दीन दशा करुणा करके करुणनिधि रोए।
पानी परात को हाथ छुयो नहीं नैनन के जल से पग धोए॥"

(4) रौद्र रस—जिस रस के आस्वादन से क्रोध की भावना प्रकट हो, उसे 'रौद्र रस' कहते हैं।

उदाहरण— *अरे ओ! दुःशासन निर्लज्ज,*
देख तू नारी का भी क्रोध।
किसे कहते उसका अपमान,
करा दूँगी मैं उसका बोध॥

(5) वीर रस—जिन भावों में वीरता का भाव प्रकट होता हो, उसे 'वीर रस' कहते हैं।

उदाहरण— *फहरी ध्वजा फड़की भुजा, बलिदान की ज्वाला उठी।*

(6) भयानक रस—जिस रस के आस्वादन से भय उत्पन्न हो, उसे भयानक रस कहते हैं।

उदाहरण— *एक ओर अजगरहि लखि, एक ओर मृगराय।*
वक व बटोही बीच ही पर्यो मूर्छा खाय।।

(7) वीभत्स रस—जिस रस के आस्वादन से घृणा की भावना उत्पन्न हो, उसे वीभत्स रस कहते हैं।

उदाहरण— *घर में लाशें,*
जनपथ पर लाशें।
आँखें नृशंस यह दृश्य देख,
मुँद जाती हैं, घुटती साँसें॥

(8) अद्‌भुत रस—जिस रस के आस्वादन से मन में आश्चर्य का भाव उत्पन्न हो, उसे अद्‌भुत रस कहते हैं।

उदाहरण— *अम्बर में कुन्तल जाल देख,*
पद के नीचे पाताल देख,
मुट्‌ठी में तीनों काल देख,
मेरा स्वरूप विकराल देख।
सब जन्म मुझी से पाते हैं,
फिर लौट मुझी में आते हैं।

(9) शान्त रस—जहाँ सब प्राणियों के लिए समान भाव हो अर्थात् किसी के प्रति न प्रेमभाव हो और न द्वेष भाव हो, वहाँ 'शान्त रस' होता है।

उदाहरण—*अब लौ नसानी अब न नसैहों।*

राम कृपा भव निशा सिरानी जागे फिरि न डसैहों।

(10) वात्सल्य रस—जहाँ सन्तान, शिष्य तथा बच्चों के प्रति स्नेह दर्शाया जाता है वहाँ वात्सल्य रस होता है।

उदाहरण— *किलकत कान्ह घुटुरुवनि आवत।*

मनिमय कनक नन्द के आँगन बिन पकरिबे धावत॥

अलंकार सम्प्रदाय

- काव्य की शोभा बढ़ाने वाले तत्त्वों को 'अलंकार' कहा जाता है।
- अलंकार सम्प्रदाय के प्रवर्तक आचार्य भामह माने जाते हैं।
- आचार्य दण्डी ने अलंकार को परिभाषित करने का सर्वप्रथम प्रयास किया है—
  काव्यशोभाकरान् धर्मान् अलंकारान् प्रचक्षते॥

अलंकार के भेद

(1) शब्दालंकार—अनुप्रास, यमक, श्लेष।

(2) अर्थालंकार—उपमा, रूपक, उत्प्रेक्षा, अतिशयोक्ति।

(3) उभयालंकार

(1) शब्दालंकार

अनुप्रास अलंकार—जब एक ही व्यंजन की आवृत्ति हो तब अनुप्रास अलंकार होता है।

उदाहरण—*चारु, चन्द्र की चंचल किरणें खेल रही थीं जल-थल में।*

यमक अलंकार—जब एक ही शब्द बार-बार आये लेकिन अर्थ भिन्न-भिन्न हो तब यमक अलंकार होता है।

उदाहरण— *कनक-कनक ते सौ गुनी मादकता अधिकाय।*

श्लेष अलंकार—श्लेष का अर्थ है चिपका हुआ। जब एक ही शब्द के दो या दो से अधिक अर्थ निकलें तो श्लेष अलंकार होता है।

उदाहरण—*रहिमन पानी राखिए बिन पानी सब सून।* पानी के अर्थ हैं—चमक, जल, इज्जत।

(2) अर्थालंकार

उपमा अलंकार—जहाँ एक वस्तु या प्राणी की तुलना अत्यन्त सादृश्य के कारण प्रसिद्ध वस्तु या प्राणी से की जाये, वहाँ उपमा अलंकार होता है। इसमें प्रायः वाचक शब्द सा, सी, से, समान, सरिस आदि देखने को मिलते हैं।
उदाहरण—हाय फूल-सी कोमल बच्ची हुई राख की थी ढेरी।

उत्प्रेक्षा अलंकार—जहाँ समानता के कारण उपमेय में उपमान की सम्भावना या कल्पना की जाये। मानो, मनु, मनहु, जानो, जनु, जनहु इसके बोधक शब्द हैं।

उदाहरण— *हिम के कणों से पूर्ण मानो हो गए पंकज नए।*

रूपक अलंकार—जहाँ गुण की अत्यन्त समानता के कारण उपमेय में उपमान का अभेद आरोपण हो, वहाँ रूपक अलंकार होता है। इसमें अर्थ करने पर रूपी शब्द का प्रयोग होता है।

उदाहरण— *चरण कमल बन्दौ हरिराई*
आये महन्त वसन्त।

अतिशयोक्ति अलंकार—जहाँ बात को बहुत अधिक बढ़ा-चढ़ाकर कहा जाये, वहाँ अतिशयोक्ति अलंकार होता है।

उदाहरण— *हनुमान की पूँछ में लगन न पाई आग*
लंका सिगरी जल गई गए निसाचर भाग॥

उदाहरण— *देख लो साकेत नगरी है यही*
स्वर्ग से मिलने गगन को जा रही॥

(3) उभयालंकार

जो अलंकार शब्द और अर्थ दोनों पर आधारित रहकर दोनों को चमत्कारी करते हैं वहाँ उभयालंकार होता है।

उदाहरण— *कजरारी अँखियन में कजरारी न लखाय॥*

रीति सम्प्रदाय

- रीति सम्प्रदाय के प्रवर्तक आचार्य वामन माने जाते हैं। इन्होंने 'रीतिरात्मा काव्यस्य' कहकर रीति को विशेष महत्त्व दिया है।
- आचार्य वामन से पूर्व के आचार्यों ने 'रीति' के लिए इन शब्दों का प्रयोग किया है—
  आचार्य भरतमुनि—प्रवृत्ति।

आचार्य दण्डी—काव्य मार्ग।
आचार्य भामह—काव्य भेद के अन्तर्गत विवेचन।

- ❑ आचार्य वामन ने रीति को 'विशिष्ट पदरचना रीतिः' भी कहा है।
- ❑ वामन ने वैदर्भी, गौड़ी के अतिरिक्त तीसरी रीति 'पांचाली' की प्रतिष्ठा की तथा इसमें 'वैदर्भी' को उत्तम माना है। पांचाली को ग्राम्य भी कहते हैं।
- ❑ आचार्य भरतमुनि के 'नाट्यशास्त्र' में 'रीति' का 'प्रवृत्ति' शब्द मिलता है, इसमें चार प्रवृत्तियों—अवन्ती, दाक्षिणत्या, पांचाली और मागधी का उल्लेख मिलता है।
- ❑ भामह ने काव्य-भेद के अन्तर्गत 'वैदर्भी' और 'गौड़ी' का उल्लेख किया है।
- ❑ आचार्य रुद्रट ने रीतियों का सम्बन्ध 'रस' से स्थापित किया और चार प्रकार की रीतियों वैदर्भी, गौड़ी, पांचाली और लाटी का उल्लेख किया है।
- ❑ भोजराज ने छह प्रकार की रीतियों—वैदर्भी, गौड़ी, पांचाली, लाटी, अवंतिका और मागधी का उल्लेख किया है।
- ❑ आचार्य विश्वनाथ ने रीतियों का विभाजन वर्णसंगुम्फन के आधार पर करते हुए इनकी संख्या चार मानी है—वैदर्भी, गौड़ी, पांचाली और लाटी।
- ❑ कुन्तक ने रीति की व्याख्या 'मार्ग' के रूप में की है, उनके अनुसार रचना के तीन मार्ग हैं—सुकुमार (2) विचित्र (3) मध्यम।
- ❑ आनन्दवर्धन ने 'रीति' के लिए 'संघटना' पद का प्रयोग किया है और उसे 'रस' साधन माना है।
- ❑ राजशेखर ने 'कर्पूरमंजरी' में केवल तीन रीतियों का उल्लेख किया है—वैदर्भी (लच्छोभि) (2) मागधी (3) पांचालिका (पांचाली)।
- ❑ आचार्य मम्मट 'रीति' को 'वृत्ति' कहते हैं।
  इन्होंने रीतियों और गुणों का सम्बन्ध इस तरह स्वीकृत किया है—
  - उपनागरिका (वैदर्भी)—माधुर्य गुण।
  - परुषा (गौड़ी)—ओज गुण।
  - कोमला (पांचाली)—प्रसाद गुण।
- ❑ आचार्य विश्वनाथ ने 'रीति' को 'पद संघटना रीति' कहा है।
- ❑ आचार्य रामचन्द्र शुक्ल के अनुसार—"रीति का विधान शुद्धवाद का प्रभाव उत्पन्न करने के लिए हुआ है।"
- ❑ डॉ. नगेन्द्र—"यूरोप के आचार्यों द्वारा निर्दिष्ट शैली के तत्त्व समान्तर से रीति के तत्त्वों में ही अन्तर्भूत हो जाते हैं।

ध्वनि सम्प्रदाय

- ध्वनि का प्राचीनतम प्रयोग 'अथर्ववेद' में मिलता है।
- ध्वनि सम्प्रदाय के प्रवर्तक आचार्य आनन्दवर्धन हैं, इन्होंने अपने ग्रन्थ 'ध्वन्यालोक' में 'ध्वनिरात्मा काव्यस्य' कहा है।
- ध्वनि के मुख्यत: तीन भेद माने जाते हैं—(1) वस्तु ध्वनि (2) अलंकार ध्वनि (3) रस ध्वनि।
- 'वस्तु ध्वनि' में किसी वस्तु से दूसरी वस्तु की व्यंजना की जाती है।
- 'अलंकार ध्वनि' में अलंकार की अभिव्यक्ति व्यंग्यार्थ के रूप में होती है।
- 'रस ध्वनि' के अन्तर्गत नवरस तो आते ही हैं, साथ ही भाव, भावाभास, भावोदय, भावशबलता, भावसन्धि आदि की भी गणना होती है।
- आचार्य मम्मट ने 'काव्यप्रकाश' के प्रथम उल्लास में काव्य की तीन कोटियों का उल्लेख किया है—(1) ध्वनि-काव्य (2) गुणीभूत व्यंग्य-काव्य (3) चित्र-काव्य।
- आचार्य विश्वनाथ के अनुसार—व्यंग्य रूप-अर्थ ही अतिशय चमत्कारी हुआ करता है और इसी आधार पर ध्वनि-काव्य श्रेष्ठ-काव्य है।
- आचार्य भोजराज ने 'तात्पर्या' शक्ति को ध्वनि से अभिन्न मानते हुए ध्वनि का विवेचन 'तात्पर्या' के अन्तर्गत किया है।
- आनन्दवर्धन ने 'वाच्यार्थ' को जान लेने वाले व्यक्ति को 'बोद्धा' और 'व्यंग्यार्थ' को जान लेने वाले को 'सहृदय' माना है।
- आचार्य रामचन्द्र शुक्ल के अनुसार—यदि व्यंजना किसी तथ्य की व्यंजना करती है तो यही कि व्यंजित भाव की श्रोता या दर्शक के द्वारा रसरूप में अनुभूति होती है। इस प्रकार रस व्यंजना द्वारा उत्पन्न होता है।
- ध्वनि स्थापना के द्वारा वास्तव में ध्वनिकार ने काव्य में कल्पना के महत्त्व की ही प्रतिष्ठा की है।

वक्रोक्ति सम्प्रदाय

- वक्रोक्ति सम्प्रदाय के प्रवर्तक आचार्य कुन्तक हैं। इनके अनुसार वक्रोति काव्यात्मा है—*वक्रोक्तिः काव्य जीवितम्*।
- आचार्य भामह ने वक्रोक्ति का सर्वप्रथम विवेचन किया है और इन्होंने वक्रोक्ति का अर्थ अतिशयोक्ति माना तथा इसे सम्पूर्ण अलंकारों का मूल घोषित किया है।

- आचार्य दण्डी 'वक्रोक्ति' का अर्थ तो अतिशयोक्ति से लेते हैं किन्तु इसे सम्पूर्ण अलंकारों का मूल नहीं मानते। इनके अनुसार 'स्वभावोक्ति' आदि अलंकार है।
- आचार्य कुन्तक के अनुसार—*वक्रोक्तिरेव वैदग्ध्यं भंगीभणितिरुच्यते*।

औचित्य सम्प्रदाय

- 'उचित' विशेषण से निर्मित भाववाचक संज्ञा है 'औचित्य', जिसका अर्थ है 'उचित' का भाव अर्थात् उचित होने की स्थिति या उपयुक्तता। इसी व्युत्पत्तिशत अर्थ को ध्यान में रखकर आचार्य क्षेमेन्द्र ने औचित्य का अर्थ स्पष्ट करते हुए लिखा है कि उचित का भाव ही औचित्य कहलाता है।
  'उचितस्य च यो भावः तदोचित्यं प्रचक्षते।'
  औचित्य चिन्तन की दृष्टि से आचार्य आनन्दवर्धन का योगदान विशेष उल्लेखनीय है। उन्होंने काव्य के मूल तत्त्व रस का एकमात्र विश्वसनीय आधार औचित्य को ही माना है।

काव्यदोष

- काव्यदोष की परिभाषा आचार्यों ने भिन्न-भिन्न शब्दों में की है।
- आचार्य वामन ने—गुणविपर्यत्मानों दोषः।
- आचार्य मम्मट ने—मुख्यव्रर्थिहति निर्दोषो रसश्च मुख्यस्तदाश्रयाद्वाच्यः।
- जो काव्य की रसानुभूति में बाधक हो या जिसके द्वारा किसी उक्ति के मुख्यार्थ को समझने में किसी प्रकार की रुकावट पड़ती हो, उसे ही दोष कहते हैं। काव्यदोष मुख्यतः तीन माने गये हैं—शब्द दोष, अर्थ दोष, रस दोष।

शब्द दोष

जहाँ शब्दों की रमणीयता में अपकर्षत्व हो, वहाँ शब्द दोष होता है। इसके प्रकार निम्नलिखित हैं—

(1) **श्रुति कटु**—जहाँ शब्द कठोर वर्णों से बने होते हैं और सुनने में अच्छे नहीं लगते, वहाँ दुःश्रवता या श्रुति कटु दोष होता है।

भर्त्सना से भीत हो वह बल तब चुप हो गया।

यहाँ 'भर्त्सना' में श्रुति कटुत्व दोष है।

(2) **च्युत संस्कृति दोष**—जहाँ किसी शब्द का प्रयोग व्याकरण के प्रतिकूल होता है, वहाँ च्युत संस्कृत दोष होता है।

उदाहरण—इस निराशता को छोड़ो, आशा से लो काम।

यहाँ 'निराशता' शब्द व्याकरण की दृष्टि से ग़लत है, अतः च्युत संस्कृति दोष है।

(3) अश्लीलत्व दोष—जहाँ काव्य में अश्लील शब्दों का प्रयोग हो, वहाँ अश्लीलत्व दोष होता है।

उदाहरण—*मिची आँख पिय की निरखिया वायु दीन तत्काल।*

यहाँ, 'वायु' का तात्पर्य अपान वायु (पाद) से है अत: अश्लीलत्व दोष है।

(4) ग्राम्यत्व दोष—साहित्यिक रचना में बोलचाल के ग्रामीण शब्दों का प्रयोग होने पर ग्राम्यत्व दोष माना जाता है,

मूड़ पै मुकुट धरे सोहत गोपाल हैं।

यहाँ सिर के लिए 'मूंड़' शब्द का प्रयोग हुआ है जो ग्राम्यत्व दोष से युक्त है।

(5) अप्रतीतत्व दोष—लोक-व्यवहार में न प्रयुक्त होने वाले शास्त्रीय शब्दों का काव्य में प्रयोग होने पर अप्रतीतत्व दोष होता है।

उदाहरण—*विषमय यह गोदावरी अमृतन को फल देत।*

यहाँ 'विष' शब्द का प्रयोग जल के लिए होता है, जो सामान्यत: लोक व्यवहार में प्रयुक्त नहीं होता, अत: अप्रतीतत्व दोष है।

(6) क्लिष्टत्व दोष—जहाँ किसी अर्थ के समझने में कठिनाई पड़े वहाँ क्लिष्टत्व दोष होता है, यथा—

हरिप्रिया-पितृ-वारि प्रवाह प्रतिमं वचः।

(हरि-कृष्णाप्रिया = लक्ष्मीपितृ = समुद्र)

(7) अप्रयुक्तत्व दोष—ऐसे शब्दों का प्रयोग जो व्याकरण कोश आदि से तो ठीक हों परन्तु बोलने में न आते हों। उनमें अप्रयुक्तत्व दोष होता है।

उदाहरण—*उत्तराशापति रै का अधिपति है।*

उत्तराशापति = उत्तर दिशा का स्वामी कुबेर, (रै =सम्पत्ति)।

अर्थ दोष

जिसमें अर्थ की रमणीयता में अपकर्ष हो, उसे अर्थ दोष कहते हैं।

इसके तीन प्रकार हैं—

(1) प्रसिद्धि विरुद्ध दोष (2) पुनरुक्ति अर्थ दोष (3) दुष्क्रमत्व दोष

(1) प्रसिद्धि विरुद्ध दोष—काव्य में जहाँ लोक या शास्त्र विरुद्ध वर्णन हो, वहाँ प्रसिद्धि विरुद्ध दोष होता है।

उदाहरण—उदयगिरि पर पिनाकी का कहीं टंकार बोला।
इस पंक्ति में पिनाकी (शिव) का सम्बन्ध उदयगिरि से है। जो लोक और शास्त्र के विरुद्ध है। पिनाकी का सम्बन्ध कैलाश पर्वत से है। जिसकी धनुष की टंकार कैलाश पर सुनाई देगी उदयगिरि पर नहीं। अत: यहाँ प्रसिद्धि विरुद्ध दोष है।

(2) पुनरुक्ति अर्थ दोष—जहाँ एक ही बात दो अलग-अलग शब्दों के माध्यम से कही जाये, वहाँ पुनरुक्ति अर्थ काव्यदोष होता है।

उदाहरण—*मघवा धन आरूढ़, इन्द्र अजु अति सोहियो।*
ब्रज पर कोप्यो मूढ़, मेघ दर्सो दिसि देखिये।

इस उदाहरण में मघवा तथा इन्द्र, मेघ तथा घन की पुनरुक्ति हुई है। अत: यहाँ पुनरुक्ति अर्थ काव्यदोष है।

(3) दुष्क्रमत्व दोष—यह अर्थ दोष है। लोक या शास्त्र के विरुद्ध क्रम या दुष्क्रम।
इस दोष में लोक और शास्त्र की निर्धारित मान्यताओं का क्रम उलट दिया जाता है।

उदाहरण—*मारूत नन्दन मारूत को मन को खगराज को वेग लजायो॥*
यहाँ मन का वेग आ जाने के पश्चात् खगराज के वेग का कोई औचित्य नहीं है।

रस दोष

काव्य से मिलने वाले रस में उत्पन्न दोष रस दोष कहलाते हैं। ये तीन प्रकार के होते हैं—

(1) अकाण्ड प्रथन दोष (2) अकाण्ड छेदन दोष (3) स्वशब्द वाच्यत्व दोष

(1) अकाण्ड प्रथन दोष—जहाँ वर्ण्य विषय को छोड़कर अवर्ण्य या अप्रस्तुत विषय का विस्तार बतलाया जाये वहाँ 'अकाण्ड प्रथन दोष' होता है।

(2) अकाण्ड छेदन दोष—जब किसी काव्य-रचना में किसी रस की परिपक्वता से पहले ही उस रस को समाप्त कर दिया जाए अर्थात् उस प्रसंग को समाप्त कर दिया जाये। एकदम से उसका विरोधी रस उत्पन्न कर दिया जाये 'अकाण्ड छेदन दोष' कहलाता है।

उदाहरण—*प्रभु प्रलाप सुनिकान, विकल भए वानर सकल।*
आय गये हनुमान जिमि करुणा महँ वीर रस॥

इस उदाहरण में लक्ष्मण को मेघनाद मूर्च्छित कर देता है तो सभी वानर,

भालू तथा भगवान राम दुःख में डूब जाते हैं परन्तु जब हनुमान संजीवनी बूटी लेकर वहाँ आते हैं तो करुण रस का विरोधी रस वीर रस की उत्पत्ति हो जाती है, अतः अकाण्ड छेदन दोष है।

(3) स्वशब्द वाच्यत्व दोष—जहाँ रस, भाव, विभाव आदि का वर्णन सनाम वर्णित हो, वहाँ स्वशब्द वाच्यत्व दोष होता है।

शब्द-शक्ति

- शब्द का अर्थ बोध कराने वाली शक्ति 'शब्द-शक्ति' कहलाती है। शब्द-शक्ति को संक्षेप में 'शक्ति' कहते हैं। इसे 'वृत्ति' या 'व्यापार' भी कहा जाता है।

शब्द-शक्तियाँ

शब्द-शक्ति का नाम	अभिधा	लक्षणा	व्यंजना
शब्द	वाचक लक्षण	व्यंजक	
अर्थ	वाच्यार्थ लक्ष्यार्थ	व्यंग्यार्थ	

(1) अभिधा शब्द-शक्ति—शब्द की जिस शक्ति से किसी शब्द के सबसे साधारण लोक प्रचलित अथवा मुख्य अर्थ का बोध होता है, उसे अभिधा शब्द-शक्ति कहते हैं।

पण्डित रामदहिन मिश्र ने 'साक्षात्' सांकेतिक अर्थ को अभिधा कहा है तो आचार्य मम्मट मुख्यार्थ का बोध कराने वाले व्यापार को अभिधा व्यापार कहते हैं।

इस प्रकार कह सकते हैं कि शब्द को सुनते ही अथवा पढ़ते ही श्रोता या पाठक उसके सबसे सरल, प्रचलित अर्थ को बिना अवरोध के ग्रहण करता है, वह अभिधा शब्द-शक्ति कहलाती है।

अभिधेयार्थ शब्द 'वाचक' कहलाता है तथा प्राप्त अर्थ वाच्यार्थ कहलाता है। अभिधा शब्द-शक्ति के उदाहरण—

राजा दशरथ अयोध्या के राजा थे

(2) लक्षणा शब्द-शक्ति—जब किसी शब्द के मुख्यार्थ में बाधा हो या अभिधा से अभीष्ट अर्थ का बोध न हो तब अन्य अर्थ किसी लक्षण पर अथवा दीर्घ काल से माने जा रहे रूढ़ अर्थ पर आधारित होता है। लक्षणा शब्द-शक्ति के दो भेद इस प्रकार हैं—

(1) प्रयोजनवती लक्षणा (2) रूढ़ा लक्षणा

- **प्रयोजनवती लक्षणा**—जहाँ अर्थ लक्षण पर आधारित हो प्रयोजनवती लक्षणा कहलाता है। उदाहरण—पुलिस देख चोर चौकन्ना हो गया। चौकन्ना का अर्थ है—सजग हो जाना, सावधान हो जाना। एक और अर्थ है चार कानवाला।
- **रूढ़ा लक्षणा**—जहाँ अर्थ रूढ़ि के आधार पर लिया गया है। अत: यह रूढ़ा लक्षणा कहलाता है। उदाहरण—राजेश का पुत्र ऊँट हो गया है। ऊँट का अर्थ है— अधिक लम्बा होना।

(3) व्यंजना शब्द-शक्ति—अभिधा और लक्षणा, शब्द-शक्तियाँ जब अपना-अपना अर्थ–बोध कराने पर चुक जायें, तब जिस शक्ति से निहित अर्थ को व्यक्त किया जाता है, उसे व्यंजना कहते हैं।

3
पाश्चात्य काव्यशास्त्र

पश्चिमी काव्यशास्त्र का आरम्भ चौथी-पाँचवीं शताब्दी ईसा पूर्व से ही हो जाता है। यूनान का एथेंस नगर पाश्चात्य कला, संस्कृति और साहित्य का केन्द्र था। इस केन्द्र की संस्कृति विकसित होकर यूरोप के विभिन्न देशों में अपने ढंग से फलती-फूलती रही। काव्यशास्त्र का आदि प्रणेता प्लेटो था जो यूनान का रहने वाला था। प्लेटो का शिष्य अरस्तू भी वहीं का निवासी था। काव्यशास्त्र की बहुत-सी बुनियादी बातें प्लेटो और अरस्तू के चिन्तन में मिल जाती हैं। विचित्र बात तो यह है कि काव्यशास्त्र की परम्परा का विकास गुरु-शिष्य के मतभेदों में ही निहित था।

पाश्चात्य साहित्य के सिद्धान्त की दृष्टि—

(1) आत्मवादी (2) वस्तुवादी (3) प्रत्ययवादी (4) अनुभववादी।

पाश्चात्य काव्यशास्त्र के चिन्तक और उनकी रचनाएँ

रचनाकार	समय (ई.पू. में)	रचनाएँ
1. प्लेटो	(427–347 ई.पू.)	'रिपब्लिक', 'इयोन', 'क्रीटो', 'सिम्पोज़ियम', 'फीड्रस', 'लॉज़', 'टाइमियस'।
2. अरस्तू	(384–322 ई.पू.)	'पेरिपोइएतिकेस', 'रिटोरिक', 'पॉलिटिक्स'।
3. होरेस	(65–8 ई.पू.)	'आर्स पोएतिका'।
4. लोंजाइनस	(1–3 ई. सदी)	'ऑन दि सब्लाइम', 'पेरिइप्सुस'।
5. दांते	(1265–1321)	'दि वल्गरी एलोक्वेंशिया'
6. सर फिलिप सिडनी	(1554–1586)	'एन एपोलॉजी फॉर पोएट्री'
7. जॉन ड्राइडन	(1631–1700)	'दि इंडियन एम्परर' (1667), 'एनस

		मिराबिली' (1667), 'एसे ऑफ़ ड्रमैटिक पोइज़ी' (1668)।
8. जोसेफ़ एडीसन	(1672–1719)	'द स्पेक्टेटर'।
9. पोप एलेक्ज़ेंडर	(1688–1744)	'एसे ऑन क्रिटिसिज़्म'।
10. वोल्तेयर	(1694–1778)	'डिक्शनेयर फ़िलॉसॉफ़िक'।
11. डॉ. सैमुअल जॉनसन	(1709–1784)	'ए डिक्शनरी ऑफ़ इंग्लिश लैंग्वेज़' 'लाइव्स ऑफ़ दि मोस्ट एनिमेंट पोएट'
12. हीगेल	(1770–1831)	'साइंस ऑफ़ लॉजिक' (1812), 'द फ़ेनोमेनोलॉजी ऑफ़ स्पिरिट' (1807)।
13. गोथे	(1749–1832)	'फाउस्ट' (1790)।
14. विलियम वर्ड्सवर्थ	(1770–1850)	'लिरिकल बैलड्स' (1798)।
15. कॉलरिज	(1772–1834)	'बायोग्राफ़िया लिटरेरिया' (1817), 'एड्स टु रिफ्लेक्शन' (1825), 'ऑन द कॉन्स्टिट्यूशन ऑफ़ चर्च एंड स्टेट' (1830), 'लेक्चर्स ऑन लिटरेचर'।
16. पी.बी. शेली	(1792–1822)	'ए डिफ़ेंस ऑफ़ पोएट्री' (1840)।
17. इमर्सन	(1803–1882)	'दि अमेरिकन स्कॉलर' (1837), 'नेचर' (1836), 'सेल्फ़ रिलायंस' (1841)।
18. कार्ल मार्क्स	(1818–1883)	'दास कैपिटल' (1867), 'कम्युनिस्ट मेनीफ़ेस्टो' (1848), 'पॉवर्टी ऑफ़ फ़िलॉसफ़ी' (1847)।
19. मैथ्यू आर्नल्ड	(1822–1888)	'एसेज इन क्रिटिसिज़्म' (1865), 'ऑन द स्टडी ऑफ़ सेल्टिक लिटरेचर' (1867), 'कल्चर एंड अनार्की' (1869), 'लिटरेचर एंड डोग्मा' (1873)।
20. लियो तोल्स्तोय	(1828–1910)	'रिसरेक्शन', 'व्हाट इज़ आर्ट एंड अदर एसेज', 'वार एंड पीस'

21. हिप्पोलीट तेन	(1828–1893)	'हिस्ट्री ऑफ़ इंग्लिश लिटरेचर', 'लेक्चर्स ऑन आर्ट'।
22. फ्रेडरिक नीत्शे	(1844–1900)	'द एन्टक्राइस्ट' (1894), 'दस स्पेक जरथुस्त्र, द विल टू पावर', 'ऑन द जीनीओलजी ऑफ़ मोरैलिटी'।
23. सिगमंड फ्रायड	(1856–1939)	'द इंटरप्रिटेशन ऑफ़ ड्रीम्स' (1900), 'ए जनरल इंट्रोडक्शन टू साइको एनैलिसिस' (1917)।
24. बेनदेतो क्रोचे	(1866–1952)	'एस्थेटिक' (1909), 'लॉजिक' (1917)।
25. जार्ज लूकाच	(1885–1971)	'दि थ्योरी ऑफ़ नोवल' (1962)।
26. एजरा पाउंड	(1885–1972)	'मेक इटन्यू' (1934), 'ए.बी.सी. ऑफ़ रीडिंग' (1934)।
27. टी.एस. इलियट	(1888–1965)	'सलेक्टेड एसेज़' (1932), 'एसेज़ एंशंट एंड मार्डर्न', 'पोएटी एंड ड्रामा', 'ऑन पोएट्री एंड पोयट्स', 'द सैक्रेड वुड', 'द वेस्ट लैंड', 'द यूज ऑफ़ पोएट्री एंड द यूज ऑफ़ क्रिटिसिज़्म'।
28. आई.ए. रिचर्ड्स	(1893–1979)	'द फ़ाउंडेशन ऑफ़ एस्थेटिक्स' (1922), 'द मीनिंग ऑफ़ मीनिंग' (1923), 'प्रिंसिपल ऑफ़ लिटरेरी क्रिटिसिज़्म' (1924), 'पोएट्रीज एंड साइंसेज' (1926), 'प्रैक्टिकल क्रिटिसिज़्म' (1929), 'फ़िलॉसफ़ी ऑफ़ रिटोरिक' (1936)।
29. ज्यां पाल सार्त्र	(1905–1980)	'व्हाट इज़ लिटरेचर' (1947), 'लम्बियर' (1945), 'नॉजिया', 'बीइंग एंड नथिंग' (1943), 'क्रिटिक ऑफ़ डाइलेक्टिकल रीजन' (1960)

30. क्लींथ ब्रुक्स	(1906–1994)	'अंडरस्टैंडिंग पोएट्री' (1938), 'मार्डन पोएट्री एंड ट्रेडीशन' (1939), 'अंडरस्टैडिंग ड्रामा' (1947), 'अंडरस्टैडिंग फिक्शन' (1943), 'लिटरेरी क्रिटिसिज़्म' (1957)।
31. रोलां बार्थ	(1915–1980)	'द डेथ ऑफ़ द ऑथर' (1967)
32. जॉक देरिदा	(1930–2004)	'ऑफ़ ग्रैमिटोलॉजी' (1967), 'स्पीच एंड फेनोमिना' (1967), 'दि एंड ऑफ़ मैन, राइट टू फ़िलॉसफ़ी' (1990)

प्लेटो

- प्लेटो का जन्म एथेन्स में हुआ था।
- प्लेटो आत्मवादी अथवा प्रत्ययवादी दार्शनिक था।
- प्लेटो के दर्शन के मुख्य विषय निम्न हैं—

  (i) प्रत्यय सिद्धान्त (ii) सृष्टि-शास्त्र

  (iii) ज्ञान-मीमांसा (iv) आदर्श-राज्य

  (v) आत्मा की अमरत्व सिद्धि।
- प्लेटो के प्रत्यय सिद्धान्त के अनुसार 'प्रत्यय या विचार (Idea)' ही चरम सत्य है, इसलिए वह शाश्वत और अखण्ड है तथा ईश्वर उसका स्रष्टा है। यह वस्तु-जगत् प्रत्यय का अनुकरण है तथा कला-जगत्, वस्तु-जगत् का अनुकरण है। इस प्रकार कला-जगत् अनुकरण का अनुकरण होने के कारण सत्य से तीन गुणा दूर है, क्योंकि अनुकरण असत्य है, अर्थात् विचार या प्रत्यय-वस्तु-जगत्-कला-जगत्।
- प्लेटो आदर्श राज्य से कवि या साहित्यकार के निष्कासन की वकालत करता है क्योंकि कवि सत्य के अनुकरण का अनुकरण करता है जो सत्य से तीन गुणा दूर है।
- प्लेटो ने अनुकरण में मिथ्यात्व का आरोप लगाकर कलागत सृजनशीलता की अवहेलना की।
- प्लेटो ने 'इओन' नामक संवाद में काव्य-सृजन प्रक्रिया या कारण हेतु की चर्चा की है। इसमें प्लेटो ने ईश्वरीय उन्माद को काव्य हेतु स्वीकार किया। काव्य देवी को प्लेटो ने 'म्यूजेख' की संज्ञा दी है।

- कला के मूल्य के सन्दर्भ में प्लेटो का दृष्टिकोण उपयोगितावादी था।
- प्लेटो ने प्रणीत के तीन अंग माने हैं—
  (i) शब्द, (ii) माधुर्य, (iii) लय।
- प्लेटो ने काव्य के तीन भेद किये हैं—
  (i) अनुकरण—प्रहसन और दुःखान्तक (नाटक)।
  (ii) मिश्र—महाकाव्य।
  (iii) वर्णनात्मक—डिथिरैष (प्रगीत)।
- प्लेटो स्वयं एक कवि भी था। इसकी कविताएँ 'ऑक्सफ़ोर्ड बुक ऑफ़ ग्रीक वर्स' में संकलित हैं।
- प्लेटो ने 'रिपब्लिक' में लिखा है, ''दासता मृत्यु से भी भयावह है।''

अरस्तू

- अरस्तू का यूनानी नाम 'अरिस्टोटिलेस' (Aristotiles) था।
- अरस्तू मकदूनिया का रहने वाला था। अरस्तू का गुरु प्लेटो था।
- अरस्तू सिकन्दर का गुरु था।
- अरस्तू के ग्रन्थों की संख्या लगभग 400 बतायी जाती है जिनमें तीन महत्त्वपूर्ण हैं—
  (i) 'पेरिपोइएतिकेस' (काव्यशास्त्र)—काव्य के भौतिक सिद्धान्त का विवेचन।
  (ii) 'वसीयतनामा'—दासप्रथा से मुक्ति का घोषणापत्र।
  (iii) 'रिटोरिकेस' (भाषाशास्त्र)—भाषा एवं भाषा का वर्णन।
- अरस्तू ने 'वसीयतनामा' के द्वारा अपने सभी दासों को दासता से मुक्त कर दिया।
- अरस्तू ने काव्यशास्त्र की रचना दो दृष्टियों से की—
  (i) प्लेटो के द्वारा काव्य एवं कवियों पर लगाये गये आक्षेपों का निराकरण।
  (ii) यूनानी काव्य का विरेचन।
- अरस्तू ने त्रासदी (दुखान्त) के छः अंग स्वीकार किये हैं—
  (1) कथानक (2) चरित्र (3) विचार
  (4) पद्ययोजना (5) गीत (6) दृश्य।
- अरस्तू के द्वारा अनुकरणात्मक काव्य के तीन रूप बताये गये हैं—
  (i) त्रासदी (ट्रेजडी), (ii) प्रहसन (कॉमेडी),(iii) महाकाव्य (एपिक)।

- अरस्तू ने पहली बार उपयोगी और ललित कला का भेद स्पष्ट किया।
- अरस्तू ने काव्यदोष के पाँच आधार स्वीकार किये हैं—
  (i) विरुद्ध वर्णन—जहाँ दो विरोधी वस्तुओं का वर्णन हो।
  (ii) शिल्पगत दोष—कला सम्बन्धी दोष
  (iii) अनैतिक वर्णन—मूल्यों की उपेक्षा
  (iv) असम्भव वर्णन—जो मन को अग्राह्य हो।
- अरस्तू कला के लिए छन्द को अनिवार्य नहीं मानते हैं।
- अरस्तू ने घड़ा-निर्माण द्वारा, किसी वस्तु को समझने हेतु चार बातों पर ध्यान आकृष्ट किया—
  प्रयोजन→उपादानकरण→निमित्तकरण→ तत्त्व
  जल→मिट्टी→कुम्हार या चाक→घड़ा
- अरस्तू के यूनानी शब्द कथार्सिस (Katharsis) का हिन्दी अनुवाद विवेचन हुआ है। वहीं मिमेसिस (Mimesis) का हिन्दी अनुवाद अनुकरण हुआ है।
- अरस्तू के अनुसार, ''कार्य व्यापार में निरत मनुष्य अनुकरण का विषय है''

होरेस

- होरेस 'काव्य' हेतु 'प्रतिभा' को महत्त्वपूर्ण मानते हैं और उसका प्रयोजन 'आनन्द' स्वीकार करते हैं।

लोंजाइनस

- लोंजाइनस की महत्त्वपूर्ण रचना 'पेरिइप्सुस' है जिसमें 'उदात्त' को काव्य की आत्मा स्वीकार किया गया है।
- 'पेरिइप्सुस' मूलतः भाषण शास्त्र का ग्रन्थ है।
- 'पेरिइप्सुस' का अंग्रेज़ी का रूपान्तर जॉन हॉल ने 1652 ई. में 'ऑफ़ दि हाइट ऑफ़ एलोक्वेन्स' शीर्षक से किया था।
- लोंजाइनस का कथन है, ''उदात्त महान आत्मा की प्रतिध्वनि है।''
- लोंजाइनस ने 'प्रतिभा' को 'उदात्त' का सर्वश्रेष्ठ गुण कहा।
- लोंजाइनस ने 'पेरिइप्सुस' को पत्र रूप में लिखा है जो किसी 'पोस्तुमिउस तेरेन्तियानुस' नामक व्यक्ति को सम्बोधित है।
- लोंजाइनस ने उदात्तता के पाँच स्रोत माने हैं—
  (i) प्रबल एवं अन्त:प्रेरित भाव।
  (ii) रचना की गरिमा का प्रभाव।

(iii) महान विचारों की क्षमता।

(iv) अलंकारों का समुचित प्रयोग।

(v) भव्य पद-योजना की प्रतिष्ठा।

- लोंजाइनस ने उदात्त में तीन अवरोध भी माने हैं—

  (i) वालिशता (ii) भावाडम्बर (iii) शब्दाडम्बर।

जॉन ड्राइडन

- ये कवि एवं नाटककार थे। इनकी प्रमुख कृति 'एसे ऑफ़ ड्रेमेटिक पोइजी' 1668, नाटक-काव्य है।
- ड्राइडन को आलोचना एवं आधुनिक अंग्रेज़ी गद्य का जनक कहा जाता है।
- ड्राइडन ने साहित्य का प्रयोजन शिक्षा और आनन्द बताया है।
- इन्होंने भी काव्य-सृजन में 'प्रतिभा' को महत्त्वपूर्ण माना है।
- इन्होंने लिखा है, ''उचित प्रतिभा प्रकृति का वरदान है।''

विलियम वर्ड्सवर्थ

- वर्ड्सवर्थ का जन्म इंग्लैंड में हुआ था। इन्हें 'पोएट लारिएट' उपाधि प्राप्त हुई थी।
- वर्ड्सवर्थ, कॉलरिज के मित्र थे उन्होंने सहलेखन में 'लिरिकल बैलेड्स' नामक कविताओं का संस्करण 1798 ई. में प्रकाशित किया।
- 'लिरिकल बैलेड्स' को स्वच्छन्दतावादी काव्यान्दोलन का घोषणापत्र माना जाता है।
- वर्ड्सवर्थ ने काव्य के सम्बन्ध में लिखा ''कविता प्रबल भावों का सहज उच्छलन है।''
- वर्ड्सवर्थ के मूल में प्रकृति की कविता थी।
- वर्ड्सवर्थ ने अल्प आयु में ही फ्रांस, इटली एवं आल्पस पर्वत की यात्रा कर ली थी।
- इनका मानना है कि काव्य और गद्य में अन्तर छन्द के कारण होता है।
- वर्ड्सवर्थ की काव्य सम्बन्धी मान्यताएँ निम्न हैं—

  (i) काव्य और गद्य की भाषा में कोई भेद नहीं है।

  (ii) काव्य में ग्रामीण शब्दों का प्रयोग होना चाहिए।

  (iii) कवियों का भाव सहज एवं भाषा सरल होनी चाहिए।

सेमुअल टेलर कॉलरिज

- कॉलरिज का जन्म इंग्लैंड में हुआ था तथा इनके मित्र वर्ड्सवर्थ थे।
- कॉलरिज प्रत्ययवादी थे तथा उनकी कविता जैनवादी साहित्य पर आधारित है।
- कॉलरिज ने भाषा के लिए कहा है, ''भाषा मानव मन का शास्त्रकार है, जिसमें उसके अतीत का विजय-स्मारक और भावी विजय के शास्त्र एक साथ रहते हैं।''
- कॉलरिज प्रतिभा और प्रज्ञा में निम्न अन्तर बताते हैं—

प्रतिभा	**प्रज्ञा**
सहज	अर्जित
सर्जनशीलता	संयोजनशीलता
मौलिक	पराश्रित
कल्पना	रम्यकला (फैंसी)

- कॉलरिज की महत्त्वपूर्ण रचना 'बायोग्राफ़िक लिटरेरिया' है जिसका अर्थ 'साहित्यिक जीवनी' है। इस कृति में कल्पना सम्बन्धी सिद्धान्त की चर्चा है।
- कॉलरिज ने कल्पना के सम्बन्ध में उल्लेख किया है, ''इसमें संश्लेषणात्मक तथा जादुई शक्ति होती है जो विरोधी या विसंवादी धर्मों में सन्तुलन स्थापित करती है।''
- इन्होंने काव्य-सर्जना का मूलाधार कल्पना को ही माना है—

कल्पना

↓ मुख्य कल्पना ↓ गौण कल्पना

- 'इमैजिनेशन' शब्द की उत्पत्ति लैटिन के 'इमाजिनातियो' (Imaginatio) से हुई है जिसका हिन्दी रूपान्तर 'कल्पना' है।

बेनदेत्तो क्रोचे

- क्रोचे का जन्म इटली में हुआ था।
- यह एक प्रसिद्ध आत्मवादी दार्शनिक था।
- क्रोचे ने सर्वप्रथम निबन्ध 'एस्थेटिक एज द साइंस ऑफ़ एक्सप्रेशन एंड जनरल लिंग्विस्टिक्स' 1900 ई. में लिखा। इसी निबन्ध का रूप 'एस्थेटिक' (1902) नामक पुस्तक है।

- ❑ 'एस्थेटिक' के दो भाग हैं—
  (i) इसमें सौन्दर्य-शास्त्र का सैद्धान्तिक विवेचन है।
  (ii) सौन्दर्य-शास्त्र का इतिहास है।
- ❑ 'एस्थेटिक' शब्द 'आइस्थेसिस' से बना है जिसका अर्थ इन्द्रिय प्रत्यक्ष ज्ञान है।
- ❑ क्रोचे ने 'ला क्रितीका' नामक पत्रिका का प्रकाशन भी किया।
- ❑ काव्य के सन्दर्भ में क्रोचे द्वारा प्रस्तुत सिद्धान्त 'अभिव्यंजनावाद' है जो बहुत महत्त्वपूर्ण है।
- ❑ अभिव्यंजनवाद की प्रमुख विशेषताएँ—
  (i) अभिव्यंजना आत्मिक क्रिया है।
  (ii) कला वस्तु में नहीं अपितु वस्तु के अभिव्यक्त रूप में होती है।
  (iii) कला आन्तरिक और अखण्ड है।
  (iv) अन्त:प्रज्ञा, अभिव्यंजना और कला में कोई भेद नहीं है।
- ❑ क्रोचे कला-निर्माण में 'प्रतिभा' को महत्त्वपूर्ण मानते हैं।
- ❑ क्रोचे कला-निर्माण की चार अवस्था मानते हैं—
  (1) संस्कार (2) अभिव्यंजना
  (3) सौन्दर्य-मूलक आनन्द (4) सौन्दर्य की ध्वनि, गति, रंग में रूपान्तरण।

टॉमस स्टर्न्स इलियट

- ❑ टी.एस. इलियट का जन्म अमेरिका में हुआ था। इन्हें 1948 ई. में 'नोबेल पुरस्कार' से सम्मानित किया गया है। इन्हें 'द वेस्टलैंड' नामक कृति पर यह पुरस्कार मिला था।
- ❑ इलियट ने निर्वैयक्तिकता का सिद्धान्त, परम्परा का सिद्धान्त एवं वस्तुनिष्ठ समीकरण का सिद्धान्त दिया है।
- ❑ इलियट ने 'क्राइटेरियन' नामक त्रैमासिक पत्रिका का भी प्रकाशन शुरू किया और 1922 से 1939 तक इसके सम्पादक रहे।
- ❑ इलियट की आलोचना का मूल लेख 'ट्रेडिशन एंड द इंडिविजुअल टैलेंट' (परम्परा और वैयक्तिक प्रज्ञा) 'द सेक्रेड वुड' में संकलित है।
- ❑ इलियट ने 'थ्री वायसेज़ ऑफ़ पोएट्री' में 'काव्य के तीन स्वर' की चर्चा की है—
  (i) प्रथम स्वर—जब कवि अपने को सम्बोधित करता है।
  (ii) द्वितीय स्वर—जब कवि पाठक या श्रोता को सम्बोधित करता है।

(iii) तृतीय स्वर—जब एक काल्पनिक पात्र, दूसरे काल्पनिक पात्र को सम्बोधित करता है।

- इलियट ने 'मूर्त विधान का सिद्धान्त' एवं 'संवेदनशीलता के असाहचर्य का सिद्धान्त' भी प्रस्तुत किया।
- इलियट के अनुसार 'कारयित्री एवं भावयित्री' प्रतिभा परस्पर पूरक है। इसमें यह भी कहा गया है कि आलोचक और कवि प्रायः एक ही व्यक्ति को होना चाहिए।
- इलियट के अनुसार कविता कवि-व्यक्तित्व की अभिव्यक्ति नहीं, व्यक्तित्व से पलायन है।
- कलाकार जितना उत्कृष्ट होगा, उसमें भोक्ता और स्रष्टा का अन्तर उतना ही स्पष्ट होगा।
- इलियट के अनुसार कवि को अतीत का अर्थात् परम्परा का ज्ञान तो होना ही चाहिए परन्तु ज्ञान भारयुक्त नहीं होना चाहिए।
- इनके अनुसार जिस प्रकार वर्तमान से अतीत परिवर्तित होता है, उसी प्रकार अतीत से वर्तमान निर्देशित होता है।
- इलियट ने रिचर्ड्स और एम्पसन की शाब्दिक आलोचना-पद्धति को 'नीबू-निचोड़ आलोचना' कहा है।

ईवर आर्मस्ट्रोंग रिचर्ड्स

- आई.ए. रिचर्ड्स आलोचना को मनोविज्ञान की एक शाखा मानते हैं।
- रिचर्ड्स ने कविता की सार्थकता और महत्ता में मनोविज्ञान की सहायता से नवीन तर्क दिया।
- 'नयी समीक्षा' को सैद्धान्तिक आधार प्रदान करने में इनकी मुख्य भूमिका है।
- रिचर्ड्स ने सौन्दर्य को वस्तुनिष्ठ न मानकर पाठक या दर्शक पर पड़ने वाले प्रभाव के रूप में देखने का आग्रह किया।
- इन्होंने 'दि फ़ाउंडेशन ऑफ़ एस्थेटिक्स' की रचना दो सहयोगी सी.के. आग्डेन एवं जेम्स वुक के साथ मिलकर की। इसका प्रकाशन 1922 में हुआ।
- रिचर्ड्स ने 'दि मीनिंग ऑफ़ मीनिंग' (1923) की रचना अपने सहयोगी सी.के. आग्डेन के साथ की है।
- रिचर्ड्स के अनुसार, "सौन्दर्य की स्थिति किसी वस्तु में नहीं बल्कि पाठक या दर्शक के मन पर पड़ने वाले उसके प्रभाव में होती है।"

- रिचर्ड्स ने आलोचना के दो आधार बताये हैं—

  (i) मूल्य का सिद्धान्त—विभिन्न जटिल रूपों में भावना एवं इच्छा की सन्तुष्टि की क्षमता मूल्य है।

  (ii) सम्प्रेषण का सिद्धान्त—कुछ अवस्थाओं में विभिन्न मनों की अनुभूतियों की अत्यन्त समानता ही सम्प्रेषण है।
- रिचर्ड्स के अनुसार, ''नैतिकता सिर्फ़ दुनियादारी है और संहिता इष्टसिद्धि की सामान्यतम व्यवस्था की अभिव्यक्ति है।''
- रिचर्ड्स के अनुसार सम्प्रेषण ही आलोचना का अन्तिम लक्ष्य है।
- रिचर्ड्स ने भाषा के दो रूप माने हैं—

  (i) वैज्ञानिक (Symbalie) (ii) रागात्मक (Emotiue)।

नयी आलोचना/समीक्षा

- यह अंग्रेजी के 'New Criticism' का अनुवाद है।
- 'न्यू क्रिटिसिज़्म' का प्रथम प्रयोग 1911 ई. में कोलम्बिया के प्रोफ़ेसर जे.ई. स्पिनगार्न ने किया था। इसे 'नयी समीक्षा' भी कहा जाता है।
- 'न्यू क्रिटिसिज़्म' की सर्वप्रथम परिभाषा जॉन रैन्सम ने अपनी पुस्तक 'दि न्यू क्रिटिसिज़्म' (1941) की भूमिका में दी।
- आलोचना के क्षेत्र में 'न्यू क्रिटिसिज़्म' का सूत्रपात टी.एस. इलियट एवं आई.ए. रिचर्ड्स से माना जाता है।
- शुरुआती नये समीक्षकों में एजरा पाउण्ड, टी.एस. इलियट एवं आई.ए. रिचर्ड्स प्रमुख हैं।
- 'न्यू क्रिटिसिज़्म' को रोमांटिसिज़्म के विरुद्ध एक नये क्लासिक पुनरुत्थान (नव अभिजात्यवाद) के रूप में देखा जाता है।
- नयी आलोचना के लिए प्रारम्भ में 'सौन्दर्यपरक रूपवाद' और 'विश्लेषणात्मक आलोचना' जैसे नामों का सुझाव दिया गया।
- नयी आलोचना में विभिन्न शब्दों के प्रवर्तक—

शब्द	प्रवर्तक
अनेकार्थकता	विलियम एम्पसन
विरोधाभास	राबर्ट पेन वारेन
तनाव	एलेन टेट
अन्तर्विरोध	क्वींथ ब्रुक्स
विडम्बना, विरोध	क्वींथ ब्रुक्स

❑ नयी आलोचना से सम्बन्धित आलोचक एवं कृतियाँ—

आलोचक	कृतियाँ
मिल्टन मरे	'दि प्रॉब्लम ऑफ़ स्टाइल' (1922)।
जे.बी. क्रच	'दि मार्डर्न टेंयर'।
एजरा पाउंड	'ए.बी.सी. ऑफ़ रीडिंग'।
फ्रैंक रेमंड लीविस	'न्यू बिअरिंग्स इन इंगलिश पोएट्री', 'रिवेलुशन : ट्रेडिशन एंड डेवलपमेंट इन इंगलिश पोएट्री, द ग्रेट ट्रेडिशन', 'डिकेन्स द नॉवलिस्ट', 'द कामन पर्सूट'।
एलेन टेट	'ऑन दा लिमिट्स ऑफ़ पोएट्री' (1948), 'लायन एंड द हनीकोम्ब' (1956)
क्वींथ ब्रुक्स	'द वेल राट अर्न' (1947)

नयी आलोचना से सम्बन्धित दो पत्रिकाएँ महत्त्वपूर्ण रही हैं—

(i) 'दि क्राइटेरियन' (1922)—सं.टी.एस. इलियट

(ii) 'स्क्रूटनी' (1932)—एफ.आर. लीविस

उत्तर-आधुनिकतावाद

❑ 'उत्तर-आधुनिकतावाद' शब्द अंग्रेज़ी के 'पोस्ट-मॉडर्निज़्म' (Post-modernism) का हिन्दी पर्याय है।

❑ उत्तर-आधुनिकतावाद की उत्पत्ति के सम्बन्ध में दो मत हैं—
   (i) पहली अवधारणा की उत्पत्ति तीसरी दुनिया के ग़रीब देश 'निकारागुआ' में हुई।
   (ii) दूसरी अवधारणा में इसकी उत्पत्ति साम्राज्यवादी देश अमेरिका व यूरोप में बतायी गयी।

❑ सच्चे अर्थों में ज्यां फ्रांकोइस ल्योतार को 'उत्तर-आधुनिकतावाद' का जनक माना जाता है।

❑ ल्योतार ने अपनी पुस्तक 'द पोस्ट-मॉडर्न कंडिशन : ए रिपोर्ट ऑन नॉलेज' (1979) में लिखा है, "उत्तर-आधुनिकतावाद महावृत्तान्त के विरुद्ध है। महावृत्तान्त का अर्थ है ईसाइयत, मार्क्सवाद और वैज्ञानिक प्रगति का मिथ। इनके विरुद्ध अब छोटे-छोटे अस्मिता समूहों जैसे—स्त्री-विमर्श, दलित-विमर्श आदि का उदय हो रहा है।"

- ल्योतार ने लिखा, ''ज्ञान की अवस्था बदल रही है जब समाज उत्तर औद्योगिक युग में और संस्कृति उत्तर-आधुनिक युग में प्रवेश करती है।''
- फ्रेडरिक फेमसन ने उत्तर-आधुनिकता को पूँजीवाद के विकास की ख़ास अवस्था कहा है। इसे उन्होंने 'उपभोक्ता पूँजीवाद' या 'वृद्ध पूँजीवाद' भी कहा है।
- उत्तर-आधुनिकतावाद अनेक मृत्युओं की घोषणा करता है—

डैनियल बेल	विचारधारा का अन्त।
लायन ट्रिलिंग	लेखक का अन्त।
नीत्शे	ईश्वर की मृत्यु।
रोलां बार्थ	लेखक की मृत्यु।
जॉक देरिदा	मनुष्य की मृत्यु।
इलियट	उपन्यास का अन्त।
एडमंड विल्सन	परम्परागत शैलियों का अन्त।

अतियथार्थवाद

- अतियथार्थवाद (Surrealism) का जन्म साहित्य और कला के क्षेत्र में प्रथम विश्वयुद्ध के बाद फ्रांस में हुआ।
- अतियथार्थवाद के प्रवर्तक आन्द्रेबेतां ने 1924 में 'सुर्रियलिज़्म' का प्रयोग 'मेनिफ़ेस्टो आन सुर्रियलिज़्म' में किया था।
- अतियथार्थवाद का सम्बन्ध 'दादावाद' से है। 'दादावाद' के प्रवर्तक ट्रिस्टानजारा (1916) हैं।
- अतियथार्थवाद में स्वत: चालित लेखन (Automatic Writing) को साहित्यकारों के लिए अपरिहार्य माना गया है।
- अतियथार्थवाद के समर्थक हर्बर्ट रीड हैं।

यथार्थवाद

- 1826 में मर्क्यू फांसे ने पहली बार अपने निबन्ध में यथार्थवाद की परिभाषा दी।
- जीवन की सच्ची घटना को कलात्मक रूप में प्रस्तुत करना यथार्थवाद है।
- यथार्थवाद 1850-1880 के बीच फ्रांसीसी उपन्यासों में देखा जाता है।
- 18वीं सदी के अंग्रेज़ी उपन्यासकारों हेनरी फ़ीलि्डंग, टोबिया स्मॉलेट एवं डैनियल डेफों को यथार्थवादी उपन्यासकार माना जाता है।

- जयशंकर प्रसाद का कथन है, ''आदर्शवाद का विषय जहाँ आकाश है, उच्चता है, वहीं यथार्थवाद का विषय पथरीली धरती है, लघुता है।''
- आचार्य हजारीप्रसाद द्विवेदी, ''कला के क्षेत्र में यथार्थवाद ऐसी मानसिक प्रवृत्ति है, जो निरन्तर अवस्था के अनुकूल परिवर्तित और रूपायित होती रहती है।''

संरचनावाद

- संरचनावाद की अवधारणा के प्रवर्तक फ्रांस के भाषा-वैज्ञानिक फर्दिनान्द द सस्यूर (1857-1913 ई.) हैं।
- संरचनावाद का विकास फ्रांस में 1960 के दशक में हुआ। यह हिन्दी में पाश्चात्य जगत् से आया है।
- संरचनावाद के अनुसार, ''साहित्य शाब्दिक संरचना है। वस्तुतः प्रत्येक वस्तु कई घटक तत्त्वों के संश्लेष से निर्मित होती है।''
- सस्यूर ने 'कोर्स इन जनरल लिंग्विस्टिक्स' नामक पुस्तक में भाषा के दो रूप बताये हैं—

  (i) द लांग—यह अन्तर्वैयक्तिक भाषा है।

  (ii) परोल परोल—यह व्यक्ति विशेष की भाषा है।
- संरचनावाद को साहित्य के क्षेत्र में प्रसारित करने का श्रेय 'रोलां बार्थ' को जाता है।
- रोलां बार्थ ने संरचनावाद की व्याख्या 'द फ़ैशन सिस्टम' नामक पुस्तक में की। इसमें साहित्यिक कृति को एक विशिष्ट एकता से युक्त संरचना के रूप में देखने की बात की गयी है।
- रोलां बार्थ के अनुसार, साहित्य के निर्माण में पाँच नियम कार्य करते हैं—

  (i) प्रतीकात्मकता (ii) क्रिया व्यापार संहिता (iii) व्याख्या

  (iv) चिह्न संहिता (v) सांस्कृतिकता।
- यह लेखकीय और आलोचकीय अनुभव को गौण मानता है। यह पाठ-निर्माण, पाठ-संरचना में छिपे तथ्यों को बाहर निकालने का प्रयास करता है।
- संरचनावाद का अगला चरण उत्तर-संरचनावाद माना गया है।
- उत्तर-संरचनावाद में सारा बल पाठ (Text) पर दिया जाता है।
- 'उत्तर-संरचनावाद' अवधारणा की स्थापना में पाँच फ्रांसीसी विद्वानों की भूमिका रही है—

(ii) माइकल फूको (ii) रोलां बार्थ (iii) लुई अल्थ्यूसर
(iv) जैकियस लाकां (v) क्लाडे लेपी स्ट्रास।

- 'कला कला के लिए' (मूल फ्रांसीसी भाषा 'L' art Powr 'L' का अनुवाद) सूत्र का सर्वप्रथम प्रयोग विक्टर कजिन ने सन् 1818 ई. में किया था।
- कलावादी साहित्यिक प्रवृत्तियों को प्रतिष्ठित करने का श्रेय जर्मन दार्शनिक कांट, शेलिंग, गोथे और शिलर को जाता है।
- 'कला के लिए कला' अनुकरण का प्रवर्तक करने वाले लेखक—

लेखक	देश
मदाम द स्ताल थियोफिल गोतिए स्ताफेन मलार्मे पियरे मलार्मे पियरे शार्ल बौदलेकार	फ्रांस
जेम्स ह्रिस्लर वाल्टर पेतर कार्लाइल एडमंड गूज आस्कर वाइल्ड	इंग्लैंड

- ''कला की सत्ता राजनीतिक, सामाजिक परिस्थितियों से स्वतन्त्र तथा निरपेक्ष होती है, कला का शिल्प उसे स्वत: पूर्ण, श्रेष्ठ तथा मूल्यवान बनाता है।'' —**'गोलिए'**
- कलावादियों की कला के सन्दर्भ में की गयी टिप्पणी—
  - ''कला चरम सत्य और जीवन कथा की एक विधि है।''

    —**आस्कर वाइल्ड**
  - ''कला का उद्देश्य सुन्दरता की खोज और निरूपण है।''—**जेम्स ह्रिस्लर**
- ''कविता सौन्दर्य की लयात्मक सृष्टि है एवं उसका प्रभाव आत्मा का गहन और शुद्ध अमयन है।''
- आलोचनात्मक यथार्थवाद की अवधारणा को सर्वप्रथम जार्ज लुकाच ने प्रस्तुत किया।
- जार्ज लुकाच की प्रमुख रचनाएँ—

  (i) 'स्टडी इन यूरोपियन रियलिज़्म'

(ii) 'द हिस्टोरिकल'

(iii) 'द मीनिंग ऑफ़ कंटेम्पोरेरी रियलिज़्म'।

- 'जादुई यथार्थवाद' शब्द अंग्रेज़ी शब्द मैजिक रियलिज़्म का हिन्दी पर्याय है।
- जादुई यथार्थ का प्रतिष्ठायक बुआलो को माना जाता है।
- जादुई यथार्थ से जुड़े रचनाकार—

  (i) जार्ज साइको (ii) लुइस बोर्गस (iii) एलेजो कार्पेतियर

  (iv) मार्क्वेज (v) गेब्रियल गार्सिया मार्क्वेज।

अस्तित्ववाद

- अस्तित्ववाद (Existentiolism) के प्रवर्तक डेनिस विद्वान सारेन की कैगाड (1813-1855) थे।
- अस्तित्ववाद के समर्थकों में नीत्शे, कार्ल जेस्पर्स, मार्टिन हेडगर, गेब्रियल मार्सल, ज्याँ पाल सार्त्र, अल्बर्ट कामू इत्यादि महत्त्वपूर्ण हैं।

प्रतीकवाद

- प्रतीकवाद का आविर्भाव 19वीं शती के अन्त में फ्रांस में हुआ।
- प्रतीक से तात्पर्य 'चिह्न' से है।
- ग्रीक के कवि जीन मोरेआस ने 1886 में फ्रांसीसी अख़बार 'फिगारो' में 'द सिम्बोलिस्ट मेनिफ़ेस्टो' प्रकाशित किया जिसके माध्यम से 'प्रतीकवाद' के रूप में एक नया साहित्यिक आन्दोलन शुरू हुआ।
- प्रतीकवाद 'हीगेल' तथा 'शापेनहावर' के आदर्शवाद से प्रभावित है।
- फ्रांस में प्रतीकवाद के पुरस्कर्ता वादलेयर माने जाते हैं।
- इंग्लैंड में प्रतीकवाद का प्रवर्तन विलियम बटलर येट्स ने किया।
- प्रतीकवादी आन्दोलन को विकसित करने वाले प्रमुख लेखक—

लेखक	देश
चार्ल्स वादलेयर पॉल वर्लेन आर्चर रिम्बद स्टीफेन मलार्मे	फ्रांस
जार्जनूर आर्थर साइमंस अर्नेस्ट डाउसन आस्कर वाइल्ड	इंग्लैंड

- चार्ल्स वादलेयर को फ्रांस का प्रथम कवि भी माना जाता है।
- प्रतीकवाद यथार्थ जगत् का विरोध करता है तथा आत्मपरकता पर विशेष बल देता है।
- आचार्य रामचन्द्र शुक्ल ने प्रतीकवाद को 'चित्रभाषावाद' कहा है।

बिम्ब

- बिम्बवाद का उदय 20वीं सदी के प्रारम्भ में कुछ अंग्रेज़ी एवं अमेरिकी के सहयोग से आरम्भ हुआ।
- किसी पदार्थ को चित्रबद्ध करके एक मूर्त रूप देना ही 'बिम्ब' है।
- बिम्बवाद के प्रवर्तक टी.ई. ह्यूम माने जाते हैं। आचार्य रामचन्द्र शुक्ल ने एम.एस. क्लिट को इसका प्रवर्तक माना है।
- एजरा पाउंड ने 'इमेजिज़्म' या 'बिम्बवाद' की संज्ञा सर्वप्रथम दी थी।
- काव्य में बिम्ब का मुख्य काम 'सम्प्रेषण' का है।
- बिम्बवाद के तीन सिद्धान्तों की घोषणा (1913) में 'पोयट्री' में की गई—
  (i) लय से युक्त संगीत योजना।
  (ii) जो चित्र विधायक न हो, उस शब्द का बहिष्कार।
  (iii) विषयीगत वस्तु का प्रत्यक्ष चित्रण।
- प्रमुख बिम्बवादी आलोचक हैं—हिल्डा डूलियट, डी.एच. लारेंस, विलियम कार्लोस, विलियम्स, जॉन हेचर, रिचर्ड आल्टिंगटन।

मिथक (Myth)

- 'मिथक' यूनानी शब्द 'मिथॉस' से बना हुआ है, जिसका अर्थ है 'मुँह से निकला हुआ।'
- मिथक का प्रवर्तक नार्थय फ्राई को माना जाता है।
- मिथकों के माध्यम से विभिन्न आदिम संस्कृतियों की संरचनाओं का अध्ययन तथा उनकी आपस में तुलना की जा सकती है।
- मिथक धार्मिक आख्यानों, कर्मकाण्डों तथा संस्कृति से गहरे अर्थों में जुड़े होते हैं।
- मिथकों के सामान्यतया तीन भाग हैं—
  (i) प्रलय सम्बन्धी मिथक (ii) सृष्टि सम्बन्धी मिथक
  (iii) देवताओं के प्रणयाचार सम्बन्धी मिथक।
- मिथक के महत्त्वपूर्ण चिन्तक दुर्खीम, फ्रायड, युंग, लेवी स्ट्रॉस इत्यादि हैं।

- युंग का कथन है, ''मिथक का जन्म व्यक्ति में नहीं बल्कि समूह के मानस में होता है—वह भी चेतन मन में नहीं अचेतन मन में।''

रूपवाद

- रूपवाद एक प्रकार का कलावादी आन्दोलन है जो 20वीं शती के दूसरे दशक में शुरू हुआ।
- विक्टर श्क्लोव्स्की ने रूस में 'रूपवाद' (1919) आन्दोलन का सूत्रपात किया।
- सोवियत संघ के गठन के पश्चात् रूपवादियों ने अपना स्थान रूस से चेकोस्लोवाकिया कर लिया।
- 'रूपवाद' के समर्थक निम्न हैं—रोमन जेकोब्सन, रेने वेलेक, बोरिस इकेजबाम, जान मुकरोवस्की।
- रूपवादी अत्यधिक बल भाषा पर देते हैं। उनका कथन है कि 'कला' सबसे पहले शैली और तकनीक है, उसके बाद और कुछ।
- भाषिकी (1915 मास्को) तथा पीटर्सवर्ग (1916) रूपवादियों के दो प्रमुख केन्द्र रहे हैं।
- रूपवाद परम्परा से चली आ रही काव्य-दृष्टि को नकारता है।
- रूपवाद, साहित्य को स्वायत्त और स्वकेन्द्रित मानता है। यह रचनाकार को महत्त्व न देकर रचना को महत्त्व देता है।

विखण्डनवाद

- विखण्डनवाद का प्रवर्तक जॉक देरिदा को माना जाता है।
- जॉक देरिदा का जन्मस्थान अल्जीरिया है तथा इनके गुरु फूको-अल्थ्यूरस थे।
- इनकी महत्त्वपूर्ण पुस्तक 'ऑफ़ ग्रैमेटोलोजी एवं राइट एंड डिफ़रेंस' है।
- पाल द मान, विखण्डनवाद के प्रबल समर्थक हैं।

स्वच्छन्दतावाद

- स्वच्छन्दता (रोमैंटिक) शब्द को एक काव्य-प्रवृत्ति के रूप में सर्वप्रथम प्रयुक्त करने वाले जर्मन आलोचक फ्रेडरिक स्लेगल थे।
- स्वच्छन्दतावाद का उदय 1789 ई. को फ्रांसीसी राज्य क्रान्ति से माना जाता है।
- फ्रांसीसी क्रान्ति का नारा स्वतन्त्रता, समानता एवं भ्रातृत्व था।

- वर्ड्सवर्थ की अंग्रेज़ी कविता 'लिरिकल बैलेड्स' को स्वच्छन्दतावादी काव्यान्दोलन से माना जाता है।

पाश्चात्य काव्यशास्त्र के प्रमुख सिद्धान्त एवं सिद्धान्तकार

सिद्धान्त	सिद्धान्तकार
अनुकरण सिद्धान्त	प्लेटो
विरेचन सिद्धान्त, त्रासदी सिद्धान्त	अरस्तू
द्वन्द्ववाद	हीगेल
स्वच्छन्दतावाद	वर्ड्सवर्थ
कल्पना सिद्धान्त	कॉलरिज
उदात्त सिद्धान्त/औदात्यवाद	लोंजाइनस
अस्तित्ववाद	सारेन कीर्केगार्द
द्वन्द्वात्मक भौतिकवाद	कार्ल मार्क्स
प्रतीकवाद	जीन मोरेआस, वादलेयर
प्रकृतवाद	एमिल जोला
अभिव्यंजनावाद	बेनेदेत्तो क्रोचे
महान यथार्थवाद	जॉर्ज लूकाच
मनोविश्लेषणवाद	फ्रायड
निर्वैयक्तिकता का सिद्धान्त	टी.एस. इलिएट
वस्तुनिष्ठ समीकरण, परम्परा सिद्धान्त	टी.एस. इलिएट
उपन्यास का अन्त	टी.एस. इलिएट
सम्प्रेषण सिद्धान्त, मूल्य सिद्धान्त	आई.ए. रिचर्ड्स
अर्थमीमांसा सिद्धान्त	आई.ए. रिचर्ड्स
यथार्थवाद	कार्वे
अन्त:चेतनावादी यथार्थवाद	डी.एच. लारेंस
अतियथार्थवाद	आन्द्रेब्रेताँ (फ्रांस), हर्बर्टरीड (इंग्लैंड)
नव्यशास्त्रवाद	बेन जानसन
संरचनावाद	प्रो. फर्दिनाद-डि-सस्यूर
उत्तर-संरचनावाद, विखण्डनवाद	जॉक देरिदा
अजनबीपन	स्केलोवस्की
विडम्बना और विसंगति, अन्तर्विरोध	क्लींथ ब्रुक्स

विचारधारा का अन्त	डैनियल बेल
कुत्सित यथार्थवाद	क्लावर्ट

पाश्चात्य आलोचनात्मक पुस्तकें—

पुस्तक का नाम	**रचनाकार**
'बीइंग एंड नथिंग', क्रिटिक	सार्त्र
ऑफ़ डाइलेस्टिक रीजन	सार्त्र
बीइंग एंड टाइम	मार्टिन हाइडर
मिथ ऑफ़ सिसिकस	कामू
प्रॉब्लम्स ऑफ़ आर्ट एवं लिटरेचर	माओ
दि एंड ऑफ़ मैन, ऑफ़ ग्रैमेटोलॉजी, राइट एंड डिफरेंस	देरिदा
द डेथ ऑफ़ आधार	रोलां बार्थ
दास कैपिटल	कार्ल मार्क्स
कल्चर एंड अनार्की, एसेज आन चर्चा एंड स्टेट, द फ़ंक्शन ऑफ़ क्रिटिसिज़्म एट द प्रेजेंट टाइम	मैथ्यू आर्नल्ड
दि डिफ़ेंस ऑफ़ पोएट्री	शेली
हिस्ट्री ऑफ़ इमेजिज़्म	एफ.एस. क्लिट
इल्युजन एंड रिएलिटी	काडवेल

4
हिन्दी साहित्येतिहास लेखन, काल-विभाजन एवं नामकरण

हिन्दी साहित्य के इतिहास-लेखन की परम्परा का आरम्भ 19वीं शताब्दी से माना जाता है। इतिहास की दृष्टि से भक्तिकाल में ही गोकुलनाथ कृत 'चौरासी वैष्णवन की वार्ता', 'दो सौ बावन वैष्णवन की वार्ता' और नाभादास कृत 'भक्तमाल' से ही साहित्य इतिहास-लेखन के कुछ प्रमाण मिलने लगते हैं। साहित्य इतिहास-लेखन की स्पष्ट व्यापक एवं विकसित पद्धति आचार्य शुक्ल के आगमन से मानी जाती है। हिन्दी साहित्य के इतिहास-लेखन के सम्बन्ध में प्रमुख ग्रन्थ एवं ग्रन्थकारों का वर्णन निम्न है।

हिन्दी साहित्येतिहास सम्बन्धी प्रमुख ग्रन्थ एवं ग्रन्थकार (क्रमानुसार)

गन्थ (समय ई. में)	ग्रन्थकार
'इस्तवार द ला लितरेत्यूर ऐन्दुई ए ऐन्दुस्तानी' (1839)	गार्सा द तासी
'तज़किरा-ई-शुअरा-ई-हिन्दी'/ 'तबकाश्शुअरा' (1848)	मौलवी करीमुद्दीन
'भाषा काव्य-संग्रह' (1873)	महेशदत्त शुक्ल
'शिवसिंह सरोज' (1883)	शिवसिंह सेंगर
'द मॉडर्न वर्नाक्यूलर लिटरेचर ऑफ़ नॉर्दर्न हिन्दुतान' (1888)	जॉर्ज ग्रियर्सन
'हिन्दी कोविद रत्नमाला' (दो भाग-1909, 1914)	श्यामसुन्दर दास
'मिश्रबन्धु विनोद' (1913)	मिश्रबन्धु
'ए स्केच ऑफ़ हिन्दी लिटरेचर' (1917)	एडविन ग्रीब्ज

'ए हिस्ट्री ऑफ़ हिन्दी लिटरेचर' (1920)	एफ़.ई.के.
'हिन्दी साहित्य-विमर्श' (1923)	पदुमलाल पुन्नालाल बख्शी
'ब्रजमाधुरी सार' (1923)	वियोगी हरि
'हिन्दी भाषा का विकास' (1924)	श्यामसुन्दर दास
'सुकवि सरोज' (1927)	गौरीशंकर द्विवेदी
'कविता-कौमुदी' (1928)	रामनरेश त्रिपाठी
'हिन्दी साहित्य का इतिहास' (1929)	रामचन्द्र शुक्ल
'हिन्दी भाषा एवं साहित्य' (1930)	श्यामसुन्दर दास
'हिन्दी साहित्य का विवेचनात्मक इतिहास' (1930)	सूर्यकान्त शास्त्री
'हिन्दी साहित्य का इतिहास' (1931)	रमाशंकर शुक्ल 'रसाल'
'हिन्दी भाषा और उसके साहित्य का विकास' (1931)	अयोध्यासिंह उपाध्याय 'हरिऔध'
'हिन्दी साहित्य का संक्षिप्त इतिहास' (1931)	नन्ददुलारे वाजपेयी (संकलनकार), मूल लेखक (श्यामसुन्दर दास)
'हिन्दी साहित्य का इतिहास' (1932)	ब्रजरत्न-दास
'हिन्दी साहित्य' (1933)	सं. : डॉ. धीरेंद्र वर्मा
'आधुनिक हिन्दी साहित्य का इतिहास' (1934)	कृष्णशंकर शुक्ल
'हिन्दी साहित्य का सुबोध इतिहास' (1937)	गुलाबराय
'हिन्दी साहित्य का संक्षिप्त इतिहास' (1938)	गोपाललाल खन्ना
'हिन्दी साहित्य का आलोचनात्मक इतिहास' (1938)	डॉ. रामकुमार वर्मा
'मॉडर्न हिन्दी लिटरेचर' (1939)	डॉ. इन्द्रनाथ मदान
'हिन्दी साहित्य की भूमिका' (1940)	हजारीप्रसाद द्विवेदी
'खडी बोली हिन्दी साहित्य का इतिहास' (1941)	ब्रजरत्नदास
'आधुनिक हिन्दी साहित्य' (1941)	डॉ. लक्ष्मीसागर वार्ष्णेय
'आधुनिक हिन्दी साहित्य का विकास' (1942)	डॉ. कृष्णलाल
'हिन्दी साहित्य : बीसवीं शताब्दी' (1942)	नन्ददुलारे वाजपेयी

'हिन्दी काव्यधारा' (1945)	राहुल सांकृत्यायन
'रीतिकाव्य की भूमिका' (1949)	डॉ. नगेन्द्र
'आधुनिक हिन्दी साहित्य' (1950)	नन्ददुलारे वाजपेयी
'उत्तरी भारत की सन्त परम्परा' (1951)	परशुराम चतुर्वेदी,
'हिन्दी साहित्य का आदिकाल' (1952)	हजारीप्रसाद द्विवेदी
'हिन्दी साहित्य : उद्‌भव और विकास' (1952)	हजारीप्रसाद द्विवेदी
'हिन्दी साहित्य का अतीत' (1960)	विश्वनाथ प्रसाद मिश्र
'साहित्य का इतिहास-दर्शन' (1960)	नलिन विलोचन शर्मा
'हिन्दी साहित्य का वृहद् इतिहास' (16 भाग) (1961)	नागरी प्रचारिणी सभा
'हिन्दी साहित्य का वैज्ञानिक इतिहास' (1965)	डॉ. गणपतिचन्द्र गुप्त
'हिन्दी साहित्य का इतिहास' (1973)	डॉ. नगेन्द्र, डॉ. हरदयाल
'हिन्दी साहित्य एवं इतिहास' दृष्टि (1981)	मैनेजर पाण्डेय
'हिन्दी साहित्य का सरल इतिहास' (1985)	विश्वनाथ त्रिपाठी
'हिन्दी साहित्य और संवेदना का विकास' (1986)	रामस्वरूप चतुर्वेदी
'हिन्दी साहित्य का दूसरा इतिहास' (1996)	बच्चन सिंह
'हिन्दी साहित्य का आधा इतिहास' (2003)	सुमन राजे
'हिन्दी साहित्य का मौखिक इतिहास' (2004)	सं.:नीलाभ
'हिन्दी साहित्य का परिचयात्मक इतिहास' (2010)	भगीरथ मिश्र
'हिन्दी साहित्य का ओझल नारी इतिहास' (2012)	नीरजा माधव

हिन्दी साहित्य का काल-विभाजन एवं नामकरण के सम्बन्ध में विभिन्न साहित्यविदों ने अपने-अपने विचार प्रस्तुत किये हैं। इन विद्वानों के काल-विभाजन एवं नामकरण से जुड़े उनके मतों के संक्षिप्त विवरण निम्न हैं—

'जार्ज ग्रियर्सन'

काल-विभाजन के सम्बन्ध में सबसे पहला प्रयास जार्ज ग्रियर्सन का है। उन्होंने 'द मॉडर्न वर्नाक्यूलर लिटरेचर ऑफ़ हिन्दुस्तान' में काल-विभाजन को प्रस्तुत किया है।

- डॉ. ग्रियर्सन का काल-विभाजन इस प्रकार है—
  (1) चारणकाल (700 से 1300 ई.)
  (2) 15वीं शताब्दी का धार्मिक पुनर्जागरण
  (3) जायसी का प्रेम-काव्य
  (4) ब्रज का कृष्ण-काव्य (1500 से 1600 ई.)
  (5) मुग़ल दरबारी काव्य
  (6) तुलसीदास
  (7) रीतिकाव्य (1580 से 1692 ई.)
  (8) तुलसीदास के अन्य परवर्ती (1600 से 1700 ई.)
  (9) 18वीं शताब्दी (1700 से 1800 ई.)
  (10) कम्पनी के शासन में हिन्दुस्तान (1800 से 1857)
  (11) विक्टोरिया के शासन में हिन्दुस्तान (1857 से 1887)

मिश्र बन्धुओं का काल विभाजन

मिश्र बन्धुओं ने अपनी पुस्तक 'मिश्रबन्धु-विनोद' (1913) में काल विभाजन को प्रस्तुत किया है, जो ग्रियर्सन के काल-विभाजन से ज्यादा स्पष्ट एवं विकसित है। उनका विभाजन इस प्रकार है—

(1) प्रारम्भिक काल (सं. 700 से 1444 वि.)
(2) माध्यमिक काल (सं. 1445 से 1680 वि.)
(3) अलंकृत काल (सं. 1681 से 1889 वि.)
(4) परिवर्तन काल (सं. 1890 से 1925 वि.)
(5) वर्तमान काल (सं. 1926 से...)

आचार्य रामचन्द्र शुक्ल का काल विभाजन

(1) आदिकाल (वीरगाथा काल सं. 1050-1375)
(2) पूर्व मध्यकाल (भक्तिकाल सं. 1375-1700)
(3) उत्तर-मध्यकाल (रीति काल सं. 1700-1900)
(4) आधुनिक काल (गद्यकाल सं. (1900-1984)

डॉ. रामकुमार वर्मा का काल-विभाजन

(1) सन्धिकाल (सं. 750 से 1000)
(2) चारणकाल (सं. 1000 से 1375)

(3) भक्तिकाल (सं. 1375 से 1700)
(4) रीतिकाल (सं. 1700 से 1900)
(5) आधुनिक काल (सं. 1900 से अब तक)

आचार्य हजारीप्रसाद द्विवेदी का काल-विभाजन

(1) आदिकाल (सं. 1000 से 1350)
(2) भक्तिकाल (सं. 1350 से 1700)
(3) रीतिकाल (सं. 1700 से 1900)
(4) आधुनिक काल (सं. 1900 से आगे)

डॉ. नगेन्द्र द्वारा प्रतिपादित ग्रन्थ 'हिन्दी साहित्य का इतिहास' के अनुसार काल-विभाजन

(1) आदिकाल—सातवीं सदी के मध्य से चौदहवीं सदी के मध्य तक।
(2) भक्तिकाल—14वीं सदी के मध्य से 17वीं सदी के मध्य तक।
(3) रीतिकाल—17वीं सदी के मध्य से 19वीं सदी के मध्य तक।
(4) आधुनिक काल—19वीं सदी के मध्य से अब तक।
(i) पुनर्जागरण काल (भारतेन्दु काल) 1857-1900 ई.
(ii) जागरण-सुधार-काल (द्विवेदी काल)—1900-1918 ई.
(iii) छायावाद काल—1918-1938 ई.
(iv) छायावादोत्तर काल
(क) प्रगति-प्रयोग काल 1938-1953 ई.
(ख) नवलेखन-काल 1953 ई. से अब तक

आदर्श एवं प्रचलित काल-विभाजन

(1) आदिकाल—1050 से 1350 ई.
(2) पूर्व मध्यकाल (भक्तिकाल)—1350 से 1650 ई.
(3) उत्तर मध्यकाल (रीतिकाल)—1650 से 1850 ई.
(4) आधुनिक काल—1850 से आगे

• आधुनिक काल को पुनः निम्न रूप में उप-विभाजन किया गया है।
भारतेन्दु-युग—1850 से 1900 ई.
द्विवेदी-युग—1900 से 1918 ई.

छायावाद-युग—1918 से 1936 ई.
प्रगतिवाद—1936 से 1943 ई.
प्रयोगवाद—1943 से 1951 ई.
नयी कविता—1951 से 1960 ई.

5
आदिकाल

भारतीय राजनीतिक दृष्टिकोण से जब भारत में हर्षवर्धन के साम्राज्य का पतन हो रहा था, उस समय हिन्दी साहित्य का प्रादुर्भाव हो रहा था। भारत में केन्द्रीय सत्ता के पतन के साथ उसके स्थान पर सामन्त-सत्ता का विकास हुआ। इन सामन्ती राजाओं ने आश्रयदाता कवियों को प्रश्रय दिया तथा कवि राजा की काल्पनिक प्रशंसा और उनके शौर्य का गुणगान करने लगे। इसी के साथ हिन्दी साहित्य का आरम्भ हुआ।

भाषा के दृष्टिकोण से हिन्दी साहित्य का आरम्भ

- डॉ. नगेन्द्र के अनुसार भाषा की दृष्टि से अपभ्रंश का संश्लिष्ट रूप ही हिन्दी साहित्य का आदिकाल है।
- उत्तर अपभ्रंश को 'पुरानी हिन्दी' 'अवहट्ट' के रूप में जाना जाता है।
- चन्द्रधर शर्मा 'गुलेरी' ने सर्वप्रथम 'उत्तर अपभ्रंश' को 'पुरानी हिन्दी' के नाम से सम्बोधित किया था।
- डॉ. भोला शंकर व्यास ने हिन्दी के आरम्भिक रूप को 'अवहट्ट' नाम दिया।
- आचार्य हजारीप्रसाद द्विवेदी ने आदिकाल को 'अत्यधिक विरोधों एवं व्याघातों का युग' कहा है।
- डॉ. नगेन्द्र के अनुसार आदिकाल का समस्त हिन्दी साहित्य आक्रमण और युद्धों के प्रभावों की मन:स्थितियों का प्रतिफलन है।

आचार्य रामचन्द्र शुक्ल द्वारा वर्णित आदिकाल के सन्दर्भ में—

(1) प्राकृत भाषा की अन्तिम अपभ्रंश अवस्था से ही हिन्दी साहित्य का आविर्भाव माना जा सकता है।

(2) आदिकाल का समय महाराज भोज के समय से लेकर हम्मीरदेव के समय के कुछ पीछे तक माना है।

(3) आचार्य रामचन्द्र शुक्ल ने रासो प्रबन्ध काव्य-परम्परा में पायी जाने वाली विशेषताओं के आधार पर आदिकाल को वीरगाथा काल नाम दिया है।

- अपभ्रंश नाम पहले बलमी के राजा धारसेन द्वितीय के 'शिलालेख' में मिलता है।
- सिद्ध साहित्य के काव्य की भाषा मुख्य रूप से मिश्रित अपभ्रंश या पुरानी हिन्दी है।

अपभ्रंश साहित्य

- अपभ्रंश भाषा के प्रथम कवि स्वयंभू को हिन्दी का प्रथम कवि माना है। डॉ. रामकुमार वर्मा ने
- स्वयंभू ने तीन काव्य की रचना की है।—(1) 'स्वयंभू छन्द'
  (2) 'पउम चरिउ'
  (3) 'रिट्ठणेमि चरिउ'
- स्वयंभू को अपभ्रंश भाषा का वाल्मीकि तथा व्यास कहा जाता है।
- जैन परम्परा का प्रथम कवि भी स्वयंभू को माना जाता है।
- शिवसिंह सेंगर ने अपने ग्रन्थ शिवसिंह सरोज में पुष्य या पुण्य को हिन्दी का प्रथम कवि माना है।
- आचार्य हजारीप्रसाद द्विवेदी ने अपभ्रंश का प्रसिद्ध कवि पुष्यदंत को कहा है जो 9वीं सदी के थे।
- पुष्यदंत को हिन्दी का भवभूति कहा जाता है।
  पुष्यदंत की रचनाएँ हैं–'तिरसठि महापुरिष गुणालंकार', 'णयकुमार चरिउ', 'जसहर चरिउ'।
- पुष्यदंत ने साहित्य की रचना विशुद्ध धार्मिक भाव तथा चौपाई छन्द में की है।
- पुष्यदंत ने स्वयं निम्न उपाधियाँ ग्रहण कीं—काव्यरत्नाकर, अभिमान मेरु, कवि कुलतिलक।
- अपभ्रंश के तीसरे प्रमुख कवि धनपाल थे, उन्होंने 'भविसयत' कहा की रचना की।
- जिनदत्त सूरि द्वारा लिखित ग्रन्थ 'उपदेश रसायन रास' (1114) जैन रास काव्य का प्रथम ग्रन्थ माना जाता है।

आदिकाल का सीमांकन

- विभिन्न साहित्यकारों द्वारा आदिकाल की प्रारम्भिक व अन्तिम सीमा का निर्धारण तथ्यों तथा कर्मों के आधार पर निम्न रूप में स्वीकार किया गया है—

1. जार्ज अब्राहम ग्रियर्सन — 700 से 1300 ई. तक
2. मिश्रबन्धु — 643 से 1389 ई. तक
3. राहुल सांकृत्यायन — 760 से 1300 ई. तक
4. रामचन्द्र शुक्ल — सं. 1050 से 1375 वि.स.

आदिकाल का नामकरण

आदिकाल के नामकरण के सन्दर्भ में विभिन्न विद्वानों द्वारा दिये गये नाम निम्न हैं—

1. आचार्य हजारीप्रसाद द्विवेदी — आदिकाल
2. आचार्य रामचन्द्र शुक्ल — वीरगाथाकाल
3. महावीर प्रसाद द्विवेदी — बीजबपन काल
4. रामकुमार वर्मा — सन्धिकाल और चारणकाल
5. राहुल सांकृत्यायन — सिद्ध-सामन्त काल
6. मिश्रबन्धु — आरम्भिक काल
7. डॉ. गणपतिचन्द्र गुप्त — प्रारम्भिक काल/शून्यकाल
8. विश्वनाथ प्रसाद मिश्र — वीरकाल
9. डॉ. धीरेन्द्र वर्मा — अपभ्रंश काल
10. जार्ज अब्राहम ग्रियर्सन — चारणकाल
11. डॉ. पृथ्वीनाथ कमल कुलश्रेष्ठ— अन्धकार काल
12. डॉ. रामशंकर शुक्ल — जयकाव्य काल
13. रामखिलावन पाण्डेय — संक्रमण काल
14. डॉ. हरिश्चन्द्र वर्मा — संक्रमण काल
15. मोहन अवस्थी — आधार काल
16. वासुदेव सिंह — उद्‌भव काल
17. शम्भुनाथ सिंह — प्राचीन काल
18. रामप्रसाद मिश्र — संक्रान्ति काल
19. शैलेष जैदी — आविर्भाव काल

20. बच्चन सिंह — अपभ्रंश काल : जातीय साहित्य का उदय

आदिकाल की प्रमुख शैलियाँ

अपभ्रंश/पुरानी हिन्दी अवहट्ट	डिंगल	पिंगल
	जब अपभ्रंश के साथ राजस्थानी भाषा के शब्दों का प्रयोग किया जाता है तो वह डिंगल शैली कहलाती है। यह वीर रस की शैली है।	जब अपभ्रंश के साथ ब्रजभाषा के शब्दों का प्रयोग होता है, तो वह पिंगल शैली कहलाती है। इसमें शृंगार रस की प्रधानता मिलती है।

हिन्दी साहित्य के आदिकवि/प्रथम कवि

- हिन्दी के प्रथम कवि के विषय में विद्वानों में एक सर्वमान्य मत नहीं है, विभिन्न विद्वानों ने अपने शोध तथा तर्क के आधार पर निम्न कवियों को प्रथम कवि माना है।

साहित्यकार	**प्रथम कवि**
राहुल सांकृत्यायन	सरहपाद (769 ई.)
शिवसिंह सेंगर	पुष्य/पुण्य 10वीं सदी
डॉ. गणपति चन्द्रगुप्त	शालिभद्र सूरि (1184 ई.)
आचार्य हजारीप्रसाद द्विवेदी	अब्दुल रहमान (13वीं सदी)
डॉ. बच्चन सिंह	विद्यापति (15वीं सदी)
चन्द्रधर शर्मा 'गुलेरी'	राजा मुंज (993 ई.)
आचार्य रामचन्द्र शुक्ल	राजा मुंज और भोज 993 ई.

नोट—सर्वमान्य मत से सरहपा या सरहपाद को हिन्दी साहित्य का प्रथम कवि माना गया।

- जैन कवि आचार्य देवसेन द्वारा 933 ई. में रचित 'श्रावकाचार' ग्रन्थ को हिन्दी की प्रथम रचना माना जाता है।
- इसमें कुल 250 पद/दोहे हैं। इस ग्रन्थ में श्रावक धर्म के सिद्धान्तों का वर्णन मिलता है। (गृहस्थ धर्म)

आदिकालीन साहित्य का विभाजन

सिद्ध साहित्य	नाथ साहित्य	रास साहित्य या जैन साहित्य	रासो साहित्य

नोट—उपर्युक्त चारों रचनाओं के अलावा अन्य रूप में भी रचनाएँ हुई हैं जिनका लक्षण इन चारों से भिन्न है तो ऐसी रचनाओं को डॉ. नगेन्द्र ने 'आदिकालीन स्वतन्त्र साहित्य' के रूप में तथा आचार्य रामचन्द्र शुक्ल ने 'आदिकाल फुटकर रचनाएँ' में वर्गीकृत किया है।

- आचार्य रामचन्द्र शुक्ल ने केवल 'रासो साहित्य' को ही मूल साहित्य माना है। उन्होंने जैन साहित्य, सिद्ध साहित्य तथा नाथ साहित्य को मूल साहित्य न मानकर 'साम्प्रदायिक शिक्षा मात्र' माना है। वहीं आचार्य हजारीप्रसाद द्विवेदी ने उपर्युक्त चारों को आदिकालीन के रूप में स्वीकार किया है।

सिद्ध साहित्य

- बौद्ध धर्म के महायान से जुड़े वज्रयान शाखा के बौद्ध मतावली को सिद्ध कहा गया है। सिद्धों ने बौद्ध धर्म के वज्रयान तत्त्व का प्रचार करने के लिए जो साहित्य जनभाषा में लिखा, वह हिन्दी साहित्य का सिद्ध साहित्य कहलाया।
- आचार्य हजारीप्रसाद द्विवेदी ने सिद्ध साहित्य की प्रशंसा करते हुए लिखा, उस समय की जनता तत्कालीन नरेशों की स्वेच्छाचारिता, पराजय या पतन से ग्रस्त होकर निराशावाद के गर्त में गिरी हुई थी, उनके लिए सिद्धों की वाणी ने संजीवनी बूटी का कार्य किया।
- इस सम्प्रदाय के मत को मानने वाले लोग तान्त्रिक क्रियाओं में विश्वास करते थे। इसी परिप्रेक्ष्य में पंच मकार जैसी दुष्प्रवृत्ति को उन्होंने आत्मसात् किया। पंच मकार निम्न हैं—मांस, मछली, मदिरा, मुद्रा, मैथुन। राहुल सांकृत्यायन ने 84 सिद्धों के नामों का उल्लेख किया है। ये सिद्ध अपने नाम के पीछे 'या' जोड़ते थे।

निम्न सिद्ध साहित्यकार एवं उनकी रचना

साहित्य रचनाकार	रचनाएँ
सरहपा या सरहपाद	'दोहाकोश'
शबरपा	'चर्यापद'
लुइपा	इनकी कविता रहस्य भावना प्रधान है
डोम्भिपा	'डोम्बिगीतिका', 'योगाचार्य'
कण्हपा	इन्होंने शास्त्रीय रूढ़ियों का खण्डन किया

- दोहाकोश का सम्पादन डॉ. प्रबोध चन्द्र बागची ने किया है। इसमें सरहपा, तिल्लोपा और कण्हपा के दोहे संगृहीत हैं।
- हरप्रसाद शास्त्री ने सिद्धों की रचनाओं का संग्रह बांग्ला अक्षरों में 'बौद्धगान ओ दूहा' के नाम से निकाला है।

❑ सिद्धों ने 'सन्धा' भाषा में रचनाएँ की है। कबीर आदि निर्गुण सन्तों की इसी भाषा-शैली को उलटबाँसी कहा जाता है।

नाथ साहित्य

❑ राहुल सांकृत्यायन नाथपन्थ को सिद्धों की परम्परा का ही विकसित रूप मानते हैं। नाथ पन्थी शैव भक्त थे तथा उन्होंने हठयोग साधना आरम्भ की जो सिद्धों की वाममार्गी भोगप्रधान योगसाधना की प्रतिक्रिया के रूप में देखा गया।

❑ आचार्य शुक्ल के अनुसार—'गोरखनाथ के नाथपन्थ का मूल भी बौद्ध की वज्रयान शाखा है। 84 सिद्धों में गोरखनाथ (गोरक्षापा) भी गिन लिये गये हैं।

❑ इस पन्थ को चलाने वाले मत्स्येन्द्रनाथ (मछन्दरनाथ) तथा गोरखनाथ माने गये हैं। आचार्य हजारीप्रसाद द्विवेदी के अनुसार नाथ सम्प्रदाय के सिद्धमत, सिद्धमार्ग, योगमार्ग, अवधूतमत नाम भी प्रसिद्ध हैं।

नवनाथ

गोरक्षा सिद्धान्त संग्रह के अनुसार	डॉ. रामकुमार वर्मा के अनुसार
1. नागार्जुन	1. आदिनाथ
2. जडभरत	2. मत्स्येन्द्रनाथ
3. हरिश्चन्द्र	3. गोरखनाथ
4. सत्यनाथ	4. गाहिणीनाथ
5. भीमनाथ	5. चर्पटनाथ
6. गोरक्षनाथ	6. चौरंगीनाथ
7. चर्पटनाथ	7. ज्वालेन्द्रनाथ
8. जलन्धरनाथ	8. भर्तृनाथ
9. मलयार्जुन	9. गोपीचन्दनाथ

❑ 'आदिनाथ' को बाद के सन्तों ने 'शिव' माना है।

- मत्स्येन्द्रनाथ का वास्तविक नाम विष्णु शर्मा माना गया है। इनकी संस्कृत रचना-काल ज्ञान-निर्णय का सम्पादन प्रबोधचन्द्र बागची ने किया है।

गोरखनाथ

- गोरखनाथ मत्स्येन्द्रनाथ के शिष्य थे।
- डॉ. पीताम्बरदत्त बड़थ्याल ने गोरख के 14 ग्रन्थों को प्रामाणिक मानकर उनका सम्पादन 'गोरखबानी' के नाम से किया। ये 14 ग्रन्थ निम्न हैं—
(1) 'शब्द' (2) 'पद' (3) 'शिष्या दर्शन' (4) 'प्राणसंकली' (5) 'नरवैबोध' (6) 'आत्मबोध' (7) 'अभयमात्रा योग' (8) 'पन्द्रहतिथि' (9) 'सप्तवार' (10) 'मछिन्द्र गोरखबाँध' (11) 'रोमावली' (12) 'ज्ञान तिलक' (13) 'ग्यान चौंतीसा' (14) 'पंचमात्रा'
- इनके संस्कृत भाषा में लिखे ग्रन्थ हैं—'सिद्ध-सिद्धान्त-पद्धति', (2) 'विवेक मार्तंड' (3) 'शक्ति संगम तन्त्र' (4) 'निरंजन पुराण' (5) 'वैराट पुराण' (6) 'गोरक्षशतक' (7) 'योग चिन्तामणि' आदि।

अन्य उल्लेख्य बिन्दु

- चौरंगीनाथ गोरखनाथ के शिष्य थे। भक्तों में ये 'पूरनभगत' के नाम से प्रसिद्ध हुए।

नाथ साहित्य से जुड़े महत्त्वपूर्ण तथ्य

- नाथ साहित्य का आरम्भकर्ता गोरखनाथ को माना जाता है।
- गोरखनाथ ने ही षट्चक्रों वाला योगमार्ग हिन्दी साहित्य में चलाया था।
- नाथ में 'रसायनी' नागार्जुन को माना जाता है।
- नाथपन्थ के जोगियों को कनफटा भी कहा जाता है।
- नाथपन्थियों की भाषा 'सधुक्कड़ी' भाषा थी।

जैन साहित्य

- जिस प्रकार से पूर्वी क्षेत्रों में सिद्धों ने बौद्ध धर्म के वज्रयान मत का प्रचार हिन्दी कविता के माध्यम से किया, उसी प्रकार पश्चिमी क्षेत्र में जैन साधुओं ने अपने मत का प्रचार हिन्दी कविता के माध्यम से किया।
- जैन कवियों की रचनाएँ निम्न शैलियों में मिलती हैं—
रास शैली, फागु शैली, आचार शैली।

(1) रास काव्य

- रास शब्द संस्कृत साहित्य का शब्द है, जिसका अर्थ क्रीड़ा एवं नृत्य से जुड़ा है।
- जैन साधुओं ने 'रास' को एक प्रभावशाली रचनाशैली का रूप दिया, उनकी जीवन चरित तथा वैष्णव अवतारों की कथाएँ 'रास' नाम से ही पद्यबद्ध की गयी थीं।
- रास काव्य-परम्परा में प्राचीनतम ज्ञान ग्रन्थ 'रिपदारणरास' है।
- जिनदत्त सूरि द्वारा रचित अपभ्रंश भाषा का सर्वप्रथम रास ग्रन्थ 'उपदेश रसायन रास' माना जाता है।
- अब्दुर्रहमान द्वारा रचित 'सन्देश रासक' अपभ्रंश भाषा का दूसरा रास काव्य माना जाता है।
- हिन्दी का प्रथम ऐतिहासिक रास ग्रन्थ पंचपाण्डव रचित रास है। इस रास के रचनाकार शालिभद्र सूरि द्वितीय को माना जाता है।
- जिनधर्म सूरि की 'स्थूलि भद्र रास' 1209 की रचना है।

जैन रास परम्परा के अन्य महत्त्वपूर्ण कवि एवं काव्य

महत्त्वपूर्ण कवि	रचना
(1) देवसेन	'नयचक्र', 'जैनाभास', 'दर्शन सार', 'आराधनासार'।
(2) माइल्ल धवल	'बृहदनयचक्र', 'दव्व सहाव पयास' (प्राकृत भाषा)।
(3) आसगु कवि	'चन्दनबाला रास, 'जीव-दयारास'।
(4) जिन धर्म सूरि	'स्थूलिभद्ररास'।
(5) विजय सेन सूरि	'रेवन्तगिरीरास'।
(6) पल्हण	'आबू रास (आबू मन्दिर का वर्णन), 'नेमिनाथ चउपई'।
(7) विनयचन्द्र सूरि	'मल्लिनाथ महाकाव्य', 'कच्छुली रास'।
(8) हरिभद्र सूरि	'ललित विस्तार', 'जसहर', 'चारिउ'।
(9) सोमभद्र सूरि	'कुमार पाल प्रतिबोध'।
(10) राजशेखर सूरि	'नेमिनाथ फाग'।
(11) शलिभद्र सूरि	'भरतेश्वर बाहुबली रास'।

फागु काव्य

- 'फागु' शब्द की व्युत्पति संस्कृत के 'फल्गु' (वसन्त), प्राकृत के 'फागु' और हिन्दी के 'फाग' से मानी गयी है।
- 'फागु' काव्य-परम्परा का सर्वाधिक प्राचीन ग्रन्थ 'जिनचंद सूरि' द्वारा रचित 'जिनचंद सूरि फागु' है।
- फागु काव्य का अर्थ है वसन्त ऋतु का काव्य।
- 'श्रीनेमिनाथ फागु' की रचना राजशेखर सुरि ने किया।
- डॉ. माताप्रसाद गुप्त ने 'वसन्तविलास फागु' का सम्पादन किया तथा उसका समय 13वीं शताब्दी बताया।

रासो साहित्य

आचार्य रामचन्द्र शुक्ल ने रासो साहित्य का विवरण 'वीरगाथा काल' के अन्तर्गत दिया है। रासो ग्रन्थों की विषयवस्तु का मूल सम्बन्ध राजाओं के चरित्र तथा प्रशंसा से है।

'रासो' शब्द की व्युत्पत्ति

- 'रासो' शब्द की व्युत्पति के सम्बन्ध में विभिन्न विद्वानों का मत निम्न है—

  1. आचार्य रामचन्द्र शुक्ल ने 'बीसलदेव रासो' में वर्णित निम्न पद के आधार पर 'रासो' शब्द की उत्पत्ति 'रसायण' शब्द से मानी है।
     ''बारह सौ बहोत्तरी मझारि, जेठ बद्री नवमी बुधवारि।
     नाल्ह रसायण आरंमह, सारदा तूठी ब्रह्मकुमारी॥''
  2. आचार्य हजारीप्रसाद द्विवेदी के अनुसार—उन्होंने संस्कृत के रासक शब्द से निम्न क्रमानुसार बतायी है।
     रासक-रासअ-रासा-रासो
  3. गार्सां द तासी के अनुसार—उन्होंने अपनी पुस्तक 'इस्तवार द ला लितरेत्यूर ऐन्दुई-ऐ-ऐन्दुस्तानी' में 'पृथ्वीराज राजसू' ग्रन्थ के आधार पर रासो की व्युत्पत्ति 'राजसूय' शब्द से मानी है।
  4. डॉ. काशीप्रसाद जायसवाल, कविराज श्यामलादास एवं नागरी प्रचारिणी सभा, काशी द्वारा प्रकाशित ग्रन्थ 'हिन्दी शब्द सागर' के सम्पादकों ने 'रासो' शब्द की उत्पत्ति 'रहस्य' से मानी है।

5. डॉ. दशरथ शर्मा एवं नागरी प्रचारिणी सभा, काशी द्वारा प्रकाशित 'पृथ्वीराज रासो' की भूमिका के अनुसार 'रासो' शब्द की उत्पत्ति 'रास' शब्द से मानी गयी है।

उपर्युक्त मतों में हजारीप्रसाद द्विवेदी का मत अधिक प्रासंगिक माना गया है। अब्दुर रहमान की काव्य 'सन्देश रासक' को प्रमाण के रूप में प्रस्तुत किया गया है।

रासो साहित्य की प्रमुख रचनाएँ

क्र.सं.	रचना	रचनाकार	समय
1.	'पृथ्वीराज रासो'	चन्दबरदाई	12वीं सदी
2.	'परभार रासो'	जगनिक	13वीं सदी
3.	'बीसलदेव रासो'	नरपति नाल्ह	12वीं सदी
4.	'हम्मीर रासो'	शार्ङगधर	14वीं सदी
5.	'खुमाण रासो'	दलपति विजय	9वीं सदी
6.	'विजयपाल रासो'	नल्लसिंह भाट	11वीं सदी
7.	'बुद्धि रासो'	जल्हण	
8.	'भुज रासो'	अज्ञात	

'रासो' नाम से अन्य रचनाएँ

क्र.सं.	रचना	रचनाकार
1.	'कलियुग रासो'	रसिक गोविन्द
2.	'कायम खाँ रासो'	न्यामत खाँ जान कवि (1634 ई.)
3.	'रतन रासो'	कुम्भकर्ण (1618-24 ई.)
4.	'राम रासो'	समय सुन्दर
5.	'राणा रासो'	दयाराम (दयाल कवि) (1618 ई.)
6.	'कुमार पाल रासो'	देवप्रभ (14वीं सदी)

निम्न महत्त्वपूर्ण रासो काव्य का संक्षिप्त विवरण—

'पृथ्वीराज रासो'

लेखक : चन्दबरदाई

- जन्मकाल—आचार्य रामचन्द्र शुक्ल के अनुसार 'चन्दबरदाई' का जन्म 1168 ई. में भट्ट जाति 'जगत्' नामक गोत्र में हुआ माना गया है।

- जन्मस्थान—लाहौर।
- काव्य-स्वरूप—प्रबन्धात्मक शैली के अन्तर्गत 'महाकाव्य' श्रेणी की रचना मानी जाती है।

नोट—आचार्य रामचन्द्र शुक्ल के अनुसार 'पृथ्वीराज रासो' हिन्दी साहित्य का सर्वप्रथम महाकाव्य है। चन्दबरदाई हिन्दी साहित्य के प्रथम महाकवि माने जाते हैं।

- प्रधान रस—वीर रस एवं शृंगार रस
- प्रमुख अलंकार—अनुप्रास व यमक।
- कुल पद (श्लोक)—16306
- छन्द विधान—इस महाकाव्य के कुल 16306 पदों के लिए 68 प्रकार के छन्दों का प्रयोग किया गया है, जिनमें 56 छन्द का अधिक प्रयोग किया गया है।
- नायक—पृथ्वीराज चौहान तृतीय।
- नायिका—संयोगिता।

विशेष तथ्य

- ❑ इस ग्रन्थ की सर्वप्रथम जानकारी 'कर्नल टाड' ने अपने ग्रन्थ 'एनाल्स एंड एंटिक्विटीज़ ऑफ़ राजस्थान' (1839 ई.) में प्रदान की थी। उन्होंने इसके एक भाग को 'संगोपता नेम' से प्रकाशित किया।
- ❑ इस रचना के कुछ पद 'पुरातन प्रबन्ध संग्रह' में प्राप्त होते हैं जिससे इस ग्रन्थ की प्राचीनता प्रामाणित होती है।
- ❑ कयमासबध प्रसंग इसी ग्रन्थ से प्राप्त होता है।
- ❑ आचार्य शुक्ल, डॉ. नगेन्द्र, श्री हरप्रसाद शास्त्री आदि साहित्यकारों के अनुसार इस ग्रन्थ का उत्तरार्द्ध भाग चन्दबरदाई के पुत्र 'जल्हण' द्वारा पूर्ण किया गया था।

  "पुस्तक जल्हण हत्थ दै, चलि गज्जन नृपकाजी"
- ❑ आचार्य हजारीप्रसाद द्विवेदी ने इस रचना को शुक-शुकी संवाद नाम दिया।
- ❑ चन्दबरदाई दिल्ली के अन्तिम हिन्दू सम्राट पृथ्वीराज चौहान के सामन्त व प्रसिद्ध कवि थे।
- ❑ बाबू गुलाबराय ने इस रचना को स्वाभाविक विकासशील महाकाव्य कहकर पुकारा है।

- ❑ 'एक थाल जन्म, एक थाल मरण' उक्त पंक्ति पृथ्वीराज चौहान एवं चन्दबरदाई के लिए कही गयी है।
- ❑ पृथ्वीराज रासो की हस्तलिखित प्रतियों के चार रूपान्तरण प्राप्त होते हैं।

चार रूपान्तरण

1. वृहद् रूपान्तरण	2. मध्यम रूपान्तरण	3. लघु रूपान्तरण	4. लघुतम रूपान्तरण
16 समय, 16306 छन्द	(700 छन्द)	19 समय, 3500 छन्द	(1300 छन्द)

1. वृहद् रूपान्तरण + (69 समय, 16306 छन्द)

इस संस्करण को नागरी प्रचारिणी सभा, काशी के द्वारा प्रकाशित किया गया है। इसकी हस्तलिखित प्रति उदयपुर के संग्रहालय में सुरक्षित है।

2. लघुतम रूपान्तरण (1300 छन्द)

डॉ. दशरथ शर्मा ने इसी संस्करण को मूल रासो काव्य माना है।

- ❑ इस ग्रन्थ की प्रामाणिकता के सम्बन्ध में निम्न तीन मत प्रचलित हैं—

1. अप्रामाणिक
2. अर्द्धप्रामाणिक
3. प्रामाणिक

1. **अप्रामाणिक मानने वाले विद्वान**—आचार्य रामचन्द्र शुक्ल, कविराज मुरारिदान एवं श्यामलदान, रायबहादुर पं. गौरीशंकर हीरानन्द ओझा, मुंशी देवीप्रसाद, डॉ. बूलर आदि।
2. **अर्द्धप्रामाणिक मानने वाले विद्वान**—आचार्य हजारीप्रसाद द्विवेदी, डॉ. सुनीति कुमार चटर्जी, मुनि जिन विजय, अगरचन्द नहाटा।
3. **प्रामाणिक मानने वाले विद्वान**—जार्ज ग्रियर्सन, मथुरा प्रसाद, नगेन्द्र, डॉ. दशरथ शर्मा, कर्नल टाड, मिश्रबन्धु, डॉ. श्यामसुन्दर दास, मोहन लाल विष्णुलाल पंड्या।

बीसलदेव रासो

- लेखक—नरपति नाल्ह।
- रचनाकाल—1155 ई.।
- डॉ. मोतीलाल मेनारिया इस ग्रन्थ का रचनाकाल 16वीं शताब्दी मानते हैं एवं वे 'नरपति' नामक गुजराती कवि का मूल काव्य मानते हैं।

- रायबहादुर पण्डित गौरीशंकर हीरानन्द ओझा ने इस ग्रन्थ को हम्मीर देव के समय की रचना कहा है।
- प्रधान (अंगी) रस—शृंगार (वियोग व संयोग)।
- काव्य स्वरूप—मुक्तक काव्य।
- कुल छन्द—128
- नायक—अजमेर का चौहान राजा बीसलदेव तृतीय। इन्हें विग्रहराज चतुर्थ के नाम से जाना जाता है।
- नायिका—मालवा के भोज परमार की पुत्री राजमती।

काव्य विभाजन (चार खण्ड)

प्रथम खण्ड—नायक एवं नायिका का विवाह-वर्णन।

द्वितीय खण्ड—नायिका के व्यंग्य से रुष्ट होकर नायक का एक वर्ष का उड़ीसा प्रवास।

तृतीय खण्ड—रानी राजमती का विरह-वर्णन।

चतुर्थ खण्ड—नायक एवं नायिका का पुनर्मिलन।

- हिन्दी में 'बारहमासा' का सर्वप्रथम वर्णन इसी ग्रन्थ में मिलता है।
- आचार्य शुक्ल ने 'बीसलदेव रासो' को प्रथम वीरकाव्य माना है।

परमाल रासो—1230 (जगनिक)

- ❑ परमाल रासो के रचयिता जगनिक थे। इस ग्रन्थ में महोबा के राजा परमादिदेव के दो वीर सरदार आल्हा एवं ऊदल की वीरतापूर्ण लड़ाइयों का वर्णन मिलता है।
- ❑ 'कयमासवध' पृथ्वीराज रासो का एक प्रमुख सर्ग है।

लौकिक साहित्य

विद्यापति (1360-1450)

- ❑ विद्यापति शृंगारी कवि हैं, ये बिहार के दरभंगा ज़िले के 'विपसी' नामक गाँव के निवासी थे। इन्हें मैथिल कोकिल कवि शेखर, अभिनव, जयदेव के नामों से जाना जाता है।
- ❑ विद्यापति मिथिला के राजा शिवसिंह और कीर्ति सिंह के राजदरबारी कवि थे। विद्यापति भक्त कवि थे या शृंगारी यह विवादास्पद प्रश्न है। अधिकांश उन्हें शृंगारी कवि मानते हैं।

- विभिन्न विद्वानों ने विद्यापति को श्रृंगारी, भक्त एवं रहस्यवादी कवि माना है जो निम्नांकित है—
- श्रृंगारी—रामचन्द्र शुक्ल, हरप्रसाद शास्त्री, रामकुमार वर्मा
- भक्त—बाबू ब्रजनन्दन सहाय, श्यामसुन्दर दास, हजारीप्रसाद द्विवेदी
- रहस्यवादी—जार्ज ग्रियर्सन, नागेन्द्रनाथ गुप्त
- बच्चन सिंह ने विद्यापति को जातीय कवि कहा है।
- निराला ने पदावली के श्रृंगारिक पदों की मादकता को 'नागिन की लहर' कहा।
- हजारीप्रसाद द्विवेदी ने विद्यापति को श्रृंगार रस के सिद्ध वाक् कवि कहा है।
- आचार्य रामचन्द्र शुक्ल जी के अनुसार—आध्यात्मिक रंग के चश्मे बहुत सस्ते हो गये हैं। उन्हें चढ़ाकर ही जैसे कुछ लोगों ने 'गीत गोविन्द' के पदों को आध्यात्मिक संकेत बताया है, वैसे ही विद्यापति के इन पदों को भी।

विद्यापति की रचनाएँ

- विद्यापति ने निम्न भाषाओं में काव्यों की रचना की है।
  1. संस्कृत में रचित रचनाएँ—'शैव सर्वस्व सार', 'गंगा वाक्यावली', 'दुर्गाभक्त तरंगिणी', 'भू-परिक्रमा', 'दानवाक्यावली', 'पुरुष परीक्षा', 'विभाग सार', 'गया पत्तलक वर्णकृत्य', 'लिखनावली'।
  2. अवहट्ट में रचित रचनाएँ (गद्य-पद मिश्रित दो रचनाएँ)—'कीर्तिलता' एवं 'कीर्तिपताका'।
     'कीर्तिलता' में राजा वीरसिंह एवं कीर्तिसिंह के युद्ध एवं सौन्दर्य का वर्णन है, जबकि 'कीर्तिपताका' में राजा एवं शिवसिंह एवं कुछ मुस्लिम आक्रमणकारियों के युद्ध का ओजस्वी शैली में वर्णन किया गया है।
  3. मैथिली—'पदावली, 'गारक्ष विजय'।
     विद्यापति की पदावली में शिवभक्त, दुर्गास्तुति तथा अन्य देवी-देवताओं की विनय से सम्बन्धित पद मिलते हैं, परन्तु इसमें श्रृंगार रस की प्रधानता मिलती है।
- विद्यापति शैव सम्प्रदाय के कवि थे।
- हिन्दी में विद्यापति को कृष्णगीति परम्परा का प्रवर्तक माना जाता है।
- विद्यापति के महत्त्वपूर्ण पद्यांश इस प्रकार हैं—

  (क) पदावली से—

  - *सरस वसन्त समय भला पावलि दछिन पवन वह धीरे॥*
    सपनहु रूप वचन इक भाषिय मुख से दूरि करू चीरे॥

लीलाकमल भमर धरू वारि।
चमकि चलिल गोरि–चकित निहारि।
ले भेल बेकत पयोधर सोम।
कनक–कनक हेरि काहिन लोभ।
आध भुकाएल, बाध उदास
केचे–कुंभे कहि गेल अप्प आस।

(ख) कीर्तिलता से—

- *कतहु तुरूक बरकर। बार जाए ते बेगार धर॥*
  धरि आनय बाभन बरूआ। मथा चढ़ाव इ गाय का बरूआ।
  हिन्दू बोले दूरहि निहार। छाटड तुरूका भभकी मार।
- *जाति अजाति विवाह अधम उत्तम का पारक*

अमीर ख़ुसरो (1253–1325)

- अमीर ख़ुसरो का वास्तविक नाम अबुल हसन था, वह निज़ामुद्दीन औलिया के शिष्य थे। उनका जन्म उत्तर प्रदेश के एटा ज़िले के पटियाली गाँव में हुआ था। उन्होंने दिल्ली सल्तनत के ग्यारह (11) राजाओं का आरोहण देखा। ये दरबारी कवि होने के साथ-साथ लौकिक परम्परा के भी पक्षधर थे। ये इतिहासकार, गणितज्ञ, भूगोलवेत्ता, संगीतकार तथा साहित्यकार भी थे। इन्होंने संगीत के क्षेत्र में तबला एवं सितार से भारतीय परम्पराओं का परिचय कराया।
- इतिहास के विद्वान डॉ. ईश्वरी प्रसाद ने अमीर ख़ुसरो को महाकवि या कवियों में राजकुमार की संज्ञा दी।
- विद्वानों ने अमीर ख़ुसरो द्वारा रचित ग्रन्थों की संख्या 100 बतायी है। जिनमें से क़रीब 20–21 ग्रन्थ ही उपलब्ध हैं। कुछ प्रसिद्ध रचनाएँ—खालिक बारी, पहेलियाँ, मुकरियाँ, दो सखुने, ग़ज़ल।

ख़ुसरो की पहेलियाँ

1. *एक थाल मोती से भरा। सबके सिर पर औंधा धरा॥*
   चारों ओर वह थाली फिरे। मोती उससे एक न गिरे॥ (आकाश)
2. *बीसों का सिर काट लिया,*
   न मारा ना ख़ून किया। (नाख़ून)

3. *एक नार ने अचरज किया। साँप मार पिंजरे में दिया।*
ज्यों-ज्यों साँप ताल को खाए। सूखे ताल साँप मर जाए। (दिया-बाती)

- अमीर ख़ुसरो ने साहित्य के क्षेत्र में जिन विधाओं को जन्म दिया, उनमें गीत प्रमुख हैं।

  उदाहरण— *अम्मा मेरे बाबुल को भेजो री...*
  काहे को बियाहे परदेस सुन बाबुल मेरे...

- ढकोसला— *खीर बनाई जतन से, चर्खा दिया चलाय।*
  आया कुत्ता खा गया, गोरी बैठी ढोल बजाय॥

- अमीर ख़ुसरो ने हिन्दी साहित्य के अन्तर्गत मिश्रित पद्धति में काव्य की रचना की है। उन्होंने ब्रजभाषा और खड़ी बोली के साथ-साथ फ़ारसी के मिश्रण के द्वारा एक अनूठी पद्धति विकसित की।
- *चूक भई कुछ बासो ऐसी। देस छोड़ भयो परदेसी।*
- *एक नार पिया को भानी। तन वाको सगरा ज्यों पानी।*

आदिकाल की विशेषताएँ/प्रवृत्तियाँ

आदिकाल की विशेषताएँ निम्न हैं—

(1) **आश्रयदाताओं की प्रशंसा**—चारण कवियों ने अपने आश्रयदाताओं की अतिशयोक्ति पूर्ण प्रशंसा की है।

(2) **ऐतिहासिकता का अभाव**—इन रचनाओं में इतिहास प्रसिद्ध चरित्र नायकों को लिया गया है परन्तु उनका वर्णन ऐतिहासिक नहीं है।

(3) **अप्रामाणिक रचनाएँ**—रासो साहित्य की अधिकांश रचनाएँ सन्दिग्ध एवं अर्द्धप्रामाणिक मानी जाती हैं।

(4) **युद्धों का सजीव वर्णन**—इस समय के कवि राजाओं के साथ युद्ध में भाग लेते थे तथा उसका प्रयत्न अवलोकन कर सजीव चित्रण करते थे।

(5) **संकुचित राष्ट्रीयता**—राष्ट्र की जगह क्षेत्र विशेष को महत्त्व दिया गया।

(6) **वीर-काव्य तथा शृंगार रस काव्य**—रासो साहित्य का मूल विषय वीर एवं शृंगार रस प्रधान रहा है।

(7) **जन-जीवन के चित्रण का अभाव**—चारण कवियों ने इस काल के आश्रयदाताओं की झूठी प्रशंसा की है। वह समाज के लिए अपने कर्तव्यों को भुला दिया।

(8) काव्य के दो रूप—मुख्यतः प्रबन्ध काव्य एवं मुक्तक काव्य में ही रचनाएँ मिलती हैं।

(9) विविध छन्दों का प्रयोग—छन्दों की विविधता के लिए यह काल सर्वोपरि है।

प्रमुख छन्द—दोहा, रोला, तोटक, तोमर, गाथा आदि।

(10) डिंगल एवं पिंगल शैली।

(11) अन्तर्विरोध का काल—आदिकाल अन्तर्विरोध, मतभेद और विभिन्नताओं का काल है। विद्यापति इसका अच्छा उदाहरण है।

(12) लौकिक रस की रचनाएँ—इस काल में लौकिक रस की रचनाएँ भी लिखी गयीं।

उदाहरण—'सन्देश रासक', विद्यापति 'पदावली'।

(13) उपदेशात्मक साहित्य—बौद्ध, जैन, सिद्ध और नाथ साहित्य में उपदेशात्मकता की प्रवृत्ति देखने को मिलती है।

(14) उच्च कोटि का धार्मिक साहित्य—उदाहरण—'परमात्म प्रकाश'।

आदिकाल की महत्त्वपूर्ण काव्य-पंक्तियाँ

(1) *पण्डित सअल सत्त बक्खाणई। देहहि बुद्ध बसन्त न जाणई॥* **—सरहपा**

(2) *किसका बेटा किसकी बहू, आप स्वारथ मिलिया सहू।* **—चरपटनाथ**

(3) *नाव न बिन्दु न रवि शशि मण्डल* **—सरहपा**

(4) *काआ तरुवर पंच विडाल* **—लूइपा**

(5) *एक ण किज्जइ मंत्र ण तंत्र* **—कण्हपा**

(6) *जहि मन पवन न संचरइ, रवि ससि नांहि प्रवेश।*
तहि बट चित बिस्राम करू, सरेहे कहिअ उवेस॥ **—सरहपा**

(7) *विणु धवलेण सयडु कि हल्लइ। विणु जीवेण देहु कि चल्लइ।*
विणु जीवेण मोफख को पावइ तुम्हारिसु कि अप्पइ आवइ॥ **—पुष्यदन्त**

(8) *जि दिसि दिसि तिमरई मिलियाई। तिह दिसि दिसि जारइ मिलियाई॥*
—पुष्यदन्त

(9) *पिउ संगम कउ निछड़ी पिय हो परोक्खहो कैंव।* **—हेमचन्द्र**

(10) *गंगा जउँना माझेरे बहर नाई।* **—डोम्भिपा**

(11) *पिउ संगम कउ निछड़ी पिय हो परोक्खहो कैंव।* **—हेमचन्द्र**

(12) *इक सेति पटा, एक नील पटा, इक तिलक जनेऊ, एक लम्बी जटा।*
—चरपटनाथ

(13) *सहजे धर कवि वारुणि साथ*—**विरूपा**

(14) *जा मति पच्छई संपजई, सा मति पहली होई।*—**मुंज**
भणई मृणावलई, विहन न बैठे कोई॥—**मेरुतुंग**

(15) *जोइ-जोई पिण्डे सोई ब्रह्माण्डे।*—**गोरखनाथ**

(16) *नोलख पातरि आगे नाचे, पीछे सहज अखाड़ा।*
ऐसे मन जोगी खेले तब अन्तरि बसे भण्डारा॥—**गोरखनाथ**

(17) *अवधू रहिया हाटे बाटे रूष विरष की छाया।*
तजिबा काम क्रोध लोभ मोह संसार की माया॥—**गोरखनाथ**

(18) *पुस्तक जल्हण हाथ है चलि गज्जन नृपकाज।*—**चन्दबरदाई**

(19) *प्रिय प्रिविराज नरेस जोग...।*
बज्जिय केस सुदेस।—**चन्दबरदाई**

(20) *मनहुँ कला ससि भान कला सोलह सौ बन्निय।*
बाल बैस सासि ता समीप अमृत रस पिन्निय॥—**चन्दबरदाई**

(21) *बज्जिय घोर निसान रान चौहान चहौं दिस।*—**चन्दबरदाई**

(22) *बारह बरस लौ कूकर जीवै, अरु तेरह लो जिए सियार।*
बरस अठारह क्षत्रिय जीवै, आगे जीवन का धिक्कार॥—**जगनिक**

(23) *पिउ चित्तौड़ न आविऊ, सावण पहिली तीज।*
जौवे वाट विराहिणी रिवण-रिवण अणवै खीज॥—**दलपति विजय**

(24) *सदा तरैया ना बनकूले, यारो सदा न सावन होय।*
स्वर्ग मडैया सब काहू को, यारो सदा न जीवै कोय॥—**जगनिक**

(25) *इणि पर कोइल कूजई पूजई युवति मणोर।*
विधुर वियोगिनी धृजई कूजई मयण किशोर॥—**बसन्त विलास**

(26) *रावण जायउ जहि दिअहि दह मुह एक सरीरु।*
चिन्ताविच तइयाहि जणाणि कवणु पियावउँ स्वीरु॥

—**सोमप्रभ सूरि**

(27) *बोलइ बाहुबलि बलवन्ता।*
लोह खण्डि तउ गरवीउ हन्ता।—**शालिभद्र सूरि**

(28) *हम्मीर कज्ज जज्जल भण्इ फोहानल यह मइ जलइ। सुलितान सीस करवाल दह तज्जि कलेवर दिअचलेउ*—**शारंगधर**

(29) *गोरी सोवे सेज मुख पर डारे केस*—**अमीर ख़ुसरो**

(30) *मेरा जोबना नवेलरा भयो है गुलाल*—**अमीर ख़ुसरो**

(31) *चल ख़ुसरो घर आपने रैन भई चहुँ देश*—**अमीर ख़ुसरो**

(32) *जो हाल मिसकीं मकुन तगाफुल दराय नैना, बनाय बतियाँ*
—**अमीर ख़ुसरो**

(33) *'एक नार ने अचरज किया'*—**अमीर ख़ुसरो**

(34) *जनम अवधि हम रूप निहारल नयन न तिरपति भेल*—**विद्यापति**

(35) *सरस वसन्त समय भल पावसि*—**विद्यापति**

(36) *कालि कहल पिय साँझहिरे, जाइब मइ मारू देस*—**विद्यापति**

अन्य महत्त्वपूर्ण तथ्य

- महासुखवाद (सहजयान) का प्रवर्तन वज्रयान शाखा में हुआ है। महासुख का अर्थ है आनन्दस्वरूप ईश्वरत्व।
- सिद्धों (वज्रयानी) का नाट्य क्षेत्र पूर्वी भाग था।
- गोरखनाथ ने अपने विचारों का प्रचार देश के पश्चिमी भाग में विशेषकर पंजाब और राजपूताने में किया।
- नाथों की संख्या नौ मानी गयी है। नाथों के गोरक्ष सिद्धान्त संग्रह में इनका नाम निम्न क्रमानुसार में बताया गया है—

गोरक्ष सिद्धान्त संग्रह

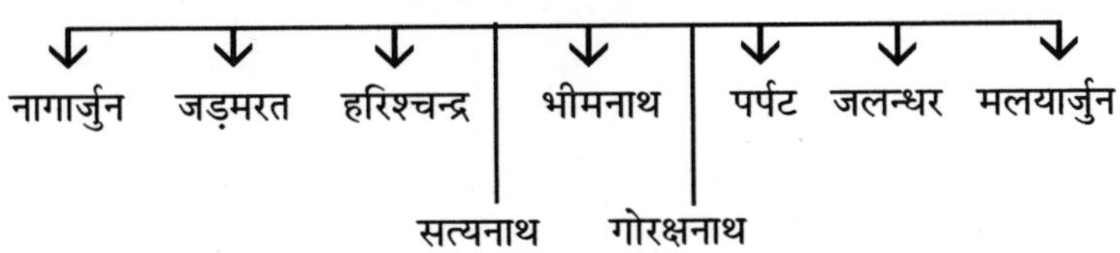

- अपभ्रंश और अवहट्ट में चौपाई 15 मात्राओं का छन्द था।
- 'भरतेश्वर बाहुबली रास' (1184 ई.) के रचनाकार श्री शालिभद्र सूरि थे। इन्हीं को रास काव्य-परम्परा के प्रवर्तक का श्रेय प्राप्त है।
- 'सन्देश रासक' पहला धर्मेतर रास ग्रन्थ है। इस काव्य की रचना अब्दुर्र रहमान ने की है।
- हेमचन्द्र गुजरात के सोलंकी राजा सिद्धराज जयसिंह और उनके भतीजे कुमार पाल के राजदरबारी कवि थे।
- हेमचन्द्र को अपभ्रंश का पाणिनि कहा जाता है।
- हेमचन्द्र का भारतीय चिन्तन, साहित्य और साधना के क्षेत्र में महत्त्वपूर्ण नाम है।

- हेमचन्द्र साहित्य, दर्शन, योग, व्याकरण, काव्यशास्त्र के प्रकाण्ड विद्वान थे।
- हेमचन्द्र का संस्कृत, प्राकृत एवं अपभ्रंश भाषाओं पर समान अधिकार था।
- हेमचन्द्र के व्याकरण का नाम सिद्ध हेमचन्द्र शब्दानुशासन है।
- हेमचन्द्र की अन्य पुस्तकों के नाम निम्न हैं—'योगशास्त्र', 'कुमारपाल चरित्र', 'प्राकृत व्याकरण', 'छन्दोनुशासन' और 'देशी नाममाला कोश'।
- जैन साधु सोमप्रभ सूरि ने 'कुमारपाल प्रतिबोध' नाम का एक गद्य-पद्य में संस्कृत-प्राकृत काव्य लिखा।
- 'प्रबन्धचिन्तामणि' नाम के ग्रन्थ की रचना 'मेरुतुंग' ने संस्कृत भाषा में की।
- अपभ्रंश भाषा में तीन बन्ध पाये जाते हैं—
  (1) पद्धड़िया बन्ध (2) दोहाबन्ध (3) गेय पद बन्ध
- आचार्य द्विवेदी के अनुसार—दोहा या दूहा अपभ्रंश का अपना छन्द है। जिस प्रकार 'गाया' प्राकृत का अपना छन्द है।
- हिन्दी में सर्वप्रथम दोहा और चौपाई पद्धति का प्रयोग बौद्ध सिद्ध सरहपा की रचनाओं में मिलता है।
- डॉ. रामकुमार वर्मा ने अमीर ख़ुसरो को अवधी भाषा का प्रथम कवि माना है।

6
भक्तिकाल

- हिन्दी साहित्य के इतिहास के विकासात्मक वर्गीकरण में द्वितीय चरण को मध्यकाल कहते हैं। इस काल को दो भागों में बाँटा गया है। पूर्व मध्यकाल एवं उत्तर मध्यकाल। पूर्व मध्यकाल को भक्तिकाल तथा उत्तर मध्यकाल को रीतिकाल कहते हैं।

भक्तिकाल की व्युत्पत्ति

मोलियर विलियम्स के अनुसार 'भक्ति' शब्द की व्युत्पति 'भज' धातु से हुई है।

- 'भक्ति' शब्द का सर्वप्रथम उल्लेख श्वेताश्वेतर उपनिषद से मिलता है।
- विभिन्न विद्वानों के अनुसार भक्तिकाल का काल विभाजन—

1.	डॉ. नगेन्द्र	सं. 1350 – 1650
2.	आचार्य शुक्ल	सं. 1375 – 1700 वि.
3.	मिश्रबन्धुओं	सं. 1445 – 1680 वि.
4.	डॉ. रामकुमार वर्मा	सं. 1375 – 1700 वि.
5.	डॉ. गणपतिचन्द्र गुप्त	सन् 1350 – 1600 ई.

भक्तिकाल से सम्बन्धित विद्वानों के अभिमत

- जॉर्ज ग्रियर्सन ने भक्तिकाल को हिन्दी साहित्य का स्वर्णयुग कहा है।
- रामविलास शर्मा ने भक्ति आन्दोलन को एक जातीय और जनवादी आन्दोलन बताया है।
- पृथ्वीनाथ कमल कुलश्रेष्ठ ने भक्तिकाल को 'कलात्मक उत्कर्ष काल' कहा है।
- हजारीप्रसाद द्विवेदी ने भक्ति आन्दोलन को लोकजागरण कहा है।
- आचार्य रामचन्द्र शुक्ल ने 'भक्ति' को धर्म का रसात्मक रूप कहा है।
- हजारीप्रसाद द्विवेदी ने भक्तिकाल को 'पूर्व मध्यकाल' नाम से पुकारा है।

भक्ति आन्दोलन के उदय के सम्बन्ध में विभिन्न विद्वानों का कथन

विद्वान	उनके अभिमत
1. रामचन्द्र शुक्ल	इस्लामी आक्रमण की प्रतिक्रिया।
2. हजारीप्रसाद द्विवेदी	भारतीय चिन्तनधारा का स्वत:स्फूर्त विकास।
3. ग्रियर्सन और बेबर	ईसाई धर्म की देन।
4. ताराचन्द	अरबों की देन।
5. डॉ. गुलाबराय	पराजय की क्षति की पूर्ति।

भक्ति आन्दोलन के उदय की परिस्थितियाँ

भक्तिकाल के उदय के लिए राजनीतिक, सामाजिक एवं धार्मिक परिस्थितियाँ ज़िम्मेदार रही हैं। जिनका क्रमश: वर्णन इस प्रकार है—

आचार्य रामचन्द्र शुक्ल के अनुसार—देश में मुसलमानों का राज्य प्रतिष्ठित हो जाने पर हिन्दू जनता के हृदय में गौरव, गर्व और उत्साह के लिए वह अवकाश न रह गया। उसके सामने ही उसके देव मन्दिर गिराये जाते थे, देव मूर्तियाँ तोड़ी जाती थीं और पूज्य पुरुषों का अपमान होता रहा और वे कुछ भी न कर सकते थे। ऐसी दशा में अपनी वीरता के गीत न तो वे गा ही सकते थे और न बिना लज्जित हुए सुन ही सकते थे। आगे चलकर जब मुस्लिम साम्राज्य दूर तक स्थापित हो गया तब परस्पर लड़ने वाले स्वतन्त्र राज्य भी नहीं रह गये। इतने भारी राजनीति उलटफेर के पीछे हिन्दू जन समुदाय पर बहुत दिनों तक उदासी-सी छाई रही। अपने पौरुष से हताशा जाति के लिए भगवान की शक्ति और करुणा की ओर ध्यान ले जाने के अतिरिक्त दूसरा मार्ग ही क्या था?

उस कालखण्ड के समाज एवं धर्म में अनेक कुरीतियाँ विद्यमान थीं। छुआछूत, ऊँच-नीच, जाति-पाँति, पाखण्ड, अन्धविश्वास, रूढ़ियाँ जैसी कुरीतियाँ विद्यमान थीं। मुस्लिम भी बुतपरस्ती के ख़िलाफ़ थे। उनको भी हिन्दुओं की तरह माला जपते देखा गया, परन्तु उनमें आन्तरिक शुद्धि का अभाव था। बौद्ध धर्म की विकृतियों के ख़िलाफ़ शंकराचार्य ने अद्वैत मत की स्थापना की। विष्णु के अवतारों की भक्ति ने लोगों को आकृष्ट किया। भक्ति का मार्ग सबके लिए खुल गया। अनाचार, मिथ्याचार, आडम्बर, पाखण्ड, कर्मकाण्ड ही कुछ कारक थे जिसके कारण भक्ति आन्दोलन को बल मिला व इसके लिए परिस्थितियाँ बनीं।

भक्ति आन्दोलन के उद्‌भव-स्थल के सम्बन्ध में कुछ विद्वानों के अभिमत—

- **आचार्य रामचन्द्र शुक्ल** के अनुसार—भक्ति का जो सोता दक्षिण की ओर से धीरे-धीरे उत्तर भारत की ओर पहले से ही आ रहा था, उसे राजनीतिक परिवर्तन के कारण शून्य पड़ते हुए जनता के हृदय क्षेत्र में फैलने के लिए पूरा स्थल मिला।
- **जार्ज ग्रियर्सन** का कथन—बिजली की चमक के समान अचानक समस्त पुराने धार्मिक मतों के अनुसार अन्धकार के ऊपर एक नयी बात दिखाई दी। कोई हिन्दू यह नहीं जानता कि यह बात कहा से आयी और कोई भी इसके प्रादुर्भाव का कारण निश्चित नहीं कर सका।
- **डॉ. सत्येन्द्र** के अनुसार— *भक्ति द्रविड़ उपजी लाये रामानन्द।*
  परगट किया कबीर ने, सात दीप नौ खण्ड॥

भक्तिकाल का विभाजन इस प्रकार किया है—

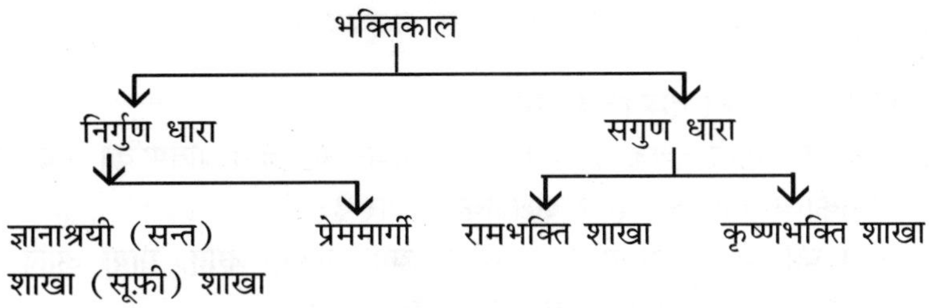

1. निर्गुण धारा-ज्ञानाश्रयी (सन्त) शाखा

- इस शाखा के भक्त-कवि निर्गुणवादी थे और राम की उपासना करते थे। वे गुरु को बहुत सम्मान देते थे तथा जाति-पाँति के भेदों को अस्वीकार करते थे। मिथ्या आडम्बरों और रूढ़ियों का वे विरोध करते थे।
- आचार्य रामचन्द्र शुक्ल ने ज्ञानाश्रयी सन्तों की दार्शनिक विवेचना करते हुए यह मान्यता स्थापित की है कि उन्होंने निराकार ईश्वर के लिए भारतीय वेदान्त का पल्ला पकड़ा है। इस सम्बन्ध में जब हम शंकर के अद्वैतवाद एवं सन्तों की निर्गुण भक्ति के तुलनात्मक पक्षों पर विचार करते हैं तो उपर्युक्त मान्यता की सीमाएँ स्पष्ट हो जाती हैं।

  (क) शांकर अद्वैतवाद में भक्ति को साधन के रूप में स्वीकार किया गया

है, किन्तु उसे 'साध्य' नहीं माना गया है। सन्तों ने (सूफ़ियों ने भी) भक्ति को साध्य माना है।

(ख) शांकर अद्वैतवाद में मुक्ति के प्रत्यक्ष साधन के रूप में 'ज्ञान' को ग्रहण किया गया है। वहाँ मुक्ति के लिए भक्ति का ग्रहण अपरिहार्य नहीं है। वहाँ भक्ति के महत्त्व की सीमा प्रतिपादित है। वहाँ भक्ति का महत्त्व केवल आत्मसाक्षात्कार के लिए उचित भूमिका का निर्माण कर सकता है।

सन्तों ने अपना परम लक्ष्य आत्मसाक्षात्कार या भगवद्-दर्शन माना है तथा भक्ति के ग्रहण को अपरिहार्य रूप में स्वीकार किया है क्योंकि सन्तों की दृष्टि में भक्ति ही आत्म-साक्षात्कार या भगवद्दर्शन कराती है।

- इस शाखा की रचनाएँ साहित्यिक नहीं हैं—फुटकर दोहे पदों के रूप में हैं जिनकी भाषा एवं शैली अधिकतर अव्यवस्थित और उलटबाँसी है।
- इन सन्तों में प्रमुख कबीरदास थे। अन्य मुख्य सन्त कवियों के नाम हैं— नानक, रैदास, दादू दयाल, सुन्दरदास, मलूकदास।

सन्तकाव्यधारा का दार्शनिक पक्ष

- नाथपन्थ, सूफ़ी दर्शन, इस्लाम धर्म व शंकराचार्य द्वारा प्रतिपादित अद्वैतवाद सन्तकाव्य-धारा का मुख्य दार्शनिक आधार है।
- सन्त कवियों ने उपनिषदों में वर्णित ब्रह्म, जीव, जगत्, माया आदि के स्वरूप को अपने साहित्य में स्वीकार किया है।
- सन्त कवियों ने वैष्णव सम्प्रदाय से प्रपत्तिवाद के मूल्य को ग्रहण किया है तो वहीं इस्लाम से एकेश्वरवाद की धारणा को अपनाया है।
- सन्तकाव्यधारा ने सिद्ध व नाथ परम्परा से शून्यवाद, योगसाधना, कुण्डलिनी जागरण व गुरु के महत्त्व जैसे महत्त्वपूर्ण तत्त्वों को आत्मसात् किया है तो दूसरी तरफ़ सूफ़ियों से प्रेमतत्त्व के मर्म को ग्रहण किया है।
- सन्त साहित्य ने मूर्ति पूजा व अवतारवाद का खण्डन किया है।
- गुरु राघवानन्द के सर्वाधिक यशस्वी साधक व प्रगतिशील विचारक थे।
- रामानन्द के 12 शिष्य थे (भक्तमाल के अनुसार) जो निम्न हैं—
  (1) अनन्तानन्द, (2) सुखानन्द, (3) सुरसुरानन्द, (4) भावानन्द, (5) नरहर्यानन्द, (6) पीपा, (7) कबीर, (8) धन्ना, (9) रैदास, (10) अनन्तदास सेन, (11) सुरसुरी।

- रामानन्द ने अन्त:साधना को महत्त्व दिया। उनकी रचनाओं में ब्रह्म की प्रेमाभक्ति का उपदेश है।

प्रमुख सन्त कवियों का संक्षिप्त जीवन-वृत्त निम्न है—

सन्त कवि	जन्म-मृत्यु	जन्मस्थान	गुरु का नाम	माता-पिता
रैदास	1377–1518	काशी	रामानन्द	
कबीरदास	1398–1518	काशी	रामानन्द	नीरू-नीमा
जंगनाथ	1451–1523	नागौर	बाबा गोरखनाथ	
हरिदास निरंजनी	1455–1543	डीडवाण	प्रागदास	
गुरुनानक	1469–1538	ननकाना	कालूराम-तृप्ता	
सींगा	1519–1659	खजूर (म.प्र.)	मनरंगीर	
लालदास	1540–1648	अलवर	गदन चिश्ती	
दादू दयाल	1544–1603	अहमदाबाद	वृद्ध भगवान	
मलूकदास	1574–1682	इलाहाबाद	पुरुषोत्तम	सुन्दरदास
बाबा लाल	1590–1655	पंजाब		
सुन्दरदास	1596–1689	जयपुर	दादू दयाल	परमानन्द-सती

कबीरदास (1398–1518 ई.)

- भारतीय धर्मसाधना के इतिहास में कबीर ऐसे महान विचारक एवं प्रतिभाशाली महाकवि हैं, जिनके विषय में विभिन्न विद्वानों ने निम्न कथन कहे—

  (1) इसमें कोई सन्देह नहीं कि कबीर ने ठीक मौक़े पर जनता के उस बड़े भाग को सँभाला जो नाथपन्थियों के प्रभाव से प्रेमभाव और भक्ति से शून्य शुष्क पड़ता जा रहा था—**आचार्य रामचन्द्र शुक्ल**

  (2) इन्होंने भारतीय ब्रह्मवाद के साथ सूफ़ियों के भावात्मक रहस्यवाद, हठयोगियों के साधनात्मक रहस्यवाद और वैष्णवों के अहिंसावाद तथा प्रपत्तिवाद का मेल करके अपना पन्थ खड़ा किया।

  —आचार्य रामचन्द्र शुक्ल

  (3) भाषा बहुत परिष्कृत और परिमार्जित न होने पर भी कबीर की उक्तियों में कहीं-कहीं विलक्षण प्रभाव और चमत्कार है। प्रतिभा उनमें बड़ी प्रखर थी, इसमें सन्देह नहीं है।—**आचार्य रामचन्द्र शुक्ल**

(4) **डॉ. बच्चन सिंह** के अनुसार, हिन्दी भक्ति-काव्य का प्रथम क्रान्तिकारी पुरस्कर्ता कबीर हैं।

(5) **आचार्य हजारीप्रसाद द्विवेदी** ने कबीर को भाषा का डिक्टेटर कहा है।

- कबीर की वाणी का संकलन उनके शिष्य धर्मदास ने 'बीजक' नाम से सन् 1464 ई. में किया। 'बीजक' के तीन भाग हैं—साखी, सबद, रमैनी।
- कबीर की रचनाओं में प्रयुक्त छन्द एवं भाषा निम्न हैं—

रचना	अर्थ	प्रयुक्त छन्द	भाषा
साखी	साक्षी	दोहा	मिश्रित पंजाबी, राजस्थानी
सबद	शबद	गेय पद	ब्रजभाषा और पूर्वी बोली
रमैनी	रामायण	चौपाई + दोहा	ब्रजभाषा और पूर्वी बोली

- कबीर की भाषा को पंचमेल, उलटबाँसी, सधुक्कड़ी आदि नाम से जाना जाता है।
- श्यामसुन्दर दास ने 'कबीर ग्रन्थावली' में कबीर की भाषा को पंचमेल खिचड़ी से अभिहित किया है।
- 'गुरु ग्रन्थ साहिब' में कबीर के दोहे संकलित हैं।
- मुसलमानों के अनुसार कबीर के गुरु का नाम सूफ़ी फ़क़ीर शेख़ था। ये सिकन्दर लोधी के पीर (गुरु) थे।
- 'आइने-अकबरी' अबुल फ़ज़ल ने कबीर को 'मुवाहिद' कहा है।
- कबीर के उत्तराधिकारी 'कमाल' व धर्मदास थे।
- कबीर के माता-पिता नीरू-नीमा और पुत्र-पुत्री कमाल-कमाली थे।
- इनकी मृत्यु 1518 ई. को मगहर में हुई।

सन्त कबीर का दार्शनिक आधार

सैद्धान्तिक दृष्टि से कबीर को किसी एक मत से सम्बन्धित नहीं किया जा सकता है। इन्होंने अपने गुरु रामानन्द से रामभक्ति का मन्त्र प्राप्त किया था। उनके राम 'दुष्ट दलन रघुनाथ' नहीं थे। राम से उनका अभिप्राय निर्गुण राम (ईश्वर) से था। उनके शब्दों में 'दशरथ सुत तिहुँ लोक बखाना, राम नाम का मरन है आना।' उन्होंने राम को निर्गुण रूप में स्वीकार किया है तथा निर्गुण राम की उपासना का सन्देश देते हैं। 'निर्गुण राम जपहुँ रे भाइ!' उनकी रामभावना ब्रह्म भावना से सर्वथा मिलती है। उनके राम निर्गुण राम के ही पर्यायवाची हैं। ब्रह्म, जीव, जगत्, माया आदि तत्त्वों का निरूपण उन्होंने भारतीय अद्वैतवाद के अनुसार किया है। उनके अनुसार जगत् में जो

कुछ भी है, वह ब्रह्म ही है। अन्त में सब ब्रह्म में ही विलीन हो जाता है।

पाणी ही ते हिम भया, हिम है गया विलाय।
जो कुछ था सोई भया, अब कुछ कहा न जाय।

संसार को मिथ्या व माया को भ्रम का आख्यान भी कबीर ने अद्वैतवादी विचारधारा के अनुरूप किया है—

कबीर माया पापणी हरि सूँ करै हराम।
मुखि कड़ियाली कुमति ही कहण न देई राम॥

- कबीर ने जिस प्रकार एक निराकार ईश्वर के लिए 'भारतीय वेदान्त' का पल्ला पकड़ा, उसी प्रकार उस निराकार ईश्वर की भक्ति के लिए सूफ़ियों का प्रेमतत्त्व लिया और अपना 'निर्गुण' धूमधाम से निकाला।
- कबीरदास ने नाथपन्थी जोगियों की कई बातें ग्रहण कीं जैसे—शून्यवाद कुण्डलिनी जागरण, नादबिन्दु की साधना, योगसाधना, गुरु की महिमा आदि। कबीर ने अन्त:साधना में रागात्मिका 'भक्ति' और 'ज्ञान' का योग किया।
- कबीर भक्त थे। भक्ति के प्रसार के क्रम में ही उन्होंने सामाजिक रूढ़ियों, अन्धविश्वास, मूर्तिपूजा, माया, हिंसा, छुआछूत, जाति-पाँति आदि का उग्र विरोध किया।

रैदास (रविदास) (1388-1518 ई.)

- रैदास का जन्म 1388 ई. में काशी में हुआ।
- रैदास ने स्वयं को अपने कई पदों में चमार कहा।
  कह रैदास खलास चमारा ऐसी मेरी जाति विख्यात चमार।
- रैदास की रचना-रैदास की वाणी।
- सन्त रैदास मीराबाई और उदय के गुरु माने जाते हैं। मीरा ने अनेक पदों में उन्हें गुरु रूप में याद किया है, जैसे—
  गुरु मिल्या रैदास जी दीन्ही ज्ञान की गुटकी
- रैदास के 40 पद गुरु ग्रन्थ साहिब में संकलित हैं।
- रैदास के काव्य में प्राय: सभी प्रवृत्तियों का विकास हुआ है। इनके सम्बन्ध में **आचार्य हजारीप्रसाद द्विवेदी** का कथन है—''अनाडम्बर सहज शैली और निरीह आत्म समर्पण के क्षेत्र में रैदास के साथ कम सन्तों की तुलना की जा सकती है।''
- रैदास सिकन्दर लोदी के निमन्त्रण पर दिल्ली गये थे।

- अनन्तदास की 'परिचई' व प्रियादास के 'सटीक भक्तमाला' में रामानन्द को रैदास का गुरु माना गया है, परन्तु रैदास की रचनाओं में कहीं भी रामानन्द का उल्लेख नहीं मिलता।
- रैदास का मोक्ष स्थान काशी का गंगा घाट था।

गुरु नानक (1469-1538 ई.)

- गुरु नानक सिख धर्म के संस्थापक थे, इनका जन्म तलवण्डी नामक गाँव में कार्तिकी पूर्णिमा को एक खत्रीकुल में हुआ था। इनके माता-पिता का नाम तृप्तादेवी व कालूचन्द था। इनका विवाह 17 वर्ष की आयु में सुलक्षणी से हुआ। इनके दो पुत्र श्रीचन्द एवं लक्ष्मीचन्द थे। पिता की भाँति श्रीचन्द भी विख्यात साधु हुए तथा उन्होंने 'उदासी सम्प्रदाय' का प्रवर्तन किया। गुरु नानक बचपन से ही बड़े प्रगतिशील, तार्किक, उदार, विचारशील व शान्त चित्त, आध्यात्मिक प्रवृत्तिवाले व्यक्ति थे। सांसारिक कार्यों में इनका मन नहीं लगता था। गुरुनानक ने गृहस्थी को त्यागकर विभिन्न प्रदेशों में धर्म का प्रचार किया। धार्मिक रूढ़िवाद, जाति के संकीर्ण बन्धनों तथा अनाचारों के प्रति इनका प्रबल विरोध था।
- गुरु नानक के काव्य में ब्रह्मा के प्रति उच्चकोटि की भक्ति भावना विद्यमान है परन्तु अन्य धार्मिक विचारधाराओं के प्रति भी इनमें श्रद्धा थी। इन्होंने निर्गुण ब्रह्मा की उपासना, संसार की क्षणभंगुरता, माया की शक्ति, न.म जप की महिमा, आत्मज्ञान की आवश्यकता, गुरुकृपा का महत्त्व, सात्विक कर्मों की प्रशंसा आदि विषयों का प्रतिपादन अपने पदों में किया है।
- गुरु नानक देव की प्रमुख रचनाएँ—'जपुजी', 'आसदीबार', 'रहिरास', 'नसीहतनामा' और 'सोहिला'—'गुरु ग्रन्थ साहब' में संकलित हैं।
- नानक का दर्शन का सार तत्त्व 'पुजी' है।
- नानक ने संगत व पंगत का सिद्धान्त चलाया, जिसमें गुरुद्वारे में सभी जाति के लोग एक पंक्ति में बैठकर लंगर छक सकेंगे।
- नानक भेदाभेदवादी कवि थे, साथ ही अच्छे सूफ़ी कवि भी। उनकी काव्य में फ़ारसी, मुल्तानी, पंजाबी, सिन्धी, खड़ी बोली, अरबी के शब्दों का मिश्रण मिलता है।
- नानक पहले सन्त थे जिन्होंने विदेशी आक्रमणकारियों के ख़िलाफ़ आवाज़ उठायी।
- नानक में नारी के प्रति सम्मान व श्राध्य का भाव विद्यमान था।

दादू दयाल (1544-1603 ई.)

- हिन्दी के भक्तिकाल में ज्ञानाश्रयी शाखा के प्रमुख सन्त कवि थे। इनकी बानी में कबीर का नाम बहुत जगह आया है, अत: इनमें कोई सन्देह नहीं कि वे कबीर के मतानुयायी थे, दादू दयाल की काव्य-रचना कबीर के अनुरूप ही है जिनमें ईश्वर की व्यापकता, सद्गुरु की महिमा, जाति-पाँति का निराकरण, हिन्दू-मुस्लिम एकता, संसार की अनित्यता, नाममहिमा आदि का प्रतिपादन हुआ है। सम्राट अकबर ने भी इन्हें सीकरी में बुलाकर चालीस दिन तक निरन्तर सत्संग किया था।
- दादू दयाल समाज सुधारक, धर्म सुधारक एवं रहस्यवादी कवि थे।
- इनके शिष्य—रज्जब, सुन्दरदास, प्रागदास, जगगोपाल जगजीवन हैं।
- दादू दयाल के सम्प्रदाय को 'ब्रह्म सम्प्रदाय' या 'परब्रह्म सम्प्रदाय' नाम से भी जाना जाता है। यह सम्प्रदाय कालान्तर में 'दादू पन्थ' नामक संज्ञा से स्थापित हुआ।
- दादू पन्थी एक-दूसरे को 'सतनाम' कहकर अभिवादन करते हैं।
- दादू की रचनाओं को 'हरडेवाणी' नाम से उनके शिष्यों सन्तदास व जगन्नाथ दास ने संकलित किया है।
- दादू के पदों की भाषा मुख्यत: राजस्थानी है, परन्तु गुजराती व पंजाबी में इनके पद मिलते हैं।
- दादू पन्थ के उत्तराधिकारी दादू के पुत्र गरीबदास तथा मिस्कीनदास थे।

मलूकदास (1574-1682 ई.)

प्रसिद्ध सन्त कवि मलूकदास का जन्म इलाहाबाद ज़िले के कड़ा नामक गाँव में 1574 ई. में हुआ।

- मलूकदास ने 'सुखसागर' में गुरु देवनाथ के पुत्र 'पुरुषोत्तम' का गुरु-रूप में स्मरण किया है।
- इनकी रचनाएँ निम्नलिखित हैं—'ज्ञानबोध', 'रतनखान', 'भक्तिविवेक', 'भक्त विरुदावली', 'पुरुष विलास', 'गुरुप्रताप', 'अलखबानी', 'ब्रजलीला', 'अवतार लीला'।
- इनकी सबसे महत्त्वपूर्ण रचना 'ज्ञानबोध' (अवधी भाषा में) है।
- इन्होंने अवधी व ब्रजभाषा में रचनाएँ कीं।

सुन्दरदास (1596-1689 ई.)

ज्ञानाश्रयी सन्तों में सुन्दरदास सबसे अधिक सुशिक्षित व शास्त्रज्ञ थे। वह

दादू दयाल के प्रिय शिष्य थे। वे बड़े प्रतिभाशाली कवि व साधक थे। 11 वर्ष की अवस्था में काशी जाकर साहित्य व दर्शन का गम्भीर अध्ययन किया तथा दीर्घकाल तक योग साधना की।

- सुन्दरदास ने 42 ग्रन्थों की रचना की थी जिनमें 'ज्ञान समुद्र' व 'सुन्दर विलास' सर्वाधिक प्रसिद्ध हैं।

रज्जबदास (1567–1689 ई.)

- रज्जब दास दादू के प्रिय शिष्य थे।
- इनकी महत्त्वपूर्ण कृतियों में 'बानी' व 'सब्बंगी' महत्त्वपूर्ण हैं। 'बानी' में लगभग 5000 छन्द संगृहित हैं एवं सब्बंगी में अनेक सन्तों की रचनाएँ संकलित हैं।

अन्य सन्त कवि

- सींगा ने महाराज ब्रह्मागीर के शिष्य मनरंगीर को अपना आध्यात्मिक पथ प्रदर्शक स्वीकार किया। सींगा की काव्यभाषा 'निमाड़ी' है।
- सन्त सदना का एक व सन्त बेनी के तीन पद आदिग्रन्थ में मिलते हैं।
- शेख़ फ़रीद एक प्रमुख पंजाबी सन्त कवि हैं।

प्रमुख सन्त सिख कवि एवं उनकी रचनाएँ

सन्त सिख कवि	जन्म-मृत्यु ई.	रचनाएँ
गुरु अंगद	1504–1552	'आदिग्रन्थ साहब' में कुछ श्लोक या दोहा संकलित हैं।
गुरु अमरदास	1479–1574	तीसरे गुरु हैं। 'गुरु ग्रन्थ साहब' में संकलित हैं।
गुरु रामदास	1514–1581	चौथे गुरु हैं। 'आदिग्रन्थ' के चौथे महला में संकलित।
गुरु अर्जुनदेव	1563–1606	पाँचवें गुरु हैं। 'आदिग्रन्थ' के पाँचवें महला में संगृहीत।
गुरु तेग बहादुर	1622–1675	नौवें गुरु हैं, नौवें महला में संकलित हैं
गुरु गोविन्द सिंह	1664–1718	अन्तिम गुरु हैं—(1) 'चण्डी चरित्र' (2) 'विचित्र नाटक'।

❑ प्रमुख सन्त कवियों से सम्बन्धित प्रसिद्ध स्थल निम्नलिखित हैं—

प्रसिद्ध स्थल	सम्बन्धित सन्त कवि
समराथल (समाधि-स्थल)	जम्भनाथ
मगहर (मृत्यु-स्थल)	कबीरदास
अलखदरीबा (सत्संग-स्थल)	दादू दयाल
बाबा लाल का शैल (बड़ौदा)	बाबा लाल
सांगनेर (मृत्यु-स्थल)	सुन्दरदास
भराने (राजस्थान) मृत्यु-स्थल	दादू दयाल
द्वारका (मृत्यु-स्थल)	मीराबाई

❑ सन्त कवियों द्वारा प्रवर्तित सम्प्रदाय, मुख्य केन्द्र और उनके प्रमुख शिष्य इस प्रकार हैं—

सम्प्रदाय	प्रवर्तक	केन्द्र	प्रमुख शिष्य
कबीरपन्थ	कबीर	काशी	धर्मदास
सिख	गुरुनानक	पंजाब	
विश्नुई	जम्भनाथ	बीकानेर	(1) हावली पावजी (2) लोहा पागल (3) दन्तनाथ (4) मालदेव
उदासी	श्रीचन्द		
निरंजनी	हरिदास निरंजनी	डीडवाणा	(1) नारायण दास (2) रूपदास
लालपन्थ	लालदास	अलवर	
दादूपन्थ	दादू दयाल	राजस्थान	(1) रज्जब (2) सुन्दरदास (3) प्रागदास (4) जनगोपाल
बाबा लाली	बाबा लाल	गुरदासपुर	
बावरी	बावरी साहिबा		
सत्यनामी	जगजीबनदास	नरलोन	(1) गोविन्द साहब (2)
साधो	वीर भानु	फ़र्रुख़ाबाद	भीखा साहब

❑ हिन्दी के अन्य प्रमुख सन्त कवि निम्नलिखित हैं—

सन्त कवि	जन्म-मृत्यु	जन्मस्थल	गुरु का नाम	जाति
धर्मदास		बाधेगढ़	कबीरदास	बनिया
धन्ना	1415	धुवान	रामानन्द	जाट

सेन		बाँधोगढ़	रामानन्द	नाई
पीपा	1425	गगरौनगढ़	रामानन्द	
वीरभान	1543		उदयदास	
रज्जब	1567-1689	राजस्थान	दादू दयाल	
सदना				
निपट निरंजन	1531	दौलताबाद		
अक्षर अनन्य		दतिया		

महत्त्वपूर्ण काव्य-पंक्तियाँ

सन्तकाव्यधारा या ज्ञानाश्रयी काव्यधारा की विशेषताएँ—

(क) कबीरदास

- *मसि कागद छूऔ नहीं कलम गही नहिं हाथ।*
- *दशरथ सुत तिहुँ लोक बखाना, राम नाम का मरन है आना।*
- *निर्गुण राम जपहुँ रे भाई।*
- *झिलमिल झगरा झूलते बाक़ी रही न काहु।*
गोरख अटके कालापुर कौन कहावै साहु।
- *पाणी ही ते हिम भया, हिम ह्वै गया बिलाय।*
जो कुछ था सोई भया, अब कुछ कहा न जाय।
- *कबीर माया पापणी हरि सूँ करै हराम।*
मुखि कड़ियाली कुमति की कहण न देई राम॥
- *गंगा नहाए कहो को नर तरिंगे*
मछरी न तरी जाको पानी में घर है।
- *पाहन पूजे हरि मिलै ता मैं पूजूँ पहार।*
ताते तो चाकी भली पीस खाय संसार॥
- *दिन भर रोजा रखत है रात हनत है गाय।*
यह तो खून वह बन्दगी कैसी खुशी खुदाय॥
- *बकरी पाती खात है ताकी काढ़ी खाल।*
जे नर बकरी खात हैं ताके कौन हवाल॥
- *हिन्दू कहे मोहे राम पियारा और तुरक रहमाना।*
आपस में दोऊ लरि मुए मरम न काहू जाना॥

- *कबीर कूता राम का मोतिया मेरा नाउँ।*
  गले राम की जेवड़ी तिज खेंचे उत जाऊँ।
- *पण्डित और मसालची दोनों सूझे नाहिं।*
  औरत को करे चाँदना आप अँधेरे माहिं॥
- *सतगुरु हम सौं रीझि कर एक कह्या प्रसंग।*
  बरसया बादल प्रेम का भीग गया सब अंग॥
- *समुन्दर लागी आग नदियाँ जलि कोइला भई।*
  देख कबीरा जाग रूखा चढ़ि गई॥
- *जल में कुम्भ कुम्भ में जल बाहर भीतर पानी।*
  फूटा कुम्भ जलहि समाना, यह तथ्य कह्यो ज्ञानी॥
- *सून्न मरे अजपा मरे अनहद हूँ मरि जाए।*
  राम सनेही न मरे राम पे बारा जाए॥
- *गुरु प्रसादी जैदेव नामा, भगति के प्रेम इनही है जाना॥*
- *पण्डित मिथ्या करहू विचारा। ना वह सृष्टि न सिरजनहारा॥*
- *आपुहि देवा आपुहि पाती। आपुहि कुल आपुहि है जाती॥*
- *साई के सब जीव है कीरी कुंजर दोय।*
- *तत्व मसि इनके उपदेसा। ई उपनिषद कहै सन्देसा॥*
- *जागबलिक औ जनक संवादा।*
- *गहना एक कनक ते गहना, इन मह भाव न दूजा।*
- *जीवन-जोवन रामपद, अवचल रहै न कोय।*
  जु दिन जाई सत्संग में, जीवन का फल सोय॥
- *बोया पेड़ बबूल का, आम कहाँ से खाय।*
- *पोथी पढ़ि-पढ़ि जग मुवा, पण्डित हुआ न कोय।*
- *निन्दक नियरे राखिये, आँगन कुटी छवाय।*
  बिन पानी साबुन बिना, निरमल करै सुभाय।।

(ख) सन्त नामदेव

(1) *हिन्दू पूजै देहरा, मुसलमान मसीद।*
नामा सेविया जहँ देहरा न मसीद।

(2) *पाण्डे तुम्हारी गयत्री लोधे का खेत खाती थी।*
लेकर ठेंगा टँगरी तोरी लंगत लंगत लाती थी।

(3) *माइ न होती, बाप न होते, कर्म्म न होता काया।*
हम नहिं होते, तुम नहिं होते, कौन कहाँ ते आया।

(4) *मन मेरी सूई, तन तेरा धागा!*
खेचरजी के चरण पर नामा सिपी लागा॥

(5) *सुफल जन्म मोको गुरु कीना। दुःख बिसार सुख अन्तर कीना॥*
ज्ञान दान मोको गुरु दीना। राम नाम बिन जीवन हीना॥

(6) *किस हूँ पूजूँ दूजा न आई एकै पाथर किज्जे भाव।*
दूजे पाथर धुरिए पाँव जो देव तो हम बी देव।
कहै नामदेव हम हरि की सेव।।

- *हैं बलि कब देखौगी तोहि।*
- *हरि रस पीया जामिए, जे कबहूँ न जाय सुमार।*
  मैंमन्ता घूमत फिरै, नाही तन की सार॥

रज्जब (रज्जब अली ख़ाँ)

- *सन्तो, मगन भया मन मेरा।*
  अह निसि सदा एक रस लाया, दिया दरीवै डेरा॥
- *धुनि ग्रमे, दादू योगेन्द्रा महामुनि।*
- *वेद सुवाणी कूपजल, दुखसूँ प्रापति होय।*
  शबद साखी सरवर सलिल, सुख पीवै सब कोय॥

दादू दयाल

- *अपना मस्त काटिकै वीर हुआ कबीर।*
- *भाई रे! ऐसा पन्थ हमारा।*
  द्वै पख रहित पन्थ गह पूरा अबरन एक अधारा।
- *घीव दूध से रमि रहा व्यापक सब ही ठौर।*
  दादू बकता बहुत है मथि काढै ते और॥

मलूकदास

- *अब तो अजपा जपु मन मेरे*
  सुर नर असुर टहलुआ जाके मुनि गंधर्व हैं जाके चेरे॥
- *अजगर करै न चाकरी पंछी करै न काम।*
- *नाम हमारा खाक है, हम खाकी बन्दे।*
  खाकहि से पैदा किए अति गाफिल गन्दे।

सुन्दरदास

सन्त सुन्दरदास शृंगार रस के कट्टर विरोधी थे। वे लिखते हैं—

- *रसिक प्रिया रसमंजरी और सिंगारहि जानि।*
  चतुराई करि बहुत विधि विषै बनाई आनि।।

सुन्दरदास ने अनेक क्षेत्रों के रीति-रिवाजों पर अनेक व्यंग्यपूर्ण उक्तियाँ कही हैं, जो निम्न हैं—

- *बृच्छ न नीर न उत्तम चीर सुदेसन में गत देस है मारू।*
- *राँघत ब्याज, विगारज नाज, न आवत लाज, करै सब मच्छन।*
- *बाम्हन क्षत्रिय बैसरू सूदर चारोइ बर्न के मच्छ बघारत।*
- *फेरै जब साँग तब कोउ नहीं धीर धरै,*
  कायर कँपायमान होत देखि मन में।
  कूदी कै पतंग जैसे परत पावक माहिं,
  ऐसे टूटि परै बहु सावत के गन में।
- *पति ही सूँ प्रेम होय, पति ही सूँ नेम होय,*
  पति ही सूँ छेम होय, पति ही सूँ रत है।
- *बोलियें तौ तब जब बलिबे की बुद्धि होय,*
  ना तौ मुख मौन गहि चुप होय रहिए।
- *ब्रह्मा तें पुरुष अरु प्रकृति प्रकट भई।*
  प्रकृति ते महतत्व, पुनि अहंकार है॥

गुरु नानक

- *इस दम दा में मैंनू कीबे भरोसा, आया आया, न आया न आया।*
  यह संसार रै द सुपना, कहीं देखा, कहीं नाहिं दिखाया॥
- *जो नर दुख में दुख नहि मानै*
  सुख सनेह अरु भय नहिं जाके, कंचन माटी जानै॥
- *सुखखान खमसान कीआ हिन्दुस्तान इराइया।*
  आपै दोस न देई करता जपु करि मुग़ल चढ़ाइया।
  एकती मार पई कुर लागै तै की दरदु न आइया।

(ग) रैदास

(1) *अब कैसे छूटै राम रट लागी।*
प्रभुजी तुम चन्दन हम पानी, जाकी अंग अंग वास समानी॥

(2) *जाके कुटुम्ब सब ढोर ढोवन्त। फिरहि अजहूँ बानारसी आसपासा।*
आचार सहित विप्र करहि डंडउंति। तिन तिनै रविदास दासानुदासा॥

(3) *ऐसी मेरी जाति विख्यात चमार।*

(4) *थावर जंगम कीट पतंगा पूरि रहो हरिराई।*

(5) *नामदेव कबीर तिलोचन सधना सेन तरै।*
कह रविदास, सुनहु रे सन्तहु। हरि जिउ ते सबहि सरै।

(6) *जाति ओछा पाती, ओछा जनमु हमारा।*

(7) *मन चंगा तो कठौती में गंगा।*

(8) *अखिल खिलै नहि, का कह पण्डित, कोई न कहे समुझाई।*
अबरन बरन रूप नहिं जाके कहँ को लाइ समाई॥

बाबा लाल

- *दोहा भीतर श्वास है, श्वासे भीतर जीव।*
  जीवे भीतर वासना, किस विधि पाइये पीव॥
- *आशा विषय विकार की, बहया जा संसार।*
  लख चौरासी फेर में, भरमत बारम्बार॥

हरिदास निरंजनी

- *गुणग्राही गोविन्द गुण गावा, भजि भजि राम परम पद पावा।*

सिंगा

- *जल विच कमल, कमल विच कलियाँ, जहँ वासुदेव अविनाशी।*
  घर में गंगा घर में जमुना, नहीं द्वारका काशी॥

धर्मदास

- *झरि लागै महलिया गगन घहराय।*
  मिताऊ मडैया सुनि करि गैलो।
- *साह सिकन्दर जल में बोरे, बहुरि अगिन परजारे।*
  मैमत हाथी आनि झुकाये, सिंहरूप दिखराए।

❑ प्रमुख सन्त कवियों द्वारा रचित काव्य एवं भाषा-शैली इस प्रकार है—

सन्त कवि	पुस्तक एवं भाषा
सिंगा	(1) 'सिंगाजी का आत्मबोध' (2) 'सिंगाजी का दृढ़ उपदेश' (3) 'सिंगाजी का दोष-बोध' (4) 'सिंगाजी का नरद' (5) 'सिंगाजी का शरद' (6) 'सिंगाजी की वाणी' (7) 'सिंगाजी की वाणीवली' (8) 'सिंगाजी का सातवार' (9) 'सिंगाजी की पन्द्रह तिथि' (10) 'सिंगाजी का बारहमासी' (11) 'सिंगाजी का भजन'। **भाषा**—निमाड़ी।
हरिदास निरंजनी	(1) 'अपटपदी जोग ग्रन्थ' (2) 'ब्रह्मा स्तुति' (3) 'हंस प्रबोध' (4) 'निरपख मूल ग्रन्थ' (5) 'पूजा जोग ग्रन्थ' (6) 'समाधि जोग ग्रन्थ' (7) 'संग्राम जोग ग्रन्थ'। **भाषा**—ब्रजभाषा।
बाबा लाल	(1) 'असरारे-मार्फ़त' (2) 'नादिरूतिकात'।
रज्जब	(1) 'सब्बंगी'।
गुरु अर्जुन सिंह	(1) 'सुखमनी' (2) 'बावन अखरी' (3) 'बारहमासा'। **भाषा**—ब्रजभाषा।
निपट निरंजन	(1) 'शान्त सरसी' (2) 'निरंजन-संग्रह'।
अक्षर अनन्य	(1) 'राजयोग' (2) 'विज्ञान योग' (3) 'ध्यान योग' (4) 'सिद्धान्त बोध' (5) 'विवेकदीपिका' (6) 'ब्रह्म ज्ञान' (7) 'अनन्य प्रकाश'।

2. सूफ़ी साखा

सूफ़ी शब्द अरबी भाषा के 'सूफ़' शब्द से बना है, जिसका अर्थ होता है मोटे कपड़े या ऊन से बना हुआ वस्त्र। सूफ़ी शब्द का अन्य अर्थ निम्न है—

मुख्य शब्द	अर्थ
सूफ़ा	पवित्रता
सूफ़	ऊन
सोफ़िया	विद्या
सफ़	पंक्ति

- भारत में सूफ़ी मत को 12वीं सदी के अन्तिम चरण में शेख़ मुईनुद्दीन चिश्ती ने प्रचार-प्रसार किया।
- हिन्दी साहित्य में सूफ़ी प्रेमाख्यानक काव्य विभिन्न भाषाओं एवं क्षेत्रों में लिखे गये हैं जिनका संक्षिप्त विवरण निम्न है—

अवधी भाषा में रचित प्रेमाख्यानक काव्य

रचनाकार	रचना (वर्ष ई.)	भाषा	छन्द
मुल्ला दाऊद	'चन्दायन' (1379)	अवधी	दोहा-चौपाई
ईश्वरदास	'सत्यवती कथा' (1501)	अवधी	दोहा-चौपाई
कुतुबन	'मृगावती' (1501)	अवधी	दोहा-चौपाई
जायसी	'पद्मावत' (1540)	अवधी	दोहा-चौपाई
मंझन	'मधुमालती' (1545)	अवधी	दोहा-चौपाई
आलम	'माधवानल कामकन्दला'	अवधी	दोहा-चौपाई सोरठा
उसमान	'चित्रावली' (1613)	अवधी	दोहा-चौपाई
पुहकर	'रस रतन' (1618)	अवधी	दोहा-चौपाई
शेख नबी	'ज्ञानदीप' (1619)	अवधी	दोहा-चौपाई
नरपति व्यास	'नल-दमयन्ती' (1625)	अवधी	दोहा-चौपाई
कासिम शाह	'हंस जवाहिर' (1731)	अवधी	दोहा-चौपाई
मुकुन्द सिंह	'नल चरित्र' (1641)	अवधी	दोहा-चौपाई
नूर मुहम्मद	'इन्द्रावती' (1744)	अवधी	दोहा-चौपाई
नूर मुहम्मद	'अनुराग बाँसुरी' (1764)	अवधी	दोहा-चौपाई

राजस्थानी भाषा में रचित प्रेमाख्यान काव्य

रचनाकार	रचना (वर्ष ई.)	भाषा	छन्द
असाइत	'हंसावली' (1370)	राजस्थानी	दोहा-चौपाई
दामोदर कवि	'लखमसेन पद्मावती कथा' (1459)	राजस्थानी	दोहा-चौपाई-सोरठा
कल्लोल	'ढोला मारू रा दूहा'	राजस्थानी	दोहा-चौपाई
गणपति	'माधवानल-कामकन्दला' (1527)	राजस्थानी	दोहा-
कुशललाभ	'माधवानल कामकन्दला'	राजस्थानी	दोहा-चौपाई-सोरठा
जलमल	'प्रेमविलास' (1556)	राजस्थानी	दोहा-चौपाई
नारायण दास	'छिताई वार्ता' (1590)	राजस्थान + ब्रजभाषा	दोहा-चौपाई
नन्ददास	'रूपमंजरी' (1568)	ब्रजभाषा	दोहा-चौपाई

प्रेमाख्यानक काव्य के सन्दर्भ में विभिन्न साहित्यकारों का मत

- कुतुबन कृत 'मृगावती' ग्रन्थ को आचार्य रामचन्द्र शुक्ल ने प्रथम प्रेमाख्यानक काव्य की संज्ञा दी है।
- आचार्य हजारीप्रसाद द्विवेदी ने 'सत्यवती कथा' को प्रथम हिन्दी साहित्य का प्रेमाख्यानक काव्य माना है।
- डॉ. रामकुमार वर्मा ने 'चन्दायन' ग्रन्थ को प्रथम प्रेमाख्यानक काव्य माना है।
- गणपतिचन्द्र गुप्त ने असाइत कृत हंसावली को प्रथम प्रेमाख्यानक काव्य माना है।
- जानकवि ने 78 प्रेमाख्यान ग्रन्थों की रचना की जो सर्वाधिक है, कुछ निम्न हैं—'कथा नलदमयन्ती', 'कथा मोहिनी', 'कथा कंवलावति', 'कथा कलावन्ती', 'कथा रूप-मंजरी', 'कथा कलन्दर', 'ग्रन्थ लै लै मजनूं' आदि।
- प्रेमाख्यानक काव्य 'हंसावली' की कथावस्तु का आधार 'विक्रम बेताल की कथा' है।
- डॉ. माताप्रसाद गुप्त ने 'चन्दायन का मूल नाम 'लोर कथा' कहा है।
- 'चन्दायन' ग्रन्थ का कथानक पूर्वी भारत में प्रचलित कहानी लोरिक व उसकी पत्नी मैना और उसकी नायिका 'चन्दा' की प्रेमकथा से जुड़ा है, यह कथा पूर्वी भारत में विभिन्न अवसरों पर आज भी गायन के माध्यम से गायी जाती है, जिसे लोरकायन या लोककथा भी कहते हैं।
- महाकवि कुतुबन के गुरु शेख़ बुरहान थे तथा वे जौनपुर के बादशाह हुसैनशाह के राज्याश्रित कवि थे।
- गणपति रचित 'माधवानल कामकन्दला' ग्रन्थ केवल दोहों में लिखा है।

मलिक मुहम्मद जायसी (1492–1542)

हिन्दी साहित्य की सूफ़ी काव्य-परम्परा में मलिक मुहम्मद जायसी सर्वश्रेष्ठ कवि माने जाते हैं, इन्होंने अनेक रचनाएँ कीं जो महत्त्वपूर्ण निम्न हैं—'पद्मावत', 'आख़िरी कलाम', 'चित्ररेखा', 'कहरानामा', 'मसलानामा', 'अखरावट' आदि।

- 'कयामत' का वर्णन 'आख़िरी कलाम' में मिलता है। इसी ग्रन्थ में 'बाबर' के कार्यों की प्रशंसा की गयी है। 'कहरानामा' ग्रन्थ में आध्यात्मिक विवाह का वर्णन है।

- जायसी ने अपने ग्रन्थ 'अखरावट' में देवनागरी वर्णमाला के एक-एक अक्षर के सैद्धान्तिक पक्ष को चौपाई में कहा है।
- जायसी कृत चित्ररेखा 'लघु प्रेमाख्यान' के अन्तर्गत आता है।
- आचार्य रामचन्द्र शुक्ल ने जायसी के तीन महाकाव्य 'आख़िरी कलाम', 'पद्मावत', 'अखरावट' का उल्लेख किया है।

पद्मावत (927 हिजरी 1520 ई.)

- 'पद्मावत' जायसी द्वारा रचित महाकाव्य है। इस ग्रन्थ में चित्तौड़ के राजा रत्नसेन और सिंहलद्वीप की राजकुमारी पद्मावती के प्रेम, विवाह, विवाहेतर जीवन-सम्बन्धों का मार्मिक चित्रण किया गया है।
- 'प्रेम की पीर का विरह' वर्णन करने वाला विशद प्रबन्ध काव्य है।
- 'पद्मावत' 'मसनवी शैली' में लिखा गया है, जो अवधी भाषा में दोहा-चौपाई से निबद्ध है।
- 'पद्मावत' काव्य को विजयदेव नारायण साही ने हिन्दी की अकेली ट्रेजिक मधुमालती कृति कहा है।
- 'मधुमालती' हिन्दी साहित्य का प्रथम प्रेमाख्यानक काव्य है जिसमें बहुपत्नीवाद का खण्डन किया गया है।
- 'मधुमालती' कथानक के अन्तर्गत नायक 'मनोहर और महारस नगर की राजकुमारी' मधुमालती की प्रेम लीलाओं के समान्तर प्रेमा और ताराचन्द की प्रेमकथा भी साथ-साथ चलती है।
- दक्षिण के शायर नसरती ने 'गुलशने इश्क़' नाम से प्रेमकथा लिखी, जिसका मूल आधार 'मधुमालती' ग्रन्थ है।

उसमान

- उसमान का अपनी पुस्तक 'चित्रावली' लिखने का निहितार्थ अमर होने की अभिलाषा से है।
- उसमान ने कवियों को चुनौती पेश करते हुए कहा कि चित्रावली काव्य को पढ़कर प्रेमकथा नहीं लिख सकते हैं।
- शुक्ल ने सूरदास नामक पंजाबी कवि को एकमात्र हिन्दू प्रेमाख्यानक कवि माना है, जिन्होंने 'नल-दमयन्ती' नामक प्रेमकथा लिखी।

प्रमुख सूफ़ी ग्रन्थ और उसके नायक-नायिका

काव्य	नायिका-नायक
'मृगावती'	मृगावती-राजकुमार
'सत्यवती कथा'	सत्यवती-ऋतुपर्ण
'चन्दायन'	चन्दा-लोर
'पद्मावत'	पद्मावती-रत्नसेन और पत्नी नागमती
'मधुमालती'	मधुमालती-मनोहर और प्रेमा ताराचन्द
'माधवानल कामकन्दला'	कामकन्दला-माधव
'रसरतन'	सम्भा-सोमा
'रूपमंजरी'	रूपमंजरी-कृष्ण
'चित्रावती'	चित्रावली-सुजान
'ज्ञानदीप'	देवजानी-ज्ञानदीप

सूफ़ी काव्य-परम्परा की महत्त्वपूर्ण काव्य-पंक्तियाँ

कुतुबन

- *रुक्मिनी पुनि बैसहि मरि गई। कुलवन्ती सत सो सति भई॥*
  बाहर वह भीतर वह होई। घर बाहर को रहे न जोई॥

मंझन

नैन बिरह अंजन जिन सारा, बिरह रूप दरपन संसारा॥
कोटि माहि बिरला 'जग' कोई। जाहि सरीर बिरह दुख होई॥
देखत ही पहिचानेउ तोही। एही रूप जेहि छँदरयों मोही॥
एही रूप बुत छपाना। एही रूप रब सृष्टि सपाना॥

मलिक मुहम्मद जायसी

- *आदि अन्त जसि कथ्या अहै, लिखि भाषा चौपाई कहै।*
- *औ मन जानि कवित अस कीन्हा। मकु यह रहे जगत् महँ चीन्हा॥*
- *तन चितउर मन राजा कीन्हा। हिष सिंहल बुद्धि पदमिनी चीन्हा॥*
  गुरु सुवा जेहि पन्थ देखावा। बिनु गुरु जगत् को निरगुण पावा॥
  नागमति यह दुनिया धन्धा। वाचा सोइ न एहि चित बन्धा।
- *प्रेम कथा एहि भाँति विचारहु। बुझि लेउ जो बुझै पारहु॥*

- *विक्रम धँसा प्रेम के बारा। सपनावति कहँ गणउ पतारा॥*
  मधूपाछ मुगधावति लगी। गगनपूर होइगा बैरागी॥
- *सरवरतीर पद्मिनी आई। खोंपा छोरि केस मुकलाई॥*
- *मानुस प्रेम भयऊ बैकुण्ठी। नाहिं त काह छार भई मूठी॥*
- *छार उठाय लीन्ह एक मूँठी। दीन्ह उड़ाइ पिरिथिमी झूठी॥*

उसमान

ऋतु बसन्त नौतन बन फूला। जहँ जहँ भौंर कुसुम रंग भूला॥

नूर मुहम्मद

- *करौ मुहम्मदसाह बखानू। है सूरज देलही सुलतानू॥*
  धरमपन्थ जग बीच चलावा। निबर न सबरे सो दुख पावा॥

विविध

- प्रेमाख्यानक काव्य के अन्तर्गत स्त्री को 'परमात्मा' तथा पुरुष को 'आत्मा' के रूप में निरूपित किया गया है। जबकि सन्त कवियों ने 'साधना' को महत्त्व दिया है।
- सूफ़ी काव्य में कवि का अन्तिम लक्ष्य पारलौकिक प्रेम (ईश्वरीय प्रेम) तक पहुँचना मात्र है, जिसका माध्यम लौकिक प्रेम (इश्क़ मजाजी) से (इश्क़ हक़ीक़ी) अलौकिक रहा है।
- दोमादर कवि के द्वारा रचित काव्य 'रत्नसेन पद्मावती कथा' को स्वयं कवि ने 'वीर कथा' के रूप में स्वीकार किया है।
- 'पद्मावत' तथा 'चित्रावली' ग्रन्थ में सात चौपाई के बाद एक दोहा आता है।
- 'नागमती वियोग खण्ड' (पद्मावत) हिन्दी साहित्य की अनुपम धरोहर है।
- नूर मुहम्मद ने 'रौजतुल हकायक' की रचना फ़ारसी भाषा में की है।
- सूफ़ी काव्यों में पाँच चौपाई के बाद एक दोहा देने की परम्परा निम्न ग्रन्थों में है—'मृगावती', 'मधुमालती', 'इन्द्रावती', 'सत्यवती कथा', 'चन्दायन'।

सगुण भक्तिकाव्यधारा

- हिन्दी साहित्य में सगुण भक्तिकाव्य के अन्तर्गत ऐसी रचनाएँ आती हैं, जिनमें भक्त कवि ने साकार ईश्वर की आराधना की और उनके विषय में रचनाएँ की थीं।

- सगुण भक्त कवि अवतारवाद में विश्वास करते हैं।
- सगुण भक्त कवि अपने आराध्य के विभिन्न रूपों का गायन करते हैं।
- सगुण भक्तिकाव्य का श्रेय वैष्णव सम्प्रदाय को दिया जाता है।

रामाश्रयी काव्यधारा/रामभक्ति शाखा

- सगुण भक्त कवियों के द्वारा भगवान विष्णु के अवतार के रूप में 'राम' की भक्ति की गयी तथा राम की उपासना के सन्दर्भ में जो साहित्य की रचना की गयी, उसे ही रामभक्ति 'काव्यधारा' के नाम से जाना जाता है।
- 'वायुपुराण' में राम को विष्णु के अवतार के रूप में माना गया है।
- 'रामकथा' का आदि स्रोत 'वाल्मीकि रामायण' में मिलता है।
- 'महाभारत' के शान्तिपर्व, अरण्यपर्व तथा द्रोणपर्व में रामकथा का उल्लेख किया गया है।
- रामकथा के चार प्रसिद्ध संवाद—
  - शिव ने पार्वती को रामकथा सुनाई।
  - काकभुशुण्डि ने गरुड़ को रामकथा सुनाई।
  - याज्ञवल्क्य ने ऋषि भारद्वाज को रामोपाख्यान सुनाया।
  - तुलसी ने साधु सन्तों को रामकथा सुनाई।

रामाश्रयी काव्यधारा की विशेषताएँ

- इस काव्यधारा की प्रमुख विशेषता आदर्शवाद एवं मर्यादावाद है।
- इस काव्यधारा में राम को लोकनायक के रूप में सुशोभित किया गया है।
- समन्वय जीवन-दृष्टि, मानवतावाद एवं सामूहिकता पर जोर दिया गया है।
- जनमंगल की कामना।
- काव्यों में दास्य-भाव की भक्ति पद्धति अपनायी गयी है।
- समकालीन आर्थिक परिस्थितियों की पहचान तथा उसका सम्यक् उपयोग।
- रामाश्रयी धारा के काव्यों में नारी के प्रति परम्परागत दृष्टिकोण का निरूपण हुआ है।
- प्रकृति के अनेक रूपों में चित्रण किया गया है।
- अधिकांश रचनाकारों ने 'स्वान्तः सुखाय' की अवधारणा को आधार बनाकर काव्यों का सृजन किया है।
- इस काल में प्रबन्धात्मक एवं मुक्तक दोनों प्रकार की काव्य की रचना हुई।

प्रमुख सम्प्रदाय जो रामभक्त से जुड़े थे

(1) श्री सम्प्रदाय—आचार्य श्री रंगनाथ मुनि > पुण्डरीकाक्ष > राममिश्र > यमुनाचार्य > रामानुजाचार्य = रामानुजाचार्य को लक्ष्मण अथवा शेषनाथ अवतार माना जाता है।

(2) ब्रह्मसम्प्रदाय—प्रवर्तक माधवाचार्य—दार्शनिक सिद्धान्त (द्वैतवाद)।

(3) रामानन्दी सम्प्रदाय—रामानन्द।

महत्त्वपूर्ण बिन्दु

- रामभक्ति की शुरुआत दक्षिण से आलवार सन्तों की वाणी से मानी जाती है। आलवार सन्तों की संख्या 12 थी।
- पाँचवें आलवार नम्मालवार (तमिल) शठकोप (संस्कृत में) रामभक्ति के 'प्रथम कवि' हैं।
- काठकोप (शठकोप) की रचना 'तिरुवायमोलि' में रामभक्ति का वर्णन मिलता है।
- काठकोप राम की पादुका के अवतार के रूप में मानी जाती है।
- चेरिवंशी राजा (केरल) कुलशेखर सातवें आलवार सन्त थे, जो राम की भक्ति-भावना में लीन रहते थे।
- महिला आलवार सन्त 'आण्डाल' को दक्षिण भारत की मीरा कहा जाता है।

प्रमुख रामाश्रयी कवि

रामानन्द (1368 ई.-1468 ई.)

जन्मस्थान—प्रयाग (कान्यकुब्ज ब्राह्मण परिवार में)।
गुरु—राघवानन्द।

- आचार्य रामचन्द्र शुक्ल ने रामानन्द को हिन्दी में रामभक्ति का प्रथम कवि माना है।
- रामानन्द द्वारा रचित महत्त्वपूर्ण काव्य निम्न हैं—
  'रामरक्षा स्तोत्र', 'रामतारक मंत्र', 'योग चिन्तामणि', 'वैष्णवमताब्ज भास्कर' (संस्कृत), 'श्रीरामार्चन पद्धति' (संस्कृत), 'श्रीराम की आरती', 'श्रीहनुमान आरती'।
- श्रीरामार्चन पद्धति में पूरी गुरु परम्परा को बताया है। उनके अनुसार रामानुजम उनसे 14 पीढ़ी ऊपर थे।

- ❑ रामानन्द ने 'दास्यभाव' पद्धति को अपनाकर राम की आराधना की है।
- ❑ रामानन्द ने 'उत्साही विरक्त दल' नाम से एक संगठन बनाया, जिसे 'वैरागी' भी कहा जाता है; अयोध्या, चित्रकूट आदि उनके मुख्य स्थान हैं।
- ❑ वैरागी सम्प्रदाय 'रामानन्द' सम्प्रदाय नाम से भी जाना जाता है।
- ❑ जयपुर (राजस्थान) के निकट 'गलता' नामक स्थान पर उनके शिष्य 'कृष्णादास पयहारी' ने रामानन्द सम्प्रदाय की पीठ स्थापित की है।
- ❑ आचार्य हजारीप्रसाद द्विवेदी ने रामानन्द को आकाश धर्मा गुरु कहा है।
- ❑ नाभादास ने अपने 'भक्तमाल' काव्य में रामानन्द के 12 शिष्यों का उल्लेख किया है।

  (1) अनन्तानन्द, (2) सुखानन्द, (3) सुरसुरानन्द, (4) भावानन्द, (5) नरहर्यानन्द, (6) पीपा, (7) कबीरदास, (8) सेन, (9) धन्ना, (10) नामादास (11) रैदास, (12) पद्मावती, (13) सुरसरी।

गुरु-शिष्य परम्परा

रामानन्द
↓
अनन्तानन्द
↓
कृष्णदास पयहारी

↓ कील्हदास ↓ द्वारकानाथ

↓ अग्रदास ↓ नाभादास

- ❑ कील्हदास ने रामभक्ति के साथ-साथ योगाभ्यास पर भी विशेष ध्यान दिया था। इसके साथ वैरागी परम्परा में 'तपसी शाखा' की नींव पड़ी जिसे बाद के दिनों में कील्हदास के शिष्य द्वारकानाथ ने आगे बढ़ाया।

अग्रदास (कृष्णदास पयहारी के शिष्य)

- ❑ अग्रदास स्वयं जानकी (सीता) को 'सखी' मानकर 'अग्रअली' उपनाम से कविता किया करते थे। इसी कारण रामभक्ति परम्परा में 'रसिक भावना' का समावेश करने का श्रेय अग्रदास को दिया जा सकता है।

  अग्रदास की प्रमुख रचनाएँ—'ध्यानमंजरी', 'पदावली', 'रामभजन मंजरी', 'उपासना बावनी', 'हितोपदेश भाषा', 'अष्टयाम' (रामाष्टयाम)।

अष्टयाम (रामाष्टयाम)—इस ग्रन्थ में सीतावल्लभ राम की दैनिक दिनचर्या का चित्रण है, राम के ऐश्वर्य रूप की भव्य झाँकी दिखाई गयी है। इसी ग्रन्थ का अनुकरण करते हुए नाभादास ने 'अष्टयाम' काव्य की रचना की है।

नोट—ईश्वरदास ने निर्गुण कवि होने के साथ-साथ 'रामकाव्य' की भी रचना की है (1) भरत मिलन, अंगद पैर, एकादशी कथा, स्वर्ग रोहिणी कथा, सत्यवती कथा —(1501 ई.)

नाभादास (1570 ई.)

- हिन्दी में भक्तमाल परम्परा का श्रेय इन्हें ही प्राप्त है।
- प्रियादास ने 'रसबोधनी' शीर्षक से भक्तमाल की टीका लिखी।
- ग्रियर्सन ने नाभादास का उपनाम 'नारायणदास' बताया जबकि बच्चन सिंह ने इसका खण्डन किया।
- नाभादास की प्रमुख रचनाएँ—'भक्तमाल' (1585 ई.), 'अष्टयाम' (गद्य), 'अष्टयाम' (पद्य)।

तुलसीदास (1532-1623 ई.)

- गोस्वामी तुलसीदास के जीवन से जुड़ी जानकारी के बारे में विद्वानों के बीच विविध मत दिये गये हैं।
- बेनीमाधव दास कृत 'मूल गोसाईं चरित्र' तथा महात्मा रघुवरदास कृत 'तुलसी चरित्र' में तुलसी का जन्म संवत् 1554 में राजापुर गाँव माना गया है।
- शिवसिंह सेंगर ने गोस्वामी का जन्म 1583 ई. माना है।
- जार्ज ग्रियर्सन ने तुलसी का जन्म 1532 ई., 1589 वि.सं. माना है। माताप्रसाद गुप्त ने आधुनिक शोधों से भी उनका जन्म 1589 वि.सं. माना है।
- विद्वानों के बीच गोस्वामी के जन्मस्थान को लेकर भी एकमत नहीं है।

राजापुर	सोरो (एटा)
रामचन्द्र शुक्ल, शिवसिंह सेंगर, बेनीमाधव दास, महात्मा रघुवरदास, रामगुलाम द्विवेदी	लाला सीताराम, गौरीशंकर द्विवेदी, रामनरेश त्रिपाठी, हजारीप्रसाद द्विवेदी, रामदत्त भारद्वाज, गणपतिचन्द्र गुप्त

- आचार्य रामचन्द्र शुक्ल ने कहा कि 'सूकर खेत' को भ्रमवश उन्होंने 'सोरो' समझ लिया, सूकर खेत गोण्डा ज़िले में सरयू किनारे एक पवित्र स्थान है।
- तुलसी की मृत्यु संवत् 1680 (1623 ई.) मानी जाती है।

  संवत् सोलह सौ असी, असी गंग के तीर।

  श्रावण शुक्ला सप्तमी, तुलसी तज्यो शरीर।।
- माता-हुलसी, पिता-आत्माराम दूबे, बचपन का नाम रामबोला, दीक्षा गुरु—नरहर्यानन्द, शिक्षा गुरु-शेष सनातन। शेष सनातन ने गोस्वामी को वेद, वेदांग, दर्शन, इतिहास, पुराण की शिक्षा दी।
- तुलसी का विवाह रत्नावली से हुआ।

  तुलसीदास की रचनाओं की संख्या, रामचन्द्र शुक्ल के अनुसार 12 बतायी गयी है, जिनमें 5 बड़ी तथा 7 छोटी हैं।

तुलसी की रचनाओं का संक्षिप्त परिचय

रचना व रचना काव्य	काव्य रूप	प्रयुक्त छन्द	भाषा	छन्द सेट	सर्ग
'वैराग्य संदीपनी' (सं. 1626-27)	मुक्त	दोहा-सोरठा	ब्रजभाषा	64 दोहे, 2 सोरठे, 14 चौपाई	4 भाग में
'रामाज्ञा प्रश्नावली' (सं. 1627-28)	मुक्तक	दोहा	अवधी	343	7 सर्ग
'रामलला नहछू' (सं० 1628-29)	प्रबन्ध	सोहर	ठेठ अवधी	20 सोहर	
'जानकी मंगल' (सं. 1629-30)	प्रबन्ध	सोहर	अवधी	216 सोहर	
'रामचरितमानस' (सं. 1631)	प्रबन्ध	दोहा-चौपाई	अवधी	1074 कड़वक	7 काण्ड
'पार्वती मंगल' (सं. 1643)	प्रबन्ध	मंगल हरिगीतिका	अवधी	164	
'कृष्ण गीतावली' (सं. 1643-60)	गीतिकाव्य (मुक्तक)	पद	ब्रज	61	

'राम गीतावली' (सं. 1630-70)	गीतिकाव्य (मुक्तक)	पद	ब्रज	328	7 काण्ड
'विनय पत्रिका' (सं. 1631-79)	गीतिकाव्य (मुक्तक)	पद	ब्रज	279	
'दोहावली' (सं. 1626-80)	मुक्तक	दोहा-सोरठा	ब्रज	573 दोहा 22 सोरठा	
'बरवै रामायण' (सं. 1630-80)	मुक्तक	बरवै	अवधी	69	7 काण्ड
'कवितावली'	मुक्तक	कवित्त छप्पय	ब्रज	325	7 काण्ड
हनुमानबाहुक	मुक्तक		अवधी		
(1631-1680)					

❑ तुलसीदास के काव्यों का संक्षिप्त विवरण

वैराग्य संदीपनी

- ❑ इसमें वैराग्य के स्वरूप का वर्णन किया गया है। सन्त महिमा, नीति, भक्ति, रामनाम महिमा आदि की चर्चा।
- ❑ इस काव्य को तुलसी ने 'अखिल ज्ञान का सागर' कहा है।

रामाज्ञा प्रश्न

- ❑ इसकी रचना अपने साथी गंगाराम की सहायता के लिए की थी।
- ❑ इस काव्य में भाग्यदशा व शुभ-अशुभ पर विचार मिलता है।
- ❑ इसे दोहावली रामायण या रामशलाका भी कहते हैं।

रामलला नहछू

- ❑ इसमें राम विवाह व यज्ञोपवीत संस्कार के समय नहछू का उल्लेख मिलता है।
- ❑ तुलसी का रसिक पक्ष प्रकट हुआ है।

रामचरितमानस

- ❑ यह महाकाव्य तुलसीदास की अनुपम कृति है। इस काव्य की रचना की शुरुआत संवत् 1631 में चैत्र शुक्ल रामनवमी (मंगलवार) को आरम्भ की थी।

- इस ग्रन्थ को लिखने में 2 वर्ष 7 माह व 26 दिनों का समय लगा।
- इस काव्य की अधिकांश रचना अयोध्या में हुई थी। इसके कुछ भाग ख़ासकर 'किष्किन्धाकाण्ड' काशी में रचा गया।
- इस महाकाव्य में सात काण्ड निम्न क्रमानुसार हैं—
  (1) बालकाण्ड (2) अयोध्याकाण्ड (3) अरण्यकाण्ड (4) किष्किन्धाकाण्ड (5) सुन्दरकाण्ड (6) लंकाकाण्ड (7) उत्तरकाण्ड
- अयोध्याकाण्ड को मानस का हृदयस्थल कहा गया है।
  मार्मिक स्थल—(1) पुष्पवाटिका में राम व सीता का मिलन, (2) दशरथमरण, (3) राम वनगमन, (4) चित्रकूट प्रसंग, (5) वन मार्ग में राम, (6) लक्ष्मण को शक्ति बाण लगना।
  इस रचना को उत्तर-भारत की बाइबिल भी कहा जाता है।
- रामचरितमानस की पहली टीका रामचरणदास द्वारा लिखी गयी है।
- तुलसीदास ने इस महाकाव्य को सर्वप्रथम 'रसखान' को सुनाया था।
- इस महाकाव्य के उत्तरकाण्ड में रचनाकार की विचारधारा के दर्शन होते हैं।
- 'कवितावली' एवं 'मानस' में कलयुग (कलिकाल) का वर्णन मिलता है।

पार्वती मंगल

- इसमें शिव-पार्वती विवाह का वर्णन है।
- यह ग्रन्थ कालिदास रचित ग्रन्थ 'कुमारसम्भव' से प्रेरित है।
- इस काव्य के प्रारम्भ में मंगलाचरण और अन्त में स्वस्ति वाचन है।
- कुल 164 छन्द हैं।

कृष्ण गीतावली

- इसमें कृष्ण की लीलाओं का वर्णन है।
- इस रचना में सूरदास के 'भ्रमरगीत' की छाप मिलती है।

गीतावली

- इसमें मानस के चुने गीतों का संग्रह है।
- इसमें राम-सीता का हास-परिहास दिखाया गया है।
- यह काव्य 'राम गीतावली' या 'पदावली रामायण' नाम से भी प्रसिद्ध है।

विनय पत्रिका

- इसमें तुलसी की अनन्य प्रेमाभक्ति की झलक मिलती है।

- ❑ इस काव्य में शरणागति की कामना की गयी है। इसके लिए तुलसी 'आत्मनिवेदन' राम से करते हैं।
- ❑ तुलसी कलयुग के अन्यायों के ख़िलाफ़ राम से निवेदन करते हैं।

दोहावली

- ❑ इसमें चातक के माध्यम से प्रेम का चित्रण किया गया है।

बरवै रामायण

- ❑ यह लघु काव्य है।
- ❑ यह काव्य रहीम के 'बरवै नायिका भेद' से प्रभावित है।
- ❑ इसमें मंगलाचरण नहीं है।

कवितावली-हनुमानबाहुक

- ❑ सात काण्डों में रामकथा, इस पुस्तक के उत्तराखण्ड में काशी की महामारी का वर्णन मिलता है।

विद्वानों के अनुसार तुलसी पर की गयी टिप्पणी

आचार्य हजारीप्रसाद द्विवेदी—• भारत का "लोकनायक वही हो सकता है जो समन्वय का अपार धैर्य लेकर आया हो। उनका तो सारा काव्य ही समन्वय की विराट चेष्टा है।"

• अपरिमित धैर्य लेकर एक पुत्र पैदा हुआ, जिसने भारत में समन्वय की चेष्टा की। इनका काव्य जीवन की कोटियों को मिलाने वाला है।

स्मिथ—मुग़लकाल का सबसे महान व्यक्ति।

जार्ज अब्राहम ग्रियर्सन—महात्मा बुद्ध के बाद दूसरा सबसे बड़ा लोकनायक कहकर पुकारा है।

नाभादास—इनको 'कलिकाल (कलयुग) का वाल्मीकि' कहकर पुकारा है।

मधुसूदन सरस्वती—आनन्द वन का वृक्ष कहकर पुकारा है।

आचार्य रामचन्द्र शुक्ल—• इनकी भक्ति भाव की पहुँच मनुष्य के सारे भावों-व्यवहारों तक है।

• इनकी भक्ति ग्रहण योग्य है जो ज्ञान व कर्म को साथ लेकर चलती है।

• ये लोकमंगल के साधनावस्था के कवि हैं। रूपकों का जैसा प्रयोग तुलसी ने किया है, किसी अन्य ने नहीं किया है।

- हिन्दी काव्य की सभी तरह की शैलियों का प्रयोग तुलसी ने अपने काव्य में किया है। यह स्थान अन्य कवियों का नहीं है।

रामविलास शर्मा—जातीय कवि।

भिखारीदास— *तुलसी गंग दुबौ भए सुकविन के सरदार।*
इनके काव्यन में मिली भाषा विविध प्रकार॥

अयोध्या सिंह उपाध्याय 'हरिऔध'—*'कविता करके तुलसी न लसे, कविता पा लसी तुलसी की कला'*

रामचन्द्र शुक्ल—अनुप्रास का बादशाह।

गोस्वामी तुलसीदास के सम्बन्ध में अन्य महत्त्वपूर्ण तथ्य

- तुलसी शुद्ध रूप से 'अहैतुकी भक्ति या निष्काम भक्ति' को मानते हैं।
- शुक्ल ने तुलसी की भक्ति को 'स्वदेशी भक्ति' माना है।
- तुलसी सगुण भक्ति को मानते हैं परन्तु निर्गुण भक्ति को अस्वीकार नहीं करते। वे लिखते हैं—
  अगुनहिं-सगुनहिं नहिं कछु भेदा, गावहिं मुनि पुरान बुध वेदा॥
- तुलसी जन्म आधारित वर्ण-व्यवस्था का समर्थन करते हैं। वर्ण व्यवस्था के टूटने का कारण कलयुग को मानते हैं।
- तुलसी का महिलाओं के विषय में दृष्टिकोण दुविधापूर्ण रहा है। कहीं वे नारी को सहानुभूतिपूर्ण दृष्टिकोण से देखते हैं, कहीं सामन्ती नज़रों से।
- भक्तिकाल के एकमात्र रचनाकार हैं जिन्होंने राजनीति एवं अर्थव्यवस्था को प्रमुखता से उल्लेख किया है।
- धर्म के सम्बन्ध में तुलसी का विचार लोक कल्याणकारी है। ये कर्म, ज्ञान और भक्ति के संयोग द्वारा भक्ति मार्ग पर ज़ोर देते हैं।
- रामराज्य का चिन्तन 'रामचरितमानस' के 'उत्तरकाण्ड' में मिलता है।

प्रमुख रामभक्त कवि एवं उनकी रचनाएँ

रचनाकार	रचनाएँ
विष्णुदास	'महाभारत कथा', 'रुक्मिणी मंत्र', 'स्वर्गारोहण', 'रामायण कथा'।
ईश्वरदास	'भरत मिलाप', 'अंगद पैज', 'रामजन्म', 'स्वर्गारोहिणी कथा', 'एकादशी कथा'।

अग्रदास	'ध्यान मंजरी' (रामध्यान मंजरी), 'कुण्डलिया' (हितोपदेश उपखाणाँ बावनी), 'पदावली', 'अष्टयाम' (रामाष्टयाम)।
केसवदास	'रामचंद्रिका' (1601 ई.)।
प्राणचंद चौहान	'रामायण महानाटक' (1610 ई.)।
हृदयराम	'हनुमन्नाटक' (1623 ई.)।
माधवराम चरण	'रामरासो' (1618 ई.), 'अध्यात्म रामायण' (1624 ई.)।
लालदास	'अवधविलास' (1643 ई.)।
कपूरचंद त्रिखा	'रामायण' (1646 ई.)।

रामभक्ति से सम्बन्धित चर्चित काव्य

रचनाकार	**रचित ग्रन्थ**
भवभूति	'महावीर चरित'
मुरारी	'अंगद राघव'
कुमार दास	'जानकीहरण'
दिग्नाग	'कुन्दमाला'
सोमेश्वर	'उल्लल राघव'
शक्तिप्रद	'आश्चर्य चूड़ामणि'
क्षेमेन्द्र	'रामायण मंजरी' एवं 'दशावतार चरितम्'
धनंजय और माधवभट्ट	'राघव पाण्डवीय'
प्रवरसेन	'रावण वध'
राजशेखर	'बाल रामायण'
भास	'प्रतिमा नाटक' और 'अभिषेक नाटक'
जयदेव	'प्रसन्न राघव'
कालिदास	'रघुवंश'
बाणभट्ट	'रघुनाथ चरित'
संघदास	'वसुदेव हिण्डी'
अनगहर्ष मातृराज	'उदात्त राघव'।

कृष्णाश्रयी धारा/कृष्णभक्ति शाखा

- सगुण भक्त कवियों के द्वारा भगवान विष्णु के अवतार के रूप में 'कृष्ण' की भक्ति की गयी तथा कृष्ण की उपासना के सन्दर्भ में जो साहित्य की रचना की गयी, उसे ही कृष्णभक्तिकाव्यधारा के रूप में जाना जाता है। **कृष्णभक्ति के प्रवर्तक कवि वल्लभाचार्य हैं तथा प्रतिनिधि कवि सूरदास हैं।**

महत्त्वपूर्ण बिन्दु

- कृष्ण शब्द का प्रयोग सर्वप्रथम आदिग्रन्थ 'ऋग्वेद' से प्राप्त हुआ है।

ऋग्वेद

प्रथम मण्डल (कृष्ण शब्द का उल्लेख)	अष्टम् एवं दशम् मण्डल के कुछ सूक्तों के रचयिता 'कृष्ण ऋषि' माने गये हैं।

- ऋग्वेद में जिस कृष्ण का उल्लेख मिलता है, वह भगवत स्वरूप कृष्ण नहीं है।
- भगवत स्वरूप कृष्ण का सर्वप्रथम वर्णन 'कौषितकि ब्राह्मण' एवं 'छान्दोग्योपनिषद' में मिलता है।
- इन दोनों ग्रन्थों में 'ऋषि आंगिरस' का शिष्य 'कृष्ण' को बताया गया है।
- 'छान्दोग्योपनिषद' में ही कृष्ण का वसुदेव-देवकी पुत्र के रूप में उल्लेख मिलता है।
- डॉ. रामकृष्ण गोपाल भण्डारकर एवं लोकमान्य तिलक ने वैदिक ऋषि कृष्ण एवं 'गीता' के उपदेष्टा महाभारतकालीन कृष्ण को अलग-अलग माना है।
- कृष्ण की दार्शनिक अभिव्यक्ति का 'गीता' में उद्घाटन होता है।
- सर्वप्रथम राधा की चर्चा कृष्ण की प्रेयसी के रूप में 'गोपालापनी उपनिषद' में मिलती है। कुछ विद्वान हाल की रचना 'गाथासतसई' में राधा का प्रथम वर्णन मानते हैं।
- हिन्दी साहित्य में कृष्णभक्ति परम्परा में पुराणों के कृष्ण को आधार बनाया गया है।

महाभारत के कृष्ण	**पुराणों के कृष्ण**
ऐश्वर्यमय कृष्ण, लोकरक्षककारी कृष्ण, द्वारकाधीश कृष्ण, कूटनीतिज्ञ, राजनीतिज्ञ, उपदेशात्मक।	मनमोहक, माधुर्यमय कृष्ण, रंजककारी कृष्ण, ब्रजविहारी, लीलाधारी, माखनचोर कृष्ण।

- हिन्दी में 'कृष्ण का काव्य' के रूप में स्थापित करने का श्रेय 'विद्यापति' को जाता है। उनकी पुस्तक पदावली में राधा-कृष्ण की प्रेमलीलाओं का वर्णन मिलता है।
- बंगाल के वैष्णव सहजिया 'सम्प्रदाय' ने राधा-कृष्णभक्ति को अपनाया था, वहाँ रस व रतिनाम से कृष्ण व राधा का उल्लेख मिलता है।

कृष्णभक्तिकाव्यधारा की महत्त्वपूर्ण विशेषताएँ

- कृष्ण का ईश्वरीय रूप में चित्रण।
- कृष्ण के वात्सल्य का विशद चित्रण।
- प्रेम का विराट प्रदर्शन (संयोग व वियोग दोनों)।
- कृष्णलीला में पूर्ण विश्वास (कृष्ण का लोकरंजक, बाललीला व रासलीलाओं का माधुर्य चित्रण)।
- शृंगार रस की प्रधानता
- नारी-मुक्ति की प्रस्तावना।
- मुक्तक काव्यों की प्रधानता।
- गेय पद परम्परा की प्रधानता।
- लोकोक्तियों व मुहावरों का अत्यधिक प्रयोग।
- ब्रजभाषा का अधिक प्रयोग।
- छन्द—दोहा, सवैया, कवित्त आदि।
- अलंकार—रूपक, उपमा, उत्प्रेक्षा आदि।
- पुष्टिमार्गी भक्ति की प्रधानता।
- सूरदास को 'पुष्टिमार्ग का जहाज़' कहा जाता है।
- रामभक्ति परम्परा की काव्य-शैली प्रबन्धात्मक रही है, जबकि कृष्ण भक्त परम्परा की काव्य-शैली मुक्तक रही है।

कृष्णकाव्य-परम्परा के मुख्य सम्प्रदायों का परिचय

सम्प्रदाय	प्रवर्तक	दार्शनिक मत	गुरु	जन्मस्थान
रुद्र सम्प्रदाय	वल्लभाचार्य (1478-1530)	शुद्धाद्वैतवाद	विष्णुस्वामी	चम्पारन
सनकादि व निम्बार्क हंस सम्प्रदाय	निम्बार्काचार्य (1114-1162)	द्वैताद्वैतवाद	नारदमुनि	निम्बापुर (मैसूर)

राधावल्लभ	हितहरिवंश (1502–1552)		गोपाल वल्लभ	बाँद गाँव (मथुरा)
सखी/हरिदासी	स्वामी हरिदास (1478–1578)		आसधीर	वृन्दावन (राजपुर)
गौड़ीय	चैतन्य महाप्रभु (1486–1553)	अचित्यभेदाभेद	केशव भारती	नवद्वीप (बंगाल)

वल्लभ सम्प्रदाय (रुद्र सम्प्रदाय)

- इस सम्प्रदाय के प्रवर्तक वल्लभाचार्य हैं। ये सिकन्दर लोदी एवं बाबर के समकालीन थे।
- इनका जन्म रायपुर ज़िले के चम्पारन नामक स्थान पर 1535 वि.सं. वैशाख कृष्ण 11 को व मृत्यु संवत् 1587 आषाढ़ शुक्ल 3 को हुई। इनका विवाह मधुमंगल से हुआ व दो पुत्र गोपीनाथ तथा विट्ठलनाथ थे।
- वल्लभाचार्य ने 'पुष्टिमार्ग' की शुरुआत की, जिसका अर्थ है **भगवान की कृपा** या **भगवान के अनुग्रह** से जीव की प्रवृत्ति प्रेमलक्षणा भक्ति की ओर से है।
- पुष्टिमार्गीय भक्ति में भगवान अपने भक्त का स्वयं ध्यान देते हैं।
- वल्लभाचार्य ने भक्ति के दो रूप बताये हैं। साधन रूप एवं साध्य रूप। साधन रूप में भक्त प्रयत्न करता है तथा साध्य रूप में भक्त सब कुछ छोड़कर भगवान की शरण में चला जाता है।
- वल्लभ सम्प्रदाय में भक्तों के चार प्रकार बताये गये हैं—

  (1) प्रवाह पुष्टि भक्त—संसार में रहकर कृष्ण की भक्ति में लीन रहना।

  (2) पुष्ट पुष्टि भक्त—प्रेम करने का भाव।

  (3) मर्यादा पुष्टि भक्त—समस्त सुखों को त्यागकर वेदों का अनुसरण कर भक्ति करना।

  (4) शुद्ध पुष्टि भक्त—पूर्णतः भगवान के अनुग्रह व नित्यलीला में प्रवेश करना व भगवान का गुणगान करना।
- इस सम्प्रदाय में कृष्ण के स्वरूप को 'पूर्णानन्द परब्रह्म पुरुषोत्तम' माना जाता है।

  वल्लभाचार्य के 'पुष्टिमार्ग' को अपनाने वाले आठ कवियों को अष्टछाप कहा जाता है।

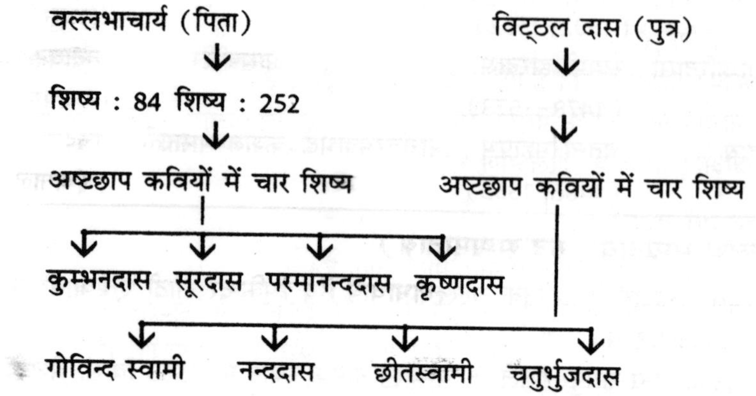

- वल्लभाचार्य ने गोवर्धन पर्वत (मथुरा) में अपने सम्प्रदाय का मुख्य साधना केन्द्र स्थापित किया तथा यहाँ श्रीनाथ जी के मन्दिर का निर्माण कराया। इस मन्दिर को उनके शिष्य 'पूरणमल खत्री' ने पूर्ण करवाया।
- अष्टछाप की स्थापना गोस्वामी विट्ठलदास ने करायी, जहाँ गोवर्धन में श्रीनाथ की स्थापना के बाद आठों कवि वहाँ 'सेवा' देते थे। इसी मान्यता के आधार पर इन्हें 'अष्टसखा' भी कहते हैं।

  वल्लभ सम्प्रदाय की 'अष्टयाम सेवाविधि'

  (1) मंगला चरण, (2) शृंगार, (3) ग्वाल, (4) रजयोग, (5) उत्थापन, (6) भोग, (7) संध्या आरती, (8) शयन।

वल्लभाचार्य की प्रमुख रचनाएँ

(1) पूर्व-मीमांसा, (2) उत्तर-मीमांसा या ब्रह्मसूत्र भाष्य—इसमें शुद्धाद्वैतवाद का दार्शनिक पक्ष का वर्णन मिलता है। (3) श्रीमद्भागवत सूक्ष्म टीका, (4) सुबोधिनी टीका, (5) शृंगार रस मण्डल, (6) तत्त्वदीप निबन्ध, (7) विद्वन्मण्डल।

- विट्ठलनाथ ने वल्लभाचार्य के ग्रन्थों पर टीका लिखी तथा भक्ति निर्णय शृंगार रस मण्डल, विद्वन्मण्डल की रचना की।

निम्बार्क सम्प्रदाय/सनकादि या हंस सम्प्रदाय

- गुरु-शिष्य निम्न क्रमानुसार है।

  श्री हंस भगवान > सनकादि > नारद मुनि > आचार्य निम्बार्क।

- नारद मुनि इनके गुरु हैं। इनके बचपन का नाम नियमानन्द था। अन्य नाम 'आरुणि' है।
- इनका दार्शनिक मत द्वैताद्वैतवाद या भेदाभेदवाद है।
- आचार्य निम्बार्क के प्रमुख शिष्य निम्न हैं—श्रीनिवासाचार्य, श्रीगौरमुखाचार्य, श्रीऔदुम्बराचार्य, श्रीलक्ष्मण भट्ट।

महत्त्वपूर्ण तथ्य

- इन्हें सुदर्शन चक्र का अवतार माना जाता है।
- निम्बार्काचार्य अत्यन्त सुन्दर होने के कारण इनका नाम 'सुदर्शन' भी था।
- निम्बार्क सम्प्रदाय की सबसे बड़ी गद्दी अजमेर के सलेमाबाद में है। इस गद्दी को ब्रज से राजस्थान आचार्य परशुराम लाये थे।
- वृन्दावन में श्री जी की बड़ी कुंज स्थान पर निम्बार्क सम्प्रदाय का प्रमुख केन्द्र है।
- इस सम्प्रदाय के द्वारा युगल रूप में राधा एवं कृष्ण की उपासना की जाती है। इस रूप में राधा को कृष्ण के वामांग (बायीं ओर) दर्शाया गया है।
- इस सम्प्रदाय के सर्वप्रथम उपदेष्टा आचार्य श्री हंस भगवान माने जाते हैं।

- **निम्बार्काचार्य के काव्य**

  (1) वेदान्त पारिजात-सौरभ, (2) दशश्लोकी, (3) मन्त्र रहस्य, (4) श्रीकृष्ण स्तवराज, (5) प्रपन्न कल्पबल्ली

इस सम्प्रदाय के प्रमुख कवि एवं उनकी रचनाएँ

- परशुराम देव—'परशुराम सागर'
- हरिव्यासदेव—'महावाणी'
- श्री भट्ट—'युगलशतक', 'आदिबानी'

राधावल्लभ सम्प्रदाय

- इस सम्प्रदाय के प्रवर्तक 'आचार्य हितहरिवंश गोस्वामी' हैं। इसकी स्थापना सन् 1534 में वृन्दावन में की गयी थी।
- इनके गुरु का नाम 'गोपाल वल्लभ' है।
- इस सम्प्रदाय में राधा का स्थान प्रमुख है।
- इस सम्प्रदाय के द्वारा राधा-कृष्ण की मूर्ति के स्थान पर पार्श्व में स्वर्ण-पत्र पर राधा अंकित रहता है। उसी को गद्दी कहा जाता है जिसकी पूजा करते हैं।

- इस सम्प्रदाय में प्रेम के 'तत्सुखी भाव' पर विशेष ज़ोर दिया गया है।
- इस सम्प्रदाय को मानने वाले भक्त तिलक के बीच में एक काली बिन्दी का प्रयोग करते हैं, जिसमें सीधी रेखा 'कृष्ण' की तथा काली बिन्दी 'राधा' का सूचक है।
- इन काव्यों की मधुर रचना-शैली एवं सरल भाषा के कारण इनको कृष्ण की 'वंशी' का अवतार भी कहा जाता है।

हितहरिवंश की प्रमुख रचनाएँ

(1) हित चौरासी, (2) स्फुटवाणी, (3) राधासुधानिधि (संस्कृत), यमुनाष्टक (संस्कृत)।

राधावल्लभ सम्प्रदाय के प्रमुख कवि एवं उनकी रचनाएँ

कवि	रचनाएँ
गोस्वामी हितहरिवंश	'हित चौरासी', 'स्फुट पद', 'राधासुधानिधि', 'यमुनाष्टक' : इनके विट्ठलदास को लिखे दो गद्य-पत्र भी उपलब्ध है।
दामोदरदास (सेवकजी)	'सेवक-वाणी'।
हरिराम व्यास	'व्यास वाणी', 'रासपंचाध्यायी', 'रागमाला', 'नवरत्न', 'स्वधर्म पद्धति'।
चतुर्भुजदास	'द्वादश यश, 'भक्ति प्रताप यश, 'हितजू को मंगल', 'फुटकर पद', 'मंगलसार यश'।
ध्रुवदास	'भक्तनामावली', 'सिद्धान्त विचार', 'बयालीस लीला'।
नेही नागरीदास	'सिद्धान्त दोहावली, 'पदावली', 'रस पदावली'।

सखी सम्प्रदाय (हरिदासी सम्प्रदाय)

- इस सम्प्रदाय के प्रवर्तक स्वामी हरिदास हैं। इनके गुरु का नाम आशुधर है।
- सखी सम्प्रदाय के विषय में बताने वाला ग्रन्थ 'निमत सिद्धान्त' है, जिसके सम्पादनकर्ता किशोरीलाल हैं।

- इस सम्प्रदाय में कृष्ण का स्वरूप नित्य निकुंजबिहारी श्रीकृष्ण के रूप में माना जाता है।
- मिश्रबन्धु ने इस सम्प्रदाय को टट्टी कहा है।
- हरिदास महान संगीतज्ञ थे। तानसेन इनके शिष्य थे। पदों में केवल संयोग रस है। शैली वार्तालाप की है।

सखी सम्प्रदाय के प्रमुख कवि एवं उनकी रचनाएँ

स्वामी हरिदास	'केलिमाल', 'सिद्धान्त के पद'।
जगन्नाथ गोस्वामी	'अनन्य सेवानिधि', 'स्फुट पद'।
बिहारिनीदास	'बिहारिनीदास जी की वाणी'।
बीठल बिपुल	केवल 40 पद हैं
नागरीदास	फुटकर पद
सरसदास	अष्टाचार्यों की वाणी में सम्मिलित

गौड़ीय सम्प्रदाय/चैतन्य सम्प्रदाय

- इस सम्प्रदाय के प्रवर्तक चैतन्य महाप्रभु हैं। इनका जन्मकाल 1486-1533 ई. माना जाता है।
- इन्हें बचपन में निम्न नामों से पुकारते थे, विश्वम्भर, निमाई, गौरांग व गौर।
- इनके गुरु 'केशवभारती' ने इनका नाम कृष्ण चैतन्य रखा।
- चैतन्य ने 24 वर्ष की उम्र में संन्यास ग्रहण किया।
- इनका दार्शनिक मत अचिन्त्यभेदाभेद है।
- इन्होंने ईश्वर, प्रकृति, जीव, कर्म एवं काल इन पाँच तत्त्वों को स्थिर करते हुए ईश्वर को विभु, सर्वज्ञ, चैतन्य, मुक्तिदाता और विज्ञानरूप कहा।
- चैतन्य महाप्रभु ने श्रीकृष्ण को ब्रजेन्द्र कुमार नाम से पुकारा और कहा कि श्रीकृष्ण ब्रज में गोलोक को लीलाओं सहित विहार करते हैं। वे सर्वज्ञ ज्ञानी, परम तत्त्व व आनन्दमयी हैं। उनकी शक्तियाँ सर्वव्यापी हैं तथा उनमें एक आह्लादिनी शक्ति है। राधा रानी इसी का रूप हैं।
- जीत गोस्वामी ने 'अचिन्त्यभेदाभेद' की व्याख्या भागवत्सन्दर्भ में की है।
- चैतन्य सम्प्रदाय के बंगाली कवि राधा को परकीया मानते हैं लेकिन ब्रजभक्त कवियों में यह मान्यता नहीं है।
- जहाँ चैतन्य सम्प्रदाय की उपासना में वियोगपक्ष पर अधिक ज़ोर दिया जाता है, वहीं निम्बार्क व राधावल्लभ सम्प्रदाय में संयोग पक्ष की स्वीकृति है।

गौड़ीय सम्प्रदाय के प्रमुख कवि एवं उनकी रचनाएँ

- सूरदास मनमोहन—इनकी प्रमुख रचना—'सहृद बानी' (बाबा कृष्णदास) में संकलित।
- रामराय की प्रमुख रचनाएँ—'आदिवाणी', 'गीतगोविन्द भाषा'।
- गदाधर भट्ट—फुटकर पद।
- चन्द्रगोपाल—'गौरांग अष्टयाम', 'चन्द्र चौरासी', 'राधाविरह', 'ऋतुविहार', 'अष्टयाम सेवासुध'।
- भगवतमुदित—'वृन्दावन शत', 'रसिक', 'अनन्यमाल'।
- भगवानदास—'स्फुट पद'।
- माधवदास 'माधुरी'—'केलि माधुरी', 'वंशीवट माधुरी', 'वृन्दावन माधुरी', 'वृन्दावन शत', 'रसिक अनन्यमाल'।

अष्टछाप कवि

- ❑ विट्ठलनाथ ने सन् 1565 ई. में 'अष्टछाप' की स्थापना की।

'अष्टछाप' कवियों का संक्षिप्त विवरण

वल्लभाचार्य के शिष्य	विट्ठलनाथ के शिष्य
• कुम्भनदास—जन्म 1468	गोविन्दस्वामी—जन्म 1505
• सूरदास—जन्म 1478	छीतस्वामी—जन्म 1515
• परमानन्ददास—जन्म 1493	चतुर्भुजदास—जन्म 1530
• कृष्णदास—जन्म	नन्ददास—जन्म 1533

कुम्भनदास (1468-1583 ई.)

- ❑ कुम्भनदास ने 1492 ई. में वल्लभाचार्य से गुरुदीक्षा प्राप्त की।
- ❑ ये प्रथम अष्टछाप कवि हैं तथा वरिष्ठता के आधार पर भी सबसे वरिष्ठ हैं एवं नन्ददास सबसे कनिष्ठ हैं।
- ❑ ये सूरदास के बाद दूसरे प्रमुख अष्टछाप कवि हैं।
- ❑ कुम्भनदास अकबर के निमन्त्रण पर 'फतेहपुर सीकरी' गये थे और उन्हें गायन करने के लिए बोला गया, उन्होंने अफ़सोस व्यक्त करते हुए अपनी बात को ज़ाहिर किया।

  सन्तन को कहा सीकरी सो काम।
  आवत जात पन्हैया टूटी बिसरि गयो हरिनाम॥

- कुम्भनदास एक आशु कवि एवं गायक भी हैं।
- कुम्भनदास की कोई स्वतन्त्र रचना नहीं मिलती है। उनके पद 'रागकल्पद्रुम', 'रामरत्नाकर', 'वर्षोत्सव कीर्तन', 'वसन्त धमार कीर्तन' आदि में संकलित हैं।

सूरदास (1478–1583 ई.)

- सूर का जन्म मंगलवार वैशाख शुक्ल 5 संवत् 1535 वि. 1478 ई. में हुआ था। ये अपने गुरु वल्लभाचार्य से 10 दिन छोटे थे।
- सूरदास के जन्मस्थान को लेकर विद्वानों में एकमत नहीं है।
- डॉ. नगेन्द्र एवं गणपतिचन्द्र गुप्त के अनुसार—इनका जन्म दिल्ली के निकट 'सीही' नामक ग्राम में एक 'सारस्वत ब्राह्मण परिवार' में हुआ था।
- रामचन्द्र शुक्ल, हजारीप्रसाद द्विवेदी, श्यामसुन्दर दास के अनुसार—इनका जन्म मथुरा के निकट 'रुनकता' (गऊघाट) नामक ग्राम में हुआ। सर्वमान्य मत सीही है।
- इन्होंने 1509–10 ई. में वल्लभाचार्य से पारसोली नामक गाँव में दीक्षा प्राप्त की तथा इसी गाँव में 1583 ई. में इनकी मृत्यु हुई।

  भक्ति पद्धति—सूरदास अपने आरम्भिक जीवन में दास्य एवं विनय भाव पद्धति में लिखा करते थे, बाद में वल्लभाचार्य के आज्ञानुसार वात्सल्य, सख्य एवं माधुर्य भाव में रचना करने लगे।

महत्त्वपूर्ण तथ्य

- सूरदास को निम्न नामों से भी पुकारा जाता है—

  (1) खंजननयन, (2) भावाद्यपति, (3) वात्सल्य रस सम्राट, (4) पुष्टिमार्ग का जहाज़ आदि।

  नोट— विट्ठलदास ने इन्हें 'पुष्टिमार्ग का जहाज़' की संज्ञा दी।

  शुक्ल ने इन्हें 'वात्सल्य रस सम्राट' एव 'जीवनोत्सव कवि' के रूप में निरूपित किया।
- हिन्दी साहित्य के अन्तर्गत 'भ्रमरगीत' परम्परा का समावेश सूरदास ने किया है।
- सूरदास ने भक्ति पद्धति के ग्यारह रूपों का वर्णन किया है।
- सूरदास ने कृष्णदास से मनमुटाव के कारण श्रीनाथ मन्दिर छोड़ दिया था।
- सूर के भावचित्रण में वात्सल्य भाव में उनका चित्रण श्रेष्ठ माना जाता है। इसी सम्बन्ध में शुक्ल ने कहा कि सूर अपनी आँखों से वात्सल्य का कोना-कोना छान आये हैं।

- 'रागकल्पद्रुम' नाम से सूर की रचनाओं का सर्वप्रथम सम्पादन सन् 1841 ई. में कलकत्ता में हुआ।

विभिन्न साहित्यकारों की सूरदास के सम्बन्ध में टिप्पणी—

- आचार्य रामचन्द्र शुक्ल के अनुसार—
  - (i) सूर वात्सल्य है, वात्सल्य सूर है।
  - (ii) प्रसंगोद्भावना करने वाली ऐसी प्रतिभा हम तुलसी में नहीं पाते हैं।
  - (iii) सूर भावाधिपति हैं।
  - (iv) हिन्दी साहित्य में किसी ने शृंगार का रसराजत्व दिखाया तो वे सूर हैं।
- रामकुमार वर्मा के अनुसार—"सूर पद एवं संगीत के जीते जागते अवतार-से हो गये हैं।"
- आचार्य हजारीप्रसाद द्विवेदी के अनुसार—"बालकृष्ण की आकांक्षाओं के चित्रण में कवि कमाल की होशियारी और सूक्ष्म निरीक्षण का परिचय देता है, इनके चित्रण में न अहंकार की, न भाषा की, न भावों की कमी दिखती है।"

- सूरदास की रचनाओं में पाँचों भावों में रचना निर्विवाद रूप में मिलती है। शान्त भाव, दास्य भाव, वात्सल्य भाव, सख्य भाव, दाम्पत्य भाव या कान्त भाव। **'आइने-अकबरी' और मुंशियान अबुल फ़ज़ल में सूरदास का वर्णन है।**

सूरदास की प्रमुख रचनाएँ

(1) सूरसागर

- कुल पद-4936
- भ्रमरगीत की कथा 'सूरसागर' में वर्णित है इस कथा का आधार 'श्रीमद्भागवत पुराण' के दशम स्कन्ध के 46वें-47वें अध्याय से है।
- इस ग्रन्थ में 5 हज़ार से अधिक पदों का संकलन है, आचार्य रामचन्द्र शुक्ल ने इस ग्रन्थ के 450 पदों का संकलन किया।
- 'भागवत पुराण' की तरह इसका विभाजन भी 12 स्कन्धों में किया गया है तथा इसके 10वें स्कन्ध में सबसे अधिक पद संकलित किये गये हैं।
- सूरदास ने 'भ्रमरगीत' का सहारा लेकर निर्गुण के ज्ञान एवं योग पर करारा प्रहार किया है।
- हजारीप्रसाद द्विवेदी ने 'सूरसागर' को 'स्त्री-चरित्र का विशाल काव्य' कहकर पुकारा है।

- ‘सूरसागर’ में बाललीला में पद सबसे अधिक हैं।

- **‘सूरसागर महाकाव्य के सम्बन्ध में विद्वानों का मत**
  - हजारीप्रसाद द्विवेदी के अनुसार—गीत काव्यात्मक मनोरोगों पर आधारित विशाल महाकाव्य।
  - ब्रजेश्वर वर्मा—कृष्णचरित का महाकाव्य।
  - चन्द्रबली पाण्डेय के अनुसार—लीला प्रबन्धकाव्य या मान प्रबन्धकाव्य।

(2) साहित्यलहरी

- ‘साहित्यलहरी’ को रीतिपरक काव्य माना जाता है। इसमें सुप्रसिद्ध 118 दृष्टिकूट पद हैं तथा अर्थगोपन शैली में राधा-कृष्ण की लीलाओं का वर्णन किया गया है।
- इस काव्य के अन्त में सूरदास ने अपनी वंश परम्परा का उल्लेख किया है। ये कवि चन्दबरदाई से अपनी वंश परम्परा को जोड़ते हैं।
- इस पुस्तक में अलंकार और नायिका भेदों का उदाहरण प्रस्तुत किया गया है।

(3) सूरसारावली

- ‘सूरसारावली’ की संसार को होली मानकर रचना की गयी है।
- इस काव्य को ‘सूरसागर की विषय सूची माना गया है।
- डॉ. दीनदयाल गुप्त ने इनके 25 ग्रन्थों का उल्लेख किया है, जिनमें सात प्रकाशित हुए हैं—

  ‘सूरसागर’, ‘साहित्यलहरी’, ‘सूरसारावली’, ‘सूरपचीसी’, ‘सूररामायण’, ‘सूरसाठी’, ‘राधारसकेलि’।

परमानन्ददास (1493–1572 ई.)

- इन्होंने वल्लभाचार्य से अरैल प्रयाग में दीक्षा प्राप्त की।
- ये वात्सल्य रस का प्रयोग करने वाले अष्टछाप कवियों में सूर के बाद ‘दूसरे नम्बर’ पर आते हैं।
- इन्होंने कृष्ण के माधुर्य पक्ष की बाल लीलाओं का गान किया। अत: इनकी भक्ति पद्धति माधुर्य भाव मानी जाती है।
- रचनाएँ—इन्होंने कोई स्वतन्त्र काव्य नहीं लिखा है। इनकी रचनाएँ ‘परमानन्द सागर’ नाम से संकलित हैं। जिसमें 635 पद हैं। इसके अतिरिक्त दानलीला तथा ‘ध्रुवचरित’ भी इनकी रचना है।
- काव्य सौष्ठव के अनुसार सूरदास और नन्ददास के बाद तीसरे अष्टछापी कवि माने जाते हैं।

कृष्णदास (1496–1578 ई.)

- ये मूलत: चिलोतरा (गुजरात) के रहने वाले थे।
- ये अष्टछाप कवियों में सबसे बुद्धिमान थे, इसी कारण श्रीनाथ के सेवा प्रबन्ध का दायित्व इन्हें सौंपा गया था।
- ये अष्टछाप कवियों में अधिकारी नाम से प्रसिद्ध थे।
- पुष्टि सम्प्रदाय के पवित्र स्थल श्रीनाथ मन्दिर को विलासिता में परिणत करने का श्रेय इन्हीं को जाता है। 'गंगाबाई हिला' नाम की नर्तकी के साथ इनका सम्बन्ध बताया जाता है।

गोविन्दस्वामी (1505–1585 ई.)

- इन्होंने 1535 ई. में विट्ठलदास से पुष्टिमार्ग की दीक्षा प्राप्त की।
- ये बैरागी होकर ब्रजमण्डल के 'महावन' में आकर बस गये तथा दीक्षा प्राप्त करके गोवर्द्धन चले गये। वहाँ इन्होंने कदम्ब के वृक्ष लगाये थे, जिसके कारण आज भी वह स्थान 'गोविन्दस्वामी की कदम्बरी' के नाम से जाना जाता है।
- ऐसा माना जाता है कि अकबर के दरबारी गायक 'तानसेन' ने इनसे पद-गायन की शिक्षा ग्रहण की थी।
- इन्होंने कोई स्वतंत्र रचना नहीं की थी। 'गोविन्द स्वामी पद' नाम से 252 पद संकलित हैं।

छीतस्वामी (1535–1585 ई.)

- ये बीरबल के पुरोहित माने जाते हैं।
- इनके द्वारा सम्पादित पद 'पदावली' नाम से मिलते हैं जिसमें 200 पद संकलित हैं।

चतुर्भुजदास

- ये कुम्भनदास के छोटे पुत्र हैं, अष्टछाप कवि में पिता-पुत्र का जोड़ा है।
- इनकी प्रमुख रचनाएँ हैं—'चतुर्भुज कीर्तन-संग्रह', 'कीर्तनावली', 'दानलीला', 'भक्ति प्रताप', 'हित जू को मंगल', 'मधुमालती'।

  नोट—'मधुमालती', 'भक्तिप्रताप', 'द्वादशयश'—इन तीनों रचनाओं को डॉ. नगेन्द्र उनका नहीं मानते हैं, जबकि शुक्ल ने इन रचनाओं को इन्हीं की रचना के रूप में स्वीकार किया है।

नन्ददास (1523–1583 ई.)

- ये अष्टछाप के कवियों में सबसे कनिष्ठ कवि हैं।
- सूरदास के बाद नन्ददास अष्टछाप के प्रमुख कवि माने जाते हैं।
- जनश्रुतियों के अनुसार नन्ददास तुलसीदास के चचेरे भाई हैं।
- साहित्यिकों के अनुसार नन्ददास की 'भँवरगीत' में वर्णित गोपियाँ सूरदास की गोपियों से अधिक मुखर एवं वाचाल मानी जाती हैं।
- नन्ददास को काव्य-सौन्दर्य, कवि-कल्पना, उपयुक्त शब्द चयन के कारण 'जड़िया' कहा गया है या कवि गढ़िया। नन्ददास को जड़िया नाम से सम्बोधित किया गया है।
- ये अष्टछाप कवियों में सर्वाधिक काव्यशास्त्रीय कवि हैं।
- नन्ददास की 'भँवरगीत' उच्च कोटि की रचना है। इसमें लोक की अपेक्षा शास्त्र को अधिक महत्त्व दिया गया है।

नन्ददास की प्रमुख रचनाएँ

(1) अनेकार्थ मंजरी एवं मान मंजरी

- ये दोनों ग्रन्थ कोश ग्रन्थ के अन्तर्गत माने जाते हैं।
- 'मान मंजरी' ग्रन्थ में नन्ददास को गूढ़ भाषा, प्रौढ़ ज्ञान और पाण्डित्य का द्योतक माना जाता है।

(2) विरह मंजरी—यह इनका 'भावात्मक काव्य' माना जाता है, इसकी शैली बारहमासा है।

(3) रूप मंजरी

- 'रूप मंजरी' को नन्ददास का लघु आख्यान काव्य माना जाता है।
- यह भानुदत्त के 'रसमंजरी' से प्रभावित है।

(4) भँवरगीत

- यह रचना नन्ददास के दार्शनिक विचार, तार्किक शैली, विवेक का सही उपयोग और कृष्णभक्ति का परिचायक काव्य है।
- इसके पूर्वार्द्ध भाग में गोपी-उद्धव संवाद तथा उत्तरार्द्ध भाग में कृष्ण-प्रेम में गोपियों के विरह का वर्णन मिलता है।
- इसमें सगुण-निर्गुण के दार्शनिक पक्षों पर वाद-विवाद तथा सगुण कृष्णभक्ति की स्थापना है।

रासपंचाध्यायी

- यह नन्ददास की सबसे अनुपम रचना मानी जाती है।
- इस काव्य में 'श्रीमद्भागवत' की तरह पाँच अध्याय हैं।
- यह एक खण्ड काव्य है जिसमें रोला छन्द का प्रयोग हुआ है।
- इसमें लौकिक एवं पारलौकिक प्रेम का समन्वित रूप सृजन किया गया है।
- इस रचना में काव्य-शैली, काव्य-सौन्दर्य, शब्द-चयन एवं उनके प्रयोग के कारण इनको जड़िया कवि की उपाधि प्रदान की गयी है।

सिद्धान्त पंचाध्यायी

- यह कृष्ण की लीलाओं से सम्बन्धित रचना है। इसमें कृष्ण, वेणु, गोपी, रास आदि शब्दों की आध्यात्मिक व्याख्या मिलती है।

  अन्य रचनाएँ—'श्याम-सगाई', 'सुदामा चरित', 'रूक्मिणीमंगल', 'दशमस्कन्ध भाषा', 'गोवर्धन लीला', 'नन्ददास पदावली', 'जोगलीला', 'नामचिन्तामणिमाला'।

कृष्णभक्ति धारा के अन्य प्रमुख कवि

मीराबाई (1504–1563 ई.)

- मीरा का जन्म 1504 ई. में मेड़ता के निकट कुड़की नामक गाँव में हुआ था।
- इनके पिता का नाम रत्नसिंह था। मीरा की माँ बचपन में ही मर गयी थीं, इसलिए इनका लालन-पालन इनके दादा राव दूदाजी ने किया था।
- इनका विवाह 12 वर्ष की उम्र में राणासाँगा के ज्येष्ठ पुत्र भोजराज के साथ हुआ परन्तु कुछ वर्षों के बाद इनके पति का देहान्त हो गया था।
- पति की मृत्यु के पश्चात् ये वृन्दावन चली गयीं, वहाँ मीरा की भेंट चैतन्य मत के शास्त्रप्रणेता जीव गोस्वामी से हुई। वृन्दावन से वह द्वारिका चली गयीं। वहाँ रणछोड़जी के मन्दिर में भजन-कीर्तन करती थीं और वहीं उनकी मृत्यु हुई।
- मीरा का गुरु रैदास को माना जाता है।
- मीरा ने कृष्ण की प्रेमी या पति के रूप में उपासना की है।
- मीरा ने कृष्ण का स्मरण 'गिरिधर नागर' के रूप में किया है।
- मीरा के काव्य पर सगुण एवं निर्गुण दोनों साधनाओं का प्रभाव परिलक्षित होता है। श्रृंगार वर्णन में संयोग पक्ष से ज़्यादा वियोग की प्रधानता है।

- उनके प्रेम-भाव में सामान्य लोक-मर्यादा है। भक्ति माधुर्य भाव की है।
- मीरा की काव्य की भाषा राजस्थानी मिश्रित ब्रज है तथा पद में गुजराती भाषा का पुट है।
- ध्रुवदास, मलूकदास, नाभा आदि भक्त कवियों ने मीरा का गुणगान किया है।
- मीरा ने कोई स्वतन्त्र ग्रन्थ की रचना नहीं की है, केवल 'स्फुट पद' मिलते हैं, जो 'मीराबाई की पदावली' नाम से प्रकाशित है।

  मीरा की रचनाएँ—'गीतगोविन्द की टीका', 'राग सोरठ संग्रह', 'नरसीजी का मायरा', 'फुटकर पद', 'राग गोविन्द', 'मलार राग', 'सत्यभामा नू रूसणो', 'मीरा की गरबी', 'रुक्मणिमंगल'।

रसखान (1533-1618 ई.)

- डॉ. नगेन्द्र ने इनका जन्म 1533 ई. में ग्राम पिहानी (हरदोई) माना है। इनका मूल नाम सैयद इब्राहिम था।
- इन्होंने गोस्वामी विट्ठलदास से वल्लभ सम्प्रदाय के अन्तर्गत दीक्षा प्राप्त की है।
- तुलसीदास ने 'रामचरितमानस' की कथा सर्वप्रथम रसखान को ही सुनाई थी।
- रसखान को पीयूषवर्षी या अमृत की वर्षा करने वाला कवि कहा गया।
- भारतेन्दु ने रसखान के सम्बन्ध में लिखा—इस मुसलमान हरिजन पर कोटिन हिन्दु वारिए।
- उनके काव्य में श्रृंगार रस की प्रधानता है। वात्सल्य रस का समावेश मिलता है। इनकी भाषा शुद्ध, परिमार्जित ब्रज है।

  रसखान ने पदों की रचना सवैयों, दोहों में की। **रसखान की प्रमुख रचनाएँ—**

  (1) **सुजान रसखान—**यह काव्य कवित्त एवं छन्द में है। विषय—भक्ति, प्रेम राधा-कृष्ण का रूप मधुरमय।

  (2) **अष्टयाम—**इसका संकलन दोहों में है। श्रीकृष्ण का प्रातः जागरण से रात्रि शयनपर्यन्त उनकी दिनचर्या का सुन्दर वर्णन है।

  (3) **प्रेमवाटिका—**इस काव्य में रसखान ने अपने मत को प्रकट किया। इसमें उन्होंने राधा-कृष्ण को मालिन-माली मानकर प्रेम के गूढ़ तत्त्वों का निरूपण किया है।

  (4) **दान लीला—**ग्यारह छन्दों की छोटी-सी रचना है।

रहीम (1556-1627 ई.)

- रहीम अकबर के वजीर बैरम ख़ाँ के पुत्र थे। इनका पूरा नाम अब्दुर्रहीम ख़ानख़ाना है। वह अकबर के नौ रत्नों में शामिल थे।
- ये अकबर के सेनापति थे तथा युद्धों में भाग लेते थे।
- गंग, केशव, मुण्डन, मुकुन्द आदि कवियों ने इनके विषय में लिखा।
- ये संस्कृत, हिन्दी, फ़ारसी के ज्ञाता थे तथा 'बाबरनामा' का फ़ारसी में अनुवाद किया था।
- इन्होंने ब्रज, अवधी एवं खड़ी बोली में रचनाएँ लिखीं।

रहीम की प्रमुख रचनाएँ

(1) **बरवै नायिका-भेद**—अवधी भाषा में लिखा प्रथम निरूपक ग्रन्थ है। नायक-नायिका का चित्रण।

(2) **नगर शोभा**—नगर में रहने वाली सुन्दर स्त्रियों का उल्लेख, इस ग्रन्थ की रचना 'दोहा' छन्द में हुई है।

(3) **मदनाष्टक**—कृष्णलीला सम्बन्धी पद खड़ी बोली में रचना।

(4) **शृंगार सोरठा**—खण्डित रूप में उपलब्ध है।

गंग (1535-1617 ई.) पूरा नाम गंगा प्रसाद

- गंग के तीन मुख्य विषय हैं (1) नीति-धर्म, (2) नायिका भेद, (3) कृष्णलीला प्रशस्ति।
- गंग अपने समय के नरकाव्य करने वाले कवियों में सर्वश्रेष्ठ माने जाते हैं।
- गंग की प्रमुख रचना—'गंग पदावली', 'गंग पच्चीसी', 'गंग रत्नावली'।

नरोत्तमदास

- इनकी प्रमुख रचनाएँ 'सुदामाचरित' एवं 'ध्रुवचरित' हैं।

बनारसीदास जैन (1586-1643 ई.)

- ये मुग़ल दरबार से जुड़े कवि हैं।
- इन्होंने हिन्दी की पहली आत्मकथा 'अर्द्धकथानक' (सन् 1641 ई.) लिखी है।
- बनारसीदास ने हिन्दी की पहली आत्मकथा अर्द्धकथानक 55 वर्ष की उम्र में लिखी।
- इसमें अपने विषय में सभी कमज़ोरियों को खुलकर उजागर किया।

❑ अन्य रचनाएँ—'नवरस पदावली', 'नाटक-समयसार', 'बनारसी विलास', 'नाममाला' (कोश), 'कर्म प्रकृति विधान' (1643 ई.)।

भक्तिकाल के अन्तर्गत वीरकाव्य

रचनाकार	रचनाएँ	रचना सम्बन्धित उल्लेख
दयाराम (दयाल कवि)	'राणा रासो' (1618 ई.)	• सिसोदिया वंशीय प्रमुख राजाओं का उल्लेख भाषा—डिंगल।
दुरसाजी आढा	'विरुद छिहन्तरी'	• प्रतापी महाराजा महाराणा प्रताप का गुणगान।
कुम्भकर्ण	'रतन रासो' (1618-1629 ई.)	• रतलाम के राजा रतन सिंह की ऐश्वर्य वर्णन।
न्यामत ख़ाँ जान	'कयाम खाँ रासो'	• कयाम खाँ चौहान व उसके वंशजों का युद्ध का वर्णन।
श्रीधर	'रणमल्लछन्द' (1400 ई. लगभग)	• राणा रणमल्ल राठौर का गुणगान।
नल्लसिंह	'विजयपाल रासो'	• विजयगढ़ के राजा विजयपाल और पंग राजा का युद्ध का वर्णन।

भक्तिकाल के अन्तर्गत 'रीतिकाव्य'

रचनाकार	रचनाएँ	रचना सम्बन्धित उल्लेख
कृपाराम	'हिततरंगिणी'	• नायिका और उसके भेद का विवेचन भरतमुनि के नाट्यशास्त्र, भानुदत्त की 'रसमंजरी' से प्रभावित
सूरदास	'सूरसागर' और 'साहित्यलहरी'	नायिका भेद, शृंगार रस।
नन्ददास	'रसमंजरी'	
रहीम	'बरवै नायिका भेद', 'नगर शोभा'	नगर की सुन्दर स्त्री का वर्णन।
केशवदास	'रसिक प्रिया' (1591 ई.),	सोलह प्रकाश, नवरस वर्णन।
	'कवि प्रिया' (1601 ई.),	सोलह प्रभाव, अलंकार वर्णन।
	'छन्दमाला'	छन्द निरूपण
मुबारक	'तिलक शतक', 'अलकशतक'	नखशिख वर्णन

न्यामत ख़ाँ	'रसकोश' (1619 ई.)	नवरस, नायक-नायिका भेद।
	'कविवल्लभ' (1647 ई.)	दोष, गुण, अलंकार, छन्द विवेचन।
	'रसमंजरी' (1652 ई.)	
	'सिंगारतिलक' (1652 ई.)	

मुग़ल अकबरी दरबार के कवि व रचनाएँ

रचनाकार	रचनाएँ
नरहरि महापात्र	'रुक्मिणी मंगल', 'छप्पय नीति', 'कवित्त संग्रह'
टोडरमल	कुछ फुटकर छन्द।
तानसेन	'संगीत-सार', 'रागमाला', 'गणेश स्तोत्र'।
बीरबल 'बहमा'	लगभग 200 फुटकर छन्द।
पृथ्वीराज	'श्यामलता', 'गंगालहरी', 'दशरथ रावउत', 'वासुदेव रावउत', 'बेली क्रिसन रुक्मिणी', 'पृथ्वीराज कथी'।

भक्तिकाल का नीति-काव्य

रचनाकार	रचनाएँ
जमाल	'जमाल दोहावली'।
देवीदास	'राजनीति के कवित्त'।
रत्नावली (तुलसी की पत्नी)	'रत्नावली दोहा संग्रह'।
छीहल	'छीहल बावनी', 'पन्थी गीत', 'पंच सहेली की बात'।
ठाकुरसी	'कृपण चरित्र', 'पंचेद्रीवेली'।
पद्मनाम	'डंगूर-बावनी'।
उदैराज	'गुणबावनी', 'उदैराज को दोहा'।
बांन	'कलिचरित्र'।
राजसमुद्र (जैन)	'शीलबत्तीसी', 'गजसुकमाल चौपाई', 'शालिभद्र चौपाई', 'प्रश्नोत्तर रत्नमाला बालावबोध'।
कुशलबीर	'भोज चौपाई, 'सीलवती रास', 'कर्म चौपाई', 'वर्णन संपुत'।

7
रीतिकाल (1700-1850 ई.)

- रीति शब्द का प्रयोग काव्य निरूपण के सन्दर्भ में हुआ है। आचार्य वामन ने रीति को 'विशिष्ट पद-रचना रीति' के रूप में निरूपित किया है। दूसरे शब्दों में ऐसा काव्य जिसमें काव्यांगों के लक्षण एवं उदाहरण हों, रीतिकाव्य कहा जाता है।
- शास्त्रीय संस्कृत के लक्षण ग्रन्थों का अनुकरण करके अलंकार, रस, छन्द, गुण, नायिका-भेद आदि का निरूपण करने के लिए जो साहित्य हिन्दी में लिखा गया, उसे हिन्दी का रीतिकाव्य कहा जाता है।
- विभिन्न विद्वानों ने रीति शब्द को परिभाषित किया है—

  (1) आचार्य दण्डी—रीतिकाव्य गुणों से युक्त हो तथा दोषों से मुक्त हो।

  (2) आचार्य वामन—रीतिरात्माकाव्यस्त और विशिष्ट पद रचना।

  - वक्रोक्तिवादी आचार्य कुन्तक—कवि-प्रस्थान हेतु (कवि कर्म की विधि)
  - आचार्य भोज—काव्य मार्ग।
  - आनन्दवर्धन—वाच्य वाचक याच्त्व।
  - चिन्तामणि—*रीति सुभाषा कवित्त, बरनत बुध अनुसार*
  - देव—*अपनी-अपनी रीति के काव्य और कवि रीति*
  - भूषण—*सुकविन हूँ की कछु कृपा समुझि कविन को पन्थ*
  - भिखारीदास—*काव्य की रीति सिखी सुकवीन्ह सो।*
  - मतिराम—*सो विश्रब्ध नवौढ़ यो बनरत कवि रसरीति।*
  - पद्माकर—*ताही को रति कहत है, रस ग्रन्थ की रीति।*
  - दूलह कवि—*थोरे क्रम-क्रम ते कही, अलंकार की रीति*
  - चिन्तामणि—'काव्य का स्वभाव' (रीति को)
  - देव—काव्य का द्वार (रीति को)
- **डॉ. नगेन्द्र** के अनुसार—विशिष्ट रचना पद्धति एवं विशिष्ट नियमों को

दृष्टि में रखकर जो काव्य की रचना हिन्दी में की गयी है, उसे हिन्दी का रीतिकाव्य कहा जाता है।

- **आचार्य रामचन्द्र शुक्ल** ने 'रीति' शब्द के व्यापक एवं विशद अर्थ को ग्रहण करते हुए उत्तर मध्यकाल को रीतिकाल नाम दिया है।

रीतिकाल का नामकरण

नाम	प्रयोक्ता
रीतिकाल	आचार्य रामचन्द्र शुक्ल, ग्रियर्सन
अलंकृत काल	मिश्रबन्धु
श्रृंगार काल	पं. विश्वनाथ प्रसाद मिश्र
कला काल	रामकुमार वर्मा
कला काल	रमाशंकर शुक्ल 'रसाल'
अन्धकार काल	त्रिलोचन

नोट—आचार्य रामचन्द्र शुक्ल ने उत्तर मध्यकाल को सर्वप्रथम 'रीतिकाल' नाम दिया और साथ ही कहा कि 'इस युग की कविता में, श्रृंगार और वीर रस की प्रधानता के कारण, अगर कोई 'श्रृंगार काल' कहे तो कह सकता है।'

विभिन्न विद्वानों के अनुसार रीतिकाल के प्रवर्तक

प्रस्तोता	प्रवर्तक	कारण
आचार्य विश्वनाथ प्रसाद मिश्र	कृपाराम	कालक्रम की दृष्टि से।
डॉ. नगेन्द्र	केशवदास	रचनाकार के व्यक्तित्व की समृद्धि की दृष्टि से।
रामचन्द्र शुक्ल	चिन्तामणि	अखण्ड परम्परा चलाने की दृष्टि से।

रीतिकाल के उदय की परिस्थितियाँ

- **आचार्य रामचन्द्र शुक्ल** के अनुसार—सामन्ती परम्परा में राजाओं की निरन्तर पराजय ने उन्हें विलासिता की ओर जाने में मदद की और इस परिस्थिति में आश्रयदाता कवियों को सामन्तों व राजाओं ने पराश्रय दिया था।
- **आचार्य हजारीप्रसाद द्विवेदी** के अनुसार—इस काल में समाज के दो वर्गों के अलावा (उपभोक्ता वर्ग एवं उत्पादक वर्ग) एक तीसरा वर्ग बिचौलियों

का उद्‌भूत हुआ, जो कलाकार और संगीत का था। वे सामन्तों का मनोविनोद करके धनार्जन करता था, ऐसे में वो मनोरंजन का एक साधन बन गया।

- **डॉ. नगेन्द्र** के अनुसार—दरबारी संस्कृति का विकास होने से कवियों में हताशा एवं निराशा का भाव व्याप्त हो गया और इस निराशा को हटाने के लिए रीतिकाव्य की रचना करने लगे।

साहित्य-सम्प्रदाय एवं उनके प्रवर्तक

साहित्य-सम्प्रदाय	प्रवर्तक
(1) रस सम्प्रदाय	आचार्य भरतमुनि
(2) अलंकार सम्प्रदाय	आचार्य भामह
(3) रीति सम्प्रदाय	आचार्य वामन
(4) ध्वनि सम्प्रदाय	आचार्य आनन्दवर्धन
(5) वक्रोक्ति सम्प्रदाय	आचार्य कुन्तक
(6) औचित्य सम्प्रदाय	आचार्य क्षेमेन्द्र

रीतिकाव्य का विभाजन

- आचार्य विश्वनाथ प्रसाद मिश्र ने रीतिकालीन कवियों को तीन श्रेणियों में विभाजित किया—
  (1) रीतिबद्ध, (2) रीतिसिद्ध, (3) रीतिमुक्त।
- आचार्य विश्वनाथ प्रसाद मिश्र ने 'लक्षण ग्रन्थ' लिखने वाले कवि आचार्य को रीतिबद्ध तथा 'लक्ष्य ग्रन्थ' लिखने वाले कवियों को रीतिसिद्ध कहा।
- आचार्य विश्वनाथ प्रसाद मिश्र ने जिन कवियों को रीतिबद्ध माना है, डॉ. नगेन्द्र ने उन्हें रीतिबद्ध कवि कहा है।
- रीतिकाल का काव्य-विभाजन आचार्य विश्वनाथ प्रसाद मिश्र का मान्य है।

लक्षण ग्रन्थ एवं लक्ष्य ग्रन्थ

- लक्षण ग्रन्थ—जिसमें काव्यांग की परिभाषा दी गयी हो अर्थात् रस, छन्द, अलंकार, नायिका-भेद, काव्य गुण, दोष, काव्य हेतु प्रयोजन आदि लक्षण ग्रन्थ कहलाता है।
- लक्ष्य ग्रन्थ वे होते हैं जिनमें काव्य को लक्षणों या सिद्धान्तों के अनुसार रचा जाये।

रीतिबद्ध काव्य

रीतिबद्ध काव्य के अन्तर्गत वैसे कवियों को शामिल किया गया है, जिन्होंने अपनी रचना में शास्त्रीय लक्षणों के साथ-साथ उदाहरण एवं व्याख्या के साथ काव्य लिखे हैं। रीतिकाल के निम्न कवि रीतिबद्ध हैं—

केशवदास, चिन्तामणि, मतिराम, देव, सूरति मिश्र, मण्डन मिश्र, कुलपति मिश्र, जसवन्त सिंह, पद्माकर, भिखारीदास, सोमनाथ, कुमारमणि, भूषण, ग्वाल कवि रसिक गोविन्द, रसलीन।

डॉ. नगेन्द्र ने विषय की दृष्टि से रीतिबद्ध कवि निम्न रूप में बाँटे हैं—

सर्वांग निरूपक | रस निरूपक | अलंकार निरूपक | छन्द निरूपक

रीतिबद्ध कवियों का विषय-दृष्टि से विभाजन

(1) सर्वांग निरूपक कवि—चिन्तामणि, देव, अमीरदास, ग्वाल, प्रतापसाही, भिखारीदास, सोमनाथ, कुमारमणि।

(2) रस निरूपक कवि—मतिराम, बेनीप्रवीन, याक़ूब ख़ाँ, चन्द्रशेखर वाजपेयी, उजियारे, रामसिंह, पद्माकर, रसलीन, सुखदेव मिश्र, तोष।

(3) छन्द निरूपक कवि—भूषण, माखन, दशरथ, रामसहाय, सुखदेव मिश्र।

(4) अलंकार निरूपक कवि—मतिराम, सेवादास, भूषण, रामरूप, गिरिधर दास, पद्माकर, जसवन्त सिंह, गोप, रसिक सुमित, रघुनाथ बन्दीजन, दूलह।

नोट—हिन्दी में रीतिकालीन आचार्यों की श्रेणी—

(1) **उद्भावक आचार्य**—इसके अन्तर्गत ऐसे कवियों को शामिल किया गया है, जिन्होंने लक्षण ग्रन्थों की रचना की तथा काव्य निरूपण के लिए मौलिक सिद्धान्तों को प्रतिपादित किया हो।

(2) **व्याख्याता आचार्य**—ऐसे आचार्य जिन्होंने लक्षण ग्रन्थों तथा काव्यशास्त्रीय ग्रन्थ के अनुरूप रचना की हो।

(3) **कवि शिक्षक आचार्य**—इस श्रेणी में ऐसे आचार्य को शामिल किया गया है, जिन्होंने लक्षण ग्रन्थों तथा स्थापित सिद्धान्तों के सरल एवं सारगर्भित रूप में काव्य की रचना की हो।

निम्न प्रमुख रीतिबद्ध कवियों का जीवन-परिचय

कवि/जन्म-मृत्यु	जन्मस्थान	आश्रयदाता
चिन्तामणि त्रिपाठी (1609–1685)	तिकवांपुर	शाहजहाँ, शाहजी।
भूषण (1613–1715)	तिकवांपुर	शिवाजी, छत्रसाल।
मतिराम (1617–1693)	तिकवांपुर	ज्ञानचन्द, जहाँगीर, भाव सिंह हाड़ा, स्वरूप सिंह बुन्देला।
जसवन्त सिंह (1626–1688)	मारवाड़	ये मारवाड़ प्रतापी नरेश थे।
सुखदेव	कंपिला (रायबरेली)	राव मर्दन सिंह, देवी सिंह, भगवन्त राय खाची, फ़ाज़िल अली शाह।
कुलपति मिश्र	आगरा	रामसिंह
देव (1673–1767)	इटावा	आजमशाह, सुजान मणि, कुशल सिंह, भवानीदत्त, उद्योग सिंह, सेठ भोगीलाल।
भिखारीदास	टयोंगा	हिन्दुपति सिंह।
रसलीन	हरदोई	
सैयद गुलामनबी	बिलग्राम	
पद्माकर सिंह (1753–1833)	बाँदा	महाराज जैतपुर, रघुराव अप्पा, रघुनाथ राव, प्रताप सिंह, जगत् सिंह, दौलत राव सिन्धिया, भीम सिंह।
केशवदास (1555–1617)		ओरछा नरेश महाराजा इन्द्रजीत सिंह

प्रमुख रीतिबद्ध कवियों का संक्षिप्त परिचय

केशवदास (1555–1617 ई.)

- केशवदास ने ही सर्वप्रथम हिन्दी साहित्य में सर्वांग निरूपक किया।
- विश्वनाथ प्रसाद मिश्र, गणपतिचन्द्र, नगेन्द्र ने रीतिकाल का प्रवर्तक माना है।
- केशवदास अलंकारवादी आचार्य थे। इन्होंने दण्डी, भामह, उद्भट का अनुसरण किया।
- केशवदास ने रस की विवेचना करने के क्रम में दो नये संचारी भाव (विवाद एवं आद्य) का प्रतिपादन किया।

- इनको डॉ. बच्चन सिंह ने संस्कृत का क्लासिक पण्डित कहा है।
- केशवदास का झुकाव निम्बार्क सम्प्रदाय की ओर था तथा इन्हें 'वेदान्ती मिश्र' कहकर पुकारा जाता था।
- केशवदास ने अहंकार को 'काव्य का प्राण' माना है।
- काव्यशास्त्र की दृष्टि से केशवदास की 'रसिकप्रिया', 'कविप्रिया', 'नखसिख' और 'छन्दमाला' प्रमुख रचनाएँ हैं।
- केशवदास की प्रमुख रचनाएँ निम्न हैं—
  (1) 'रसिकप्रिया' (1591 ई.), 'कविप्रिया' (1601 ई.), 'रामचन्द्रिका' (1601 ई.), 'रतनबावनी' (1607 ई.), 'जहाँगीर जसचन्द्रिका' (1612 ई.), 'विज्ञानगीता', 'छन्दमाला', 'नखसिख', 'बारहमासा'।
- केशवदास ने पाँच रचनाएँ प्रबन्धात्मक में की हैं। 'रामचन्द्रिका', 'विज्ञानगीता', 'रतनबावनी', 'वीरसिंह देवचरित', 'जहाँगीर जसचन्द्रिका'।
- रामस्वरूप चतुर्वेदी ने 'रामचन्द्रिका' को छन्दों का 'अजायबघर' कहा है। यह एक महाकाव्य है।
- 'कविप्रिया' की रचना आश्रयदाता इन्द्रजीत सिंह की प्रेमिका गणिका प्रवीण राय के लिए की गयी थी।
- 'रसिकप्रिया' में प्रतिपाद श्रृंगार रस की विवेचना की गयी है, इसमें 16 खण्ड हैं, जिनमें 13वें खण्ड में श्रृंगार रस, 14वें खण्ड में अन्य रस, 15वें खण्ड में वृतियों तथा 16वें एवं अन्तिम खण्ड में काव्यदोषों का उल्लेख है।
- 'रतनबावनी' में अकबर एवं ओरछा के राजकुमार रत्नसेन के मध्य युद्ध का वर्णन है।

चिन्तामणि (1609-1685 ई.)

- चिन्तामणि को आचार्य रामचन्द्र शुक्ल ने रीतिकाल का प्रवर्तक कवि माना है।
- चिन्तामणि मूलतः रसवादी आचार्य थे।
- चिन्तामणि की प्रमुख रचनाएँ—
  'श्रृंगार मंजरी' (1653 ई.), 'रसविलास', 'रस मंजरी', 'छन्द विचार', 'कविकुलकल्पतरु' (1650 ई.), 'काव्यप्रकाश'।
- 'श्रृंगार मंजरी' एक नायक-नायिका भेद-ग्रन्थ है, जबकि 'रसविलास' 'रसमंजरी' (भानुदत्त कृत) का अनुवाद है।

मतिराम (1617–1693 ई.)

- ❑ मतिराम को दूसरे अलंकार निरूपक कवि के रूप में माना जाता है। 'ललितललाम' एवं 'अलंकार पंचशिका' (1701 ई.) में अलंकार का निरूपण एवं विवेचन मिलता है।
- ❑ मतिराम ने निम्न आश्रयदाताओं के लिए काव्यों की रचना की है।

ग्रन्थ	आश्रयदाता	स्थान	विषय निरूपण
'फूलमंजरी'	जहाँगीर	दिल्ली	प्रत्येक दोहों में किसी एक का वर्णन (कुल 60 दोहे)
'रसराज'			शृंगार रस निरूपण
'ललितललाम'	भाव सिंह हाड़ा	बूँदी	अलंकार निरूपण
'सतसई'	सेठ भोगनाथ		बिहारी सतसई के अनुकरण
'अलंकार पंचशिका'	ज्ञानचन्द्र	कुमायूँ	अलंकार विवेचन
'वृत कौमुदी'			छन्दों की विवेचना
'लक्षण शृंगार'			
'साहित्य-सार'			नायिका-भेद

भूषण (1613–1715 ई.)

- ❑ चित्रकूट के राजा रुद्र ने इन्हें 'भूषण' की उपाधि प्रदान की थी।
- ❑ भूषण वीर रस के कवि थे।
- ❑ भूषण की निम्न रचनाएँ—

  (1) 'शिवराज भूषण' (1673 ई.)—अलंकार निरूपक ग्रन्थ है, शिवाजी की प्रशंसा तथा इस ग्रन्थ में शिवाजी के जन्म से लेकर 'हिन्दू पद पादशाही' की स्थापना तक का वर्णन मिलता है।

  (2) 'शिवा बावनी'—इस ग्रन्थ में शिवाजी की प्रशंसा की गयी है।

  (3) 'छत्रसाल दशक'—राजा छत्रसाल की प्रशंसा (10 कवित्त)।

  (4) 'भूषण उल्लास'।

  (5) 'दूषण उल्लास'।

देव (1673–1767 ई.)

- ❑ आचार्य देव का पूरा नाम देवदत्त है। ये हित हरिवंश के अनन्य सम्प्रदाय से जुड़े हुये थे।

- ❑ देव नायिका-भेद की रचना करने वाले रीतिकाल के सर्वोत्तम कवि माने जाते हैं।
- ❑ कवि देव ने काव्यांगों का सूक्ष्म विवेचन किया तथा उसका मौलिक वर्गीकरण प्रस्तुत किया है।
- ❑ कवि देव ने संचारी भावों की संख्या 34 मानी है तथा नये छन्दों की खोज भी की है।
- ❑ देव ने अलंकार निरूपण में केशव को आदर्श कहा।

देव की प्रमुख रचनाएँ एवं उसका विषयवस्तु

ग्रन्थ	विषयवस्तु
'भाव-विलास'	रस, अलंकार, भाव एवं नायिका भेद का वर्णन।
'शबद रसायन/ 'काव्य रसायन'	छन्द, अलंकार, रस का सूक्ष्म विवेचन, त्रिविध। शब्द-शक्तियों के साथ तात्पर्या वृत्ति का वर्णन किया गया है।
'जाति-विलास'	इसमें विभिन्न क्षेत्रों की सुन्दर स्त्रियों के सौन्दर्य का वर्णन किया गया है।
'प्रेमचन्द्रिका'	इसमें रति क्रिया, वासना, प्रेम का सूक्ष्म चित्रण मिलता है। उद्यान सिंह को समर्पित है।
'राग-रत्नाकर'	राग-रागिनी के स्वरूप का वर्णन।
'देवशतक'	यह एक आध्यात्मिक ग्रन्थ है। इसमें जीवन, जगत् के विभिन्न पक्षों, ब्रह्मतत्त्वों का उल्लेख किया गया है।
'देवमायाप्रपंच'	यह काव्य संस्कृत के नाटक 'प्रबन्धचन्द्रोदय' का पदानुवाद है।
'अष्टयाम'	नायक-नायिका का आठ पहरी विलास का चित्रण।
'कुशल-विलास'	कुशल सिंह को समर्पित।

देव की अन्य रचनाएँ—

'प्रेततरंग', 'सुजान विनोद', 'राधिका विलास', 'नीतिशतक', 'प्रेमदीपिका', 'पावस विलास', 'रसानन्द लहरी' आदि।

भिखारीदास

- ❑ भिखारीदास प्रतापगढ़ के राजा पृथ्वी सिंह के भाई हिन्दूपति सिंह के आश्रय में रहे थे। यहीं पर रहकर उन्होंने कई ग्रन्थों की रचना की थी।

- भिखारीदास ने अलंकार, रीति, गुण, दोष, शब्दशक्ति, छन्द, रस आदि विषयों का विस्तृत प्रतिपादन किया था।
- भिखारीदास ने सर्वप्रथम हिन्दी काव्य-परम्परा, भाषा, छन्द, तुक आदि पर विचार किया।

भिखारीदास की महत्त्वपूर्ण रचनाएँ एवं विषयवस्तु

ग्रन्थ	विषयवस्तु
'नाम कोश'	कोश ग्रन्थ।
'शृंगार निर्णय' (1750 ई.)	नायक-नायिका भेद का वर्णन।
'छन्दार्णव पिंगल'	छन्द विवेचन सम्बन्धी ग्रन्थ।
'अमर प्रकाश कोश'	संस्कृत के अमरकोश का पदबद्ध अनुवाद।
'रस सारांश'	रस विवेचन तथा रस अंग के नायक-नायिका-भेद का निरूपण।
'शतरंज शतिका'	शतरंज के खेल सम्बन्धित।
'काव्य निर्णय'	सर्वांग निरूपक काव्य है, इसमें काव्य-प्रयोजन रस, अलंकार, काव्य-कारण आदि का विवेचन है।

पद्माकर (1753-1833 ई.)

- महाकवि पद्माकर को कई समकालीन राजाओं का राजाश्रय प्राप्त हुआ। जयपुर के राजा प्रताप सिंह ने उन्हें 'कविराज शिरोमणि' की उपाधि दी थी।
- पद्माकर ने शृंगार रस, वीर रस व भक्ति से सम्बन्धित काव्यों की रचना की।

पद्माकर की महत्त्वपूर्ण रचनाएँ एवं विषयवस्तु

ग्रन्थ	विषयवस्तु
'हिम्मतबहादुर विरुदावली'	वीर रस प्रधान प्रबन्ध काव्य, हिम्मत बहादुर के पराक्रम का चित्रण।
'जगद्विनोद' (1810 ई.)	शृंगार रस का विशद विवेचन। आचार्य शुक्ल ने इस ग्रन्थ को शृंगार रस का 'सारग्रन्थ' कहा।
'पद्माभरण' (1810 ई.)	अलंकार विवेचन (दोहों में रचित)।
'गंगा लहरी'	पं. जगन्नाथ कृत 'गंगा लहरी' का पदबद्ध अनुवाद
'हितोपदेश'	शान्त एवं भक्ति रस का विशद विवेचन।

'प्रबोध पचासा'	भक्ति तथा वैराग्य से सम्बन्धित ग्रन्थ।
'राम रसायन'	वाल्मीकि रामायण के तीन खण्डों का भाषानुवाद।

अन्य रचनाएँ—'ईश्वरी पचीसी', 'कलि पचीसी', 'अलीजा प्रकाश' आदि।

रसलीन (1699-1750)

- रसलीन का पूरा नाम सैयद ग़ुलाम नबी है। इनके गुरु मीर तुफ़ैल अहमद थे। ये अच्छे संगीतज्ञ एवं कुशल राज प्रबन्धक थे।
- रसलीन का दोहा एवं छन्द पर अद्‌भुत अधिकार था। इनके काव्यों में भाषा की कसावट एवं व्यंजना शक्ति अद्‌भुत है।

रसलीन की प्रमुख रचनाएँ एवं विषयवस्तु

ग्रन्थ	विषयवस्तु
'अंग दर्पण' (1737 ई.)	नखशिख वर्णन, 150 दोहे।
'रस प्रबोध' (1741 ई.)	रस विवेचन (1117 दोहा छन्दों में)।

कुलपति मिश्र

- कुलपति मिश्र आचार्य के रूप में अधिक सफल माने जाते हैं। ये ध्वनिवादी आचार्य थे तथा सर्वांग निरूपक आदि पर अच्छी पकड़ थी।

कुलपति मिश्र की प्रमुख रचनाएँ एवं विषयवस्तु

रचना	विषयवस्तु
'संग्रामसार'	महाभारत के द्रोण पर्व का पदानुवाद।
'रस-रहस्य' (1670 ई.)	सर्वांग निरूपक ग्रन्थ।
अन्य रचनाएँ	दुर्गाभक्ति चन्द्रिका, नखशिख, द्रोण पर्व, युक्तितरंगिणी।

सुखदेव मिश्र

- सुखदेव मिश्र रस ध्वनि आचार्य माने जाते हैं।

सुखदेव मिश्र की प्रमुख रचना एवं विषयवस्तु

ग्रन्थ	विषय-वस्तु
'रसार्णव'	नव रसों का वर्णन।

'रस-रत्नाकर'	रस विवेचन।
'वृत्त-विचार' (1617 ई.)	छन्द निरूपक ग्रन्थ।
'अध्यात्म ग्रन्थ'	शंकराचार्य के आध्यात्मिक सिद्धान्तों का चित्रण।
अन्य रचनाएँ	दशरथ राय, शृंगार लता, छन्द विचार।

ग्वाल (1791-1868 ई.)

- ग्वाल कवि की सर्वांग निरूपक, नायक-नायिका-भेद, भक्ति, शृंगार रस काव्य लक्षण पर अद्‌भुत पकड़ थी।

ग्वाल की प्रमुख रचनाएँ एवं विषयवस्तु

ग्रन्थ	विषयवस्तु
'साहित्यानन्द	सर्वांग निरूपक, 2443 छन्दों की एक विशाल रचना है, इसमें काव्य लक्षण, छन्द, रस गुण-दोष, अलंकार आदि काव्यांगों पर विचार किया गया है।

- **ग्वाल की प्रमुख अन्य रचनाएँ—**
  'यमुना लहरी' (1822 ई.), 'हम्मीरहठ' (1829 ई.), 'रसिकानन्द', 'कवि दर्पण', 'प्रस्तार प्रकाश', 'भक्तभावन' (1862 ई.), 'रसरंग', 'राधामाधव मिलन' आदि।

बालदत्त मिश्र

- बालदत्त मिश्र बन्धुओं के पिता थे।
- इनकी प्रमुख रचना 'सुख सागर तरंग' है। डॉ. नगेन्द्र ने 'सुख सागर तरंग' को 'नायिका-भेद' का विश्वकोश माना है।

अन्य प्रमुख रीतिबद्ध काव्य एवं रचनाकार

सोमनाथ

ग्रन्थ	विषयवस्तु
'शृंगार-विलास' (1738 ई.)	नायिका-भेद निरूपक ग्रन्थ।
'रसपीयूषनिधि' (1737 ई.)	सर्वांग निरूपक ग्रन्थ।
'सुजान-विलास' (1750 ई.)	सिंहासन बतीसी का पद्य अनुवाद।

माखन कवि

- माखन कवि ने हिन्दी में सर्वप्रथम मदनमोहन, सुरस, कुम्भक, हरिमालिका, तरलगति, सदागत, सबल, प्रवाह और गन्धार नामक मात्रिक छन्दों का निरूपण किया।

माखन कवि की प्रमुख रचनाएँ

ग्रन्थ	विषयवस्तु
'श्री नागपिंगल अथवा छन्द विलास' (1702 ई.)	छन्द निरूपक ग्रन्थ, ग्रन्थ का आधार प्राकृत पैंगलम है।

अन्य रचनाएँ—'जैमिनी अश्वमेध', 'भक्त चिन्तामणि', 'रामप्रताप', 'खूब तमाशा', 'सुदामाचरित', 'विनोद शतक'।

महाराजा जसवन्त सिंह

ग्रन्थ	विषयवस्तु
'भारत-भूषण'	अलंकार-विवेचन सम्बन्धित ग्रन्थ है। इसमें कुल 212 छन्द, प्रारम्भ में 10 दोहों में भूमिका है, शेष 202 छन्दों में 116 अलंकारों का विवेचन है।

दूलह

- दूलह की प्रमुख रचना 'कविकुलकण्ठाभरण' (1743-1768 ई.) है। यह अलंकार निरूपक ग्रन्थ है।

कुमार मणि

ग्रन्थ	विषयवस्तु
'रसिक-रंजन'	सूक्ति संग्रह।
'रसिक-रसाल'	काव्यांग निरूपक।

मुरलीधर भूषण

ग्रन्थ	विषयवस्तु
'छन्दोहृदय'	छन्द विवेचन।
'अलंकार प्रकाश'	अलंकार निरूपक।

अन्य प्रमुख रीतिबद्ध कवि एवं उनकी रचनाएँ

रचनाकार	रचनाएँ
रामसिंह	'जुगलविलास', 'रस शिरोमणि', 'अलंकार दर्पण', 'रसनिवास'।
गोप कवि	'रामचन्द्रामरण'।
याकूब खाँ	'रस भूषण' (रस विवेचन 12 प्रकाश)।
उजियारे	'जुगलरस प्रकाश' (12 रस विवेचन), 'रस चन्द्रिका'।
बेनी प्रवीन	'नवरस तरंग' (नवरस विवेचन 543 छन्द), 'नानाराव प्रकाश', 'श्रृंगार भूषण'।
रसिक गोविन्द	'गोविन्दानन्दधन' (रस, नायिका, भेद, गुण-दोष विवेचन)।
	अन्य रचनाएँ—'समय प्रबन्ध', 'युगलरस माधुरी', 'रसिक-गोविन्द', 'अष्टदेश भाषा', 'रामायण सूचनिका', 'कलयुग रासो'।
अमीरदास	'समामण्डल', 'वृत्तचन्द्रोदय', 'ब्रजविलास', 'सतसई', 'अश्वसंहिता प्रकाश', 'वैधकल्पतरु' (18 50), 'शेरसिंह प्रकाश', 'श्रीकृष्ण साहित्यसिंधु', 'फाग पचीसी', 'ग्रीष्मविलास', 'भागवत रत्नाकर', 'दूषण उल्लास'।
प्रताप साहि	'व्यंग्यार्थ कौमुदी', 'काव्य विलास', 'जयसिंह प्रकाश', 'अलंकार चिन्तामणि', 'श्रृंगार शिरोमणि', 'काव्य विनोद', 'श्रृंगार मंजरी'।
कुमारमणि	'रसिक रंजन', 'रसिक रसाल'।
रघुनाथ बन्दीजन	'रसिक मोहन' (1739 ई.), 'काव्यकलाधर' (1745 ई.), 'जगत्मोहन' (1750 ई.), 'इश्क़ महोत्सव'।
सूरति मिश्र	'अलंकारमाला' (1709 ई.), 'रसरत्नाकर' (1711 ई.)।
रामसहाय	'वाणी भूषण', 'श्रृंगार सतसई'।
गिरधरदास	'भारती भूषण' (1833 ई.)।
जोध राज	'हम्मीर रासो' (1818 ई.)।

रसरूप	'तुलसी भूषण' (1754 ई.)।
सेवादास	'रस दर्पण' (1783 ई.), 'रघुनाथ-अलंकार', 'गीता माहात्म्य'।
चन्द्रशेखर वाजपेयी	'हम्मीर हठ', 'रसिक विनोद'।
मण्डन	'रसविलास', 'नखसिख', 'रसरत्नावली', 'जानकीजू का ब्याह', 'काव्यरत्न', 'जनकपचीसी', 'नैनपचासा', 'पुन्दरमाया'।
श्रीमति	'अलंकार गंगा', 'काव्यसरोज', 'रससागर', 'विक्रम विलास', 'सरोजकालिका'।
रसिक सुमित	'अलंकार चन्द्रोदय'।
चन्दन	'श्रृंगार सागर', 'काव्यमरण', 'सतसई', 'पथिकबोध', 'केशरी प्रकाश', 'कल्लोलतरंगिणी', 'तत्त्व संग्रह', 'पत्रिका बोध', 'नाममाला'।
पदमनदास	'काव्य मंजरी'।
नृप शम्भू	'नायिका-भेद', 'नखसिख'।
भूपति	'सतसई', 'कण्ठाभूषण', 'रसरत्नाकर', 'रसदीप'।
उदयनाथ (कवीन्द्र)	'रसचन्द्रोदय', 'विनोदचन्द्रिका', 'जोगलीला'।
कृष्णभट्टदेव ऋषि	'श्रृंगार रस माधुरी'।
जयकृष्ण मुंजन	'पिंगलरूप दीप भाषा'।
शिवनाथ	'रसवृष्टि'।
दलपतिराय एवं वंशीधर	'अलंकार रत्नाकर'।
बैरीसाल	'भाषाभरण'।
जनराज	'कवितारस विनोद'।
नन्दकिशोर	'पिंगलप्रकाश'।
जसवन्त सिंह द्वितीय	'श्रृंगार शिरोमणि'।
जगत् सिंह	'साहित्यसुधानिधि', 'चित्र-मीमांसा'।
रतन कवि	'फतेह भूषण', 'अलंकार दर्पण'।
समसेन	'काव्य भूषण', 'पिंगल', 'रसिकविलास'।
बेनीबन्दीजन	'रसविलास', 'भड़ौवा संग्रह', 'टिकैतराय प्रकाश'।
नवीन	'रंगतरंग सुधारस'।

रीतिसिद्ध काव्य

- इस धारा के कवियों ने काव्यशास्त्र सिद्धान्त, लक्षण, उदाहरण एवं व्याख्या के अनुरूप रचनाओं का निर्वहन किया, कोई नया सिद्धान्त एवं उदाहरण प्रस्तुत नहीं किया, केवल पूर्वस्थापित सिद्धान्तों व लक्षण की व्याख्या प्रस्तुत की। इस परम्परा के मुख्य कवि—बिहारी, सेनापति, बेनी, रसनिधि, कृष्ण कवि आदि हैं।

बिहारी (1595-1663 ई.)

- बिहारी का जन्म ग्वालियर में हुआ था, रीतिकालीन कवियों में बिहारी का श्रेष्ठ स्थान है। इनकी एकमात्र रचना 'बिहारी सतसई' है।
- बिहारी जयपुर (आमेर) के कछवाहा वंश के शासक मिर्ज़ा राजा जयसिंह के आश्रय कवि थे।
- बिहारी के गुरु 'नरहरिदास' थे तथा ये निम्बार्क सम्प्रदाय में दीक्षित हुए थे।
- बिहारी का दत्तक पुत्र निरंजन कृष्ण थे, जो आगे चलकर 'कृष्ण कवि' के नाम से विख्यात हुए। इन्होंने सर्वप्रथम 'बिहारी सतसई' पर टीका लिखी थी।
- कृपाराम रचित ग्रन्थ 'हिततरंगिणी' को हिन्दी में सतसई परम्परा का प्रथम ग्रन्थ माना जाता है।
- बिहारी सतसई परम्परा से पूर्व हाल कृत 'गाथा सप्तशती' (प्राकृत) तथा गोवर्धनाचार्य कृत 'आर्या सप्तशती' (संस्कृत) की रचना में कुल 700 छन्द हैं। जबकि 'बिहारी सतसई' में 713 छन्द हैं।
- 'सतसई' से बिहारी की ख्याति इतनी बढ़ गयी कि सतसई शब्द का अर्थ बिहारी सतसई हो गया।
- सूरदास एवं बिहारी दोनों ने ही नायिका के रूप में राधा का वर्णन किया है। परन्तु जहाँ सूरदास की राधा मूक है, वहीं बिहारी की राधा वाचाल है।
- बिहारी की 'सतसई' में शृंगार रस का अधिक प्रयोग मिलता है परन्तु इसमें उन्होंने भक्ति एवं नीति से सम्बन्धित पद जोड़े हैं।
- 'बिहारी सतसई' में प्रिय छन्द 'दोहा' और प्रिय अलंकार 'रूपक' रहा है।
- रीतिकाल में मुख्यतः तीन सम्प्रदाय (1) अलंकार सम्प्रदाय, (2) रस सम्प्रदाय, (3) ध्वनि सम्प्रदाय थे।
- बिहारी को रामचन्द्र शुक्ल ने रसवादी माना है, जबकि डॉ. नगेन्द्र ने ध्वनिवादी माना है।

- लाला भगवानदीन ने सूर, तुलसी और केशव के बाद बिहारी को हिन्दी का चौथा 'रत्न' कहा है।

बिहारी के सन्दर्भ में विभिन्न विद्वानों का विचार

- राधाचरण गोस्वामी ने बिहारी को 'पीयूष वर्षी मेघ' कहकर पुकारा है।
- रेवरेंड एडविन ग्रीब्ज ने 'शब्दों का चतुर प्रयोक्ता मात्र' कहा है।
- रामचन्द्र शुक्ल के अनुसार—"कविता उनकी शृंगारी है पर प्रेम की उच्च भूमि पर नहीं पहुँचती, नीचे रह जाती है।" शृंगार रस के ग्रन्थों में जितनी ख्याति और मान 'बिहारी सतसई का हुआ है, उतना किसी और का नहीं।
- पद्मसिंह शर्मा के अनुसार—'बिहारी सतसई शक्कर की रोटी है जहाँ से भी खाओ मीठी ही लगती है।
- मिश्र बन्धुओं के अनुसार—'देव बड़े कि बिहारी' बहस में बिहारी को कवि के रूप में स्वीकार नहीं किया।
- डॉ. नगेन्द्र के अनुसार—'रामचरितमानस के बाद हिन्दी में टीकाएँ 'बिहारी सतसई' पर लिखी गयी हैं।
- आचार्य रामचन्द्र शुक्ल के अनुसार—"यदि प्रबन्धकाव्य एक विस्तृत वनस्पति है तो मुक्तक एक चुना हुआ गुलदस्ता है।"
- भारतेन्दु ने बिहारी के कुछ दोहों पर 'कुण्डलिया छन्द' की रचनाएँ कीं।
- 'बिहारी सतसई' बिहारी की एकमात्र रचना है।
- यह एक मुक्तक काव्य है।
- इसमें कुल 719 दोहे हैं किन्तु जगन्नाथ दास 'रत्नाकर' ने दोहों की संख्या 713 मानी है।
- यह काव्य दोहा छन्द में है, शृंगार, नायिका भेद, रीति, गुण आदि पर सुन्दर है।

'बिहारी सतसई' पर प्रमुख टीकाएँ

टीकाकार	टीका	स्वरूप
कृष्ण कवि	कृष्णलाल की टीका	प्रत्येक दोहे का कवित्त में विवेचन।
लल्लू लाल	लालचन्द्रिका	ब्रजभाषा गद्य में वर्णन।
सूरति मिश्र	अमरचन्द्रिका	दोहा छन्द में विवेचन।
प्रभुदयाल पाण्डेय	प्रभुदयाल पाण्डेय की टीका	खड़ी बोली में।

जगन्नाथदास	बिहारी रत्नाकर	खड़ी बोली हिन्दी मे।
अम्बिकादास व्यास	बिहारी बिहार	रोला छन्द में विवेचन।
पद्मसिंह शर्मा	संजीवनी भाष्य	तुलनात्मक प्रविधि के आधार पर विवेचन।
आनन्दीलाल शर्मा	फिरंगे सतसई	फ़ारसी भाषा में।

सेनापति (1589)

- सेनापति भक्तिकाल एवं रीतिकाल के सन्धियुग के कवि हैं।
- इनके काव्य में भक्तियुगीन एवं रीतियुगीन प्रवृत्तियाँ एक साथ दिखाई पड़ती हैं। ये रीतिसिद्ध मुक्तक कवियों में अग्रणी हैं।
- सेनापति रीतिकालीन कवियों में प्रकृति-चित्रण की दृष्टि से अद्वितीय माने जाते हैं।
- रामचन्द्र शुक्ल के अनुसार—''सेनापति बड़े ही सहृदय कवि थे। ऋतु वर्णन तो इनके जैसा और किसी शृंगारी कवि ने नहीं किया।''

  सेनापति की प्रमुख रचनाएँ—(1) 'कविता रत्नाकर', (2) 'काव्य कल्पद्रुम'
- कविता रत्नाकर में रामकथा का वर्णन 5 तरंगें व 394 छन्द।
- 'काव्य कल्पद्रुम' रीतिग्रन्थ है।

रसनिधि (पृथ्वी सिंह) (1603–1660 ई.)

- रसनिधि की प्रमुख रचना 'रतन हजारा' है जो 'बिहारी सतसई' की भाँति दोहा छन्द में लिखी है।
- अन्य रचना 'बारहमासा' एवं 'रसनिधि सागर' है, 'रसनिधि सागर' पर फ़ारसी का प्रभाव माना जाता है।

अन्य प्रमुख रीतिसिद्ध कवि एवं उनकी रचनाएँ

रचनाकार	रचनाएँ
प्रजनेस	प्रजनेस प्रकाश (फुटकर कविताओं का संग्रह, फ़ारसी शब्दों का प्रयोग), अन्य रचनाएँ—'नखसिख', 'मधुरप्रिया', 'स्फुट छन्द'।
नेवाज (1680 ई.)	'शकुन्तला नाटक'।
हठीजी	'राधासुधाशतक'।

नृप शम्भु	'नखशिख', 'बुधभूषण'।
रामसहाय दास	'ककहरा'।
विक्रमादित्य	'विक्रम सतसई', 'ब्रजलीला'।

रीतिमुक्त काव्य

- इस धारा के कवि परम्परागत काव्य-परम्परा के साथ जुड़े तो थे, लेकिन ये कवि दरबारी रुचियों की जगह लोक-रुचि तथा अभिव्यक्ति की जगह अनुभूति, संयोग, शृंगार इनके काव्य मूल बन गया था। इस प्रकार की काव्यों की रचना करने वाले कवियों को रीतिमुक्त कवि कहते हैं।
- घनानन्द इस धारा के सर्वप्रमुख कवि हैं। अन्य प्रमुख कवियों में आलम, बोधा, ठाकुर, द्विजदेव आदि हैं।

घनानन्द

- घनानन्द का संक्षिप्त जीवनवृत्त

जन्म-मृत्यु	—	1689-1739 ई.।
जन्मस्थान	—	बुलन्दशहर।
मृत्युस्थान	—	वृन्दावन।
प्रेमिका	—	गणिका सुजान।
सम्प्रदाय	—	निम्बार्क सम्प्रदाय में दीक्षित।
आश्रयदाता	—	मुहम्मदशाह रंगीला।
पद	—	मीरा मुंशी।

- घनानन्द स्वच्छन्द काव्यधारा के प्रतिनिधि कवि हैं।
- ये कवि के साथ-साथ अच्छे गायक भी थे।
- इनकी गायन की चर्चा मुग़ल दरबार में होने लगी। एक बार मुग़ल बादशाह मुहम्मदशाह ने इनसे गाना सुनाने को कहा, ये टाल-मटोल करने लगे। किन्तु अपनी प्रेमिका सुजान के कहने पर ये गाने को लेकर राज़ी हो गये। सुजान की ओर मुँह एवं बादशाह की ओर पीठ करके गाया। बादशाह ने अपना अनादर समझा और घनानन्द को दरबार से निकाल दिया। सुजान (प्रेमिका) को अपने साथ चलने को कहा, परन्तु सुजान ने साथ जाने से इनकार कर दिया, वहाँ से वे वृन्दावन चले गये और निम्बार्क सम्प्रदाय में दीक्षित हो गये।

- ❑ घनानन्द के प्रेम में विरह-पक्ष की प्रधानता है, उन्होंने विरह-वेदना की व्यंजना अत्यधिक मर्मस्पर्शी शब्दों में की है।
- ❑ घनानन्द 'प्रेम की पीर' का कवि के नाम से भी जाने जाते हैं।

विभिन्न विद्वानों के अनुसार घनानन्द पर उनके विचार—

❑ **आचार्य रामचन्द्र शुक्ल** के अनुसार—

- घनानन्द को साक्षात् रस मूर्ति 'लाक्षणिक मूर्तिमत्त' एवं 'प्रेम की पीर' कहा है।
- रामधारी सिंह दिनकर—"विरह तो घनानन्द की पूँजी ठहरा"।
- रीतिकालीन बौद्धिक विरहानुभूति निष्पक्षता और कुण्ठा के वातावरण में घनानन्द की पीड़ा की टीस सहसा हृदय को चीर देती है और मन सहज मान लेता है कि दूसरों के लिए किराये पर आँसू बहाने वालों के बीच यह एक ऐसा कवि है जो सचमुच अपनी पीड़ा में ही रो रहा है-रामधारी सिंह दिनकर

❑ **डॉ. वासुदेव सिंह** के अनुसार—

घनानन्द की भाषा सरल एवं स्वाभाविक है जिसमें लक्ष्यार्थ और व्यंग्यार्थ की प्रधानता है।

- घनानन्द की संगीत में रुचि के कारण उनके रचित पद विभिन्न राग-रागिनियों (गन्धार, भैरव, रामकली, केदार, सोरठा आदि) से संयोजित हैं।
- घनानन्द ने दो प्रकार की रचना की है—लौकिक श्रृंगार और भक्ति श्रृंगार। लौकिक श्रृंगार सवैया शैली में तथा भक्ति श्रृंगार की रचना दोहे, चौपाई शैली में की है।
- घनानन्द की रचनाओं का सर्वप्रथम संकलन ब्रजनाथ ने किया।
- घनानन्द की रचनाओं को 'सुन्दरी तिलक' शीर्षक से भारतेन्दु हरिश्चन्द्र ने प्रकाशित कराया था।
- आचार्य विश्वनाथ प्रसाद मिश्र ने घनानन्द की सम्पूर्ण रचनाओं का संग्रह 'घनानन्द ग्रन्थावली' शीर्षक से किया।
- जगन्नाथदास रत्नाकर ने 1954 ई. में 'सुजान सागर' नाम से इनकी रचनाओं का संग्रह प्रकाशित कराया था।

घनानन्द की प्रमुख रचनाएँ एवं विषयवस्तु

रचना	विषयवस्तु
'सुजानहि/सुजानसागर'	सुजान (प्रेयसी), 500 से अधिक कवित्त (सवैया में)।
'वियोग वेलि'	फ़ारसी शब्दों का प्रयोग, शृंगार का वर्णन।
'पदावली'	कृष्ण-लीलाओं का चित्रण/कृष्ण की उपासना।
'कृष्ण कौमुदी'	कृष्ण की लीलाओं का चित्रण।
'यमुनायश'	यमुना के महत्त्व का चित्रण।
'प्रेम-पत्रिका'	कृष्ण के सम्बोधन पत्र।
'सरस बसन्त'	छोटा ग्रन्थ/एक ही लम्बी कविता है।
'प्रीति पावस'	वर्षा-ऋतु का चित्रण।
अन्य रचनाएँ	प्रिया प्रसाद, ब्रजव्यवहार, गिरिगाथा, भावनाप्रकाश नाममाधुरी, विरह लीला, कोकसार, कृपाकन्द, रसकेलि वल्ली, वृन्दावनमुद्रा, रस बसन्त।

आलम

- आचार्य रामचन्द्र शुक्ल ने अपने 'हिन्दी साहित्य के इतिहास' में दो आलम का उल्लेख किया है, एक आलम अकबर के समकालीन थे तथा दूसरे बहादुर शाह (मुअज्जम) के आश्रित थे। पहले आलम ने प्रेमाख्यानक प्रबन्ध काव्य (माधवानल-कामकन्दला) 'स्याम-स्नेही' व 'सुदामाचरित' जैसे प्रबन्ध काव्यों की रचना की, जबकि दूसरे ने मुक्त संग्रह की।
- इन्होंने 'आलमकेलि' की रचना की।
- आलम जाति के ब्राह्मण थे, वे शेख़ नाम की मुस्लिम रंगरेजिन महिला से विवाह कर मुसलमान बन गये थे।

आलम की प्रमुख रचनाएँ एवं विषयवस्तु

रचना	विषयवस्तु
'आलमकेलि'	मुक्तक काव्य (प्रेम के संयोग एवं वियोग पक्ष का भावात्मक चित्रण/गंगा-शिव, राम को समर्पित।
'माधवानल-कामकन्दला'	अवधी भाषा, शृंगार पक्ष एवं प्रबन्ध काव्य।
'स्याम-स्नेह'	प्रबन्ध काव्य, रुक्मिणी के विवाह का वर्णन दोहा-चौपाई में।
'सुदामा चरित'	सुदामा की कथा का वर्णन (प्रबन्ध काव्य)।

बोधा (1747)

- बोधा का मूल नाम बुद्धिसेन था।
- पन्ना के नरेश ने इन्हें 'राजकवि' का दर्जा दिया था। वे ही उनको बोधा नाम से पुकारते थे।
- घनानन्द की भाँति बोधा भी 'प्रेम की पीर' के कवि हैं।
- नकछेदी तिवारी की पुस्तक 'बोध कवि का इश्क़नामा' में इनकी कविता के श्रृंगार पक्ष का अवलोकन किया जा सकता है।
- बोधा ने अपनी अधिकांश कविता प्रेमिका सुबहान (सुभान) को समर्पित की है।

बोधा की प्रमुख रचनाएँ एवं विषयवस्तु

रचना	विषयवस्तु
'इश्क़नामा'	प्रेम-प्रसंगों का चित्रण एक मुक्तक संग्रह।
'विरहवारीश'	प्रेमाख्यान काव्य-परम्परा के अन्तर्गत माधवानल कामकन्दला से प्रेरित रचना है। अपनी प्रेयसी सुमान को समर्पित किया है।
'बिहारी सुमान दम्पति विलास'	दोहा, सवैया, बरवै आदि छन्दों में रचित स्फुट रचनाओं का संग्रह है।

द्विजदेव (राजा मानसिंह की रचनाएँ) (1820-1869)

रचना	विषयवस्तु
श्रृंगारलतिकासौरभ	वसन्त पर लिखे पद्य।
श्रृंगारबत्तीसी	प्रकृति का चित्रण।

'रीति-इतर काव्य'

- रीतिकालीन काव्य-परम्परा की प्रमुख प्रवृत्तियाँ श्रृंगार एवं रीति-वर्णन रहा है। इसके साथ-साथ इस काल में रीति-इतर काव्यों की भी रचना हुई, जिनमें नीतिपरक काव्य, भक्तिपरक काव्य एवं वीरतापरक काव्यों को शामिल किया जाता है।

नीतिपरक काव्य

- स्वतन्त्र रूप से हिन्दी साहित्य में नीतिकाव्य की रचना का प्रारम्भ हुआ है। सामाजिक दृष्टिकोण में रखकर काव्य की रचना ही नीतिपरक

काव्य है। व्यक्तिगत और सामाजिक जीवन में नैतिकता को सूक्ति कहते हैं। नीतिपरक सूक्तियों को लिखने में, दीनदयाल, वृन्द, गिरिधर कविराय का नाम सर्वप्रमुख है।

नीतिकाव्य के प्रमुख रचनाकार एवं उनकी रचनाएँ

रचनाकार	रचनाएँ
बैताल	'स्फुट कुण्डलियाँ' (बैताल ने सभी कुण्डलियों की रचना 'विक्रम' को लक्षित करते हुए की है।)
गिरिधर कविराय	'स्फुट कुण्डलियाँ'
सम्मन	'स्फुट दोहा', 'पिंगल काव्य भूषण'
दीनदयाल गिरि	'अनुराग बाग़' (1831), 'विश्वनाथ नवरत्न' (1822), 'वैराग्य दिनेश' (1849 ई.), 'अन्योक्तिकल्पद्रुम' (1855 ई.), 'दृष्टान्त तरंगिणी'
वृन्त-वृन्द	'भाव पंचाशिका' (1686 ई.), 'बारहमासा' (1668 ई.) 'श्रृंगार शिक्षा' (1691 ई.), 'नयन पचीसी' (1686 ई.), 'पवन पचीसी' (1691 ई.), 'सतसई' (1704 ई.)

वीर-काव्य

- मुग़ल बादशाह औरंगज़ेब के अन्यायपूर्ण व्यवहार ने वीरात्मक काव्य प्रवृत्तियों को जगा दिया था। दक्षिण में शिवाजी, मध्य भारत में छत्रसाल एवं पंजाब में गुरुगोविन्द सिंह औरंगज़ेब से संघर्ष के लिए उठ खड़े हुए थे। कवियों ने अपने आश्रयदाता राजाओं का ओजता से परिपूर्ण वीर रस की कविताओं के माध्यम से उत्साहवर्द्धन किया।
- रीतिकालीन वीर-काव्य विशुद्ध वीर-काव्य की श्रेणी में आता है, श्रृंगारिकता का प्रभाव नहीं के बराबर था।
- इस काल के वीर-काव्य में देशभक्ति का गौरव भी दिखाई पड़ता है।

वीर-काव्य के प्रमुख रचनाकार एवं रचनाएँ

रचनाकार	रचनाएँ
गुरु गोविन्द सिंह	'चण्डी शतक'।
जोधराज	'हम्मीर रासो' (प्रबन्ध काव्य)।

सूदन	'सुजान चरित्र' (प्रबन्ध काव्य)।
लाल कवि	'छत्र प्रकाश' (प्रबन्ध काव्य)।
बाँकीदास	'वीरविनोद', 'सूरछतीसी' (दोनों मुक्तक काव्य)।

भक्तिकाव्य

- कुछ परिवर्तन के साथ भक्तिकालीन निर्गुण व सगुण धाराओं का प्रवाह एवं विकास रीतिकाल में भी जारी रहा था। निर्गुण काव्यधारा की दोनों शाखाएँ सन्तकाव्यधारा तथा सूफ़ी काव्यधारा व सगुण काव्यधारा की दोनों शाखाएँ राम-काव्यधारा तथा कृष्ण-काव्यधारा क्रमिक रूप से जारी रहीं।

सन्तकाव्य

- रीतिकालीन सन्त धारा के काव्यों में आध्यात्मिकता के साथ-साथ लौकिक पक्षों पर भी रचना की गयी।
- सामाजिक चेतना उदार हुई। नारी के प्रति इनके दृष्टिकोण में परिवर्तन आया। इनके लिए नारी श्रद्धा एवं सम्मान की पात्र थी, कबीर की तरह माया की नहीं।
- इस काल के प्रमुख सन्त कवि—दरिया साहब, यारी साहब, पलटू साहब, जगजीवन दास, तुलसी साहब, शिवनारायण, चरनदास आदि।
- जगजीवन दास दादू दयाल के शिष्य थे।
- जगजीवन दास ने 'सतनामी' नामक सम्प्रदाय चलाया।
- जगजीवन दास के शिष्यों में, गोविन्द दास, भीखा साहब तथा पलटू साहब प्रमुख हैं।
- सतनाम सम्प्रदाय की प्रधान गद्दी बाराबंकी ज़िले के 'कोटवा' नामक स्थान पर है।

रीति सन्त कवि एवं उनके सम्प्रदाय

सम्प्रदाय	प्रवर्तक सन्त
सतनामी/सत्यनामी	जगजीवन दास
चरनदासी	चरनदास
शिवनारायणी	शिवनारायण
साहबपन्थ	तुलसी साहब
राधास्वामी सत्संगी	शिवदयाल

प्रमुख सन्तकाव्य रचनाकार एवं रचनाएँ

रचनाकार	रचनाएँ
चरणदास	'प्रेमप्रकाश', 'रत्नावली'।
जगजीवन दास	'ज्ञान प्रकाश', 'शब्द सागर', 'प्रथम ग्रन्थ', 'आगम पद्धति'।
(1670–1731 ई.)	'महाप्रलय', 'प्रेम पन्थ', 'अर्द्ध विनाश'।
आनन्दधन	'आनन्दधन बहोत्तरी', 'आनन्दधन चौबीसी'।
दरिया साहब (1664–1780 ई.)	'दरिया सागर', 'ज्ञानदीपक'।
चरणदास	'अष्टांगयोग', 'अमरलोक अखण्ड धाम वर्णन'।
(1703–1782 ई.)	'धर्मजहाज़', 'ज्ञानस्वरोदय', 'पंचोपनिषद', 'ब्रज चरित', 'ब्रह्मज्ञानसागर शब्द', 'भक्तिसागर', 'मनविकृत-करण', 'गुटका सार', 'योगसन्देह सागर', 'भक्ति पदार्थ'।
गुरु तेगबहादुर (1622–75 ई.)	'आदिग्रन्थ'।
शिवनारायण	'गुरु अन्यास'।
तुलसी साहब	'रत्नसागर', 'शब्दावली', 'पद्म सार' (अपूर्ण), 'घट रामायण'।
अक्षर अनन्य	'विवेक दीपिका', 'अनन्य प्रकाश', 'राजयोग', 'विज्ञानयोग सिद्धान्तबोध', 'ध्यानयोग'।
बूला साहब	'शब्द सागर'।
सहजोबाई	'सहज प्रकाश'।

सूफ़ी प्रेमाख्यान काव्य

- सूफ़ी काव्यधारा का उत्तरवर्ती विकास इस युग में भी स्वतन्त्र रूप से जारी रहा। परन्तु इस काल के प्रेमाख्यानक काव्यों में कुछ नवीन प्रवृत्तियों का विकास हुआ।
- जैसे—भारतीय शैली की जगह मसनवी शैली को अपनाना, सांसारिक प्रेमपरक रचनाएँ आदि।

- इस काल के प्रमुख सूफ़ी कवियों में हैं—नूर मुहम्मद, कासिम शाह, शेख़ निसार, बोधा, जीवनदास नागर, दुखहरदास इत्यादि।
- नूर मुहम्मद कृत 'इन्द्रावती' तथा कासिमशाह की 'हंस जवाहर' रीतिकालीन प्रेमाख्यान काव्य प्रमुख हैं।

प्रेमाख्यान काव्य के प्रमुख रचनाकार एवं रचनाएँ

रचनाकार	रचनाएँ
कासिमशाह	'हंस जवाहर'
नूर मुहम्मद	'इन्द्रावती'
शेख़ निसार	'यूसुफ़ जुलेखा'
दुखहरदास	'पुहुमावती' (1669 ई.)
बोधा	'विरहवारीश'
सूरदास (गुरुदासपुर)	'नलदमन' (1657 ई.)
केसी	'माधवानल नाटक' (1660 ई.)
दामोदर	'माधवानल कथा' (1680 ई.)
हंस	'चन्द्रकुँवर री बात' (1693 ई.)
जनकुंज	'उषा चरित्र' (1780 ई.)
चतुर्भुजदास	'मधुमालती' (1780 ई.)
सेवाराम	'नल दमयन्ती चरित्र' (1796 ई.)
जीवनदास नागर	'उषा अनिरुद्ध' (1829 ई.)
रामदास	'उषा अनिरुद्ध' (1837 ई.)

राम-काव्य

- इस काल के राम-काव्यधारा में 'रसिकोपासना' का विकास हुआ। अग्रदासजी ने रसिकोपासना की नींव रखी।
- राम-काव्यों में राम की मर्यादा की छवि का भरपूर उल्लेख किया गया।
- इस काल में निम्न सम्प्रदायों का विकास हुआ।

प्रवर्तक	सम्प्रदाय
रामचरणदास	स्वसुखी सम्प्रदाय
जीवाजी राम	तत्सुखी सम्प्रदाय
कृपानिवास	रामायत सखी सम्प्रदाय

राम-काव्य के प्रमुख रचनाकार एवं उनकी रचनाएँ

रचनाकार	रचनाएँ
विश्वनाथ सिंह	'रामायण', 'रामचन्द्र की सवारी', 'आनन्द रघुनन्दन नाटक'।
राम प्रिया शरण	'सीतायण (सीतारामप्रिया)
जानकी रसिक शरण	'अवध सागर', अष्टयाम प्रसंग'।
भगवन्तराय खीची	'हनुमत्पचीसी', रामायण'।
जनक किशोर शरण	'रघुवरकरुणाभरण', 'जानकीकरुणाभरण', 'सीताराम रसतरंगिणी', 'सीताराम सिद्धान्त मुक्तावली'।
नवल सिंह	'नाम रामायण', 'रामायण सुमिरनी', राम विवाह खण्ड', 'मिथिला खण्ड', 'रामचन्द्र विलास', आल्हा रामायण', 'अध्यात्म रामायण', 'रूपक रामायण'।
कृपानिवास	'जानकी सहस्त्रनाम', 'माधुरी प्रकाश', 'भावना पचीसी'।
सरजूराम पण्डित	'जैमिनी पुराण' (1748 ई.)
लालदास	'अवधविलास' (1643 ई.)
सेनापति	'कवित्त रत्नाकर'।
रसिक अली	'षट्ऋतु पदावली', 'होरी', 'अष्टयाम', 'विहार
मधुसूधन	'रामाश्वमेध' (1782 ई.)
जानकीशरण	'सियाराम रसमंजरी'।
बाल अलीजू	'नेह प्रकाश'।
गोकुलनाथ	'सीताराम गुणार्णव'।
मनियार सिंह	'सुन्दरकाण्ड', 'हनुमत छबीसी', 'सौन्दर्यलहरी
गणेश	'हनुमत पचीसी', 'वाल्मीकि रामायण', 'श्लोकार्थ प्रकाश'।
प्रेमसखी (बख्शी हंसराज)	श्रीराम तथा सीताजी का नखशिख वर्णन

कृष्ण-काव्य

- कृष्ण-काव्यधारा का निरन्तर प्रवाह भी इस काल में रहा है परन्तु भक्ति कालीन कृष्णभक्ति परम्परा से इस काल की रचनाओं में नवीन प्रवृत्तियों

का समावेश हुआ। इस काल में राधा एवं कृष्ण का ईश्वरीय रूप में ही चित्रण नहीं हुआ बल्कि सामान्य नायक एवं नायिका के रूप में भी छिछले प्रेम को दिखाया गया।

रीतिकाल के प्रमुख प्रबन्धात्मक कृष्ण-काव्य

रचनाकार	रचना
कवि मंचित	'कृष्णायन', 'सुरमीदान लीला'
गुमान मिश्र	'नैषध काव्य', 'कृष्णचन्द्रिका', 'चन्दाटवी'
ब्रजवासीदास	'ब्रजविलास' (1770 ई.)

रीतिकाल में रचित कृष्ण-काव्य एवं रचनाएँ

रचनाकार	गुरु	सम्प्रदाय	रचनाएँ
रूपरसिक देव	हरिव्यास देव	निम्बार्क	'लीलाविशति' (1730), 'हरि-व्यास यशामृत', 'नित्यविहार', 'पदावली', 'वृहदोत्सव मणिसाल'।
नागरीदास			'मनोरथ मंजरी (1723 ई.)', 'फाग विलास', 'इश्क़ चमन', 'जुगल रसमाधुरी', 'रसिक रत्नावली'।
अलबेली अलि	वंशी अली	विष्णु स्वामी	'समय प्रबन्ध पदावली', 'श्रीस्तोत्र'।
चाचा हितवृन्दावनदास		राधावल्लभ	'जुगल सनेह', 'पत्रिक', 'ब्रज'। 'प्रेमानन्द सागर', 'लाड़ सागर, 'कृपा अभिलाष बेली'।
भगवत रसिक	ललित मोहनीदास	सखी	'अनन्य निश्चयात्मक ग्रन्थ'।
वृन्दावन देव		निम्बार्क	'निम्बार्क-माधुरी'।
पीताम्बरदास		सखी	'समय प्रबन्ध', 'केलिमाल, 'सिद्धान्त और रस की साखी'।
प्रेमसखी		सखी	'विरह विलास', 'सनेह सागर', 'कृष्णजू की पाती', 'विनय पत्रिका', 'फागतरंगिनी'।

रीतिकाल के काव्य की प्रमुख पंक्तियाँ

चिन्तामणि

1. *आँखिन मुंदिबे के मिस आनि, अचानक पीठि उरोज लगावै।*
   कैहूँ कहूँ मुसकाय चितै, अगराय अनूपम अंग दिखावै॥
2. *रीति सुभाषा कवित की बसत बुध अनुसार।*
3. *येई उधारत हैं तिन्हें जे, परे मोह महोदधि के जल फेरे।*
4. *सगुन अलंकारन सहित दोष रहित जो होई।*
   अर्थ शब्द ताको कवित कहत विवुध सब कोई।

मतिराम

1. *कुन्दन को रंग फीकी लगै झलकै सब अंगन चारु गुराई।*
   आँखनि में अलसानि चितौनि में, मंजु बिलासन की सरसाई॥
   को बिनु मोल बिकात नहीं मतिराम लहैं मुसकानि मिठाई।
   ज्यों ज्यों निहारिए मेरे है नैननि त्यों त्यों खरी निकी सी निकाई॥
2. *कोऊ कितेक उपाय करो, कहुँ होत हैं आपुन पीव पराये।*
3. *नृपति नैन कमलनि वृथा, चितवन वासर जाहिं।*
   हृदय कमाल में हरि लै, कमलमुखी कमलाहिं॥
4. *छोड़ि आपनो मौन तुम, मौन कौन के जात।*
5. *ते धनि ले ब्रजराज लखें गृहकाज करें अरु लाज सँभारे।*
6. *दोऊ अनन्द सो आँगन माझ विराजै असाढ़ की साँझ सुहाई।*
   आँखिन तें गिरे आँसुन की बूँद, सुहास गयी उड़ि हंस की नाई॥

देव

1. *साँसन ही में समीर गयो अरु आँसुन ही सब नीर गयो ढरि।*
2. *अभिधा उत्तम काव्य है मध्य लक्षणा लीन।*
   अधम व्यंजना रस बिरस, उलटी कहत नवीन॥
3. *भाषा प्राकृत संस्कृत देखि महाकवि पन्थ।*
4. *प्रेम तो कहत ठाकुर न ऐठों, बैठो, गड़ि, गहिरे तो पैठो प्रेम सर में।*
5. *रावरो रूप भरयो आँखियान भरयो सु भरयो उनरयो स दरयो परै।*
6. *बड़े-बड़े नैनन सो आँसू-भरि भरि ढरि।*
   गोरो गोरो मुख आज ओरो सो विलानो जात॥
7. *सुनौ कै परम पद, ऊनो कै अनन्त मद।*
   नूनो कै नदीस नद, इन्दिरा झुरै परी।

8. सखी के सकोच, गुरु सोच मृगलोचनि,
परसानी पिय सों जो उन नेकु हँसि धुयो गात।

बिहारी

1. बतरस लालच लाल की मुरली धरी लुकाय।
सों करै भौहनि हँसे, दैन कहै नटि जाय।।
2. इति आवत चलि जातउत, चली छ सातक हाथ।
चढ़ी हिण्डोरे सी रहै, लगी उसासन हाथ।।
3. नहि पराग नहि मधुर मधु, नहिं विकास यहिं काल।
अली फली ही सो बँध्यो, आगे कौन हवाल।
4. सतसैया के दोहरे, ज्यों नावक के तीर।
देखत में छोटे लगै, वेधैं सकल सरीर॥
5. कनक कनक ते सौगुनी, मादकता अधिकाय।
वह खाए बौराए नर, यह पाए बौराय॥
6. कहत नटत रीझत खिझत मिलत खिलत लजियात।
भरे भौन करत हैं नैननि ही सो बात॥
7. मेरी भव बाधा हरौ राधा नागर सोइ।
जा तन की छाई परै स्याम हरित दुति होइ॥
8. कागद पर लिखत न बनत, कहत सन्देश लजात।
कहिहै सब तेरो हियो, मेरे हिय की बात॥
9. या अनुरागी चित्त की गति समुझै नहिं कोय।
ज्यों ज्यों बूढ़े स्याम रंग त्यौं त्यौं उज्ज्वल होय।।
10. चमचमात चंचल नयन बिच घूँघट पर झीन।
मानहू सुरसरिता विमल जल उछरत जुग मीन॥

भूषण

1. शिवा को बखानों कि बखानौ छत्रशाल को।
2. सुकवि हूँ की कछु कृपा समुझि कविन को पन्थ।
3. दारा की दौर यह नहीं खुजबे की।
4. सिवा जो न होत तो सुनत हो सबकी।
5. ऊँचे घोर मन्दर के अन्दर रहनबारी, ऊँचे घोर मन्दर रहती हैं।
कन्दमूल भोग करें, तीन बेर खाती सो तीन बेर खाती हैं।

भिखारीदास

1. *आगे के कवि रीझहैं, तो कविताई न तो*
   राधा कन्हाई सुमिरन कौ बहानौ है।
2. *ब्रजभाषा हेतु ब्रजबास ही न अनुमानौ,*
   ऐसे ऐसे कबिन की बानी हूँ सो जानिए।
3. *काव्य की रीति सिखी सुकबीन सों देखी सुनी बहुलोक की बाते।*
4. *आँखियाँ हमारी दई मारी सुधि वुधि हारी।*
5. *भाषा-बरनन में प्रथम, तुक चाहिए बिसेषि।*
   उत्तम मध्यम अधम से, तीन भाँति को लेखि॥
6. *अधर मधुरता कठिनता कुच तिक्षनता त्यौर।*
   रस कवित्त परिपक्वता जाने रसिक न और॥

कुलपति मिश्र

1. *जामिनि जाय की कौन कहै, जुग जात न जानिए ज्यों छिन छीजै।*
   आनन्द यों उमग्योई रहै, पिय मोहन को मुख देखिवो कीजै॥

सूरति मिश्र

1. *सो असंगति, कारन अवर, कारज औरै थान।*
   चलि अहि श्रुति आनहिं उसत, नसत और के प्रान॥
2. *हिय सो, हर के हास सो जस मालोपम ठानि॥*

पद्माकर भट्ट

1. *फागु की भीर, अमीरिन में गहि गोविन्द लै गई भीतर गोरी।*
   भाई करी मन की पद्माकर, ऊपर नाई अबीर की झोरी॥
2. *आखर लगाय लेत लाखन की सामा हौं।*
3. *गवरे रंग रंगी आँखियान में ए बलबरी अबरी न मैलो।*
4. *ऊधम ऐसी मचो ब्रज मैं सबे रंग तरंग उमंगनि सीचैं।*
5. *नैन नचाय कही मुसकाय, लता फिर आइयो खेलन होरी।*

रसलीन

1. *दृगन जोरि मुसकाय, भौंहें दोउ नचाय।*
   ओठनि आँठि बनाइ यह, प्राण उमेठत जाइ॥

2. *अमिय हलाहल मद भरे, सेत स्याम रतनार।*
   जियत, मरत, झुकि झुकि परत, जेहि चितवत एक बार॥
3. *फूले कुंजर अलि भ्रमत, सीतल चलत समीर।*
   भान जात काको न मन, जात भानुजा तीर॥

शेख़ आलम

1. *दाने की न पानी की, न आवै सुध खाने की,*
   यौं गली महबूब की अराम खुसखाना है॥
2. *दिल से दिलासा दीजै हाल के न ख्याल हूजै,*
   बेखुद फकीर, वह आशिक दिवाना है॥
3. *रात के उनींदे अरसाते, मदमाते राते,*
   अति कजरारे दृग तेरे यों सुहात हैं॥
4. *प्रेम रंग-पगे जगमगे जगे जामिनी के*
   जोबन की जोति जगी जोर उमगत है।
5. *कनक धूरि सो कामनी, काहे को कटि छीन।*
   कटि को कंचन काटि विधि, कुचन मध्य धरि दीन॥

दूलह

1. *जो या कण्ठाभरण को, कठ करै चित लाय।*
   समा मध्य सोभा लहै, अलंकृति ठहराय॥
2. *अति खीन मुनाल के तारहु ते नहिं ऊपर पाँव दै आवनौ है।*
   यह प्रेम को प.थ कराल महा तरवारि की धार पै धावनो है॥
3. *दादा कहा, सूर कहा, सुन्दर सुजान कहा,*
   आपको न चाहै ताके बाप को न चाहिए॥
4. *कबहूँ मिलिबो, कबहूँ मिलिबो, वह धीरज ही में धरैबो करै।*
   सेहत की बनै, कहते न बनै, मन ही मन पीरपिरैबो करे॥

घनानन्द

1. *अति सुधौ सनेह को मारग है, जहँ नैकु सयानप बाँक नहीं॥*
2. *तुम कौन सी पाटी पढ़े हो लला मन लेहु ये देहु छटाँक नहीं॥*
3. *रावरे, रूप की रीति अनूप नयौ नयौ लागत ज्यौं-ज्यौं निहारिये॥*
4. *उधरो जग छाय रहे घन आनन्द, चातक ज्यौं तकिए अब तो।*

5. उधर लगे हैं आनि करिकै पयान प्रान चाहत चलन ये सन्देसो लै सुजान को।
6. अंग अंग तरंग उठै दुति की, परिहैं मनो रूप अबै धर च्वै॥
7. बहुत दिनान को अवधि आसपास परे,
   खरे अरबन भरे है उठि जान करो।
8. गुरनि बतायो, राधा मोहन हूँ गायो सदा,
   सुखद सुहायो वृन्दावन गाढ़े गहि रे।
   जमुना के तीर केलि कोलाहल भीर ऐसी,
   पावन पुलिस पै पतित परै रहि रे॥
9. प्रेम की महोदधि अपार हेरि के विचार खरे अवरन भरे हैं उठि जानको।

8
आधुनिक काल

- आचार्य रामचन्द्र शुक्ल ने सर्वप्रथम हिन्दी साहित्य में 'आधुनिक काल' नाम दिया है, जिसकी समय सीमा 1843 ई. से 1927 ई. तक मानी है।
- डॉ. नगेन्द्र का आधुनिकता से तात्पर्य मध्यकाल से भिन्नता और नवीन इहलौकिक विचार से है।
- विभिन्न विद्वानों ने आधुनिक काल के नामकरण के लिए निम्न शब्दों का प्रयोग किया है—

नामकरण	विद्वान का मत
आचार्य रामचन्द्र शुक्ल	गद्य काल
मिश्रबन्धु	वर्तमान काल
डॉ. गणपतिचन्द्र गुप्त	आधुनिक काल
डॉ. रामकुमार वर्मा	आधुनिक काल
आचार्य हजारीप्रसाद द्विवेदी	आधुनिक काल
डॉ. पृथ्वीनाथ कमल कुलश्रेष्ठ	साहित्य काल

डॉ. नगेन्द्र ने आधुनिक काल को निम्न रूप से पुनः उप-विभाजित किया है।

1. भारतेन्दु युग (पुनर्जागरण काल)	1857 से 1900 ई. तक
2. द्विवेदी-युग (जागरण सुधार काल)	1900 से 1918 ई. तक
3. छायावाद युग	1918 से 1938 ई. तक
4. छायावादोत्तर काल	
(क) प्रगति-प्रयोग काल	1938 से 1953 ई. तक
(ख) नवलेखन काल	1953 से अब तक

डॉ. बच्चन सिंह के अनुसार आधुनिक काल का उप-विभाजन

1. नवजागरण काल	—	1857 से 1920 ई. तक
2. स्वच्छन्दता काल	—	1920 से 1938 ई. तक
3. उत्तर-स्वच्छन्दतावाद काल	—	1938 से अब तक

संक्रमण काल या भारतेन्दु पूर्व काव्यधारा (1843-1867 ई.)

- संक्रमण काल—हिन्दी साहित्य के इतिहास में रीतिकाल की समाप्ति तथा भारतेन्दु युग के आरम्भ के मध्य की अवधि को संक्रमण काल या भारतेन्दु पूर्व काल के नाम से जाना जाता है।
- भारतेन्दु युग से पूर्व के कवियों ने भक्ति, शृंगार एवं रीति निरूपण से सम्बन्धित काव्य लिखा है तथा इनकी काव्य भाषा ब्रजभाषा रही है।

भारतेन्दु-पूर्व के कवि एवं उनकी रचनाएँ

कवि	रचनाएँ
सेवक	'नखसिख', 'वाग्विलास'।
गोपालचन्द्र गिरिधरदास	'जरासंधवध, 'छन्दोवर्णन', 'भारतीभूषण'।
रामदास	'कविकल्पद्रुम' (1844 ई.)
चन्द्रशेखर वाजपेयी	'हम्मीरहठ', 'नखसिख', 'रसिक विनोद'।
सरदार कवि	'साहित्य सरसी', 'शृंगार संग्रह', 'षड्ऋतु', 'वाग्विलास'।
रीवा नरेश रघुराज सिंह	'राम स्वयंवर' (1969 ई.) रुक्मिणी', 'सुन्दर शतक', 'श्रीमद्भागवत माहात्म्य'।
बाबा रघुनाथ रामसनेही	'विश्राम सागर' (1854 ई.)।
वैजनाथ द्विवेदी	• 'सीतारामामरण मंजरी' (1864 ई.)। • 'राम रहस्य' (1866 ई.)। • 'वृतनि दोष कदम्ब' (1866 ई.)। • 'वामा विलास' (1866 ई.)। • 'उद्दीपन शृंगार' (1867 ई.)।
लक्षिराम (ब्रह्मभट्ट)	'लक्ष्मीश्वर रत्नाकर', 'प्रताप रत्नाकर', 'मानसिंहाष्टक', 'रावणेश्वर कल्पतरु', 'प्रेमरत्नाकर', 'कमलानन्दकल्पतरु'।

भारतेन्दु-युग (पुनर्जागरण काल)—(1850 से 1900 ई. तक)

- इस युग का नामकरण हिन्दी में आधुनिकता एवं पुनर्जागरण के प्रवर्तक भारतेन्दु हरिश्चन्द्र के नाम पर किया गया है। भारतेन्दु-युग की अवधि उनके जन्म (1850 ई.) से लेकर 'सरस्वती पत्रिका' (1900 ई.) के प्रकाशन के पूर्व तक मानी जाती है।
- डॉ. नगेन्द्र ने 'भारतेन्दु-युग' को हिन्दी साहित्य का 'पुनर्जागरण' काल माना है।
- भारतेन्दु-युग में पद काव्य की रचना के लिए ब्रजभाषा का प्रयोग हुआ तथा गद्य काव्य की रचना खड़ी बोली (हिन्दी) में लिखी गयी थी।
- भारतेन्दु-युग को डॉ. गणपतिचन्द्र गुप्त ने 'आदर्शवादी गीति मुक्तक परम्परा काव्य' नाम दिया है।

विभिन्न विद्वानों के अनुसार भारतेन्दु-युग का काल-विभाजन एवं नामकरण

प्रस्तोता	नामकरण	अवधि
रामचन्द्र शुक्ल	नयी धारा प्रथम उत्थान	1868-1893 ई.
मिश्रबन्धु	वर्तमान काल	1869-1888 ई.
रामविलास शर्मा	नवजागरण	1868-1900 ई.
रामकुमार वर्मा	आधुनिक काल	1870-1900 ई.
डॉ. नगेन्द्र	पुनर्जागरण	

भारतेन्दु-युग की काव्य विशेषताएँ व प्रवृत्तियाँ—

1. राष्ट्रीयता की भावना।
2. देशकाल की सामाजिक स्थितियों का वर्णन।
3. श्रृंगारिकता।
4. समस्या पूर्ति।
5. प्रकृति वर्णन।
6. हास्य व्यंग्य की प्रधानता।
7. भक्ति भावना।

भारतेन्दुयुगीन साहित्यकार एवं उनकी रचनाएँ

भारतेन्दु (1850-1885 ई.)

- भारतेन्दु हरिश्चन्द्र का संक्षिप्त जीवन-परिचय—

जन्म-मृत्यु ई.		**1850-1885 ई.**
पिता	—	गोपालचन्द्र
जन्मस्थान	—	काशी
गुरु	—	सितारे हिन्द
उपनाम	—	रसा
उपाधि	—	भारतेन्दु
मूलनाम	—	हरिश्चन्द्र

- डॉ. नगेन्द्र के अनुसार 1880 ई. में पत्रकारों एवं साहित्यकारों के दल ने इन्हें 'भारतेन्दु की उपाधि' से सम्मानित किया। जो कालान्तर में भारतेन्दु नाम से विख्यात हुए।
- भारतेन्दु 'रसा' नाम से उर्दू की शायरी लिखते थे।
- भारतेन्दु हरिश्चन्द्र ने अपनी छोटी-सी काव्य अवधि में 175 रचनाएँ की थीं, जिनमें 70 काव्य-ग्रन्थ थे।

भारतेन्दु की रचनाएँ

(1) 'भक्ति सर्वस्व', (2) 'प्रेम-मालिका', (3) 'कार्तिक-स्नान', (4) 'वैशाख माहात्म्य', (5) 'प्रेम सरोवर', (6) 'प्रेमाश्रुवर्षण', (7) 'जैन कुतूहल', (8) 'प्रेम-माधुरी', (9) 'प्रेम तरंग', (10) 'उत्तरार्द्ध भक्तमाल', (11) 'प्रेम प्रलाप', (12) 'गीत गोविन्दानन्द', (13) 'सतसई श्रृंगार', (14) 'होली', (15) 'मधु-मुकुल', (16) 'राग संग्रह', (17) 'वर्षा विनोद', (18) 'विनय प्रेम पचासा', (19) 'फूलों का गुच्छा', (20) 'प्रेम फुलवारी', (21) 'कृष्णचरित', (22) 'श्री अलवरत-वर्णन', (23) 'श्री राजकुमार सु-स्वागत पत्र', (24) 'समनोऽञ्जलि', (25) 'श्री जीवनजी महाराज', (26) 'चतुरंग', (27) 'देवी छद्म लीला', (28) 'प्रातः स्मरण मंगलपाठ', (29) 'दैन्य प्रलाप', (30) 'उरेहना', (31) 'तन्मय लीला', (32) 'दान-लीला', (33) 'रानी छद्म लीला', (34) 'मुँह-दिखावनी', (35) 'वसन्त होली', (36) 'स्फुट समस्याएँ', (37) 'उर्दू का स्यापा', (38) 'प्रबोधिनी', (39) 'प्रातः समीरन', (40) 'बकरी विलाप', (41) 'स्वरूप चिन्तन', (42) 'श्री राजकुमार शुभागमन वर्णन', (43) 'भरत भिक्षा', (44) 'श्री पंचमी', (45) 'श्री सर्वोत्तम स्तोत्र', (48) 'निवेदन पंचक', (47) 'मान सेपायन', (48) 'प्रातः स्मरण स्तोत्र', (49) 'हिन्दी

की उन्नति पर व्याख्यान', (50) 'अपवर्गदाष्टक', (51) 'मनोमुकुल माला', (52) 'वेणु-गीति', (53) 'श्रीनाथ स्तुति', (54) 'मूक प्रश्न', (55) 'अपवर्ग पंचक', (56) 'पुरुषोत्तम पंचक', (57) 'भारत वीरत्व', (58) 'श्री सीतावल्लभ स्तोत्र', (59) 'श्री राम लीला', (60) 'भीष्म स्वराज', (61) 'मान लीला फूल-बुझौअल', (62) 'बन्दर सभा', (63) 'विजय वल्लरी', (64) 'विजयिनी-विजय-वैजयन्ती', (65) 'नये जमाने की मुकरी', (66) 'जातीय संगीत', (67) 'रिपुनावटक', (68) 'स्फुट कविताएँ'।

प्रिंस ऑफ़ वेल्स के पीड़ित होने पर कविता

- मिश्र में भारतीय सेना के विजय पराक्रम के उपलक्ष्य में भारतेन्दु ने 'विजयिनी विजय वैजयन्ती' शीर्षक से कविता लिखी।
- 'भारतेन्दु ग्रन्थावली' के प्रथम भाग में भारतेन्दु की काव्य रचनाएँ संकलित हैं।
- भारतेन्दु निम्न सभा एवं संस्थानों से जुड़े थे—(1) कविता वर्द्धिनी सभा (1870 ई.) काशी, (2) तदीय समाज (1873 ई.), (3) पेन रीडिंग क्लब
- उनकी कविता 'फूलों की गुच्छा' खड़ी बोली हिन्दी में लिखी गयी है।
- भारतेन्दु ने उर्दू और मुकरियाँ की कविताएँ खड़ी बोली में लिखी हैं।
- काबुल विजय पर लिखी गयी 'विजयवल्लरी' उनकी एक प्रमुख कविता है।

'भारतेन्दु मण्डल एवं मण्डल से जुड़े कवि'

- भारतेन्दु-युग में साहित्यकारों एवं विद्वानों की समय-समय पर संगोष्ठी होती थी, जहाँ समकालीन मुद्दों पर चर्चा होती थी तथा विषयवार लेखन होता था, जो भारतेन्दु की शैली के अनुरूप होता था।

भारतेन्दु मण्डल से प्रमुख कवि जुड़े थे—

- बद्रीनारायण चौधरी 'प्रेमघन'
- प्रतापनारायण मिश्र
- राधाकृष्णदास
- राधाचरण गोस्वामी
- अम्बिकादत्त व्यास
- बालमुकुन्द गुप्त

बद्रीनारायण चौधरी 'प्रेमघन' (1855-1922 ई.)

- भारतेन्दु मण्डल के कवियों में 'प्रेमघन' एक प्रमुख कवि थे। उन्होंने भारतेन्दु की तरह ही गद्य एवं पद्य में रचनाएँ की थीं।

- ❑ 'प्रेमघन' की काव्य-कृतियों का संकलन 'प्रेमघन-सर्वस्व' नाम के शीर्षक से किया गया है।
- ❑ प्रेमघन ने 'अब्र' नाम से उर्दू में कविताएँ लिखी हैं।
- ❑ प्रेमघन ने दादा भाई नौरोजी को विलायत में एक बार काला कहने पर क्षोभपूर्ण कविता लिखी थी।
- ❑ 'प्रेमघन' पत्रकारिता क्षेत्र में भी ऊँचे मुकाम पर काबिज थे। उन्होंने साप्ताहिक 'नागरी-नीरद' तथा मासिक 'आनन्द कादम्बिनी' का सम्पादन किया।
- ❑ 'आनन्द अरुणोदय' शीर्षक से उनकी कविता देशभक्ति की भावना से ओत-प्रोत है।
- ❑ प्रेमघन की कविता में प्राय: 'यति भंग' मिलता है और 'मयंक महिमा' की रचना खड़ी बोली में की है।

बद्रीनारायण चौधरी 'प्रेमघन' की प्रमुख रचनाएँ

(1) 'अलौकिक लीला', (2) 'जीर्ण जनपद', (3) 'वर्षा बिन्दु', (4) 'मयंक महिमा', (5) 'हार्दिक हर्षादर्श', (6) 'लालित्य लहरी', (7) 'आनन्द अरुणोदय', (8) 'बृजचन्द पंचक'।

प्रतापनारायण मिश्र (1856-1894 ई.)

प्रतापनारायण मिश्र की प्रमुख रचनाएँ

(1) 'प्रेम पुष्पांजलि', (2) 'मन की लहर', (3) 'शृंगार विलास', (4) 'हरगंगा', (5) 'तृप्यन्ताम्', (6) 'लोकोक्ति शतक'।

- ❑ प्रतापनारायण मिश्र ने ब्रजभाषा में कविता, निबन्ध एवं नाटक की रचना की है।
- ❑ 'प्रताप लहरी' उनकी प्रतिनिधि कविताओं का संकलन है।
- ❑ उन्होंने 'मन की लहर' कविता में बाल विधवाओं की करुण दशा का मार्मिक चित्रण किया है।

राधाकृष्णदास (1865-1907 ई.)

- ❑ ये भारतेन्दु के फुफेरे भाई थे।
- ❑ राधाकृष्णदास की प्रमुख रचनाएँ—(1) 'भारत-बारहमास', (2) 'देश-दशा'।
- ❑ इनकी दोनों रचनाएँ समसामयिक मुद्दों पर लिखी गयी थीं।
- ❑ राधाकृष्ण दास की कुछ कविताएँ 'राधाकृष्ण ग्रन्थावली' में संकलित हैं।

जगमोहन सिंह (1857-1899)

- ठाकुर जगमोहन सिंह की प्रमुख रचनाएँ निम्न हैं—(1) 'प्रेमसम्पत्तिलता' (1885 ई.), (2) 'श्यामलता' (1885 ई.), (3) 'श्यामा सरोजिनी' (1886 ई.), (4) 'देवयानी' (1886 ई.), (5) 'ऋतुसंहार' (अनूदित 1876 ई.), (6) 'मेघदूत' (अनूदित 1883 ई.)।
- ऋतुसंहार और 'मेघदूत' ब्रजभाषा में अनुवादित कृतियाँ हैं।
- ठाकुर जगमोहन सिंह ने श्रृंगार एवं प्रकृति-सौन्दर्यपरक कविताएँ लिखी हैं।

अम्बिकादत्त व्यास (1858-1900 ई.)

- अम्बिकादत्त व्यास संस्कृत और हिन्दी के विद्वान थे। उन्होंने निम्न काव्यों की रचना की है—(1) 'पावस पचासा' (1886 ई.), 'सुकवि सतसई' (1887 ई.), (3) 'हो हो होरी' (1891 ई.), (4) बिहारी बिहार' (1889 ई.)।
- अम्बिकादत्त व्यास ने 'पीयूष-प्रवाह' नामक पत्रिका का सम्पादन किया था।
- 'बिहारी बिहार' नामक रचना में उन्होंने बिहारी के दोहों का कुण्डलिया छन्द में विस्तार से उल्लेख किया है।
- उन्होंने 'दशरथ विलाप' नामक कविता फ़ारसी छन्द के साथ खड़ी बोली में लिखी।
- इनका 'कंस-वध' अपूर्ण शीर्षक प्रबन्ध-काव्य है।

भारतेन्दु-युग के अन्य प्रमुख कवि एवं उनकी रचनाएँ

कवि	रचनाएँ
गोविन्द गिल्लाभाई	'पावस पयोनिधि', 'श्रृंगार सरोजिनी', 'राधामुख षोडसी', 'षड्ऋतु', 'नीति विनोद'।
नवनीत चतुर्वेदी	'कुब्जा पचीसी'।
दुर्गादत्त व्यास	'अधमोद्धार शतक' (1872 ई.)।
रामकृष्ण वर्मा 'बलवीर'	'बलवीर पचासा'।
दिवाकर भट्ट	'नखसिख' (1884 ई.), 'नवोदारत्न (1888 ई.)।
गुलाब सिंह	'प्रेम सतसई'।
राजेश्वरी प्रसाद सिंह प्यारे	'प्यारे प्रमोद'।
रावकृष्णदेव शरण सिंह गोप	'प्रेम सन्देसा'।

भारतेन्दु-युग के प्रमुख समस्यापूर्ति संग्रह निम्न हैं

कवि	समस्यापूर्ति संग्रह
नर्मदेश्वर प्रसाद सिंह	'पंचरत्न'।
अम्बिकादत्त व्यास	'समस्यापूर्ति-सर्वस्व'।
गोविन्द गिल्ला भाई	'समस्यापूर्ति-प्रदीप'।
दुर्गादत्त व्यास	'समस्या-प्रकाश'।
गंगाधर 'द्विजगंग'	'समस्या-प्रकाश'।

भारतेन्दु-युगीन के प्रमुख तथ्य

- भारतेन्दु ने ख़ुसरो की तरह पहेलियों और मुकरियों की रचना की थी।
- भारतेन्दु-युग में स्वतन्त्र रूप से प्रकृति-चित्रण के प्रमुख कवि ठाकुर जगमोहन सिंह हैं।
- कवि प्रतापनारायण मिश्र ने उर्दू में कसीदा, शेर, मरसिया की रचना की थी।
- भारतेन्दु-युगीन कवि अम्बिकादत्त व्यास ने 'अतुकान्त काव्य' रचना की पद्धति अपनाकर एक नया प्रयोग किया है।
- लक्षिराम (ब्रह्मभट्ट) एक 'अलंकारवादी' कवि हैं।

द्विवेदी-युग (1900-1918 ई.)

- द्विवेदी-युग का नामकरण आचार्य महावीर प्रसाद द्विवेदी के हिन्दी के नवयुग प्रवर्तक में योगदान तथा उनकी कर्म-भावना को केन्द्र में रखकर किया गया है।
- द्विवेदी-युग को नवजागरण सुधार काल के नाम से भी जाना जाता है।
- द्विवेदी-युग की नवजागरण चेतना अन्तर्विरोधमूलक नहीं रही है। इनकी नवजागरण में राष्ट्रभक्ति, सामाजिक एवं राष्ट्रीय चेतना के साथ-साथ गद्य और पद्य दोनों ही क्षेत्र में भाषा के रूप में खड़ी बोली के विकास के रूप में रही है।
- भाषा के दृष्टिकोण से खड़ी बोली का उपयोग इस युग की प्रमुख देन रहा है।
- महावीर प्रसाद द्विवेदी भाषा को लेकर स्वयं सतर्क एवं जागरूक थे। भाषा संस्कार, व्याकरण शुद्धि, विराम चिह्नों के प्रयोग, खड़ी बोली का मानक स्थापित करना आदि का श्रेय आचार्य महावीर प्रसाद द्विवेदी को जाता है।
- आचार्य द्विवेदी ने साहित्य के प्रति अपनी नैतिक जवाबदेही व उत्तरदायित्व

को स्वीकार किया तथा अपने समकक्ष साहित्यकारों को भी इन गुणों का अनुसरण करने की प्रेरणा दी।

- इस युग में वैचारिक एवं साहित्य-लेखन के क्षेत्र में दो धाराएँ विद्यमान थीं। अनुशासनवादी धारा एवं स्वच्छन्दतावादी धारा।
- अनुशासनवादी धारा का साहित्य-लेखन के मूल में समाज मूलक विषय का चित्रण करना रहा था, जबकि स्वच्छन्दतावादी धारा विशेषकर प्रकृति चित्रण में उन्होंने मानवीय संवेदनाओं एवं सहानुभूतियों को दृष्टिकोण में रखकर काव्यों की रचना की थी। इस धारा के अन्तर्गत निम्न कवि आते हैं—मुकुटधर पाण्डे, रामनरेश त्रिपाठी, लोचन पाण्डे, श्रीधर पाठक आदि।

द्विवेदी-युगीन काव्य-प्रवृत्तियाँ एवं विशेषताएँ

(1) नैतिक मूल्य एवं आदर्शवाद।

(2) प्रकृति-चित्रण (विशेषकर मानवीय पक्ष में)।

(3) राष्ट्रीयता की भावना।

(4) सामाजिक कुरीतियों का चित्रण—छुआछूत, दहेज प्रथा, बाल विवाह, विधवा विवाह, नारी की दयनीय दशा।

(5) अनूदित रचनाएँ।

(6) इतिवृत्तात्मकता।

(7) रचनाओं में विविधता।

(8) साहित्य में खड़ी बोली का समावेश।

द्विवेदी-युगीन रचनाकार एवं उनकी प्रमुख रचनाएँ

आचार्य महावीर प्रसाद द्विवेदी (1864-1938 ई.)

- आचार्य महावीर प्रसाद द्विवेदी का जन्म 1864 ई. में दौलतपुर (रायबरेली) नामक ग्राम में हुआ था।
- 'सरस्वती' पत्रिका का प्रकाशन इंडियन प्रेस प्रयाग द्वारा 1900 ई. में शुरू हुआ तथा महावीर प्रसाद द्विवेदी 1903 ई. में इसके सम्पादक बने।
- 'सरस्वती' पत्रिका में महावीर प्रसाद निरन्तर ऐसे लेखों को प्रकाशित करते थे जिससे देश में नवजागरण की लहर-सी दौड़ गयी थी।
- इस पत्रिका के महत्त्व को रेखांकित करते हुए इसे बीसवीं सदी के आरम्भिक चरण का 'विश्वकोश' कहा गया।

- डॉ. रामविलास शर्मा ने भी अपनी पुस्तक 'आचार्य महावीर प्रसाद द्विवेदी और हिन्दी नवजागरण' में सरस्वती पत्रिका के महत्त्व को रेखांकित किया है।
- आचार्य महावीर प्रसाद द्विवेदी के गद्य और पद्य व अनूदित ग्रन्थों की संख्या लगभग 80 है।

आचार्य महावीर प्रसाद द्विवेदी की प्रमुख रचनाएँ

काव्य-संग्रह	**अनुवाद ग्रन्थ**
(1) 'काव्य मंजूषा'	'विनय विनोद' (भर्तृहरि)।
(2) 'सुमन' (1923 ई.)	'विहार-वाटिका जयदेव' (गीतगोविन्द)।
(3) 'कान्यकुब्ज अबला-विलाप'	'ऋतु तरंगिणी कालिदास' (ऋतुसंहार)।
(4) 'देवी स्तुति शतक'	'गंगा लहरी' (गंगा लहरी)।
(5) 'कान्यकुब्ज वलीव्रतम्'	'स्नेह माला भर्तृहरि' (शृंगार शतक)।
(6) 'कविता कलाप' (1909 ई.)	'कुमारसम्भव सार'।

- आचार्य महावीर प्रसाद के सन्दर्भ में आचार्य शुक्ल ने लिखा है, 'हम पं. महावीर प्रसाद द्विवेदी को पद्य रचना की एक प्रणाली के प्रवर्तक के रूप में पाते हैं।'

अयोध्या सिंह उपाध्याय 'हरिऔध' (1865–1947 ई.)

- ये द्विवेदी-युग के प्रख्यात कवि होने के साथ-साथ उपन्यासकार, आलोचक एवं इतिहासकार भी थे।
- अयोध्या सिंह के महत्त्वपूर्ण काव्य ग्रन्थ निम्न हैं—
  प्रबन्ध काव्य—(1) 'प्रियप्रवास (1914 ई.)' (2) 'वैदेही वनवास' (1940 ई.) (3) 'पारिजात' (1940 ई.)
- **हरिऔध के अन्य प्रमुख काव्य ग्रन्थ**—(1) 'कृष्ण शतक' (1900 ई.), (2) 'रसिक रहस्य' (1899 ई.), (3) 'रस कलश' (1931 ई.), (4) 'चोखे चौपदे' (1932 ई.), (5) 'चुभते चौपदे' (1924 ई.), (6) 'प्रेम प्रथम' (1900 ई.), (7) 'प्रमाम्बु प्रश्रवण' (1900 ई.), (8) 'फूल पत्ते' (1935 ई.), (9) 'ग्रामीण गीत' (1938 ई.), (10) 'मर्म स्पर्श' (1944 ई.)।
- 'प्रियप्रवास' खड़ी बोली का प्रथम महाकाव्य माना जाता है।
- 'प्रियप्रवास' महाकाव्य में हरिऔध ने राधा-कृष्ण को विश्व-सेवी तथा विश्व-प्रेमी के रूप में चित्रित किया है।

- 'रस-कलश', 'एक रीति ग्रन्थ है जिसमें रस के स्वरूप तथा रस-प्रकारों का सूक्ष्म विवेचन किया गया है।
- 'वैदेही वनवास' में राम की शक्ति, सौन्दर्य की अपेक्षा उनके करुण पक्ष पर अधिक जोर दिया गया है।
- हरिऔध कृत 'चुभते चौपदे' और 'चोखे चौपदे' काव्य मुहावरेदार भाषा में लिखा गया है।
- हरिऔध को गणपतिचन्द्र गुप्त ने 'आधुनिक काल का सूरदास' कहा है।

श्रीधर पाठक (1859-1928 ई.)

- इनका जन्म आगरा ज़िले के जोंधरी ग्राम में हुआ था।
- श्रीधर पाठक ब्रजभाषा एवं खड़ी बोली दोनों भाषाओं में कविता लिखते थे।
- श्रीधर पाठक ने अपने कविता-लेखन में परम्परागत रूढ़ शब्द का प्रयोग नहीं किया था। इस कारण खड़ी बोली के प्रथम कवि माने जाते हैं।
- इनकी कविता का मुख्य विषय देश-प्रेम, समाज सुधार तथा प्रकृति-चित्रण रहा है।
- पाठक जी एक कुशल अनुवादक थे। उन्होंने निम्न ग्रन्थों का अनुवाद ब्रजभाषा तथा खड़ी बोली में किया है।
  (1) 'ऋतुसंहार' शीर्षक से कालिदास-कृत 'ऋतुसंहार' ग्रन्थ का ब्रजभाषा में अनुवाद किया था।
  (2) 'एकान्तवासी योगी' (1886) शीर्षक से गोल्डस्मिथ-कृत 'हरमिट' ग्रन्थ का खड़ी बोली में अनुवाद किया था।
  (3) 'गड़ेरिया और दार्शनिक' शीर्षक से ग्रे-कृत 'शेफर्ड एंड फ़िलॉसफ़र' का अनुवाद किया था।
  (4) 'उजड़ग्राम' (1889 ई.) शीर्षक से गोल्डस्मिथ-कृत 'डेजर्टेड विलेज' का अनुवाद किया।

श्रीधर पाठक की प्रमुख रचनाएँ निम्न हैं—

(1) 'वनावटक', (2) 'कश्मीर सुषमा' (1904 ई.), (3) 'देहरादून' (1915 ई.), (4) 'भारत गीत' (1928 ई.), (6) 'मनोविनोद' (1882 ई.), (7) 'सांध्य अटन' (1918 ई.)।

- श्रीधर पाठक ने कश्मीर सुषमा तथा मनोविनोद की रचना ब्रजभाषा में की है।
- उनके ग्रन्थ 'एकान्तवासी योगी' की रचना-शैली लावनी या ख़याल है, जबकि श्रान्त पथिक की रचना रोला छन्द में की है।

मैथिलीशरण गुप्त (1886-1964 ई.)

- मैथिलीशरण गुप्त का जन्म चिरगाँव (झाँसी) में हुआ था।
- मैथिलीशरण गुप्त का संक्षिप्त जीवन-परिचय

  जन्मस्थान — चिरगाँव (झाँसी)।

  पिता — रामशरण दास।

  गुरु — महावीर प्रसाद द्विवेदी।

  उपनाम — गुरु जी/रसिकेन्द्र।

  प्रथम काव्य-संग्रह — 'रंग में भंग'।

  प्रथम कविता — 'हेमन्त'।
- गुरु जी की आरम्भिक रचनाएँ कलकत्ता से निकलने वाले 'वैश्योपकारक' में प्रकाशित होती थीं।
- मैथिलीशरण गुप्त की ख्याति 'भारत-भारती' (1912 ई.) से हुई थी। इस काव्य ने गुरु जी को 'राष्ट्रकवि' के रूप में स्थापित कर दिया।
- मैथिलीशरण गुप्त प्रसिद्ध राष्ट्रकवि थे।

मैथिलीशरण गुप्त के प्रमुख काव्य ग्रन्थ निम्न हैं—

(1) 'रंग में भंग' (1909 ई.), (2) 'जयद्रथ वध' (1910 ई.), (3) 'भारत-भारती' (1912 ई.), (4) 'पंचवटी' (1925 ई.), (5) 'झंकार' (1929 ई.), (6) 'साकेत' (1931 ई.), (7) 'यशोधरा' (1932 ई.), (8) 'द्वापर' (1936 ई.), (9) 'जयभारत' (1952 ई.), (10) 'विष्णुप्रिया' (1957 ई.), (11) 'गुरुकुल' (1929 ई.), (12) 'हिन्दू' (1927 ई.), (13) 'वैतालिक'।

उन्होंने निम्न ग्रन्थों के अनुवाद भी किये—

(1) 'प्लासी का युद्ध' (2) 'मेघनाद-वध' (3) 'वृत्त-संहार'।

- गुरु जी ने 'रसिकेन्द्र' नाम से ब्रजभाषा में कविताएँ लिखी हैं।
- मैथिलीशरण गुप्त का परिचय आचार्य महावीर प्रसाद द्विवेदी से हुआ और इनकी प्रथम कविता 'हेमन्त' का प्रकाशन 1905 ई. में 'सरस्वती' पत्रिका में हुआ।
- इनकी प्रथम पुस्तक 'रंग में भंग' का प्रकाशन 1909 ई. में हुआ।

साकेत

- मैथिलीशरण गुप्त द्वारा रचित प्रबन्ध महाकाव्य 'साकेत' हिन्दी में 'मानस' के बाद दूसरा रामकाव्य है।

- साकेत में 12 सर्ग है।
- 'साकेत' का अर्थ होता है 'अयोध्या' यह पाली भाषा का शब्द है।
- डॉ. नगेन्द्र ने साकेत को जनवादी काव्य के रूप में स्वीकार किया है।

नाथूराम शर्मा 'शंकर' (1859–1932 ई.)

- नाथूराम शर्मा 'शंकर' हिन्दी, फ़ारसी, उर्दू तथा संस्कृत भाषाओं के ज्ञाता थे।
- ये प्रारम्भ में ब्रजभाषा में कविता लिखते थे तथा बाद में महावीर प्रसाद द्विवेदी के प्रभाव में खड़ी बोली में लिखने लगे।
- नाथूराम शर्मा 'शंकर' आर्य समाज के सुधार आन्दोलन से प्रभावित थे। इस कारण इनकी कविताओं की विषयवस्तु में देशप्रेम, स्वदेशी-प्रयोग, समाज-सुधार, बाल-विवाह, आडम्बर, अन्धविश्वास रहा।
- कवित्त-समाज और सम्मेलनों में प्रसिद्धि के कारण इन्हें निम्न उपाधियों से विभूषित किया गया।

उपाधियाँ

(1) कविता-कामिनी कान्त (2) भारतेन्दु-प्रज्ञेन्दु (3) साहित्य-सुधारक

- नाथूराम शर्मा 'शंकर' ने निम्न ग्रन्थों की रचना की है—
  (1) 'अनुरागरत्न', (2) 'शंकर-सरोज', (3) 'गर्मरण्डा रहस्य', (4) 'शंकर-सर्वस्व'।
- इन्होंने 'गर्मरण्डा रहस्य' ग्रन्थ में विधवाओं तथा देव मन्दिरों के दुराचार का मार्मिक वर्णन किया है।

गया प्रसाद शुक्ल 'सनेही' (1883–1972 ई.)

- सनेही हिन्दी के साथ-साथ उर्दू के भी विद्वान थे तथा इन्होंने दोनों भाषाओं में कविताएँ लिखी थीं।
- त्रिशूल उपनाम से राष्ट्रभक्ति कविताएँ लिखी थीं।
- सनेही ने राष्ट्रीय आन्दोलनों के लिए 'प्रयाण-गीत' और 'बलिदान-गीत' लिखे।
- सनेही 'सुकवि' नामक काव्य-पत्रिका के सम्पादक भी थे।
- सनेही ने निम्न काव्यों की रचना की है—
  'कृषक-क्रन्दन', 'प्रेम-पचीसी', 'राष्ट्रीय वीणा', 'त्रिशूल तरंग', 'करुणा कादम्बिनी' आदि।

लोचन प्रसाद पाण्डेय (1886–1959 ई.)

- लोचन प्रसाद पाण्डेय हिन्दी, उड़िया, अंग्रेज़ी एवं संस्कृत भाषाओं के ज्ञाता थे।
- लोचन की साहित्य-सेवाओं के कारण उन्हें काव्य-विनोद तथा साहित्य-वाचस्पति की उपाधियों से नवाज़ा गया।

लोचन प्रसाद पाण्डेय की प्रमुख रचनाएँ

'प्रवासी', 'मेवाड़-गाथा', 'महानदी', 'पद्य-पुष्पांजलि', 'नीति कविता'।

रामनरेश त्रिपाठी (1889–1962 ई.)

रामनरेश त्रिपाठी की प्रमुख रचनाएँ—

(1) 'मिलन' (1917 ई.), 'पथिक' (1920 ई.), 'मानसी' (1927 ई.), 'स्वप्न' (1929 ई.)।

- 'मानसी' इनकी फुटकर कविताओं का संग्रह है।
- 'पथिक' और 'स्वप्न' प्रेमाख्यानक खण्डकाव्य हैं जो काल्पनिक कथाओं पर आधारित हैं।

द्विवेदी-युगीन अन्य महत्त्वपूर्ण कवि एवं उनकी रचनाएँ

कवि	रचनाएँ	
गिरिधर शर्मा 'नवरत्न' (1881–1961 ई.)	(1) 'मातृवन्दना' (2) 'हिन्दी माघ'	
रामचरित उपाध्याय (1872–1938 ई.)	(1) 'सूक्ति मुक्तावली' (नीति परक काव्य), (2) 'भारत भक्ति' (1919 ई.), (3) 'देवी द्रौपदी', (4) 'राष्ट्रभारती', (5) 'देव सभा'।	
लाला भगवानदीन (1866–1930 ई.)	(1) 'वीर क्षत्राणी' (2) 'वीर बालक' (3) 'नवीन बीन'	**टीकाएँ** (1) 'कविप्रिया' (2) 'दोहावली' (3) 'कवितावली' (4) 'बिहारी सतसई' (5) 'रामचन्द्रिका'
राय देवीप्रसाद पूर्ण (1873–1920 ई.)	(1) 'मृत्युंजय' (1904 ई.), (2) 'राम-रावण विरोध' (1906), (3) 'स्वदेशी कुण्डल' (1910 ई.), (4) 'वसन्त वियोग' (1912 ई.), (5) 'अमलतास'।	

कामताप्रसाद गुरु
(1875-1947) (1) 'विनय पचासा' (ब्रजभाषा), (2) 'भौमासुर वध' (ब्रजभाषा), (3) 'पद्य पुष्पावली' (खड़ी बोली), (4) 'दासी रानी'।

छायावाद (1918-1936 ई.)

- आचार्य रामचन्द्र शुक्ल ने आधुनिक कविता के 'तृतीय उत्थान' की सीमा का आरम्भ संवत् 1975 (सन् 1918 ई.) से माना है।
- लगभग 1918 ई. के आसपास छायावादी पद्धति की रचनाएँ प्रकाशित होने लगी थीं। निराला की 'जूही की कली' 1916 ई. में प्रकाशित हुई थी। पन्त के 'पल्लव' की कुछ रचनाएँ भी 1920 ई. के आसपास प्रकाशित हो चुकी थी।
- प्रसाद की 'कामायनी' 1935 ई. तथा 'युगान्त' 1936 ई. में प्रकाशित हुईं। इन दोनों बातों को ध्यान में रखकर छायावाद की अन्तिम सीमा 1936 ई. मानना समीचीन है परन्तु कुछ विद्वान छायावाद की अन्तिम सीमा निराला के ('अनामिका' 1936 ई.) प्रकाशन को मानते हैं।
- छायावादी साहित्य एक नया मोड़ लेकर आया जो साहित्य की पुरानी पद्धतियों (द्विवेदी-युग) को छोड़ नयी पद्धति के निर्माण का सूचक था।
- छायावादी साहित्य परम्परा अपने पूर्व की साहित्य पद्धति से निम्न रूप में भिन्न थी—
  (1) कवित्व की दृष्टि से अर्थात् अनुभूति की तीव्रता, सूक्ष्मता और अभिव्यंजना-शिल्प के उत्कर्ष की दृष्टि से यह काव्य-राशि सर्वश्रेष्ठ है।
  (2) छायावादी काव्य में प्राचीन भारतीय परम्परा के जीवन्त तत्त्वों का समावेश नहीं हुआ, वरन् उसने परवर्ती काव्य के विकास को भी काफ़ी दूर तक प्रभावित किया। छायावादोत्तर युग के कवियों के लिए छायावादी काव्य-राशि ही प्रतिस्पर्धी और प्रतिक्रिया का आधार बनी।
  (3) छायावादी काव्य में ही अपने युग के जन-जीवन की समग्रता की अभिव्यक्ति मिलती है।

विभिन्न विद्वानों ने छायावाद को निम्न रूप में परिभाषित किया है—

(1) आचार्य रामचन्द्र शुक्ल के अनुसार छायावाद—

- 'छायावाद' शब्द का प्रयोग दो अर्थों में समझना चाहिए एक तो रहस्यवाद के अर्थ में, जहाँ उसका सम्बन्ध काव्य-वस्तु से होता है

अर्थात् जहाँ कवि उस अनन्त और अज्ञात प्रियतम को आलम्बन बनाकर अत्यन्त चित्रमय भाषा में प्रेम की अनेक प्रकार से व्यंजना करता है...छायावाद शब्द का दूसरा प्रयोग काव्य-शैली या पद्धति विशेष के व्यापक अर्थ में है।

(2) **जयशंकर प्रसाद** के अनुसार छायावाद—

- जब वेदना के आधार पर स्वानुभूतिमयी अभिव्यक्ति होने लगी तब हिन्दी में उसे 'छायावाद' के नाम से अभिहित किया गया। ध्वन्यात्मकता, लाक्षणिकता, सौन्दर्यमय प्रतीक विधान तथा उपचार वक्रता के साथ स्वानुभूति की विवृति छायावाद की विशेषताएँ हैं।

(3) **डॉ. रामकुमार वर्मा** के अनुसार छायावाद—

- परमात्मा की छाया आत्मा में, आत्मा की छाया परमात्मा में पड़ने लगती है, तभी छायावाद की सृष्टि होती है।

(4) **डॉ. नगेन्द्र** के अनुसार छायावाद—

- छायावाद स्थूल के प्रति सूक्ष्म का विद्रोह है। छायावाद एक विशेष प्रकार की भाव पद्धति है, जीवन के प्रति एक विशेष भावात्मक दृष्टिकोण है।

(5) **महादेवी वर्मा** के अनुसार छायावाद—

- छायावाद तत्त्वतः प्रकृति के बीच जीवन का उद्‌गीथ है। उसका मूल दर्शन सर्वात्मवाद है।

(6) **डॉ. रामविलास शर्मा** के अनुसार छायावाद—

- छायावाद स्थूल के प्रति सूक्ष्म का विद्रोह नहीं रहा, वरन् थोथी नैतिकता, रूढ़िवाद और सामन्ती साम्राज्यवादी बन्धनों के प्रति विद्रोह रहा है। यह विद्रोह मध्य वर्ग के तत्वावधान में हुआ था, इसलिए उसके साथ मध्यवर्गीय असंगति, पराजय और पलायन की भावना जुड़ी हुई है।

(7) **आचार्य हजारीप्रसाद द्विवेदी** के अनुसार छायावाद—

- छायावाद के मूल में पाश्चात्य रहस्यवादी भावना अवश्य थी। इस श्रेणी की मूल प्रेरणा अंग्रेज़ी की रोमांटिक भावधारा की कविता से प्राप्त हुई थी और इसमें सन्देह नहीं कि उक्त भावधारा की पृष्ठभूमि में ईसाई सन्तों की रहस्यवादी साधना अवश्य थी।

(8) **नामवर सिंह** के अनुसार छायावाद—

- छायावाद उस राष्ट्रीय जागरण की अभिव्यक्ति है, जो एक ओर पुरानी रूढ़ियों से मुक्ति चाहता था और दूसरी ओर विदेशी पराधीनता से।

छायावाद की प्रमुख प्रवृत्तियाँ/विशेषताएँ

(1) आत्माभिव्यंजन
(2) श्रृंगार-निरूपण
(3) सौन्दर्य-चित्रण
(4) प्रकृति-चित्रण
(5) राष्ट्रीय जागरण
(6) नारी चित्रण
(7) वेदना या पीड़ावाद
(8) कल्पनाशीलता
(9) रहस्यात्मकता।

छायावाद के प्रमुख कवि एवं उनकी रचनाएँ

- हिन्दी साहित्य में छायावाद 'शब्द' का प्रथम प्रयोग मुकुटधर पाण्डेय ने किया था।
- मुकुटधर पाण्डेय की पत्रिका 'श्रीशारदा' (1920) में छायावाद पर विशद विवेचना प्रस्तुत की गयी है। उनकी कविता 'कुररी के प्रति' छायावाद की प्रथम कविता मानी जाती है।
- रामचन्द्र शुक्ल ने 'मुकुटधर पाण्डेय' को छायावाद के प्रतिनिधि कवि के रूप में स्वीकार किया है।

जयशंकर प्रसाद (1889-1937 ई.)

- जयशंकर प्रसाद का संक्षिप्त जीवन-परिचय

  जन्मस्थान — काशी।
  माता-पिता — मुन्नी देवी, देवीप्रसाद।
  गुरु — मोहिनीलाल।
  बचपन का नाम — झारखण्डी।
  उपनाम — कुलाधार।
- जयशंकर प्रसाद 'शैव दर्शन' से प्रभावित थे।

जयशंकर प्रसाद की प्रमुख रचनाएँ—

'उर्वशी' (1909 ई.), 'वनमिलन' (1909 ई.), 'प्रेमराज्य' (1909 ई.), 'अयोध्या का उद्धार' (1910 ई.), 'शोकोच्छ्वास' (1910 ई.), 'वभ्रुवाहन' (1911 ई.), 'कानन-कुसुम' (1913 ई.), 'प्रेम पथिक' (1913 ई.), 'करुणालय' (1913 ई.), 'महाराणा का महत्त्व' (1914 ई.), 'झरना' (1918 ई.), 'आँसू' (1925 ई.), 'लहर' (1933 ई.), 'कामायनी' (1935 ई.)।

- प्रसाद जी के छायावाद का प्रथम काव्य-संग्रह 'झरना' है।
- प्रसाद जी द्वारा रचित रचनाओं में कामायनी महाकाव्य है। कानन-कुसुम, 'झरना' और 'लहर' गीतिकाव्य हैं, जबकि 'प्रेम-पथिक', 'आँसू', 'महाराणा का महत्त्व' खण्डकाव्य हैं।
- प्रसाद जी ने 'पथिक प्रेम' की रचना प्रारम्भ में 'ब्रजभाषा' में की थी, जिसे बाद में खड़ी बोली में रूपान्तरित कर दिया।
- वह अपने जीवन की प्रारम्भिक अवस्था में 'कलाधर' उपनाम से ब्रजभाषा में कविता लिखते थे, बाद में 'प्रसाद' उपनाम से लिखने लगे।
- प्रसाद जी ने कानन-कुसुम और झरना काव्य-संग्रह में बाद में कुछ कविताएँ जोड़ी हैं।
- 'आँसू' का आरम्भ विरह-वेदना से हुआ तथा अन्त विश्व कल्याण भावना के साथ हुआ है।
- 'लहर' में विविध पक्षों का विशद विवेचन मिलता है। प्रकृति सौन्दर्य, प्रणय की छाया, अशोक की चिन्ता आदि।
- 'कानन- कुसुम' प्रसाद का एक प्रमुख काव्य-संग्रह है। यह प्रसाद जी द्वारा खड़ी बोली में लिखा प्रथम काव्य-संग्रह है।
- जयशंकर प्रसाद के 'चित्राधर' काव्य-संग्रह में ब्रजभाषा में लिखी गयी कविताएँ संगृहित हैं।

कामायनी

- 'कामायनी' प्रसाद की अन्तिम कृति है। इसके कथानक का आधार 'ऋग्वेद', 'शतपथ ब्राह्मण' और 'श्रीमद्भागवत' है। घटनाओं के चयन का आधार 'शतपथ ब्राह्मण' है।
- 'कामायनी' में 15 प्रकार के सर्गों का प्रयोग हुआ है—चिन्ता, आशा, श्रद्धा, काम, वासना, लज्जा, कर्म, ईर्ष्या, इड़ा, स्वप्न, संघर्ष, निवेद, दर्शन, रहस्य, आनन्द।
- 'कामायनी' का दर्शन समरसतावाद तथा आनन्दवाद है।
- 'कामायनी' के मुख्य पात्र में मनु, इड़ा व कुमार हैं। इन पात्रों के व्यक्ति जीवन की कथा नहीं है, बल्कि पात्रों की सांकेतिक व्यंजना है।
- 'कामायनी' का मुख्य छन्द 'ताटंक छन्द' है।

सूर्यकान्त त्रिपाठी 'निराला' (1899-1961 ई.)

- महाप्राण सूर्यकान्त त्रिपाठी का संक्षिप्त जीवन-परिचय

जन्मस्थान — महिषादल।
मृत्यु-स्थान — इलाहाबाद।
पिता — रामसहाय त्रिपाठी।
पत्नी — मनोहरा देवी।
पुत्री — सरोज।
दर्शन — वेदान्तवाद।

महाकवि निराला की प्रमुख रचनाएँ

'अनामिका' (1923 ई.), 'परिमल' (1930 ई.), 'गीतिका' (1936 ई.), 'तुलसीदास' (1938 ई.), 'कुकुरमुत्ता' (1942 ई.), 'अणिमा' (1943 ई.), 'बेला' (1946 ई.), 'नये पत्ते' (1946 ई.), 'अर्चना' (1950 ई.), 'आराधना' (1953 ई.), 'गीतगुंज' (1954 ई.), 'सांध्यकाकली' (1969 ई.)।

- निराला की पहली कविता 'जूही की कली' 1916 ई. में प्रकाशित हुई। मुक्त छन्द का प्रयोग, प्रणय-केलि का चित्रण, जिसमें जूही नारी एवं पवन पुरुष का प्रतीक हैं।
- रामविलास शर्मा निराला की पहली रचना 'भारतमाता की वन्दना' को मानते हैं।
- 'परिमल' निराला का गीतिकाव्य है तथा मुक्त छन्द में प्रणयगीत भी है। इसमें अन्धविश्वास और पंचवटी-प्रसंग का वर्णन है।
- निराला-कृत 'परिमल' एवं 'गीतिका' में प्रार्थना एवं वन्दना के गीत मिलते हैं। गीतिका काव्य-संग्रह की भूमिका जयशंकर प्रसाद ने लिखी है।
- निराला की 'अधिवास', 'पंचवटी-प्रसंग', 'तुम और मैं' में उनके दार्शनिक पक्ष की झलक मिलती है।
- निराला की 'तोड़ती पत्थर', 'भिक्षुक', 'गर्म पकौड़ी', 'कुकुरमुत्ता' आदि में समाज के शोषित वर्ग का मार्मिक चित्रण है।
- 'तुलसीदास' निराला का खण्डकाव्य है। इसमें तुलसीदास के माध्यम से भारत के गौरवशाली इतिहास को बताया गया है।
- 'राम की शक्तिपूजा' सम्पूर्ण छायावादी काव्य की उत्कृष्ट उपलब्धि है। इसमें

राम को धर्म के प्रतीक के रूप में तथा रावण को अधर्म के प्रतीक के रूप में वर्णन किया गया है। इस खण्ड काव्य में 101 छन्दों का प्रयोग किया गया है।

- निराला-कृत 'सरोज स्मृति' हिन्दी का शोकगीत माना जाता है।
- निराला का व्यक्तित्व विद्रोही स्वभाव का था, उनकी कविताओं में ओज, विद्रोह तथा निश्छलता साफ़ झलकती है।
- 'बेला' काव्य-संग्रह उनके द्वारा रचित ग़ज़लों का संग्रह है।

सुमित्रानन्दन पन्त (1900-1977 ई.)

- सुमित्रानन्दन पन्त का संक्षिप्त जीवन-परिचय

जन्मस्थान	—	कौशानी (अल्मोड़ा)।
मृत्यु-स्थान	—	इलाहाबाद।
बचपन का नाम	—	गुसाईं दत्त।
दर्शन	—	सर्वात्मवाद। (अरविन्द दर्शन)

प्रकृति के सुकुमार कवि सुमित्रानन्दन पन्त की रचनाएँ—

(1) 'उच्छ्वास' (1920 ई.), 'ग्रन्थि' (1920 ई.), 'वीणा' (1927 ई.), 'पल्लव' (1928 ई.), 'गुंजन' (1932 ई.)—ऊपर के सारे काव्य छायावादी परम्परा की कृति हैं।

(2) 'युगान्त' (1936 ई.), 'युगवाणी' (1939 ई.), 'ग्राम्या' (1940 ई.)—ये सारे काव्य प्रगतिवादी परम्परा की कृति हैं।

(3) 'स्वर्ण किरण' (1947 ई.), 'स्वर्ण धूलि' (1947 ई.), 'युगपथ' (1949 ई.), 'अरविन्द-दर्शन में उत्तरा' (1949 ई.), 'कला और बूढ़ा चाँद' (1959 ई.), 'अमिता' (1955 ई.), 'लोकायतन' (1964 ई.), 'चिदम्बरा' (1968 ई.)—ये सारे काव्य सर्वात्मवाद से प्रभावित हैं।

- पन्त की पहली कविता 'गिरजे का घण्टा' (1916 ई.) है।
- पन्त का प्रथम छायावादी काव्य उच्छ्वास है तथा अन्तिम छायावादी काव्य गुंजन है।
- उनकी कविता 'आँसू की बालिका' तथा 'पर्वत-प्रदेश में पावस' में प्रकृति के सौन्दर्य का मनोरम चित्रण किया गया है।
- उनकी कविता 'बादल' एवं 'छाया' कल्पनाओं से परिपूर्ण हैं।
- पन्त के काव्य 'पल्लव' की भूमिका को छायावाद का घोषणापत्र कहा जाता है।
- उनकी कविता 'एक तारा' और 'नौका विहार' में उनके दार्शनिक पक्ष को दिखाया गया है।

- पन्त अरविन्द दर्शन से जुड़े थे।
- पन्त की शैली की मुख्य विशेषताएँ निम्न हैं—
  लाक्षणिक वैचित्र्य, विश्लेषण-विपर्यय, विरोध-चमत्कार, मानवीकरण, प्रतीक-विधान, अन्योक्ति-विधान आदि।
- पन्त की कृति 'युगवाणी' में गांधी तथा मार्क्स के विचारों एवं उनके दर्शन का प्रभाव दिखता है।
- पन्त के 'ग्राम्या' काव्य में गाँव के वर्तमान यथार्थ को चित्रित किया है।
- सुमित्रानन्दन पन्त को उनकी कृति 'चिदम्बरा' के लिए 1968 ई. में 'ज्ञानपीठ पुरस्कार' तथा 'लोकायतन' काव्य के लिए 'लेनिन पुरस्कार' मिला था।

महादेवी वर्मा (1907-1987 ई.)

- महादेवी वर्मा का संक्षिप्त जीवन-परिचय
  जन्मस्थान — फ़र्रुख़ाबाद।
  मृत्यु-स्थान — इलाहाबाद।
  पिता — गोविन्द प्रसाद।
  शिक्षा — 1933 ई., दर्शनशास्त्र (एम.ए.)।
  रचनाकाल — 1924 से 1942 ई. तक।

महादेवी वर्मा की प्रमुख रचनाएँ—

(1) 'नीहार' (1930 ई.), 'रश्मि' (1932 ई.), 'नीरजा' (1934 ई.), 'सांध्यगीत' (1936 ई.), 'यामा' (1940 ई.), 'दीपशिखा' (1942 ई.), 'सप्तपर्णा' (1960 ई.)।

- महादेवी वर्मा को निराला ने 'हिन्दी के विशाल मन्दिर की वीणापणि' कहा है।
- महादेवी वर्मा को एक रहस्यवादी कवयित्री के रूप में स्वीकार किया गया है।
- शुक्ल के अनुसार, "कहाँ तक वे वास्तविक अनुभूतियाँ हैं और कहाँ तक अनुभूति की रमणीय कल्पना हैं, यह नहीं कहा जा सकता है।"
- महादेवी वर्मा के काव्य 'यामा' के लिए उन्हें ज्ञानपीठ पुरस्कार प्राप्त हुआ। 'यामा' काव्य में ही 'रश्मि', 'नीहार', 'नीरजा' और 'सांध्यागीत' जैसे महत्त्वपूर्ण गीत संगृहीत हैं।
- महादेवी के काव्य में 'अज्ञात प्रियतम के प्रति प्रणय निवेदन दुःख' प्रधान है।
- महादेवी वर्मा का प्रथम काव्य-संग्रह 'नीहार' है। इस काव्य की भूमिका अयोध्या सिंह उपाध्याय 'हरिऔध' ने लिखी थी।

- महादेवी वर्मा बौद्ध दर्शन से प्रभावित थीं। उनका काव्य 'रश्मि' इसका सूचक है।

डॉ. रामकुमार वर्मा (1905-1990 ई.)

- डॉ. रामकुमार वर्मा की प्रमुख रचनाएँ—
  'रूपराशि', 'निशीथ', 'चित्ररेखा', 'आकाशगंगा'।
- डॉ. रामकुमार वर्मा के काव्यों में सर्ववादी चेतना को व्यक्त करने का प्रयास मिलता है।

उमाशंकर भट्ट (1898-1966 ई.)

- उमाशंकर भट्ट की प्रमुख रचनाएँ—
  'राका', 'मानसी', 'विसर्जन', 'युगदीप', 'अमृत और विष', 'यथार्थ और कल्पना'।

मोहनलाल महतो वियोगी (1899-1990 ई.)

- मोहनलाल महतो 'वियोगी' की प्रमुख रचनाएँ—
  'निर्माल्य' (1926 ई.), 'एक तारा', 'कल्पना' (1935 ई.)।
- इनकी रचनाओं में वेदना, रहस्यानुभूति आदि प्रधान है।

छायावाद के अन्य प्रमुख कवि एवं उनकी रचनाएँ

कवि	रचनाएँ
लक्ष्मीनारायण मिश्र	अन्तर्जगत् (1924 ई.)
केदारनाथ मिश्र 'प्रभात'	'ऋतम्भरा', 'चिरस्पश', 'सेतुबन्ध', 'कैकेयी', 'कण', 'शुभ्रा', 'ज्वाला'।
गोपाल सिंह 'नेपाली'	'उमंग', 'पक्षी', 'रागिनी', 'पंचमी', 'नवीन'।
आरसी प्रसाद सिंह (1911-1996)	'संचयिता' (1942 ई.), 'कुलापी' (1938 ई.), 'पांचजन्य' (1945 ई.), 'नयी दिशा' (1944 ई.), 'जीवन और यौवन' (1944 ई.)

अन्य महत्त्वपूर्ण 'तथ्य'

- इलाचन्द्र जोशी ने छायावाद का प्रवर्तक जयशंकर प्रसाद को माना है।
- जयशंकर प्रसाद की रचना 'झरना' को छायावाद की प्रयोगशाला का प्रथम आविष्कार कहा गया है।

- आचार्य रामचन्द्र शुक्ल ने छायावाद की शैली को 'चित्रभाषा शैली' कहा है।
- लोचन प्रसाद पाण्डेय ने सर्वप्रथम 'गीतिकाव्य' शब्द का प्रयोग किया है।
- महादेवी वर्मा को 'नीरजा' काव्य के लिए 1934 ई. में 'सेक्सरिया' पुरस्कार प्रदान किया गया।

उत्तर-छायावाद

- उत्तर-छायावाद वस्तुत: निराला और पन्त के काव्य-विकास का इतिहास है। इस काव्यधारा में न तो विशुद्ध छायावादी प्रवृत्ति रही और न ही विशुद्ध प्रगतिशील धारा की काव्य-प्रवृत्ति रही है।
- डॉ. बच्चन सिंह ने उत्तर-छायावाद को उत्तर-स्वच्छन्दतावाद युग नाम से पुकारा है। डॉ. नगेन्द्र ने अपने 'हिन्दी साहित्य का इतिहास' में उत्तर-छायावाद को राष्ट्रीय-सांस्कृतिक काव्यधारा तथा प्रेम और मस्ती का काव्य कहकर पुकारा है।

राष्ट्रीय-सांस्कृतिक धारा के कवि एवं उनकी रचनाएँ—

माखनलाल चतुर्वेदी (1889-1968 ई.)

- **माखनलाल चतुर्वेदी की प्रमुख रचनाएँ**
  'हिमकिरीटिनी' (1941 ई.), 'हिमतरंगिनी' (1948 ई.), 'माता' (1951 ई.), 'समर्पण' (1956 ई.), 'युगचरण' (1956 ई.), 'वेणु लो गूँजे धरा' (1960 ई.), 'मरण ज्वार' (1963 ई.), 'धूम्रवलय' (1981 ई.)।
- माखनलाल चतुर्वेदी ने राष्ट्र की तत्कालीन अवस्था, पराधीन राष्ट्र की व्यथा, अंग्रेज़ी शासन के अत्याचारों, स्वाधीनता-सेनानियों के अदम्य उत्साह आदि विषयों पर ओजपूर्ण कविताओं का सृजन किया।
- माखनलाल चतुर्वेदी 'एक भारतीय आत्मा' के नाम से भी जाने जाते हैं।
- 'पुष्प की अभिलाषा' एवं 'क़ैदी एवं कोकिला' उनकी प्रमुख राष्ट्रभक्ति कविताएँ हैं।

रामधारी सिंह 'दिनकर' (1908-1974 ई.)

- राष्ट्रकवि रामधारी सिंह दिनकर का जन्म सिमरिया (ज़िला बेगूसराय) में हुआ था।
- राष्ट्रकवि दिनकर की प्रमुख रचनाएँ—
  'रेणुका' (1935 ई.), 'हुंकार' (1938 ई.), 'रसवन्ती' (1940 ई.),

'द्वन्द्वगीत' (1940 ई.), 'कुरुक्षेत्र' (1946 ई.), 'सामधेनी' (1947 ई.), 'धूप और धुआँ' (1951 ई.), 'इतिहास के आँसू' (1951 ई.), 'रश्मिरथी' (1952 ई.), 'नील कुसुम' (1954 ई.), 'दिल्ली' (1954 ई.), 'नीम के पत्ते' (1954 ई.), 'उर्वशी' (1961 ई.), 'परशुराम की प्रतीक्षा' (1963 ई.), 'आत्मा की आँखें' (1964 ई.), 'हारे को हरिनाम' (1970 ई.)।

- रामधारी सिंह 'दिनकर' ने 'रेणुका' और 'हुंकार' के द्वारा भारत के अतीत का गौरव गान किया है, साथ ही पराधीन भारत के प्रति क्षोभ व्यक्त किया है। इसी कारण इन दोनों रचनाओं को सरकार ने आपत्तिजनक मानकर दिनकर से स्पष्टीकरण माँगा था।
- 'उर्वशी' दिनकर का महाकाव्य है, जिसका विषय आध्यात्मिक प्रेम है, इसमें पुरुरवा और उर्वशी के प्रेम का चित्रण है।
- 'रश्मिरथी' काव्य का आधार महाकाव्य 'महाभारत' है, इसमें नायक के रूप में कर्ण हैं।
- 'कुरुक्षेत्र एक कथानक कविता है, जिसका आधार 'महाभारत' का शान्ति पर्व है। इस काव्य में मनुष्य की समस्याओं की विवेचना करने वाला उत्कृष्ट चिन्तन है।
- 'रसवन्ती' में दिनकर ने यौवन, सौन्दर्य तथा विरह का चित्रण किया है।
- दिनकर 'अनल कवि' उपनाम से भी प्रसिद्ध हैं।
- रामधारी सिंह 'दिनकर' 'राष्ट्रीय जागरण और भारतीय संस्कृति का कवि' के रूप में स्वीकृत हैं।
- भारत-चीन युद्ध का आधार बनाकर दिनकर ने 'पशुराम की प्रतीक्षा' की रचना की थी।
- स्वतन्त्रता प्राप्ति के बाद भारत की राजनीति में आयी विसंगतियों को लेकर उन्होंने 'सिंहासन ख़ाली करो कि जनता आती है।' लिखी है।

राष्ट्रीय-सांस्कृतिक धारा के अन्य प्रमुख कवि एवं उनकी रचनाएँ

कवि	रचनाएँ
सुभद्रा कुमारी चौहान (1904–1948)	'मुकुल' (1930 ई.), 'त्रिधारा', 'नक्षत्र'।
बालकृष्ण शर्मा 'नवीन' (1897–1960 ई.)	'कुमकुम' (1939 ई.), 'अपलक' (1951 ई.), 'रश्मि रेखा' (1951 ई.), 'कवासि' (1952 ई.),

	'विनोबा स्तवन' (1951 ई.), 'उर्मिला (1957 ई.), 'हम विषपायी जनम के' (1964 ई.)।
सियारामशरण गुप्त (1895-1963)	'मौर्य विजय' (1914 ई.), 'अनाथ' (1917 ई.), 'दूर्वादल' (1921 ई.), 'विषाद' (1925 ई.), 'आर्द्रा' (1927 ई.), 'पाथेय' (1933 ई.), 'उन्मुक्त' (1940 ई.), 'दैनिक' (1942 ई.), 'नकुल' (1946 ई.), 'मृण्मयी' (1963 ई.), 'आत्मोत्सर्ग'।
सोहनलाल द्विवेदी (1906-1988 ई.)	'भैरवी' (1942 ई.), 'चित्रा' (1942 ई.), 'वासवदता, 'प्रभाती' (1944 ई.), 'पूजागीत' (1944 ई.), 'सेवाग्राम' (1946 ई.), 'वासन्ती', 'युगधारा' (1944 ई.), 'कुणाल'।
जगन्नाथ प्रसाद मिलिन्द (1907-1991)	'जीवन संगीत' (1940 ई.), 'नवयुवक के गान' (1940 ई.), 'बलिपथ का गीत', 'पंखुरियाँ', 'भूमि की अनुभूति'।
श्यामनारायण पाण्डेय (1907-1991 ई.)	'हल्दी घाटी' (1941 ई.) 'जौहर' (1945 ई.)।

- ❑ प्रेम और मस्ती का काव्य (व्यक्तिवादी गीतिकविता)
- ❑ **प्रेम और मस्ती काव्यधारा के कवि एवं उनकी रचनाएँ**

हरिवंशराय बच्चन (1907-2003 ई.)

- ❑ इस धारा के कवियों में सर्वोत्तम कवि हैं।
- ❑ बच्चन मूलतः आत्मानुभूति के कवि हैं, उनकी रचना में आत्मानुभूति की सघनता मिलती है।
- ❑ उनकी कृति 'निशा निमन्त्रण', 'एकान्त संगीत' और 'मिलन यामिनी' के गीत, गीतिकाव्य की उपलब्धि है।
- ❑ हरिवंशराय बच्चन पर उमर खय्याम की रुबाइयों का गहरा प्रभाव पड़ा, जिससे प्रभावित होकर उन्होंने 'मधुशाला', 'मधुबाला' और 'मधुकलश' की रचना की।
- ❑ हरिवंशराय बच्चन ने 'हालावाद' नाम से एक नवीन 'वाद' का प्रवर्तन किया। उन्हें हिन्दी का 'बायरन' भी कहा जाता है।

हरिवंशराय बच्चन की प्रमुख रचनाएँ

'मधुशाला' (1935 ई.), 'मधुबाला' (1936 ई.), 'मधुकलश' (1937 ई.), 'निशा-निमन्त्रण' (1938 ई.), 'एकान्त संगीत' (1939 ई.), 'आकुल अन्तर' (1943 ई.), 'सतरंगिनी' (1945 ई.), 'बंगाल का अकाल' (1946 ई.), 'हलाहल' (1946 ई.), 'खादी के फूल' (1948 ई.), 'मिलन यामिनी' (1950 ई.), 'धार के इधर-उधर' (1957 ई.), 'आरती और अंगारे' (1958 ई.), 'बुद्ध और नाचघर' (1958 ई.), 'त्रिभंगिमा' (1961 ई.), 'चार खम्भे चौंसठ खूँटे' (1962 ई.), 'जल समेटा' (1973 ई.), 'सोऽहं हंस' (1981 ई.)।

व्यक्तिवादी गीतिकविता धारा के अन्य प्रमुख कवि एवं उनकी रचनाएँ

कवि	रचनाएँ
नरेन्द्र शर्मा (1913-1989 ई.)	'प्रभातफेरी' (1938 ई.), 'प्रवासी के गीत' (1939 ई.), 'पलाश वन' (1940 ई.), 'मिट्टी और फूल' (1942 ई.), 'कामिनी' (1942 ई.), 'हंसमाला' (1947 ई.), 'रक्तचन्दन' (1948 ई.), 'अग्निशस्य' (1950 ई.), 'द्रौपदी' (1960 ई.), 'कदलीवन' (1953 ई.), 'उत्तरजय' (1965 ई.), 'बहुत रात गए' (1967 ई.), 'सुवर्णा' (1971 ई.), 'सुवीरा' (1973 ई.)।
भगवतीचरण वर्मा (1903-1981 ई.)	'मधुकण' (1932 ई.), 'प्रेमसंगीत' (1937 ई.), 'मानव' (1940 ई.), 'रंगों से मोह' (1962 ई.), 'एक दिन', 'सविनय और एक नाराज कविता' (1984 ई.)।
हरिकृष्ण 'प्रेमी' (1908-1974 ई.)	'आँखों में' (1928 ई.), 'अनन्त के पथ पर (1932 ई.), 'जादूगरनी' (1932 ई.), 'अग्निगान' (1940 ई.), 'वन्दना के बोल'।
रामेश्वर शक्ल 'अंचल' (1915-1995 ई.)	'मधुलिका' (1938 ई.), 'अपराजिता' (1939 ई.), किरणबेला' (1941 ई.), 'करील' (1942 ई.), 'लाल चूनर' (1944 ई.), 'वर्षा के बादल' (1954 ई.), 'विराम चिह्न' (1957 ई.)।

जानकी वल्लभ शास्त्री (1916–2011 ई.)	'रूप अरुण' (1940 ई.), 'तीर तरंग' (1944 ई.), 'मेघगीत' (1950 ई.), 'शिप्रा' (1945 ई.), 'अवन्तिका' (1953 ई.), 'राधा' (महाकाव्य)।

अन्य महत्त्वपूर्ण तथ्य

- रामेश्वर शुक्ल 'अंचल' को हिन्दी काव्य साहित्य में 'मांसलवाद' का प्रवर्तक माना जाता है।
- हिन्दी में हालावाद की अवधि सन् 1933 से 1936 ई. तक मानी जाती है।
- हरिवंशराय बच्चन को 'क्षयी रोमांस का कवि' कहा गया है।

प्रगतिवाद

- प्रगतिवाद का सम्बन्ध मार्क्सवादी दर्शन से है, जो सामाजिक चेतना और यथार्थवाद को अपना लक्ष्य बनाकर चली है।
- प्रगतिवादी काव्य के उद्‌भव और विकास में अन्तरराष्ट्रीय और राष्ट्रीय परिस्थितियाँ सहायक रही हैं।
- अन्तरराष्ट्रीय स्तर पर सन् 1935 ई. में एम फ़ार्स्टर के सभापतित्व में पेरिस में 'प्रोग्रेसिव राइटर्स एसोसिएशन' की स्थापना हुई, जिसने साहित्य के माध्यम से मार्क्सवादी विचारों के प्रचार को साहित्यकारों का लक्ष्य घोषित किया।
- इसकी एक शाखा 1936 ई. में सज्जाद ज़हीर और डॉ. मुल्कराज आनन्द की सहायता से लखनऊ में (भारतीय प्रगतिशील लेखक संघ) स्थापित हुई।
- इस संस्था का प्रथम अध्यक्ष मुंशी प्रेमचन्द को बनाया गया। प्रेमचन्द ने अपने अध्यक्षीय भाषण के दौरान साहित्यकारों को अपने कर्तव्यों का बोध कराया। उन्होंने कहा कि साहित्य केवल मनोरंजन की वस्तु नहीं है, बल्कि उसका मूल पक्ष समाज हित है।
- प्रगतिवाद मार्क्स की चिन्तनधारा के आलोक में विकसित हुआ है, इसलिए प्रगतिवाद की परिभाषा करते हुए कहा गया है कि राजनीति के क्षेत्र में जो मार्क्सवाद है, वही साहित्य के क्षेत्र में प्रगतिवाद है।
- मार्क्स का विचार वर्ग-संघर्ष, क्रान्ति और साम्यवादी आधारित समाज व्यवस्था में विश्वास करता है। यही लक्ष्य प्रगतिवादी लेखकों का रहा है।
- प्रगतिवाद का आरम्भ 1936 ई. में 'भारतीय प्रगतिशील लेखक संघ' की स्थापना के साथ हुआ है। 1936 से 1943 ई. के मध्य के काल को प्रगतिवादी काल के नाम से जाना जाता है।

- प्रगतिवादी कविता की शुरुआत स्वच्छन्दतावाद युग में हुई, जिसका प्रतिनिधित्व निराला एवं पन्त ने किया था। प्रगतिवादी कविता की भाषा, बिम्ब, शब्द, मुहावरे, चित्र जीवन के बीच के हैं तथा इसकी शैली 'उपदेशात्मक' है।

विभिन्न विद्वानों के अनुसार प्रगतिवाद

- **डॉ. नगेन्द्र** के अनुसार—"प्रगतिवाद समाजवाद की ही साहित्यिक अभिव्यक्ति है।"
- **अज्ञेय** के अनुसार—"प्रगतिवाद ने 'सत्य' का राजनीतिकरण, सपाटीकरण, संकुचीकरण कर दिया जबकि कला, सत्य, जीवन इतने बँधे-बँधाये नहीं।"
- **रामविलास शर्मा** के अनुसार—"हम में से कई लोग साहित्य में प्रगतिवाद नामक धारा का प्रतिपादन करने लगे। समकालीन साहित्य की अन्य सभी धाराएँ इससे बाहर कर दी गयी थीं। सभी देशभक्त लेखकों का संगठन बनने के बदले वह अनेक धाराओं में केवल एक धारा का प्रतिनिधि बना।"
- प्रगतिवादी धारा के प्रमुख कवि हैं—सूर्यकान्त त्रिपाठी 'निराला', सुमित्रानन्दन पन्त, केदारनाथ, नागार्जुन, शिवमंगल सिंह 'सुमन', त्रिलोचन, रामविलास शर्मा, नागार्जुन, रामेश्वर करुण, डॉ. रांगेय राघव, डॉ. महेन्द्र भटनागर आदि।

प्रमुख प्रगतिवादी धारा के कवि एवं उनकी रचनाएँ

केदारनाथ अग्रवाल (1911-2000 ई.)

- केदारनाथ का जन्म सन् 1911 को कमासिन (बाँदा) में हुआ।
- वे प्रगतिवादी कवियों में एक प्रमुख कवि हैं।
- उनकी कविताओं में उद्बोधनात्मकता का तत्त्व परिलक्षित होता है।
- केदारनाथ सूर्यकान्त त्रिपाठी 'निराला' से काफी प्रभावित थे। इस कारण उन्होंने कविताओं में मानव और प्रकृति के सौन्दर्य का वर्णन सहज रूप में किया है।

केदारनाथ अग्रवाल की प्रमुख रचनाएँ

'युग की गंगा' (1947 ई.), 'नींद के बादल' (1947 ई.), 'लोक और आलोक' (1957 ई.), 'फूल नहीं रंग बोलते हैं' (1965 ई.), 'आग का आईना' (1970 ई.), 'गुलमेंहदी' (1978 ई.), 'पंख और पतवार' (1979 ई.), 'मुम्बई का रक्त स्नान' (1981 ई.), 'हे मेरी तुम' (1981 ई.),

'मार व्यार की थापें' (1981 ई.), 'कहें केदार खरी-खरी' (1983 ई.), 'अपूर्वा' (1984 ई.), 'जमुन जल तुम' (1984 ई.), 'बोले बोल अबोल' (1985 ई.), 'जो शिलाएँ तोड़ते हैं' (1985 ई.), 'आत्मगन्ध' (1988 ई.), 'अनहारी हरियाली' (1990 ई.), 'खुली आँखें खुले डैने' (1993 ई.), 'पुष्पदीप' (1994 ई.), 'बसन्त में हुई प्रसन्न पृथ्वी' (1996 ई.)।

- केदारनाथ अपने आरम्भिक जीवन में 'बालेन्दु' उपनाम से कविता लिखते थे, जो ब्रजभाषा में सवैया छन्द में थी।
- 'माँझी न बजाओ वंशी' और 'बसन्ती हवा' कविताएँ जो 'फूल नहीं रंग बोलते हैं' में संगृहीत हैं। ये प्रकृति-सौन्दर्य का सहज प्रतिबिम्ब हैं।
- 'खेत का दृश्य' कविता में धरती को राधा और कृषक को कृष्ण का प्रतीक बनाकर दिखाया गया है।

नागार्जुन (1911-1998 ई.)

- नागार्जुन का संक्षिप्त जीवन-परिचय

  जन्मस्थान — तरौनी (दरभंगा)

  मूल नाम — वैद्यनाथ मिश्र।

  उपनाम — यात्री, नागार्जुन।
- नागार्जुन 'यात्री' नाम से मैथिली में कविताएँ लिखते थे।
- नागार्जुन का पहला साहित्यिक उपनाम 'यात्री' था।
- बौद्ध धर्म में दीक्षा लेने के बाद 'नागार्जुन' नाम से प्रसिद्ध हुए।
- नागार्जुन प्रगतिवादी कवियों में प्रतिनिधि एवं सशक्त कवि थे।

नागार्जुन की प्रमुख रचनाएँ

'युगधारा' (1953 ई.), 'सतरंगे पंखों वाली' (1959 ई.), 'प्यासी पथराई आँखें' (1962 ई.), 'भस्मांकुर' (1971 ई.), 'तालाब की मछलियाँ' (1975 ई.), 'खिचड़ी विप्लव देखा हमने' (1980 ई.), 'तुमने कहा था' (1980 ई.), 'हज़ार-हज़ार बाँहों वाली' (1981 ई.), 'पुरानी जूतियों का कोरस' (1983 ई.), 'इस गुब्बारे की छाया में' (1989 ई.)।

नागार्जुन की कविताएँ तीन तरह की हैं—

(1) पहली श्रेणी की कविताएँ गम्भीर संवेदनात्मक और कलात्मक हैं।

(2) दूसरी श्रेणी की कविताओं में सामाजिक कुरूपता, राजनीतिक अव्यवस्था और धार्मिक अन्धविश्वास है।

(3) तृतीय श्रेणी की कविताएँ उद्बोधनात्मक हैं, जैसे 'बादल को घिरते देखा है', 'पाषाणी', 'चन्दना', 'रवीन्द्र के प्रति', 'सिन्दूर तिलकित भाल'।

- 'राम के प्रति' खड़ी बोली में प्रकाशित नागार्जुन की प्रथम रचना है।
- 'सिन्दूर तिलकित भाल' नागार्जुन की प्रेम सम्बन्धी रचना है।
- ब्रिटेन की महारानी के भारत आगमन पर लिखी गयी कविता 'आओ रानी हम ढोयेंगे पालकी' का व्यंग्य रूप में वर्णन किया गया है।

त्रिलोचन (वासुदेव सिंह) (1917-2007 ई.)

- त्रिलोचन शास्त्री का वास्तविक नाम वासुदेव सिंह है।
- उनकी कविताओं में सादगी तथा मिट्टी की सोंधी गन्ध मिलती है।

त्रिलोचन शास्त्री की प्रमुख रचनाएँ

'धरती' (1945 ई.), 'गुलाब और बुलबुल' (1956 ई.), 'दिगंत' (1957 ई.), 'ताप के ताए हुए दिन' (1980 ई.), 'शब्द' (1980 ई.), 'उस जनपद का कवि हूँ' (1981 ई.), 'अरघान' (1984 ई.), 'तुम्हें सौंपता हूँ' (1985 ई.), 'फूल नाम है एक' (1985 ई.), 'अनकहनी भी कुछ कहनी है' (1985 ई.), 'सबका अपना आकाश' (1987 ई.)।

शिवमंगल सिंह 'सुमन' (1915-2002 ई.)

- शिवमंगल सिंह 'सुमन' की प्रमुख रचनाएँ हैं—'हिल्लोल' (1939 ई.), 'जीवन के गान' (1942 ई.), 'विश्व हिमालय' (1960 ई.), 'मिट्टी की बारात' (1972 ई.),

रांगेय राघव (1923-1963 ई.)

- 'अजेय खँडहर' (1944), 'मेधावी' (1947), 'पांचाली' (1955)

अन्य महत्त्वपूर्ण तथ्य

- नागार्जुन के सम्बन्ध में विद्वानों के विचार—
    - **रामविलास शर्मा**—"नागार्जुन जितने क्रान्तिकारी सचेत रूप से हैं, उतने अचेत रूप में भी।"
    - **नामवर सिंह**—"वे (नागार्जुन) शैली की खोज नहीं करते, शैली स्वयं उन्हें खोजती है।"

- **मैनेजर पाण्डेय—**''नागार्जुन की कविताओं के आधार पर 1940 के बाद के भारतीय समाज की राजनीतिक चेतना का इतिहास लिखा जा सकता है।''

प्रयोगवाद

- प्रयोगवाद नाम उन कविताओं के लिए रूढ़ हो गया जिनमें नये बोधों, संवेदनाओं तथा उन्हें प्रेषित करने वाली शिल्पगत विशेषताएँ आदि थीं।
- प्रयोगवाद की प्रथम विवेचना सन् 1943 में अज्ञेय जी के सम्पादन में प्रकाशित 'तार सप्तक' पत्रिका से मानी जाती है। 'वाद' के रूप में प्रयोगवाद की शुरुआत यहीं से मानी जाती है।
- आलोचक आचार्य नन्ददुलारे वाजपेयी ने सर्वप्रथम प्रयोगवाद शब्द का प्रयोग व्यंग्यस्वरूप 'प्रयोगवादी रचनाएँ' शीर्षक निबन्ध में किया।
- अज्ञेय ने 'वाद' शब्द को लेकर आपत्ति ज़ाहिर की, उन्होंने कहा कि अगर हमारी कविताओं को यदि कोई नाम देना चाहते हैं तो 'नयी कविता' कह सकते हैं।
- अज्ञेय ने प्रयोग को कोई 'वाद' नहीं माना है, उन्हें अनुभूति के सन्दर्भ में लिया है, जिस प्रकार जीवन की अनुभूतियाँ भिन्न-भिन्न होती हैं, उसी प्रकार उनकी अभिव्यक्ति की रूपान्तरण प्रक्रिया भी भिन्न-भिन्न होती है।
- अज्ञेय जी ने 'दूसरा सप्तक' की भूमिका में 'कविकर्म' की व्याख्या करते हुए 'प्रयोग' शब्द को स्पष्ट किया है।
- उनकी दृष्टि में प्रयोग अपने आप में इष्ट नहीं है वरन् वह साधन है, दोहरा साधन है।
- एक तो वह सत्य को जानने का साधन है जिसे कवि प्रेषित करता है, दूसरा वह उस प्रेषण-क्रिया को और उसके साधनों को जानने का साधन है।
- प्रयोगवादी कवि यथार्थवादी हैं। वे भावुकता के स्थान पर ठोस बौद्धिकता को स्वीकार करते हैं।
- ये कवि मध्यवर्गीय व्यक्ति-जीवन की समस्त जड़ता, कुण्ठा, अनास्था, पराजय और मानसिक संघर्ष के सत्य को बड़ी बौद्धिकता के साथ उद्‌घाटित करते हैं।
- प्रयोगवादी कविता का आधार फ़्रॉयड का काम दर्शन है। फ्रॉयड ने मन के तीन स्तर माने हैं—चेतन, अवचेतन और अचेतन स्तर।

- फ्रॉयड का मानना है कि जाग्रत दशा में सारी इच्छाएँ चेतन मन में रहती हैं, जिसमें कुछ नैतिक एवं कुछ अनैतिक होती हैं। अनैतिक इच्छाएँ सामाजिक बन्धनों एवं संस्कारों के कारण उद्‌घाटित नहीं होती हैं, बल्कि वह दमित होती चली जाती हैं, पहले वह अवचेतन स्तर में पहुँचता है, फिर अचेतन में जाकर स्थिर हो जाता है।
- प्रयोगवादी कवियों ने अवचेतन मन की दमित इच्छाओं, यौन-वासना, काम-भावना, मध्यवर्गीय व्यक्ति के जीवन की पीड़ा को अनेक स्तर पर अपनी कविताओं में उभारा है।
- छायावादी कवियों ने कल्पना-लोक में नारी के साथ साहचर्य स्थापित कर अपनी प्यास मिटा ली। इसके सापेक्ष प्रयोगवादी कवियों ने जीवन की यथार्थता का धरातल पर प्रकटीकरण किया।
- अज्ञेय, शमशेर, गिरिजाकुमार माथुर और भारती आदि कवि इसी धारा के हैं।

प्रयोगवाद के सन्दर्भ में विद्वानों के विचार

- **डॉ. नगेन्द्र**—"प्रयोगवाद शैलीगत विद्रोह है।"
- **डॉ. रामविलास शर्मा**—"प्रयोगवादी कविता में युग से उत्पन्न अनास्था, शंका, घुटन, कुण्ठा, भग्नाशा में से एक नए पथ के अन्वेषण की व्याकुल भावना दिखती है।"
- **रघुवीर सहाय**—"प्रयोग कलात्मक अनुभव का क्षण है।"
- **रामस्वरूप चतुर्वेदी**—"समाज के हित में जैसी क्रान्ति की सतत प्रक्रिया काम्य है, वैसे ही रचना के हित में प्रयोग की।"
- **अज्ञेय**—"प्रयोग की प्रक्रिया में धीरे-धीरे शब्द की चमक खो जाती है अतः अब उस शब्द को नया सन्दर्भ देना पड़ेगा।"

प्रयोगवाद की प्रवृत्तियाँ

- बौद्धिकता पर ज़ोर
- यथार्थवादिता
- अतिशय वैयक्तिकता
- भोगवाद एवं वासना
- प्रणयानुभूति
- नवीनता।

प्रपद्यवाद/नकेनवाद

- बिहार के तीन साहित्यकारों (नलिन विलोचन शर्मा, केशरी कुमार और नरेश कुमार) ने प्रयोगवाद के समानान्तर एक ऐसा काव्य आन्दोलन चलाया, जिसके कवियों ने दावा किया कि वे ही असली प्रयोगवादी हैं।

- नलिन विलोचन शर्मा 'प्रपद्यवाद' के प्रवर्तक थे। उन्होंने सन् 1956 में 'नकेल के प्रपद्य' प्रकाशित किये।
- प्रपद्यवाद मुख्य रूप से तीन कवियों (नलिन विलोचन शर्मा, केशरी कुमार और नरेश) द्वारा चलाया गया आन्दोलन है। उपर्युक्त तीनों कवियों के नाम के प्रथम अक्षर को आधार मानकर इस काव्यान्दोलन को 'नकेनवाद' भी कहा जाता है।

नयी कविता

- नयी कविता भारतीय स्वतन्त्रता के बाद लिखी गयी थी। इस धारा की कविताओं में नये भावबोध, नये मूल्यों और नये शिल्प-विधानों का अन्वेषण किया गया है।
- नयी कविता अपनी वस्तु-छवि और रूप-छवि दोनों में पूर्ववर्ती प्रगतिवाद और प्रयोगवाद का विकास होकर भी विशिष्ट है।
- 'नयी कविता' क्षणवादी और लघु-मानववादी 'दर्शन' से प्रेरित है। वे जीवन को पूर्णत: स्वीकार कर उसे भोगने की लालसा रखते हैं।
- क्षणवादी दर्शन का मूल सार है जीवन की एक-एक अनुभूति, एक-एक व्यथा, एक-एक सुख को सत्य मानकर जीवन को सघन रूप से स्वीकार करना।
- लघु मानव का अर्थ है—वह सामान्य मनुष्य जो अपनी सारी संवेदना, भूख-प्यास और मानसिक आँच के लिए उपेक्षित था। इस अर्थ में नयी कविता मनुष्य की लघुता की खोज करके उसे सत्य रूप में प्रतिष्ठित करने का प्रयास करती है।
- 'नयी कविता' में अनास्था, निराशा, व्यक्तिवादी कुण्ठा और मरणधर्मिता जैसी विशेषताओं पर पाश्चात्य देशों के प्रभाव को देखा जाता है।
- 'नयी कविता' शब्द का प्रयोग अज्ञेय ने सन् 1952 में आकाशवाणी पटना की एक भेंटवार्ता में किया था।
- 'नयी कविता' पत्रिका के सम्पादक डॉ. जगदीश गुप्त थे। इस पत्रिका का प्रकाशन सन् 1954 में इलाहाबाद से हुआ था।

नयी कविता के सन्दर्भ में विद्वानों के विचार—

- **मुक्तिबोध**—''नयी कविता वैविध्यमय जीवन के प्रति आत्मचेतस की प्रतिक्रिया है। नयी कविता का स्वर एक नहीं विविध है।''

- **धर्मवीर भारती**—''नयी कविता प्रथम बार समस्त जीवन को व्यक्ति या समाज इस प्रकार के तंग विभाजनों के आधार पर न मापकर मूल्यों की सापेक्ष स्थिति में व्यक्ति और समाज को मापने का प्रयास कर रही है।''
- **रामस्वरूप चतुर्वेदी**—''नयी कविता में समग्र मनुष्य की बात ही नहीं कही गयी है, वरन् मनुष्य के समग्र अनुभव-खण्डों को संयोजित किया गया है।''
- **अज्ञेय**—''नयी कविता बुनियादी तौर पर दीक्षा दंश की कविता है।''

नयी कविता की प्रवृत्तियाँ—

1. क्षणवादिता
2. लघु-मानववादी विचार
3. यथार्थता पर ज़ोर
4. अतिशय वैयक्तिकता
5. बौद्धिकता पर ज़ोर
6. लोक संस्कृति
7. शिल्प विधान में संकेतकों, बिम्बों, प्रतीकों का प्रयोग
8. प्रणयानुभूति।

'तार सप्तक' एवं उनके कवि

- 'तार सप्तक' सरगम/तार सप्तक के रचनाकारों की संख्या भी सात रही है। 'तार सप्तक' के चार प्रकाशन हुए 1943, 1951, 1959, 1979 में।

तार सप्तक (1943)— • अज्ञेय ने 'तार सप्तक' के कवियों को 'राहों का अन्वेषी' कहा है। • सम्पादक—अज्ञेय। • प्रयोगवाद का आरम्भ।

कवि—अज्ञेय, गजानन माधव 'मुक्तिबोध', रामविलास शर्मा, प्रभाकर माचवे 'बलवन्त', नेमिचन्द्र जैन, गिरिजा कुमार माथुर, भारतभूषण अग्रवाल।

दूसरा सप्तक (1951 ई.)

विशेष—'आत्मअन्वेषण' पर बल।

कवि—शमशेर बहादुर सिंह, भवानी प्रसाद मिश्र, शकुन्तला माथुर, हरिनारायण घनश्याम व्यास, नरेश मेहता, धर्मवीर भारती, रघुवीर सहाय।

तीसरा सप्तक (1959 ई.)

विशेष—कवि ने स्वयं अपनी कविताओं की आलोचना की।

कवि—प्रयागनारायण त्रिपाठी, मदन वात्स्यायन, विजयदेव नारायण साही, कुँवर नारायण, सर्वेश्वर दयाल सक्सेना, केदारनाथ सिंह, कीर्ति चौधरी।

चौथा सप्तक (1979 ई.)

कवि—अवधेश कुमार, राजकुमार कुम्भज, स्वदेश भारती, नन्दकिशोर आचार्य, सुमन राजे, श्रीराम वर्मा, राजेन्द्र किशोर।

प्रयोगवाद एवं नयी कविता के कवि एवं उनकी रचनाएँ

सच्चिदानन्द हीरानन्द वात्स्यायन 'अज्ञेय' (1911-1987 ई.)

- अज्ञेय का संक्षिप्त जीवन-परिचय
  - जन्मस्थान — कसया (देवरिया)।
  - प्रथम काव्य-संग्रह — 'भग्नदूत'।
  - अन्तिम काव्य-संग्रह — 'ऐसा कोई घर आपने देखा है'।
  - अज्ञेय को प्रयोगवाद एवं नयी कविता का शलाका पुरुष कहा जाता है।
  - अज्ञेय अस्तित्ववाद दर्शन से प्रभावित थे।
  - पत्रकारिता— 'दिनमान' और 'प्रतीक' (सम्पादक)।
- **अज्ञेय की प्रमुख रचनाएँ**—'भग्नदूत' (1933), 'चिन्ता' (1942), 'इत्यलम्' (1946), 'हरी घास पर क्षण भर' (1949), 'बावरा अहेरी' (1954), 'इन्द्रधनुष रौंदे हुए ये' (1957), 'अरी ओ करुणा प्रभामय' (1959), 'आँगन के पार द्वार' (1961) पूर्वा' (1965), 'सुनहले शैवाल' (1966), 'कितनी नावों में कितनी बार' (1967), 'क्योंकि मैं उसे जानता हूँ' (1970), 'सागर मुद्रा' (1970), 'पहले मैं सन्नाटा बुनता हूँ' (1973), 'महावृक्ष के नीचे' (1977), 'नदी की बाँक पर छाया' (1981), 'ऐसा कोई घर आपने देखा है' (1986)।
- अज्ञेय-कृत 'भग्नदूत' और 'चिन्ता' पर छायावादी प्रभाव दिखता है।
- अज्ञेय इस धारा के कवियों में सबसे अधिक वैविध्यपूर्ण हैं। उनका स्वर अहं से लेकर समाज तक, प्रेम से लेकर दर्शक तक, आदिम गन्ध से लेकर विज्ञान की चेतना तक, यन्त्र-सभ्यता से लेकर लोक-परिवेश तक, प्रकृति-सौन्दर्य से लेकर मानव-सौन्दर्य तक फैला हुआ है।

अज्ञेय के सम्बन्ध में विद्वानों के विचार

बच्चन सिंह—''वे अपनी सोच व तकनीक में आधुनिक हैं। अज्ञेय के प्रकृति प्रेम में एक विराटता, एकान्त और सन्नाटा है।''

रामस्वरूप चतुर्वेदी—''आधुनिक साहित्य में मानवीय व्यक्तित्व व उसकी

सर्जनात्मकता की सबसे गहरी चिन्ता अज्ञेय के कृतित्व में मिलती है।''

गजानन माधव मुक्तिबोध (1917-1964 ई.)

- मुक्तिबोध का संक्षिप्त जीवन-परिचय
  - जन्ममृत्यु—(1917-1964 ई.)।
  - जन्मस्थान—ग्वालियर।
  - मुक्तिबोध को भयानक कवियों का 'कवि' कहा जाता है।
  - मुक्तिबोध समकालीन कवियों में इस रूप में भिन्न हैं कि उनके जन-संस्कार अपने परिवेश के जीवन, सामाजिक चिन्तन आदि को समेटे हुए हैं।
- **मुक्तिबोध की प्रमुख रचनाएँ**—(1) 'चाँद का मुँह टेढ़ा है' (1964), (2) 'भूरि-भूरि खाक धूल' (1980)।
- 'अँधेरे में', 'ब्रह्मराक्षस', 'भूल-ग़लती', 'अन्त:करण का आयतन' उनकी प्रमुख कविताएँ हैं।
- मुक्तिबोध की 'अँधेरे में', 'ब्रह्मराक्षस' कविताएँ 'फैंटेसी' हैं। एक जादुई कथा में आधुनिक जीवन-अनुभवों की अभिव्यक्ति है।
- मुक्तिबोध ने 'फैंटेसी' को अनुभवों की कन्या कहा है।
- मुक्तिबोध ने अपनी कविताओं में ख़ामोश तद्भव जैसे—'तलक' 'पिरातें', 'कुइरी', 'निसैनियाँ', 'दलिदूर', 'भीत' आदि का प्रयोग बख़ूबी ढंग से किया है।
- मुक्तिबोध की कविता 'अँधेरे में' का पहला प्रकाशन 'कल्पना' में 1964 में हुआ 'आशंका के द्वीप अँधेरे में' नाम से।
- 'ब्रह्मराक्षस' मुक्तिबोध की 'फैंटेसी' कविता है इसमें ऐसे ब्राह्मण की चर्चा की गयी है जो अतृप्त अभिलाषाओं के साथ मर गया है और ब्रह्मराक्षस बन गया है।
- मुक्तिबोध को गहन अनुभूति और तीव्र इन्द्रियबोध का कवि कहा जाता है।

मुक्तिबोध के सन्दर्भ में विद्वानों के विचार

- **रामविलास शर्मा**—''मुक्तिबोध को 'अँधेरे में' कविता के नायक से अलग करके देखना असम्भव है।''
- **नामवर सिंह**—''नयी कविता में मुक्तिबोध की वही स्थिति है जो छायावाद में निराला की थी।''

- **रामस्वरूप चतुर्वेदी**—''मुक्तिबोध का काव्य-संकलन 'चाँद का मुँह टेढ़ा है' एक बड़े कलाकार की स्केच बुक लगता है।''
- **श्रीकान्त वर्मा**—''किसी और कवि की कविताएँ उसका इतिहास न हों, मुक्तिबोध की कविताएँ अवश्य उनका इतिहास हैं।''
- **डॉ. नगेन्द्र**—''बाद के जीवन की बहुविध छवि को लेकर विकसित होने वाली नयी कविता में अग्रज कवि सच्चे अर्थों में मुक्तिबोध ही हैं।''
- **बच्चन सिंह**—''मुक्तिबोध की कविता में प्रयोगवाद और प्रगतिवाद का रासायनिक मिश्रण है। वे एक ही साथ प्रयोगवादी भी हैं और प्रगतिवादी भी। किन्तु दोनों की अतिरेकवादी प्रवृत्तियाँ उन्हें मान्य नहीं।''
- **मैनेजर पाण्डेय**—''मुक्तिबोध फैंटेसी का जब-जब उपयोग करते हैं सत्य की अभिव्यक्ति के लिए—सत्य की खोज की प्रक्रिया को प्रेरणा देने के लिए करते हैं।''
- **निर्मला जैन**—''उनकी भाषा अनगढ़ तेजोदीप्त भाषा है।''

गिरिजाकुमार माथुर (1919-1994 ई.)

- कवि गिरिजाकुमार माथुर ने अपनी कविताओं में प्रयोगों एवं संवेदनाओं का बहुत सुन्दर ढंग से सामंजस्य स्थापित किया है। उन्होंने अपनी अनुभूतियों एवं संवेदनाओं को सूक्ष्म कोणों, रंगों और प्रभावों में व्यक्त किया है।
- **गिरिजाकुमार माथुर की प्रमुख रचनाएँ**—'मंजीर' (1941), 'नाश और निर्माण' (1946), 'धूप के धान' (1955), 'शिलापंख चमकीले' (1961), 'जो बँध नहीं सका' (1968), 'भीतरी नदी की यात्रा' (1975), 'छाया मत छूना मन' (1978), 'साक्षी रहे वर्तमान' (1979), 'मैं वक्त के सामने' (1990), 'मुझे और अभी कहना है' (1991), 'पृथ्वीकल्प, 'कल्पान्तर।
- उनका काव्य 'मंजीर' उनकी व्यक्तिगत अनुभूतियों का वर्णन है।
- माथुर-कृत नाश और निर्माण, धूप के धान, शिलालेख चमकीले में उनकी सामाजिक जीवन की अनुभूतियाँ हैं।

भवानीप्रसाद मिश्र (1913-1985 ई.)

- भवानीप्रसाद मिश्र 'सहज' संवेदना के कवि हैं।
- वे अपने आरम्भिक जीवन में 'कल्पना' के सम्पादक रहे और फिर अवकाश ग्रहण करने तक 'सम्पूर्ण गांधी वाङ्मय' के सम्पादक-मण्डल में रहे।

- **भवानीप्रसाद मिश्र की प्रमुख रचनाएँ—**'गीत-फरोश' (1956), 'चकित है दुख' (1968), 'अँधेरी कविताएँ' (1968), 'गांधी पंचशती' (1969), 'बुनी हुई रस्सी' (1971), 'ख़ुशबू के शिलालेख' (1973), 'व्यक्तिगत' (1973), 'परिवर्तन जिये' (1976), 'इदम् न मम' (1977), 'त्रिलोक संध्या' (1978), 'अन्तर्गत' (1979), 'अनाम तुम आते हो' (1979), 'शरीर, कविता, 'फ़सलें और फूल' (1980), 'कालजयी' (1980), 'मानसरोवर दिन' (1981), 'सम्प्रति' (1982), 'नीली रेखा तक' (198 4), 'तूस की आग' (1985), 'ये कोहरे मेरे हैं' (1993)।
- उनकी कविताएँ 'कमल के फूल', 'वाणी की दीनता', 'टूटने का सुख', 'सतपुड़ा के जंगल', 'सन्नाटा', 'गीत-फ़रोश' आदि में कवि ने अपनी संवेदना को कहीं सूक्ष्म रूप से तो कहीं सघन रूप से प्रस्तुत किया है।

शमशेर बहादुर सिंह (1911-1993 ई.)

- शमशेर का जन्म सन् 1911 में देहरादून में हुआ था।
- उन्होंने अपने आरम्भिक जीवन में 'कहानी' और 'नये साहित्य' के सम्पादक-मण्डल में कार्य किया।
- शमशेर मार्क्सवादी विचार के थे। उनकी अधिकांश कविताओं में कुण्ठित प्रेम का वर्णन मिलता है।
- शमशेर की रचनाओं में उनकी सोच अंग्रेज़ी कवियों 'एजरा पाउण्ड' और 'इलियट' के अधिक निकट है।
- शमशेर का कथन है, ''मैं उर्दू और हिन्दी का दोआब हूँ।''
- **शमशेर बहादुर सिंह की प्रमुख रचनाएँ—**कुछ कविताएँ' (1959), कुछ और कविताएँ' (1961), चुका भी हूँ मैं नहीं' (1975), इतने पास अपने' (1980), उदिता : अभिव्यक्ति का संघर्ष' (1980), बात बोलेगी' (198 1), काल तुझसे होड़ है मेरी' (1988), कहीं बहुत दूर से सुन रहा हूँ' (1995), सुकून की तलाश' (1998)।

शमशेर के सम्बन्ध में विद्वानों के विचार

मुक्तिबोध के अनुसार 'शमशेर'—

(1) 'प्रणय जीवन का प्रसंगबद्ध रसवादी कवि'।

(2) शमशेर की मूल मनोवृत्ति एक इम्प्रेशनिस्टिक चित्रकार की है।

(3) शमशेर की आत्मा ने अपनी अभिव्यक्ति का एक प्रभावशाली भवन अपने हाथों तैयार किया है। उस भवन में जाने से डर लगता है।

रामस्वरूप चतुर्वेदी के अनुसार 'शमशेर'—

(1) 'जीवन के कटुतम संघर्षों को लेकर उन्हें कविता में एकदम तरल बना सकना शमशेर के काव्य-व्यक्तित्व की पहचान है।'

(2) 'चित्रकला, संगीत और कविता घुल-मिलकर उनके यहाँ रचना सम्भव करते हैं।'

(3) 'जागतिक सन्दर्भों में कम-से-कम रहने पर भी शमशेर में हमें एक पूर्ण रचना संसार दिखाई देता है।'

(4) 'भाषा में बोलचाल के गद्य का लहजा और लय में संगीत का चरम अमूर्तन—इन दो परस्पर प्रतिरोधी मन:स्थितियों को उनकी कला साधती है।'

अज्ञेय के अनुसार—'शमशेर कवियों के कवि हैं।'

बच्चन सिंह के अनुसार 'शमशेर'—

(1) 'वे मुख्यत: प्रेम और प्रकृति-सौन्दर्य के कवि हैं—कहीं दोनों अलग हैं कहीं दोनों का अद्‌भुत रासायनिक घोल है।'

(2) 'उनके प्रेम में गहरी आसक्ति भी है और छायावादी पवित्र वायवियता भी।'

रामविलास शर्मा के अनुसार—'शमशेर का काव्य रीतिवादी, रोमानी, सौन्दर्यबोध और मार्क्सवादी विवेक के द्वन्द्व का काव्य है।'

मलयज के अनुसार—'शमशेर 'मूड्स' के कवि हैं किसी विज़न के नहीं।'

रामचन्द्र तिवारी के अनुसार—'शमशेर का गद्य हिन्दी का जातीय गद्य है।'

धर्मवीर भारती (1926-1997 ई.)

- धर्मवीर भारती का जन्म सन् 1926 में इलाहाबाद में हुआ था। वे कवि के साथ-साथ कथाकार एवं समीक्षक भी थे।
- धर्मवीर की आरम्भ की कविताओं में भावुकता का समावेश मिलता है। उनकी कविताएँ गीतात्मक हैं।
- **धर्मवीर भारती की प्रमुख रचनाएँ**—(1) 'ठण्डा लोहा' (1952), 'कनुप्रिया' (1959), 'सात गीत वर्ष' (1959), 'देशान्तर' (1960), 'सपना अभी भी' (1993), 'आद्यन्त' (1999)।
- 'कनुप्रिया' में राधा के प्रेम-संवेदन के माध्यम से जीवन को समझाने का एक सफल प्रयास है।

प्रयोगवाद एवं नयी कविता के अन्य प्रमुख कवि एवं उनकी रचनाएँ

कवि	रचनाएँ
रामविलास शर्मा (1912–2000)	'रूपतरंग' (1956), 'सदियों के सोए जाग उठे (1988), 'इस अकाल वेला में' (1988), 'बुद्ध वैराग्य तथा प्रारम्भिक कविताएँ' (1997)।
प्रभाकर माचवे (1917–1991)	'मेपल' (1965), 'स्वप्न भंग, 'अनुक्षण।
भारतभूषण अग्रवाल (1919–1975)	'छवि के बन्धन' (1941), 'जागते रहो' (1942), मुक्तिमार्ग' (1947), 'ओ अप्रस्तुत मन' (1958), 'काग़ज़ के फूल' (1963), 'एक उठा हुआ हाथ' (1970), 'उतना वह सूरज है' (1977), 'अनुपस्थित लोग, 'अग्निलीक'।
शकुन्त माथुर (1922–2004)	'चाँदनी चूनर' (1960), 'अभी और कुछ' (1966), 'लहर नहीं टूटेगी' (1990)।
हरिनारायण व्यास (1923–2013)	'मृग और तृष्णा' (1968), 'आउटर पर रुकी ट्रेन' (1994), 'त्रिकोण पर सूर्योदय' (1980), 'बरगद के चिकने पत्ते'।
नरेश मेहता (1922–2000)	'बनपाखी सुनो' (1957), 'बोलने दो चीड़ को (1961), 'मेरा समर्पित एकान्त' (1963), 'उत्सवा' (1979), 'तुम मेरा मौन हो' (1982), 'अरण्या' (1985), 'आख़िर समुद्र से तात्पर्य' (1988), 'चैत्या' (1993), 'पिछले दिनों, 'नंगे पैरों' (1989)। **खण्ड काव्य—**संशय की एक रात' (1962), ' महाप्रस्थान' (1964), 'प्रवाद पर्व' (1977), 'शबरी' (1977), 'प्रार्थना पुरुष' (1985)।
रघुवीर सहाय (1929–1990)	'सीढ़ियों पर धूप में' (1960), 'आत्महत्या के विरुद्ध (1967), 'हँसो-हँसो जल्दी हँसो' (1975), 'लोग भूल गए हैं' (1982), 'कुछ पते कुछ चिट्ठियाँ' (1989)।
विजयदेव नारायण साही (1924–1982)	'साखी' (1983), 'आवाज़ हमारी आएगी, 'मछलीघर (1966), 'संवाद तुमसे' (1990)।

कुँवर नारायण (1927–2017)	चक्रव्यूह' (1956), 'परिवेश : हम तुम' (1961), 'न सीमाएँ न दूरियाँ' (2017), 'अपने सामने' (1979), 'कोई दूसरा नहीं' (1993), 'इन दिनों' (2002), 'हाशिये का गवाह' (2009)। **प्रबन्ध काव्य**—आत्मजयी' (1965), 'वाजश्रवा के बहाने' (2008)।
सर्वेश्वरदयाल सक्सेना (1927–1983)	'काठ की घाटियाँ' (1959), 'बाँस का फूल' (1963), एक सूनी नाव' (1966), 'गर्म हवाएँ' (1969), 'कुआनो नदी' (1973), 'जंगल का दर्द' (1976), 'खूँटियों पर टँगे लोग' (1982), 'कोई मेरे साथ चले' (1985)।
केदारनाथ सिंह (1934–2018)	'अभी बिल्कुल अभी' (1960), 'ज़मीन पक रही है (1980), 'यहाँ से देखो' (1983), 'अकाल में सारस' (1988), 'उत्तर कबीर और अन्य कविताएँ' (1995), 'बाघ' (1996), 'तालस्ताय और साइकिल' (2005), 'सृष्टि पर पहरा' (2014), 'मतदान केन्द्र पर झपकी' (2018)।
दुष्यन्त कुमार	'सूर्य का स्वागत', 'आवाज़ों के घेरे', 'जलते हुए पवन का वसन्त'।
श्रीकान्त वर्मा	'दिनारम्भ', 'भटका मेघ', 'माया दर्पण', 'जल सागर', 'मगध', 'गेरूण किसने देखा'।
डॉ. देवराज	'इतिहास पुरुष'।
हरिनारायण व्यास	'मृग और तृष्णा'।
अजित कुमार	'अंकित होने दो', 'अकेले कण्ठ की पुकार'।
राजकमल चौधरी	'मुक्ति प्रसंग'।
लक्ष्मीकान्त वर्मा	'अतुकान्त', 'तीसरा पक्ष'।
कीर्ति चौधरी	'कविताएँ'।
बाल स्वरूप राही	'जो नितान्त मेरी है'।
विजेन्द्र	'त्रास'।
चन्द्रकान्त देवताले	'दीवारों पर. खून से'।
विष्णुचन्द्र शर्मा	'आकाश विभाजित है'।

महत्त्वपूर्ण तथ्य

- आचार्य शुक्ल ने श्रीधर पाठक के बाद दूसरे स्वच्छन्दतावाद कवि रामनरेश त्रिपाठी को माना है।
- शमशेर बहादुर सिंह 'बात के कवि' कहे जाते हैं।
- 'मुक्तिबोध' 'खबर' या 'भयानक बात के कवि' कहे जाते हैं।
- मुक्तिबोध की कविताएँ स्वाधीन भारत की 'इस्पाती दस्तावेज़' मानी जाती हैं।
- गिरिजाकुमार माथुर ऐन्द्रियता के कवि कहे जाते हैं।
- अज्ञेय 'निजता की सुरक्षा' के प्रतिनिधि कवि हैं।
- शमशेर बहादुर कवियों के कवि कहलाते हैं।
- डॉ. नगेन्द्र छायावाद के बाद नये काव्यान्दोलन की शुरुआत गिरिजाकुमार माथुर से मानते हैं।

समकालीन हिन्दी कविता/साठोत्तरी कविता

- नयी कविता के बाद काव्यप्रवृत्तियों में बदलाव देखने को मिलता है, यही कारण है कि विभिन्न विद्वानों द्वारा सन् 1960 के बाद की कविता को भिन्न-भिन्न नामों द्वारा सम्बोधित किया गया है। यथा—समकालीन कविता, साठोत्तरी कविता, अकविता, अभिनव कविता, बीट कविता, सहज कविता, युयुत्सावादी कविता, अतिकविता, जनवादी कविता, नवगीत आन्दोलन आदि।
- कई विद्वान समकालीन कविता को ही साठोत्तरी कविता कहते हैं। इनमें प्रमुख नाम बच्चन सिंह व डॉ. विश्वम्भरनाथ उपाध्याय का है।
- डॉ. विश्वम्भरनाथ उपाध्याय ने 1976 में अपनी पुस्तक 'समकालीन कविता' की भूमिका में इस नवीन काव्यान्दोलन का प्रवर्तन किया था।
- अकविता का प्रवर्तन 1963 में जगदीश चतुर्वेदी ने 'प्रारम्भ' काव्य संकलन से किया था।
- अकविता आन्दोलन को पाश्चात्य काव्यान्दोलन 'एंटी पोएट्री' (Antipoetry) ने प्रभावित किया था।
- अकविता आन्दोलन के प्रमुख कवि जगदीश चतुर्वेदी, गंगा प्रसाद विमल व श्याम परमार को माना जाता है। इन तीनों रचनाकारों को अकविता का प्रसिद्ध काव्य-संकलन 'विजय' में संकलित किया गया है। इसके अतिरिक्त अन्य अकविता के प्रमुख रचनाकार के रूप में धूमिल, राजकमल चौधरी, मुद्राराक्षस, सौमित्र मोहन आदि का नाम प्रमुखता से लिया जाता है।

- ‘अकविता’ पत्रिका का प्रकाशन श्याम परमार ने किया था।
- कुछ विद्वान अकविता को ही साठोत्तरी कविता भी कहते हैं।
- बीट कविता/बीट पीढ़ी काव्य के प्रवर्तक राजकमल चौधरी को माना जाता है।
- 1965 में ‘युयुत्सा’ नामक पत्रिका का प्रकाशन शलभ श्रीराम सिंह ने कलकत्ता से किया था। इसी कारण शलभ श्रीराम सिंह को युयुत्सावादी कविता का प्रवर्तक माना जाता है।
- सहज कविता का प्रवर्तक डॉ. रवीन्द्र भ्रमर को मानते हैं।
- नव प्रगतिशील कविता का प्रवर्तक नवल किशोर को मानते हैं।

प्रमुख समकालीन कवि एवं उनकी रचनाएँ

कवि	रचनाएँ
लक्ष्मीकान्त वर्मा (1922–2002)	‘अतुकान्त’ (1968), ‘तीसरा पक्ष’ (1975), ‘रूबरू ’ (2004)।
जगदीश गुप्त (1924–2001)	‘हिम विद्ध’, ‘युग्म’, ‘शब्द–दंश’, ‘नाव के पाँव’, ‘छन्द वीथी’, ‘साँझ’, ‘जयन्त’, ‘गोपा’, ‘छन्दशती’, ‘आदिम एकान्त’, ‘शम्बूक’, ‘गौतम’, ‘बोधि वृक्ष’ (1982), ‘माँ के लिए’ (1990)।
रामदरश मिश्र (1924)	‘पथ के गीत’ (1951), ‘बेरंग बेगम चिट्ठियाँ’ (1962), ‘पक गयी है धूप’ (1969), ‘कन्धे पर सूरज’ (1977), ‘दिन एक दिन बन गया’ (1984), ‘बाज़ार को निकले हैं लोग’ (ग़ज़ल-संग्रह)(1986), ‘जुलूस कहाँ जा रहा है’ (1989), ‘आग कुछ नहीं बोलती’ (1992), ‘शब्दसेतु’ (1994), ‘बारिश में भीगते बच्चे’ (1996), ‘ऐसे में जब कभी’ (1999), ‘आम के पत्ते’ (2004), ‘रात सपने में’ (2017)।
राजकमल चौधरी (1929–1967)	‘कंकावती’, ‘मुक्ति प्रसंग’, ‘स्वर गन्ध’।
कुमार विकल (1935–1997)	‘रंग ख़तरे में’, ‘एक छोटी–सी लड़ाई’।
कैलाश वाजपेयी (1936–2015)	‘संक्रान्त’ (1964), ‘देहान्त से हटकर’ (1968), ‘तीसरा ‘अँधेरा’ (1972), ‘महास्वप्न का मध्यान्तर’ (1980), ‘हवा में हस्ताक्षर’ (2005)।

धूमिल (1936-1975)	'संसद से सड़क तक' (1972), 'कल सुनना मुझे' (1975) 'सुदामा पाण्डे का प्रजातन्त्र' (1984)।
अशोक वाजपेयी (1941)	'शहर अब भी सम्भावना है' (1966), 'एक पतंग अनन्त में ' (1984), 'अगर इतने से' (1986), 'तत्पुरुष' (1989), 'कहीं नहीं वहीं' (1990), 'बहुरि अकेला' (1992), 'थोड़ी- सी जगह' (1994), 'घास में दुबका आकाश' (1994), 'आविन्यो' (1995), 'जो नहीं है' (1996), 'तिनका-तिनका' (1996), 'अभी कुछ और' (1998), 'समय के पास समय' (2000)।
विनोद कुमार शुक्ल (1937)	'लगभग जयहिन्द' (1971), 'वह आदमी चला गया नया गरम कोट पहिनकर विचार की तरह' (1981), 'सब कुछ होना बचा रहेगा' (1992), 'अतिरिक्त नहीं' (2002), 'कविता से लम्बी कविता' (2001), 'आकाश धरती को खटखटाता है' (2006), 'कभी के बाद अभी' (2012), 'कवि ने कहा' (2012)।
रमेशचन्द्र शाह (1937)	'कछुए की पीठ पर', 'हरिश्चन्द्र आओ', 'नदी भागती आयीं' (1998), 'प्यारे मुचकुन्द को', 'देखते हैं शब्द भी अपना समय' (2000), 'चाक पर समय'।
प्रयाग शुक्ल (1940)	'कविता सम्भव है', 'यह एक दिन है', 'अधूरी चीजें तमाम' (1987), 'यह लिखता हूँ', 'बीते कितने बरस', 'यह जो रहा है' (1990)।
बलदेव वंशी (1938-2018)	'बगो की दुनिया', 'अँधेरे के बावजूद', 'कहीं कोई आवाज़ नहीं', 'उपनगर में वापसी', 'वाक् गंगा', 'आत्मदान' (1982)', 'टूटता तार', 'मन्यु', 'सागर दर्शन'।
सौमित्र मोहन (1938)	निषेध' (1972)', 'चाकू से खेलते हुए' (1972)', 'लुकमान अली और अन्य कविताएँ' (1978)', 'आधा दिखता वह आदमी' (2018)।
विष्णु खरे (1940-2018)	मरु प्रदेश और अन्य कविताएँ', 'खुद अपनी आँख से (1978), 'सबकी आवाज़ के पर्दे में' (1994), 'पिछला बाक़ी' (1998), 'काल और अवधि के दरमियान' (2003), 'और अन्य कविताएँ' (2017)।

इब्बार रब्बी (1971)	खाँसती हुई नदी' (1969), 'घोषणा पत्र' (1981), 'लोग-बाग' (1985), 'वर्षा में भीगकर' (2000)।
श्रीकान्त वर्मा (1933–1975)	भटका मेघ' (1957), 'दिनारम्भ' (1967), 'मायादर्पण (1967), 'जलसाघर' (1973), 'मगध' (1983), 'गरुड़ किसने देखा' (1986)।
चन्द्रकान्त देवताले (1936–2017)	'हड्डियों में छिपा ज्वर' (1973), 'दीवार पर खून से (1975), 'लकड़बग्घा हँस रहा है' (1980), 'रोशनी के मैदान की तरफ़' (1982), 'भूखण्ड तप रहा है' (198 6), 'आग हर चीज़ में बतायी गयी थी' (1987), 'बदला बेहद महँगा सौदा' (1995), 'पत्थर की बेंच' (1996), 'इतनी पत्थर रोशनी' (2002), 'उजाड़ में संग्रहालय' (2003), 'जहाँ थोड़ा सा सूर्योदय होगा' (2008), 'पत्थर फेंक रहा हूँ' (2010)।
वीरेन डंगवाल (1947–2015)	'इसी दुनिया में' (1991), 'दुष्चक्र में स्रष्टा' (2002), 'स्याली ताल'।
मंगलेश डबराल (1948–2020)	'पहाड़ पर लालटेन' (1981), 'घर का रास्ता' (1988), 'हम जो देखते हैं' (1995), 'आवाज़ भी एक जगह है' (2004), 'मुझे दिखा एक मनुष्य', 'नए युग में शत्रु'।
मलयज' (भरत श्रीवास्तव) (1935–1982)	'ज़ख़्म पर धूल', 'अपने होने को अप्रकाशित करता हुआ'।
नरेन्द्र जैन (1948)	'दरवाज़ा खुलता है' (1980), 'तीता के लिए कविताएँ' (1983), 'यह मैं हूँ पत्थर' (1984), 'उदाहरण के लिए, 'सागर में कुछ दिन', 'चौराहे पर लोहार।
लीलाधर जगूड़ी (1940)	नाटक जारी है' (1962), 'शंखमुखी शिखरों पर' (1964), इस यात्रा में' (1964), 'रात अब भी मौजूद है' (1966), 'बची हुई पृथ्वी' (1966), 'घबराए हुए शब्द' (1981), 'भय भी शक्ति देता है' (1991), 'अनुभव के आकाश में चाँद' (1994), 'महाकाव्य के बिना, 'ईश्वर की अध्यक्षता में' (1999), 'खबर का मुँह विज्ञापन से ढका है' (2008), 'जितने लोग उतने प्रेम' (2013)।

उदय प्रकाश (1952)	‘सुनो कारीगर’ (1980), ‘अबूतर कबूतर’ (1984), ‘रात में हारमोनियम’ (1998), ‘एक भाषा हुआ करती है’ (2009)।
अरुण कमल (1954)	‘अपनी केवल धार’ (1980), ‘सबूत’ (1989), ‘नये इलाके में’ (1996), ‘पुतली में संसार’ (2004), ‘मैं वो शंख महाशंख’ (2013)।
मदन कश्यप	‘लेकिन उदास है पृथ्वी’ (1993), ‘नीम रोशनी में’ (2000), ‘कुरुज’ (2006)।
स्वप्निल श्रीवास्तव (1954)	‘ईश्वर एक लाठी है’ (1980), ‘ताख पर दियासलाई (1998), ‘मुझे दूसरी पृथ्वी चाहिए’ (2004), ‘ज़िन्दगी का मुकदमा, ‘जब तक है जीवन’।
ज्ञानेन्द्रपति (1950)	‘आँख हाथ बनते हुए’ (1970), ‘शब्द लिखने के लिए यह कागज बना है’ (1980), ‘गंगातट’ (1980), ‘संशयात्मा’ (2004), ‘भिनसार’ (2006)।
लीलाधर मण्डलोई (1953)	‘काल बाँका-तिरछा’, ‘रात बिरात’, ‘घर-घर घूमा’, ‘देखा-अनदेखा’, ‘क्षमा-याचना’, ‘उपस्थित है समुद्र’, ‘ये बदमस्ती तो होगी’, ‘मन बेपरवाह’, ‘लिक्खे में दुःख’, ‘एक बहुत कोमल तान’, ‘महज़ शरीर नहीं पहन रखा था उसने’।
कुमार अम्बुज (1957)	‘किवाड़’(1992)’, ‘ क्रूरता’(1996)’,‘अनन्तिम’(1998)’, ‘अतिक्रमण’ (2002)’, ‘अमीरी रेखा’ (2011)।
विमल कुमार (1960)	‘सपने में एक औरत से बातचीत’ (1992), ‘यह मुखौटा किसका है’ (2002), ‘पानी का दुखड़ा’ (2009)।
निलय उपाध्याय (1963)	‘अकेला घर हुसैन का’ (1994), ‘कटौती’ (1999)।
एकान्त श्रीवास्तव (1964)	‘मिट्टी से कहूँगा धन्यवाद’ (2000), ‘नागरिक व्यथा, ‘अन्न है मेरे शब्द’, ‘बीज से फूल तक’ (2003), ‘नागकेसर का देश यह’, ‘धरती अधखिला फूल है’ (2013)।
बद्रीनारायण (1954)	‘सच सुने कई दिन हुए’ (1993), ‘शब्द पदीयम’, ‘खुदाई में हिंसा’।

बोधिसत्व' (1968)	'सिर्फ़ कवि नहीं' (1991), 'हम जो नदियों का संगम है' (2000), 'दुख तन्त्र' (2004), 'खत्म नहीं होती बात' (2010)।
गीत चतुर्वेदी	'आलाप में गिरह' (2010), 'न्यूनतम में' (2017)।
आलोकधन्वा	'दुनिया रोज़ बनती है' (1998)।

प्रमुख समकालीन कविता की कवयित्रियाँ

कवयित्री	रचनाएँ
इन्दु जैन (1926-2008)	'हमसे पहले भी लोग यहाँ थे' (1980), 'आँख से भी छोटी चिड़िया', 'कितनी अवधि' (1986), 'बुनती आवाज़ें' (1990), 'हवा की मोहताज क्यों रहूँ', 'कौन तेरा कौन-सा', 'कुछ न कुछ टकराएगा ज़रूर' (2004), 'आसपास राग', 'यहाँ कुछ हुआ तो था', 'चूमो एक लहर है कविता'।
स्नेहमयी चौधरी (1935-2017)	'चौतरफ़ा लड़ाई', 'अपने ख़िलाफ़' (1982)।
अमृता भारती (1939)	'मैंने नहीं लिखी कविता' (1978), 'सन्नाटे से दूर तक' (1992), 'आदमी के राज्य में, 'मन रुक गया वहाँ'।
कुसुम अंसल	'मौन के दो पल' (1978), 'धुएँ का सच' (1980), 'विरूपीकरण' (1987), 'मेरा होना' (1998), 'ऑनली स्टार्स साइन' (2002)।
पद्मा सचदेव (1940)	'मेरी कविता मेरे गीत' (1969)।
सुनीता जैन (1941-2017)	'हो जाने दो मुक्त' (1978), 'एक और दिन' (1983), 'रंग रति' (1986), 'सूत्रधार सोते हैं,' (1985), 'युग क्या होते नहीं' (1995), 'छाया कहीं बड़ी है' (1998), उतना भर समय' (1998), 'हथेली पर चाँद' (1998), 'जो मैं जानती' (2003), 'दूसरे दिन' (2004)।
प्रभा खेतान	'अपरिचित उजाले' (1981), 'सीढ़ियाँ चढ़ती हुई मैं'

(1942-2009)	(1982), 'एक और आकाश की खोज में' (1985), 'अहल्या' (1988)।
मैत्रेयी पुष्पा' (1944)	'लकीरें'।
अर्चना वर्मा (1946-2019)	'कुछ दूर तक' (1981), 'लौटा है विजेता' (1993)।
कात्यायनी (1959)	'सात भाइयों के बीच चम्पा' (1994), 'इस पौरुषपूर्ण समय में' (1999), 'चेहरों पर आँच', 'जादू नहीं कविता' (2002), 'राख अँधेरे का बारिश में', 'फुटपाथ पर कुर्सी'।
जया जादवानी (1959)	'अनन्त सम्भावनाओं के बाद भी', 'मैं शब्द हूँ', 'उठता है कोई एक मुट्ठी ऐश्वर्य'।
गगन गिल (1959)	'अँधेरे में बुद्ध' (1990), 'यह आकांक्षा समय नहीं', 'थपक-थपक दिल थपक-थपक'।
नीरजा माधव (1962)	'प्यार लौटाना चाहेगा', 'प्रथम छन्द से स्वप्न', 'प्रस्थानत्रयी'।
नीलेश रघुवंशी (1969)	'घर निकासी' (1997), 'पानी का स्वाद' (2004), 'खिड़की खुलने के बाद' (2017)।
अनामिका (1961)	'बीजाक्षर', 'समय के शहर में', 'ग़लत पते की चिट्ठी', 'अनुष्टुप', 'कविता में औरत', 'खुरदरी हथेलियाँ' (2005), 'दूब धान' (2007), 'टोकरी में दिगन्त : मेरी गाथा' (2014) ।

नवगीत

- नवगीत परम्परा का प्रारम्भ डॉ. शम्भुनाथ सिंह, 1960 ई. के बाद मानते हैं।
- डॉ. शम्भूनाथ सिंह नवगीत परम्परा के प्रमुख हस्ताक्षर के रूप में अज्ञेय को मानते हैं।
- 'नवगीत' परम्परा का नामकरण करने का श्रेय राजेन्द्र प्रसाद सिंह को जाता है। इन्होंने 1958 में अपने ही सम्पादन में प्रकाशित पत्रिका 'गीतांगिनी' में नवगीत परम्परा पर विस्तृत चर्चा की थी।
- राजेन्द्र प्रसाद सिंह ने नवगीत के 5 प्रमुख तत्त्व स्वीकार किये हैं—
  (1) जीवन दर्शन (2) व्यक्तित्व बोध (3) आत्मनिष्ठा
  (4) प्रतितत्त्व (5) परिसंचय।

- कुछ विद्वान उमाकान्त मालवीय को 'नवगीत' परम्परा का जनक मानते हैं।
- राजेन्द्र प्रसाद सिंह, ठाकुर प्रसाद सिंह, रामदरश मिश्र, डॉ. शम्भुनाथ सिंह, रवीन्द्र भ्रमर, उमाकान्त मालवीय, वीरेन्द्र मिश्र, बाल-स्वरूप राही, रमेश रंजक, कुमार रवीन्द्र, सोम ठाकुर आदि प्रमुख नवगीतकार के रूप में जाने जाते हैं।

नवगीत के सन्दर्भ में प्रमुख विद्वानों के कथन

- **रवीन्द्र भ्रमर**—''नवगीत रागात्मक चेतना का पर्याय है।''
- **वीरेन्द्र मिश्र**—''नवगीत अवस्थाशील अनुभूमियों का निर्बन्ध समवेत स्वर है।''
- **माहेश्वर तिवारी**—''नवगीत अपने समय की आधुनिकता बोध से सम्पन्न समाज सम्पृक्त छान्दसिक रचना है।'
- **उमाकान्त मालवीय**—''नवगीत काव्य जगत् में व्याप्त अराजकता के मध्य मर्यादा का जयघोष है।'

नवगीत के कवि एवं उनकी रचनाएँ

कवि	रचनाएँ
शम्भुनाथ सिंह (1916-1991)	'रूप रश्मि' (1941), 'छायालोक' (1945), 'मन्वन्तर, 'उदयांचल' (1946), 'दिवालोक' (1951), 'समय की शिला पर' (1968), 'जहाँ दर्द नीला है' (1977)।
गोपालदास 'नीरज' (1925-2018)	'संघर्ष' (1944), 'अन्तर्ध्वनि' (1946), 'विभावरी (1951), 'प्राण-गीत' (1954), 'दर्द दिया है' (1956), 'बादर बरस गयी' (1958), 'नीरज की पाती' (1958), 'नदी किनारे' (1958), 'दो गीत' (1958), 'आसावरी' (1958), 'लहर पुकारे' (1959), 'मुक्तकी' (1960), 'गीत भी अगीत भी'।
रामावतार त्यागी (1925-1985)	आठवाँ स्वर', 'नया खून', 'गुलाब और बबूल वन', 'गाता हुआ दर्द', 'मैं दिल्ली हूँ'।
वीरेन्द्र मिश्र (1926-2002)	'गीतम', लेखनी बेला', 'अविराम चल मधुवन्ती'।
रमानाथ अवस्थी (1927-1999)	'आग और पराग', 'हंस अकेला' (2002)', 'सुमन सौरभ', 'राख और शहनाई।

राजेन्द्र प्रसाद सिंह (1930–2007)	'भूमिका' (1950)', 'दिग्वधू' (1956)', 'गीतांगिनी (1958)', 'आओ खुली बयार' (1962)', 'संजीवन कहाँ' (1965), 'गजर आधी रात का' (1981), 'भरी सड़क पर' (1980), 'लाल नील धारा'।
उमाकान्त मालवीय (1931–1982)	'मेंहदी और महावर', 'सुबह रक्त पलाश की'।
रवीन्द्र भ्रमर' (1934)	'सोन मछरी मन बसी है', 'रवीन्द्र भ्रमर गीत।
देवेन्द्र शर्मा' (इन्द्र)	'पंखकटी महराबें', 'पथरीले शोर में', 'कुहरे की प्रत्यंचा', 'यात्रा में साथ-साथ', 'भूला नहीं हूँ', 'मैं चुप्पियों की पैंजनी' (1988), 'दिन पाटलीपुत्र हुए' (1988), 'आँखों में रेत प्यास' (1989), 'गन्ध मादन का अहेरी' (2003)।
बालस्वरूप राही (1936)	'जो नितान्त मेरी है', 'मेरा रूप तुम्हारा दर्पण, 'सूरज का रथ'।
नयीम (1935–2009)	'बातों ही बातों में', 'पथराई आँखें'।
रमेश रंजक (1938–1999)	'गीत विहग उतरा', 'किरन के पाँव', 'हरापन नहीं टूटेगा', मिट्टी बोलती है', 'इतिहास दुबारा लिखो'।
माहेश्वर तिवारी (1939)	'नदी का अकेलापन', 'हरसिंगार कोई तो हो'।
कुँवर बेचैन (1942)	'भीतर साँकल बाहर साँकल', 'पिन बहुत सारे', 'शामियाने काँच के', 'महावर इन्तजारों का'।
नचिकेता (1945)	'सुलगते पसीने', 'आदमकद खबरे'।
बुद्धिनाथ मिश्र (1949)	'जाल फेंक रे मछेरे', 'जाड़े में पहाड़', 'शिखरिणी'।

भारतेन्दु-युग के काव्य की प्रमुख पंक्तियाँ

भारतेन्दु हरिश्चन्द्र

1. *तरनि तनूजा तट तमाल तरुवर बहु छाए।*
   झुके कूल सो जल परसन हित मनहुँ सुहाए॥
2. *फरकि उठीं सबकी भुजा, खरकि उठी तरवार।*
   क्यों आपुहि ऊँचे भए आर्य मोछ के बार॥

3. *निज भाषा उन्नत अहै, सब उन्नति के मूल।*
बिन निज भाषा ज्ञान कै मिटै न हिय कै सूल॥
4. *सहसन बरसन सो सुन्यो जो सपने नहिंकान, सो जय आरज शबद।*
5. *हाय! वहै भारत-भुव भारी। सब ही विधि सों भई दुखारी॥*
हाय चितौर! निलज तू भारी। अजहुँ खरो भारतहि मँझारी॥
6. *कहाँ करुणानिधि केशव सोए?*
जागत नाहिं अनेक जतन करि भारतवासी रोए।
7. *पै धन विदेश चलि जात यहै अति ख्वारी।*
8. *मेरे तो साधन एक ही है, जग नन्द लला वृषभानु दुलारी॥*
9. *पिय प्यारे तिहारे निहारे बिना अँखियाँ दुखियाँ नहिं मानती हैं।*
10. *आजु लौं न मिले तो कहा हम तो तुमरे सब भाँति कहावैं।*
11. *सिसुताई अजौ न गई तन ते, तऊ जोबन जोति लहोरे लगी।*
12. *सभा में दोस्तों बन्दर की आमद अमाद है,*
13. *रोवहु सब मिलि, आवहु भारत भाई।*
हा! हा! भारत दुर्दशा न देखी जाई॥
14. *सखा प्यारे कृष्ण के गुलाम राधा रानी के।*
15. *रहै क्यों एक म्यान असि दोय।*
16. *भीतर-भीतर सब रस चूसे, हँस हँस कै तन मन धन मूसै।*
जाहिर बातन में अति तेज क्यों सखि सज्जन नहिं अंगरेज।।

बद्रीनारायण चौधरी 'प्रेमघन'

1. *भयो भूमि भारत में महा भयंकर भारत।*
भए बीरबल सकल सुमद एकहि सँग गारत॥
2. *अचरज होत तुमहुँ सम गोरे बजत कारे।*
तासो कारे 'कारे' शब्दहु पर हैं वारे॥
3. *निरधन दिन-दिन होत है, भारत भुव सब भाँति।*
ताहि बचाइ न कोउ सकत निज भुज बुधि बल कान्ति॥
4. *धन्यभूमि भारत सब रतननि की उपजावनि।*
5. *आजु लौं रही अनेक भाँति धीर धारि कै।*
पै न भाव मोहिं बैठनों सु मौन मारि कै॥

प्रतापनारायण मिश्र

1. *तबहि लख्यौ जहँ रहो एक दिन कंचन बरसत।*
   तहँ चौथाई जन रूखी रोटिहुँ को तरसन।
2. *यह बयारि तबै बदलेगी कछू, पपीहा जब पूछिहै पीव कहाँ॥*
3. *अभि देखए क्या दशा देश की हो।*
   बदलता है रंग आसमाँ कैसे कैसे।
4. *कौन करे जो नहिं कसकत सुनि विपति बाल बिधवन की।*
5. *पढ़ि कमाय कीन्हों कहा, हरे देश कलेस।*
   जैसे कन्ता घर रहे, तैसे रहे विदेश॥
6. *विधवा विलाप नित धनु कहें कोउ लागत हाय गोहार नहीं॥*

ठाकुर जगमोहन सिंह

1. *पहार अपार कैलास से कोटिन ऊँची शिखा लगि अम्बर चूम।*
   निहारत दीठि भ्रमै पगिया गिरि जात उतंगता ऊपर झूम।
2. *कुल कान्ति तजी गुरु लोगन में बसिक सब बैन कुबैन सहा।*
   सब छोड़ि तुम्है हम पायो अहो तुम छोड़ि हमै कहो पायो कहा॥
3. *अब यो उर आवत है सजनी, मिलि जाऊँ गरे लगि कै छतियाँ।*
   मन की करि भाँति अनेकन औ मिलि की जियरी रस की बतियाँ॥
   हम हारि अरी करि उपाय, लिखी बहु नेह भरी पतिया।
   जगमोहन मोहनी मूरति के बिना कैसे कटे दुःख की रतियाँ॥

द्विवेदी-युग के काव्य की प्रमुख पंक्तियाँ

श्रीधर पाठक

1. *जगत् है सच्चा, तनिक न कच्चा समझो बच्चा इसका भेद।*
2. *निज भाषा बोलहु लिखहु पढ़हु गुनहु सब लोग।*
   करहु सकल विषयन विषै निज भाषा उपजोग॥
3. *लिखो न करो लेखनी बन्द। श्रीधर सम सब कवि स्वच्छन्द।*
4. *प्रकृति यहाँ एकान्त बैठि निज रूप सँवारति।*
   पल-पल पलटति भेस छनिक छवि छिन छिन धारति॥
5. *इस भारत में बन पावन तू ही तपस्वियों का तप-आश्रम था,*
   जग तत्त्व की खोज में लग्न जहाँ ऋषियों ने अमन किया श्रम था।
6. *कहें पै स्वर्गीय कोई बाला सुमंजु वीणा बजा रही है।*
   सुरों के संगीत की सी कैसी सुरीली गुंजार आ रही है॥

महावीर प्रसाद द्विवेदी

1. *तुम्हीं अन्नदाता भारत के सचमुच बैलराज।*
   महाराज बिना तुम्हारे हो जाते हम दाना-दाना को मोहताज॥
2. *सारी प्रजा निपढ़ दीन दुखी जहाँ है,*
   कर्तव्य क्या न कुछ भी तुमको वहाँ है?
3. *श्रीयुक्त नागरि विहारि दशा तिहारी।*
   होवै विषाद मन माँहि अतीव भारी॥
4. *भैंसि भवानी कै तब सेवा लागे करन पठव गा छूटि।*
   बटुवन दूध दुआ इन हाथन धार न कबहुँ दुहत माँ टूटि॥
5. *श्री युक्त नागरि विहारि दशा तिहारी।*
   होवै विषाद मन माँहि अतीव भारी॥

अयोध्या सिंह उपाध्याय 'हरिऔध'

1. *दिवस का अवसान समीप था। गगन कुछ लोहित हो चला॥*
   तरु-शिखर पर थी अब राजती। कमलिनी कुल-वल्लभ की प्रभा॥
2. *धीरे-धीरे दिन रात हुआ पद्मिनीनाथ दुबे।*
   आई दोषा पुर गत हुई, दूसरा वार आया॥
3. *प्रिय पति, वह मेरा प्यारा कहा है?*
   दुःख जलनिधि डूबी का सहारा कहाँ है?
4. *शोभा वारिधि की अमूल्य मणि सी लावण्यलीलामयी।*
   श्री राधा मृदुभाषिणी मृगदृगी माधुर्यसन्मूर्ति थी॥

मैथिलीशरण गुप्त

1. *हम कौन थे, क्या हो गये और क्या होंगे अभी।*
   आओ विचारें आज मिलकर ये समस्याएँ सभी॥
2. *राम, तुम मानव हो? ईश्वर नहीं हो क्या?*
   विश्व में रमे हुए नहीं अभी कहीं हो क्या?
3. *अबला जीवन हाय! तुम्हारी यही कहानी*
   आँचल में है दूध और आँखों में पानी।
4. *सखि! वे मुझसे कहकर जाते।*
   कह, क्या वे मुझको अपनी पथ बाधा ही पाते?
5. *चारु चन्द्र की चंचल किरणें खेल रही हैं जल थल में।*
   स्वच्छ चाँदनी छिटक रही है अवनि और अम्बर तल में॥

6. *नारी पर नर का कितना अत्याचार है।*
लगता है विद्रोह मात्र ही अब उसका प्रतिकार है॥
7. *वही मनुष्य है, जो मनुष्य के लिए मरे।*
8. *वेदने! तू भी भली बनी।*
पाई मैंने आज तुझी में अपनी चाह घनी॥

नाथू राम शर्मा 'शंकर'

1. *देशभक्त वीरो, मरने से नेक नहीं डरना होगा।*
प्राणों का बलिदान देश की वेदी पर करना होगा॥
2. *शंकर नदी नद नदी सन के नीरन की*
भाप बन अम्बर ते ऊँची चढ़ जाएगी।
3. *छड़ी धार छैल छबीले बनो, रंगीले, रसीले, कबीले बनो।*
न चूको भले भोग भोगी बनो, किसी वेडनी के वियोगी बनो।
4. *भड़का भुला दो भूतकाल की सजिये वर्तमान के साज।*
फैसन फेर इण्डिया भर के गोरे गॉड बनो ब्रजराज॥

रामनरेश त्रिपाठी

1. *प्रेम स्वर्ग है, स्वर्ग प्रेम है, प्रेम अशंक अशोक।*
ईश्वर का प्रतिबिम्ब प्रेम है, प्रेम हृदय आलोक॥
2. *गंध-विहीन फूल है जैसे चन्द्रिका-हीन।*
यों ही फीका मनुष्य का जीवन प्रेम-विहीन॥

जगन्नाथदास 'रत्नाकर'

1. *दीन दसा देखि ब्रज-बालनि की उद्धव की,*
गरिगो गुमान ग्यान गौरव गुठाने-से।
2. *भेजे मन-भावन के उद्धव के आवन की,*
सुधि ब्रज-गावनि मैं पावन जबै लगी।
3. *कान्ह-दूत के धौं ब्रह्मा-दूत है पधारे आप।*
धारे प्रन फेरन की मति ब्रजबारी की॥

सत्यनारायण 'कविरत्न'

1. *पढ़ी न अच्छर एक, ग्यान सपने ना पायौ।*
दूध दही चाटन में, सबरो जन्म गवायो॥

2. *नित नव परत अकाल, काल को चलत चक्र चहु।*
जीवन को आनन्द न देख्यो जात यहाँ कहु॥
3. *अलबेली कहु बेलि द्रुमन सुहाई।*
छोए छोए पातन की अनुपम कमनाई॥
4. *जे तजि मातृभूमि सों ममता होत प्रवासी।*
तिन्हैं विदेसी तंग करत दे विपदा खासी॥

छायावाद युग के काव्य की प्रमुख पंक्तियाँ

जयशंकर प्रसाद

1. *बाँधा था विधु को किसने इन काली ज़ंजीरों से।*
मणि वाले फणियों का मुख क्यों भरा हुआ है हीरों से॥
2. *झंझा झकोर गर्जन है, बिजली है नीरद माला।*
पाकर इस शून्य हृदय को, सबने आ डेरा डाला॥
3. *तुम हो कौन और मैं क्या? इसमें क्या है धरा सुनो।*
मानस जलधि रहे चिर चुम्बित मेरे क्षितिज उदार बनो॥
4. *अरी वरुणा की शान्त कछार।*
5. *मेरा अनुराग फैलने दो, नभ के अभिनव कलरव में,*
जाकर सूनेपन के तम में, बन किरण कभी आ जाना॥
6. *इस करुणा कलित हृदय में अब विकल रागिनी बजती।*
क्यों हाहाकार स्वरों में वेदना असीम गरजती?
7. *मानव जीवन वेदी पर परिणय हो विरह मिलन का।*
दुःख सुख दोनों नाचेंगे है खेल आँख का मन का॥
8. *जल उठा स्नेह दीपक-सा, नवनीत हृदय था मेरा।*
अब शेष धूम रेखा से, चित्रित कर रहा अँधेरा॥
9. *सबका निचोड़ लेकर तुम सुख से सूखे जीवन में।*
बरसो प्रभात हिमकन-सा आँसू इन विश्व सदन में॥
10. *ओ चिन्ता की पतली रेखा, अरी विश्व वन की प्याली,*
ज्वालामुखी विस्फोट के भीषण प्रथम कम्प-सी मतवाली॥
11. *तुम भूल गए पुरुषत्व-मोह में कुछ सत्ता है नारी की।*
समरसता है सम्बन्ध बनी अधिकार और अधिकारी की॥
12. *वह विज्ञानमयी अभिलाषा, पंख लगाकर उड़ने की,*
जीवन की असीम आशाएँ कभी न नीचे मुड़ने की॥

सूर्यकान्त त्रिपाठी 'निराला'

1. *ये कान्यकुब्ज-कुल-कुलांगार खाकर पत्तल में करे छेद,*
   इनके कर कन्या, अर्थ खेद।
2. *दुःख ही जीवन की कथा रही, क्या कहूँ आज जो नहीं कही!*
3. *अशब्द अधरों का सुना भाषा,*
   मैं कवि हूँ, पाया है प्रकाश।
4. *धन्ये, मैं पिता निरर्थक था, कुछ भी तेरे हित न कर सका।*
   जाना तो अर्थामोपाय पर रहा सदा संकुचित-काय।
   लखकर अनर्थ आर्थिक पथ पर हारता रहा मैं स्वार्थ समर।
5. *यह हिन्दी का स्नेहोपहार, यह नहीं हार मेरी, भस्वर यह रत्नहार-लोकोत्तर वर॥*
6. *जागो फिर एक बार।*
   शेरों की माँद से आया है आज स्यार।
7. *होगा फिर से दुर्धर्ष समर*
   जड़ से चेतन का निशिवासर
   कवि का प्रति छवि से जीवन हर, जीवन भर
   भारती इधर, है उधर सकल
   जड़ जीवन के संचित कौशल
8. *एक साथ जब शत घातपूर्ण, आते थे मुझ पर तुले तूर्ण देखता रहा है खड़ा अपल, वह शर-क्षेप, वह रण कौशल।*
9. *एक क्षण अन्धकार घन में जैसे विद्युत।*
   जागी पृथ्वी-तनया-कुमारिका-छवि, अच्युत॥
10. *है अमा-निशा उगलता गगन घन! अन्धकार,*
    खो रहा दिशा का ज्ञान स्तब्ध है पवन चार॥

सुमित्रानन्दन पन्त

1. *अरुण अधरों की पल्लव प्रात,*
   मोतियों-सा हिलता हिम हास।
2. *छोड़ द्रुमों की मृदु छाया,*
   तोड़ प्रकृति से भी माया,
   बाले तेरे बाल जाल में कैसे उलझा दूँ लोचन?

3. *तुम्हारे धूने में था प्राण, संग में पावन गंगा स्नान।*
   तुम्हारी वाणी में कल्याणि त्रिवेणी की लहरों का गान॥
4. *धूलि की ढेरी में अनजान छिपे हैं तेरे मधुमय गान।*
5. *वियोगी होगा पहला कवि आह से उपजा होगा गान।*
   निकलकर आँखों से चुपचाप बही होगी कविता अनजान॥
6. *द्रुत झरो जगत् के जीर्ण पत्र, हे स्त्रस्त ध्वस्त हे शुष्क शीर्ण।*
   हिम ताप पीत मधुवात भीत, तुम वीतराग जड़ पुराचीन॥
7. *तुम वहन कर सको जन मन में मेरे विचार।*
   वाणी मेरी, चाहिए तुम्हें क्या अलंकार॥
8. *सुन्दर है विहग, सुमन सुन्दर मानव तुम सबसे सुन्दरतम्।*

महादेवी वर्मा

1. *मैं नीर भरी दुःख की बदली।*
   परिचय इतना इतिहास यही।
   उमड़ी कल थी मिट आज चली॥
2. *पर शेष नहीं होगी यह मेरे प्राणों की क्रीड़ा,*
   तुमको पीड़ा में ढूँढ़ा तुममें ढूँढ़ँगी पीड़ा।
3. *बीन भी हूँ मैं तुम्हारी रागिनी भी हूँ।*
   दूर हूँ तुमसे अखण्ड सुहागिनी भी हूँ॥
4. *वे मुस्काते फूल नहीं जिनको आता है मुरझाना।*
   वे तारों के दीप नहीं जिनको भाता है बुझ जाना।
5. *जो तुम आ जाते एक बार।*
   कितनी करुणा कितने सन्देश पथ में बिछ जाते बन पराग।
   गाता प्राणों का तार-तार अनुराग भरा उन्माद राग।
6. *धूप-सा तन दीप-सी मैं,*
   मोम सा तन धुल चुका अब दीप-सा मन जल चुका है।
7. *मिलन का मत नाम लो मैं विरह में चिर हूँ।*
8. *मधुर मधुर मेरे दीपक जल*
   युग युग प्रतिदिन प्रतिक्षण प्रतिपल
   प्रियतम का पक्ष आलोकित कर।
9. *क्या पूजा क्या अर्जन रे?*
   उस असीम का सुन्दर मन्दिर मेरा लघुतम जीवन रे।

बालकृष्ण शर्मा 'नवीन'

1. *हम अनिकेतन, हम अनिकेतन, हम तो रमते राम हमारा क्या घर, कैसा वतन?*
2. *हो जाने दो गर्क नशे में, मत पड़ने दो फर्क नशे में।*
3. *कवि कुछ ऐसी तान सुनाओ, जिससे उथल-पुथल मच जाये।*
4. *ओ भिखमंगे, अरे पराजित, ओ मललम, अरे चिरदोहित,*
   तू अखण्ड शक्ति, जाग अरे निद्रा सम्मोहित।

उत्तर-छायावाद काव्य की प्रमुख पंक्तियाँ

हरिवंशराय बच्चन

1. *इस पार प्रिय मधु है, तुम हो*
   उस पार न जाने क्या होगा?
2. *मिट्टी का तन मस्ती का मन*
   क्षर भर जीवन-मेरा परिचय
   उल्लास चपल, उन्माद सरल
   प्रतिपल पागल-मेरा परिचय॥
3. *जीवन में जो कुछ बचता है*
   उसका भी है कुछ आकर्षण।
4. *है अँधेरी रात पर*
   दीवा जलाना कब मना है।
5. *तीर पर कैसे रुकूँ मैं*
   आज लहरों का निमन्त्रण।

रामधारी सिंह 'दिनकर'

1. *हटो व्योम के मेघ, पन्थ से, स्वर्ग लूटने हम आते हैं,*
   दूध-दूध ओ वत्स! तुम्हारी दूध खोजने हम आते हैं।
2. *रे! रोक युधिष्ठिर को न यहाँ जाने दे उनको स्वर्ग धीर।*
   पर फिरा हमें गाण्डीव गदा, लौटा दे अर्जुन भीम वीर॥
3. *कौन कहता है कि बापू शत्रु थे विज्ञान के?*
   वे मनुष्य से मात्र इतनी बात कहते थे,
   रेल, मोटर या कि पुष्पक-यान, चाहे जो रचो,
   पर, सोच लो, आखिर तुम्हें जाना कहाँ है।

4. *फावड़े और हल राजदण्ड बनने को हैं,*
धूसरता सोने से श्रृंगार सजाती है,
दो रोक, समय के रथ का घर्घर-नाद सुनो,
सिंहासन खाली करो कि जनता आती है।
5. *ओ द्विधाग्रस्त शार्दूल बोल।*
6. *श्वानों को मिलता दूध-भात बच्चे भूखे अकुलाते हैं।*
माँ की हड्डी से ठिठुर चिपक जाड़े की रात बिताते हैं॥

प्रयोगवाद और नयी कविता के काव्य की प्रमुख पंक्तियाँ

केदारनाथ अग्रवाल

1. *डंका बजा गाँव के भीतर*
सब चमार हो गये इकट्ठा
एक उठा बोला दहाड़कर
हम पचास हैं
पर हाथ सौ फीसदी हैं
सौ हाथों से एका का फल बहुत बड़ा है।
हम पहाड़ को भी उखाड़कर रख सकते हैं।
2. *काटो, काटो, काटो करबी*
मारो मारो-मारो हँसिया
हिंसा और अहिंसा क्या है?
जीवन से बढ़कर हिंसा क्या है?
3. *मैंने उसको जब-जब देखा लोहा देखा*
लोहा जैसे तपते देखा, गलते देखा ढलते देखा।
4. *धूप चमकती है चाँदी की साड़ी पहने*
मैके में आयी बेटी की तरह मगन है।
5. *बाप बेटा बेचता है भूख से बेहाल होकर,*
धर्म, धीरज, प्राण खोकर।
6. *माँझी न बजाओ बंशी मेरा प्रन टूटता।*
मेरा प्रन टूटता है जैसे तन टूटता।
7. *'कविता यों ही बन जाती है, बिना बनाए*
क्योंकि हृदय में, तड़प रही है याद तुम्हारी।

नागार्जुन

1. *याद आते स्वजन जिनके स्नेह से भीगी अमृतमय आँख*
   स्मृति-विहंगम की कमी थकने न देती पाँख
   याद आता मुझे अपना वह 'तरौनी' ग्राम
   याद आतीं लीचियाँ वे आम
   याद आते मुझे मिथिला के रुचिर भू-भाग
   याद आते धान, याद आते कमल, कुमुदिनी और तालमखान।
2. *कई दिनों तक चूल्हा रोया, चक्की रही उदास*
   कई दिनों तक कानी कुतिया सोई उसके पास
   कई दिनों तक लगी भीत पर छिपकलियों की गस्त
   कई दिनों तक चूहों की भी हालत रही शिकस्त।
3. *जन-जन में जो ऊर्जा भर दे,*
   मैं उद्गाता हूँ उस रवि का।
4. *पाँच पूत भारतमाता के दुश्मन था ख़ूँखार।*
   गोली खाकर एक मर गया बाक़ी रह गये चार।।
5. *अमल धवल गिरि के शिखरों पर*
   बादल को घिरते देखा है।
6. *बोले तुम केवल पाँच मिनट*
   चुप रहे आदमी दस हज़ार, बस पाँच मिनट।
7. *व्यक्ति-व्यक्ति के मन्दिर में विद्यमान हो*
   निविड़ तिमिर में देव तुम्हीं जाज्वल्यमान हो।
8. *दस हज़ार दस लाख मरे,*
   पर झण्डा ऊँचा रहे हमारा।
9. *खादी ने मलमल से चुपचुप साँठगाँठ कर डाली है,*
   बिड़ला-टाटा-डालमिया की तीसों दिन दीवाली है।

अज्ञेय

1. *यह दीप अकेला स्नेह भरा,*
   है गर्व-भरा मदमाता,
   पर इसको भी पंक्ति दे दो।
2. *साँप*

तुम सभ्य तो हुए नहीं—
नगर में बसना
भी तुम्हें नहीं आया।
एक बात पूछूँ—(उत्तर दोगे)
तब कैसे सीखा डँसना—
विष कहाँ पाया?

3. *मौन भी अभिव्यंजना है*
जितना तुम्हारा सच है
उतना ही कहो।

4. *अगर मैं तुमको*
लजाती साँझ के नभ की अकेली तारिका
अब नहीं कहता
× × ×
ये उपमान मैले हो गये हैं
देवता इन प्रतीकों के कर गये हैं कूच!

5. *यह अनुभव अद्वितीय*
जो केवल मैंने जिया
सब तुम्हें दिया

6. *आह, मेरा श्वास है उत्तप्त*
धमनियों में उमड़ आयी है लहू की धार
प्यार है अभिशप्त
तुम कहाँ हो नारि।

7. *अहं! अन्तगुहा वासी। स्वरति! क्या मैं चीन्हता कोई न दूजी राह?*

8. *वंचना है चाँदनी*
झूठ वह आकाश का निरवधि गहन विस्तार
शिशिर की राका निशा की शान्ति है निस्सार।

9. *एक तीक्ष्ण अपांग से कविता उत्पन्न हो जाती है*
एक चुम्बन में प्रणय फलीभूत हो जाता है।
पर मैं अखिल विश्व का प्रेम खोजता फिरता हूँ।
क्योंकि मैं उसके असंख्य हृदयों का गाथाकार हूँ।

10. अभी न हारो
    मेरी अच्छी आत्मा
    अभी मैं हूँ
    तुम हो और
    मैं आस्था है।
11. वह चुकी बहकी हवाएँ चैत की
    कट गयी फूल हमारे खेत की
    कोठरी में लौ बढ़ाकर दीप की
    गिन रहा होगा महाजन सेंत की

त्रिलोचन

1. साम्यवाद के पथ में लीद किया करते हैं
   मानवता का पोस्टर देखा लगे रेंकने।
2. विषम शिलासंकुला पर्वतोभूता गंगा।
   शशि तारक हारा अभिद्रुता अतिशय पूता।
3. महाकुम्भ में देखा मैंने मानव कानन
   मानचित्र था भारत का रेखांकित आनन
   आनन दो, यदि महाकुम्भ में जन आता है
   कुछ तो अपने मन का परिवर्तन पाता है।
4. यो ही कुछ मुसकाकर तुमने
   परिचय की वह गाँठ लगा दी।
5. जड़ता हे जीवन की पीड़ा
   निस्तरंग पाषाणी क्रीड़ा
   तुमने अनजाने वह पीड़ा
   छवि के सर से दूर भागा दी।
6. मुझे जगत् जीवन का प्रेमी
   बना रहा है प्यार तुम्हारा।

मुक्तिबोध

1. हर एक छाती में आत्मा अधीरा है
   प्रत्येक सुस्मित में, विमल सदानीरा है
   मुझे भ्रम होता है कि प्रत्येक वाणी में महाकाव्य-पीड़ा है।

2. *बहुत-बहुत ज़्यादा लिया,*
दिया बहुत-बहुत कम
मर गया देश, अरे, जीवित रह गये तुम।

3. *अब अभिव्यक्ति के सारे ख़तरे*
उठाने ही होंगे।
तोड़ने होंगे ही मठ और गढ़ सब।

4. *खोजता हूँ पठार-पहाड़, समुन्दर*
जहाँ मिल सके मुझे
मेरी वह खोयी हुई
परम अभिव्यक्ति अनिवार
आत्म-सम्भवा।

5. *निहाई से उठती हुई लाल-लाल*
अंगारी तारिकाएँ बरसती हैं जिसके उजाले में कि
एक अति भव्य देह
प्रचण्ड पुरुष श्याम
मुझे दिख पड़ता है।

शमशेर बहादुर सिंह

1. *बात बोलेगी*
हम नहीं
भेद खोलेगी
बात ही।

2. *चुका भी हूँ मैं नहीं*
कहाँ किया मैंने प्रेम अभी
जब करूँगा प्रेम पिघल उठेंगे
युगों के भूधर
उफन उठेंगे सात सागर
किन्तु मैं हूँ मौन आज।

3. *एक पीली शाम*
पतझर का जरा अटका हुआ पत्ता
× × ×
अब गिरा अब गिरा वह अटका हुआ आँसू

संध्या-तारक-सा
अतल में।

4. तुमने अपनी यादों की पुस्तक खोली है?
   जब यादें मिटती हुई एकाएक स्पष्ट हो गई हों?
   जब आँसू छलक न जाकर
आकाश का फूल बन गया हो?
वह मेरी कविताओं-सा मुझे लगेगा
तब तुम मुझे क्या कहोगे?

नरेश मेहता

1. इन्द्र हमारे रक्षक होंगे खेतों-खेतों और खलिहान
2. सरिताओं में मोम दुह रहा, वह अहीर मतवाला
3. अब मैं निर्णय हूँ
   सबका
   अपना नहीं।
4. दो सत्य
   दो संकल्प
   दो-दो आस्थाएँ
   व्यक्ति में ही अप्रमाणित व्यक्ति पैदा हो रहा है।
5. न होती हो
   तो मेरे पार्श्व में होती हो,
   लेकिन जब होती हो
   तो न जाने कहाँ होती हो?

धर्मवीर भारती

1. अगर मैंने किसी के होंठ के पाटल कभी चूमे
   अगर मैंने किसी के नैन के बादल कभी चूमे
   महज इससे किसी का प्यार मुझ पर पाप कैसे हो।
   महज इससे किसी का स्वर्ग मुझ पर शाप कैसे हो।
2. सृजन की थकन भूल जा देवता।
   अभी तो पड़ी है धरा अधबनी॥
3. इन फ़ीरोज़ी होंठों पर बरबाद मेरी ज़िन्दगी।

रघुवीर सहाय

1. *राष्ट्रगीत में भला कौन वह भारत-भाग्य विधाता है।*
   फटा सुथन्ना पहने जिसका गुन हर चरना गाता है।
2. *मैं अपनी एक मूर्ति बनाता हूँ*
   और एक ढहाता हूँ
   और आप कहते हैं कि कविता की है।
3. *कितना अच्छा था छायावादी*
   एक दुःख लेकर वह गान देता था
   कितना कुशल था प्रगतिवादी
   हर दुःख का कारण पहचान लेता था।
4. *दो गोरे-गोरे बलगर बैलों की गोई*
   हो गयी ठुमुककर खड़ी पकरिया के नीचे।

सर्वेश्वरदयाल सक्सेना

1. *मैं नया कवि हूँ*
   इसी से जानता हूँ
   सत्य की चोट बहुत गहरी होती है।
2. *लोकतन्त्र को जूते की तरह*
   लाठी में लटकाये
   भागे जा रहे हैं सभी
   सीना फुलाये।
3. *उसके खुरदरे हाथों में रख दी गयी एक*
   चिकनी किताब
   उसने उसे सिर से लगाया
   और सारा घर खोज आया
   पर उसे रखने के योग्य स्थान उसने नहीं पाया।
4. *चार नयन मुस्काये। खोये भीगे, फिर पथराये*
   कितनी बड़ी विवशता। जीवन की कितनी कट पाये।
5. *लीक पर वे चले जिसके*
   चरण दुर्बल और हारे हैं

हमें तो हमारी यात्रा से बने
ऐसे अनिर्मित पन्थ प्यारे हैं।

केदारनाथ सिंह

1. *मैंने जब भी सोचा*
   मुझे रामचन्द्र शुक्ल की मूँछें याद आयीं।
2. *मैं पूरी ताक़त के साथ*
   शब्दों को फेंकना चाहता हूँ।
3. *किसी अलक्षित सूर्य को*
   देता हुआ अर्घ्य
   शताब्दियों से इसी तरह गंगा के जल में
   अपनी एक टाँग पर खड़ा है यह शहर
   अपनी दूसरी टाँग से बेख़बर।
4. *उसका हाथ*
   अपने हाथ में लेते हुए मैंने सोचा
   दुनिया को
   हाथ की तरह गम और सुन्दर होना चाहिए

सुदामा पाण्डे 'धूमिल'

1. *भूख से रिरियाती हुई हथेली का नाम*
   दया है
   और भूख से
   तनी हुई मुट्ठी का नाम
   नक्सलवाड़ी है।
2. *कविता*
   भाषा में
   आदमी होने की तमीज़ है।
3. *एक सही कविता*
   पहले
   एक सार्थक वक्तव्य होती है।
4. *कविता*
   शब्दों की अदालत में

अपराधियों के कठघरे में खड़े
एक निर्दोष आदमी का हलफ़नामा है।

5. जिस पर कोई नहीं
खाना चाहता
आज़ादी एक जूठी थाली है।

6. नंगापन
अन्धापन होने के ख़िलाफ़
एक सख़्त कार्यवाही है।

7. मेरी निगाह में
न कोई छोटा है
न बड़ा है
मेरे लिए हर आदमी एक जोड़ी जूता है
जो मेरे सामने मरम्मत के लिए खड़ा है।

8. भाषा उस तिकड़मी दरिन्दे की कौर है
जो सड़क पर और है।

9. अपने यहाँ संसद
तेल की वह घानी है
जिसमें आधा तेल है
आधा पानी है

दुष्यन्त कुमार

1. हो गई है पीर पर्वत-सी पिघलनी चाहिए
इस हिमालय से कोई गंगा निकलनी चाहिए

सिर्फ़ हंगामा खड़ा करना मेरा मक़सद नहीं
मेरी कोशिश है कि ये सूरत बदलनी चाहिए।

2. कहाँ तो तय था चिराग़ाँ हरेक घर के लिए
कहाँ चिराग़ मयस्सर नहीं शहर के लिए।

3. मत कहो आकाश में कुहरा घना है
यह किसी की व्यक्तिगत आलोचना है।

भवानीप्रसाद मिश्र

1. *बहुत प्यारे बन्धनों को आज झटका लग रहा है,*
   टूट जायेंगे कि मुझको आज खटका लग रहा है।
2. *सतपुड़ा के घने जंगल*
   नींद में डूबे हुए से
   ऊँघते अनमने जंगल
3. *फूल लाया हूँ कमल के*
   क्या करूँ इनका?
   पसारे आप आँचल
   छोड़ दूँ
   हो जाये जी हलका!

9
कहानी

- डॉ. रामचन्द्र तिवारी के शब्दों में ''हिन्दी कहानियों के उद्‌भव और विकास में भारत के प्राचीन कथा-साहित्य, पाश्चात्य कथा-साहित्य एवं लोककथा साहित्य का सम्मिलित प्रभाव देखा जा सकता है।''
- ''यह अवश्य है कि जिसे आधुनिक अर्थ में कहानी कह सकते हैं, उसका वस्तु और शिल्प प्राचीन कथाओं से सर्वत्र भिन्न है।'' रामचन्द्र तिवारी—
- प्रेमचन्द पूर्व कहानी में अलौकिकता, चमत्कारिता, धार्मिकता, आदर्शवाद का वर्णन होता था। इस समय हिन्दी कहानी अपनी शैशवास्था में थी
- हिन्दी गद्य विधाओं में 'कहानी' सबसे महत्त्वपूर्ण विधा के रूप में जानी जाती है। प्रारम्भिक दौर में आख्यायिका, क़िस्सा, गल्प आदि शब्द कहानी के लिए प्रयोग होते थे।
- हिन्दी कहानी की विकास यात्रा को हम 'चार' भागों में बाँटकर समझ सकते हैं।

  (1) प्रेमचन्द पूर्व कहानी (1900-1915)

  (2) प्रेमचन्द युगीन कहानी (1915-1936)

  (3) प्रेमचन्दोत्तर कहानी (1936-1955)

  (4) नयी कहानी (1956-अद्यतन)
- हिन्दी कहानी की शुरुआत द्विवेदी-युग में 'सरस्वती पत्रिका' के प्रकाशन-वर्ष 1900 से मानते हैं।
- हिन्दी की पहली कहानी के सन्दर्भ में विद्वानों में परस्पर अलग-अलग मत है।
- आचार्य रामचन्द्र शुक्ल ने हिन्दी की प्रथम मौलिक कहानी 'इन्दुमती' को माना है जिसके लेखक किशोरीलाल गोस्वामी हैं। यह कहानी 'सरस्वती' पत्रिका में 1900 ई. में प्रकाशित हुई थी।
- राजेन्द्र बढ़वालिया हिन्दी की प्रथम कहानी रैवरेंड जे. न्यूटन द्वारा लिखित 'जमींदार का दृष्टान्त' को मानते हैं। इसका प्रकाशन वर्ष 1871 है।

- डॉ. बच्चन सिंह हिन्दी की प्रथम कहानी किशोरीलाल गोस्वामी द्वारा लिखित 'प्रणयिनी परिणय' को मानते हैं। इसका प्रकाशन वर्ष 1887 है।
- देवी प्रसाद वर्मा हिन्दी की पहली कहानी 'माधवराव सप्रे' द्वारा लिखित 'एक टोकरी भर मिट्टी' को मानते हैं। इसका प्रकाशन 'छत्तीसगढ़ मित्र' में 1901 में हुआ था। आधुनिक शोध के अनुसार यह हिन्दी की पहली मौलिक कहानी मानी जाती है।
- लक्ष्मीनारायण लाल शिल्प विधि की दृष्टि से आचार्य शुक्ल द्वारा लिखित 'ग्यारह वर्ष का समय' को हिन्दी की पहली कहानी मानते हैं। जिसका प्रकाशन वर्ष 1903 है।
- राय कृष्णदास हिन्दी की 'पहली कहानी' राजेन्द्र बाला घोष (बंग महिला) द्वारा लिखित 'दुलाईवाली' को मानते हैं। इसका प्रकाशन वर्ष 1907 है।
- राजेन्द्र यादव 'इन्दुमती' को हिन्दी की पहली कहानी के रूप में स्वीकार नहीं करते हैं, इसका प्रमुख कारण 'इन्दुमती' कहानी शेक्सपियर का नाटक 'टेम्पेस्ट' का छायानुवाद है और 1915 में चन्द्रधर शर्मा 'गुलेरी' द्वारा लिखित 'उसने कहा था' को हिन्दी की पहली मौलिक कहानी मानते हैं। यह 'सरस्वती' पत्रिका में प्रकाशित हुई थी।

प्रेमचन्द पूर्व युग के कुछ कहानीकार एवं उनकी कहानियाँ

कहानीकार	कहानियाँ (वर्ष)
माधव प्रसाद मिश्र	'पुरोहित का आत्म त्याग' (1900 ई.), 'मन की चंचलता' (1900 ई.)।
केशव प्रसाद सिंह	'आपत्तियों का पहाड़' (1900 ई.), 'चन्द्रलोक की यात्रा' (1900 ई.)।
गिरिजादत्त वाजपेयी	'पण्डित और पण्डितानी' (1903 ई.), 'पति का पवित्र प्रेम' (1903 ई.)।
राजेन्द्र बाला घोष	'चन्द्रदेव से मेरी बातें' (1904 ई.), 'कुम्भ से छोटी बहू' (1906 ई.), 'दुलाईवाली' (1907 ई.), 'दालिया' (1909 ई.)।
लाल पार्वती नन्दन (गिरिजा कुमार घोष)	'बिजली' (1904 ई.), 'मेरी चम्पा' (1905)। 'एक के दो-दो' (1906), 'मेरा पुनर्जन्म'।

वेंकटेश नारायण	'एक अशरफी की आत्मकथा' (1906 ई.)।
सूर्यनारायण दीक्षित	'चन्द्रहास का अद्‌भुत आख्यान' (1906 ई.)।
कार्तिक प्रसाद खत्री	'दामोदर राव की आत्मकथा'।
वृन्दावनलाल वर्मा	'राखीबन्द भाई' (1909 ई.)। 'तातार और एक वीर राजपूत' (1910 ई.)।
राधिका रमण प्रसाद सिंह	'कानों में कंगना' (1913 ई.), 'कुसुमांजलि, 'गांधी टोपी' (1938 ई.), 'सावनी समाँ' (1938 ई.)।
विश्वम्भरनाथ शर्मा 'कौशिक'	'रक्षाबन्धन' (1913 ई.), 'गल्फ मन्दिर' (1919 ई.), 'चित्रशाला' (भाग-1-1924 ई. और भाग-2 1929 ई.), 'कल्लोल' (1933 ई.), 'प्रेम प्रतिमा', 'मणिमाला'।
चन्द्रधर शर्मा 'गुलेरी'	'सुखमय जीवन' (1911 ई.), 'बुद्धू का काँटा' (1914 ई.), 'उसने कहा था' (1915 ई.)।

प्रेमचन्द युगीन कहानी (1915-1936 ई.)

- प्रेमचन्द पूर्व युग में कहानी अपनी शैशवावस्था से गुज़र रही थी, वह अपना नवीन स्वरूप ग्रहण कर रही थी। प्रेमचन्द-युग में उसे परिपक्व होने का सुनहरा अवसर प्राप्त हुआ।
- इस युग में हिन्दी कहानी के दो युग प्रवर्तक (प्रेमचन्द व प्रसाद) कहानीकारों का उदय हुआ, जिन्होंने हिन्दी कहानी विधा को एक नया आयाम दिया।
- दोनों लेखकों ने अपनी-अपनी शैली में कहानियों का सृजन किया है, जिसका उत्तरोत्तर विकास अब भी जारी है।

प्रेमचन्द युगीन कहानीकार एवं उनकी कहानियाँ

प्रेमचन्द (1880-1936)

- प्रेमचन्द का संक्षिप्त जीवन-परिचय

  जन्मस्थान — लमही गाँव (वाराणसी)।
  पिता — अजायब राय।
  मूल नाम — धनपत राय व नवाब राय।
  पत्नी — शिवरानी देवी।

- प्रेमचन्द अपने आरम्भिक दिनों में नवाबराय के नाम से 'उर्दू' में लिखते थे। उनकी पहली रचना 'ओलिवर क्रॉमवेल' है जो सन् 1903 में उर्दू साप्ताहिक पत्र 'आवाज़-ए-ख़ल्क़' में प्रकाशित हुई।
- प्रेमचन्द पहली उर्दू कहानी-संग्रह 'सोज़ेवतन' है, जो सन् 1908 में जमाना प्रेस (कानपुर) से प्रकाशित हुआ।
- 'सोज़ेवतन' में पाँच कहानियों का संग्रह था जो निम्न हैं—(1) 'यही मेरा वतन है', (2) 'दुनिया का सबसे अनमोल रत्न', (3) 'इश्क़े दुनिया व हुब्बे वतन', (4) 'शेख़ मख़मूर', (5) 'सिल-ए-मातम' (शोक का पुरस्कार)।
- 'सोज़ेवतन' की कहानियों में वर्तमान औपनिवेशिक सरकार के ख़िलाफ़ लिखा गया था। इस कारण इसकी बची हुई प्रतियों को ज़ब्त कर लिया तथा नवाबराय की लेखन-प्रक्रिया पर नज़र रखी जाने लगी।
- नवाब राय ने अपने मित्र मुंशी दयानारायण निगम के कहने पर अपना नाम 'प्रेमचन्द' रखा, जो बाद के दिनों में इसी नाम से सुविख्यात हुए।
- प्रेमचन्द की पहली कहानी 'संसार का सबसे अनमोल रत्न' (1907 ई.) है, परन्तु प्रेमचन्द नाम से उनकी पहली कहानी 'बड़े घर की बेटी' (1910 ई.) है। दोनों कहानियाँ 'ज़माना' में प्रकाशित हुईं।
- **प्रेमचन्द के प्रमुख कहानी-संग्रह निम्न हैं—**
  'सप्त सरोज' (1917), 'नवनिधि' (1917), 'प्रेम पूर्णिमा' (1918), 'प्रेम पच्चीसी' (1923), 'प्रेम प्रसून' (1924), 'प्रेम द्वादशी' (1926), 'प्रेम प्रतिमा' (1926), 'प्रेम तीर्थ' (1928), 'पाँच फूल' (1929), 'प्रेम प्रतिज्ञा' (1929), 'प्रेम चतुर्थी' (1929), 'प्रेम कुंज' (1930), 'सप्त सुमन' (1930), 'कफ़न' (1936)।
- **प्रेमचन्द की प्रमुख कहानियाँ एवं रचना वर्ष—**
  'बड़े घर की बेटी' (1910 ई.), 'नमक का दरोगा' (1913 ई.), 'सौत' (1915 ई.), 'पंच परमेश्वर' (1916 ई.), 'सज्जनता का दण्ड' (1916 ई.), 'ईश्वरीय न्याय'(1917 ई.), 'दुर्गा का मन्दिर' (1917 ई.), 'बलिदान' (1918 ई.), 'आत्माराम' (1920 ई.), 'बूढ़ी काकी' (1921 ई.), 'विचित्र होली' (1921 ई.), 'गृहदाह' (1922 ई.), 'परीक्षा' (1923 ई.), 'आपबीती' (1923 ई.), 'उद्धार(1924 ई.) सवा सेर गेहूँ' (1924 ई.), 'शतरंज के खिलाड़ी' (1925 ई.), 'माता का हृदय' (1925 ई.),

'कजाकी' (1926 ई.), 'सुजान भगत' (1927 ई.), 'मोटेराम जी शास्त्री' (1928 ई.), 'मन्त्र' (1928 ई.), 'इस्तीफ़ा' (1928 ई.), 'अलग्योझा' (1929 ई.), 'पूस की रात' (1930 ई.), 'समर यात्रा' (1930 ई.), 'पत्नी से पति' (1930 ई.), 'सद्गति' (1930 ई.), 'दो बैलों की कथा' (1931 ई.), 'तावान' (1931 ई.), 'होली का उपहार' (1931 ई.), 'ठाकुर का कुआँ' (1932 ई.), 'बेटों वाली विधवा' (1932 ई.), 'ईदगाह' (1933 ई.), 'गुल्ली-डण्डा' (1933 ई.), 'दूध का दाम' (1934 ई.), 'सियासत का दीवान' (1934 ई.), 'नशा' (1934 ई.), 'बड़े भाई साहब' (1934 ई.), 'कफ़न' (1936 ई.)।

- 'सौत' प्रेमचन्द की पहली कहानी है, जो हिन्दी की देवनागरी लिपि में लिखी गयी थी। इस कहानी को 1915 ई. में सरस्वती पत्रिका में प्रकाशित किया गया था।
- प्रेमचन्द ने अपने जीवन के अल्पावधि में लगभग 300 कहानियाँ लिखीं जो वर्तमान में 'मानसरोवर' शीर्षक में आठ भागों में प्रकाशित की गयी हैं।
- प्रेमचन्द ने मेजिनी के जीवन के संघर्षों को आधार बनाकर 'सांसारिक प्रेम' और 'देशप्रेम' कहानियों की रचना की है।
- प्रेमचन्द अपनी कहानियों के लिए विभिन्न शैलियों का प्रयोग करते थे, जो निम्न हैं—

शैली	कहानियाँ
वर्णनात्मक शैली	'बड़े भाई साहब', रामलीला', विद्रोह', ढपोरशंख'।
संवाद शैली	'क़ानूनी कुमार', जादू'।
डायरी शैली	'मोटेराम जी शास्त्री'।
आत्मकथात्मक शैली	'कुत्ते की कहानी'।
पत्रात्मक शैली	'दो सखियाँ'।

- कुछ विद्वान प्रेमचन्द की 'पंच परमेश्वर' को पहली कहानी मानते हैं, जब कि अन्तिम कहानी के रूप में 'कफ़न' को स्वीकार करते हैं।
- प्रेमचन्द के अनुसार, सबसे उत्तम कहानी वह होती है, जिसका आधार किसी मनोवैज्ञानिक सत्य पर आधारित होता है।
- रामविलास शर्मा मुंशी प्रेमचन्द को कबीर के बाद दूसरा सबसे बड़ा व्यंग्यकार के रूप में स्वीकार करते हैं।

जयशंकर प्रसाद (1889-1937)

- जयशंकर प्रसाद छायावाद-युग के प्रमुख स्तम्भ थे। वे कवि होने के साथ-साथ गम्भीर चिन्तक भी थे। इसी कारण उनकी रचनाओं में वैविध्यता आयी है, उन्होंने हिन्दी गद्य की विभिन्न विधाओं में काव्य की रचना की है। उन्होंने हिन्दी कहानी के विकास में भी महत्त्वपूर्ण योगदान दिया है।
- जयशंकर प्रसाद की कहानियों में अनुभूति की तीव्रता, प्रेम-चित्रण, कल्पनाशीलता, काव्यात्मकता, प्रकृति निरूपण आदि विद्यमान है।
- जयशंकर प्रसाद ने लगभग 70 कहानियों की रचना की है, जो पाँच कहानी-संग्रहों में संकलित हैं, जो निम्न हैं—

	कहानी-संग्रह	प्रमुख कहानियाँ
1.	'छाया' (1912 ई.)	'ममता', 'मधुआ', 'नूरी', 'बिसाती', 'घीसू।
2.	'प्रतिध्वनि' (1926 ई.)	'चन्दा', 'चूड़ी वाला', 'छोटा जादुगर', 'आग'।
3.	'आकाशदीप' (1928 ई.)	'पत्थर की पुकार', गुलाम'।
4.	'आँधी' (1931 ई.)	'उस पार का योगी', खँडहर की लिपि'।
5.	'इन्द्रजाल' (1936 ई.)	'स्वर्ग के खण्डहर में'।

- हिन्दी का प्रथम कहानी-संग्रह 'छाया' है जो 1912 ई. में प्रकाशित हुआ है।
- प्रसाद की प्रथम कहानी 'ग्राम' का प्रकाशन 'इन्दु' पत्रिका में 1911 ई. में हुआ। उनकी अन्तिम कहानी 'सालवती' है।
- जयशंकर प्रसाद ने अपनी कहानियों में विविध क्षेत्रक विषयों के माध्यम से लोक-जीवन को प्रभावित किया है, जो निम्न हैं—

कहानी	विषय-सार
'गुण्डा'	औपनिवेशिक काल का चित्रण है।
'बनजारा'	ईस्ट इंडिया कम्पनी के समय प्रशासन के अत्याचारों का चित्रण।
'देवरथ'	बौद्ध धर्म और उसके बज्रयानी शाखा के पतन का चित्रण।
'विराम चिह्न'	निम्न जाति के लोगों के मन्दिर प्रवेश पर रोक का सजीव चित्रण है।
'देवदासी'	मन्दिर परम्परा का प्रमुख भाग देवदासी के जीवन का सजीव चित्रण।

'तानसेन', 'ग्राम', इन कहानियों की शैली बांग्ला शैली की तरह है।
'रसियाबालम'
'उस पार का योगी', 'पत्थर की पुकार', 'खँडहर की लिपि', 'चक्रवर्ती का स्तम्भ', 'प्रतिमा' आदि संस्कृत-गद्य से प्रभावित हैं।

आचार्य चतुरसेन शास्त्री (1891-1960)

- आचार्य चतुरसेन शास्त्री 'प्रेमचन्द युगीन' एक प्रमुख कहानीकार हैं।
- उन्होंने भारत के ऐतिहासिक विषयों पर मार्मिक कहानियों का सृजन किया है।
- उनकी प्रमुख कहानियाँ 'अम्बपालिका', 'सिंहगढ़ विजय', भिक्षुराज', 'विजय', 'हल्दीघाटी में', 'बाणवधू', 'पत्राधम', 'रूठी रानी', 'दे ख़ुदा की राह पर', 'बावर्चिन'।
- आचार्य चतुरसेन शास्त्री की पहली कहानी 'गृहलक्ष्मी' है।

भगवती प्रसाद वाजपेयी (1899-1973)

- भगवती प्रसाद वाजपेयी एक प्रमुख कहानीकार हैं। उन्होंने सामाजिक यथार्थ का चित्रण किया है। उनकी कहानियों की विषयवस्तु में विधवा विवाह, वेश्या की समस्या, अछूत समस्या आदि हैं।
- उन्होंने लगभग 300 कहानियाँ लिखी हैं।

भगवती प्रसाद वाजपेयी की प्रमुख कहानियाँ एवं कहानी-संग्रह

कहानियाँ—'मिठाईवाला', 'झाँकी', 'दीपमालिका', 'हृदय गति', 'शबनम', 'त्याग और वंशीवादन', 'निंदिया लागी', 'स्वप्नमयी'।

कहानी-संग्रह—'मधुपर्व', 'दीपमालिका', 'हिलोर', 'ख़ाली बोतल', 'मेरे सपने', 'पुष्करिणी', 'ज्वार-भाटा'।

पाण्डेय बेचन शर्मा 'उग्र' (1900-1967)

- पाण्डेय बेचन शर्मा 'उग्र' एक यथार्थवादी कहानीकार थे। सामाजिक आडम्बरों, कुरीतियों, अनाचारों आदि के प्रति उनका दृष्टिकोण उग्र था।
- उग्र की प्रमुख कहानियाँ हैं—'चिंगारियाँ', 'इन्द्रधनुष', 'दोजख की आग', 'चाकलेट', 'शैतान मण्डली', 'निर्लज्जा' आदि।
- उनका कहानी-संग्रह 'चिंगारियाँ' नाम से ही है, जिसमें 12 कहानियाँ संगृहित हैं।

- नन्ददुलारे वाजपेयी के अनुसार पाण्डेय बेचन शर्मा 'उग्र' हिन्दी के प्रथम 'राजनीतिक कहानीकार' हैं।

प्रेमचन्द युगीन अन्य प्रमुख कहानीकार एवं उनकी कहानियाँ

कहानीकार	कहानियाँ
बद्रीनाथ भट्ट 'सुदर्शन'	'पुष्पलता' (1919), 'हार की जीत' (1922), 'सुप्रभात' (1923), 'सुदर्शन सुधा' (1926), 'परिवर्तन' (1926), 'तीर्थयात्रा' (1927), 'फूलवती' (1927), 'सुदर्शन सुमन' (1934), 'गल्प मंजरी' (1934), 'पनघट' (1939), 'अँगूठी का मुकदमा' (1940)।
पदुमलाल पुन्नालाल बख्शी	'अंजलि, 'झलमला, 'कनक रेखा'।
विनोद शंकर	'नव पल्लव, 'तूलिका, 'नक्षत्र लोक, 'भूलिबात, 'अस्सी कहानियाँ'।
राय कृष्णदास	'सुधांशु' (1929), 'अनाख्य' (1929)।
शिवपूजन सहाय	'महिला महत्त्व' (1922), 'कहानी का प्लॉट' (1928)।
सूर्यकान्त त्रिपाठी 'निराला'	'लिलीं' (1924), 'सखी' (1935), 'सुकुल की बीवी' (1941)।
जनार्दन प्रसाद झा 'द्विज'	'किसलय' (1929), 'मालिका' (1930), 'मृदुदल' (1932), 'मधुमयी' (1937)।

प्रेमचन्दोत्तर कहानी (1936-1950 ई.)

- सन् 1936 से सन् 1950 ई. तक का हिन्दी गद्य साहित्य में प्रेमचन्दोत्तर कहानी काल के रूप में जाना जाता है। इस काल में कविता और कहानी केन्द्रीय विधाएँ रही हैं।
- इस काल में कई साहित्यिक आन्दोलन, गोष्ठियाँ तथा पत्र-पत्रिकाओं के विशेषांक जैसी साहित्यिक गतिविधियाँ हुआ करती थीं।
- कहानी-लेखन में विभिन्न विषयों पर वैविध्य देखा गया है। कहानी के आरम्भ में प्रगतिवादी और व्यक्तिवादी प्रवृत्तियाँ दिखाई दीं, जिनके कारण बाद के दिनों में कहानी की प्रवृत्तियों में एक मूल परिवर्तन दिखता है।

- इस काल की कहानी पर दो धाराओं का प्रभाव स्पष्ट दिखता हैं—प्रगतिवादी तथा मनोविश्लेषणवादी धारा।
- प्रगतिवादी कहानीकार पर मार्क्सवादी प्रभाव दिखता हैं—यशपाल, राहुल सांकृत्यायन, भगवतीचरण वर्मा, भगवती प्रसाद वाजपेयी, अमृतलाल नागर, विष्णु प्रभाकर, रांगेय राघव आदि प्रमुख कहानीकारों पर मार्क्सवादी प्रभाव दिखता है।
- मनोविश्लेषणवादी कहानीकरों में अज्ञेय, इलाचन्द्र जोशी और जैनेन्द्र को प्रमुख रूप से लिया जा सकता है।

यशपाल (1903–1976)

- यशपाल मार्क्सवादी विचार से प्रभावित थे। इस कारण उनकी कहानियों का केन्द्रीय विषय, 'वर्ग संघर्ष, शोषण, रूढ़ियाँ, नैतिकता, शोषण आदि है।
- **यशपाल की प्रमुख कहानियाँ एवं कहानी-संग्रह निम्न हैं—**

  कहानियाँ—'पिंजरे की उड़ान' (1939), 'ज्ञानदान' (1943), 'अभिशप्त' (1943), 'तर्क का तूफान' (1944), 'भस्मावृत चिंगारी' (1946), 'वो दुनिया' (1948), 'फूलों का कुर्ता' (1949), 'धर्मयुद्ध' (1950), 'उत्तराधिकारी' (1951) चित्र का शीर्षक' (1951), 'तुमने क्यों कहा था मैं सुन्दर हूँ' (1954), 'उत्तमी की माँ' (1955), 'सच बोलने की भूल' (1962), 'खच्चर और आदमी' (1965), 'भूख के तीन दिन (1968)।

  कहानी-संग्रह—'भस्मावृत चिंगारी', 'धर्मयुद्ध', 'चक्कर क्लब', 'तर्क का तूफान', 'वो दुनिया', 'फूलों का कुर्ता', 'पिंजड़े की उड़ान'।

राहुल सांकृत्यायन (1893–1963)

- राहुल सांकृत्यायन एक प्रमुख प्रगतिवादी कहानीकार थे। उन्होंने अपनी कहानियों में मार्क्सवादी विचारों को प्रमुखता दी।
- इनके द्वारा लिखित कहानियाँ हैं—

  (1) 'सतमी के बच्चे' (1935 ई.), (2) 'वोल्गा से गंगा' (1944 ई.)।
- उनकी पहली कहानी 'सतमी के बच्चे' में समाज में व्याप्त वर्ग-संघर्ष तथा आर्थिक समस्याओं के कारण एक माँ की दयनीय दशा का वर्णन किया गया है।

जैनेन्द्र (1905-1988)

- जैनेन्द्र की कहानियों में स्थूल समस्याओं के सूक्ष्म मनोविज्ञान का वर्णन हुआ है। वे मानवीय दुर्बलताओं का यथार्थपरक विश्लेषण करते हैं। इनके द्वारा लिखित प्रमुख कहानियाँ निम्न है—'खेल' (1928), 'फाँसी' (1929), वातायन' (1930), 'नीलम देश की राजकन्या' (1933), 'एक रात' (1934), 'दो चिड़ियाँ' (1935), 'पाजेब' (1942), 'जयसन्धि' (1948), 'ध्रुवयात्रा' (1944), 'जाह्नवी,' 'पत्नी', 'मास्टर साहब', 'ग्रामोफ़ोन का रिकॉर्ड'।
- जैनेन्द्र की पहली कहानी 'खेल' है जो 'विशाल भारत' में 1928 ई. में प्रकाशित हुई थी।
- उनकी कहानी 'फाँसी' में नायक 'शमशेर' एवं नायिका 'जुलैका' के प्रेम प्रसंग का चित्रण है।
- उनकी कहानी 'चिड़िया' में व्यक्ति के मन के भ्रम का मनोवैज्ञानिक विश्लेषण किया गया है।
- डॉ. लक्ष्मीनारायण लाल ने जैनेन्द्र को मानव जीवन-दर्शन का सबसे बड़ा कहानीकार माना है।

सच्चिदानन्द हीरानन्द वात्स्यायन अज्ञेय (1911-1987)

- अज्ञेय एक मनोविश्लेषणवादी कहानीकार हैं। उन्होंने व्यक्ति के आत्मसंघर्ष तथा व्यक्ति और परिवेश के संघर्ष का चित्रण किया है।
- अज्ञेय व्यक्ति के अपने नैतिक संघर्ष और दायित्व को उसकी मुख्य समस्या मानते हैं।
- अज्ञेय की अन्तिम कुछ कहानियाँ रोमांस से मुक्त नये यथार्थ पर आधारित हैं।
- **अज्ञेय द्वारा लिखित प्रमुख कहानियाँ इस प्रकार हैं—**
  'विपथगा' (1937), 'परम्परा' (1940), 'कोठरी की बात' (1945), 'अमर वल्लरी' (1945), 'शरणार्थी' (1948), 'जयदोल' (1951), 'ये तेरे प्रतिरूप' (1961)।
- **अज्ञेय के प्रमुख कहानी-संग्रह निम्न हैं—**'विपथगा', 'कोठरी की बात', 'जयदोल', 'अमर वल्लरी', 'ये तेरे प्रतिरूप', 'परम्परा' आदि।
- अज्ञेय की आरम्भिक कहानियों का संग्रह 'विपथगा' है।
- उनकी कहानी 'रोज़' में महिलाओं के जीवन का सूक्ष्मतम एवं मार्मिक वर्णन है।

इलाचन्द्र जोशी (1903–1982)

- इलाचन्द्र जोशी की कहानियाँ मनोविज्ञान की 'केस-हिस्ट्री' जैसी हैं। उनकी कहानियाँ किताबी अधिक प्रतीत होती हैं, जिसके कारण पाठकों को उनकी कहानियों में नीरसता दिखाई पड़ती है और इसी कारण अपठनीय हो गयी हैं।
- **इलाचन्द्र जोशी की प्रमुख कहानियाँ एवं कहानी-संग्रह—**

  कहानियाँ—'धूपरेखा' (1938), 'दीवाली और होली' (1942), 'रोमांटिक छाया' (1943), 'आहुति' (1945), 'खँडहर की आत्माएँ,' (1948), 'डायरी के नीरस पृष्ठ' (1951), 'कँटीले फूल', 'लजीले काँटे' (1957)।

  कहानी-संग्रह—'खँडहर की आत्माएँ', 'डायरी के नीरस पृष्ठ', 'आहुति', 'दीवाली'।

प्रेमचन्दोत्तर युग के अन्य प्रमुख कहानीकार एवं उनकी कहानियाँ

कहानीकार	कहानियाँ
भगवतीचरण वर्मा	'दो बाँके', 'मोर्चाबन्दी', 'मुग़लों ने सल्तनत बख्श दी', 'इन्सटालमेंट' (1936 ई.)
विष्णु प्रभाकर	'आदि और अन्त' (1945), 'रहमान का बेटा' (1947), 'ज़िन्दगी के थपेड़े' (1952), 'साँचे और कला' (1962), 'धरती अब भी घूम रही है' (1970), 'पुल टूटने से पहले' (1977), 'मेरा वतन' (1980), 'खिलौने' (1981), 'एक और कुन्ती' (1985), 'ज़िन्दगी एक रिहर्सल' (1986), 'आसमान के नीचे' (1989), 'कर्फ़्यू और आदमी' (1994), 'आख़िर क्यों' (1998), 'मैं नारी हूँ' (2001)।
अमृत राय	'जीवन के पहलू' (1947), 'तिरंगा कफ़न' (1948), 'इतिहास'।
अमृतलाल नागर	'एक दिल हज़ार अफ़साने' (1986)।
रांगेय राघव	'साम्राज्य का वैभव' (1947), 'समुद्र का फेन' (1947), 'देवदासी' (1947), 'जीवन के दाने' (1949), 'अधूरी मूरत' (1949), 'अंगारे न बुझे' (1951), 'इन्सान पैदा हुआ' (1951)।

द्विजेन्द्र मिश्र 'निर्गुण'	'कच्चा धागा', 'छोटा डॉक्टर', 'टीला'।
चन्द्रकिरण सौनरेक्सा	'आदमखोर' (1945)।

नयी कहानी (1956-अद्यतन)

- 1950 के दशक के शुरूआती चरण में कहानी लेखन के क्षेत्र में एक आमूल-चूल परिवर्तन दिखता है। यह परिवर्तन अपनी पूर्व कहानी के विषय अन्तर एवं शिल्पों की दृष्टि में देखा जा सकता है।
- इस युग के कहानीकार जीवन को यथार्थ रूप में देखते हैं। वे जीवन से जुड़ी यथार्थता को लिखने में संकोच नहीं करते हैं। वे सभी पूर्वग्रहों से मुक्त दिखते हैं।
- **डॉ. गणपतिचन्द्र** के अनुसार 'नयी कहानी—नयी कहानी' का सबसे बड़ा वैशिष्ट्य है—कथा तत्व का ह्रास, नया कहानीकार कथानक को महत्त्व नहीं देता।
- 1955 ई. में भैरवप्रसाद गुप्त के सम्पादन में 'नयी कहानी' पत्रिका का प्रकाशन हुआ, जिसमें 18 लेखकों की कहानियाँ संकलित थीं।
- दुष्यन्त कुमार ने सर्वप्रथम 'नयी कहानी' नाम का प्रयोग किया था।
- सन् 1956-57 ई. में नयी कविता के आधार पर ही इसका नाम भी 'नयी कहानी' रख दिया गया।
- भैरवप्रसाद के सम्पादन में दो पत्रिकाएँ, यथा-कहानी पत्रिका इलाहाबाद तथा 'नयी कहानियाँ' दिल्ली से प्रकाशित होती थीं। इन पत्रिकाओं ने नयी कहानी को गति प्रदान करने में सहायता की।
- 'नयी कहानी' के अन्तर्गत लिखी गयी प्रथम कहानी 'निर्मल वर्मा' की 'परिन्दे' कहानी को माना जाता है।
- चूँकि नयी कहानी के कहानीकार यथार्थवादी थे, साथ ही साथ वे लोक जीवन से जुड़े विषयों पर स्पष्ट राय रखते थे। इस कारण इस युग की कहानियों में लोक-जीवन से जुड़े विषयों की विविधता के साथ महत्ता भी है। जो निम्न है—

  (1) शहरी परिवेश से सम्बन्धित कहानियाँ।
  (2) ग्रामीण अंचल की कहानियाँ।
  (3) यथार्थबोध की कहानियाँ।
  (4) व्यंग्य प्रधान कहानियाँ।
  (5) यौन समस्याओं या यौन कुण्ठाओं से सम्बन्धित कहानियाँ।

कहानी आन्दोलन

- इस युग के कहानी-लेखन में कई आन्दोलनों का सूत्रपात हुआ और प्रत्येक आन्दोलन किसी लेखक के नेतृत्व में चला, परन्तु यह आन्दोलन लम्बे समय तक नहीं चल सका, बहुत थोड़े समय तक ही चल सका। इनमें प्रमुख आन्दोलन निम्न हैं—
  - **नयी कहानी**—सन् 1954, इस कहानी आन्दोलन का नेतृत्व राजेन्द्र यादव, मोहन राकेश, कमलेशवर ने किया था। उन्होंने 'एक दुनिया समानान्तर' को सम्पादित किया। इस आन्दोलन के प्रमुख कहानीकार हैं—मोहन राकेश, राजेन्द्र यादव, कमलेश्वर, धर्मवीर भारती, निर्मल वर्मा, अमरकान्त, मार्कण्डेय, मन्नू भण्डारी, राजकमल चौधरी आदि।
  - **अकहानी**—सन् 1960 ई. में गंगा प्रसाद विमल के नेतृत्व (प्रवर्तक) में इस आन्दोलन की शुरुआत हुई। डॉ. नामवर सिंह ने निर्मला वर्मा की कहानी 'एक और शुरुआत' को आधार बनाकर, इस कहानी आन्दोलन का प्रवर्तक इन्हीं को माना है। इस आन्दोलन में अनेक कहानीकारों ने कहानियाँ लिखी हैं जिनमें—
    रमेश बक्षी की 'पिता-दर-पिता' है और कृष्ण बलदेव वैद की 'त्रिकोण' है और रवीन्द्र कालिया की 'एक डरी हुई औरत' है और दूधनाथ सिंह की 'सुखान्त' है और सुदर्शन चोपड़ा की 'सड़क दुर्घटना' है और गंगा प्रसाद विमल की 'विध्वंस' है।
  - **सचेतन कहानी**—सन् 1964 इस आन्दोलन के प्रर्वतक महीप सिंह हैं। उन्होंने सन् 1964 के आसपास 'आधार' नामक पत्रिका को प्रकाशित किया, जिसका शीर्षक 'सचेतन कहानी विशेषांक' था। इस वर्ग के कहानीकार हैं—महीप सिंह, हिमांशु जोशी, राजकुमार भ्रमर, बलराज पण्डित आदि।
  - **समान्तर कहानी**—सन् 1972 ई. ('सारिका' पत्रिका के साथ) में इस कहानी आन्दोलन का नेतृत्व (प्रवर्तक) कमलेश्वर ने किया। धर्मयुग पत्रिका ने इस कहानी आन्दोलन का विरोध किया। इस कहानी से जुड़े लेखकों का कहना था कि इस कहानी का दृष्टिकोण एक विशेष वर्ग को ध्यान में रखकर नहीं लिखा जाना चाहिए बल्कि आम आदमी को आधार में रखकर लिखा जाना चाहिए, उनका एक ख़ास वर्ग से मतलब वामपन्थ था।

- **जनवादी कहानी**—सन् 1982, इस आन्दोलन को 'प्रेमचन्द की कहानी' परम्परा को निरन्तर विकास के रूप में देखा जा सकता है। इस आन्दोलन की विषयवस्तु प्रेमचन्द के समय आम जन-जीवन ही था।

- ❑ 'जनवादी विचारमंच' की स्थापना 1977 ई. में दिल्ली विश्वविद्यालय में हुई। इसका प्रथम अधिवेशन 1982 ई. में दिल्ली में ही हुआ था।
- ❑ जनवादी कहानी के रूप में प्रेमचन्द की प्रमुख कहानी 'कफ़न' और 'पूस की रात' से जनवादी लेखन परम्परा की शुरुआत मानी जाती है।

सन् 1950 के बाद लिखी गयी कहानी के रचनाकार एवं उनकी रचनाएँ निम्नलिखित हैं—

रचनाकार	रचनाएँ
भीष्म साहनी (1915-2003 ई.)	'भाग्यरेखा' (1953), 'पहला पाठ' (1957), 'भटकती राख' (1957), 'पटरियाँ' (1973), 'वाङ्चू' (1978), 'शोभा यात्रा' (1981), 'निशाचर' (1983), 'पाली' (1988), 'डायन' (1998)।
मुक्तिबोध (1917-1964 ई.)	'काठ का सपना' (1967), 'सतह से उठता आदमी (1971)।
भैरवप्रसाद गुप्त (1918-1995 ई.)	'मोहब्बत की राहें' (1945), 'फ़रिश्ता' (1946), 'बिगड़े हुए दिमाग़' (1948), 'इन्सान' (1950), 'सितार का तार' (1951), 'बलिदान की कहानियाँ' (1951) मंज़िले' (1951), 'महफ़िल' (1958), 'सपने का अन्त' (1961), 'मंगली की टिकुली' (1982), 'आप क्या कर रहे हैं' (1983)।
फणीश्वरनाथ रेणु (1921-1977 ई.)	'ठुमरी' (1958), 'आदिम रात्रि की महक' (1967), 'अग्निखोर' (1973), 'एक श्रावणी दोपहर की धूप' (1984), 'अच्छे आदमी' (1986)।
हरिशंकर परसाई (1924-1995 ई.)	'दो नाक वाले लोग', 'हँसते हैं रोते हैं', 'भोलाराम का जीव'।
रामदरश मिश्र (1924 ई.)	'ख़ाली घर' (1969), 'एक वह' (1974), 'दिनचर्या (1979), 'सर्पदंश' (1982), 'वसन्त का एक दिन' (1982), 'अपने लिए' (1992), 'आज का दिन भी' (1996), 'एक कहानी लगातार' (1997), 'फिर कब

	आयेंगे' (1998), 'विदूषक' (2002), 'स्वप्न भंग' (2013)।
अमरकान्त (1925–2013 ई.)	'ज़िन्दगी और जोंक' (1958), 'देश के लोग' (1969), 'मौत का नगर' (1973), 'मित्र मिलन तथा अन्य कहानियाँ' (1979), 'कुहासा' (1983)।
मोहन राकेश (1925–1972)	'इन्सान के खँडहर' (1950), 'नये बादल' (1957), 'जानवर और जानवर' (1958), 'एक और ज़िन्दगी' (1961), 'फौलाद का आकाश' (1966)।
कृष्णा सोबती (1925–2019 ई.)	'बादलों के घेरे' (1980)।
धर्मवीर भारती (1926–1997 ई.)	'मुर्दों का गाँव' (1946), 'स्वर्ग और पृथ्वी' (1949), 'चाँद और टूटे हुए लोग' (1955), 'बन्द गली का आख़िरी मकान' (1969)।
कृष्ण बलदेव वैद (1927 ई.)	'बीच का दरवाज़ा' (1963), 'मेरा दुश्मन' (1966), 'दूसरे किनारे से' (1970), 'लापता' (1974), 'उसके बयान' (1974), 'वह और मैं' (1978), 'लीला और अन्य कहानियाँ' (1993), 'पिता की परछाइयाँ' (1997), 'बदचलन' बीवियों का द्वीप' (2000), 'बोधिसत्व की बीवी' (2002)।
बदीउज़्ज़माँ (1928–1986 ई.)	'अनित्य' (1970), 'पुल टूटते हुए' (1973), 'चौथा ब्राह्मण' (1976)।
रघुवीर सहाय (1929–1990 ई.)	'रास्ता इधर से है' (1972), 'जो आदमी हम बना रहे हैं (1982)।
राजेन्द्र यादव (1929–2013 ई.)	'देवताओं की मूर्ति' (1951), 'खेल खिलौना' (1953), 'जहाँ लक्ष्मी कैद है' (1953), 'अभिमन्यु की आत्मकथा' (1959), 'छोटे-छोटे ताजमहल' (1961), 'किनारे से किनारे तक' (1962), 'टूटना' (1966), 'अपने पार' (1968), 'ढोल और अन्य कहानियाँ' (1972), 'हासिल तथा अन्य कहानियाँ' (2006)।
निर्मल वर्मा (1929–2005 ई.)	परिन्दे' (1960), 'जलती झाड़ी' (1965), 'पिछले गर्मियों में' (1968), 'बीच बहस में' (1973), 'कव्वे

और काला पानी' (1983), 'सूखा तथा अन्य कहानियाँ' (1995)।

शिवप्रसाद सिंह (1929–1998 ई.)
'आर-पार का मामला' (1955), 'कर्मनाशा की हार (1958), 'इन्हें भी इन्तज़ार' (1961), 'मुर्दा सराय' (1966), 'अँधेरा हँसता है' (1975), 'भेड़िये' (1977)।

महीप सिंह (1930–2015 ई.)
'सुबह के फूल' (1959), 'उजाले के उल्लू' (1964), 'घिराव' (1968), 'कुछ और कितना' (1973), 'कितने सम्बन्ध' (1979), 'दिल्ली कहाँ है' (1985), 'धूप के अँगुलियों के निशान' (1992), 'सहमे हुए' (1998), 'ऐसा ही है' (2002)

मार्कण्डेय (1930–2010 ई.)
'पान फूल' (1954), 'पत्थर और परछाइयाँ' (1956), 'महुए का पेड़' (1957), 'हंसा जाई अकेला' (1957), 'भूदान' (1958), 'माही' (1962), 'बीच के लोग' (1975।

हृदयेश' (1930–2016 ई.)
'छोटे शहर के लोग' (1972), 'अँधेरी गली का रास्ता' (1977), 'इतिहास' (1981), 'उत्तराधिकारी' (1981), 'अमरकथा' (1984), 'नागरिक' (1992), 'रामलीला तथा अन्य कहानियाँ', 'सम्मान', 'उसी जंगल में' (2004), 'कथा एक नामी घराने की'।

उषा प्रियंवदा (1931 ई.)
'ज़िन्दगी और गुलाब के फूल' (1961), 'फिर बसन्त आया' (1961), 'एक कोई दूसरा' (1966), 'कितना बड़ा झूठ' (1972)।

मन्नू भण्डारी (1931–2021)
'मैं हार गई' (1957), 'यही सच है' (1966), 'एक प्लेट सैलाब' (1968), 'तीन निगाहों की एक तस्वीर' (1968), 'त्रिशंकु' (1978)।

शैलेश मटियानी (1931–2001 ई.)
'दो सुखों का एक सुख' (1961), 'सुहागिनी तथा अन्य कहानियाँ' (1966), 'महाभोज' (1975), 'अहिंसा' (1987), 'चील' (1976), 'नाच जमूरे नाच' (1989), 'हारा हुआ' (1970), 'तीसरा सुख' (1972), 'कोहरा' (1980), 'नदी किनारे गाँव' (1992)।

कमलेश्वर (1932–2007 ई.)	'राजा निरबंसिया' (1957), 'खोयी हुई दिशाएँ' (1963), 'क़स्बे का आदमी' (1958), 'मांस का दरिया', 'बयान' (1973), 'आजादी मुबारक' (2002)।
शेखर जोशी (1932–2022 ई.)	'कोसी का घटवार' (1958), 'साथ के लोग' (1978), ' हलवाहा' (1981), 'मेरा पहाड़' (1989), 'नौरंगी बीमार है' (1990), 'बच्चे का सपना' (2004), 'आदमी का डर' (2011)।
शानी (1933–1995 ई.)	'बबूल की छाँव' (1958), 'डाली नहीं फूलती' (1959), 'छोटे घेरे का विद्रोह' (1964), 'शर्त क्या हुआ' (1975), 'बिरादरी तथा अन्य कहानियाँ' (1978), 'सड़क पार करते हुए' (1979)।
जगदीश चतुर्वेदी (1933–2015 ई.)	'जीवन का संघर्ष' (1954), 'निहंग' (1973), 'अँधेरे का आदमी' (1980), 'विवर्त' (1981), 'आदिम गन्ध' (1995), 'डहेलिया का फूल' (1994)!
से.रा. यात्री (1933–2023 ई.)	'दूसरे चेहरे' (1971), 'अलग-अलग अस्वीकार (1973), 'काल विदूषक' (1976), 'धरातल' (1977), 'केवल पिता' (1978), 'अकर्मक क्रिया' (1981), 'खण्डित संवाद' (2009)।
हिमांशु जोशी (1935–2018 ई.)	'अन्ततः' (1965), 'रथचक्र' (1975), 'मनुष्य चिह्न (1976), 'जलते हुए डैने' (1980), 'सागर तट के शहर' (2005)।
काशीनाथ सिंह (1936 ई.)	'लोग बिस्तरों पर' (1968), 'सुबह का डर' (1975), ' आदमीनामा' (1978), 'नयी तारीख' (1979), 'कल की फटेहाल कहानियाँ' (1980), 'सदी का सबसे बड़ा आदमी' (1986), 'कविता की नयी तारीख़' (2010), 'खरोंच' (2014)।
विजयमोहन सिंह (1936–2015 ई.)	'ट्रस्ट सवार' (1971), 'एक बँगला बने न्यारा' (1982), 'शेरपुर 15 मील' (1995), 'गमे-हस्ती का हो किससे' (2000), 'चाय के प्याले में गेंद' (2012)।
दूधनाथ सिंह (1936–2015 ई.)	'सपाट चेहरे वाला आदमी' (1967), 'सुखान्त' (1971), 'पहला क़दम' (1976), 'माई का शोक गीत' (1992),

	'नमो अन्धकार' (1998), 'धर्मक्षेत्रे कुरुक्षेत्रे' (2002), 'निष्कासन' (2002), 'तू फू' (2011), 'जल मुर्गियों का शिकार' (2015)।
ज्ञानरंजन (1937 ई.)	'फेंस के इधर और उधर' (1968), 'यात्रा' (1971), 'क्षणजीवी' (1977), 'सपना नहीं' (1977)
रमेशचन्द्र शाह (1937 ई.)	'जंगल में आग' (1979), 'मुहल्ले का रावण' (1982), 'मानपत्र' (1992), 'थियेटर' (1998)।
गिरिराज किशोर (1937–2020 ई.)	'चार मोती बेआब' (1963), 'नीम के फूल' (1964), 'पेपरवेट' (1967), 'रिश्ता और अन्य कहानियाँ' (1969), 'शहर-दर-शहर' (1976), 'हम प्यार कर लें' (1980), 'जगत्तारनी और अन्य कहानियाँ' (1981), 'गाना बड़े ग़ुलाम अली ख़ाँ का' (1985), 'वल्द रोजी' (1989), 'यह देह किसकी है' (1990), 'आन्द्रे की प्रेमिका तथा अन्य कहानियाँ' (1995), 'हमारे मालिक सबके मालिक' (2003), 'दुश्मन और दुश्मन' (2010)।
बादशाह हुसैन रिज़वी (1937–2017 ई.)	'टूटता हुआ भय' (1986), 'पीड़ा गनेरिया की' (1994), 'चार मेहराबों वाली दालान' (2006)।
रवीन्द्र कालिया (1938–2016 ई.)	'नौ साल छोटी पत्नी' (1969), 'काला रजिस्टर (1972), 'ग़रीबी हटाओ' (1976), 'गली कूचे' (1976), 'चकैया नीम' (1979), 'बाँके लाल' (1982), 'राम मिलावट मालकौष' (1985), 'सत्ताइस साल की उम्र तक' (1987), 'जरा-सी रोशनी' (2002)।
गंगा प्रसाद विमल (1939–2019 ई.)	'अतीत में कुछ' (1972), 'कोई शुरुआत' (1973), 'खोई हुई थाती' (1995)।
नरेन्द्र कोहली (1940–2021 ई.)	'परिणति' (1969), 'कहानी का अभाव' (1977), 'दृष्टिदेश में एकाएक' (1979), 'सम्बन्ध' (1980), 'शटल' (1982), 'नमक का क़ैदी' (1983), 'निचले फ़्लैट में' (1984), 'संचित भूख' (1985)।
नमिता सिंह (1944 ई.)	'खुले आकाश के नीचे' (1978), 'राजा का चौक (1982), 'नील गाय की आँखें' (1990), 'जंगल

	गाथा' (1992), 'निकम्मा लड़का' (1997), 'मिशन 'जंगल और गिनीपिग' (2007)।
असग़र वजाहत (1946 ई.)	'दिल्ली पहुँचना है, 'स्वीमिंग पूल, 'मैं हिन्दू हूँ' (2006), 'डर और अन्य कहानियाँ' (2006), 'डेमोक्रेसिया' (2013)।
संजीव (1947 ई.)	'तीस साल का सफ़रनामा' (1981), 'भूमिका और अन्य कहानियाँ' (1987), 'प्रेतमुक्ति' (1991), 'दुनिया की सबसे हसीन औरत' (1993), 'प्रेरणास्त्रोत तथा अन्य कहानियाँ' (1995), 'ब्लैक होल' (1997), 'खोज' (1999), 'गति का पहला सिद्धान्त' (2004), 'गुफा का आदमी' (2006), 'गली के मोड़ पर सूना-सा कोई दरवाज़ा' (2008), 'झूठी है तेरी दादी' (2011), 'गैरइरादतन हत्या उर्फ़ मृत्युपूर्व का इक़बालिया बयान' (2015)।
स्वयं प्रकाश (1947-2019 ई.)	'मात्रा और भार' (1975), 'सूरज कब निकलेगा' (1980), आसमाँ कैसे-कैसे' (1982), 'अगली किताब' (1988), 'आयेंगे अच्छे दिन भी' (1991), 'आदमी जात का आदमी' (1994), 'अगले जनम' (2002), 'सन्धान' (2006), 'छोटू उस्ताद' (2015)।
अरुण प्रकाश (1948-2012 ई.)	'भैया एक्सप्रेस' (1992), 'जल प्रान्तर' (1994), 'उस रात का दुःख, 'लाखों के बोल सहे' (1995), 'मँझधार किनारे' (1996), 'विषम राग' (2003), 'स्वप्न धार' (2006)।
मंज़ूर एहतेशाम (1948 ई.)	'रमजान में मौत' (1982), 'तसबीह' (1998), 'तमाशा और अन्य कहानियाँ' (2001)।
ज्ञान प्रकाश विवेक (1949 ई.)	'अलग-अलग दिशाएँ' (1983), 'जोसफ चला गया (1986), 'शहर गवाह है' (1989), 'पिताजी चुप रहते हैं' (1991), 'उसकी ज़मीन' (1993), 'शिकारगाह' (2003), 'सेवानगर कहाँ है' (2007), 'मुसाफ़िरख़ाना' (2007), 'बदली हुई दुनिया' (2009), 'कालखण्ड' (2015)।

अब्दुल बिस्मिल्लाह (1949 ई.)	'टूटा हुआ पंख' (1981), 'कितने कितने सवाल (1984), 'रैनबसेरा' (1989), 'अतिथि देवो भव' (1990), 'रफ रफ मेल' (2000), 'शादी जोकर' (2013)।
क्षितिज शर्मा (1950 ई.)	'ताला बन्द है, 'समय कम है, 'गोरख धन्धा' (2009), ' 'ढाक के तीन पात' (2011)।
शिवमूर्ति' (1950 ई.)	'केशर कस्तूरी' (1991)।
मिथिलेश्वर (1950 ई.)	'बाबूजी' (1976), 'बन्द रास्तों के बीच' (1978), 'दूसरा महाभारत' (1979), 'मेघना का निर्णय' (1980), 'गाँव के लोग' (1981), 'विग्रह बाबू' (1982), 'तिरिया जनम' (1982), 'हरिहर काका' (1983), 'माटी की महक' (1986), 'धरती गाँव की' (1986), 'एक में अनेक' (1987), 'एक थे प्रो. बी. लाल' (1993) भोर होने से पहले' (1994), 'चल ख़ुसरो घर आपने' (2000), 'जमुनी' (2001)।
उदय प्रकाश (1952 ई.)	'दरियाई घोड़ा' (1982), 'तिरिछ' (1989), 'और अन्त में प्रार्थना' (1994), 'पाल गोमरा का स्कूटर' (1997), 'पीली छतरीवाली लड़की' (2001), 'दत्तात्रेय के दुःख' (2002), 'मोहन दास' (2006)।
प्रियंवद' (1952 ई.)	'एक अपवित्र पेड़' (1995), 'ख़रगोश' (1999), 'फाल्गुन की एक उपकथा' (2003)।
भगवानदास मोरवाल (1960 ई.)	'सिला हुआ आदमी' (1986), 'सूर्यास्त से पहले' (1990), 'अस्सी मॉडल उर्फ़ सूबेदार' (1994), 'सीढ़ियाँ माँ और उसका देवता' (2008), 'लक्ष्मण-रेखा ' (2010)
अखिलेश' (1960 ई.)	आदमी नहीं टूटता' (1983), 'मुक्ति' (1989), 'शापग्रस्त' (1997), 'अँधेरा' (2006)।
सृंजय (1961 ई.)	कामरेड का कोट' (1993), 'नंगा' (2001)।
प्रियदर्शन (1968 ई.)	उसके हिस्से का जादू' (2007), 'बारिश धुआँ और दोस्त (2015)।
राकेश मिश्र (1976 ई.)	'बाक़ी धुआँ रहने दिया' (2008), 'लाल बहादुर का इंजन' (2013)।

मनोज कुमार पाण्डेय (1977)	'शहतूत' (2009), 'पानी' (2014)।

- प्रथम महिला कहानीकार बंग महिला (राजेन्द्र बाला घोष) को माना जाता है, परन्तु गोपाल राय ने सुमित्रा कुमारी सिन्हा को हिन्दी की प्रथम महिला साहित्यकार माना है।

हिन्दी की प्रमुख महिला कहानीकार एवं उनकी रचनाएँ

कहानीकार	रचनाएँ
कमला चौधरी (1908–1970 ई.)	'उन्माद' (1934)।
शिवरानी देवी	'कौमुदी' (1937)।
होमवती देवी (1902–1951 ई.)	'निसर्ग' (1939)।
सुभद्रा कुमारी चौहान (1904–1948 ई.)	'बिखरे मोती' (1932), 'उन्मादिनी' (1934), 'सीधे-साधे चित्र' (1947)।
सुमित्रा कुमारी सिन्हा	'अचल सुगाह' (1939), 'वर्षगाँठ' (1942)।
शशिप्रभा शास्त्री (1923–2000 ई.)	'धुली हुई शाम' (1969), 'अनुत्तरित' (1975), 'दो कहानियों के बीच' (1978), 'जोड़ बाक़ी', 'एक टुकड़ा शान्तिरथ' (1991), 'पतझड़' (1994), 'उस दिन भी' (1996)।
शिवानी (1923–2003 ई.)	'लाल हवेली' (1965), 'पुष्पहार' (1969), 'अपराधिनी' (1972), 'रथ्या' (1976), 'स्वयं सिद्धा' (1977), 'रतिविलाप' (1977), 'पुष्पहार' (1978)।
दीप्ति खण्डेलवाल (1930 ई.)	'कड़वे सच' (1975), 'धूप के अहसास' (1976), 'वह तीसरा' (1976), 'सलीब पर' (1977), 'दो पल की छाँव' (1978), 'नारी मन' (1979), 'औरत और बातें' (1980)।
मालती जोशी (1934 ई.)	'मध्यान्तर' (1977), 'पटाक्षेप' (1978), 'पराजय (1979), 'एक घर सपनों का' (1985), 'विश्वास गाथा, 'शापित शैशव तथा अन्य कहानियाँ' (1996), 'पिया पीर न जानी' (1999), 'औरत एक रात

	है' (2001), 'वो तेरा घर ये मेरा घर', 'मिलियन डॉलर', 'नोट तथा अन्य कहानियाँ', 'रहिमन धागा प्रेम का', 'परख', 'ऑनर किलिंग और अन्य कहानियाँ', 'स्नेह बन्ध तथा अन्य कहानियाँ'।
राजी सेठ' (1935 ई.)	'अन्धे मोड़ से आगे' (1979), 'तीसरी हथेली' (1981), 'यात्रा मुक्त' (1987), 'दूसरे देश काल में' (1992), 'यह कहानी नहीं' (1998), 'गमे हयात ने मारा' (2006)।
कृष्णा अग्निहोत्री (1935 ई.)	'टीन के घर' (1970), 'गलियारे' (1974), 'शाही बनारसी रंग बा' (1983), 'जिन्दा आदमी' (198 6), 'जै सियाराम' (1993), 'सर्पदंश' (1997), 'अपने-अपने कुरुक्षेत्र' (2001), 'यह क्या जगह है दोस्तो' (2007), 'जीना मरना' (2010), 'मान भी जा साँझी' (2013), 'कुण्ठे जाणा' (2015), 'उड़ानें ऊँची-ऊँची तथा अन्य कहानियाँ' (2016)।
मंजुल भगत (1936 ई.)	'गुलमोहर के गुच्छे' (1974), 'टूटा हुआ इन्द्रधनुष' (1976), 'क्या छूट गया' (1976), 'आत्महत्या के पहले' (1979), 'कितना छोटा सफ़र' (1979), 'बावन पत्ते एक जोकर' (1982), 'सफेद कौआ' (1986), 'दूत' (1992), 'बूँद' (1998), 'अन्तिम बयान' (2001)।
मृदुला गर्ग (1938 ई.)	'कितनी क़ैदें' (1975), 'टुकड़ा-टुकड़ा आदमी' (1977), 'डेफ़ोर्डडल जल रहे हैं' (1978), 'ग्लेशियर से' (1980), 'उर्फ़ सैम' (1986), 'समागम' (1996), 'मेरे देश की मिट्टी, 'अहा' (2001)।
चन्द्रकान्ता (1938 ई.)	'सलाख़ों के पीछे' (1975), 'ग़लत लोगों के बीच' (1989), 'पोशनूल की वापसी' (1988), 'दहलीज़ पर न्याय' (1993), 'ओ सोन किसरी!' (1991), 'कोठे पर कागा' (1993), 'सूरज उगने तक' (1994), 'काली बर्फ़ ' (1996), 'बदलते हालात

में' (2002), 'अब्बू ने कहा था' (2005), 'अलकट राज देखा' (2013)।

प्रतिमा वर्मा (1939 ई.) — 'एक सुबह और' (1978), 'बाँधे पाँवों का सफ़र' (1984)

ममता कालिया (1940 ई.) — 'छुटकारा' (1969), 'सीट नं-6' (1978), 'एक अदद औरत' (1979), 'प्रतिदिन' (1983), 'उसका यौवन' (1985), 'जाँच अभी जारी है' (1990), 'निर्मोही' (2006), 'ख़ुदक़िस्मत' (2010), 'थोड़ा-सा प्रगतिशील' (2014)।

मणिका मोहिनी (1940 ई.) — 'ख़त्म होने के बाद' (1972), 'अभी तलाश जारी है (1976), 'स्वप्नदंश' (1978), 'पारू ने कहा था' (1979), 'अपना-अपना सच' (1982), 'ढाई आखर प्रेम का' (1983), 'अन्वेषी' (1986)।

इन्दु बाली — 'टूटती जुड़ती' (1981), 'बिना छत का मकान' (1983), 'अँधेरे की लहर' (1985), 'बिखरती आकृतियाँ' (1985), 'दूसरी औरत होने का सुख कौन दिला दिया जाने' (1986), 'मेरी तीसरी मौतें' (1991), 'धरातल' (1992), 'चुभन' (1993), 'मैं खरगोश होना चाहती हूँ' (1995), 'पाँचवाँ युग' (1997), 'नहीं माँ नहीं' (2008), 'शिव नेह' (2008)।

चित्रा मुद्गल (1943 ई.) — 'ज़हर ठहरा हुआ' (1980), 'लाक्षागृह' (1982), 'अपनी वापसी' (1983), 'इस हमाम में एवं ग्यारह लम्बी कहानियाँ' (1987), 'जगदम्बा बाबू गाँव आ रहे हैं' (1992), 'जिनावर' (1996), 'भूख' (2001), 'लपटें' (2002), 'पेंटिंग अकेली है' (2014)।

सूर्यबाला — एक इन्द्रधनुष जुबेदा का नाम' (1977), 'दिशाहीन थाली भर चाँद' (1988), 'मुँडेर पर' (1990), 'साँझबती' (1995), 'कात्यायनी संवाद' (1996), 'मानुष गन्ध' (2005), 'गौरा गुनपती' (2010), 'गैर हाज़िरी के बावजूद' (2014)

मेहरुन्निसा परवेज़ (1944 ई.)	'आदम और हव्वा' (1972), 'टहनियों पर धूप (1977), 'फाल्गुनी' (1978), 'ग़लत पुरुष' (1978), 'अन्तिम चढ़ाई' (1982), 'अम्मा' (1997), 'समर' (1999), 'लाल गुलाब' (2006)।
मैत्रेयी पुष्पा (1944 ई.)	'चिन्हार' (1991), 'ललमनियाँ' (1996), 'गोमा हँसती है' (1998)।
उषाकिरण खान (1945 ई.)	'विवश विक्रमादित्य, 'दूबधान, 'गीली पाँक' (1995), 'कासवन' (1998), 'जलधार' (2002)
मृणाल पाण्डे (1946 ई.)	दरम्यान' (1977), 'शब्द वेधी' (1980), 'एक नीच ट्रेजेडी' (1981), 'एक स्त्री का विदागीत' (1983)।
कमल कुमार (1946 ई.)	'पहचान' (1984), 'क्रमशः' (1996), 'फिर वहीं से शुरू' (1998), 'वेलेन्टाइन डे' (2002), 'घर-बेघर' (2006), 'मदर मेरी और अन्य कहानियाँ' (2014)।
सुधा अरोड़ा (1946 ई.)	'बग़ैर तराशे हुए' (1967), 'युद्ध विराम' (1977), 'महानगर की मैथिली' (1987), 'काला शुक्रवार' (2004), 'एक औरत तीन बटा चार, 'अन्नपूर्णा मण्डल की आख़िरी चिट्ठी, 'बुत जब बोलते हैं' (2015)।
नासिरा शर्मा (1948 ई.)	'शामी काग़ज़' (1980), 'पत्थर गली' (1986), 'संग सार' (1993), 'इब्ने मरियम' (1994), 'सबीना के चालीस चोर' (1997), 'ख़ुदा की वापसी' (1998), 'इनसानी नस्ल' (2001), 'दूसरा ताजमहल' (2002)।
रीता शुक्ल (1949 ई.)	क्रौंच वध तथा अन्य कहानियाँ' (1985), 'दंश' (1985), 'शेष गाथा' (1993), 'कनिष्ठा उँगली का पाप' (1994), 'कासौं कहौं मैं दरदिया' (1997), 'मानुस तन' (1999), 'भूमिकमल' (2009), 'कायान्तरण, 'मृत्युगन्ध जीवनगन्ध' (2011)।

मुक्ता (1954 ई.)	पलाश वन का घुँघरू' (1991), 'आधा कोस' '(1994), 'इस घर उस घर' (1999), 'सीढ़ियों का बाज़ार' (2006)।
क्षमा शर्मा (1955 ई.)	'नेम प्लेट' (2006), 'रास्ता छोड़ो डार्लिंग' (2010), 'लड़की जो देखी पलटकर' (2011), 'इक्कीसवीं सदी का लड़का।
सारा राय (1956 ई.)	'अबाबील की उड़ान' (1997), 'बियाबान में' (2005)।
गीतांजलि श्री (1957 ई.)	'अनुगूँज' (1995), 'वैराग्य' (1999), 'यहाँ हाथी रहते थे' (2012)।
मधु कांकरिया (1957 ई.)	'अन्तहीन मरुस्थल' (1999), 'बीतते हुए' (2004), ' और अन्त में ईशू' (2006), 'चिड़िया ऐसे मरती है' (2012), 'भर दोपहरी के अँधेरे' (2013), 'युद्ध और बुद्ध' (2014)।
मीराकान्त (1958 ई.)	'हाइफन', 'काग़ज़ी बुर्ज' (2007), 'गली दुल्हन वाली' (2009)।
लवलीन (1959-2009 ई.)	'सलिल सागर कमीशन, 'आया बनाम समाज सेवा जारी है' (1997), 'चक्रवात' (1999)।
उर्मिला शिरीष (1959 ई.)	'वे कौन थे' (1983), 'मुआवजा' (1985), 'केंचुली (1990), 'सहमा हुआ कल' (1991), 'शहर में अकेली लड़की' (1999), 'रंगमंच' (2001), 'निर्वासन' (2003), 'पुनरागमन' (2005), 'लकीर और अन्य कहानियाँ' (2011), 'कुर्की और अन्य कहानियाँ' (2013), 'दीवार के पीछे' (2015)।
जया जादवानी (1959 ई.)	'मुझे ही होना है बार-बार' (2000), 'अन्दर के पानियों में कोई सपना काँपता है' (2004), 'उससे पूछो' (2008), 'मैं अपनी मिट्टी में खड़ी हूँ काँधे पर अपना हल लिये' (2008)।
विभा रानी (1959 ई.)	'इसी देश के इसी शहर में' (2009), 'बन्द कमरे का कोरस, 'चल ख़ुसरो घर आपने, 'गोनू झा के किस्से।

अलका सरावगी (1960 ई.)	'कहानी की तलाश में' (1995), 'दूसरी कहानी (2002)।
नीरजा माधव (1962 ई.)	'चिटके आकाश का सूरज' (1997), 'अभी ठहरो अन्धी सदी' (1998), 'आदिम गन्ध तथा अन्य कहानियाँ, 'पथदंश' (2003), 'चुप चत्तारा रोना नहीं' (2007), 'प्रेम सम्बन्धों की कहानियाँ' (2010), 'वाया पाण्डेपुर चौराहा' (2014), 'पत्थरबाज़' (2019), 'साँझ से पहले' (2019)।
गीताश्री (1965 ई.)	'प्रार्थना के बाहर और अन्य कहानियाँ' (2013), 'स्वप्न', 'साजिश और स्त्री' (2015)।
जयन्ती (1965 ई.)	'एक लड़की दस मुखौटे' (2013)।
सोमा भारती (1966 ई.)	'धातु वृक्ष' (2002), 'नींद के पहले' (2011)।
मनीषा कुलश्रेष्ठ (1967 ई.)	'बौनी होती परछाईं' (2003), 'कठपुतलियाँ' (2008), 'कुछ भी तो रूमानी नहीं' (2008), 'केयर ऑफ़ स्वात घाटी' (2011), 'गन्धर्व गाथा' (2012), 'अनामा' (2014)।
वन्दना राग (1968 ई.)	'यूटोपिया' (2011), 'हिजरत के पहले' (2015), 'ख़्यालनामा' (2015)।
अल्पना मिश्र (1969 ई.)	'भीतर का वक़्त' (2007), 'छावनी में बेघर' (2008), 'क़ब्र भी क़ैद औ' ज़ंजीरें भी' (2012)।
नीलाक्षी सिंह (1978 ई.)	'परिन्दे के इन्तज़ार-सा कुछ' (2005), 'जिसकी मुट्ठियों में सूराख़ था' (2012)।
इन्दिरा दाँगी (1980 ई.)	'बारहसिंगा का भूत' (2010), 'एक सौ पचास प्रेमिकाएँ' (2013), 'शुक्रिया इमरान साहब' (2015)
जयश्री राय	'अनकही' (2010), 'खारा पानी' (2012), 'तुम्हें छू लूँ ज़रा' (2014), 'कायान्तर' (2015)।
कुसुम चतुर्वेदी	'तीसरी यात्रा' (1997), 'आँगन में उगी पौध' (2000), 'मेला उठने तक' (2012)।
वन्दना शुक्ल	उड़ाने के सारांश' (2013)।
प्रज्ञा (1971 ई.)	'तकसीन' (2016)।

हिन्दी में दलित कहानीकार एवं उनकी कहानियाँ

- हिन्दी की प्रथम दलित कहानी 'सतीश' कृत 'वचनबद्ध' को माना जाता है जो सन् 1975 ई. में 'मुक्ति स्मारिका' पत्रिका में प्रकाशित हुई।
- दलित कहानीकारों द्वारा रचित कहानियाँ, जिनका प्रकाशन पत्रिकाओं के द्वारा हुआ है वे इस प्रकार हैं—

  सन् 1975 ई. में 'सतीश' द्वारा रचित कहानी 'वचनबद्ध' का प्रकाशन 'मुक्ति स्मारिका' पत्रिका में हुआ।

  सन् 1978 ई. में मोहनदास नैमिशराय द्वारा रचित कहानी 'सबसे बड़ा सुख' का प्रकाशन 'कथालोक' पत्रिका में हुआ।

  सन् 1980 ई. में ओमप्रकाश वाल्मीकि द्वारा रचित कहानी 'अड्डुधेर बस्ती' का प्रकाशन 'निर्णायक भीम' पत्रिका में हुआ।

प्रमुख दलित कहानीकार एवं उनकी रचनाएँ

कहानीकार	रचनाएँ
ओमप्रकाश वाल्मीकि	'पच्चीस चौका डेढ़ सौ' (1993), 'सलाम (2000), 'घुसपैठिये' (2003)', 'प्रमोशन', 'दिनेश पाल जाटव उर्फ़ दिग्दर्शन', 'बैल की खाल', 'छतरी' (2013)।
मोहनदास नैमिशराय	'आवाज़ें' (1997)', 'अपना गाँव क़र्ज़।
दयानन्द बटोही	'सुरंग (1995)', 'कफ़नख़ोर'।
सूरजपाल चौहान	'हैरी कब आयेगा (1999)', 'साज़िश', 'छूत कर दिया', 'अहल्या', 'टिल्लू का पोता'।
सुशीला टाकभौरे	सिलिया', 'टूटता वहम (1997)।
कुसुम वियोगी	'चार इंच की क़लम', 'अन्तिम बयान'।
श्यौराज सिंह 'बेचैन'	'अस्थियों के अक्षर', 'शोध-प्रबन्ध'।
जयप्रकाश कर्दम	'नो बार'।
प्रहलाद चन्द्र दास	'लटकी हुई शर्त', 'पुटुस के फूल' (1998)।
अजय नावरिया	'पटकथा और अन्य कहानियाँ' (2006), 'उपमहाद्वीप', 'एस धम्म सनंतनो यस सर' (2012)।
सत्य प्रकाश	'रक्तबीज', 'सायरन' (2004)।

अरविन्द राही	'दृष्टिकोण'।
प्रेम कपाड़िया	'हरिजन'।
दयानन्द तिलखन पारसी	'गाँव के आँचल में' (2004)।
उमेश सिंह	'पहली रात का अन्त'।
परदेशी राम वर्मा	'दिन-प्रतिदिन'।
एच.आर. हरनोट	'दारोश तथा अन्य कहानियाँ' (2001), 'जीन काठी'।
शत्रुघ्न कुमार	'हिस्से की रोटी' (2001)।
विपिन बिहारी	'कन्धा', 'बिवाइयाँ'।
कावेरी	'द्रोणाचार्य एक नहीं' (1996)।
रूपनारायण सोनकर	'ज़हरीली जड़ें' (2005)।
मनोज सोनकर	'जाँच' (2005)।
अनीता भारती	'एक थी कोठेवाली तथा अन्य कहानियाँ' (2012।
रजत रानी मीनू	'हम कौन हैं' (2012)।

हिन्दी के प्रमुख कहानियों के पात्र

रचनाकार	कहानी	कुछ प्रमुख पात्र
चन्द्रधर शर्मा 'गुलेरी'	'उसने कहा था'	महासिंह, सूबेदार, हजारी सिंह, (1915) लहनासिंह, वजीरा सिंह, बोधा सिंह, लपटन साहब।
जयशंकर प्रसाद	'रूप की छाया'	शैलनाथ, सरला।
	'आकाशदीप'	चम्पा, बुधगुप्त, जया, वणिक मणिभद्र।
	'ममता'	ममता, शहंशाह हुमायूँ, चूड़ामणि (मन्त्री)।
	'पुरस्कार'	अरुण, मधुलिका, कोशल नरेश, सेनापति।
प्रेमचन्द	'पंच परमेश्वर' (1916)	जुम्मन शेख़, अलगू चौधरी, बूढ़ी खाला, रामधन मिश्र, समझू साहू, झगड़ू साहू।
	'सवा सेर गेहूँ' (1924 ई.)	शंकर, विप्र महाराज।

	'सद्गति' (1931 ई.)	दुःखीराम, घासीराम, झुरिया।
	'मन्त्र'	कैलाश, डॉ. चड्ढा।
	'घासवाली'	मुलिया, महावीर, चैनसिंह।
	'शतरंज के खिलाड़ी'	मिर्ज़ा सज्जाद अली, मीर रौशन अली, बेगम।
	'ठाकुर का कुआँ'	जोखू, गंगी, ठाकुर।
	'नमक का दारोग़ा'	वंशीधर, पं. अलोपीदीन।
	'पूस की रात'	हल्कू, मुन्नी, जबरा (कुता)।
	'बड़े घर की बेटी'	बेनी माधव सिंह, श्रीकण्ठ सिंह, लाल बिहारी सिंह, आनन्दी।
	'सुजान भगत'	सुजान महतो, बुलाकी, भोला।
	'दो बैलों की कथा'	हीरा, मोती, झूरी।
	'ईदगाह'	हामिद, अमीना, मोहसिन, सम्मी, नूरे, महमूद।
	'कफ़न' (1936 ई.)	घीसू, माधव, बुधिया।
जैनेन्द्र कुमार	'तत्सत'	बड़दादा, बबूल, शीशम, सिंहराज, सर्पराज।
अज्ञेय	'रोज़'	मालती, टिटी और मैं, महेश्वर।
यशपाल	'उत्तराधिकारी' (1951 ई.)	हरसिंह, मानी, कुशली, गनेर सिंह।
	'तुमने क्यों कहा था मैं सुन्दर हूँ'	चित्रकार निगम, माया, वकील साहब।
रांगेय राघव	'अभिमान'	आनन्दी, रग्घू, चम्पा, रामू, नत्था।
	'गदल'	गदल, गुन्न, डोडी, निहाल, नारायण, दुल्लो, मौनी, लोहार।
उषा प्रियंवदा	'वापसी'	गजाधर बाबू, अमर, नरेन्द्र, बसन्ती।
अमरकान्त	'डिप्टी कलक्टरी'	शकलदीप बाबू, जमुना, नारायण (बाबू) निर्मला, गौरी, कमल।
कमलेश्वर	'क़स्बे का आदमी'	शिवराज, छोटे महाराज, चाची, मुनुआ।

	'गर्मियों का दिन'	वैद्यजी, चन्दर, खलासी, बच्चन लाल।
कृष्णा सोबती	'दादी-अम्मा'	दादी-अम्मा, मेहराँ (मालकिन)।
निर्मल वर्मा	'परिन्दे' ('हंस',1957)	लतिका, गिरीश, हाबर्ट साहब, जूली डॉक्टर मुखर्जी, मिसवुड, फ़ादर एल्मण्ड।
भीष्म साहनी	'वाङ्चू'	वाङ्चू, नीलम।
	'चीफ़ की दावत'	मि. शामनाथ, बूढ़ी माँ, पत्नी।
मोहन राकेश	'मलबे का मालिक'	अब्दुल गनी मियाँ, मनोरी, चिरागदीन, रक्खा पहलवान, जुबैदा, किश्वर, सुल्ताना।
	'एक और ज़िन्दगी'	प्रकाश, बीना, निर्मला, बच्चा।
राजेन्द्र यादव	'अभिमन्यु की आत्मकथा',	नौजवान, शहजादी, कैलाश, सुभद्रा, मीना, प्रदीप।
	'जहाँ लक्ष्मी क़ैद है'	लक्ष्मी, गोविन्द, लाला, रूपाराम, रामस्वरूप।
शेखर जोशी	'कोसी का घटवार'	गुसाई, लछमा, लछमा का बच्चा
	'दाज्यू'	मदन, जगदीश बाबू, हेमन्त।
रवीन्द्र कालिया	'नौ साल छोटी पत्नी'	कुशल, तृप्ता, दर्शन, सुब्बा, मदन।
कैलाश बनवासी	'बाज़ार में रामधन'	रामधन, मुन्ना, भुलऊ महाराज, सहदेव, भुनेश्वर ताऊ, चइता।
फणीश्वरनाथ रेणु	'रस प्रिया',	पँचकौड़ी मिरदंगिया, मोहना (चरवाहा), रमपतिया।
	'तीसरी क़सम'	हिरामन, हीराबाई, पलटदास, लहसनवाँ, धुन्नीराम।
मार्कण्डेय	'हंसा जाई अकेला'	हंसा (स्वयं सेवक), सुशीलाजी
मन्नू भण्डारी	'यही सच है'	दीपा, संजय, निशीथ, इरा।
हृदयेश	'वह और जगह'	सतीश, कान्तो, रूकमो, भामी, राधे।
दूधनाथ सिंह	'चूहेदानी'	सुमिता, सोम, बसन्त।
मधुकर सिंह	'लहू पुकारे आदमी'	भैरवनाथ त्रिपाठी, नगीना राम,

		मुहसर, कैलाश त्रिपाठी, बिपती चमार, शुकदेव चौधरी।
ओमप्रकाश वाल्मीकि	'शवयात्रा'	सुरजा, सन्तो, कल्लन, सरोज, सलोनी, रामजीलाल।
	'सलाम'	कमल उपाध्याय, हरीश, रामपाल, जुम्मल बल्लू, रांधड़।
मैत्रेयी पुष्पा	'गोमा हँसती है' हंस (1995)	गोमा (गोमती), किड्ढा, बली सिंह, कलबतिया, सियाराम भगत, सुरसती गंगाराम, भँवर।
ममता कालिया	'बोलने वाली औरत'	शिखा (दीपशिखा), कपिल, बीजी, मीरा।
देवेन्द्र	'नालंदा पर गिद्ध'	आचार्य चूड़ामणि, सुबोध मिसिर, श्रवण कुमार, जलेश्वर, महेश्वर राय साहब, भवेश पाण्डेय, शिवपाल मिश्र, रामकरण राय, जनार्दन प्रसाद।
मनोहर श्याम जोशी	'सिल्वर वेडिंग'	यशोधर बाबू (वाईडी. पन्त), किशन दा (कृष्णानन्द पाण्डे), भूषण, गिरीश।
मंजूर एहतेशाम	'रमजान में मौत' (1982)	असद मियाँ, सुहेला, जमील, जफर मियाँ, शाहिदा, साजिद।
अरुण प्रकाश	'भैया एक्सप्रेस'	रामदेव, विष्णुदेव, जनार्दन, पण्डित जी, इन्दर सिंह, जगजीत कौर।
अखिलेश	'चिट्ठी'	रघुराज, त्रिलोकी, कृष्णमणि त्रिपाठी, विनोद, उषा, श्रीवास्तव।
शिवमूर्ति	'तिरिया चरितर'	विमली, डरेबर, बिल्लर, कुइसा, रामकली, विसराम।
	'कसाईबाड़ा'	शनिचरी, परधानजी, दारोग़ा, लीडर।

हरि भटनागर	'ग्रामोफ़ोन'	जाफजीमियाँ, कुन्दनशाह, शम्भू, दीना, डॉक्टर।
प्रभात रंजन	'जानकीपुल'	नन्दूभाई (इंजीनियर) मैं, इला चतुर्वेदी।
अजय नावरिया	'यस पर'	लक्की सिंह।
उमाशंकर चौधरी	'स्वीट होम'	आशीष, अतिया।

हिन्दी कहानियाँ और उस पर आधारित 'फ़िल्म'

- फ़िल्म 'रजनीगन्धा' की कथावस्तु मन्नू भण्डारी की कहानी 'यही सच है' पर आधारित है।
- फ़िल्म 'चरणदास' की कथावस्तु विजयदान देथा की कहानी 'चरणदास चोर' पर आधारित है।
- फ़िल्म 'जीना यहाँ' की कथावस्तु मन्नू भण्डारी की कहानी 'एखाने आकाश नेई' पर आधारित है।
- फ़िल्म 'पहेली' की कथावस्तु विजयदान देथा की कहानी 'दुविधा' पर आधारित है।
- फ़िल्म 'तीसरी कसम' की कथावस्तु कहानीकार फ़णीश्वरनाथ रेणु की रोचक कहानी 'तीसरी कसम उर्फ़ मारे गए गुलफाम' पर आधारित है।
- **कुछ कहानियाँ भारत और पाकिस्तान के विभाजन के सम्बन्ध में लिखी गयी हैं जो निम्न हैं—**

कहानीकार	कहानियाँ
अज्ञेय	'शरणदाता', 'लेटर बॉक्स', 'बदला', 'रमंते तत्र देवता'।
अमृत लाल नागर	'आदमी जाना-अनजाना'।
पाण्डेय बेचन शर्मा 'उग्र'	'खुदा राम', 'चौड़ा छुरा', 'खुदा के सामने', 'दोजख की आग', 'मलंग', 'शाप', 'ईश्वर द्रोही'।
उपेन्द्रनाथ 'अश्क'	'टेबल लैड', 'चारा काटने की मशीन'।
अमृतराय	'व्यथा का सरगम'।
देवेन्द्र सत्यार्थी	'जन्मभूमि'।
मोहन राकेश	'मलबे का मालिक'।

कमलेश्वर	'धूल उड़ जाती है', 'भटके हुए लोग।
महीप सिंह	'पानी और पुल'।
विष्णु प्रभाकर	'ताँगेवाला', 'टिटवाल', 'मुरब्बी', 'शमशू मिस्त्री', 'देशद्रोही', 'पड़ोसी', 'मेरा वतन'।
नासिरा शर्मा	'सरहद के इस पार'।
स्वदेश दीपक	'रफ़ूजी'।
सआदत हसन मण्टो	'ठण्डा गोश्त', 'टोबा टेक सिंह', 'खोल दो', 'टिटवाल का कुता', 'काली सलवार'।
कुर्रतुल-ऐन-हैदर	'पतझड़ की आवाज़'।
कृष्णा सोबती	'डरो मत मैं तुम्हारी रक्षा करूँगा', 'सिक्का बदल गया', 'मेरी माँ कहाँ'।
राजी सेठ	'बाहरी लोग किसका इतिहास'।

महत्त्वपूर्ण तथ्य

- भवदेव पाण्डेय ने 'बंग महिला' द्वारा रचित कहानी 'चन्द्रदेव से मेरी बातें' (1904) को हिन्दी की पहली राजनीतिक कहानी माना है।
- वृन्दावनलाल वर्मा ने 'राखीबन्द भाई' (1909 ई.) नामक कहानी की रचना की, जो ऐतिहासिक कहानी परम्परा की आरम्भ मानी जाती है।
- आचार्य रामचन्द्र शुक्ल ने 1900 से 1907 ई. तक प्रकाशित होने वाली छह कहानियों यथा—'इन्दुमति', 'गुलबहार', 'प्लेग की चुड़ैल', 'ग्यारह वर्ष का समय', 'पण्डित और पण्डितानी' तथा 'दुलाईवाली' हिन्दी कहानियों को प्रारम्भिक कहानियाँ माना है।
- डॉ. नामवर सिंह ने **प्रथम कहानी संग्रह** 'परिन्दे' को माना है।
- डॉ. नामवर सिंह ने शिवप्रसाद सिंह की 'दादी माँ' को **हिन्दी की पहली 'नयी कहानी'** माना है, कुछ समीक्षक उषा प्रियंवदा की कहानी 'वापसी' को हिन्दी की पहली 'नयी कहानी' मानते हैं।
- स्त्री-पुरुष सम्बन्धों को कृष्णा सोबती ने अपनी कहानी 'मित्रो मरजानी' में बेहद सशक्त ढंग से चित्रित किया है। इस कहानी को 'लघु उपन्यास' भी कहते हैं।
- शेखर जोशी की कहानी 'तरु का निर्णय' मध्यवर्गीय विसंगतियों पर केन्द्रित कहानी है।
- मन्नू भण्डारी की कहानी 'यही सच है' की गणना हिन्दी की अमर प्रेम कहानियों में की जाती है।

10
उपन्यास

- हिन्दी गद्य के विकास में उपन्यास विधा ने महत्त्वपूर्ण भूमिका निभायी है। उपन्यास का उद्भव पश्चिम में लगभग 18वीं शताब्दी में हुआ था।
- हिन्दी में उपन्यास-लेखन की शुरुआत 19वीं शताब्दी के अन्तिम चरण से होती है। हिन्दी उपन्यासों पर बांग्ला उपन्यासों का भी प्रभाव पड़ा, इसका प्रमुख कारण बांग्ला उपन्यासों का विकास हिन्दी उपन्यासों के विकास से पूर्व हुआ था।
- नॉवेल को हिन्दी में 'उपन्यास' सर्वप्रथम भारतेन्दु हरिश्चन्द्र ने 1875 में 'हरिश्चन्द्र चन्द्रिका' में कहा था। जो उनकी अपूर्ण रचना 'मालती' के सन्दर्भ में प्रयोग किया था।
- हिन्दी गद्य साहित्य में उपन्यास विधा की आधारशिला अंग्रेज़ी अनूदित उपन्यासों से मानी जाती हैं। वंशीधर ने 'थामस डे' के लोकप्रिय उपन्यास 'सैण्डफ़ोर्स एण्ड मर्टन' का सन् 1953 ई. में अनुवाद किया। इसी प्रकार डॉ. जॉनसन के उपन्यास 'रासेलास' का हिन्दी अनुवाद सन् 1879 ई. में किया।
- हिन्दी साहित्य में प्रथम उपन्यास को लेकर विद्वानों के बीच परस्पर वाद-विवाद है। जिसकी सारणी निम्न है—

उपन्यास	वर्ष	उपन्यासकार	प्रस्तोता
'परीक्षा गुरु'	1882	लाला श्रीनिवासदास	आचार्य रामचन्द्र शुक्ल
'भाग्यवती'	1877	श्रद्धाराम फिल्लौरी	डॉ. विजयशंकर मल्ल
'देवरानी जेठानी की कहानी'	1870	पं. गौरी दत्त	डॉ. गोपाल राय

नोट—इस उपन्यास के अतिरिक्त आचार्य हजारीप्रसाद द्विवेदी ने भारतेन्दु हरिश्चन्द्र के 'पूर्ण प्रकाश और 'चन्द्रप्रभा' को हिन्दी के प्रथम उपन्यास के रूप में स्वीकार किया है। हालाँकि यह उपन्यास मौलिक न होकर मराठी उपन्यास से अनूदित है।

- लाला श्रीनिवासदास द्वारा लिखित 'परीक्षा गुरु' उपन्यास को आचार्य रामचन्द्र शुक्ल अंग्रेज़ी नॉवेल के ढंग का पहला मौलिक उपन्यास मानते हैं।
- डॉ. श्रीकृष्ण लाल ने देवकीनन्दन खत्री द्वारा लिखित 'चन्द्रकान्ता' को हिन्दी का पहला उपन्यास माना है। इसका प्रकाशन वर्ष 1891 ई. है।
- श्री शिवनारायण श्रीवास्तव ने मुंशी इंशाअल्ला ख़ाँ द्वारा लिखित 'रानी केतकी की कहानी' को हिन्दी का पहला उपन्यास के रूप में स्वीकार किया है।
- हिन्दी उपन्यास के काल विभाजन को हम मुख्य रूप से तीन भागों में बाँटकर देख सकते हैं—
  (1) प्रेमचन्द पूर्व हिन्दी उपन्यास
  (2) प्रेमचन्द युगीन हिन्दी उपन्यास
  (3) प्रेमचन्दोत्तर हिन्दी उपन्यास

(1) प्रेमचन्द पूर्व हिन्दी उपन्यास

- यह हिन्दी उपन्यास के इतिहास का सबसे प्रारम्भिक दौर है। इस काल में ज़्यादातर उपन्यास मनोरंजनपरक, उपदेशपरक व सुधारवादी दृष्टिकोण पर आधारित थे।
- इस काल में जासूसी, तिलस्मी रोमांच, ऐयारी ऐतिहासिक पृष्ठभूमि पर आधारित तथा जीवन के सामाजिक पक्षों से सम्बन्धित उपन्यासों की रचना हुई है।

प्रेमचन्द पूर्व हिन्दी उपन्यासकार एवं उनकी रचनाएँ

किशोरीलाल गोस्वामी (1865-1932 ई.)

- आचार्य रामचन्द्र शुक्ल ने किशोरीलाल गोस्वामी की रचना 'परीक्षा गुरु' को हिन्दी का प्रथम उपन्यास माना है। इस प्रकार शुक्ल के अनुसार गोस्वामी हिन्दी का प्रथम उपन्यासकार कहलाये हैं।
- गोस्वामी ने हिन्दी में उपन्यास विधा को सशक्त विधा के रूप में स्थापित करने में अपना महत्त्वपूर्ण योगदान दिया है। उन्होंने लगभग 65 उपन्यासों की रचना की है।
- गोस्वामी ने ऐतिहासिक एवं सामाजिक विषयों को अपनी उपन्यास रचना का मुख्य विषय बनाया था।
- उन्होंने ही सर्वप्रथम हिन्दी में ऐतिहासिक उपन्यास परम्परा की शुरुआत की थी।

- गोस्वामी द्वारा रचित प्रमुख ऐतिहासिक एवं सामाजिक उपन्यास निम्न हैं—

  किशोरीलाल गोस्वामी के ऐतिहासिक उपन्यास—'हृदयहारिणी वा आदर्शरमणी' (1890), 'लवंगलता वा आदर्शबाला' (1890), 'तारा' (1902), 'राजकुमारी' (1902), 'कनक कुसुम वा मस्तानी' (1904), 'सुल्ताना रजिया बेगम व रंग महल में हलचल' (1905), 'लखनऊ की कब्र वा शाहीमहलसरा' (1917), 'लाल कुँवरी वा शाही रंगमहल' (1909)।

  किशोरीलाल गोस्वामी के सामाजिक उपन्यास—'स्वर्गीय कुसुम का कुसुम कुमारी' (1901), 'प्रणयिनी परिणय' (1890), 'पुनर्जन्म का सौतिया डाह' (1907), 'माधवी माधव व मदनमोहिनी' (1909)।
- स्वर्गीय कुसुम वा कुसुम कुमारी उपन्यास में वेश्याओं के जीवन-चरित्र का उल्लेख किया गया है। यह इस प्रकार उल्लेख करने वाला पहला हिन्दी उपन्यास है।

अयोध्यासिंह उपाध्याय 'हरिऔध' (1865-1941 ई.)

- हरिऔध ने सामाजिक जीवन-परम्पराओं, आदर्शों, कुरीतियों, आडम्बरों के सम्बन्ध में उपन्यास लिखा है।
- 'हरिऔध' के प्रमुख उपन्यास निम्न हैं—
  - 'ठेठ हिन्दी का ठाठ' (1899)—(मुहावरों की पाठ पुस्तक)
  - 'अधखिला फूल' (1907)—(धार्मिक आडम्बर विषय)

गोपालराम गहमरी (1866-1946 ई.)

- गोपालराम गहमरी अंग्रेज़ी के जासूसी उपन्यासकार 'आर्थर कानन डायल' से बहुत प्रभावित थे।
- उन्होंने ही सर्वप्रथम हिन्दी में जासूसी उपन्यास की शुरुआत की। उनके उपन्यासों ने विशुद्ध मनोरंजन का कार्य किया।
- **गोपालराम गहमरी के प्रमुख उपन्यास निम्न हैं—**

  'अद्‌भुत लाश' (1896), 'बेकसूर की फाँसी' (1900), 'सरकटी लाश' (1900), 'जासूस की भूल' (1901), 'ख़ूनी कौन' (1900), 'बेगुनाह का ख़ून' (1900), 'अद्‌भुत ख़ून, 'जासूस पर जासूसी' (1904), 'गुप्त भेद' (1913), 'जासूस की ऐयारी' (1914) आदि।

बालकृष्ण भट्ट (1844-1914 ई.)

- बालकृष्ण भट्ट ने सामाजिक-सांस्कृतिक जीवन से सम्बन्धित उपन्यासों की रचना की है, उनके द्वारा लिखित उपन्यास निम्न हैं—
- 'रहस्य कथा' (1879), 'नूतन ब्रह्मचारी' (1886), 'सौ अजान एक सुजान' (1892), 'सद्भाव का अभाव'। (अधूरा)
- इनका उपन्यास 'सौ अजान एक सुजान' हिन्दी का प्रथम चरित्र प्रधान उपन्यास है।
- 'रहस्य कथा' उपन्यास में सर्वप्रथम विवाह पूर्व प्रेम का चित्रण मिलता है।

प्रेमचन्द पूर्व युग के अन्य प्रमुख उपन्यासकार एवं उनके उपन्यास

उपन्यासकार	उपन्यास
पं. गौरीदत्त (1836-1906)	'देवरानी जेठानी की कहानी' (1870)।
श्रद्धाराम फिल्लौरी (1837-1881)	'भाग्यवती' (1877)।
लाला श्रीनिवासदास (1851-1887)	'परीक्षा गुरु' (1882)।
देवकीनन्दन खत्री (1861-1913)	'चन्द्रकान्ता' (1888), 'चन्द्रकान्ता सन्तति' (6 भाग-1896), 'नरेन्द्र मोहिनी' (1893), 'वीरेन्द्र वीर' (1895), 'कुसुम कुमारी' (1899), 'काजर की कोठरी' (1902), 'अनूठी बेगम' (1905), 'गुप्त गोदाम' (1913), 'भूतनाथ' (1907)। **नोट**—देवकीनन्दन खत्री हिन्दी में 'तिलस्मी-ऐयारी' उपन्यासों के जन्मदाता माने जाते हैं। 'चन्द्रकान्ता'—उपन्यास में नायिका विजयगढ़ की राजकुमारी चन्द्रकान्ता और नवगढ़ के राजकुमार वीरेन्द्र सिंह के बीच प्रेम-प्रसंग का वर्णन है।
ठाकुर जगमोहन सिंह (1847-1899)	'श्यामा स्वप्न' (1888)।
राधाकृष्ण दास (1865-1907)	'निस्सहाय हिन्द' (1890)।

लज्जाराम मेहता	'धूर्त रसिकलाल', 'सुशीला विधवा', 'आदर्श दम्पति', 'स्वतन्त्र रमा और परतन्त्र लक्ष्मी'।
ब्रजनन्दन सहाय	'राजेन्द्र मालती' (1897), 'अद्‌भुत प्रायश्चित' (1906), 'सौन्दर्योपासक' (1912), 'लालचीन' (1916), 'अरण्यवाला' (1915)।
गंगा प्रसाद गुप्त	'पृथ्वीराज चौहान' (1902), 'हम्मीर' (1904), 'कुमार सिंह सेनापति' (1903)।
मिश्रबन्धु	'वीरमणि' (1917)।
जयरामदास गुप्त	'काश्मीर पतन' (1907), 'नवाबी परिस्तान वा वाजिद मायारानी, 'कलावती'।
श्यामसुन्दर वैद्य	'पंजाब पतन'।

- हिन्दी-उपन्यास-साहित्य के सन्दर्भ में प्रेमचन्द युग को हिन्दी आलोच्य युग के नाम से जाना जाता है।
- इस युग के उपन्यासों में पहली बार सामान्य जनता की समस्याओं को केन्द्र में रखकर लिखा गया था।
- इस युग के उपन्यासों की विषयवस्तु है—राष्ट्रीय आन्दोलन, कृषक समस्या, मानवतावाद, भारतीय संस्कृति, शोषण, विधवा विवाह, अनमोल विवाह, दहेज प्रथा आदि।

प्रेमचन्दयुग के प्रमुख उपन्यासकार एवं उनकी रचनाएँ

प्रेमचन्द (1880-1936 ई.)

- प्रेमचन्द महान प्रतिभा और उपन्यास-लेखन कौशल के कारण युग-प्रवर्तक के रूप में जाने जाते हैं।
- उन्होंने हिन्दी उपन्यास-कथा-साहित्य को 'मनोरंजन' के स्तर से उठाकर जीवन के साथ सार्थक रूप से जोड़ने का काम किया।
- प्रेमचन्द आरम्भ में अपने उपन्यास पहले उर्दू में लिखते थे और फिर स्वयं उनका हिन्दी रूपान्तर किया। उनका पहला उपन्यास 'असरारे मआविद' था, जो 'उर्दू' में लिखा था।
- बांग्ला कथाकार शरतचन्द्र चट्टोपाध्याय ने प्रेमचन्द को 'उपन्यास सम्राट' की संज्ञा दी थी।
- डॉ. नगेन्द्र ने हिन्दी लिखित प्रेमचन्द का पहला उपन्यास 'कायाकल्प' को माना है।

❑ प्रेमचन्द ने प्रारम्भ में पुराने उर्दू-उपन्यासों को हिन्दी में रूपान्तरित किया और बाद के दिनों में 'सेवासदन', 'प्रेमाश्रम' और 'रंगभूमि' का रूपान्तरण हिन्दी में किये थे। जो निम्न हैं—

प्रेमचन्द के उर्दू से हिन्दी में रूपान्तरित उपन्यास

उर्दू उपन्यास	हिन्दी रूपान्तरित उपन्यास
'असरारे मुआविद' (1903-05 ई.)	'देवस्थान रहस्य' (1905 ई.)
'हममुखी-ओ-हमसवाब' (1906 ई.)	'प्रेमा वा दो सखियों का विवाह' (1907 ई.)
'बाज़ार-ए-हुस्न' (1917 ई.)	'सेवासदन' (1918 ई.)
'जलवा-ए-ईसार' (1912 ई.)	'वरदान' (1921 ई.)
'गोश-ए-आफियत'	'प्रेमाश्रम' (1922 ई.)
'चौगान-ए-हस्ती'	'रंगभूमि' (1925 ई.)
'किशना' (1907 ई.)	'ग़बन' (1931 ई.)

प्रेमचन्द के प्रमुख उपन्यास कालक्रम के अनुसार

उपन्यास	वर्ष (ई.)	सम्बन्धित विषय
'देवस्थान'	1905	हिन्दू देव-स्थानों में व्याप्त भ्रष्टाचार और पाखण्ड का खण्डन।
'प्रेमा'	1907	समाज की कुरीतियों का चित्रण, विधवा-विवाह का समर्थन।
'सेवासदन'	1918	विवाह से जुड़ी समस्याएँ, तिलक-दहेज की प्रथा, कुलीनता का प्रश्न, समाज में वेश्याओं की स्थिति का चित्रण।
'वरदान'	1921	प्रेम एवं विवाह जैसी सामाजिक समस्या का चित्रण।
'प्रेमाश्रम'	1922	ज़मींदारी व्यवस्था जैसी नीतियों की आलोचना।
'रंगभूमि'	1925	औपनिवेशिक शासन व्यवस्था के अत्याचारों का चित्रण।
'कायाकल्प'	1926	पुनर्जन्म से सम्बन्धित है। राजा के विलास, अत्याचार व प्रेम का चित्रण।
'निर्मला'	1927	दहेज प्रथा एवं अनमेल विवाह का चित्रण।
'ग़बन'	1931	स्त्रियों के आभूषण, प्रेम और उसके प्रभावों का चित्रण।

'कर्मभूमि'	1932	अन्तरजातीय विवाह, हिन्दू-मुस्लिम एकता, दलित किसानों का उत्थान।
'गोदान'	1936	'किसान की समस्याओं का यथार्थ चित्रण'।

- प्रेमचन्द ने सन् 1907 ई. में 'रूठी रानी' नामक ऐतिहासिक उपन्यास लिखा है।

विश्वम्भरनाथ शर्मा 'कौशिक' (1891-1945 ई.)

- प्रेमचन्द के समकालीन उपन्यासकारों में विश्वम्भरनाथ शर्मा 'कौशिक' एक प्रमुख उपन्यासकार हैं। इन्होंने निम्न उपन्यासों की रचना की है—
  'माँ' (1929), 'भिखारिणी' (1929), 'संघर्ष' (1945)।
- 'भिखारिणी उपन्यास में उन्होंने 'अन्तरजातीय विवाह' की समस्या, जाति-भावना का विद्वेष आदि का चित्रण किया है।
- 'माँ' उपन्यास में उन्होंने मध्यवर्गीय परिवार की समस्या, माँ का दर्द एवं वेश्याओं की स्थिति का चित्रण किया है।

जयशंकर प्रसाद (1889-1937 ई.)

- जयशंकर प्रसाद ने न केवल कविता और नाटक के क्षेत्र में अपनी प्रतिभा का लोहा स्थापित किया है बल्कि उन्होंने महत्त्वपूर्ण उपन्यासों की भी रचना की है।

  'कंकाल' (1929), 'तितली' (1934), 'इरावती' (1936) (अपूर्ण)।
- 'कंकाल' में प्रसाद ने अवैध और अज्ञात-कुलशील सन्तानों का उल्लेख किया है। साथ ही व्यक्ति की स्वतन्त्रता का समर्थन किया है।
- 'तितली' उपन्यास में उन्होंने ग्रामीण एवं कृषक-जीवन, प्रेम के आदर्श स्वरूप आदि का उल्लेख किया है।
- 'इरावती' जयशंकर प्रसाद का अधूरा उपन्यास है।

पाण्डेय बेचन शर्मा 'उग्र' (1900-1967 ई.)

- 'उग्र जी' हिन्दी के प्रथम विवादास्पद उपन्यासकार के रूप में जाने जाते हैं। उन्होंने उपन्यासों में समाज की बुराइयों को, उसकी नंगी सच्चाई को बिना किसी लाग-लपेट के बड़े साहस के साथ प्रस्तुत किया है।
- उन्होंने समाज के उस वर्ग को अपने उपन्यासों का विषय बनाया जिसे प्रतीत वर्ग यथा वेश्या वर्ग कहते हैं।

- **'उग्र' के प्रमुख उपन्यास निम्न हैं**—'चन्द हसीनों के ख़तूत' (1927), 'दिल्ली का दलाल' (1927), 'चॉकलेट' (1927), 'बुधुआ की बेटी' (1928), 'शराबी' (1930), 'सरकार तुम्हारी आँखों में' (1937), 'जीजीजी' (1943), 'फागुन के चार दिन' (1960), 'जुहू' (1963)।
- 'चन्द हसीनों के ख़तूत' में उग्र ने हिन्दू-मुस्लिम के बीच प्रेम विवाह का चित्रण किया है। वहीं 'शराबी' उपन्यास में वेश्याओं तथा वेश्यालयों की नग्न तस्वीर का यथार्थ चित्रण किया है।

शिवपूजन सहाय (1893-1963 ई.)

- उन्होंने प्रेमचन्द युगीन होते हुए भी प्रेमचन्द से भिन्न मार्ग को अपनाया है।
- उनका उपन्यास 'देहाती दुनिया' (1926 ई.) एक 'आंचलिक उपन्यास' है।
- गोपाल राय ने 'देहाती दुनिया' को **हिन्दी का पहला आंचलिक उपन्यास** माना।

चतुरसेन शास्त्री (1891-1960 ई.)

- चतुरसेन शास्त्री ने कुछ उपन्यासों की रचना प्रेमचन्द युग में की है, यथा— 'हृदय की प्यास' (1932), 'अमर अभिलाषा' (1932), 'आत्मदाह' (1937)
- इनकी उपन्यास-कला ने परवर्ती युग में पर्याप्त भिन्न आयाम ग्रहण किया है जो निम्न है—
- 'वैशाली की नगरवधू' (1948), 'मन्दिर की नर्तकी' (1951), 'रक्त की प्यास' (1951), 'अपराजिता' (1952), 'आलमगीर' (1954), 'सोमनाथ' (1955), 'वयम् रक्षाम' (1955), 'गोली' (1956), 'सह्याद्रि की चट्टानें' (1959), 'बिना चिराग़ का शहर' (1960), 'सोना और ख़ून' (1958)।

भगवती प्रसाद वाजपेयी (1899-1973 ई.)

- उनके प्रमुख उपन्यास निम्न हैं—
  'प्रेमपथ' (1926), 'मीठी चुटकी' (1928), 'अनाथ पत्नी' (1928), 'मुस्कान' (1929), 'त्यागमयी' (1932), 'प्रेमनिर्वाह' (1934), 'पतिता की साधना' (1936), 'चलते-चलते' (1951), 'टूटते बन्धन' (1963), 'आज और अभी' (1971)।

प्रतापनारायण श्रीवास्तव

- ये आदर्शवादी परम्परा के उपन्यासकार हैं।

- इनके प्रमुख उपन्यास निम्न हैं—
  'विदा' (1927), 'विजय' (1937), 'विकास', 'विसर्जन', 'बेकसी का मज़ार' आदि।
- 'विदा' उपन्यास में उन्होंने नागरिक उच्चवर्गीय समाज का चित्रण किया है।
- 'विजय' उपन्यास में उन्होंने अभिजातवर्गीय विधवा-जीवन की समस्याओं का चित्रण किया है।

राधिकारमण प्रसाद सिंह (1890-1971 ई.)

- राधिकारमण प्रसाद सिंह के प्रमुख उपन्यास निम्न हैं—
  'राम-रहीम' (1936), 'पुरुष और नारी' (1936), 'संस्कार' (1942), 'चुम्बन और चाँटा' (1956)।
- 'राम-रहीम' उपन्यास में उन्होंने कतिपय सामाजिक पहलुओं की चर्चा की है।

प्रेमचन्द युगीन अन्य प्रमुख उपन्यासकार एवं उनकी रचनाएँ

उपन्यासकार	रचनाएँ
सियारामशरण गुप्त (1895-1963)	'गोद' (1932), 'अन्तिम आकांक्षा' (1934), 'नारी' (1937)।
गंगा प्रसाद श्रीवास्तव	'विलायती उल्लू' (1932), 'स्वामी चौखटानन्द' (1936), गंगा-जमुनी' (1927)।

प्रेमचन्दोत्तर हिन्दी उपन्यास

- प्रेमचन्द के उपरान्त हिन्दी उपन्यास कई धाराओं के साथ अग्रसर हुआ है। जिन्हें मुख्यत: तीन भागों में बाँटकर देखा जा सकता है—
  (1) 1936 से 1950 तक के उपन्यास।
  (2) 1950 से 1960 तक के उपन्यास।
  (3) 1960 के बाद के उपन्यास।
- विषय के अध्ययन की दृष्टि से प्रेमचन्दोत्तर उपन्यासों को निम्न रूप में बाँटा जा सकता है—
  (1) मनोविश्लेषणवादी उपन्यास, (2) मार्क्सवादी (प्रगतिवादी) उपन्यास (3) ऐतिहासिक उपन्यास, (4) आंचलिक उपन्यास, (5) व्यक्तिवादी उपन्यास, (6) यथार्थबोध व आधुनिकतावाद बोध से सम्बन्धित उपन्यास।

(1) मनोविश्लेषणवादी उपन्यास

- मनोविश्लेषणवादी उपन्यासों में विभिन्न पात्रों में अन्तर्विरोध, उलझन तथा शंकाएँ विद्यमान हैं तथा जीवन के मनोभावों को सूक्ष्मता से चित्रित किया है।

  जैसे—उपन्यास में नारी-पात्र यदि एक ओर समाज की मर्यादाओं को बनाये रखना चाहते हैं, तो दूसरी ओर अपने अस्तित्व की पहचान भी कराना चाहते हैं।
- मनोविश्लेषणवादी उपन्यासकारों में अज्ञेय, जैनेन्द्र, इलाचन्द्र जोशी और डॉ. देवराज प्रमुख हैं।

अज्ञेय (1911-1987 ई.)

अज्ञेय एक प्रमुख मनोविश्लेषणवादी उपन्यासकार हैं। उन्होंने निम्न उपन्यासों की रचना की है—

- 'शेखर : एक जीवनी' (पहला भाग 1940, दूसरा भाग 1944), 'नदी के द्वीप' (1951), 'अपने-अपने अजनबी' (1961)।
- 'शेखर : एक जीवनी' के प्रकाश में आने के बाद हिन्दी उपन्यास की दिशा में एक नया मोड़ आया।
- 'शेखर : एक जीवनी' को कुछ आलोचकों ने 'पुच्छल तारा' कहा तो कुछ आलोचकों ने इसे 'अतिशय आत्मकेन्द्रित' बताया है।
- 'शेखर : एक जीवनी' रोमा रोलां की पुस्तक 'ज्यां क्रिस्टॉफ' से प्रभावित माना जाता है।
- 'नदी के द्वीप' उपन्यास में त्रिकोण प्रेम का चित्रण है। इस उपन्यास को अज्ञेय ने चार संवेदनाओं का मिलन कहा है।

जैनेन्द्र (1905-1988 ई.)

- जैनेन्द्र फ्रायड के मनोविश्लेषणवाद से प्रभावित थे और हिन्दी उपन्यासों में मनोविश्लेषणवाद का सूत्रपात जैनेन्द्र को ही माना जाता है।
- जैनेन्द्र ने निम्न उपन्यासों की रचना की है—

  'परख' (1929), 'सुनीता' (1934), 'त्यागपत्र' (1937), 'कल्याणी' (1939), 'सुखदा' (1952), 'विवर्त' (1953), 'व्यतीत' (1953), 'जयवर्द्धन' (1956), 'मुक्तिबोध' (1965), 'अनन्तर' (1968), 'अनाम स्वामी' (1974), 'दशार्क' (1985)।
- जैनेन्द्र के 'परख' उपन्यास में प्रेम का आदर्श रूप प्रस्तुत किया गया है।

- ‘त्यागपत्र’ उपन्यास में स्त्री के स्वच्छन्द विचारों व उसके मनोभावों का बेहद सूक्ष्म वर्णन देखने को मिलता है।
- ‘कल्याणी’ उपन्यास दाम्पत्य जीवन में होने वाली समस्याओं को चित्रित करता है।
- ‘दशार्क’ उपन्यास विवाह-विच्छेद व सम्बन्धों की टूटन को चित्रित करता है तथा स्त्री-जीवन के विभिन्न पक्षों को भी रेखांकित करता है।
- ‘मुक्तिबोध’ उपन्यास जनेन्द्र ने राजनीतिक परिघटनाओं को आधार बनाकर लिखा है।

इलाचन्द्र जोशी (1902-1982 ई.)

- जैनेन्द्र की तरह ही मनोविश्लेषणवादी हिन्दी उपन्यासकारों में इलाचन्द्र जोशी का नाम प्रमुखता से लिया जाता है।
- इनके उपन्यास निम्न हैं—‘घृणामयी’ (पूर्वनाम लज्जा) (1929), ‘संन्यासी’ (1940), ‘पर्दे की रानी’ (1942), ‘प्रेत और छाया’ (1944), ‘निर्वासित’ (1946), ‘मुक्तिपथ’ (1948), ‘सुबह के भूले’ (1951), ‘जिप्सी’ (1952), ‘जहाज़ का पक्षी’ (1954), ‘ऋतु चक्र’ (1969), ‘भूत का भविष्य’ (1973), ‘कवि की प्रेयसी’ (1976)।
- इलाचन्द्र जोशी का सबसे प्रसिद्ध उपन्यास ‘जहाज़ का पक्षी’ में एक बेरोज़गार व्यक्ति के मनोभावों का विश्लेषण किया गया है।
- ‘ऋतु चक्र’ उपन्यास में शहरीकरण व आधुनिकता के नाम पर उत्पन्न विसंगतियों को दर्शाया गया है।
- ‘पर्दे की रानी’ उपन्यास में मानसिक विकृतियों का वर्णन किया गया है और मानसिक विकृत व्यक्तियों की कथा को आधार बनाया गया है।

डॉ. देवराज (1917-1999 ई.)

- प्रमुख उपन्यास निम्न हैं—
  ‘पथ की खोज’ (1951), ‘बाहर-भीतर’ (1954), ‘रोड़े और पत्थर ’ (1958), ‘अजय की डायरी’ (1960), ‘मैं वे और आप’ (1969), ‘दोहरी आग की लपट’ (1973), ‘दूसरा सूत्र’ (1978)।
- डॉ. देवराज ने मानवीय सम्बन्धों को आधार बनाकर अपने अधिकतर उपन्यासों का सृजन किया है। इनके उपन्यासों में सामाजिक, नैतिक, स्त्री-पुरुष सम्बन्ध, दाम्पत्य जीवन की समस्याएँ, प्रेम, विवाह, व मन के अन्तःकोणों का विश्लेषण किया गया है।

(2) मार्क्सवादी (प्रगतिवादी) उपन्यास

- प्रगतिवादी या मार्क्स के विचारों से प्रभावित रचनाकारों ने सामाजिक यथार्थपरक व आर्थिक पक्षों को केन्द्र बना कर उपन्यासों की रचना की है।
- सामाजिक यथार्थवादी उपन्यासकारों में यशपाल, रामेश्वर शुक्ल 'अंचल', भैरवप्रसाद गुप्त, अमृतराय, रांगेय राघव, विश्वम्भरनाथ उपाध्याय, बदीउज़्ज़माँ, जगदीश चन्द्र, हृदयेश, जगदम्बा प्रसाद दीक्षित, अब्दुल बिस्मिल्लाह आदि का नाम उल्लेखनीय है।

यशपाल (1903-1976 ई.)

- यशपाल मार्क्सवादी विचारधारा से प्रभावित थे। यही मार्क्सवादी विचारधारा इनके उपन्यासों के मूल में है।
- कुछ आलोचक यशपाल पर प्रचारवादी व कुछ भाभीवादी होने का आरोप लगाते हैं। **डॉ. रामविलास** शर्मा लिखते हैं—'जैनेन्द्रजी ने सुनीता से जो भाभीवाद शुरू किया था, यशपाल जी ने वही सूत्र 'दादा कामरेड' में पकड़ लिया।'
- यशपाल के उपन्यास निम्न हैं—
  'दादा कामरेड' (1941), 'देशद्रोही' (1943), 'दिव्या' (1945), 'पार्टी कामरेड' (1946), 'मनुष्य के रूप' (1949), 'अमिता' (1956), 'झूठा सच' (दो भागों में)' (1958, '1960), 'बारह घण्टे' (1962), 'अप्सरा का शाप' (1965), 'क्यों फँसे' (1968), 'मेरी तेरी उसकी बात' (1974)।
- उपन्यास 'दादा कामरेड' के सम्बन्ध में **यशपाल** ने स्वयं लिखा है—
  यह उपन्यास पहली रचना, जिसने हिन्दी में रोमांस और राजनीति का मिश्रण आरम्भ किया। इस उपन्यास को उन्होंने प्राकृतिक भी कहा है।
- 'दिव्या' उपन्यास के द्वारा यशपाल स्त्री की स्वतन्त्रता, उसकी अस्मिता, अस्तित्व जैसे जीवन के मूलभूत प्रश्नों को उठाये हैं। 'दिव्या' उपन्यास की पृष्ठभूमि ऐतिहासिक है, इसमें वर्तमान समय के हिन्दी, हिन्दू और बौद्ध संघर्ष का भी चित्रण मिलता है।
- 'झूठा सच' उपन्यास में यशपाल ने 1942 ई. से 1957 ई. तक के भारत की सामाजिक, आर्थिक एवं राजनीतिक स्थिति का वर्णन किया है।
- 'मेरी तेरी उसकी बात' राष्ट्रीय आन्दोलन में गांधी केन्द्रित आन्दोलन के काव्य-खण्ड (1914 से 1945 ई.) तक में राजनीतिक घटनाक्रम का चित्रण हुआ है।

- 'बारह घण्टे' उपन्यास में उन्होंने पातिव्रत्य सम्बन्धी रीति-रिवाजों की स्त्री की व्यर्थता के रूप में चित्रण किया है।

भैरवप्रसाद गुप्त (1918-1995 ई.)

- भैरवप्रसाद गुप्त की प्रमुख रचनाएँ निम्न हैं—
'शोले' (1946), 'मशाल' (1948), 'गंगा मैया' (1952), 'जंजीरें और नया आदमी' (1955), 'सती मैया का चौरा' (1959), 'धरती' (1962), 'आशा' (1963), 'कालिन्दी' (1963), 'रम्भा' (1964), 'नौजवान' (1972), 'काशी बाबू' (1987), 'भाग्य देवता' (1992), 'छोटी-सी शुरुआत' (1997)।
- इनकी 'गंगा मैया' और 'सती मैया का चौरा' चर्चित उपन्यास हैं। इन दोनों उपन्यासों की पृष्ठभूमि ग्राम्य जीवन है।
- इनके उपन्यास 'भाग्य देवता' में पूँजीवाद बनाम समाजवाद का चित्रण है।

अमृतराय (1921-1996 ई.)

- अमृतराय एक प्रमुख प्रगतिवादी उपन्यासकार हैं। उनके उपन्यासों में जन-जीवन से जुड़े विषयों को यथार्थवादी रूप में प्रस्तुत किया गया है। उनके द्वारा रचित प्रमुख उपन्यास निम्न हैं—
'बीज' (1952), 'नागफनी का देश' (1953), 'हाथी के दाँत' (1956), 'जंगल' (1969), 'सुख-दुःख' (1969), 'भटियाली' (1969), 'धुआँ' (1993)।
- उनके उपन्यास 'बीज' में द्वितीय विश्वयुद्ध, 1942 की क्रान्ति, बंगाल का अकाल, विद्यार्थी जुलूस आदि घटनाओं में वर्तमान जीवन की विषमताओं का वर्णन है।
- 'हाथी के दाँत' उपन्यास में समाज की रीति, परम्पराओं, आडम्बरों आदि का सूक्ष्म रूप से उल्लेख किया गया है तथा इनके प्रभावों की भी चर्चा की गयी है।
- 'नागफनी का देश' उपन्यास में त्रिकोण प्रेम का चित्रण है।
- 'सुख-दुःख' उपन्यास में लेखक यह साबित करता है कि सुख दुनिया में बहुत कम है।
- 'भटियाली' अविवाहिता चित्रा के प्रेम-द्वन्द्व का चित्रण है।

रांगेय राघव (1923–1962 ई.)

- तिरुमल्लै नबांकम वीर राघव आचार्य उनका मूल नाम था। उन्होंने अपना साहित्यिक नाम रांगेय राघव रखा। उन्होंने अपने उपन्यासों में आधुनिक सामाजिक और राजनीतिक जीवन की विषमताओं का यथार्थ रूप में चित्रण किया है।
- रांगेय राघव की प्रमुख रचनाएँ निम्न हैं—
  'घरौंदे' (1946), 'विषाद मठ' (1946), 'मुर्दों का टीला' (1948), 'चीवर' (1951), 'सीधा-सादा रास्ता' (1951), 'हुजूर' (1951), 'अँधेरे के जुगनू' (1953), 'उबाल' (1954), 'बोलते खँडहर' (1955), 'कब तक पुकारूँ' (1957), 'बौने और घायल फूल' (1957), 'पक्षी और आकाश' (1957), 'जब आवेगी कालीघटा' (1958), 'बन्दूक़ और बीन' (1958), 'राई और पर्वत' (1958), 'राह न रुकी' (1958), 'छोटी-सी बात' (1959), 'पथ का पाप' (1959), 'महायात्रा' (1962), 'धरती मेरा घर' (1960), 'प्रोफ़ेसर' (1961), 'पतझर' (1962), 'आख़िरी आवाज़' (1962)।
- 'मुर्दों का टीला' उपन्यास में सिन्धु घाटी-सभ्यता की कथा है। 'चीवर' में हर्षकालीन-बौद्ध धर्म के उत्थान का चित्रण है।
- 'राह न रुकी' में महावीर स्वामी एवं बुद्ध के समय के जागरण का चित्रण है।
- 'जब आवेगी काली घटा' में गोरखनाथ के नाथपन्थ की कथा है।
- 'अँधेरा रास्ता' में प्रागैतिहासिक युग को आधुनिक प्रगतिशील दृष्टि से देखा गया है।
- 'कब तक पुकारूँ' में करनट जाति के जीवन का चित्रण है।
- 'आख़िरी आवाज़' रांगेय राघव का अन्तिम उपन्यास है। इसमें स्वतन्त्रता प्राप्ति के बाद भारतीय गाँव का चित्रण है।

बदीउज़्ज़माँ (1928–1986 ई.)

- बदीउज़्ज़माँ ने निम्न उपन्यासों की रचना की है—'एक चूहे की मौत' (1971), 'छाको की वापसी' (1975), 'अपुरुष' (1976), 'छठा तन्त्र' (1977), 'सभापर्व' (1994)' (अपूर्ण)
- 'चूहे की मौत' एक फैंटेसी उपन्यास है। इस उपन्यास में सरकारी कार्यालयों, कर्मचारियों तथा अधिकारियों के कार्यों का व्यंग्यपूर्ण चित्रण किया गया है।

- 'छाको की वापसी' भारत एवं पाक-विभाजन के सन्दर्भ में है, इस उपन्यास में लेखक यह साबित करते हैं कि भारत का विभाजन गलत था।
- 'अपुरुष' उपन्यास में प्राइवेट कॉलेज के शिक्षकों का सजीव चित्रण किया गया है।
- 'छठा तन्त्र' उपन्यास में आपातकाल के दौरान उत्पन्न राजनीतिक स्थितियों का उल्लेख किया गया है।
- 'सभापर्व' उपन्यास बदीउज़्ज़माँ साहब की मृत्यु के बाद प्रकाशित हुआ है। इस उपन्यास में लेखक ने हिन्दुओं और मुसलमानों के बीच सौहार्दपूर्ण सम्बन्धों का उल्लेख किया है।

विश्वम्भरनाथ उपाध्याय (1925-2008 ई.)

- विश्वम्भरनाथ ने निम्न उपन्यासों की रचना की है—
  'रीछ' (1967), 'पक्षधर' (1971), 'जाग मच्छन्दर गोरख आया' (1983), 'दूसरा भूतनाथ' (1985), 'जोगी मत जा' (1989), 'विक्षुब्ध' (1991), 'विश्वबाहु पशुराम' (1997), 'प्रतिशोध' (1998)।
- 'रीछ' उपन्यास में लेखक वर्तमान राजनीतिक व्यवस्था की आलोचना करते हैं। उपन्यास 'वर्तमान जीवन के तनाव', व्यक्तित्व के जीवन-मूल्यों का ह्रास, ग्रामीण जीवन की समस्याएँ आदि को रेखांकित करता है।
- 'पक्षधर' उपन्यास में अर्थ-संस्कृति और इसके प्रभावों की चर्चा की गयी है।
- 'जाग मछन्दर गोरख आया' उपन्यास के द्वारा लेखक प्रतीकात्मक रूप से समाज में व्याप्त रूढ़ियों, आडम्बर, वर्ण व्यवस्था आदि के ख़िलाफ़ युद्ध छेड़ते हैं तथा समाज में नवीन चेतना जगाने का प्रयास करते हैं।
- 'दूसरा भूतनाथ' उपन्यास में लेखक सभी समस्याओं का जनक पूँजीवादी व्यवस्था को मानते हैं।

प्रमुख प्रगतिवादी उपन्यासकार एवं उनकी रचनाएँ

उपन्यासकार	रचनाएँ
रामेश्वर शुक्ल 'अंचल' (1915-1995)	'चढ़ती धूप' (1945), 'उल्का' (1947), 'नयी इमारत' (1947), 'मरु प्रदीप' (1951)।
जगदीश चन्द्र (1930-1996)	'यादों का पहाड़' (1966), 'धरती धन न अपना (1972), 'आधा पुल' (1973), 'कभी न छोड़े

	खेत' (1976), 'मुट्ठी भर काँकर' (1976), 'टुण्डा लाट' (1978), 'घास गोदाम' (1985), 'नरक कुण्ड में बास' (1994), 'लाट की वापसी' (2000), 'ज़मीन अपनी तो थी' (2001)।
अब्दुल बिस्मिल्लाह (1949)	'समर शेष है' (1980), 'झीनी-झीनी बीनी चदरिया' (1986), 'जहरवाद' (1987), 'दन्तकथा' (1990), 'मुखड़ा क्या देखें' (1996), 'अपवित्र आख्यान' (2008), 'रावी लिखता है' (2010)।
जगदम्बा प्रसाद दीक्षित (1934-2014)	'कटा हुआ आसमान' (1971), 'मुरदा घर' (1974), 'अकाल' (1997)।

(3) ऐतिहासिक उपन्यास

- हिन्दी के ऐतिहासिक उपन्यासों में इतिहास एवं अतीत को कथा के माधयम से चित्रित किया गया है। इन उपन्यासों में ऐतिहासिक वातावरण की सुन्दर प्रस्तुति की गयी है। इन उपन्यासों में वर्तमान समस्याओं को अतीत के धरातल पर समझाने का प्रयास किया गया है।
- ऐतिहासिक उपन्यासों को लिखने वाले रचनाकारों में प्रमुख रूप से वृन्दावनलाल वर्मा, राहुल सांकृत्यायन, अमृतलाल नागर, हजारीप्रसाद द्विवेदी, आनन्द प्रकाश जैन, नरेन्द्र कोहली, वीरेन्द्र कुमार जैन, बच्चन सिंह, रघुवीर शरण 'मिश्र', राजीव सक्सेना, शिवसागर मिश्र, इकबाल बहादुर देवसरे, मनु शर्मा, रामकुमार भ्रमर, शिवप्रसाद सिंह, जयशंकर द्विवेदी, शरद पगारे, आनन्द शर्मा आदि नाम महत्त्वपूर्ण हैं।

वृन्दावनलाल वर्मा (1889-1969)

- हिन्दी ऐतिहासिक उपन्यासकारों में सबसे महत्त्वपूर्ण नाम वृन्दावनलाल वर्मा का है। अपने उपन्यासों में इन्होंने ऐतिहासिक घटनाओं व पात्रों का बड़ा सजीव वर्णन किया है तथा मध्यकालीन भारत में दबे-बिखरे शौर्य को बेहद मार्मिकता से चित्रित किया है।
- इन्होंने अपने उपन्यासों में पात्रों को उदात्त, वीर एवं कथानक को आदर्शवादी बनाया है।
- वृन्दावनलाल वर्मा ने कई ऐतिहासिक उपन्यासों की रचना की है—'गढ़

कुण्डार' (1929), 'विराटा की पद्मिनी' (1936), 'झाँसी की रानी (1946), 'कचनार' (1948)), 'मृगनयनी' (1950), 'टूटे काँटे' (1954), 'अहिल्याबाई' (1955), 'भुवन विक्रम' (1957), 'माधव जी सिन्धिया' (1957), 'रामगढ़ की रानी' (1961), 'महारानी दुर्गावती' (1964), 'कीचड़ और कमल' (1964), 'सोती आग' (1966), 'ललितादित्य, 'देवगढ़ की मुस्कान' (1973)।

- 'गढ़ कुण्डार' उपन्यास में लेखक ने बुन्देलखण्ड के मुस्लिम शासन के दौरान की घटनाओं का वर्णन किया है। उस समय दिल्ली का शासक सुल्तान बलवन (1266-87 ई.) था।
- 'विराटा की पद्मिनी' की पृष्ठभूमि भी बुन्देलखण्ड ही है। इस उपन्यास की कथावस्तु मुग़ल शासक फ़र्रुख़सियर (1913-19 ई.) के समय की है।
- 'कचनार' का कथानक सामन्ती व्यवस्था के अत्याचारों पर आधारित है। इस उपन्यास में महिला दासियों की अस्मिता तथा रानियों की समस्याओं का उल्लेख किया गया है।
- 'झाँसी की रानी' उपन्यास में रानी लक्ष्मीबाई की वीरता, साहस, धर्म की प्रशंसा की गयी है। साथ ही, भारतीय नारी के प्रति सम्मान का भाव भी चित्रित किया गया है।

हजारीप्रसाद द्विवेदी (1907-1979 ई.)

- आचार्य हजारीप्रसाद द्विवेदी ने अपने उपन्यासों के माध्यम से भारत के गौरवपूर्ण इतिहास के विभिन्न कालखण्डों की घटनाओं का वर्णन किया है।
- आचार्य हजारीप्रसाद के उपन्यास निम्न हैं—'बाणभट्ट की आत्मकथा' (1946), 'चारुचन्द्रलेख' (1963), 'पुनर्नवा' (1973), 'अनामदास का पोथा' (1976)।
- 'बाणभट्ट की आत्मकथा' उपन्यास महान कवि बाणभट्ट के जीवन को आधार बनाकर लिखा गया है। इसमें प्रेत के उदात्त रूप का वर्णन है। इस उपन्यास का कथानक राजा हर्षवर्द्धन के कालखण्ड का है।
- 'पुनर्नवा' उपन्यास के कथानक में मध्यकालीन भारत के समय स्त्रियों की दयनीय स्थिति का वर्णन है।
- 'अनामदास का पोथा' में रैक्वमुनि के जीवन का वर्णन है और वह अपने जीवन का उद्देश्य आम जनजीवन की भलाई में देखते हैं।

राहुल सांकृत्यायन (1893-1990 ई.)

- राहुल सांकृत्यायन ने ऐतिहासिक प्रमाण देकर अपने उपन्यासों को विश्वसनीय बनाने का प्रयास किया है।
- इनके उपन्यास निम्न हैं—'जीने के लिए' (1940), 'सिंह सेनापति' (1942), 'जय यौधेय' (1944), 'मधुर स्वप्न' (1950), 'विस्मृत यात्री' (1955), 'दिवोदास' (1962)।
- राहुल सांकृत्यायन का उपन्यास 'जीने के लिए' हिन्दी का पहला राजनीतिपरक उपन्यास है।
- 'सिंह सेनापति' और 'जय यौधेय' इन दोनों उपन्यासों में लिच्छवि गण और यौधेण गण के संघर्ष चित्रित हैं।
- 'दिवोदास' उपन्यास में आर्यों के साहसपूर्ण जीवन का वर्णन है।
- 'विस्मृत यात्री' बौद्ध भिक्षु नरेन्द्र दास के जीवन से जुड़ी घटनाओं को केन्द्र बनाकर लिखा गया है। इनका समय काल छठी शताब्दी बताया गया है।

अमृतलाल नागर (1916-1990 ई.)

- अमृतलाल नागर के उपन्यासों के कथानक में विविधता मिलती है। उनके उपन्यासों में सामाजिक यथार्थ के उपन्यास, सामाजिक-राजनीतिक परिवर्तन के उपन्यास तथा ऐतिहासिक उपन्यास हैं।
- अमृतलाल नागर के उपन्यास निम्न हैं—
  'महाकाल' (1947), 'सेठ बाँके लाल' (1955), 'बूँद और समुद्र' (1956), 'शतरंज के मोहरे' (1959), 'सुहाग के नूपुर' (1960), 'अमृत और विष' (1966), 'सात घूँघट वाला मुखड़ा' (1968), 'एकदा नैमिज़ारण्ये' (1972), 'मानस का हंस' (1972), 'नाच्यौ बहुत गोपाल' (1978), 'खंजन नयन' (1981), 'बिखरे तिनके' (1982), 'अग्निगर्भा' (1983), 'करवट' (1985), 'पीढ़ियाँ' (1990)।
- 'महाकाल' उपन्यास में बंगाल के दुर्भिक्ष का मार्मिक चित्रण किया गया है।
- 'बूँद और समुद्र' उपन्यास में भारत के मध्यवर्गीय समाज के जीवन-यथार्थ को चित्रित किया गया है।
- 'सुहाग के नूपुर' उपन्यास तमिल महाकाव्य 'शिलप्यादिकारम्' पर आधारित उपन्यास है।
- 'करवट' और 'पीढ़ियाँ'—इन दोनों उपन्यासों में नवाब वाजिदअली शाह से लेकर 1986 ई. के बीच के सामाजिक जीवन के विकास को दिखाया गया है।

- 'मानस का हंस' और 'खंजन नयन' उपन्यास 'तुलसी' और 'सूर' को केन्द्र में रखकर लिखे गये हैं।
- 'एकदा नैमिज़ारण्ये' उपन्यास में आधुनिक भारत को एकता के सूत्र में बाँधने तथा समृद्ध संस्कृति के विकास व एक नये महत्त्वाकांक्षी भारत का निर्माण करना है।

नरेन्द्र कोहली (1940-2021)

- नरेन्द्र कोहली ने 'रामायण' और 'महाभारत' को आधार बनाकर उपन्यास लिखे हैं।
- 'निर्माण' और 'साधना' इन दोनों उपन्यासों में स्वामी विवेकानन्द के जीवन चरित्र का वर्णन है।
- नरेन्द्र कोहली ने निम्न उपन्यासों की रचना की है—
  'दीक्षा' (1975), 'अवसर' (1976), 'संघर्ष की ओर' (1978), 'युद्ध' (1974), 'तोड़ो कारा तोड़ो' (1994), 'अभ्युदय' (2004)
- 'महासमर' (1988) उपन्यास नौ खण्डों में प्रकाशित है, जिनके नाम व तिथि निम्न हैं—
  'बन्धन' (1988), 'अधिकार' (1990), 'कर्म' (1991), 'धर्म' (1993), 'अन्तराल' (1995), 'प्रच्छन्न' (1997), 'प्रत्यक्ष' (1998), 'निर्बन्ध' (2000), 'आनुसंगिक' (2010)।

कुछ अन्य ऐतिहासिक उपन्यासकार एवं उनकी रचनाएँ

उपन्यासकार	रचनाएँ
वीरेन्द्र कुमार जैन	'अनुत्तर योगी : तीर्थंकर महावीर' (चार खण्डों में)
बच्चन सिंह	'सूतो वा सूत पुत्रो' (1998), 'पंचाली' (2001)।
जयशंकर द्विवेदी	'महाकवि कालिदास की आत्मकथा' (1987)।
राजकुमार भ्रमर	'फौलाद का आदमी' (1969), 'काँच का घर (1971)।
शरद पगारे	'गुलारा बेगम' (1984), 'गन्धर्वसेन (1987), 'बेगम जैनावादी' (1996)।
राजीव सक्सेना	'पणि पुत्रो सोम' (1972), 'रमैनी' (2000)।
शिवप्रसाद मिश्र रुद्र 'काशिकेय'	'बहती गंगा', 'सचितात'।

(4) आंचलिक उपन्यास

- आंचलिक उपन्यासों में किसी देश के क्षेत्र-विशेष (अंचल) में रहने वालों के जीवन की उन विशेषताओं को चित्रित किया जाता है जो उस क्षेत्र को विशिष्ट या अलग बनाती हैं।
- इन उपन्यासों में गाँव अंचल आदि की विशेषताओं को विभिन्न कथा या पात्रों के माध्यम से चित्रित किया जाता है।
- हिन्दी आंचलिक उपन्यास परम्परा को विकसित करने वाले उपन्यासकारों में नागार्जुन, फणीश्वरनाथ रेणु, रामदरश मिश्र, शिवप्रसाद सिंह, विवेकी राय, शैलेश मटियानी, राही मासूम रज़ा, हिमांशु जोशी, देवेन्द्र सत्यार्थी, बलभद्र ठाकुर, राजेन्द्र अवस्थी 'तृषित' आदि नाम प्रमुखता से लिये जाते हैं।

नागार्जुन (1911–1998 ई.)

- 'रतिनाथ की चाची' (1948), 'बलचनमा' (1952), 'नयी पौधें' (1953), 'बाबा बटेसर नाथ' (1954), 'वरुण के बेटे' (1957), 'दुखमोचन' (1957), 'कुम्भीपाक' (1960), 'हीरक जयन्ती' (1961), 'उग्रतारा' (1963), 'जमनिया का बाबा' (1968), 'इमरतिया' (1968), 'पारो' (1975), 'गरीबदास' (1979)।
- नागार्जुन ने अपने उपन्यासों में विविध जीवन के आयामों को केन्द्र में रखकर मिथिला अंचल की सामाजिक समस्याओं का यथार्थ-चित्र अंकित किया है।
- 'रतिनाथ की चाची' उपन्यास में नागार्जुन ने मिथिला अंचल के ब्राह्मण परिवार की कौतूहल स्थिति को चित्रित किया है। साथ ही स्त्रियों की दयनीय दशा का भी उल्लेख किया है।
- 'बलचनमा' में एक संघर्षशील युवा को केन्द्र में रखकर उपन्यास को लिखा गया है। इस उपन्यास में 'बलचनमा' नाम का दलित युवक राजनीति के दाँव सीखकर समाज में फैली बुराइयों को दूर कर सकता है।
- 'बाबा बटेसरनाथ' उपन्यास में किसानों की दयनीय दशा का चित्रण है।
- 'वरुण के बेटे' उपन्यास में ज़मींदारों के शोषण एवं अत्याचारों के ख़िलाफ़ वहाँ के मछुआरों के संघर्षशील जीवन का अंकन हुआ है।
- 'पारो' उपन्यास में बाल-विवाह तथा उसके दुष्परिणामों का चित्रण है।

फणीश्वरनाथ रेणु (1921–1977 ई.)

- फणीश्वरनाथ रेणु हिन्दी में आंचलिक उपन्यास के प्रवर्तक माने जाते हैं।

हिन्दी उपन्यास में 'आंचलिक' शब्द का सर्वप्रथम प्रयोग 'रेणु' ने अपने उपन्यास 'मैला आँचल' की भूमिका में किया है।

- 'मैला आँचल' उपन्यास के कथा-केन्द्र में पूर्णिया ज़िले का एक गाँव 'मेरीगंज' है।
- इस उपन्यास में रेणु ने आज़ादी के तुरन्त बाद देश के गाँवों के सामाजिक, आर्थिक एवं राजनीतिक यथार्थ का चित्रण किया है।
- 'परती परिकथा' उपन्यास में रेणु ने 'परानपुर गाँव' को कथा-केन्द्र में रखकर रचना की है। कथा में इस गाँव के सामन्ती वर्ग की निरन्तर होती क्षीण स्थिति को दर्शाया गया है।
- 'जुलूस' में पूर्वी बंगाल से आये शरणार्थियों की समस्याओं को उजागर किया गया है।
- 'कितने चौराहे' उपन्यास में भारत की आज़ादी के लिए संघर्ष करने वाले साहसी युवाओं का चित्रण है।
- रेणु ने निम्न उपन्यासों की रचना की है—
  'मैला आँचल' (1954), 'परती परिकथा' (1957), 'दीर्घतपा' (1964), 'जुलूस' (1965), 'कितने चौराहे' (1966), 'कलंकमुक्ति' (1972), 'पल्टूबाबू रोड' (1979), 'राम रतन राय' (अपूर्ण)।

विवेकी राय (1924-2016 ई.)

- विवेकी राय आंचलिक उपन्यास के एक प्रमुख स्तम्भ हैं। इन्होंने निम्न उपन्यासों की रचना की है—
  'बबलू' (1964), 'पुरुष पुराण' (1975), 'लोकऋण' (1977), 'श्वेतपत्र' (1979), 'सोनामाटी' (1983), 'समर शेष है' (1988), 'मंगल भवन' (1994), 'नमामि ग्रामम्' (1997), 'अमंगल हारी' (2000), 'देहरी के पारी' (2003)।
- विवेकी राय के समस्त उपन्यास उत्तर प्रदेश के पूर्वांचल ग़ाज़ीपुर के आसपास के क्षेत्र पर केन्द्रित हैं।
- 'लोकऋण' उपन्यास में उनका दृष्टिकोण आशावादी है।
- 'सोनामाटी' उपन्यास में ग़ाज़ीपुर और बलिया के बीचवाले गाँवों के सामाजिक एवं आर्थिक यथार्थ को उभारा गया है।
- 'समर शेष है' उपन्यास में लेखक ने प्रतीकात्मक व्यंग्यार्थ का प्रयोग किया है।

रामदरश मिश्र (1924 ई.)

- रामदरश मिश्र की गणना भी आंचलिक उपन्यासकारों में होती है। उन्होंने निम्न उपन्यासों की रचना की है—
  'पानी के प्राचीर' (1961), 'जल टूटता हुआ' (1969), 'बीच का समय' (1970), 'सूखता हुआ तालाब' (1972), 'अपने लोग' (1976), 'रात का सफ़र' (1976), 'आकाश की छत' (1979), 'बिना दरवाज़े का मकान' (1984), 'दूसरा घर' (1986), 'थकी हुई सुबह' (1993), 'बीस बरस' (1996), 'परिवार' (2006)।
- 'पानी के प्राचीर' उपन्यास में गोरखपुर ज़िले के 'पाण्डेपुरा गाँव' की सामाजिक एवं आर्थिक स्थिति का यथार्थ-चित्रण किया है।
- 'जल टूटता हुआ' उपन्यास में भी आज़ादी के बाद के गाँव का समग्र रूप से यथार्थ-चित्रण किया गया है।

बलभद्र ठाकुर

- बलभद्र ठाकुर एक प्रमुख आंचलिक उपन्यासकार हैं, उन्होंने हिमाचल के लोक-जीवन को केन्द्र में रखकर कई उपन्यासों की रचना की है।
- बलभद्र ठाकुर ने निम्न उपन्यासों की रचना की है—
  'मुक्तावली' (1959), 'देवताओं के देश में' (1960), 'घने और बने' (1961), 'लहरों की छाती पर' (1962)।
- 'मुक्तावली' उपन्यास में मणिपुर की संस्कृति, लोक-जीवन तथा सामाजिक बनावट का चित्रण है।
- 'देवताओं के देश में' उपन्यास में हिमालय के कुल्लू क्षेत्र की लोक-संस्कृति व जीवन का चित्रण है।
- 'लहरों की छाती पर' उपन्यास की कथा अण्डमान-निकोबार द्वीपीय क्षेत्र के जनजीवन की कथा है।

राही मासूम रज़ा (1925-1992 ई.)

- राही मासूम रज़ा एक प्रमुख आंचलिक उपन्यासकार थे। उनके उपन्यास की कथा उत्तर प्रदेश के ग़ाज़ीपुर ज़िले के मुस्लिम गाँवों के परिवेश पर केन्द्रित है। इनकी प्रमुख रचनायें निम्न हैं-
  'आधा गाँव' (1966), 'कटरा बी आर्ज़ू' (1978), 'टोपी शुक्ला' (1969), 'असन्तोष के दिन' (1985), 'हिम्मत जौनपुरी' (1969),

'ओस की बूँद' (1970), 'दिल एक सादा काग़ज़' (1973), 'सीन 75' (1977)।

- 'आधा गाँव' उपन्यास में ग़ाज़ीपुर ज़िले के गंगौली गाँव के मुस्लिम परिवार के जीवन का चित्रण है।
- 'दिल एक सादा काग़ज़' उपन्यास में भारत के विभाजन के बाद पाकिस्तान गये मुसलमानों की दुविधा की स्थिति का चित्रण है।
- 'कटरा बी आर्ज़ू' उपन्यास में हिन्दी-मुस्लिम की सौहार्दपूर्ण एकता का वर्णन है।
- 'सीन-75' उपन्यास में 1975 के आपातकाल का चित्रण है।

शिवप्रसाद सिंह (1928-1998)

- शिवप्रसाद सिंह ने भारत के ग्रामीण अंचल को केन्द्र बनाकर उपन्यासों की रचना की है। इनके उपन्यास निम्न हैं—

  'अलग अलग वैतरणी' (1967), 'गली आगे मुड़ती है' (1974), 'शैलूष' (1989), 'नीला चाँद' (1988), 'मंजुशिमा' (1990), 'कुहरे में युद्ध' (1992), 'दिल्ली दूर है' (1993), 'वैश्वानर' (1996)।
- 'अलग अलग वैतरणी' उपन्यास स्वतन्त्रता के बाद ग्रामीण अंचल में होने वाले बदलाव को बेहद मार्मिकता से चित्रित करता है।
- 'शैलूष' उपन्यास कबीलों के जीवन पर आधारित है। इसमें नटों के जीवन-चरित्र और उनकी समस्याओं का चित्रण है।
- 'नीला चाँद' उपन्यास में काशी का चित्रण किया गया है।

शैलेश मटियानी (1931-2001)

- शैलेश मटियानी ने अपने उपन्यासों में देश के विभिन्न अंचल में व्याप्त जीवन की भिन्न-भिन्न विसंगतियों को रेखांकित किया है। इनके उपन्यास निम्न हैं—

  'बोरीवली से बोरी बन्दर तक' (1959), 'कबूतरखाना' (1959), 'हौलदार' (1960), 'चिट्ठी रसैन' (1961), 'चौथी मुट्ठी' (1961), 'मुख सरोवर हंस' (1962), 'एक मूठ सरसों' (1962), 'कोई अजनबी नहीं' (1966), 'भागे हुए लोग' (1966), 'दो बूँद जल' (1966), 'पुनर्जन्म के बाद 1970), 'जल तरंग' (1973), 'छोटे-छोटे पक्षी' (1977), 'रामकली' (1978), 'सर्वगन्धा' (1979), 'उत्तरकाण्ड' (1980), 'बावन नदियों

का संगम' (1981), 'अर्धकुम्भ की यात्रा' (1983), 'मुठभेड़' (1983), 'नागवल्लरी' (1985), 'माया सरोवर' (1987), 'चन्द औरतों का शहर' (1992)।

- 'कबूतरख़ाना' उपन्यास में मुम्बई में छोटे-छोटे फ़्लैटों जैसे कबूतरख़ाने में रहने वाले लोगों की कहानी का चित्रण है।
- 'बोरीवली से बोरीबन्दर तक', 'कबूतरख़ाना', 'क़िस्सा नर्मदाबेन गंगूबाई' इन तीनों उपन्यासों में मुम्बई के विभिन्न जीवन-सन्दर्भों को दिखाया गया है।
- 'क़िस्सा नर्मदाबेन गंगूबाई' उपन्यास में महानगरों की बड़े घर की महिलाओं के यौनाचार को दिखाया गया है।
- शैलेश मटियानी के तीन उपन्यास—'हौलदार', 'चिट्ठी रसैन', 'चौथी मुट्ठी' कुमाऊँनी जीवन को आधार बनाकर लिखे गये हैं।

अन्य उपन्यासकार एवं उनकी रचनाएँ

उपन्यासकार	रचनाएँ
सूर्यकान्त त्रिपाठी निराला (1899-1961)	'अप्सरा' (1931), 'अलका' (1933), 'निरूपमा' (1936), 'प्रभावती' (1936), कुल्ली भाट'(1939), 'चोटी की पकड़' (1946), 'इन्दुलेखा' (अपूर्ण)।
देवेन्द्र सत्यार्थी (1908-2003 ई.)	'रथ के पहिये' (1952), 'दूधगाछ' (1958), कठपुतली (1954), 'कथा कहो उर्वशी' (1961), 'ब्रह्मपुत्र' (1956), 'तेरी कसम सतलुज' (1988)।
राजेन्द्र अवस्थी 'तृषित' (1930-2009 ई.)	'सूरज किरण की छाँव' (1959), 'जंगल के फूल (1960), 'उतरते ज्वार की सीपियाँ' (1988), 'जाने कितनी आँखें' (1969), 'बहता हुआ पानी' (1971), 'बीमार शहर' (1973), 'अकेली आवाज़' (1976), 'मछली बाज़ार' (1977), 'एक रजनीगन्धा चोरी' (1985)।
हिमांशु श्रीवास्तव (1934-1996 ई.)	'लोहे के पंख' (1957), 'नदी फिर बह चली' (1961), कुहासे में जलती धूपबत्ती' (1976), 'रिहर्सल' (1978), 'अपनी-अपनी कन्दील' (1979), 'पिछली रात का अँधेरा' (1980), 'भित्ति चित्र की मयूरी' (1980), 'न खुदा न सनम' (1980)।

गुलशेर ख़ाँ 'शानी' (1933-1995 ई.)	'कस्तूरी' (1964), 'पत्थरों में बन्द आवाज़' (1964), 'काला जल' (1965), 'साल वनों के द्वीप' (1967), 'नदी और सीपियाँ' (1970), 'एक लड़की की डायरी' (1973), 'फूल तोड़ना मना है' (1980), 'साँप और सीढ़ी' (1983)।
हिमांशु जोशी (1935-2018 ई.)	अरण्य' (1965), 'महासमर' (1971), 'छाया मत छूना मन' (1979), 'कगार की आग' (1975), 'समय साक्षी है' (1976), 'तुम्हारे लिए' (1978), 'सु-राज' (1980।
भगवानदास मोरवाल (1960 ई.)	'काला पहाड़' (1999), 'बाबल तेरा देस में' (2004), 'रेत' (2008), 'नरक मसीहा' (2014), 'हलाला' (2016), 'शकुन्तिका' (2020)।
केशव प्रसाद मिश्र (1928-1989 ई.)	'कोहबर की शर्त' (1965), 'देहरी के आर-पार, 'महुआ और साँप'।
मायानन्द मिश्र (1934-2013 ई.)	'माटी के लोग सोने की नैया' (1967), 'मन्त्रपुत्र', 'पुरोहित'।
मधुकर गंगाधर	'मोतियों वाले हाथी' (1963), 'फिर से कहो' (1964), 'सुबह होने तक' (1969)।

व्यक्तिवादी उपन्यास

- हिन्दी साहित्य में व्यक्तिवादी विचारधारा से सम्बन्धित कई उपन्यासों की रचना हुई है।
- कुछ व्यक्तिवादी उपन्यासकारों में भगवतीचरण वर्मा, उपेन्द्रनाथ 'अश्क', भगवती प्रसाद वाजपेयी, रामेश्वर शुक्ल 'अंचल', लक्ष्मीनारायण लाल आदि के नाम प्रमुख हैं।

भगवतीचरण वर्मा (1903-1981 ई.)

- भगवतीचरण वर्मा को व्यक्तिवादी, नियतिवादी व भाग्यवादी उपन्यासकार के रूप में देखा जाता है।
- भगवतीचरण वर्मा के उपन्यास निम्न हैं—
  'पतन' (1928), 'चित्रलेखा' (1934), 'तीन वर्ष' (1936), 'टेढ़े-मेढ़े रास्ते' (1946), 'आख़िरी दाँव' (1950), 'अपने खिलौने' (1957), 'भूले-बिसरे चित्र' (1959), 'वह फिर नहीं आयी' (1960), 'सामर्थ्य

और सीमा' (1962), 'थके पाँव' (1963), 'रेखा' (1964), 'सीधी सच्ची बातें' (1968), 'सबहिं नचावत राम गोसाईं' (1970), 'प्रश्न और मरीचिका' (1973), 'युवराज चूण्डा' (1978), 'धुप्पल' (1981), 'चाणक्य' (1982)।

- 'चित्रलेखा' उपन्यास के माध्यम से भगवतीचरण वर्मा ने पाप व पुण्य के चिरन्तन नैतिक प्रश्नों को ऐतिहासिक पृष्ठभूमि में चित्रित किया है।
- 'टेढ़े-मेढ़े रास्ते' उपन्यास में गांधी के विचारों, साम्यवादी विचारों व आतंकवाद से सम्बन्धित प्रश्नों को उठाया है।
- 'भूले-बिसरे चित्र' में वर्मा जी ने मध्यवर्गीय परिवार की तमाम विसंगतियों का चित्रण किया है।
- 'आख़िरी गाँव' उपन्यास में जुआरी के असफल प्रेम कहानी का चित्रण है।
- 'सामर्थ्य और सीमा' उपन्यास में लेखक नियतिवाद का समर्थन करता है।
- 'प्रश्न और मरीचिका' उपन्यास में स्वतन्त्रता के बाद हुए मोहभंग व भारत-चीन युद्ध के बाद उपजी निराशा का वर्णन किया गया है।
- 'युवराज चूण्डा' राजस्थान के राजघराने की ऐतिहासिक गाथा है।

उपेन्द्रनाथ 'अश्क' (1910-1996 ई.)

- डॉ. इन्द्रनाथ मदान अश्क जी को व्यक्तिवादी उपन्यासकार के रूप में स्वीकार करते हैं।
- अश्क जी के उपन्यास निम्न हैं—
  'सितारों के खेल' (1940), 'गिरती दीवारें' (1947), 'गर्म राख' (1957), 'शहर में घूमता आईना' (1963), 'एक नन्ही कन्दील' (1969), 'बाँधो न नाव इस ठाँव' (1974), 'निमिज़ा' (1974)।
- उपेन्द्रनाथ 'अश्क' का उपन्यास 'सितारों के खेल' में नियति को अत्यधिक महत्त्व दिया गया है।
- 'गिरती दीवारें' उपन्यास 'अश्क' जी का सबसे प्रसिद्ध व श्रेष्ठ उपन्यास है। इस उपन्यास की कथा एक निम्न मध्यवर्ग को ध्यान में रखकर की गई है।
- उपेन्द्रनाथ 'अश्क' के अधिकतर उपन्यासों में निम्न मध्यवर्ग का यथार्थवादी चित्रण देखने को मिलता है।

रामेश्वर शुक्ल 'अंचल' (1915-1995 ई.)

- अंचल के अधिकांश उपन्यास व्यक्तिवादी विचारधारा से प्रभावित हैं—

- इनके उपन्यास निम्न हैं—
'चढ़ती धूप' (1945), 'नयी इमारत' (1946), 'उल्का' (1947), 'मरुप्रदीप (1951)।
- 'चढ़ती धूप' समाजवादी क्रान्ति भावना से ओत-प्रोत उपन्यास है।
- 'नयी इमारत' उपन्यास में विजातीय प्रेम सम्बन्धों को आधार बनाकर कथानक का सृजन किया है।
- 'मरु प्रदीप' उपन्यास में बाल-विधवा जीवन की तमाम विसंगतियों का वर्णन किया गया है।

डॉ. लक्ष्मीनारायण लाल (1927-1987 ई.)

- इनके उपन्यासों का मूल स्वर व्यक्तिवादी है। इनके उपन्यास निम्न हैं—
'धरती की आँखें' (1951), 'बया का घोंसला और साँप' (1953), 'काले फूल का पौधा' (1955), 'रूपा जीवा' (1959), 'बड़ी चम्पा छोटी चम्पा' (1961), 'मन वृन्दावन' (1966), 'प्रेम अपवित्र नदी' (1972), 'बड़के भैया (1973), 'हरा समन्दर गोपी चन्दर' (1974), 'बसन्त की प्रतीक्षा' (1975), 'देवीना' (1976), 'पुरुषोत्तम' (1983), 'गली अनारकली' (1985), 'कनाट प्लेस' (1986)।
- डॉ. लक्ष्मीनारायण लाल के उपन्यासों का विषय आम जनमानस के जीवन को केन्द्र में रखकर लिया गया है। शहरी मध्यवर्ग का संघर्ष, रुपये की माया के कारण अस्तित्व खोते मानव सम्बन्ध, अन्तर्द्वन्द्व आदि तथ्यों को उपन्यास का विषय बनाया गया है।

भीष्म साहनी (1915-2003 ई.)

- भीष्म साहनी के उपन्यासों में युग का सजीव प्रतिबिम्ब और जीवन की विविधता का यथार्थ चित्रण दिखाया गया है। उनके उपन्यास की कहानी आम आदमी की जीवन्त कथा है। इनके उपन्यास निम्न हैं—
- 'झरोखे' (1967), 'कड़िया' (1970), 'तमस' (1973), 'बसन्ती' (1980), 'मय्यादास की माड़ी' (1988), कुंतो' (1993), नीलू नीलिमा नीलोफर' (2000), जयहिन्द की सेना' (2010)

(5) यथार्थबोध व आधुनिकता बोध से सम्बन्धित अन्य महत्त्वपूर्ण उपन्यास व उपन्यासकार

प्रभाकर माचवे (1917–1991 ई.)

- प्रभाकर माचवे को समीक्षक प्रयोगधर्मी उपन्यासकार के रूप में देखते हैं। इनके उपन्यास निम्न हैं—
  'परन्तु (1940), 'एकतारा' (1952), 'साँचा' (1956), 'द्वाभा' (1957), 'जो' (1964), 'किशोर' (1969), 'तीस चालीस पचास' (1973), 'दर्द के पैबन्द' (1974), 'धूत' (1976), 'किसलिए' (1975), 'आँख मेरी बाक़ी उनका' (1983), 'लापता' (1984)।
- प्रभाकर माचवे की दृष्टि में महिला एक शोषित वर्ग में आती है, इसी कारण उनका प्रारम्भिक उपन्यास महिला जीवन की व्यथा को चित्रित करता है।
- 'परन्तु' उपन्यास में लेखक ने एक विधवा की विवशता और उसकी आड़ में अन्य के द्वारा उसके शोषण को रेखांकित किया है।
- 'द्वाभा' उपन्यास में नायिका के द्वन्द्व का चित्रण मिलता है।
- 'साँचा' में लेखक ने यांत्रिकीकरण की जगह स्वतन्त्र चेतना को प्राथमिकता दी है।
- 'आँख मेरी बाक़ी उनका' इस उपन्यास को आलोचकों ने विभिन्न नामों से पुकारा है, यथा अनुभव के टुकड़ों, कल्पना की उड़ानों, जीवन की वास्तविकताओ, रिपोर्टों, संवाद आदि से निर्मित एक कोलाज' माना है।
- 'सिलिए' उपन्यास में लेखक ने 'कोलाज' शैली का प्रयोग किया है।

नरेश मेहता (1921–2000 ई.)

- नरेश मेहता ने निम्न उपन्यासों की रचना की है—
  'डूबते मस्तूल' (1954), 'धूमकेतु : एक श्रुति' (1962), 'यह पथ बन्धु था' (1962), 'दो एकान्त' (1964), 'नदी यशस्वी है' (1967), 'प्रथम फाल्गुन' (1968), 'उत्तरकथा प्रथम भाग' (1979), 'उत्तरकथा द्वितीय भाग' (1982)।
- नरेश मेहता मानवतावादी हैं। उनके उपन्यासों में मानव-जीवन से जुड़ी समस्याओं, नारी पीड़ा आदि से सम्बन्धित विषयों को मार्मिक ढंग से प्रस्तुत किया गया है।
- 'डूबते मस्तूल' उपन्यास में मध्यवर्गीय नारी के जीवन से जुड़ी समस्याओं का वर्णन है।

❑ 'धूमकेतु : एक श्रुति' उपन्यास में अनाथ बालक के मानसिक विकास का मनोवैज्ञानिक विवेचन किया गया है।

❑ 'यह पथ बन्धु था' उपन्यास में लेखक ने आदर्शमयी दाम्पत्य जीवन का वर्णन किया है।

मोहन राकेश (1925-1972 ई.)

❑ मोहन राकेश ने निम्न उपन्यासों की रचना की है—
'अँधेरे बन्द कमरे' (1961), 'न आने वाला कल' (1968), और 'अन्तराल' (1972)।

❑ 'अँधेरे बन्द कमरे' उपन्यास में दिल्ली शहर के अभिजातवर्गीय दाम्पत्य जीवन से जुड़ी समस्याओं का चित्रण है।

❑ 'न आने वाला कल' उपन्यास में एक मिशनरी स्कूल में कार्य करने वाले शिक्षक की समस्याओं का उल्लेख किया गया है।

❑ 'अन्तराल' में स्त्री-पुरुष सम्बन्धों की जटिलता को और सूक्ष्म स्तर पर पहचाना गया है।

श्रीलाल शुक्ल (1925-2011 ई.)

❑ श्रीलाल शुक्ल ने निम्न उपन्यास लिखे हैं—
'सूनी घाटी का सूरज' (1957), 'अज्ञातवास' (1962), 'रागदरबारी' (1968) 'सीमाएँ टूटी हैं' (1973), 'आदमी का ज़हर' (1974), 'मकान' (1976), 'पहला पड़ाव' (1987), 'विश्रामपुर का सन्त' (1998)।

❑ 'सीमाएँ टूटती हैं' उपन्यास में लेखक ने एक परिवार के जटिल सम्बन्धों की चर्चा की है।

❑ 'पहला पड़ाव' उपन्यास व्यंग्यात्मक शैली में लिखा गया है।

धर्मवीर भारती (1926-1997 ई.)

❑ धर्मवीर भारती ने दो उपन्यासों की रचना की है—
(1) 'गुनाहों का देवता' (1949 ई.),
(2) 'सूरज का सातवाँ घोड़ा' (1952 ई.)।

❑ 'गुनाहों का देवता' उपन्यास में किशोर की भावुकतापूर्ण करुण प्रेम की कहानी है।

❑ 'सूरज का सातवाँ घोड़ा' में इलाहाबाद के निम्न मध्यवर्गीय परिवार की समस्याओं को चित्रित किया गया है।

कृष्ण बलदेव वैद (1927-2020 ई.)

- कृष्ण बलदेव वैद ने निम्न उपन्यासों की रचना की है—
'उसका बचपन' (1957), 'विमल उर्फ़ जायें तो जायें कहाँ' (1974), दूसरा न कोई' (1978), 'दर्द ला दवा' (1980), 'गुज़रा हुआ ज़माना' (1980), 'काला कोलाज' (1989), 'नर-नारी' (1996), 'माया-लोक' (1999)।
- 'नर-नारी' उपन्यास में आज के महानगरीय उच्चवर्गीय परिवार के उच्च जीवन स्तर से जुड़ी समस्याओं का वर्णन किया गया है।
- 'एक नौकरानी की डायरी' उपन्यास में घरों में काम करने वाली एक 'युवा लड़की की डायरी' है।
- 'गुजरा हुआ ज़माना' उपन्यास में भारत के विभाजन से पूर्व संयुक्त पंजाब के युवा की कहानी है।

राजेन्द्र यादव (1929-2013 ई.)

- राजेन्द्र यादव ने निम्न उपन्यासों की रचना की है—
'उखड़े हुए लोग' (1956), 'कुलटा' (1957), 'शह और मात' (1954), 'एक इंच मुस्कान' (1963), 'अनदेखे अनजाने पुल' (1963)।
- 'उखड़े हुए लोग' उपन्यास में प्रेम-विवाह का वर्णन है, तथा प्रेम-विवाह के कारण उत्पन्न समस्याओं का चित्रण किया गया है।
- 'एक इंच मुस्कान' उपन्यास में एक महिला का विवाह उपरान्त प्रेम तथा उससे जुड़ी घटनाओं को बहुत सहज ढंग से रेखांकित किया गया है।

निर्मल वर्मा (1929-2005 ई.)

- निर्मल वर्मा के उपन्यास निम्न हैं—
'वे दिन' (1964), 'लाल टीन की छत' (1974), 'एक चिथड़ा सुख' (1979), 'रात का रिपोर्टर' (1989), 'अन्तिम अरण्य' (2000)।
- 'वे दिन' उपन्यास में आधुनिक समय में उत्पन्न सामाजिक, पारिवारिक, व्यक्तिगत, आर्थिक आदि समस्याओं को रेखांकित किया गया है।
- 'लाल टीन की छत' उपन्यास में एक युवा लड़की की मन:स्थितियों का उल्लेख किया गया है।
- 'रात का रिपोर्टर' उपन्यास आपातकाल के दौरान जनतान्त्रिक मूल्यों की हुई क्षति को रेखांकित करता है।

अमरकान्त (1925–2014 ई.)

- अमरकान्त के उपन्यासों की विशेषता है यथार्थबोध और आधुनिकता। वे अपने युग के प्रमुख उपन्यासकार हैं। अमरकान्त के उपन्यासों में मध्यमवर्गीय तनाव, अन्तर्विरोध और सक्रमण की स्थितियों को संवेदना से अनुभव किया गया है। इनके प्रमुख उपन्यास निम्न हैं—
  'सूखा पत्ता' (1959), 'ग्रामसेविका' (1962), 'कंटीली राह के फूल' (1963), 'आकाश पक्षी' (1967), 'काले उजले दिन' (1969), 'बीच की दीवार' (1981), 'सुखजीवी' (1982), 'इन्ही हथियारो से' (2003), 'सुन्नर पांडे की पतोह' (2005)।

कमलेश्वर (1932–2007 ई.)

- कमलेश्वर के उपन्यास निम्न हैं—
  'एक सड़क सत्तावन गलियाँ' (1957), 'डाक बँगला' (1959), 'लौटे हुए मुसाफ़िर' (1961), 'समुद्र में खोया हुआ आदमी' (1967), 'काली आँधी' (1974), 'आगामी अतीत' (1976), 'तीसरा आदमी' (1976), 'वही बात' (1980), 'सुबह दोपहर शाम' (1982), 'रेगिस्तान' (1988), 'कितने पाकिस्तान' (2000)।
- 'एक सड़क सत्तावन गलियाँ' उपन्यास आधुनिक क़स्बों के सकारात्मक एवं नकारात्मक पक्षों को रेखांकित करता है।
- 'डाक बंगला' उपन्यास में लेखक ने माँ न होने की स्थिति में एक लड़की की करुण व्यथा को मार्मिक रूप से प्रस्तुत किया है।
- 'तीसरा आदमी' उपन्यास में लेखक ने एक आर्थिक तंग दाम्पत्य जीवन की समस्याओं का उल्लेख किया है।

मनोहर श्याम जोशी (1933–2006 ई.)

- मनोहर श्याम जोशी ने उपन्यासों की रचना की है—
  'कुरु-कुरु स्वाहा' (1980), 'कसप' (1982), 'हमजाद' (1996), 'टा टा प्रोफ़ेसर (2001), 'कौन हूँ मैं' (2006), 'कपीश जी' (2009), 'वधस्थल' (2009), 'उत्तराधिकारिणी' (2015)।
- 'कुरु-कुरु स्वाहा' उपन्यास में लेखक ने मुम्बई के फ़िल्म जगत् से जुड़ी युवा लड़कियों के संघर्ष तथा उससे जुड़ी समस्याओं को चित्रित किया है।
- 'कसप' उपन्यास मध्यवर्गीय परिवार के सामाजिक एवं पारिवारिक बन्धनों को रेखांकित करता है।

गिरिराज किशोर (1936-2020 ई.)

- गिरिराज किशोर ने निम्न उपन्यासों की रचना की है—
  'लोग' (1966), 'चिड़ियाघर' (1968), 'यात्राएँ' (1971), 'जुगलबन्दी' (1973), 'दो' (1974), 'इन्द्र सुने' (1978), 'दावेदार' (1979), 'यथा प्रस्तावित' (1982), 'तीसरी सत्ता' (1982), 'परिशिष्ट' (1984), 'असलाह' (1987), 'अन्तध्वन्स' (1990), 'ढाईघर' (1991), 'यातना घर' (1997), 'पहला गिरमिटिया' (1999), 'इक आग का दरिया है' (2007)।
- 'पहला गिरमिटिया' उपन्यास गांधी का दक्षिण-अफ्रीका का प्रवास तथा गांधी के प्रवासी भारतीयों (गिरमिटिया) के साथ बने सम्बन्धों को रेखांकित करता है।
- 'चिड़ियाघर' उपन्यास में लेखक ने रोज़गार कार्यालय के काले-कारनामों को उजागर किया है।
- 'यात्राएँ' उपन्यास में लेखक दाम्पत्य जीवन से जुड़ी समस्याओं को बताने का प्रयास करता है।

रमेशचन्द्र शाह (1937 ई.)

- रमेशचन्द्र शाह ने निम्न उपन्यासों की रचना की है—
  'गोबर-गणेश' (1978), 'क़िस्सा गुलाम' (1986), 'पूर्वापर' (1990), 'आख़िरी दिन' (1992), 'पुनर्वास' (1995)।
- 'गोबर गणेश' उपन्यास में ग़रीब प्रतिभावान युवा के प्रेम की कहानी है। जिसमें युवा अपनी प्रेमिका को पाने के लिए कई समस्याओं का सामना करता है।
- 'क़िस्सा गुलाम' उपन्यास में लेखक समाज में व्याप्त जातीय विसंगतियों का उल्लेख करता है।
- 'आख़िरी दिन' में लेखक ने एक अध्यापक की कश्मीर की यात्रा तथा वहाँ जाकर उत्पन्न समस्याओं को रेखांकित किया है।

विनोद कुमार शुक्ल (1937 ई.)

- विनोद कुमार शुक्ल ने निम्न उपन्यासों की रचना की है—

'नौकर की कमीज़' (1979), 'खिलेगा तो देखेंगे' (1996), 'दीवार में एक खिड़की रहती थी' (1997), 'हरी घास की छप्पर वाली झोंपड़ी और बौंना पहाड़' (2011)।

- 'नौकर की कमीज़' एक घटना-विहीन उपन्यास है। इस उपन्यास की कथा पति और पत्नी के बीच की घटनाओं तक सीमित रहता है।
- 'खिलेगा तो देखेंगे' एक फैंटेसी उपन्यास है।

सुरेन्द्र वर्मा (1941 ई.)

- सुरेन्द्र वर्मा के उपन्यास निम्न हैं—
  'अँधेरे से परे' (1980), 'मुझे चाँद चाहिए' (1993), 'दो मुर्दों के लिए गुलदस्ता' (1998), काटना शमी का वृक्ष पद्म पंखुरी की धार से (2011) ।
- 'मुझे चाँद चाहिए' उपन्यास में एक महत्त्वाकांक्षी कलाकार की संघर्ष गाथा है।
- 'दो मुर्दों के लिए गुलदस्ता' उपन्यास में लेखक ने उपभोक्तावादी संस्कृति को उजागर किया है।

विष्णु प्रभाकर (1912-2009 ई.)

- विष्णु प्रभाकर के उपन्यासों में यथार्थ का चित्रण हैं। विष्णु प्रभाकर के उपन्यासों में झूठ, पाखंड, सामाजिक आदर्श, घृणा और संवेदना को दिखाया गया है। इनके प्रमुख उपन्यास निम्न हैं।
- 'ढलती रात' (1951), 'निशिकान्त' (1955), 'तट के बंधन' (1955), 'स्वप्नमयी' (1956), 'दर्पण का व्यक्ति' (1968), 'कोई तो' (1980), 'अर्द्धनारीश्वर' (1992), 'संकल्प' (1993), 'स्वप्न' (2014), 'संस्कार' (2014)।

यथार्थबोध व आधुनिकता बोध से सम्बन्धित अन्य महत्त्वपूर्ण उपन्यास व उपन्यासकार

उपन्यासकार	उपन्यास
सर्वेश्वर दयाल सक्सेना	'सोया हुआ जल' (1954), 'पागल कुत्तों का मसीहा' (1977), 'सूने चौखट' (1981)।
गिरिधर गोपाल	'चाँदनी के खँडहर' (1954), 'कन्दील और कुहासे' (1969)।

लक्ष्मीकान्त वर्मा	'खाली कुर्सी की आत्मा' (1958), 'कटी हुई ज़िन्दगी : कटा हुआ काग़ज़' (1965), 'कोयला और आकृतियाँ' (1970), 'सफ़ेद चेहरा' (1971), 'टेराकोटा' (1971), 'तीसरा प्रसंग' (1972), 'मुंशी रायजादा।
राजकमल चौधरी	'नदी बहती थी' (1962), 'शहर था शहर नहीं था' (1966), 'मछली मरी हुई' (1966), 'देहगाथा' (1966), 'ताश के पत्तों का शहर'।
दुष्यन्त कुमार	'छोटे-छोटे सवाल' (1964), 'आँगन में एक वृक्ष' (1969)।
मुक्तिबोध	विपात्र' (1970)।
महेन्द्र भल्ला	'एक पति के नोट्स' (1967), 'दूसरी तरफ़, 'उड़ने के पेश्तर' (1987), 'दो देश और तीसरी उदासी' (1967)।
गंगा प्रसाद विमल	'अपने से अलग' (1969), 'कहीं कुछ और' (1971), 'मरीचिका' (1973), 'मृगान्तक' (1978)।
गोविन्द मिश्र	'वह अपना चेहरा' (1970), 'उतरती हुई धूप' (1971), 'लाल पीली ज़मीन' (1976), 'हुज़ूर दरबार' (1981), 'तुम्हारी रोशनी में' (1985), 'धीरसमीरे' (1988), 'पाँच आँगनों वाला घर' (1995), 'फूल, 'इमारतें और बन्दर' (2000), 'कोहरे में क़ैद रंग' (2004), 'धूल पौधों पर' (2008), 'अरण्य तन्त्र' (2013)।
अभिमन्यु अनत (मॉरीशस)	'नदी बहती रही' (1970), 'आन्दोलन' (1971), 'एक बीघा प्यार' (1972), 'जम गया सूरज' (1973), 'तपती दोपहरी' (1977), 'लाल पसीना' (1977), 'कुहासे का दायरा' (1978), 'शेफाली' (1979), 'हड़ताल कब होगी, 'अपनी ही तलाश' (1982), 'अपनी-अपनी सीमा' (1983), 'गांधी जी बोले थे' (1984), 'लहरों की बेटी' (1995), 'एक उम्मीद और'।

काशीनाथ सिंह	'काशी का अस्सी' (2002), 'अपना मोर्चा' (1972), 'रेहन पर रग्घू' (2008), 'महुआ चरित्र' (2012), 'उपसंहार' (2014)।
कामतानाथ	समुद्र तट पर खुलने वाली खिड़की' (1995), 'एक और हिन्दुस्तान' (1977), 'तुम्हारे नाम' (1979), 'कालकथा' (1998), 'पिघलेगी बर्फ़' (2006)।
रवीन्द्र वर्मा	'क़िस्सा तोता सिर्फ़ तोता' (1977), 'गाथा शेखचिल्ली' (1981), 'माँ और अश्वत्थामा' (198 4), 'जवाहर नगर' (1995), 'निन्यानबे' (1998), 'पत्थर ऊपर पानी' (2000), 'मैं अपनी झाँसी नहीं दूँगा' (2004), 'दस बरस का भँवर' (2008)।
संजीव	'किसनगढ़ के अहेरी' (1981), 'सर्कस' (1984), 'सावधान नीचे आग है' (1986), 'धार' (1990), 'पाँव तले की दूब' (1995), 'जंगल जहाँ शुरू होता है' (2000), 'सूत्रधार' (2003), 'आकाश चम्पा' (2008), 'फाँस' (2015)।
भगवान सिंह	'महाभिषग' (1973), 'अपने-अपने राम' (1992), 'उन्माद' (1999), 'शुभ्रा' (2000)।
मणि मधुकर	'सफ़ेद मेमने' (1971), 'पत्तों की बिरादरी' (1979), 'पिंजरे में पन्ना' (1981)।
विभूति नारायण राय	'घर' (1982), 'शहर में कर्फ़्यू' (1986), 'क़िस्सा लोकतन्त्र' (1983), 'तबादला' (2001), 'प्रेम की भूतकथा' (2009)।
मजूर एहतेशाम	'कुछ दिन और' (1976), 'सूखा बरगद' (198 6), 'दास्तान-ए-लापता' (1995), 'वशारत मंज़िल' (2004), 'मदरसा, 'पहर ढलते।
मिथिलेश्वर	'झुरिया' (1980), 'युद्धस्थल' (1981), 'प्रेम न बाड़ी ऊपजै' (1995), 'यह अन्त नहीं' (2000), 'सुरंग में सुबह' (2003), 'माटी कहे कुम्हार से' (2006), 'पानी बीच मीन प्यासी' (2009)।
वीरेन्द्र जैन	'सुरेखा पर्व' (1978), 'अनातीत' (1983), 'प्रतीक

	: एक जीवनी' (1983), 'शब्दवध' (1983), 'सबसे बड़ा सिपहिया' (1988), 'डूब' (1991), 'पार' (1994), 'पंचनामा' (1996)।
जोगिन्दर सिंह कंबल (फ़िजी)	'सवेरा' (1976), 'धरती मेरी माता' (1978), 'करवट' (1979)।
रामदेव धुरन्धर (मॉरीशस)	'छोटी मछली बड़ी मछली' (1983), 'पूछो इस माटी से' (1983)।
पंकज बिष्ट	'लेकिन दरवाज़ा' (1982), 'उस चिड़िया का नाम' (1989), 'पंखवाली नाव' (2009)।
विजय	'साकेत के युकिलप्टस' (1991), 'सीमेंट नगर' (1995), 'लौटेगा अभिमन्यु' (1997), 'नीड़ का तिमिर' (2008), 'नम्बरदार हुआ नाखुदा।
प्रियम्वद	'वे वहाँ क़ैद हैं' (1999), 'परछाईं नाच' (2000)।
असग़र वजाहत	'सात आसमान' (1996), 'कैसी आगी लगाई' (2004), 'पहर दोपहर' (2010), 'बरखा रचाई' (2009), 'मनमाटी' (2010), 'धरा अंकुराई' (2014), 'रात में जागने वाले।
राजकृष्ण मिश्र	'दारुलशफा' (1981), 'काउंसिल हाउस/सचिवालय' (1984), 'कुतो मनुष्य' (1994), 'मन्त्रिमण्डल' (1996)।
शिवमूर्ति	'त्रिशूल' (1997), 'तर्पण' (2002), 'आख़िरी छलाँग' (2008)।
ज्ञान चतुर्वेदी	'नरक यात्रा' (1994), 'बारामासी' (1999), 'मरीचिका' (2004)।
प्रदीप सौरभ	'मुन्नी मोबाइल' (2009), 'तीसरी ताली' (2011), 'देश भीतर देश' (2012), 'और सिर्फ़ तितली' (2015)।
रमेश बक्षी	'अठारह सूरज के पौधे' (1965)।
श्रीकान्त वर्मा	'दूसरी बार' (1968)।
विपिन कुमार	'बीती आपबीती' (1978)।
गोपाल उपाध्याय	'एक टुकड़ा इतिहास' (1975)।

गिरीश अस्थाना	'धूपछाँही रंग' (1970)।
दूधनाथ सिंह	'नमो अन्धकारम्' (1998), 'निष्कासन' (2001), 'आख़िरी कलाम' (2003)।
स्वयं प्रकाश	'बीच में विनय' (1994)।
प्रयाग शुक्ल	'गठरी' (1986)।
यादवेन्द्र शर्मा 'चन्द्र'	'हज़ार घोड़ों का सवार'।
प्रताप सहगल	'अनहद नाद' (1999)।
रमेश उपाध्याय	'हरे फूल की खुशबू' (1991)।
धीरेन्द्र अस्थाना	'हलाहल' (1988), 'गुजर क्यों नहीं जाता' (1972)।
जगदीश चतुर्वेदी	'कनाट प्लेस' (2000)।

महिला उपन्यासकार

- हिन्दी की प्रथम महिला उपन्यासकार 'साध्वी सती प्राण अबला' को माना जाता है। इन्होंने सन् 1890 ई. में 'सुहासिनी' नाम से उपन्यास लिखा है।
- कुछ प्रमुख महिला उपन्यासकारों में कृष्णा सोबती, मन्नू भण्डारी, उषा प्रियंवदा, ममता कालिया, मृदुला गर्ग, चन्द्रकान्ता, नासिरा शर्मा, प्रभा खेतान, मैत्रेयी पुष्पा, चित्रा मुद्गल, मेहरुन्निसा परवेज़, पद्मा सचदेवा आदि।

कृष्णा सोबती (1925–2019)

- कृष्णा सोबती के प्रमुख उपन्यास—
  'मित्रो मरजानी' (1967), 'सूरजमुखी अँधेरे के' (1972), 'ज़िन्दगीनामा' (1979), 'दिलोदानिश' (1993), 'समय सरगम' (2000), 'गुजरात पाकिस्तान से गुजरात हिन्दुस्तान' (2017)।
- 'सूरजमुखी अँधेरे के' उपन्यास में एक महिला की मनोवैज्ञानिक समस्याओं को उभारा गया है।
- 'ज़िन्दगीनामा' उपन्यास में कृष्णा सोबती ने 18वीं एवं 19वीं सदी के पंजाब की समस्त लोक-संस्कृति का वर्णन किया है।
- 'दिलोदानिश' उपन्यास में लेखिका ने उन्नीसवीं सदी के उच्चवर्गीय परिवार के जीवन-चरित्रों को उजागर किया है, साथ ही, नारी की व्यथा को भी चित्रित किया है।

- 'समय सरगम' उपन्यास में लेखिका ने व्यक्ति के जीवन के विभिन्न आयामों से गुज़रकर, जीवन को जीने, उसे पहचानने और उसे स्वीकारने जैसे तत्त्वों को बख़ूबी ढंग से उजागर किया है।

मन्नू भंडारी (1931-2021)

- मन्नू भंडारी ने निम्न उपन्यासों की रचना की है—
  'आपका बंटी' (1971), 'महाभोज' (1979), 'स्वामी' (2003)।
- 'आपका बंटी' उपन्यास में लेखिका ने दाम्पत्य जीवन के विच्छेद तथा उससे उत्पन्न चुनौतियों को इस उपन्यास में समेटने का प्रयास किया है।
- 'महाभोज' उपन्यास में लेखिका ने वर्तमान राजनीति के यथार्थ को उजागर किया है।

उषा प्रियंवदा (1931)

- उषा प्रियंवदा एक प्रमुख महिला उपन्यासकार हैं। उन्होंने निम्न उपन्यासों की रचना की है—
- 'पचपन खम्भे लाल दीवारें' (1961), 'रुकोगी नहीं राधिका' (1967), 'शेषयात्रा' (1984), 'अन्तर्वंशी' (2000), 'भर कबीर उदास' (2007), 'अल्पविराम' (2019)।
- 'रुकोगी नहीं राधिका' उपन्यास में लेखिका ने प्रवासी भारतीय की जीवन-स्थितियों, मन:-द्वन्द्वों, संघर्षों तथा मुक्त यौन-सम्बन्धों का चित्रण किया है।

मृदुला गर्ग (1938)

- मृदुला गर्ग ने अपने उपन्यासों में आभिजात्यवर्गीय नारी को केन्द्र में रखकर रचनाएँ की हैं।
- मृदुला गर्ग ने निम्न उपन्यासों की रचना की है—
  'उसके हिस्से की धूप' (1975), 'वंशज' (1976), 'चित्तकोबरा' (1979), 'अनित्य' (1980), 'मैं और मैं' (1984)।
- 'उसके हिस्से की धूप' और 'चित्तकोबरा' इन दोनों उपन्यासों में आभिजात्य वर्गीय नारी का प्रेम-विवाह, ऊब, ताज़गी की तलाश में पुरुष की ओर झुकाव आदि को उजागर किया गया है।
- 'अनित्य' उपन्यास में लेखिका ने गांधीवाद की जगह क्रान्तिकारी भगत सिंह को प्राथमिकता दी है।
- 'मैं और मैं' उपन्यास में नारी की अस्मिता की खोज की है।

चन्द्रकान्ता (1938)

- चन्द्रकान्ता ने निम्न उपन्यासों की रचना की है—
  'अन्तिम साक्ष्य' (1981), 'बाक़ी सब खैरियत है' (1983), 'यहाँ वितस्ता बहती है' (1992), 'अपने-अपने कोणार्क' (1995), 'कथा सतीसर' (2001)।
- 'बाक़ी सब ख़ैरियत है' में लेखिका ने वर्तमान उपभोक्तावादी संस्कृति के प्रभावों का चित्रण किया है।
- 'यहाँ वितस्ता बहती है' उपन्यास में कश्मीर की प्रकृति के मनोरम दृश्यों का चित्रण किया गया है।
- 'कथा सतीसर' उपन्यास में मूल कथा 1931 ई. से 2000 ई. के बीच के इतिहास को उजागर किया गया है।

ममता कालिया (1940)

- ममता कालिया के उपन्यास निम्न हैं—
  'बेघर' (1971), 'नरक-दर-नरक' (1975), 'प्रेम कहानी' (1980), 'एक पत्नी के नोट्स' (1997)।
- 'नरक-दर-नरक' उपन्यास में ममता कालिया ने सामाजिक व्यवस्थाओं में व्याप्त विसंगतियों का चित्रण किया है।
- 'प्रेम कहानी' उपन्यास में प्रेम विवाह व सामाजिक स्वीकृति पर आधारित विवाह की तुलनात्मक कथा को रेखांकित किया गया है।

चित्रा मुद्‌गल (1944)

'एक ज़मीन अपनी' (1990), 'आवाँ' (2000), 'गिलिगडु' (2002), 'पोस्ट बाक्स नं. 203-नाला सोपारा' (2016)।

- चित्रा मुद्‌गल का उपन्यास 'एक ज़मीन अपनी' में मुम्बई के महानगरीय जीवन व विज्ञापन-जगत् की चकाचौंध का वर्णन किया गया है।
- 'आवाँ' उपन्यास में मुम्बई नगर के मज़दूर संगठनों के जीवन-संघर्ष का चित्रण किया गया है।

नासिरा शर्मा (1948)

- नासिरा शर्मा हिन्दी उपन्यास के क्षेत्र में प्रगतिशील लेखिका के रूप में जानी जाती हैं। इनके उपन्यास निम्न हैं—

'सात नदियाँ एक समुन्दर' (1984), 'शाल्मली' (1987), 'ठीकरे की मँगनी' (1989), 'ज़िन्दा मुहावरे' (1993), 'अक्षयवट' (2003), 'कुइयाँजान' (2005), 'जीरो रोड' (2008), 'अजनबी जजीरा' (2012), 'बहिस्ते जहरा, 'पारिजात'।

- 'सात नदियाँ एक समन्दर' उपन्यास में ईरान के रजा शाह पहलवी की निरंकुशता के खिलाफ़ जनता की बगावत और सत्ता-परिवर्तन को चित्रित किया गया है।
- 'शाल्मली' उपन्यास में लेखिका ने दाम्पत्य जीवन के संघर्षों को उजागर करते हुए नारी की संवेदनाओं को रेखांकित किया है।
- 'ठीकरे की मँगनी' उपन्यास में लेखिका ने शिक्षित एवं संवेदनशील मुस्लिम युवती के संघर्ष को दिखाया है।
- 'अक्षयवट' उपन्यास इलाहाबाद शहर को केन्द्र में बनाकर लिखी गयी कथा है।

अन्य प्रमुख महिला उपन्यासकार एवं उनके उपन्यास

उपन्यासकार	उपन्यास
चन्द्रकिरण सौनरेक्सा	'चन्दन चाँदनी' (1962), 'वंचिता' (1972)।
शशिप्रभा शास्त्री	'अमलतास' (1968), 'नावें' (1974), 'सीढ़ियाँ' (1976), 'परछाइयों के पीछे' (1979), 'क्योंकि' (1980), 'कर्क रेखा' (1983), 'परसों के बाद' (1985), 'ये छोटे महायुद्ध' (1988), 'उम्र एक गलियारे की' (1989), 'सागर पार का संसार' (1989), 'मीनारें' (1992), 'ख़ामोश होते सवाल' (1993), 'हर दिन इतिहास' (1995)।
शिवानी	'चौदह फेरे' (1965), 'कृष्णकली' (1968), 'भैरवी' (1969), 'विषकन्या' (1970), 'करिए छिमा' (1971), 'श्याम चम्पा' (1972), 'रति विलाप' (1972), 'माणिक' (1977), 'रथ्या' (1977), 'विवर्त' (1984), 'अतिथि।
दिनेश नन्दिनी	'मुझे माफ़ करना' (1974), 'आहों की बैसाखियाँ' (1978), 'कन्दील का धुआँ' (1980), 'आँख मिचौली' (1991), 'मरजीवा' (1996), 'फूल का

	दर्द' (1986), 'यह भी झूठ है' (1993)।
मंजुल भगत	अनारो' (1977), 'बेगाने घर में' (1978), 'खातुल' (1983), 'तिरछी बौछार' (1984), 'गंजी' (1985)।
प्रभा खेतान	आओ पेपें घर चले (1990), तालाबंदी (1991), अपने अपने चेहरे (1994), छिन्नमस्ता (1993), पीली आंधी (1996)
कान्ता भारती	'रेत की मछली' (1975)।
सूर्यबाला	'सुबह के इन्तज़ार तक' (1980), 'अग्निपंखी' (198 4), 'यामिनी कथा' (1991), 'जूझ' (1992)।
राजी सेठ	'तत्सम' (1983), 'निष्कवच' (1995)।
निरुपमा सेवती	'पतझड़ की आवाज़ें' (1976), 'बँटता हुआ आदमी' (1977), 'मेरा नरक अपना है' (1977), 'दहकन के पार' (1982)।
गीतांजली श्री	'भाई' (1993), 'हमारा शहर उस बरस' (1998), 'तिरोहित' (2001), 'खाली जगह' (2006)।
अलका सरावगी	'कलिकथा : वाया बाईपास' (1998), 'शेष कादम्बरी' (2001), 'कोई बात नहीं' (2004), 'एक ब्रेक के बाद' (2008), 'एक सच्ची झूठी गाथा, 'जानकीदास तेजपाल मैनशन।
नीरजा माधव	'अभी ठहरो अन्धी सदी' (1998), 'यमदीप' (2002), 'तेभ्य : स्वधा' (2004), 'गेशे जम्पा' (2006)।
मधु कांकरिया	'खुले गगन के लाल सितारे' (2000), 'सलाम आख़िरी' (2002), 'पत्ताखोर' (2005), 'सेज पर संस्कृति' (2008)।
अनामिका	'अवान्तर कथा', 'दस द्वारे का पिंजरा' (2006)।
क्षमा शर्मा	'मोबाइल'।
मधु भादुड़ी	'अनादि अनन्त', 'कालचक्र, 'ज्वार'।
मनीषा कुलश्रेष्ठ	'शिगाफ़', 'शालभंजिका' (2012), 'स्वप्नपाश, 'पंचकन्या, 'मल्लिका'।

प्रतिभा राय	'द्रौपदी, 'महामोह, 'अरण्य, 'परिचय, 'देहातीत, 'अपरिचिता, 'आदिभूमि, 'उत्तरमार्ग।
जयश्री रॉय	औरत जो नहीं, 'साथ चलते हुए, 'इक़बाल, 'दर्जा।
क्षमा कौल	दर्दपुर' (2004), 'निक्की तवी पर रिहर्सल।
पद्मा सचदेवा	जम्मू जो कभी शहर था, 'भटको नहीं धनंजय, 'अब न बनेगी देहरी।

हिन्दी दलित उपन्यासकार एवं उपन्यास

- हिन्दी का प्रथम दलित उपन्यास 'रामजीलाल सहायक' की रचना 'बंधन मुक्त' को माना जाता है, जिसका प्रकाशन सन् 1954 में हुआ था।
- कुछ दलित आलोचक एवं विद्वानों ने सन् 1994 ई. में जयप्रकाश कर्दम द्वारा दचित 'छप्पर' को प्रथम दलित उपन्यास स्वीकार किया है।

प्रमुख दलित उपन्यासकार एवं दलित उपन्यास

उपन्यासकार	उपन्यास
जयप्रकाश कर्दम	'करुणा' (1986), 'श्मशान का रहस्य' (1991), 'छप्पर' (1994)।
रामजीलाल सहायक	'बन्धन मुक्ति' (1954)।
प्रेम कपाड़िया	'मिट्टी की सौगन्ध' (1995)।
डॉ. धर्मवीर	'पहला ख़त' (1991)।
मदन दीक्षित	'मोरी की ईंट' (1996)।
सत्य प्रकाश	'जस तस भई सबेर' (1998)।
देवेन्द्र दीपक	'सन्त रविदास की रामकहानी' (2011)।
मोहनदास नैमिशराय	'मुक्ति पर्व, 'वीरांगना झलकारी बाई' (2003), 'ज़ख़्म हमारे, 'महानायक बाबा साहब डॉ. अम्बेडकर' (2013)।
जगदीश चन्द्र	'यादों का पहाड़' (1966), 'धरती धन न अपना' (1972), 'आधा पुल' (1973), 'डुण्डा लाट', 'घास गोदाम', 'मुट्ठी भर काँकर'।
अजय नावरिया	'उधर के लोग' (2009)।
शरण कुमार लिंबाले	'हिन्दू बहुजन' (2005), 'नरवानर' (2011)।

नवेन्दु महर्षि	'दोहन'।
कावेरी	'मिस रमिया'।
डॉ. सुखबीर सिंह	'सिसकियाँ', 'पागल'।
रूपनारायण सोनकर	'सूअरदान' (2010)।
गुरचरण सिंह राव	'मशालची'।
लक्ष्मण गायकवाड़	'पथर कटवा' (2006), 'वकील पारधी' (2011)।
कैलाश चन्द चौहान	'भँवर' (2013)।
विपिन बिहारी	'दलित' (2013)।
सुशीला टाकभौरें	नीला आकाश, शिकंजे का दर्द, तुम्हें बदलना ही होगा (2017)

11
नाटक

- नाटक शब्द की व्युत्पत्ति 'नट' शब्द से निर्मित है, जिसका तात्पर्य 'सात्विक भावों का अभिनय' है।
- नाटक सामान्यतः दृश्य काव्य के अन्तर्गत आता है। इसका प्रदर्शन रंगमंच पर होता है।
- नाटक काव्यकला का सबसे श्रेष्ठ अंग है। नाटक के अन्तर्गत अभिनय के माध्यम से व्यक्ति एवं समाज के चरित्रों का प्रदर्शन होता है। इसमें कथा-तत्त्व की प्रमुखता रहती है। आमतौर पर नाटक चार-पाँच अंकों का होना चाहिए जिसमें आरम्भ, विकास चरम एवं अन्त हो।
- नाटक को 'पंचमवेद' या 'नाट्यवेद' की संज्ञा भरतमुनि ने अपनी पुस्तक 'नाट्यशास्त्र' में दी है।
- नाटक की उत्पत्ति के सम्बन्ध में विभिन्न विद्वानों के मत प्रचलित हैं किन्तु विद्वानों ने नाटक के मूल में अनुकरण की प्रवृत्ति को मुख्य माना है। नाटक के मूल में मनुष्य की चार प्रवृत्तियाँ काम करती हैं—

  (1) अनुकरण (2) आत्म-प्रसार

  (3) जाति की रक्षा का भाव (4) आत्माभिव्यक्ति

नाटक के सन्दर्भ में विभिन्न विद्वानों द्वारा दी गयी परिभाषा

- **भरतमुनि** के अनुसार—''नाटक न ऐसा कोई ज्ञान है, न शिल्प है, न विद्या है, न कोई ऐसी कला है, न कोई योग है, न कोई कार्य ही है जो इस नाट्य में प्रदर्शित न किया जाता हो।''
- **आचार्य विश्वनाथ** के अनुसार—''नाटक काव्य के दृश्य और श्रव्य दो भेद होते हैं। दृश्य अभिनय होता है और उसमें रूप का आरोप प्रमुख होने से उसे रूपक की संज्ञा दी गयी है।''

- **भारतेन्दु हरिश्चन्द्र** के अनुसार—''नाटक शब्द का अर्थ नट लोगों की क्रिया है। दृश्य-काव्य की संज्ञा रूपक है। रूपकों में नाटक ही सबसे मुख्य है इससे रूपक मात्र को नाटक कहते हैं।''
- **बाबू गुलाबराय** के अनुसार—''नाटक में जीवन की अनुकृति को शब्दगत संकेतों में संकुचित करके उसको सजीव पात्रों द्वारा एक चलते-फिरते सप्राण रूप में अंकित किया जाता है।''
- भारतीय नाट्यशास्त्र में रूपक के दस प्रकार माने गये हैं—नाटक, प्रकरण, भाण, प्रहसन, डिम, व्यायोग, समवकार, वीथी, अंक, ईहामृग।

नाटक के तत्त्व

- पाश्चात्य विद्वानों ने नाटक के प्रमुख तत्त्व निम्न माने हैं—
  (1) कथावस्तु, (2) पात्र-चरित्र-चित्रण, (3) संवाद या कथोपकथन, (4) भाषा-शैली, (5) देशकाल और वातावरण, (6) उद्देश्य, (7) संकलनत्रय रंगमंचीयता।
- भारतीय विद्वानों ने नाटक के प्रमुख तत्त्व निम्न माने हैं—(1) कथावस्तु, (2) नेता या नायक, (3) अभिनय, (4) रस, (5) वृत्ति।
- अध्ययन की सुविधा की दृष्टि से नाटकों का निम्न रूप में वर्गीकरण किया गया है—
  (1) भारतेन्दु-युग
  (2) प्रसाद-युग
  (3) प्रसादोत्तर-युग
  (4) समकालीन नाटककार
  (5) एकांकी
  (6) गीत-नाट्य

हिन्दी के प्रथम 'नाटक' को लेकर विद्वानों के मत

प्रस्तोता	नाटककार	नाटक	भाषा
भारतेन्दु हरिश्चन्द्र	गिरिधरदास (गोपाल चन्द्र)	'नहुष'	ब्रजभाषा
आचार्य रामचन्द्र शुक्ल	महाराज विश्वनाथ सिंह	'आनन्द रघुनन्द'	ब्रजभाषा
डॉ. बच्चन सिंह	महाराज विश्वनाथ सिंह	'आनन्द रघुनन्द'	ब्रजभाषा
डॉ. गणपतिचन्द्र गुप्त	विद्यापति	'गोरक्ष विजय'	मैथिली

डॉ. दशरथ ओझा	देल्हण	'गय सुकुमार-रास'	अपभ्रंश

- भारतेन्दु हरिश्चन्द्र ने हिन्दी का प्रथम नाटक अपने पिता बाबू गोपाल चन्द्र द्वारा रचित 'नहुष' (1859) को, द्वितीय नाटक राजा लक्ष्मण सिंह कृत 'शकुन्तला' (1862), स्वयं द्वारा लिखित 'विद्यासुन्दर' (1868) को तीसरा और श्रीनिवास दास के 'तप्ता संवरण' (1883 ई.) को चतुर्थ नाटक के रूप में स्वीकार किया है।
- 'नहुष' नाटक (1859) को नाटकों की विशेषता या तत्त्वों के अनुसार देखें तो यह ब्रजभाषा के पूर्व गद्य नाटकों की परम्परा में आता है।
- राजा लक्ष्मणसिंह कृत 'शकुन्तला' नाटक संस्कृत के महान कवि कालिदास के प्रसिद्ध नाटक 'अभिज्ञान शाकुन्तलम्' का हिन्दी अनुवाद है।
- भारतेन्दु हरिचन्द्र द्वारा लिखित 'विद्यासुन्दर' नाटक बांग्ला नाटक का छायानुवाद है।
- हिन्दी में नाट्य विधा परम्परा की शुरुआत मूल रूप से भारतेन्दु हरिश्चन्द्र से मानी जा सकती है परन्तु इनसे पूर्व भी 'नाटक' नाम से कुछ रचनाएँ हिन्दी में हुई हैं जो निम्न हैं—
    - प्राणचन्द चौहान कृत 'रामायण महानाटक'—1610 ई.।
    - कवि उदय कृत 'हनुमान नाटक'—1840 ई.।
    - रघुराय कृत 'सभासार'—1700 ई.।
    - यशवन्त चौहान कृत 'प्रबोध चन्द्रोदय'—1643 ई.।
    - कृष्णजीवन लक्षीराम कृत 'करुणाभरण'—1657 ई.।
    - नेवाज कृत 'शकुन्तला'—1680 ई.।
    - गणेश कवि कृत प्रद्युम्न—1863 ई.।
    - उदय कृत 'रामकरुणाकर' एवं 'हनुमान नाटक'—1890 ई.।

भारतेन्दु-युग

- डॉ. नगेन्द्र ने हिन्दी नाटकों का आरम्भ भारतेन्दु हरिश्चन्द्र से ही माना है। इस युग में मौलिक और अनूदित दोनों प्रकार के नाटकों की रचना हुई है।
- भारतेन्दु काल के नाटकों का विषय मुख्यतः पौराणिक, ऐतिहासिक, रोमानी, प्रहसन और प्रतीकवादी था।
- इस काल में नाटकों की रचना का मूल उद्देश्य मनोरंजन के साथ-साथ जनमानस को जाग्रत करना और उसमें आत्मविश्वास उत्पन्न करना था।

- भारत की आम जनता में सत्य, त्याग, उदारता जैसे मानव-मूल्यों के प्रति आस्था उत्पन्न करना रहा है।
- इस युग के नाटकों का उद्देश्य यह भी रहा है कि गौरवपूर्ण प्राचीन संस्कृति के प्रति प्रेम जगाकर उसे वर्तमान के साथ जोड़ना है ताकि आधुनिकता की आँधी से समाज को सुरक्षित रखते हुए उसका सुधार किया जा सके।

भारतेन्दु हरिश्चन्द्र (1850-1885 ई.)

- भारतेन्दु हरिश्चन्द्र ने मौलिक एवं अनूदित दोनों प्रकार के 17 नाटकों की रचना की है।
- **विद्यासुन्दर (1868)**—सर्वप्रथम इस नाटक की रचना चौर कवि (विल्हण) ने संस्कृत में 'चौरपंचाशिका' नाम से की थी, जिसका बांग्ला में रूपान्तरण यतीन्द्र मोहन ने 'विद्यासागर' नाम से किया। पुनः इस मूल नाटक का अनुवाद भारतेन्दु ने 'विद्यासुन्दर' नाम से हिन्दी में किया।
- विद्यासुन्दर नाटक में 'प्रेम विवाह' तथा विवाह के बाद की समस्याओं को दिखाया गया है।
- **रत्नावली (1868)**— नाटक हर्ष कृत 'रत्नावली नाटिका' (संस्कृत) को हिन्दी में रत्नावली नाम से अनूदित किया गया है।
- इस नाटक के कथानक त्रिकोणीय प्रेम को बड़े ही रोमांचक ढंग से प्रस्तुत किया गया है।
- **पाखण्ड विडम्बन (1872)**—इस रूपक को बांग्ला में कवि कृष्ण मिश्र ने 'प्रबोध चन्द्रोदय' नाम से किया था। इसका हिन्दी में अनुवाद भारतेन्दु ने 'पाखण्ड विडम्बन' नाम से किया है। इस नाटक में पाखण्ड के विभिन्न प्रकारों को व्यंग्य रूप में बताया गया है तथा पाखण्ड से दूर रहने की सलाह दी गयी है।
- **धनंजय विजय (1873)**—इस 'व्यायोग' की संस्कृत में कांचन कवि ने 'धनंजय विजय' नाम से ही रचना की थी, जिसका अनुवाद भारतेन्दु ने 'धनंजय विजय' नाम से ही किया है।
- इस 'व्यायोग' का कथानक महाकाव्य 'महाभारत' से लिया गया है। इसमें महाभारत के योद्धा अर्जुन की सेना की वीरता का वर्णन है।
- **भारत जननी (1877)**—यह नाटक मूल 'बांग्ला' में 'भारतमाता' के नाम से रचित था, जिसका अनुवाद भारतेन्दु ने 'भारत जननी' नाम से हिन्दी में किया।

- इस नाटक में भारतीय समाज के जीवन-चरित्र तथा पारिवारिक संरचना को दिखाया गया है।
- **सत्य हरिश्चन्द्र (1876)**—इस मूल नाटक की रचना संस्कृत में क्षेमेश्वर ने 'चन्द्रकौशिक' नाम से की थी। इसका हिन्दी अनुवाद हरिश्चन्द्र ने 'सत्य हरिश्चन्द्र' नाम से किया।
- इस नाटक में सत्यवादी राजा हरिश्चन्द्र की सत्य के प्रति उनकी निष्ठा को विभिन्न मानकों के आधार पर तटस्थ रूप में दिखाया गया है।
- **कर्पूरमंजरी (1882)**—इस नाटक की मूल रचना प्राकृत में महाकवि राजशेखर ने 'कर्पूरमंजरी' नाम से की थी, जिसका हिन्दी में रूपान्तरण भारतेन्दु ने कर्पूरमंजरी नाम से ही किया था।
- इस नाटक के कथानक में एक मूर्ख राजा तथा एक विदुषी सुन्दर कन्या के विवाह का रोचक वर्णन है।
- **मुद्राराक्षस (1878)**—विशाखदत्त कृत 'मुद्राराक्षस' (संस्कृत) का हिन्दी रूपान्तरण भारतेन्दु ने 'मुद्राराक्षस' नाम से ही किया है।
- इस नाटक में चाणक्य की रणनीति कौशल तथा राजनीतिक दाँव-पेंच का वर्णन है।
- **दुर्लभ बन्धु (1880)**—यह नाटक विलियम शेक्सपियर कृत 'मर्चेंट ऑफ़ वेनिस' (अंग्रेज़ी) का हिन्दी रूपान्तरण है, जिसे भारतेन्दु ने 'दुर्लभ बन्धु' नाम से किया है।

भारतेन्दु के मौलिक नाटक

- **वैदिक हिंसा हिंसा न भवति (1873)**—इस नाटक में सनातन धर्म परम्परा के पाखण्ड तत्त्वों का ज़ोरदार ढंग से खण्डन किया गया है।
- **विषस्य विषमौषधम् (1876)**—इस नाटक में बड़ौदा के गायकवाड़ शासक को अंग्रेज़ों द्वारा उसे ग़लत ढंग से हड़पने का चित्रण है।
- **प्रेम जोगिनी (1875)**—इसमें काशी के पाण्डवों की धूर्तता का चित्रण है।
- **चन्द्रावली (1876)**—इस नाटक में कृष्ण की प्रेम लीलाओं का वर्णन है।
- **भारत-दुर्दशा (1880)**—इस नाटक में प्रतीकात्मक शैली में भारत के गौरवपूर्ण इतिहास और वर्तमान परिप्रेक्ष्य में उसकी दुर्दशा का यथार्थ रूप में चित्रण है।
- **नील देवी (1881)**—इस नाटक का कथानक मुग़लकाल से लिया गया है। इस नाटक में वीरांगना नारी के शौर्य व उसके साहस को दिखाया गया है।

- **अंधेर नगरी (1881)**—यह एक 'प्रहसन' नाटक है। इस नाटक में व्यंग्य स्वरूप तत्कालीन शासन व्यवस्था में फैले अराजक तत्त्वों तथा दिशाहीन नीतियों को दर्शाया गया है।
- **सती प्रताप (1885)**—पौराणिक कथा पर आधारित नाटक है।
- डॉ. रामविलास शर्मा ने 'चन्द्रावली' को 'भारतेन्दु की आत्मा का प्रतिरूप' माना है।
- **जानकी मंगल (1868 ई.)**—हिन्दी का प्रथम अभिनीत नाटक है, इस नाटक में स्वयं भारतेन्दु ने 'लक्ष्मण' की भूमिका अदा की थी।
- भारतेन्दु से प्रेरणा लेकर बनारस में 'नेशनल थियेटर', प्रयाग में आर्य नाट्य सभा और कानपुर में 'हिन्दी रंगमंच' की स्थापना हुई।

भारतेन्दु-युग के अन्य प्रमुख नाटककार व उनकी रचनाएँ

नाटककार	रचनाएँ
अम्बिकादत्त व्यास	'ललिता' (1885), 'भारत-सौभाग्य' (1887)।
हरिहरदत्त दुबे	'महारास' (1884)।
खड्गबहादुर मल्ल	'महारास' (1885), 'कल्पवृक्ष' (1886) 'भारत आरत' (1885), 'रति-कुसुमायुध ।
सूर्यनारायण सिंह	'श्यामानुराग नाटिका' (1899)।
चन्द्र शर्मा	'उषाहरण' (1887)।
कार्तिक प्रसाद खत्री	'उषाहरण' (1892)।
अयोध्या सिंह उपाध्याय 'हरिऔध'	'प्रद्युम्न-विजय' (1893), 'रुक्मिणी-परिणय' (1894)।
अम्बिकादत्त व्यास	'ललिता' (1884)।
बालकृष्ण भट्ट	'नल-दमयन्ती स्वयंवर, 'वृहन्नला' (1895), 'जैसा 'काम वैसा परिणाम' (1877), 'आचार विडम्बन' (1899)।
शीतला प्रसाद त्रिपाठी	'रामचरितावली' (1887)।
द्विज दास	'रामचरित नाटक' (1891)।
श्रीनिवास दास	'रणधीर प्रेममोहिनी' (1877), 'तप्ता संवरण' (1883)।
किशोरीलाल गोस्वामी	'प्रणयिनी परिणय' (1890), 'मयंक मंजरी' (1891)। 'मयंक मंजरी' (सामाजिक सुधार और नारी स्वतन्त्रता)।

राधाकृष्ण दास	'पद्‌मावती' (1882), 'महाराणा प्रताप' (1897), 'दुःखिनी बाला' (1880)।
राधाचरण गोस्वामी	'अमर सिंह राठौर, 'सती चन्द्रावली' (1895)। 'बूढ़े मुँह मुँहासे, 'तन मन धन गुसाईजी के अर्पण' (1886)।
बालकृष्ण भट्ट	'नयी रोशनी का विष' (1884)।
गोपालराम गहमरी	'देश-दशा' (1892)।
विजयानन्द त्रिपाठी	'महाअंधेर नगरी' (1893)।
प्रतापनारायण मिश्र	'कलि कौतुक रूपक' (1886)।
लक्ष्मीनारायण	'कवि भारतेन्दु।
लाला श्रीनिवास दास	'रणधीर प्रेममोहिनी' (हिन्दी का प्रथम दुःखान्त नाटक)' (1877) संयोगिता स्वयंवर
कमलाचरण मिश्र	'अद्‌भुत नाटक' (1885)।
रतनचन्द्र	'न्याय सभा' (1882)।
शंकरानन्द	'विज्ञान' (1897)।

भारतेन्दु-युग में साहित्यकारों द्वारा अनूदित नाटक निम्न है—

मूल नाटककार	नाटक	अनुवादक
भवभूति	'उतररामचरित'	नन्दलाल विश्वनाथ दुबे (1886) लाला सीताराम (1897)।
भवभूति	'मालती माधव'	लाला शालिग्राम (1881), लाला सीताराम (1898)।
भवभूति	'महावीरचरित'	लाला सीताराम (1897)।
कालिदास	'अभिज्ञान शाकुन्तल'	राजा लक्ष्मणसिंह (1862), नन्दलाल विश्वनाथ दुबे (1888)।
कालिदास	'मालविकाग्निमित्र'	लाला सीताराम (1898)।
कृष्णमित्र	'प्रबोधचन्द्रोदय'	शीतला प्रसाद (1879), 'अयोध्या प्रसाद चौधरी (1885)।
शूद्रक	'मृच्छकटिक'	गदाधर भट्ट (1880), 'लाला सीताराम (1899)।
हर्ष	'रत्नावली'	देवदत्त तिवारी (1872), बालमुकुन्द सिंह (1898)।
भट्ट नारायण	'वेणीसंहार'	ज्वाला प्रसाद सिंह (1897)।

बांग्ला		
माइकेल मधुसूदन	'पद्मावती'	बालकृष्ण भट्ट (1878)।
	'शमिष्ठा'	रामचरण शुक्ल (1880)।
	'कृष्ण मुरारी'	रामकृष्ण वर्मा (1899)।
राजकिशोर दे	'पद्मावती'	रामकृष्ण वर्मा (1889)।

द्विवेदी-युगीन नाटककार एवं उनकी रचनाएँ

नाटककार	रचनाएँ
हरिदास माणिक	'संयोगिता हरण' (1915)
कृष्ण प्रकाश सिंह	'पन्ना' (1915)
बद्रीनाथ भट्ट	'चन्द्रगुप्त' (1915)
वृन्दावनलाल वर्मा	'सेनापति ऊदल' (1909)
गंगाप्रसाद गुप्त	'वीर जयमल' (1903)
भगवती प्रसाद	'वृद्ध विवाह' (1905)
जीवानन्द शर्मा	'भारत विजय' (1906)
कृष्णानन्द जोशी	'उन्नति कहाँ से होगी' (1915)
मिश्रबन्धु	'नेत्रोन्मीलन' (1915)
राधाचरण गोस्वामी	'श्रीदामा' (1904)
गौरचरण गोस्वामी	'अभिमन्यु वध' (1906)
महावीर सिंह	'नल दमयन्ती' (1905)
रामगुलाम लाल	'धनुष यज्ञ लीला' (1912)
नारायण सहाय	'रामलीला' (1911)
गिरधर लाल	'राम वन-यात्रा' (1910)
गंगा प्रसाद	'रामाभिषेक' (1910)
रामनारायण मिश्र	'जनकबाड़ा' (1906)
नारायण मिश्र	'कंस वध' (1910)
ब्रजनन्दन सहाय	'उद्धव' (1909)
शिवनन्दन सहाय	'सुदामा' (1907)
सुदर्शनाचार्य	'नर्धनल चरित' (1906)
माखनलाल चतुर्वेदी	'कृष्णार्जुन-युद्ध' (1918)

हरिदास माणिक	'पाण्डव-प्रताप' (1917)
बाँके बिहारी लाल	'सावित्री नाटिका' (1908)
बालकृष्ण भट्ट	'वेणु संहार' (1909)
लक्ष्मी प्रसाद	'उर्वशी' (1909)
हनुमन्त सिंह	'सती चरित्र' (1910)
शिवनन्दन मिश्र	'शकुन्तला' (1911)
बद्रीनाथ भट्ट	'कुरुवन दहन' (1912)
माधव शुक्ल	'महाभारत पूर्वार्द्ध' (1916)

- आचार्य महावीर प्रसाद द्विवेदी ने नाट्य-सिद्धान्त के आधार पर 'नाट्यशास्त्र' नामक ग्रन्थ लिखा।

प्रसाद-युग

- भारतेन्दु ने हिन्दी नाट्य साहित्य के विकास में जो आधारशिला रखी, उस पर जयशंकर प्रसाद ने नाट्य साहित्य रूपी इमारत खड़ी की।
- जयशंकर प्रसाद का उदय वैसे समय में हुआ, जब देश में राष्ट्रीय आन्दोलन चरम अवस्था में पहुँच चुका था। उन परिस्थितियों में प्रसाद ने अपने देशवासियों में आत्मगौरव व स्वाभिमान, साहस, उत्साह एवं प्रेरणा जगाने के लिए अतीत के गौरवपूर्ण इतिहास को अपनी रचनाओं में शामिल किया।
- प्रसाद-युग में हिन्दी-नाटक क्षेत्र में प्रसाद छाये हुए थे। इस युग के अन्य प्रमुख नाटककार निम्न हैं—विश्वम्भरनाथ शर्मा 'कौशिक', बद्रीनाथ भट्ट, गोविन्द वल्लभ पन्त, सुदर्शन, दुर्गाप्रसाद गुप्त, पाण्डेय बेचन शर्मा 'उग्र', जगन्नाथ प्रसाद चतुर्वेदी, लक्ष्मीनारायण मिश्र आदि।

जयशंकर प्रसाद (1989-1937)

- प्रसाद ऐतिहासिक नाटकों की रचना करने वाले हिन्दी के महत्त्वपूर्ण नाटककार के रूप में जाने जाते हैं। उनके नाटकों की रचना-प्रवृत्ति में अभिनय कम और पाठ्य अधिक है।
- जयशंकर प्रसाद ने निम्न नाटकों की रचना की है—

नाटक	वर्ष	नाटक	वर्ष
'सज्जन'	1910	'जनमेजय का नागयज्ञ'	1926
'कल्याणी परिणय'	1912'	'कामना'	1927

'करुणालय'	1912'	'स्कन्दगुप्त'	1928
'प्रायश्चित्त'	1913'	'एक घूँट'	1930
'राज्यश्री'	1915'	'चन्द्रगुप्त'	1931
'विशाख'	1921'	'ध्रुवस्वामिनी'	1933
'अजातशत्रु'	1922'		

- जयशंकर प्रसाद ने सात ऐतिहासिक नाटकों की रचना की है, जिनमें 'सज्जन' में महाभारतकाल, 'जनमेजय का नागयज्ञ' में 'उपनिषदकाल', 'करुणालय' में 'वैदिककाल', 'अजातशत्रु' में 'बौद्धकाल', 'विशाख' में 'बौद्धों का पतन काल', 'चन्द्रगुप्त' में 'सिकन्दर का आक्रमण', 'स्कन्दगुप्त' में 'हूण विद्रोह', 'प्रायश्चित्त' में 'जयचन्द-काल' का उल्लेख है।
- 'करुणालय', 'कल्याणी', सज्जन, प्रसाद की लघु नाट्य-कृतियाँ हैं।
- 'एक घूँट' विषय की दृष्टि से अन्योपदेशिक एकांकी नाटक है।
- 'कामना' संस्कृत के 'प्रबोध चन्द्रोदय' की शैली का अन्योपदेशिक नाटक है। 'कामना' को रमेशचन्द्र शाह ने 'कामायनी' का पूर्वराग कहा है।
- 'करुणालय' हिन्दी का प्रथम गीतिनाट्य है।
- 'राजश्री' नाटक की कथावस्तु हर्षवर्द्धन से जुड़ी हुई है। इसमें हर्षवर्द्धन काल की राजकुमारी राजश्री तथा ह्वेनसांग का ऐतिहासिक विवरण है।
- 'विशाख' नाटक में त्रिकोणीय प्रेम को चित्रित किया गया है। यह बौद्ध भिक्षुओं के नैतिक पतन को भी रेखांकित करता है।
- 'ध्रुवस्वामिनी' में प्रसाद ने नारी की समस्याओं को दिखाया है। इसमें हिन्दू स्त्रियों के विधवा विवाह, तलाक़, पुनर्विवाह का चित्रण किया गया है।
- 'ध्रुवस्वामिनी नाटक' इब्सन और बर्नार्ड शाह से प्रेरित माना जाता है।
- 'स्कन्दगुप्त', 'चन्द्रगुप्त' और 'ध्रुवस्वामिनी' इन तीनों नाटकों में स्कन्दगुप्त के समय के समृद्धि एवं ऐश्वर्य व पारिवारिक कलह तथा विदेशी आक्रमणों को चित्रित किया गया है।

हरिकृष्ण 'प्रेमी' (1908-1974)

- हरिकृष्ण 'प्रेमी' के नाटक प्रसाद के नाटकों की तरह ही ऐतिहासिक हैं। उन्होंने भारतीय इतिहास के मुस्लिम काल को अपने नाटकों का आधार बनाया और हिन्दू-मुस्लिम एकता पर विशेष बल दिया।
- प्रेमी ने निम्न नाटकों की रचना की है—

नाटक	वर्ष	नाटक	वर्ष
'स्वर्णविहान'	1930	'पाताल विजय'	1936
'रक्षाबन्धन'	1934	'प्रतिशोध'	1937
'शिवासाधना'	1937	'विषपान'	
'छाया'	1941	'बन्धन'	1941

- **रक्षाबन्धन**—रानी कर्णवती तथा मुग़ल सम्राट हुमायूँ के बीच भाई-बहन के रूप में सम्बन्ध स्वीकार करने को चित्रित किया गया है।
- 'प्रतिरोध' में छत्रशाल के जीवन-चरित्र का उल्लेख किया गया है।
- 'स्वप्नभंग' नाटक में शाहजहाँ के पुत्र के बलिदान को रेखांकित किया गया है, जो हिन्दू-मुस्लिम एकता के लिए अपना सब कुछ न्यौछावर कर दिया था।

सेठ गोविन्ददास (1896-1974)

- इन्होंने आदर्शवादी नाटकों की रचना की है।
- सेठगोविन्ददास ने निम्न नाटकों की रचना की है—
  'प्रकाश' (1935), 'कर्तव्य' (1936), 'सन्तोष कहाँ', 'त्याग और ग्रहण', 'बड़ा पापी कौन', 'गरीबी या अमीरी', 'सेवापथ'।

गोविन्द वल्लभ पन्त (1887-1961)

- गोविन्द वल्लभ पन्त ने निम्न नाटकों की रचना की है—

नाटक	वर्ष	नाटक	वर्ष
'कंजूस की खोपड़ी'	1923	'राजमुकुट'	1935
'वरमाला'	1925	'अंगूर की बेटी'	1937
'सिन्दूर की बिन्दी'			

- 'सिन्दूर की बिन्दी' नाटक में तलाक़शुदा नारी को चित्रित किया गया है।

प्रसाद युगीन अन्य प्रमुख नाटककार एवं उनके नाटक

नाटककार	नाटक
उदयशंकर भट्ट	'विक्रमादित्य' (1929), 'चन्द्रगुप्त मौर्य' (1931), 'दाहर अथवा सिन्धु पतन' (1933), 'विद्रोहिणी अम्बा' (1935), 'मत्स्यगन्धा' (1937), 'कमला' (1935), 'विश्वामित्र'

	(1938), 'राधा' (1940)।
प्रेमचन्द	'संग्राम' (1922), कर्बला, प्रेम की वेदी।
हरिऔध	'प्रद्युम्न विजय व्यायोग' (1936), 'रुक्मिणी परिणय' (1937)।
मैथिलीशरण गुप्त	'तिलोत्तमा' (1916), 'अनघ' (1925)।
रामनरेश त्रिपाठी	'सुभद्रा' (1942), 'जयन्त' (1934)।
माखनलाल चतुर्वेदी	'कृष्णार्जुन युद्ध' (1918)।
चतुरसेन शास्त्री	'उत्सर्ग' (1929), 'अमर सिंह राठौर' (1923)।
विश्वम्भरनाथ शर्मा 'कौशिक'	'अत्याचार का परिणाम' (1921), 'हिन्दू विधवा नाटक' (1935)।
वियोगी हरि	'छद्म योगिनी' (1928), 'प्रबुद्ध यामुन' (1929)।
सुदर्शन	'अंजना' (1923), 'आनरेरी मैजिस्ट्रेट-प्रहसन' (1926), 'भाग्य' (1937)।
पाण्डेय बेचन शर्मा 'उग्र'	'चुम्बन' (1937), 'डिक्टेटर' (1937) 'महात्मा ईसा'।
रामवृक्ष बेनीपुरी	'अम्बपाली'।
चन्द्रगुप्त विद्यालंकार	'अशोक' (1935), 'रेवा' (1935)।
बद्रीनाथ भट्ट	'चन्द्रगुप्त' (1915), 'दुर्गावती' (1925)।
किशोरीदास	'सुदामा' (1934)।
अम्बिकादत्त व्यास	'सीता स्वयंवर नाटक' (1918)।

प्रसादोत्तर युग

- ❑ प्रसादोत्तर युग के नाटकों में एक नवीन धारा के समस्या-नाटकों का उदय हुआ, साथ ही पौराणिक एवं ऐतिहासिक नाटकों की परम्परा निरन्तर जारी रही।
- ❑ समस्या-नाटकों का प्रतिनिधि नाटककार लक्ष्मीनारायण मिश्र को माना जाता है।
- ❑ लक्ष्मीनारायण मिश्र ने 'समस्या-नाटकों' में नारी समस्या को अपने नाटकों की कथावस्तु का आधार बनाया है।
- ❑ उपेन्द्रनाथ 'अश्क' ने अपने नाटकों में यथार्थवादी दृष्टिकोण का परिचय दिया है।
- ❑ प्रसादोत्तर युग के निम्न प्रमुख नाटककार हैं—लक्ष्मीनारायण मिश्र, सेठ गोविन्ददास, चतुरसेन शास्त्री, पाण्डेय बेचन शर्मा, हरिकृष्ण प्रेमी आदि।

लक्ष्मीनारायण मिश्र (1903-1987)

❑ लक्ष्मीनारायण मिश्र ने अपने नाटकों की विषय-वस्तु समस्या-नाटकों को बनाया। इन्होंने निम्न नाटकों की रचना की है—

नाटक	वर्ष	नाटक	वर्ष
'अशोक'	1927	'राजयोग'	1933
'संन्यासी'	1930	'सिन्दूर की होली'	1934
'मुक्ति का रहस्य'	1932	'आधी रात'	1934
'राक्षस का मन्दिर'	1931	'वितस्ता की लहरें'	1953

❑ 'संन्यासी' नाटक में विदेशी शासकों की नीतियों, गांधी के असहयोग आन्दोलन तथा रौलेट एक्ट आन्दोलन को चित्रित किया गया है।

❑ 'सिन्दूर की होली' नाटक में विधवा विवाह तथा नारी उद्धार का उल्लेख किया गया है।

❑ 'वितस्ता की लहरें' नाटक में सिकन्दर के भारत पर आक्रमण का उल्लेख है।

उपेन्द्रनाथ 'अश्क' (1910-1996)

❑ उपेन्द्रनाथ 'अश्क' ने अपने नाटकों में यथार्थवादी दृष्टिकोण के साथ-साथ हास्य-व्यंग्यपूर्ण शैली का उपयोग किया है।

❑ इन्होंने निम्न नाटकों की रचना की है—

नाटक	वर्ष	नाटक	वर्ष
'लक्ष्मी का स्वागत'	1935	'अलग-अलग रास्ते'	1954
'स्वर्ग का झलक'	1940	'अंजो दीदी'	1955
'छठा बेटा'	1940	'भँवर'	1961
'जय पराजय'	1937	'बड़े खिलाड़ी'	1967
'देवताओं की छाया'	1940	'लौटता हुआ दिन'	1972

❑ 'छठा बेटा' नाटक में पुत्र-प्रेम तथा पुत्रों की स्वार्थपरकता का यथार्थ-चित्रण किया गया है।

❑ 'अंजो दीदी' नाटक में रूढ़ भारतीय संस्कारों को रेखांकित किया गया है।

प्रसादोत्तर युग के प्रमुख नाटककार एवं उनके नाटक

नाटककार	नाटक
वृन्दावनलाल वर्मा	'खिलौने की खोज'।
विनोद रस्तोगी	'नये हाथ' (1958)।

विष्णु प्रभाकर	'डॉक्टर' (1958), 'युगे युगे क्रान्ति' (1969)।
सेठ गोविन्द दास	'कर्ण' (1946)।
चतुरसेन शास्त्री	'मेघनाथ' (1936)।
पाण्डेय बेचन शर्मा' (उग्र)	'गंगा का बेटा' (1940)।
उदयशंकर भट्ट	'मुक्तिपथ' (1944), 'शक-विजय' (1949), 'अशोक वन वन्दिनी' (1959), 'गुरु द्रोण का अन्तर्निरीक्षण' (1959), 'अश्वत्थामा' (1959), 'असुर सुन्दरी' (1972)।
हरिकृष्ण प्रेमी	'स्वप्न भंग' (1940), 'आहुति' (1940), 'उद्धार' (1949), 'प्रकाश स्तम्भ' (1954), 'कीर्ति स्तम्भ' (1955), 'शतरंज के खिलाड़ी' (1955), 'संरक्षक' (1958), 'साँपों की सृष्टि' (1959), 'रक्तदान' (1962), 'आन का मान' (1962), 'अमर आन' (1964), 'अमर बलिदान' (1968)।
रांगेय राघव	'स्वर्गभूमि का यात्री' (1951)।
रामकुमार वर्मा	'कौमुदी महोत्सव' (1954), 'विजय पर्व' (1954)।
वृन्दावनलाल वर्मा	'झाँसी की रानी' (1948), 'पूर्व की ओर' (1950), 'बीरबल' (1950), 'कश्मीर का काँटा' (1948), 'फूलों की बोली' (1947), 'ललित विक्रम' (1953)।
पृथ्वीनाथ शर्मा	'उर्मिला' (1950)।
द्वारिका प्रसाद मौर्य	'हैदर अली' (1934)।

समकालीन नाटक

- देश की स्वतन्त्रता के बाद लोगों में एक नयी चेतना का विकास हुआ और उनमें स्वतन्त्रता के बाद जो आकांक्षाएँ थीं, वह पूरी नहीं हो सकीं, फलस्वरूप लोगों में निराशा एवं कुण्ठा का भाव उत्पन्न हुआ।
- स्वतन्त्रता के बाद मध्यवर्ग सबसे अधिक प्रभावित हुआ। अत: इस दौर में जो भी नाटक लिखे गये, उनमें यथार्थवादी दृष्टिकोण के साथ मध्यवर्ग की अपेक्षाएँ, आकांक्षाओं व विडम्बनाओं को उजागर किया गया है।

- इस दौर के नाटकों में एक नयी धारा का विकास हुआ, जिसे आधुनिकता बोध नाम से जाना जाता है। इन्हें 'नवलेखन' के दौर के नाटक या 'नया नाटक' नाम से भी जाना जाता है।
- आधुनिकता बोध की शुरुआत 'भुवनेश्वर' के लघुनाटक 'ऊसर' से मानी जाती है, जो सन् 1938 ई. में 'हंस' पत्रिका में प्रकाशित हुआ था।
- भुवनेश्वर का ही दूसरा नाटक 'ताँबे के कीड़े' से विसंगति बोध के नाटकों की शुरुआत हुई। विसंगति बोध का अर्थ मानव जीवन का उद्देश्यहीन व अर्थहीन होना।
- हिन्दी नाटकों में विसंगति बोध का प्रभाव पाश्चात्य नाटककार सैमुअल बेकेट कृत 'वेटिंग फ़ॉर गोदो' और 'एडगेम' नाटक का पड़ा।

प्रमुख समकालीन नाटककार एवं उनके नाटक

मोहन राकेश (1925-1972)

- आधुनिकता बोध नाट्य-परम्परा को स्थापित करने वाले नाटककारों में मोहन राकेश अग्रिम पंक्ति में आते हैं।
- मोहन राकेश ने अपने नाटकों की विषयवस्तु के रूप में आधुनिक मानव के द्वन्द्व और 'तनाव' को चुना है।
- उन्होंने निम्न नाटकों की रचना की है—

  (1) आषाढ़ का एक दिन (1958) (2) लहरों के राजहंस (1963)
  (3) आधे-अधूरे (1969) (4) पैर तले ज़मीन (अधूरा)।
- 'आषाढ़ का एक दिन'—नाटक कालिदास की प्रणय-कथा है। यह नाटक सांकेतिक रूप से वर्तमान सत्ता और सत्ताभोगी के द्वन्द्व एवं जटिल सम्बन्धों को व्यक्त करता है।
- 'लहरों के राजहंस'—यह नाटक अन्तर्द्वन्द्व से भरा है। यह नाटक नन्द राजा के बुद्ध और उसकी सुन्दर पत्नी के प्रति उसके झुकाव को चित्रित करता है। राजा कभी बुद्ध की शरण में आना चाहता है तो घर जाने के बाद पत्नी की सुन्दरता से आकर्षित होकर उसकी तरफ़ जाना चाहता है।
- 'आधे-अधूरे'—यह नाटक मध्यवर्गीय वैवाहिक जीवन की आर्थिक एवं मनोवैज्ञानिक दोनों प्रकार की विडम्बनाओं को यथार्थ रूप में चित्रित करता है।
- 'पैर तले की ज़मीन'—मोहन राकेश का अधूरा नाटक है। बाद में इस नाटक को पूर्ण करके उनके मित्र कमलेश्वर ने प्रकाशित कराया।

भीष्म साहनी (1915-2003)

- भीष्म साहनी ने नाटक के क्षेत्र में कुछ नये प्रयोग किये हैं। उन्होंने निम्न नाटकों की रचना की है—
  'हानूश' (1977), 'मुआवजे' (1993), 'कबिरा खड़ा बजार में' (1981), 'रंग दे बसन्ती चोला' (1998), 'माधवी' (1985), 'आलमगीर' (1999)।
- 'हानूश' नाटक चेकोस्लोवाकिया में प्रचलित एक लोक-कहानी पर आधारित है। इस नाटक में श्रमशील सामान्य कलाकार की सृनजशीलता, सत्ता की क्रूरता, कलाकार की दारुण पीड़ा को चित्रित किया गया है।
- 'माधवी' नाटक में गालव ऋषि (विश्वामित्र के शिष्य) और माधवी की प्रसिद्ध पौराणिक कथा को वर्तमान सन्दर्भ में जोड़कर नारी के शोषण को अतीत के साथ जोड़कर देखा गया है।
- 'कबीरा खड़ा बजार में'—भीष्म साहनी ने कबीर के युग-प्रवर्तक व्यक्तित्व को उसकी पूरी जीवन्तता में मूर्त किया है।
- 'मुआवज़े'—इस नाटक में सामाजिक जीवन में व्याप्त घोर अनैतिकता, भ्रष्टाचार और दायित्वहीनता को उजागर किया गया है।
- 'रंग दे बसंती चोला' नाटक में जलियाँवाला बाग हत्याकाण्ड के क्रूर सेनाधिकारी कर्नल डायर और उसकी हत्या करने वाले ऊधम सिंह के माध्यम से साम्राज्यवाद और राष्ट्रीय स्वतन्त्रता की भावना को नाटकीय अन्दाज़ में दिखाया गया है।
- 'आलमगीर' नाटक में दारा शिकोह एवं कट्टर मजहबी औरंगज़ेब दोनों के मानवी मूल्यों का परीक्षण किया गया है।

जगदीशचन्द्र माथुर (1917-1978)

- समकालीन नाटककारों में जगदीशचन्द्र माथुर एक प्रमुख नाटककार हैं।
- उन्होंने अपने नाटकों के कथानक पौराणिक व ऐतिहासिक के सन्दर्भ से लेकर उसे वर्तमान समस्याओं के साथ जोड़कर समाधान करने का प्रयास किया है।
- उन्होंने निम्न नाटकों की रचना की है—
  'कोणार्क' (1951), 'दशरथ नन्दन' (1974), 'शारदीया' (1959), 'रघुकुल रीति' (1985), 'पहला राजा' (1969)।

- 'कोणार्क' नाटक से जगदीशचन्द्र माथुर को ख्याति मिली।
- इस नाटक का कथानक कोणार्क मन्दिर निर्मित कराने वाले राजा नरसिंह देव से जुड़ा है।
- इस नाटक में तीन प्रकार की अवधारणाओं के बीच संघर्ष समायोजित है—(1) सर्जना एवं विध्वंस के बीच, (2) पुरानी एवं नयी पीढ़ी के बीच, (3) राजसत्ता और जनता के बीच।
- नाटक में शिल्पी का पुत्र धर्मपाल राजा के अत्याचार एवं निरंकुशता के ख़िलाफ़ संघर्ष करता है तथा मन्दिर को ध्वंस कर देता है, फलत: राजमद ध्वस्त हो जाता है इसमें उन्नीसवीं सदी की ऐतिहासिक पृष्ठभूमि में तत्कालीन समाज एवं मानवीय सम्बन्धों को दिखाया गया है।
- 'पहला राजा' नाटक में देश के प्रथम प्रधानमंत्री जवाहरलाल नेहरू की नीतियों, योजनाओं तथा शासन व्यवस्था से जुड़ी कमियों को उजागर किया गया है।
- 'दशरथनन्दन' नाटक में रामचरितमानस की मूल कथा को हुबहू जनमानस तक पहुँचाया गया है।
- 'रघुकुल रीति' का प्रकाशन उनकी मृत्यु के बाद हुआ।
- 'शारदीया' नाटक मराठा सरदारों एवं हैदराबाद के निज़ाम के बीच निरन्तर होने वाले युद्ध और उसके परिणामों को नाटकीय रूप में चित्रित करता है।

सुरेन्द्र वर्मा (1941)

- सुरेन्द्र वर्मा समकालीन नाटककारों में विशिष्ट स्थान रखते हैं।
- उन्होंने निम्न नाटकों की रचना की है—
  'द्रौपदी' (1972), 'सेतुबन्ध' (1972), 'नायक खलनायक विदूषक' (1972), 'सूर्य की अन्तिम किरण से सूर्य की पहली किरण तक' (1975), 'आठवाँ सर्ग' (1976), 'छोटे सैयद बड़े सैयद' (1982), 'एक दूनी एक' (1987), 'शकुन्तला की अँगूठी' (1990), 'क़ैद-ए-हयात' (1993)।
- 'द्रौपदी' नाटक की कथा महाभारत के द्रौपदी प्रसंग से जुड़ी है। इस नाटक को आधुनिक जीवन सन्दर्भ के अनुकूल बिल्कुल नये रूप में प्रस्तुत किया गया है। इसमें विवाहेतर जीवन में पति एवं पत्नी की विसंगतियों का चित्रण है।
- 'सेतुबन्ध' संस्कृत भाषा के वाकाटक नरेश प्रवरसेन द्वितीय के ग्रन्थ

सेतुबन्ध पर आधारित है। इसमें आधुनिक नारी की प्रेम सम्बन्धी अवधारणा को सशक्त रूप में प्रस्तुत किया गया है।

- 'नायक खलनायक विदूषक' नाटक में शकुन्तला एवं दुष्यन्त के आचरण को चित्रित किया गया है।
- 'सूर्य की अन्तिम किरण से सूर्य की पहली किरण तक'—इसमें नारीत्व की सार्थकता की तलाश की गयी है।
- 'आठवाँ सर्ग' में कालिदास के 'कुमारसम्भव' महाकाव्य के आठवें सर्ग को आधार बनाकर अश्लीलता और लेखकीय अभिव्यक्ति की स्वतन्त्रता का प्रश्न उठाया गया है।
- 'छोटे सैयद बड़े सैयद' नाटक में मुग़ल सम्राट मुहम्मद शाह की शासन व्यवस्था का यथार्थ चित्रण है।
- 'एक दूनी एक' नाटक में व्यक्ति की विवशता को उजागर किया गया है।
- 'शकुन्तला की अँगूठी' कालिदास कृत 'अभिज्ञान शाकुन्तलम्' ग्रन्थ को आधुनिक सन्दर्भ में पुनर्निर्मित करता है। इस नाटक की मूल कथा आज की मध्यवर्गीय जीवन-दशा को उजागर करती है।
- 'क़ैद-ए-हयात' प्रख्यात शायर मिर्ज़ा ग़ालिब के जीवन से सम्बन्धित है।
- 'छोटे सैयद बड़े सैयद' प्रथम बार हसन अली हुसैन अली नाम से प्रकाशित हुआ था।

लक्ष्मीनारायण लाल (1927–1987)

- लक्ष्मीनारायण लाल का समकालीन नाटककारों में उनका महत्त्वपूर्ण स्थान है उन्होंने बहुत-से नाटक लिखे हैं जो निम्न हैं—

''अन्धा कुआँ' (1955)	'व्यक्तिगत' (1975)
'मादा कैक्टस' (1959)	'यक्ष प्रश्न' (1976)
'तीन आँखोंवाली मछली' (1960)	'गुरु' (1976)
'सूखा सरोवर' (1960)	'एक सत्य हरिश्चन्द्र' (1976)
'सुन्दर रस' (1960)	'सगुन पंछी' (1977)
'नाटक बहुरंगी' (1961)	'गंगा माटी' (1977)
'नाटक तोता-मैना' (1962)	'सब रंग मोहभंग' (1977)
'रातरानी' (1962)	'पंच पुरुष' (1978)
'दर्पण' (1962)	'राम की लड़ाई' (1979)
'रक्तमाल' (1963)	'बलराम की तीर्थयात्रा' (1983)

'सूर्यमुख' (1968)
'कलंकी' (1969)
'मिस्टर अभिमन्यु' (1971)
'कर्फ़्यू' (1972)
'अब्दुल्ला दीवाना' (1973)
'कजरीवन' (1980)
'नया तमाशा' (1982)
'शुरू हो गया नाटक' (1983)
'मन्नू' (1984)
'नरसिंह कथा' (1975)

- लक्ष्मीनारायण लाल के नाटकों की केन्द्रीय विशेषता उनके नाटकों की प्रयोगशीलता है।
- इन्होंने अपने नाटकों में विषयवस्तु के रूप में मध्यवर्गीय जीवन के मूल्य-द्वन्द्व, स्त्री-पुरुष-सम्बन्धों की समस्याएँ, आज के जीवन के आर्थिक व राजनीतिक प्रश्न और जीवन और जगत् से सम्बद्ध दार्शनिक प्रश्न आदि को उठाया है।
- 'अन्धा कुआँ' नाटक में नारी की दुर्दशा का यथार्थ-चित्रण किया गया है।
- 'मादा कैक्टस' एक प्रतीकात्मक नाटक है। इस नाटक में दाम्पत्य जीवन में पुरुषों को होने वाली समस्याओं को चित्रित किया गया है।
- 'मिस्टर अभिमन्यु' में वर्तमान सामाजिक एवं राजनीतिक जीवन में व्यक्ति की विवशता का यथार्थ-चित्रण किया गया है।
- 'चतुर्भुज राक्षस' नाटक में लेखक ने सामाजिक जीवन से जुड़े अन्धविश्वासों, आडम्बरों का यथार्थ-चित्रण किया है।
- 'तीन आँखोंवाली मछली' हिन्दी का प्रथम अस्तित्ववादी नाटक है।
- 'अब्दुल्ला दीवाना' नाटक में लेखक ने स्त्री-पुरुष सम्बन्ध, सामाजिक समस्या तथा व्यक्ति के जीवन-मूल्यों को रेखांकित किया है।
- 'सुन्दर रस' में व्यक्ति की बाह्य सुन्दरता के स्थान पर उसकी आन्तरिक सुन्दरता के महत्त्व को चित्रित किया गया है।

हमीदुल्ला

- हमीदुल्ला सुरेन्द्र वर्मा के समकालीन नाटककार हैं। उन्होंने समकालीन जीवन की क्रूर विडम्बनाओं एवं समस्याओं को तीक्ष्ण व्यंग्य और नाटकीय रूप में प्रस्तुत किया है।
- उन्होंने निम्न नाटकों की रचना की है—
  'उलझी आकृतियाँ' (1973), 'दरिन्द' (1975), 'उत्तर उर्वशी' (1979), 'हरवार' (1986), 'ख्याली भारमली' (1981)।
- 'ख्याल भारमली' में नारी के उत्पीड़न और शोषण का चित्रण है।

- 'उलझी आकृति' नाटक में अर्थ के महत्त्व का यथार्थ-चित्रण है।
- 'दरिन्दे' नाटक में सभ्य मनुष्य के भीतर के पशु का चित्रण है।

शंकर शेष (1933-1981)

- शंकर शेष का समकालीन नाटककारों में विशेष स्थान है।
- उनके नाटकों में आधुनिक जीवन के सामाजिक, राजनीतिक एवं मनोवैज्ञानिक पक्षों को बड़े ही नाटकीय ढंग से प्रस्तुत किया गया है।
- उन्होंने निम्नलिखित नाटकों की रचना की है—
  'एक और द्रोणाचार्य' (1977), 'रक्तबीज' (1982), 'खजुराहो का शिल्पी' (1982), 'बाढ़ का पानी' (1983), 'आधी रात के बाद' (198 3), 'पोस्टर' (1983), 'चेहरे' (1983), 'फन्दी, 'घरौंदा' (1978), 'अरे मायावी सरोवर।' (1980), 'कोमल गान्धार, 'बन्धन अपने-अपने, 'बिन बाती के दीप'।
- 'एक और द्रोणाचार्य' में महाभारतकालीन पात्रों के माध्यम से सामान्तर कथा के द्वारा आज की शिक्षा-व्यवस्था में व्याप्त अव्यवस्था को रेखांकित किया गया है।
- 'खजुराहो का शिल्पी' में उन्होंने काम और अध्यात्म के द्वन्द्व को आधुनिक मनोवैज्ञानिक दृष्टि से चित्रित किया है।
- 'चेहरे' में व्यक्ति के दोहरे आचरण को उजागर किया गया है।
- 'घरौंदा' में कार्यालय में कार्यरत युवतियों के जीवन-यथार्थ का चित्रण है।
- 'फन्दी' में व्यक्ति के जीवन की विडम्बनाओं का नाटकीय चित्रण है।
- 'आधी रात के बाद' नाटक में वर्तमान न्याय व्यवस्था पर प्रश्नचिह्न आरोपित किया है।

सर्वेश्वरदयाल सक्सेना (1927-1983)

- सर्वेश्वरदयाल सक्सेना मूलतः कवि हैं। आलोचकों ने जनवादी नाटकों की परम्परा में रखा है।
  'बकरी' (1974), 'लड़ाई' (1979)।
- 'बकरी' एक व्यंग्य नाटक है। इसमें राजनीति व्यवस्था, सत्ता एवं नेतृत्व के द्वारा जनता को छलते हुए दिखाया गया है।
- 'अब ग़रीबी हटाओ' आज की लोकतान्त्रिक व्यवस्था के यथार्थ को चित्रित करता है।

मणि मधुकर (1942–1995)

- मणि मधुकर सामाजिक और राजनीतिक नाटक लिखने वाले नाटककारों में महत्त्वपूर्ण स्थान रखते हैं।
- इन्होंने निम्न नाटकों की रचना की है—
  'रस गन्धर्व' (1975), 'बुलबुल की सराय' (1978), 'दुलारी बाई' (1978), 'खेला पोलमबाई' (1979), 'इकतारे की आँख' (1980)।
- 'रस गन्धर्व' में वर्तमान की सामाजिक एवं राजनीतिक विसंगतियों का यथार्थ-चित्रण है।
- 'बुलबुल की सराय' में आधुनिक राजनीतिक व्यवस्था में व्याप्त भ्रष्टाचार का चित्रण है।
- 'दुलारी बाई'—समाज में व्याप्त अन्धविधवास, रूढ़ियों, परम्पराओं पर व्यंग्य है।
- 'खेला पोलमपुर' में स्वार्थलोलुप सत्ता के दिग्भ्रमित होने की ओर संकेत है।

स्वदेश दीपक (1942–2006)

- स्वदेश दीपक प्रगतिशील चेतना के रचनाकार हैं।
- इन्होंने निम्न नाटकों की रचना की है—
  'नाटक बाल भगवान' (1989), 'कोर्ट मार्शल' (1991), 'जलता हुआ रथ' (1998), 'सबसे उदास कविता' (1998), 'काल कोठरी' (1999)।
- 'नाटक बाल भगवान' में राजनीतिक अवसरवादी एवं आदर्शहीनता को उजागर किया गया है।
- 'कोर्ट मार्शल' नाटक में समाज में व्याप्त वर्ग एवं जाति-भेद का यथार्थ चित्रण है।
- 'जलता हुआ रथ' को समाज के दो वर्गों में विभाजित किया गया है—एक शोषक वर्ग तथा दूसरा शोषित वर्ग। शोषक वर्ग अपनी शक्ति, अर्थ के द्वारा शोषितों पर अत्याचार करते हैं। नाटक में वर्तमान समाज व्यवस्था के यथार्थ का चित्रण किया गया है।
- 'सबसे उदास कविता' नाटक वर्ग-संघर्ष को चित्रित करता है।

प्रभाकर श्रोत्रिय (1938)

- प्रभाकर श्रोत्रिय ने तीन नाटकों की रचना की है—
  'इला' (1989), 'साँच कहूँ तो' (1993), 'जहाँपनाह' (1997)।
- 'इला' का कथानक 'श्रीमद्भागवत' में वर्णित सुद्युम्न की कथा और बुद्ध

के जन्म पर आधारित है।

- 'साँच कहूँ तो' का कथानक 'बीसलदेव रासो' से लिया गया है। इसमें सत्ता के चरित्र को रेखांकित किया गया है।

कृष्ण बलदेव वैद्य (1927–2020)

- कृष्ण बलदेव वैद इस काल के एक प्रमुख नाटककार हैं।
- इन्होंने निम्न नाटकों की रचना की है—
  'भूख आग है' (1998), 'हमारी बुढ़िया' (2000), 'परिवार अखाड़ा' (2002), 'मोनालिजा की मुस्कान' (2003), 'जिसको प्यार' (2004), 'सवाल और स्वप्न' (2001)।
- 'भूख आग है' में समाज में व्याप्त असमानताओं का यथार्थ-चित्रण है।
- मोनालिजा की मुस्कान में उच्च वर्ग के स्त्री-पुरुष के मुक्त नि:संकोच, निर्लज्ज, सामूहिक काम-सम्बन्धों को प्रस्तुत किया गया है।

मुद्राराक्षस (1933–2016)

- मुद्राराक्षस एक प्रमुख नाटककार हैं। उन्होंने अपने नाटकों में सामाजिक जीवन से युक्त विषयों को प्रस्तुत किया है।
- इन्होंने निम्न नाटकों की रचना की है—
  'तिलचट्टा', 'योर्स फेथफुली', 'मरजीवा', 'तेन्दुआ', 'प्रथम प्रस्तुति', 'आला अफ़सर' (1979), 'गुफाएँ' (1979) 'सन्तोला' (1980)।
- 'तिलचट्टा'—यौन-कुण्ठाओं का प्रतीक है।
- 'योर्स फेथफुली' में अधिकारी वर्ग की क्रूरता और स्वार्थपरता को उजागर किया गया है।
- 'मरजीवा' में वर्तमान समाज की पूरी विसंगति का चित्रण है।
- 'तेंदुआ' में मानव की पाशविक प्रवृत्तियों को उजागर किया गया है।
- 'सन्तोला' वर्तमान जीवन-स्थितियों के भीतर से नयी बेहतर समाज-रचना की सम्भावना की खोज को रेखांकित करता है।

समकालीन युग के अन्य प्रमुख नाटककार एवं उनके नाटक

गिरिराज किशोर (1937–2020)

- गिरिराज किशोर ने वर्तमान राजनीतिक व्यवस्था की विसंगतियों को अपने नाटकों के माध्यम से उजागर किया है।

नाटक	वर्ष	विषय
'बादशाह गुलाम-बेगम'	1979	सत्ता से मोहभंग को उजागर किया गया है।
'प्रजा ही रहने दो'	1977	'महाभारत के कथानक पर आधारित है। इसे आज के सन्दर्भ में सत्ता-मोहभंग, नारी-शोषण, अन्याय आदि विषयों से जोड़ा गया है।
'घोड़ा और घास'	1980	यह समस्या-प्रधान नाटक है।
'चेहरे-चेहरे किसके चेहरे'	1983	इसमें व्यवस्था की निरंकुशता को उजागर किया गया है।
'केवल मेरा नाम लो'	1984	
'जुर्म आयद'	1987	न्याय व्यवस्था का यथार्थ-चित्रण।
'काठ की तोप'	2001	व्यंग्यात्मक रूप में।

नरेन्द्र मोहन (1935)

- नरेन्द्र मोहन ऐतिहासिक नाटककार हैं। इन्होंने निम्न नाटकों की रचना की है—

नाटक	वर्ष	विषय
'कहै कबीर सुनो भाई साधु'	1987	कबीर के साधुवाद का चित्रण।
'सींगधारी'	1988	
'कलन्दर'	1991	सूफ़ियों के जीवन का चित्रण।
'नो मैन्स लैंड'	1994	भारत के विभाजन का यथार्थ-चित्रण।
'अभंग गाथा'	2000	सन्त तुकराम के व्यक्तित्व का चित्रण।

ज्ञानदेव अग्निहोत्री (1935)

- ज्ञानदेव अग्निहोत्री ने निम्न नाटकों की रचना की है—

नाटक	वर्ष	विषय
'नेफा की एक शाम'	1962	भारत-चीन संघर्ष पर आधारित।
'शुतुरमुग़ल'	1968	सत्ताधारियों की अवसरवादिता का यथार्थ-चित्रण।
'वतन की आबरू'	1966	भारत-पाक बँटवारा का चित्रण।
'माटी आगीरे'	1964	

'अनुष्ठान'
'चिराग़ जल उठा'

लक्ष्मीकान्त वर्मा (1922)

- लक्ष्मीकान्त वर्मा ने निम्न नाटकों की रचना की है—
'तिन्दुवुलम' (1958), 'सीमान्त के बादल' (1963), 'अपना-अपना जूता' (1964), 'रोशनी की नदी है' (1974), 'ठहरी हुई ज़िन्दगी' (1980), 'आदमी का ज़हर।

ब्रजमोहन शाह (1933-1998)

- ब्रजमोहन शाह ने विसंगतिबोध एवं व्यंग्य नाटकों की रचना की है। इन्होंने निम्न नाटकों की रचना की है—

नाटक	वर्ष	विषय
'त्रिशंकु'	1967	व्यंग्यात्मक नाटक।
'युद्धमन'	1975	युद्धों के परिणाम का यथार्थ चित्रण।
'शह या मात'	1976	विसंगति बोध का नाटक।

नन्दकिशोर आचार्य (1945)

- नन्दकिशोर आचार्य ने निम्न नाटकों की रचना की है—

नाटक	वर्ष	विषय
'देहान्तर'	1987	
'पागल घर'	1988	काल्पनिक नाटक।
'हस्तिनापुर'		'महाभारत' की कथा पर आधारित।
'जिल्ले सुमानी'		अकबर के जीवन पर आधारित।
'ग़ुलाम बादशाह'	1992	बलबन के जीवन पर आधारित।

नागबोडस (1939-2023)

नागबोडस ने निम्न नाटकों की रचना की है—

नाटक	वर्ष	विषय
'ख़ूबसूरत बहू'	1998	ग्रामीण जीवन का चित्रण।
'दलित'	1998	एक राजनीतिक नाटक है।
'वसीयत'	1998	

'तोता झूठ नहीं बोलता' 1998	
'पढ़ो फ़ारसी बेचो तेल' 2002	ऑस्ट्रिया के दार्शनिक विटगेंस्टाइन के जीवन पर आधारित।

विजय तेंडुलकर (1928-2008)

- विजय तेंडुलकर ने क़रीब 27 नाटकों की रचना की है। उनके महत्त्वपूर्ण नाटक निम्न हैं—
  - 'घासीराम कोतवा' विजय तेंडुलकर का चर्चित नाटक है। यह दन्तकथा है।
  - 'बेबी' नाटक में एक ग़रीब व असहाय लड़की की करुण अभिव्यक्ति है।
  - 'सखाराम बाइंडर' में आज के ढोंगी बाबा के यथार्थ का चित्रण है।

अन्य प्रमुख नाटककार एवं उनका नाटक

- रमेश बक्षी ने 'देवयानी का कहना' नाटक में वैवाहिक जीवन की समस्याओं का चित्रण किया है अपने दूसरे नाटक 'तीसरा हाथी' में युवाओं की ज़िम्मेदारियों का चित्रण किया है।

महिला नाटककार एवं उनके नाटक

मृदुला गर्ग (1938)

- मृदुला गर्ग ने निम्न नाटकों की रचना की है—
  'एक और अजनबी' (1978), 'कितनी क़ैदें' (1969), 'दूसरा संस्करण' (1969), 'जादू का कालीन' (1993), 'दुलहिन एक पहाड़ की' (1969), 'क़ैद-दर-क़ैद'।
- 'दुलहिन एक पहाड़' की रचना इसोबेल एंड्रूज के एकांकी 'ब्राइड फ्रॉम द हिल्स' के आधार पर की गयी है।
- 'जादू का कालीन' में बन्धुआ मज़दूरी करने वाले बालकों के विवश और त्रासद जीवन का चित्रण है।
- 'कितनी क़ैदें' में पुरुष वर्चस्ववादी का चित्रण है।

मन्नू भंडारी (1931-2021)

- मन्नू भण्डारी ने तीन नाटकों की रचना की है—
  (1) 'बिना दीवारों के घर' (1965), 'महाभोज' (1982), 'उजली नगरी चतुर राजा' (2013)।

- 'बिना दीवारों के घर' में दाम्पत्य जीवन के तनाव-भरे जीवन का चित्रण है।
- 'महाभोज' में राजनीति अवमूल्यन का नग्न स्वरूप दिखाया गया है।
- 'उजली नगरी चतुर राजा' में भ्रष्टाचार के विरूद्ध जनाक्रोश को दिखाया गया है।
- मन्नू भण्डारी की पटकथा 'रजनी' धारावाहिक का प्रसारण अत्यन्त लोकप्रिय सिद्ध हुआ।

शान्ति मेहरोत्रा

- इन्होंने दो नाटकों की रचना की है—
  (1) 'एक और दिन', 'ठहरा हुआ पानी' (1975 ई.)।
- 'ठहरा हुआ पानी' में आधुनिक मध्यवर्गीय परिवार के बिखराव और विसंगति का चित्रण है।

मृणाल पाण्डे (1946)

- इन्होंने निम्न नाटकों की रचना की है—
  'जो राम रचि राखा' (1981), 'मौजूदा हालत को देखते हुए' (1979), 'आदमी जो मछुआरा नहीं था' (1983)।

कुसुम कुमार (1933)

- कुसुम कुमार ने निम्न नाटकों की रचना की है—
  'संस्कार को नमस्कार', 'ओम क्रान्ति-क्रान्ति', सुनो शेफाली', 'दिल्ली ऊँचा सुनती है', 'रावण लीला', 'मादा मिट्टी', 'पवन चतुर्वेदी की डायरी', 'सलामी मंच', 'लश्कर चौक' (1979)।

दलित नाटक व उनके रचनाकार

नाटककार	नाटक
स्वामी अछूतानन्द हरिहर	'रामराज्य न्याय' (1926), 'परखपाद। 'मायानन्द बलिदान' (1926), 'बलि-छलन'।
रामेश्वरी प्रसाद 'राम'	'अछूतोद्वार' (1926)।
ज्योतिबा फुले	'त्रिरत्न'।
नवेन्दु महर्षि	'पूरब में अँधेरा', 'नयी रामायण', 'आर्य-देवचरित'।
मोहनदास नैमिशराय	'अदालतनामा' (1989), 'क्या मुझे खरीदोगे' (1990), 'हैलो कामरेड'।

रघुवीर सिंह	'इतिहास की पहली घटना'।
सुशीला टाकभौरे	'नंगा सत्य', 'रंग और व्यंग्य'।

हिन्दी एकांकी

- 'एकांकी' साहित्य की वह विधा है जिसमें किसी घटना या विषय का एक अंक प्रस्तुत किया जाता है।
- शिल्प की दृष्टि से अनेक प्रकार के एकांकियों की स्थिति लक्षित की जा सकती है—एकपात्रीय एकांकी, झाँकी, प्रहसन, रेडियो एकांकी, फैंटेसी, संगीत-रूपक आदि।
- वर्तमान हिन्दी में एकांकी का शिल्प पाश्चात्य एकांकियों से प्रभावित है। एकांकी (Oneact Play) पश्चिम में अभिनीत किये जाने वाले उन 'नाटकों' को कहा जाता था, जिसमें एक अंक में ही कथा समाप्त हो जाती थी। वस्तुतः इनका प्रारम्भिक रूप लघु नाटकों जैसा ही था, किन्तु कालान्तर में शिल्पगत अन्तर आने से एकांकी स्वतन्त्र विधा के रूप में स्थापित हुआ।
- हिन्दी में प्रथम एकांकी को लेकर विभिन्न विद्वानों के अलग-अलग मत हैं।
- जयशंकर प्रसाद की रचना 'एक घूँट' (1929) को प्रथम एकांकी माना जाता है।

विद्वान	प्रथम एकांकीकार
डॉ. नगेन्द्र, अज्ञेय, सोमनाथ	जयशंकर प्रसाद (एक घूँट—1930 ई.)।
रामनाथ सुमन	रामकुमार वर्मा (रेशमी रूमाल)।
डॉ. सत्येन्द्र	भारतेन्दु हरिश्चन्द्र (अन्धेर नगरी)।

हिन्दी के प्रमुख एकांकीकार एवं उनके एकांकी

एकांकीकार	एकांकी
डॉ. रामकुमार वर्मा	'पृथ्वीराज की आँखें', 'रेशमी टाइ', 'चारुमित्रा', 'विभूति', 'सप्तकिरण', 'रूपरंग', 'कौमुदी-महोत्सव', 'ध्रुव तारिका', 'ॠतुराज', 'रजत रश्मि', 'दीपदान', 'काम कन्दला', 'बापू', 'इन्द्रधनुष', 'रिमझिम', 'औरंगज़ेब की आख़िरी रात'।
भुवनेश्वर	'कारवाँ', 'श्यामा', 'ऊसर', 'एक साम्यहीन साम्यवादी', 'प्रतिभा का विवाह', 'पतित', 'शैतान',

	'स्ट्राइक', 'लॉटरी', 'आज़ादी की नींद', 'आग तथा ख़ामोशी', 'रोशनी।
उपेन्द्रनाथ 'अश्क'	'चरवाहे', 'देवताओं की छाया में', 'खिड़की', 'अन्धी गली', 'लक्ष्मी का स्वागत', 'पापी', 'मोहब्बत', 'जोंक', 'स्वर्ग की झलक', 'अधिकार का रक्षक', 'आपस का समझौता', 'पर्दा उठाओ', 'पर्दा गिराओ', 'कैसा साब कैसी आया', 'साहब को जुकाम है'।
उमाशंकर भट्ट	'एक ही कब्र में', 'दस हज़ार', 'दुर्गा', 'नेता', 'उन्नीस सौ पैंतीस', 'वर निर्वाचन', 'सेठ लालचन्द', 'स्त्री का हृदय', 'बड़े आदमी की मृत्यु', 'नया मेहमान', 'धूप शिखा', 'पर्दे के पीछे', 'मुंशी अनोखे लाल', 'विष की पुड़िया।
सेठ गोविन्ददास	स्पर्धा', 'मानव मन', 'मैत्री', 'वह मरा क्यों', 'हंगर स्ट्राइक', 'बुद्ध की एक शिष्या', 'सप्त रश्मि', 'एकादशी', 'पंचभूत', 'चतुष्पथ।
जगदीश चन्द्र माथुर	मेरी बाँसुरी', 'भोर का तारा', 'कलिंग विजय', 'रीढ़ की हड्डी', 'मकड़ी का जाला', 'खँडहर', 'खिड़की राह', 'घोंसले', 'कबूतरख़ाना', 'भाषण', 'ओ मेरे सपने', 'शारदीय', 'बन्दी।
गिरिजा कुमार माथुर	'मेघ की छाया', 'पिकनिक', 'उमर क़ैद', 'लाउडस्पीकर।
भगवतीचरण वर्मा	'सबसे बड़ा आदमी', 'मैं और केवल मैं', 'दो कलाकार।
विष्णु प्रभाकर	'प्रकाश और परछाईं', 'क्या वह दोषी था', 'दस बजे रात', 'ऊँचा पर्वत गहरा सागर', 'ये रेखाएँ ये दायरे', 'इन्सान।
चतुरसेन शास्त्री	'पन्नाधाय', 'हाड़ा रानी', 'रूठी रानी', 'राखी', 'बहुरंगी', 'पर्वत के पीछे', 'ताजमहल के पीछे', 'दूसरा दरवाज़ा।

धर्मवीर भारती	'नदी प्यासी थी'।
जैनेन्द्र कुमार	'टकराहट'।
सुदर्शन	'राजपूत की हार'।
मोहन राकेश	'अण्डे के छिलके', 'सिपाही की माँ', 'प्यालियाँ टूटती हैं', 'बहुत बड़ा सवाल', 'रात बीतने तक (ध्वनि नाटक)', 'छतरियाँ (पार्श्व नाटक)', 'शायद (बीज नाटक)', 'हूँ' (बीज नाटक)।

गीति-नाट्य और काव्य-नाटक

- आधुनिक नाटकों की एक अन्य विधा गीति-नाट्यों की है। गीति-नाट्य एकांकी नाटकों जैसा होता है, किन्तु इनमें कुछ अन्य विशेषताएँ पायी जाती हैं जैसे भावों की एकरूपता, काव्यात्मकता एवं गीति-तत्त्वों की प्रधानता होती है।
- हिन्दी का प्रथम गीति-नाट्य 'निराला' का 'पंचवटी-प्रसंग' को माना जाता है। कुछ विद्वान प्रसाद के 'करुणालय' (1912 ई.) को मानते हैं।

हिन्दी के प्रमुख गीति-नाट्य और काव्य-नाटक

रचनाकार	रचनाएँ
जयशंकर प्रसाद	'करुणालय' (1912 ई.)
सूर्यकान्त त्रिपाठी निराला	'पंचवटी प्रसंग' (1923 ई.)
मैथिलीशरण गुप्त	'नीला' (1910), अनघ' (1925)
हरिकृष्ण प्रेमी	'स्वर्णविहान' (1930)
उदयशंकर भट्ट	'मत्स्य गन्धा' (1937), विश्वामित्र' (1928), राधा' (1941), कालिदास' (1953)
सुमित्रानन्दन पन्त	'रजत शिखर' (1952), शिल्पी' (1952)
भगवतीचरण वर्मा	'तारा
धर्मवीर भारती	'अन्धायुग' (1955 ई.)
डॉ. लक्ष्मीनारायण लाल	'सूखा सरोवर' (1960)
दुष्यन्त कुमार	'एक कण्ठ विषपायी' (1963)
भारतभूषण अग्रवाल	'अग्निलीक' (1976)
स.ही. वात्स्यायन अज्ञेय	'उत्तरप्रियदर्शी'
सेठ गोविन्द दास	'स्नेह या स्वर्ग'

गिरिजा कुमार माथुर	'कल्पान्तर'
डॉ. विनय	'रंगब्रह्मा'
विनोद रस्तोगी	'सूतपुत्र'
चन्द्रशेखर	'शिवधनुष'
कुन्था जैन	'बाहुबली'
वीरेन्द्र नारायण	'सूरदास'

12
निबन्ध

- 'निबन्ध' शब्द संस्कृत का है। संस्कृत में निबन्ध का अर्थ जिस ग्रन्थ में एक ही विषय के प्रतिपादनार्थ अनेक व्याख्याएँ संगृहीत होती थीं, उसे 'निबन्ध' कहते थे।
- पाश्चात्य साहित्य में निबन्ध-साहित्य का जनक प्रसिद्ध फ्रेंच साहित्यकार 'मानतेन' को माना जाता है। उन्होंने निबन्ध को 'आत्माभिव्यक्ति' के रूप में स्वीकार किया है।
- अंग्रेज़ी-साहित्य के प्रथम निबन्धकार के रूप में 'लॉर्ड बेकन' का नाम आता है। उन्होंने निबन्ध को 'बिखरावयुक्त' चिन्तन कहा है।
- ऑक्सफ़ोर्ड इंग्लिश डिक्शनरी में निबन्ध की सभी विशेषताओं को ध्यान में रखकर निबन्ध के सन्दर्भ में लिखा है कि 'निबन्ध' किसी विशिष्ट विषय या उसकी शाखा के सम्बन्ध में एक मध्यम आकार की गद्य रचना है।
- 'निबन्ध' हिन्दी गद्य साहित्य की एक प्रमुख विधा के रूप में स्वीकृत है। अन्य गद्य विधाओं के समान हिन्दी निबन्ध की शुरुआत भी भारतेन्दु-युग से मानी जाती है।
- निबन्ध-रचना खड़ी बोली की विशेषता है। इसका विकास उन्नीसवीं सदी के उत्तरार्द्ध से हुआ है।
- इस काल में भारतीय समाज में एक नयी चेतना का विकास हो रहा था तथा इस समय के समाज-सुधारक, बुद्धिजीवी, विद्वान पत्र-पत्रिकाओं के माध्यम से अपने स्वच्छन्द विचारों से, देश के जनमानस में एक नयी ऊर्जा का संचार कर रहे थे।
- इन पत्र-पत्रिकाओं में विद्वान अनेक विषयों पर निबन्ध लिखते थे यथा—राजनीति, समाज सुधार , धर्म, अध्यात्म, आर्थिक दुर्दशा, अतीत का गौरव, महापुरुषों की जीवनियाँ आदि।

- आचार्य शुक्ल ने निबन्धों की परम्परा का सूत्रपात भारतेन्दु-युग से स्वीकार किया है।

हिन्दी के प्रथम निबन्ध के सम्बन्ध में विद्वानों का मत

प्रस्तोता	निबन्धकार	निबन्ध
रामचन्द्र शुक्ल/ डॉ. श्रीकृष्ण लाल	भारतेन्दु हरिश्चन्द्र	
विश्वनाथ एम.ए.	सदासुखलाल	'सुरासुर निर्णय' (1840)
डॉ. वार्ष्णेय	बालकृष्ण भट्ट	
गणपतिचन्द्र गुप्त	शिवप्रसाद 'सितारेहिन्द'	'राजा भोज का सपना' (1839)

- 'निबन्धों' के शिल्प के आधार पर पं. बालकृष्ण भट्ट को हिन्दी के प्रथम निबन्धकार के रूप में स्वीकार किया जा सकता है।

भारतेन्दु-युग (1850-1900 ई.)

- हिन्दी निबन्ध विधा की शुरुआत भारतेन्दु-युग से हुई है।
- डॉ. नगेन्द्र ने हिन्दी निबन्धों का आरम्भ भारतेन्दु-युग से माना है।
- इस युग के दो महान निबन्धकार बालकृष्ण भट्ट और पं. प्रतापनारायण मिश्र ने इस गद्य विधा को और भी विकसित तथा समृद्ध किया।
- आचार्य रामचन्द्र शुक्ल ने इन दोनों विद्वानों को हिन्दी का 'स्टील' और 'एडीसन' कहा है।
- आचार्य शुक्ल ने प्रारम्भिक निबन्धों को 'गद्य प्रबन्ध' कहा है।
- भारतेन्दु-युग के प्रमुख निबन्धकारों में भारतेन्दु हरिश्चन्द्र, बालकृष्ण भट्ट, प्रतापनारायण मिश्र, बद्रीनारायण चौधरी 'प्रेमघन', लाला श्रीनिवासदास, रामचरण गोस्वामी, काशीनाथ खत्री आदि हैं।
- भारतेन्दु-युग के निबन्धकारों ने किसी-न-किसी पत्र-पत्रिका को शुरू किया।

सम्पादक	पत्रिका
भारतेन्दु	'हरिश्चन्द्र मैगजीन'
प्रतापनारायण मिश्र	'ब्राह्मण'
बालकृष्ण भट्ट	'हिन्दी प्रदीप'
बद्रीनारायण चौधरी 'प्रेमघन'	'आनन्द कादम्बिनी'
श्रीनिवास दास	'सदादर्श' (1874)
राधाचरण गोस्वामी	'भारतेन्दु'

नोट—भारतेन्दु हरिश्चन्द्र के निबन्धों को डॉ. केसरी नारायण शुक्ल ने 'भारतेन्दु के निबन्ध' नाम से संगृहीत किया।

भारतेन्दु हरिश्चन्द्र (1850-1885 ई.)

- डॉ. नगेन्द्र निबन्धों के आरम्भकर्ता के रूप में भारतेन्दु को स्वीकार करते हैं।
- भारतेन्दु के विद्या गुरु शिवप्रसाद 'सितारेहिन्द' थे।
- भारतेन्दु हरिश्चन्द्र ने पुरातत्व, इतिहास, धर्म, कला और भाषा एवं साहित्य सभी विषयों पर निबन्ध लिखे हैं।
- भारतेन्दु हरिश्चन्द्र ने निम्न निबन्धों की रचना की है—
    - 'मणिकर्णिका', 'काशी', 'रामायण का समय (पुरातत्व सम्बन्धी)।
    - 'कश्मीर कुसुम', 'उदयपुरोदय', 'बादशाह दर्पण (इतिहास सम्बन्धी)।
    - 'वैष्णवता', 'भारत वर्ष', 'तदीय सर्वस्व (धर्म सम्बन्धी)।
    - 'जातीय-संगीत', 'संगीत सार (कला सम्बन्धी)।
    - 'बैजनाथ की यात्रा (यात्रा सम्बन्धी)।
    - 'बसन्त', 'ग्रीष्म ऋतु', 'वर्षाकाल (ऋतु सम्बन्धी)।
    - 'जयदेव का जीवन चरित्र', 'सूरदास का जीवन', 'बीबी फातिमा', 'पाँचवें पैगम्बर (जीवन चरित सम्बन्धी)।
    - 'भारत-वर्षोन्नति कैसे हो सकती है? (राष्ट्रीय भावना सम्बन्धी)।
    - 'अंग्रेज़ स्तोत्र', 'कंकड़ स्तोत्र', 'स्वर्ग में विचार सभा का अधिवेशन (हास्य-व्यंग्य)।
    - 'हिन्दी भाषा', 'नाटक (साहित्य सम्बन्धी)।

    'सूर्योदय', 'मित्रता', 'होली', 'त्योहार', 'श्रुतिरहस्य', 'अपण्यय', ईश्वर बड़ा विलक्षण है, एक अदभुत अपूर्व स्वप्न आदि निबन्धों की रचना की है।
- भारतेन्दु ने निबन्धों की रचना में विचारात्मक, भावात्मक, आत्मव्यंजक, वर्णनात्मक, कथात्मक शैलियों का प्रयोग किया है।
- डॉ. रामस्वरूप चतुर्वेदी ने भारतेन्दु के सम्बन्ध में लिखा है, ''कविता में उनका संस्कार है, गद्य में विचार।''

बालकृष्ण भट्ट (1844-1914)

- आचार्य रामचन्द्र शुक्ल ने बालकृष्ण भट्ट को स्टील की संज्ञा दी। इन्होंने लगभग एक हज़ार निबन्धों की रचना की है जो 'भट्ट निबन्धमाला' में संगृहीत हैं।

- ❑ बालकृष्ण भट्ट को वस्तुव्यंजक निबन्धकार माना जाता है। इन्होंने हास्य प्रधान निबन्धों की रचना की है।
- ❑ बालकृष्ण भट्ट ने निम्न निबन्धों की रचना की है—
  (1) 'बाल-विवाह', 'स्त्रियाँ और उनकी शिक्षा', 'राजा और प्रजा', 'कृषकों की दुरवस्था', 'अंग्रेज़ी शिक्षा और प्रकाश', 'हमारे नये सुशिक्षितों में परिवर्तन', 'देश-सेवा-महत्त्व', 'महिला-स्वातंत्र्य आदि निबन्ध सामयिक समस्याओं से जुड़े हैं।
  (2) 'ईश्वर भी क्या ठठोल है', 'चली सो चली', 'देवताओं से हमारी बातचीत', 'नये तरह का जुनून', 'खटक' आदि निबन्ध आत्मव्यंजना प्रधान है।
- ❑ बालकृष्ण भट्ट कृत कलिराज की सभा इनका प्रथम निबन्ध है, जो 'कविवचन सुधा' में प्रकाशित हुआ था। इन्होंने ही 'मनोविकार' सम्बन्धी निबन्धों का सूत्रपात किया है।

प्रतापनारायण मिश्र (1856-1894)

- ❑ प्रतापनारायण मिश्र मुख्यत: आत्मव्यंजक निबन्धकार हैं।
- ❑ इन्होंने सामाजिक, धार्मिक, आर्थिक, राजनीतिक तथा भाषा सम्बन्धी विषयों पर निबन्ध की रचना की है।
- ❑ इन्होंने निम्न निबन्धों की रचना की है—
  'धोखा', 'वृद्ध', 'ख़ुशामद', 'दाँत', 'बालक' आदि इनके आत्मव्यंजना सम्बन्धी निबन्ध हैं।
- ❑ 'स्त्री', 'नारी', 'जुआ', 'देशी कपड़ा', 'इनकम टैक्स', 'भौं', 'पेट', 'दाँत', 'नाक', 'मुक्ति के भागी', 'प्रेम एवं परोधर्म' आदि सामाजिक, आर्थिक, धार्मिक एवं साहित्यिक सम्बन्धी निबन्ध हैं।
- ❑ प्रतापनारायण मिश्र के 191 निबन्ध 'प्रतापनारायण ग्रन्थावली' शीर्षक से संगृहीत हैं।

बद्रीनारायण चौधरी 'प्रेमघन' (1855-1922)

- ❑ 'प्रेमघन' मूलत: सामाजिक निबन्धकार हैं। उन्होंने अपने निबन्धों में आलंकारिक एवं कलात्मक शैली का भरपूर उपयोग किया है।
- ❑ प्रेमघन के निबन्ध 'नागरी नीरद' तथा 'आनन्द कादम्बिनी' में प्रकाशित हुए हैं।
- ❑ रामचन्द्र शुक्ल के अनुसार 'प्रेमघन' गद्य-रचना को एक कला के रूप में ग्रहण करने व क़लम की कारीगरी समझने वाले लेखक थे।

- 'प्रेमघन' ने निम्न निबन्धों की रचना की है—
- 'नेशनल कांग्रेस की दुर्दशा', 'भारतीय प्रजा के दुःख की दुहाई और मिठाई पर गवर्नमेंट की कड़ाई', 'बनारस का बुढ़वा मंगल', 'दिल्ली दरबार में मित्र मण्डली के यार'।

भारतेन्दु-युग के अन्य प्रमुख निबन्धकार एवं उनके निबन्ध

1. लाला श्रीनिवासदास ने 'भरत खण्ड की समृद्धि' एवं 'सदाचरण' निबन्ध की रचना की है।
2. रामचरण गोस्वामी ने 'यमलोक की यात्रा' निबन्ध की रचना 'स्वप्नशैली' में की है।
3. मोहनलाल विष्णुलाल के 'हम लोगों की वृद्धि किस रीति से होगी', 'बन्धुत्व किसे कहते हैं', 'ख़ुशामद' प्रमुख निबन्ध हैं।

द्विवेदी-युग

- द्विवेदी-युग में व्यक्तित्व व्यंजक निबन्धों की परम्परा का ह्रास हुआ। इस समय के निबन्धकारों का ध्यान ज्ञान के विविध क्षेत्रों में सामग्री-संचय की ओर अधिक था आत्मव्यंजना की ओर कम।
- भारतेन्दु-युग की उन सभी भावनाओं, विचारों, शैलियों एवं साहित्य-विधाओं का विकास एवं संसार द्विवेदी-युग में अत्यधिक विकसित हुआ।
- विषय की दृष्टि से द्विवेदी-युग में इन सात विषयों पर निबन्ध लिखे गये थे—साहित्य एवं भाषा, वैज्ञानिक आविष्कार, पुरातत्व एवं इतिहास, भूगोल, जीवन-चरित्र, अध्यात्म, अन्य उपयोगी विषय।
- इस युग के निबन्धकारों में—महावीर प्रसाद द्विवेदी, गोविन्दनारायण मिश्र, बालमुकुन्द गुप्त, माधवप्रसाद मिश्र, मिश्र बन्धु, जगन्नाथ प्रसाद चतुर्वेदी, श्यामसुन्दर दास, चन्द्रधर शर्मा 'गुलेरी' इत्यादि शामिल हैं।

महावीर प्रसाद द्विवेदी (1864-1938)

- महावीर प्रसाद द्विवेदी सन् 1903 ई. में सरस्वती 'पत्रिका' के सम्पादक बने और अपने निबन्धों का प्रकाशन पत्रिका के माध्यम से किया।
- आचार्य द्विवेदी ने 'बेकन' के निबन्धों का हिन्दी अनुवाद 'बेकन-विचार रत्नावली' नाम से किया। उन्होंने बेकन के निबन्धों को सबसे अच्छा माना है।
- आचार्य द्विवेदी ने अपने निबन्धों में भाषा संस्कार तथा व्याकरण शुद्धि पर

अधिक ध्यान दिया तथा समकालीन लेखों को भी इससे प्रभावित किया।

- आचार्य द्विवेदी ने अपने निबन्धों का संग्रह 'रसज्ञ रंजन' नाम से प्रकाशित किया है।
- महावीर प्रसाद द्विवेदी ने 'आत्मनिवेदन', 'प्रभात', 'सुतापराधे जनकस्य दण्ड' आदि निबन्धों की रचना की है।
- 'म्यूनिसिपैलिटी के कारनामे' निबन्ध व्यंग्य शैली का है।
- 'कवि और कविता', 'कवि कर्तव्य', 'प्रतिभा', 'साहित्य की महत्ता', 'लोभ', 'मेघदूत', 'माया और व्याकरण', 'रसज्ञ रंजन', 'सम्पत्तिशास्त्र', 'कालिदास के समय का भारत', 'महाकवि माघ का प्रभाव वर्णन' आदि निबन्धों में उनकी वैचारिकता एवं गम्भीरता के तत्त्व मिलते हैं।

बालमुकुन्द गुप्त (1865-1907)

- बालमुकुन्द गुप्त ने उर्दू से निबन्ध- लेखन की शुरुआत की थी। यही कारण है कि उनके निबन्धों की शैली तीखी, प्रवाहपूर्ण, चुस्त, चुटीली, सजीव, व्यावहारिक एवं सर्वजनग्राही है।
- इन्होंने तत्कालीन साहित्य, राजनीतिक, भाषा-सम्बन्धी तथा राष्ट्रीय महत्त्व के विषयों पर निर्भीकतापूर्वक निबन्ध लिखे हैं।
- बालमुकुन्द गुप्त ने निम्न निबन्धों की रचना की है—
  'शिवशम्भु के चिट्ठे', 'चिट्ठे और खत', 'बनाव लॉर्ड कर्जन', 'विदाई सम्भारण' आदि।
- गुप्त जी 'शिवशम्भु के चिट्ठे' के लिए प्रसिद्ध हैं। ये चिट्ठे 'भारतमित्र' में (1904-1905 ई.) में प्रकाशित हुए थे। ये तत्कालीन गवर्नर जनरल लॉर्ड कर्जन को सम्बोधित कर लिखे गये थे।
- गुप्त जी ने महावीर प्रसाद द्विवेदी की भाषा और व्याकरण सम्बन्धी लेख के 'अनस्थिरता' शब्द की आलोचना करते हुए, 'आत्माराम' नाम से 'लेखमाला' लिखी है। इसके जवाब में द्विवेदी जी ने 'सरगो नरक ठिकाना नाहि' शीर्षक निबन्ध 'कल्लू अल्हैत' नाम से लिखा।
- द्विवेदी जी का पक्ष लेते हुए, पण्डित गोविन्द नारायण मिश्र ने 'हिन्दी बंगवासी' में आत्माराम की 'टें-टें' शीर्षक लेखमाला में अपने विचार रखे।
- आचार्य महावीर प्रसाद द्विवेदी के अनुसार—अच्छी हिन्दी बस, एक व्यक्ति लिखता था—बालमुकुन्द गुप्त।

द्विवेदी-युग के अन्य प्रमुख निबन्धकार एवं उनकी रचना

बाबू श्यामसुन्दर दास (1875-1944)

ये द्विवेदी-युग के श्रेष्ठ निबन्धकार थे। इनके प्रमुख निबन्ध निम्न हैं— 'कर्तव्य और सभ्यता', 'भारतीय साहित्य की विशेषता', 'समाज और साहित्य'।

अध्यापक सरदार पूर्णसिंह (1881-1931)

ये हिन्दी में भावात्मक निबन्धों की रचना के लिए तथा शैली की विशिष्टता एवं भाषा की लाक्षणिकता के लिए जाने जाते हैं। इन्होंने निम्न निबन्ध लिखे—

'आचरण की सभ्यता', 'मज़दूरी और प्रेम', 'सच्ची वीरता', 'पवित्रता', 'कन्यादान', 'अमेरिका का मस्त योगी वाल्टहिटमैन', 'चन्द्रधर शर्मा 'गुलेरी'।

- इनके निबन्धों में गम्भीर चिन्तन, सूक्ष्म विश्लेषण, व्यंग्य प्रधान जैसे तत्त्वों का पुट है। इनके निबन्ध हैं—
'गोबर गणेश संहिता', 'कछुआ धर्म', 'मारेसि मोहिं कुठाँव', 'अमंगल के स्थान'।

अन्य निबन्धकार

निबन्धकार	निबन्ध
पं. पद्मसिंह शर्मा	'पद्यपराग' और 'प्रबन्ध मंजरी' (निबन्ध-संग्रह)
माधव प्रसाद मिश्र	'रामलीला', 'परीक्षा', 'धृति', 'क्षमा', 'माधव मिश्र निबन्धमाला' (निबन्ध-संग्रह)।
गोविन्द नारायण मिश्र	'विभक्ति विचार', 'कवि और चित्रकार', 'प्राकृत विचार'।
मिश्र बन्धु	'आत्मशिक्षा', 'सुमनांजलि', 'पुष्पांजलि'।
जगन्नाथ प्रसाद चतुर्वेदी	'निबन्ध-निश्चय', 'ब की बहार', 'गद्य-माला' (1909)।

- शिवपूजन सहाय को 'भाषा का जादूगर' कहा जाता है। इनके लगभग

200 निबन्ध 'शिवपूजन सहाय रचनावली' के खण्ड तीन में संकलित हैं। 'निराला' इन्हें 'हिन्दी का भूषण' नाम से पुकारते हैं।

शुक्ल-युग (1920-1940 ई.)

- हिन्दी निबन्ध का तृतीय चरण 'शुक्ल-युग' के नाम से जाना जाता है। शुक्ल के व्यक्तित्व और निबन्धों में प्रौढ़ चिन्तन, सूक्ष्म विश्लेषण और तर्कपूर्ण विवेचना के कारण इस युग को शुक्ल-युग कहना उचित है।
- शुक्ल-युग में निबन्धों के अन्तर्गत व्यक्तिगत और 'लालित्य' प्रधानता देने वाले निबन्धों की ही चर्चा की गयी है।
- शुक्ल-युग के निबन्धकारों में रामचन्द्र शुक्ल, गुलाबराय, सुमित्रानन्दन पन्त, जयशंकर प्रसाद, महादेवी वर्मा, प्रेमचन्द, शान्तिप्रिय द्विवेदी, राहुल सांकृत्यायन, माखनलाल चतुर्वेदी, चतुरसेन शास्त्री आदि प्रमुख हैं।

आचार्य रामचन्द्र शुक्ल (1884-1941 ई.)

- आचार्य शुक्ल इस युग के सबसे प्रमुख निबन्धकार हैं।
- आचार्य शुक्ल ने निबन्ध को निम्न रूप से परिभाषित किया है—"यदि गद्य कवियों या लेखकों की कसौटी है तो निबन्ध गद्य की कसौटी है। भाषा की पूर्ण शक्ति का विकास निबन्धों में ही सबसे अधिक सम्भव है।"

शुक्ल के सभी निबन्ध 'चिन्तामणि' में संकलित हैं। 'चिन्तामणि' निबन्ध-संग्रह चार भागों में संकलित है। जो निम्न हैं—

- 'चिन्तामणि' (भाग-1) का सम्पादन सन् 1939 ई. में रामचन्द्र शुक्ल ने किया है। इसमें (भाग-1) उनके प्रमुख निबन्ध संकलित हैं—'उत्साह', 'भाषा या मनोविकार', 'श्रद्धा और भक्ति', 'करुणा', 'लज्जा और ग्लानि', 'लोभ और प्रीति', 'घृणा', 'ईर्ष्या', 'भय', 'क्रोध', 'कविता क्या है? भारतेन्दु हरिश्चन्द्र', 'तुलसी का भक्ति मार्ग', 'मानस की धर्मभूमि', 'काव्य में लोकमंगल की साधनावस्था', 'साधारणीकरण और व्यक्ति-वैचित्र्यवाद', 'रसात्मक बोध के विविध रूप।
- 'चिन्तामणि' (भाग-2) का सम्पादन सन् 1945 ई. में विश्वनाथ प्रसाद मिश्र ने किया है इसमें (भाग-2) उनके निम्न निबन्ध संकलित हैं—
काव्य में प्रकृति-दृश्य, काव्य में रहस्यवाद, काव्य में अभिव्यंजनावाद।
- 'चिन्तामणि' (भाग-3) का सम्पादन सन् 1983 ई. में नामवर सिंह द्वारा किया गया है।

- 'चिन्तामणि' (भाग-4) का संकलन कुसुम चतुर्वेदी एवं ओमप्रकाश सिंह द्वारा किया गया है। इसमें (भाग-4) 1902 से 1939 के बीच प्रकाशित 47 निबन्ध संग्रहित हैं।
- 'चिन्तामणि' (भाग-1) सर्वप्रथम सन् 1930 ई. में 'विचार वीथी' नाम से प्रकाशित हुआ था। इसके (भाग-1) सन्दर्भ में रामचन्द्र शुक्ल ने निम्न कथन दिया है—''इस पुस्तक में मेरी अन्तर्यात्रा में पड़ने वाले कुछ प्रदेश हैं। यात्रा के लिए निकलती रही बुद्धि पर हृदय को भी साथ लेकर।''
- डॉ. नगेन्द्र के अनुसार (शुक्ल जी)—इनके निबन्धों में प्रौढ़ चिन्तन, सूक्ष्म विश्लेषण और तर्कपूर्ण सुसम्बद्ध विवेचन का चरम आदर्श लक्षित होता है, इस आधार पर शुक्ल जी को सर्वश्रेष्ठ निबन्धकार मानता सर्वथा उचित है।
- 'चिन्तामणि' (भाग-2) के निबन्धों में 'प्राकृतिक दृश्य' रहस्यवाद, अभिव्यंजनावाद से सम्बन्धित न होकर विस्तृत आलोचनात्मक लेख है।
- 'चिन्तामणि' (भाग-1) में तीन प्रकार के निबन्ध मिलते हैं—मनोविकार विषयक, साहित्य-सिद्धान्त विषयक और साहित्यालोचन विषयक।
- शुक्ल के मनोविकार सम्बन्धी निबन्धों में भाषा-शैली में उनकी प्रौढ़ता की झलक मिलती है। इनमें उन्होंने अत्यन्त गम्भीर मुद्रा में उत्साह, श्रद्धा, भक्ति, करुणा, लज्जा, ग्लानि, लोभ, प्रीति, ईर्ष्या, भय आदि भावों के प्रयोग किये हैं।
- **'लोभ और प्रीति' निबन्ध का कुछ अंश—**

  ''लोभियों का दमन योगियों के दमन से किसी प्रकार कम नहीं होता। लोभ के बल से वे काम और क्रोध को जीतते हैं, सुख की वासना का त्याग करते हैं, मान-अपमान में समान भाव रखते हैं—लोभियो, तुम्हारा अक्रोध, तुम्हारा इन्द्रिय-निग्रह, तुम्हारी मानापमान-समता, तुम्हारा तप अनुकरणीय है, तुम्हारी निर्लज्जता, तुम्हारा अविवेक, तुम्हारा अन्याय विग्रहणीय है। तुम धन्य हो, तुम्हें धिक्कार है।''
- उनके निबन्धों की प्रमुख सूक्तियाँ—
  - करुणाशील और सात्विकता का संस्थापक भाव है।
  - श्रद्धा और प्रेम के योग का नाम भक्ति है।
  - सामाजिक जीवन की स्थिति और पुष्टि के लिए करुणा का प्रसार आवश्यक है।
  - बैर क्रोध का आचार या मुरब्बा है।
  - गुण प्रत्यक्ष नहीं होता, उसके आश्रय और परिणाम प्रत्यक्ष होते हैं।

अनुभवात्मक मन को आकर्षित करने वाले आश्रय और परिणाम हैं। ये गुण नहीं हैं। ये पहली क्रिया हैं, संकल्प-विकल्प दूसरी।

- जैसे वीरकर्म से पृथक् वीरत्व कोई पदार्थ नहीं वैसे, ही सुन्दर वस्तु से पृथक् सौन्दर्य कोई पदार्थ नहीं।

गुलाबराय (1888-1963 ई.)

❑ गुलाबराय के निबन्धों में उनके व्यक्तित्व, उनकी निजी प्रतिक्रियाओं और उल्लास तथा व्यंग्यपूर्ण क्षणों की अभिव्यक्ति मिलती है। उनके कुछ प्रमुख निबन्ध निम्न हैं—
'ठलुआ-क्लब', 'फिर निराशा क्यों', 'मेरी असफलताएँ', 'मेरा मकान', ' मेरे नापिताचार्य', 'मेरी दैनिकी का एक पृष्ठ', 'प्रीतिभोज', 'प्रबन्ध प्रभाकर (1954)', 'मेरे निबन्ध' (1955)।

पदुमलाल पुन्नालाल बख्शी (1894-1971 ई.)

❑ इन्होंने व्यक्तिगत निबन्ध लिखे हैं, जो 'पंचपात्र' में संगृहीत है।
'अतीत स्मृति', 'उत्सव', 'रामलाल पण्डित', 'श्रद्धांजलि के दो फूल'।

महादेवी वर्मा (1907-1987 ई.)

❑ महादेवी वर्मा ने विचार प्रधान निबन्धों की रचना की है। उनके निबन्धों की भाषा-शैली काव्यात्मकता लिये हुए है जिसमें अलंकृत, भावमय, विचार-पूर्ण एवं प्रांजल जैसे तत्त्वों का प्रयोग किया गया है। उनके प्रमुख निबन्ध—'शृंखला की कड़ियाँ' (1942), 'क्षणदा' (1957), 'साहित्यकार की आस्था' (1964), 'सम्भारण' (1975), 'भारतीय संस्कृति के स्वर' (1984), 'संकल्पिता' (1968), 'विवेचनात्मक गद्य'।

❑ उनकी 'क्षणदा' निबन्ध में यात्रा-संस्मरण के साथ-साथ कला और साहित्य पर मौलिक विचार व्यक्त किये गये हैं।

शुक्ल-युग के अन्य प्रमुख निबन्धकार एवं उनके निबन्ध

निबन्धकार	निबन्ध
जयशंकर प्रसाद (1889-1937 ई.)	'यथार्थवाद और छायावाद', 'काव्य और कला तथा अन्य निबन्ध' (1959)', 'रहस्यवाद', 'रंगमंच', 'मौर्यों का राज्य परिवर्तन', 'रस', 'नाटकों में रस प्रयोग', 'नाटकों का आरम्भ'।

सुमित्रानन्दन पन्त (1900–1977 ई.)	'साठ वर्ष : एक रेखांकन (1960)', 'साठ वर्ष औरअन्य निबन्ध', 'प्रकृति का अंचल' (1907–18)', 'विकास-सूत्र और अन्त:संघर्ष' (1919 से 1935 ई.)', 'नवमानवता का स्वप्न' (1945 से 1959 ई.)', 'मेरे जीवन के प्रेरक ग्रन्थ', 'मेरी साहित्यिक मान्यताएँ'।
चतुरसेन शास्त्री (1891–1960 ई.)	'अन्त:स्थल' (1921)', 'तरलाग्नि (1936)', 'मरी 'खाल की हाय' (1939)।
राहुल सांकृत्यायन (1893–1963 ई.)	'साहित्य निबन्धावली'।
शिवपूजन सहाय (1893–1963 ई.)	'कुछ'।
हरिभाऊ उपाध्याय (1892–1972 ई.)	'स्वागत', 'मनन', 'बुदबुद', 'जीवन सिंह', 'अन्तर्ज्योति', अन्तर्बल', 'सदाचार', 'धर्म और नीति
सियारामशरण गुप्त (1895–1963 ई.)	'तरंगिणी', 'अन्तर्नाद', 'पगली', 'भावना', 'ठण्डे छींटे', मेरी हिमाकत', 'यों भी तो देखिए (1958)।
सूर्यकान्त त्रिपाठी 'निराला' (1899–1961)	'प्रबन्ध प्रतिभा' (1940), 'प्रबन्ध प्रतीक्षा', 'प्रबन्ध पूर्णिमा', 'चाबुक' (1949), 'चयन', 'प्रबन्ध पद्म' (1934)।
पीताम्बरदत्त बड़थ्वाल (1901–1944 ई.)	मकरन्द
शान्तिप्रिय द्विवेदी (1906–1967 ई.)	'कवि और काव्य' (1936), 'साहित्यिक' (1938), जीवनयात्रा', 'संचारिणी' (1939), 'युग और साहित्य' (1941), 'सामयिकी' (1955), 'धरातल (1948)', 'प्रतिष्ठान', 'साकल्य' (1955), 'आधान' (1957), 'वृत्त और विकास' (1959)।

शुक्लोत्तर युग

- शुक्लोत्तर युग में निबन्धों की रचना-शैली की दृष्टि से कोई खास परिवर्तन नहीं हुआ है। आचार्य शुक्ल ने हिन्दी निबन्ध में जो आधार बनाये, उसी

का परवर्ती काल में विविधमुखी विकास हुआ। इस युग के निबन्धकारों में आचार्य हजारीप्रसाद द्विवेदी, कुबेरनाथ राय, हरिशंकर परसाई, डॉ. नगेन्द्र, डॉ. रामविलास शर्मा, अज्ञेय, डॉ. विद्यानिवास मिश्र, जैनेन्द्र आदि शामिल हैं।

आचार्य हजारीप्रसाद द्विवेदी (1907–1979)

- फ्रांसीसी रचनाकार मोन्तेन को 'निबन्ध' का जन्मदाता माना जाता है। उन्होंने अपने निबन्ध-संग्रह के सम्बन्ध में कहा कि स्वयं ही अपनी पुस्तक का विषय हूँ। जिन्हें हिन्दी निबन्ध में व्यक्तिप्रधान, व्यक्तिव्यंजक, आत्मव्यंजक, विषयीप्रधान निबन्ध आदि नामों से पुकारते हैं।
- आचार्य हजारीप्रसाद द्विवेदी ने अपने निबन्धों में मोन्तेन की निबन्ध परम्परा के आदर्श का अनुसरण करते हुए उसे उच्च शिखर पर पहुँचाया।
- आचार्य द्विवेदी ने विविध विषयों पर निबन्धों का सृजन किया है; यथा— साहित्य, भाषाविज्ञान, दर्शन, संस्कृति, चिन्तन, इतिहास, मिथक, कल्पना और समकालीन जीवन से जुड़े महत्त्वपूर्ण सामयिक विषय शामिल हैं।
- उनके निबन्धों के संकलन इस प्रकार हैं—
  'अशोक के फूल' (1948), 'कल्पलता' (1951), 'मध्यकालीन धर्म साधना' (1952), 'विचार और वितर्क' (1957), 'विचार प्रवाह' (1959), 'कुटज' (1964), 'साहित्य सहचर' (1965), 'आलोक पर्व' (1972)।

अज्ञेय (1911–1987 ई.)

- अज्ञेय इस युग के एक महत्त्वपूर्ण निबन्धकार हैं। हिन्दी काव्य की भाँति निबन्धों की रचना में उनकी उन्मुक्तता एवं स्वच्छन्दता दिखाई देती है।
- अज्ञेय के निबन्धों में रूप-रचना, रचना-प्रक्रिया और अन्तर्वस्तु के रहस्य अन्तर्निहित हैं। उनके निबन्धों विशिष्ट व्यक्तित्व, रागानुभूति, चिन्तन और सरोकारों की अभिव्यक्ति पायी जाती है।
- उनके निबन्धों में रागात्मकता के साथ ही साथ व्यंग्य-विनोद, तर्कशीलता जैसे तत्त्व सर्वत्र विद्यमान हैं।
- उनके प्रमुख निबन्ध निम्न हैं—
  'त्रिशंकु' (1945), 'सबरंग' (1946), 'सबरंग और कुछ राग' (1956), 'आत्मनेपद' (1960), 'आलवाल' (1971), 'लिखि कागद कोरे' (1972), 'अद्यतन' (1977), 'जोग लिखी' (1977), 'स्रोत और

सेतु' (1978), 'युग सन्धियों पर' (1982), 'धार और किनारे' (1982), 'कहाँ है द्वारका' (1982), 'केन्द्र और परिधि' (1984), 'छाया का जंगल' (1984), 'सर्जना और सन्दर्भ' (1985), 'स्मृति-छन्द' (1989), 'संवत्सर, 'भवन्ती।

- 'त्रिशंकु' अज्ञेय का पहला निबन्ध-संग्रह है तथा 'स्मृति-छन्द' उनके निधन के बाद प्रकाशित हुआ।

कुबेरनाथ राय (1933-1996 ई.)

- कुबेरनाथ राय ने निबन्धों में भारतीय संस्कृति के तत्त्वों को आधुनिक जीवन-सन्दर्भ में व्याख्यायित किया है।
- कुबेरनाथ राय ललित निबन्धकार के रूप में जाने जाते हैं। इनके निबन्ध निम्न हैं—
  'प्रिया नीलकण्ठी' (1968), 'रस आखेटक' (1970), 'गन्ध मादन' (1972), 'विषाद योग' (1973), 'निषाद बाँसुरी' (1974), 'पर्ण मुकुट' (1978), 'महाकवि की तर्जनी' (1979), 'कामधेनु' (1980), 'पत्र मणिपुतुल के नाम' (1980), 'मन पवन की नौका' (1982), 'किरात नदी में चन्द्रमधु' (1983), 'दृष्टि अभिसार' (1984), 'त्रेता का वृहत्साम' (1986), 'मराल' (1993), 'उत्तर कुरु' (1994), 'वाणी का क्षीरसागर' (1998), 'अन्धकार में अग्निशिखा' (1998), 'आगम की नाव' (2002 ई.)।
- कुबेरनाथ राय ने निबन्धों में परम्परागत भारतीय जीवन और संस्कृति को आधुनिक दृष्टि से प्रस्तुत किया है। उनके निबन्धों में चिन्तन की गम्भीरता, आत्मव्यंजकता, लोक-जीवन की अभिव्यक्ति, बौद्धिकता, रागात्मकता आदि के तत्त्वों की प्रधानता है।

हरिशंकर परसाई (1924-1995 ई.)

- हरिशंकर परसाई ने अपने निबन्धों में भारतीय समाज जीवन, राजनीति, धर्म, शोषण, अन्याय, पाखण्ड एवं दोमुँहापन पर तीखा प्रहार किया है।
- परसाई हिन्दी के सर्वश्रेष्ठ व्यंग्यकार के रूप में जाने जाते हैं। वे भारतीय जीवन के सभी क्षेत्रों में फैली विसंगतियों को निर्भीक होकर व्यंग्य रूप में प्रहार करते हैं।
- उनके निबन्ध निम्न हैं—
  'पगडण्डियों का ज़माना' (1966), 'जैसे उनके दिन फिरे' (1963), 'सदाचार का ताबीज़' (1967), 'शिकायत मुझे भी है' (1970), 'ठिठुरता

हुआ गणतन्त्र' (1970), 'अपनी-अपनी बीमारी' (1972), 'वैष्णव की फिसलन' (1967), 'विकलांग श्रद्धा का दौर' (1980), 'भूत के पाँव पीछे, 'बेईमानी की परत, 'सुनो भाई साधो' (1983), 'तुलसीदास चन्दन घिसे' (1986), 'कहत कबीर' (1987), 'हँसते हैं रोते हैं, 'तब की बात और थी, 'ऐसा भी सोचा जाता है' (1993), 'पाखण्ड का अध्यात्म' (1998), 'आवारा भीड़ के ख़तरे' (1998)।

- उनके निबन्धों की रचनाएँ छः खण्डों में 'परसाई रचनावली' शीर्षक से प्रकाशित हैं।

डॉ. विद्यानिवास मिश्र (1905-2005 ई.)

- डॉ. विद्यानिवास मिश्र ने आचार्य हजारीप्रसाद द्विवेदी के पदचिह्नों का अनुसरण करते हुए उनकी निबन्ध परम्परा को और विकसित किया है। आचार्य द्विवेदी की भाँति इन्होंने भी आत्मव्यंजक निबन्धों की रचना की है।
- डॉ. विद्यानिवास मिश्र का पहला निबन्ध-संग्रह सन् 1953 ई. में 'छितवन की छाँह' प्रकाशित हुआ था।
- इन्होंने निम्न निबन्धों की रचना की है।

'छितवन की छाँह' (1953), 'हल्दी-दूब' (1955), 'कदम की फूली डाल' (1956), 'तुम चन्दन हम पानी' (1957), 'आँगन का पंछी और बनजारा मन' (1963), 'मैंने सिल पहुँचाई' (1966), 'वसन्त आ गया पर कोई उत्कण्ठा नहीं' (1972), 'मेरे राम का मुकुट भीग रहा है' (1974), 'परम्परा का बन्धन नहीं' (1976), 'कँटीले तारों के आर-पार' (1976), 'कौन तू फुलवा बीननिहारि' (1980), 'निज मुख मुकुर' (1981), 'भ्रमरानन्द के पत्र' (1981), 'तमाल के झरोखे से' (1981), 'अस्मिता के लिए' (1981), 'संचारिणी' (1982), 'अंगद की नियति' (1984), 'लोगों का रंग हरी' (1985), 'गाँव का मन' (1985), 'नैरन्तर्य और चुनौती' (1988), 'शेफाली झर रही है' (1989), 'भाव पुरुष श्रीकृष्ण' (1990), 'सोहम्' (1991), 'जीवन अलभ्य है जीवन सौभाग्य है' (1991), 'देश धर्म और साहित्य' (1992), 'नदी नारी और संस्कृति' (1993), 'फागुन दुई रे दिना' (1994), 'बूँद मिले सागर में' (1994), 'पीपल के बहाने' (1994), 'शिरीष की याद आयी' (1995), 'भारतीय चिन्तन धारा' (1995), 'साहित्य का खुला आकाश' (1996), 'लोक और लोक का स्वर' (2000), 'गिर रहा आज पानी' (2001), 'स्वरूप विमर्श' (2001), 'गांधी का करुण-

रस' (2002), 'रथयात्रा' (2002), 'थोड़ी सी जगह दें' (2004), 'कितने मोरचे' (2007), 'साहित्य के सरोकार' (2007)।

- विद्यानिवास मिश्र के निबन्धों विषय और शिल्प दोनों रूप में विशिष्ट स्थान रखता हैं। उनके निबन्धों का स्वर गम्भीर है। उन्होंने अपने निबन्धों में संस्कृति, साहित्य, भारतीय संस्कृति परम्परा, आधुनिक पाश्चात्य साहित्य, ग्रामांचल, गाँव के मन, उनकी चिन्तनशीलता सब चीज़ों का समन्वय मिलता है।
- विद्यानिवास मिश्र ने 'भ्रमरानन्द' उपनाम से 'सरस्वती' पत्रिका के सम्पादक श्री नारायण चतुर्वेदी को पत्र लिखा। इन पत्रों में अंग्रेज़ी भाषा तथा चीन के आक्रमण के सम्बन्ध में अपनी चिन्ता ज़ाहिर की है।

डॉ. नगेन्द्र (1915-1999 ई.)

- डॉ. नगेन्द्र मनोवैज्ञानिक व रसवादी आलोचक के रूप में जाने जाते हैं।
- उनके सभी निबन्धों का संकलन 'आस्था के चरण' (1968 ई.) नाम से प्रकाशित है। उनके निबन्ध मुख्यत: विचार और विश्लेषण-प्रधान हैं। उनमें अनुभूति के तत्त्व भी हैं। उनके निबन्ध निम्न हैं—
- 'विचार और अनुभूति' (1949), 'आधुनिक हिन्दी कविता की मुख्य प्रवृत्तियाँ' (1951), 'विचार-विश्लेषण' (1955), 'विचार और विवेचन' (1959), 'अनुसन्धान और आलोचना' (1961), 'आलोचक की आस्था' (1966)।
- डॉ. नगेन्द्र के निबन्धात्मक ग्रन्थ 'आस्था के चरण' में 100 निबन्ध संकलित हैं।

डॉ. रामविलास शर्मा (1912-2000)

- डॉ. रामविलास शर्मा मार्क्स के विचारों से गहरे रूप से प्रभावित थे। उन्होंने मार्क्स के दर्शन को ध्यान में रखकर निबन्धों की रचना की।
- उन्होंने हिन्दी भाषा और साहित्य की समस्याओं और प्रवृत्तियों को प्रगतिवादी दृष्टिकोण से प्रस्तुत किया है।
- उनके निबन्ध निम्न हैं—

  'प्रगति और परम्परा' (1949), 'साहित्य और संस्कृति' (1949), 'भाषा और संस्कृति' (1954), 'भाषा साहित्य और संस्कृति' (1954), 'प्रगतिशील साहित्य की समस्याएँ' (1954), 'लोकजीवन और साहित्य' (1955), 'स्वाधीनता और राष्ट्रीय साहित्य' (1956), 'आस्था और

सौन्दर्य' (1961), 'साहित्य—स्थायी मूल्य और मूल्यांकन' (1968), 'भारतेन्दु-युग और हिन्दी भाषा की विकास परम्परा' (1985), 'परम्परा का मूल्यांकन' (1981), 'भाषा युगबोध और कविता' (1981), 'कथा-विवेचन और गद्य-शिल्प' (1982), 'विराम चिह्न' (1985)।

- रामविलास शर्मा ने विराम चिह्न को सबसे अच्छा निबन्ध माना है।

शुक्लोत्तर युग के प्रमुख निबन्धकार

निबन्धकार	निबन्ध
इलाचन्द्र जोशी (1902–1982 ई.)	'साहित्य सर्जना' (1938), 'विवेचना' (1943), 'विश्लेषण' (1953), 'साहित्य-चिन्तन' (1934), 'देखा-परखा' (1957)
यशपाल (1903–1976 ई.)	'न्याय का संघर्ष' (1940), 'बात-बात में बात (1950), 'देखा सोचा समझा' (1951), 'चक्कर क्लब', 'गांधीवाद की शव परीक्षा, 'राज्य की कथा'।
डॉ. सम्पूर्णानन्द (1890–1969 ई.)	'स्फुट विचार' (1953), 'भाषा की शक्ति तथा अन्य निबन्ध', 'चिद्विलास', 'जीवन और दर्शन', 'पृथ्वी', 'ज्योतिर्विनोद', 'शिक्षा का उद्देश्य', 'समाजवाद', 'आर्यों का आदि देश'।
माखनलाल चतुर्वेदी (1889–1968 ई.)	'साहित्य देवता', 'अमीर-ग़रीब इरादे' (1960)।
काका कालेलकर (1885–1981 ई.)	'जीवन का काव्य', 'जीवन साहित्य'।
परशुराम चतुर्वेदी (1894–1979 ई.)	'मध्यकालीन शृंगारिक प्रवृत्तियाँ', 'मध्यकालीन प्रेम साधना', 'साहित्य पथ' (1961), 'भारतीय साहित्य की सांस्कृतिक रेखाएँ' (1962), 'नव-निबन्ध'।
रामवृक्ष बेनीपुरी (1899–1968 ई.)	'गेहूँ और गुलाब' (1950), 'वन्दे वाणी विनायकौ' (1954)।
पाण्डेय बेचन शर्मा 'उग्र' (1900–1967 ई.)	'बुढ़ापा', 'गाली'।

वासुदेवशरण अग्रवाल (1904-1966 ई.)	'पृथ्वी-पुत्र' (1949), 'मातृभूमि, 'कला और संस्कृति (1958), 'वेद विद्या' (1959), 'वाग्धारा' (1966)।
जैनेन्द्र' (1905-1988)	'प्रस्तुत' (1936), 'जड़ की बात' (1945), 'पूर्वोदय' (1951), 'साहित्य का श्रेय और प्रेम' (1953), ' मन्थन' (1953), 'सोच विचार' (1953), 'काम, 'प्रेम और परिवार' (1953), 'इतस्तत:' (1963), 'समय और हम' (1964), 'परिप्रेक्ष्य' (1977), 'साहित्य और संस्कृति' (1979)।
भदन्त आनन्द कौसल्यायन	'जो न भूल सका' (1945), 'रेल का टिकट
नन्ददुलारे वाजपेयी (1906-1967 ई.)	'हिन्दी साहित्य : बीसवीं शताब्दी' (1942), ' 'आधुनिक साहित्य' (1950), 'नया साहित्य नये प्रश्न' (1955), 'राष्ट्रभाषा की कुछ समस्याएँ' (1961), 'राष्ट्रीय साहित्य' (1965), 'नयी कविता' (1976), 'रस सिद्धान्त' (1977), 'हिन्दी साहित्य का आधुनिक युग' (1978), 'आधुनिक साहित्य : सृजन और समीक्षा' (1978), 'रीति और शैली।
विश्वनाथ प्रसाद मिश्र (1906-1982 ई.)	'हिन्दी का सामयिक साहित्य' (1951)
कन्हैयालाल मिश्र 'प्रभाकर' (1906-1995 ई.)	'नयी पीढ़ी नये विचार' (1950), 'ज़िन्दगी मुसकरायी' (1954), 'बाजे पायलिया के घुँघरू' (1957), 'माटी हो गयी सोना' (1957), 'महके आँगन चहके द्वार, 'क्षण बोले कण मुस्काए, 'जिये तो ऐसे जिये, ' ज़िन्दगी लहलहायी' (1954), 'अनुशासन की राह में' (1977)।
हजारीप्रसाद द्विवेदी (1907-1979 ई.)	'अशोक के फूल' (1948), 'कल्पलता' (1951), 'मध्यकालीन धर्म-साधना' (1952), 'विचार और वितर्क' (1957), 'विचार-प्रवाह' (1959), 'कुटज' (1964), 'साहित्य-सहचर' (1965), 'आलोक पर्व' (1972)।

हरिवंशराय 'बच्चन' (1907-2003 ई.)	'नये पुराने झरोखे' (1962), 'टूटी-छूटी कड़ियाँ (1973)।
रामधारी सिंह 'दिनकर' (1908-1974 ई.)	'मिट्टी की ओर' (1946), 'अर्द्धनारीश्वर (1952), 'रेती के फूल' (1954), 'हमारी सांस्कृतिक एकता' (1956), 'वेणुवन' (1958), 'उजली आग' (1956), 'राष्ट्रभाषा और राष्ट्रीय एकता' (1958), 'धर्म नैतिकता और विज्ञान' (1959), 'वट पीपल' (1961), 'साहित्यमुखी' (1968), 'आधुनिकता बोध' (1973)।
डॉ. भगवतशरण उपाध्याय (1908-1982 ई.)	'साहित्य और कला, 'इतिहास साक्षी है' (1960), 'इतिहास के पृष्ठों पर, 'ख़ून के धब्बे।
डॉ. रघुवीर सिंह (1908-1991 ई.)	'सप्तदीप, 'जीवन-कण, 'जीवन-धूलि, 'शेष स्मृतियाँ (1939), 'बिखरे फूल।
इन्द्रनाथ मदान (1910-1985 ई.)	आलोचना तथा काव्य, 'निबन्ध और निबन्ध, 'कुछ उथले कुछ गहरे' (1974), 'विदा अलविदा' (1982)।
शमशेर बहादुर सिंह (1911-1993 ई.)	कुछ गद्य रचनाएँ, 'कुछ और गद्य रचनाएँ
डॉ. भगीरथ मिश्र (1914-1994 ई.)	अध्ययन' (1949), 'साहित्य साधना और समाज (1950), 'कला, 'साहित्य और समीक्षा' (1963)।
डॉ. विजयेन्द्र स्नातक (1914-1998 ई.)	चिन्तन के क्षण' (1966), 'विचार के क्षण। (1970), 'विमर्श के क्षण' (1979)।
अमृतलाल नागर (1916-1990 ई.)	साहित्य और संस्कृति' (1986)।
प्रभाकर माचवे (1917-1991 ई.)	खरगोश के सींग' (1951), 'सन्तुलन' (1954), ' बेरंग' (1955)।
मुक्तिबोध (1917-1964 ई.)	नयी कविता का आत्मसंघर्ष तथा अन्य निबन्ध (1964)।
डॉ. रघुवंश (1921-2013 ई.)	साहित्य का नया परिप्रेक्ष्य' (1963), ' समसामयिकता और आधुनिक हिन्दी कविता' (1972)।

अमृतराय (1921–1996 ई.)	'रम्या' (1967), 'बतरस' (1973), 'आनन्दकम्' (1977), 'विजिट इंडिया बाइस्कोप' (1989)।
श्यामाचरण दुबे (1922–1996 ई.)	'मानव और संस्कृति', 'संस्कृति तथा शिक्षा परम्परा और इतिहास बोध', 'समाज और भविष्य', 'संक्रमण की पीड़ा', 'भारतीय ग्राम, 'विकास का समाजशास्त्र', 'समय और संस्कृति'।
ठाकुर प्रसाद सिंह (1924 ई.)	'मोरपंख' (2001)।
रामदरश मिश्र (1924 ई.)	'कितने बजे हैं' (1982), 'बबूल और कैक्टस' (1998), 'घर परिवेश' (2003), 'छोटे-छोटे सुख' (2006)।
विवेकी राय (1924–2016 ई.)	'किसानों का देश' (1956), 'गाँवों की दुनिया' (1957), 'त्रिधारा' (1958), 'फिर बैतलवा डाल पर' (1962), 'आस्था और चिन्तन' (1991), 'गँवई गन्ध गुलाब' (1980), 'नया गाँव नाम' (1984), 'आम रास्ता नहीं है' (1988), 'जगत् तपोवन सो किया' (1995), 'जीवन अज्ञात का गणित है' (2004)।
डॉ. नामवर सिंह (1926–2019 ई.)	'बकलम ख़ुद' (1951), 'वाद-विवाद-संवाद ' (1989)।
धर्मवीर भारती (1926–1997 ई.)	'ठेले पर हिमालय' (1958), 'पश्यन्ती' (1969), 'कहनी-अनकहनी' (1970), 'कुछ चेहरे कुछ चिन्तन' (1995), 'शबिदता' (1977), 'मानव-मूल्य और साहित्य' (1960)।
श्रीलाल शुक्ल (1925–2011 ई.)	'अंगद का पाँव' (1958), 'यहाँ से वहाँ' (1970), 'मेरी श्रेष्ठ व्यंग्य रचनाएँ' (1974), 'कुछ ज़मीन पर कुछ हवा में' (1993), 'आओ बैठ लें कुछ देर' (1995), 'अगली शताब्दी का शहर' (1996), 'ख़बरों की जुगाली' (2006)।
शिव प्रसाद सिंह (1928–1998 ई.)	'शिखरों के सेतु' (1962), 'कस्तूरी मृग' (1972), 'मानसी गंगा' (1986), 'किस-किस

	को नमन करूँ' (1987), 'क्या कहूँ कुछ कहा न जायें' (1995), 'ख़ालिस मौज में' (1998)।
विष्णुकान्त शास्त्री (1929-2005 ई.)	'कुछ चन्दन की कुछ कपूर की' (1971), 'चिन्तन मुद्रा' (1977), 'अनुचिन्तन' (198 6), 'आधुनिक हिन्दी साहित्य के विशिष्ट पक्ष' (2004)।
निर्मल वर्मा (1929-2005 ई.)	'चीड़ों पर चाँदनी' (1964), 'हर बारिश में (1970), 'शब्द और स्मृति' (1970), 'कला का ज़ोखिम' (1981), 'ढलान से उतरते हुए' (1985), 'भारत और यूरोप प्रतिश्रुति के क्षेत्र' (1991)।
रवीन्द्रनाथ त्यागी (1930-2004 ई.)	'खुली धूप में नाव पर' (1963), 'मल्लिनाथ की परम्परा' (1969), 'पराजित पीढ़ी के नाम' (1988), 'विषकन्या' (1990), 'शुक्ल पक्ष' (1944), 'पूरब खिले पलाश'।
शरद जोशी (1931-1991 ई.)	'यथासम्भव, 'जीप पर सवार इल्लियाँ' (1971), 'हम भ्रष्टन के भ्रष्ट हमारे, 'किसी बहाने' (1971), 'रहा किनारे बैठ' (1972), 'तिलस्म' (1973), 'दूसरी सतह' (1975), 'यत्र तत्र सर्वत्र' (2000)।
कृष्ण बिहारी मिश्र (1936-2023 ई.)	'बेहया का जंगल' (1981), 'मकान उठ रहे हैं (1990), 'सम्बुद्धि' (1997), 'आँगन की तलाश' (1999)।
रमेशचन्द्र शाह (1937)	'रचना के बदले' (1967), 'शैतान के बहाने' (1980), 'आड़ू का पेड़' (1984), 'सबद निरन्तर' (1987), 'भूलने के विरुद्ध' (1990), 'पढ़ते-पढ़ते' (1940), 'स्वाधीन इस देश में' (1995), 'स्वधर्म और कालगति' (1996)।
मृदुला गर्ग' (1938)	'रंग-ढंग' (1995), 'चुकते नहीं सवाल' (1999), 'कृति और कृतिकार'।

नरेन्द्र कोहली (1940-2021 ई.)	'एक और लाल तिकोन' (1970), 'जगाने का अपराध' (1973), 'आधुनिक लड़की की पीड़ा' (1978), 'त्रासदियाँ' (1982), 'परेशानियाँ' (1987), 'किसे जगाऊँ' (1996), 'आत्मा की पवित्रता' (1996), 'गणतन्त्र का गणित' (1997)।
पुरुषोत्तम अग्रवाल (1955 ई.)	'संस्कृति : वर्चस्व और प्रतिरोध' (1995), 'तीसरा रूख़' (1996), 'विचार का अनन्त' (2000), 'निज ब्रह्म विचार : धर्म, 'समाज व धर्मेत्तर अध्यात्म' (2004), 'स्कोलेरिस की छाँव में' (2015)।
ज्ञान चतुर्वेदी' (1952 ई.)	'दंगे में मुर्ग़ा' (1998), 'प्रेम कथा, 'मेरी इक्यावन व्यंग्य रचनाएँ, 'बिसात बिछी है, 'जो घर फूँके' (2006)।
अष्टभुजा शुक्ल (1954 ई.)	'मिठउवा' (1999)।

13
आलोचना

- आधुनिक हिन्दी आलोचना का आरम्भ भारतेन्दु-युग से हुआ है।
- भारतेन्दु को आधुनिक हिन्दी का प्रथम आलोचक माना जाता है। उन्होंने अपने 'नाटक' (1883 ई.) निबन्ध में प्राचीन नाट्यशास्त्र के साथ-साथ पाश्चात्य नाट्य-कला की जानकारी करायी।
- इस युग में प्रकाशित होने वाले पत्र-पत्रिकाओं ने हिन्दी आलोचना को सम्बल प्रदान किया। इनमें बालकृष्ण भट्ट—'हिन्दी-प्रदीप' (1877-1910), भारतेन्दु द्वारा सम्पादित—'हरिश्चन्द्र चन्द्रिका' (1873) और 'कविवचनसुधा' (1868), प्रताप नारायण मिश्र का 'ब्राह्मण', बद्रीनारायण चौधरी 'प्रेमघन' का 'आनन्द कादम्बिनी' (1881) आदि प्रमुख हैं।
- इन पत्र-पत्रिकाओं में 'हिन्दी प्रदीप' सबसे प्रमुख है। इस पत्रिका में सर्वप्रथम हिन्दी व्यावहारिक आलोचना का सूत्रपात हुआ है।
- बालकृष्ण भट्ट ने हिन्दी प्रदीप में 'सच्ची समालोचना' नामक शीर्षक से सन् 1886 ई. में लाला श्रीनिवास दास के नाटक 'संयोगिता स्वयंवर' की समीक्षा की है। उसके बाद 'नीलदेव', 'परीक्षा गुरु', 'एकांतवासी योगी' आदि रचनाओं की समीक्षाएँ की है।
- बद्रीनारायण चौधरी ने 'आनन्द कादम्बिनी' में गदाधर सिंह कृत 'बंग विजेता' (उपन्यास) और हिन्दी अनुवादों की विस्तृत आलोचना की है।
- सरदार कवि द्वारा रचित 'कविप्रिया', 'रसिकप्रिया' और 'बिहारी-सतसई' पर ब्रजभाषा में टीकाएँ कीं।
- लल्लूलाल ने 'बिहारी-सतसई' पर टीका लालचन्द्रिका (1819 ई.) नाम से की थी। पुनः दुर्गादत्त कवि ने सन् 1864 ई. में इसे संशोधित किया और पुनः ग्रियर्सन ने 1896 ई. में प्रकाशित कराया।
- आचार्य रामचन्द्र शुक्ल ने आलोचना के सूत्रपात के रूप में बद्रीनारायण चौधरी 'प्रेमघन' और बालकृष्ण भट्ट को स्वीकार किया है।

- प्रतापनारायण मिश्र के हिन्दी भाषा और साहित्य के प्रयोजन से सम्बन्धी लेखों से पता चलता है कि उनका दृष्टिकोण 'रसवादी' था।
- इस आलोच्य युग में दो इतिहास-ग्रन्थ भी लिखे गये थे। इनमें शिवसिंह सेंगर ने 'शिवसिंह सरोज' (1883) और जार्ज ग्रियर्सन ने 'द मॉडर्न वर्नाक्यूलर लिटरेचर ऑफ़ नॉर्दर्न हिन्दुस्तान' (1888) काव्य की रचना की है।
- द्विवेदी-युग में हिन्दी आलोचना की कुछ महत्त्वपूर्ण पद्धतियाँ विकसित हुई हैं। इसे मुख्यतः पाँच रूपों में देखा जा सकता है—शास्त्रीय आलोचना अथवा लक्षण ग्रन्थों की परम्परा में काव्यांग-विवेचन, तुलनात्मक मूल्यांकन, अन्वेषण एवं अनुसन्धान आलोचना, परिचयात्मक आलोचना तथा व्याख्यात्मक विवेचन।
- आचार्य द्विवेदी इस युग के सबसे प्रभावशाली आलोचक हैं। उनके द्वारा ही 'सरस्वती' पत्रिका में परिचयात्मक आलोचनाएँ लिखी जाती थीं। उन्होंने समालोचक का कर्तव्य निर्धारित करते हुए कहा था, किसी पुस्तक या प्रबन्ध में क्या लिखा गया है, किस ढंग से लिखा गया है, वह विषय उपयोगी है या नहीं, उससे किसी का मनोरंजन हो सकता है या नहीं, उससे किसी को लाभ पहुँच सकता है या नहीं, लेखक ने कोई नयी बात लिखी है या नहीं, यही विचारणीय विषय है।
- आचार्य शुक्ल ने सबसे पहले आलोचक के रूप में आचार्य द्विवेदी के सन्दर्भ में कहा कि "यदि द्विवेदी जी न उठ खड़े होते तो जैसी अव्यवस्थित, व्याकरण-विरुद्ध और ऊटपटाँग भाषा चारों ओर दिखाई पड़ी थी, उसकी परम्परा जल्दी न रुकती।"
- आचार्य द्विवेदी ने सन् 1930 ई. में 'समालोचना समुच्चय' शीर्षक से 20 समालोचनाओं का सन्तुलन प्रकाशित करवाया। उनका आलोचना का दृष्टिकोण नैतिकतावादी रहा है।
- तुलनात्मक मूल्यांकन का आरम्भ सन् 1907 ई. में पद्मसिंह शर्मा ने 'सरस्वती' पत्रिका में बिहारी और देव का तुलनात्मक मूल्यांकन के रूप में किया।
- मिश्रबन्धुओं की पुस्तक 'हिन्दी नवरत्न' सन् 1910 ई. में प्रकाशित हुई। इसमें भी तुलनात्मक महत्त्व को बताया गया।
- मिश्रबन्धुओं के नवरत्न कवियों में तुलसीदास, सूरदास, देवदत्तदेव, बिहारी लाल, त्रिपाठी बन्धु-भूषण और मतिराम, केशवदास, कबीरदास, चन्दबरदाई, भारतेन्दु हरिश्चन्द्र हैं।

- पद्मसिंह शर्मा ने रीतिकाल के प्रयुक्त कवि बिहारी व देव में कौन बड़ा है, इस बारे में बताया।
- पद्मसिंह शर्मा ने अपनी पुस्तक 'बिहारी-सतसई' तुलनात्मक अध्ययन में 'बिहारी' को सबसे बड़ा कवि माना है।
- कृष्ण बिहारी मिश्र अपनी पुस्तक 'देव और बिहारी' में देव को बड़ा कवि घोषित करते हैं।
- लाला भगवानदीन अपनी पुस्तक 'बिहारी और देव' में बिहारी को बड़ा कवि मानते हैं।
- चन्द्रधर शर्मा 'गुलेरी' ने सन् 1902 ई. में जयपुर से 'समालोचक' पत्र निकाला था।
- कृष्ण बिहारी मिश्र ने 'प्राचीन शास्त्रीय समीक्षा' को सच्चे अर्थ में प्रतिष्ठित किया।
- भगवानदीन ने बिहारी की बारीकियों से समीक्षा की है।
- अन्वेषण और अनुसन्धानपरक आलोचना की शुरुआत 'नागरी प्रचारिणी पत्रिका' (1897) के प्रकाशन से मानी जाती है।

इस युग की कुछ महत्त्वपूर्ण रचनाएँ

लेखक	रचनाएँ
जगन्नाथ प्रसाद 'भानु'	'काव्य प्रभाकर' (1910), 'छन्द सोरावली (1917)।
लाला भगवानदीन	'अलंकार मंजूषा' (1916), 'व्यंग्यार्थ मंजूषा'।
विश्वनाथ प्रसाद मिश्र	'काव्यांग कौमुदी'।
रामदहिन मिश्र	'काव्य-दर्पण'।
शुकदेव बिहारी मिश्र	'साहित्य पारिजात'।
बिहारीलाल भट्ट	'साहित्य सागर'।
ज्वाला स्वरूप	'रुद्र पिंगल'।
प्रताप नारायण मिश्र	'रस सुकुमार'।
जानकी प्रसाद	'काव्य सुधाकर'।
कविराजा मुरारीदान	'जसवन्त-जसो-भूषण'।
जगन्नाथदास रत्नाकर	'घनाक्षरी नियम रत्नाकर'।
कन्हैयालाल पोद्दार	'काव्यकल्पद्रुम', 'रसमंजरी', 'अलंकार मंजरी'।
अर्जुनदास केडिया	'भारती भूषण'।

अयोध्यासिंह उपाध्याय 'हरिऔध'	'रस कलश' (1931), 'कबीर वचनावली की आलोचना, हिन्दी भाषा और साहित्य का विकास।
सीताराम शास्त्री	'साहित्य सिद्धान्त'।
श्यामसुन्दर दास	'रूपक रहस्य'।
भगवानदीन	'व्यंग्यार्थ मंजूषा'।
भुवनेश्वर प्रसाद मिश्र	'मीरा की प्रेम-साधना'।
कृष्णशंकर शुक्ल	'केशव की काव्यकला, कविवर रत्नाकर'।
रामकृष्ण शुक्ल	'प्रसाद की नाट्यकला'।
डॉ. रामकुमार वर्मा	'कबीर का रहस्यवाद'।
जनार्दन मिश्र	'विद्यापति'।
रामनाथ 'सुमन'	'प्रसाद की काव्य कला'।
गिरिजा दत्त शुक्ल	'महाकवि 'हरिऔध'।

शुक्ल-युग (1920-1940)

- शुक्ल-युग में मूल्यांकन हिन्दी साहित्य का अनिवार्य विषय बन गया था क्योंकि आधुनिक हिन्दी साहित्य की गद्य-विधाओं की समीक्षा आधुनिक सन्दर्भ में करना ज़रूरी समझा जाने लगा था। इस काल में छायावादी विद्वान भी निबन्धों के माध्यम से छायावादी रचनाओं का मूल्यांकन करने लगे थे।
- इस युग के सबसे प्रमुख आलोचक आचार्य रामचन्द्र शुक्ल हैं। इनके अलावा बाबू गुलाब राय, बाबू श्यामसुन्दर दास, पीताम्बरदत्त बड़थ्वाल आदि आलोचक भी आलोचना क्षेत्र से जुड़े रहे हैं।

आचार्य रामचन्द्र शुक्ल (1884-1941)

- आचार्य शुक्ल ने आलोचना के वैज्ञानिक मानदण्डों की स्थापना की है। उनकी पहली सैद्धान्तिक समीक्षा पुस्तक 'काव्य में रहस्यवाद' है।
- आचार्य शुक्ल ने हिन्दी में पहली बार रस-विवेचन को मनोवैज्ञानिक आधार प्रदान किया।
- रस-विवेचन से सम्बन्धित इनकी प्रमुख रचना 'रस-मीमांसा' है।
- आचार्य शुक्ल का भक्तिकाल के प्रमुख तीन कवियों के काव्यों की

व्यावहारिक समीक्षा का प्रौढ़तम रूप 'तुलसी', 'भ्रमरगीतसार' और 'जायसी ग्रन्थावली' की भूमिकाओं में मिलता है।

- आचार्य शुक्ल ने 'चिन्तामणि' (दो भाग) में निबन्धों की सैद्धान्तिक समीक्षा प्रस्तुत की है।
- आचार्य रामचन्द्र शुक्ल ने 'रसाभास' को रस की मध्यम कोटि के रूप में स्वीकार किया। साथ ही वे मानते हैं कि इसके भीतर ही 'भावोदय', 'भावसन्धि', 'भाव-सबलता', 'भावशान्ति', 'भावदशा', 'शीलदशा' तथा 'विभावानुभाव' सहित संचारी भावों की स्पष्ट विवेचना है।
- आचार्य शुक्ल के आलोचना क्षेत्र निम्न मूल्यों पर आधारित हैं—लोकमंगल की अवधारणा, रस सिद्धान्त, प्रबन्धात्मकता और विरोधों का सामंजस्य, नैतिकतावाद, आदर्शवाद आदि।

आचार्य शुक्ल के महत्त्वपूर्ण कथन

- 'कला', 'कला के लिए' और 'कला जीवन के लिए' का समन्वय अत्यन्त ज़रूरी माना।
- कविता क्या है ('सरस्वती', 1909) निबन्ध की भूमिका में उन्होंने कहा कि ''जिस प्रकार आत्मा की मुक्तावस्था ज्ञानदशा कहलाती है, उसी प्रकार 'हृदय की मुक्तावस्था' रसदशा कहलाती है। हृदय की इसी मुक्ति की साधना के लिए मनुष्य की वाणी जो शब्द विधान करती आयी है, उसे कविता कहते हैं।''
- ''जगत्, अव्यक्त की अभिव्यक्ति है, काव्य उस अभिव्यक्ति की अभिव्यक्ति है।''
- ''अनूठी से अनूठी उक्ति तभी काव्य हो सकती है, जबकि उसका सम्बन्ध कुछ दूर का ही सही हृदय के किसी भाव या वृत्ति से होगा।''
- प्राचीन और नवीन का सुन्दर सामंजस्य भारतेन्दु की कला का विशेष माधुर्य है।
- ''संगीत को काव्य से और काव्य को संगीत से अधिक निकट लाने का सबसे अधिक प्रयास निराला जी ने किया है।''
- ''केशव को कवि हृदय नहीं मिला था, उनमें वह सहृदयता और भावुकता न थी, जो एक कवि में होनी चाहिए।''
- ''पद्माकर की मधुर कल्पना ऐसा स्वाभाविक और हाव-भावपूर्ण मूर्ति विधान करती है कि पाठक मानो प्रत्यक्ष अनुभूति में मग्न हो जाता है।''

- उनके बड़े कवियों में प्रिय कवि निम्न क्रमानुसार हैं—
गोस्वामी तुलसीदास > सूरदास > जायसी।
- आचार्य शुक्ल का रचनाक्रम—
'गोस्वामी तुलसीदास' (1923), 'जायसी-ग्रन्थावली' (1924), 'भ्रमरगीतसार' (1925), 'हिन्दी साहित्य का इतिहास' (1929)।

शुक्ल द्वारा अंग्रेज़ी ग्रन्थों का अनुवाद

शुक्ल द्वारा अनूदित ग्रन्थ	मूल रचना	मूल लेखक
1. 'विश्व प्रपंच'	'रिड्ल ऑफ़ द यूनिवर्स'	हैकल
2. 'साहित्य'	'लिटरेचर'	जॉन हेनरी न्यूमैन
3. 'आदर्श जीवन'	'प्लेन लिविंग हाई थिंकिंग'	जॉन हेनरी न्यूमैन
4. 'कल्पना का आनन्द'	'एसेज़ ऑन इमैजिनेशन'	एडिसन

बाबू गुलाबराय (1888-1963)

- बाबू गुलाबराय ने 'रस' का विवेचन भरतमुनि के 'नाट्यशास्त्र' को आधार बनाकर किया है।
- बाबू गुलाबराय ने साहित्यिक समन्वय पर बल देते हुए भारतीय रस सिद्धान्त के साथ-साथ साहित्य, कला, कविता आदि के सम्बन्ध में पश्चिमी चिन्तकों के मतों को भी समाहित किया है। इस सन्दर्भ में 'काव्य रूप' इनकी महत्त्वपूर्ण पुस्तक है।
- आचार्य शुक्ल के रहस्यवाद व अभिव्यंजनावाद के मतों का बाबू गुलाबराय ने खण्डन किया है। बाबू गुलाबराय ने निम्न पुस्तकों की रचना की है—
(1) 'सिद्धान्त और अध्ययन' (1946), (2) 'काव्य के रूप' (1947), (3) 'अध्ययन और आस्वाद' (1957)।

शुक्लयुगीन आलोचना के महत्त्वपूर्ण तथ्य

- पीताम्बरदत्त बड़थ्वाल ने अपनी पुस्तक 'योग प्रवाह' में सर्वप्रथम सन्त कवियों का सम्बन्ध नाथ सम्प्रदाय से जोड़ा है।
- बाबू श्यामसुन्दर दास ने सबसे पहले अध्यापकीय आलोचना की शुरुआत की। इनके निर्देशन में पहला शोध प्रबन्ध पीताम्बरदत्त बड़थ्वाल ने लिखा था, जिसका शोध विषय 'हिन्दी काव्य में निर्गुण सम्प्रदाय' था।
- आलोचक लक्ष्मीनारायण 'सुधांशु' कला, कला के लिए सिद्धान्त को मानते हैं।

- 'काव्य में अभिव्यंजनावाद' लक्ष्मीनारायण 'सुधांशु' की प्रथम आलोचकीय पुस्तक है। इसी पुस्तक में वे भारतीय काव्य सिद्धान्तों की तुलना क्रोचे के काव्य सम्बन्धी सिद्धान्तों से करते हैं।
- रामशंकर शुक्ल 'रसाल' ने अपनी पुस्तक 'आलोचनादर्श' बाबू श्यामसुन्दर दास की पुस्तक 'साहित्यालोचन' को आधार बनाकर लिखी है।
- चन्द्रबली पाण्डेय ने जायसी की समीक्षा विस्तार से की है तथा सूफ़ी सिद्धान्तों को भी लिखा है। ये रामचन्द्र शुक्ल परम्परा के समीक्षक हैं। इन्होंने अपनी समीक्षा में कबीर की लगभग उपेक्षा ही की है।
- विश्वनाथ प्रसाद मिश्र ने संस्कृत नाट्य सिद्धान्तों के आधार पर ही अपनी पुस्तक 'हिन्दी नाट्य साहित्य का विकास' में हिन्दी नाटकों की समीक्षा की है।
- एलेक्जेंडर पोप की पुस्तक 'एसे ऑन क्रिटिसिज़्म' का हिन्दी अनुवाद जगन्नाथदास 'रत्नाकर' ने 'समालोचना दर्शन' नामक शीर्षक से किया है।

शुक्ल-युग के प्रमुख आलोचक एवं उनकी रचनाएँ

आलोचक	रचनाएँह्य
श्यामसुन्दर दास (1875–1944 ई.)	'साहित्यालोचन' (1922), 'भाषा विज्ञान' (1923), 'हिन्दी भाषा का विकास' (1924), 'हिन्दी भाषा और साहित्य' (1930), 'रूपक रहस्य' (1931), 'भाषा रहस्य' (1935)।
कृष्णशंकर शुक्ल	'केशव की काव्यकला', 'कविवर रत्नाकर'।
पदुमलाल पुन्नालाल बख्शी (1894–1971 ई.)	'विश्व-साहित्य, 'विश्व-साहित्य विमर्श'।
डॉ. रामकुमार वर्मा (1905–1990 ई.)	'साहित्य शास्त्र' (1955), 'साहित्य समालोचना' (1938)।
विश्वनाथ प्रसाद मिश्र (1906–1982 ई.)	'बिहारी की वाग्विभूति', 'काव्यांग कौमुदी', 'बिहारी वाङ्मय विमर्श, 'गोसाई तुलसीदास', 'हिन्दी में नाट्य साहित्य का विकास'।
लक्ष्मीनारायण सुधांशु (1906–1974 ई.)	'काव्य में अभिव्यंजनावाद' (1936), 'जीवन के तत्त्व और काव्य के सिद्धान्त' (1942)।
किशोरी दास वाजपेयी	'रस और अलंकार'।
कन्हैयालाल गुप्त	'चरित्र चित्रण'।
जगन्नाथ प्रसाद भानु	'अलंकार दर्पण', 'रस रत्नाकर'।

सेठ गोविन्द दास	'नाट्यकला मीमांसा'।
रामकृष्ण शुक्ल	'प्रसाद की नाट्यकला'।
ब्रजरत्नदास	'हिन्दी-नाट्य साहित्य'।
जनार्दन मिश्र	'विद्यापति'।
कृष्णानन्द गुप्त	'प्रसादजी के दो नाटक'।
अखौरी गंगा प्रसाद	'पद्माकर की काव्य-साधना'।
भुवनेश्वरनाथ मिश्र	'मीरा की प्रेम-साधना'।
गिरिजादत्त शुक्ल	'महाकवि हरिऔध', 'गुप्तजी की काव्यधारा'।
रामनाथ सुमन	'प्रसाद जी की काव्यकला'।

छायावादी कवियों द्वारा की गयी समीक्षा

- 'छायावाद' शब्द को अपने काव्य की समीक्षा के लिए प्रयुक्त होने के कारण छायावादी कवियों ने इसका विरोध किया और यही विरोध छायावादी कवियों को आलोचना-कर्म में सक्रिय कर देता है।
- छायावादी काव्यान्दोलन के प्रारम्भ में आचार्य शुक्ल समेत तमाम समीक्षकों ने इसे नकार दिया या इसके काव्य की उपेक्षा की, यही कारण है छायावादी कवियों को समीक्षा के क्षेत्र में भी उतरना पड़ा।
- 'व्यक्ति चेतना' छायावादी काव्य की मूल विशेषता रही है। यही कारण है कि प्रसाद में 'आनन्दभाव', निराला में 'अद्वैतभाव', पन्त में 'आत्मरति' और 'महादेवी' में 'परोक्षरति' के रूप में आया है।

जयशंकर प्रसाद (1889-1937)

- जयशंकर प्रसाद ने कुछ आलोचनात्मक निबन्ध अपनी पुस्तक 'काव्य और कला' तथा अन्य निबन्ध में लिखे हैं। इस पुस्तक में निम्न आलोचनात्मक निबन्ध संगृहित हैं—
  - काव्य और कला
  - छायावाद
  - रहस्यवाद
  - नाटक में रस का प्रयोग
  - रस
  - रंगमंच
  - नाटकों में रस का आरम्भ।
- प्रसाद जी ने 'वैदिक युग' से 'रहस्यवाद' का विकास मानते हुए, उसे छायावादी कवियों में निहित रहस्य भावना को उससे जोड़ा है।

- डॉ. विजयेन्द्र स्नातक एवं डॉ. कन्हैयालाल सहगल ने संयुक्त रूप से 'कामायनी' की समीक्षा की है।
- डॉ. जगन्नाथ शर्मा ने प्रसाद के नाटकों का शास्त्रीय अध्ययन किया। इन नाटकों का विश्लेषण उन्होंने भारतीय तथा पाश्चात्य दृष्टिकोण से किया।

  प्रसाद का आलोचनात्मक कथन—
  - ''यथार्थवाद में स्वभावतः दुःख की प्रधानता और वेदना की अनुभूति आवश्यक है।''
  - ''यथार्थवाद की विशेषताओं में प्रधान है—लघुता की ओर साहित्यिक दृष्टिपात।''
  - ''आदर्शवाद जहाँ आकाश है, उच्चता है वहीं यथार्थवाद का विषय पथरीली धरती है लघुता है।''
  - ''काव्य आत्मा की संकल्पनात्मक अनुभूति है, जिसका सम्बन्ध विश्लेषण विकल्प या विज्ञान से नहीं है तथा कवि की अनुभूति को हम उसके परिणाम में अभिव्यक्त देखते हैं।''
  - ''काव्य आत्मा की संकल्पनात्मक अनुभूति की अभिव्यक्ति है। आत्मा की मनन शक्ति ही वह असाधारण अवस्था है जो श्रेय सत्य को उसके मूल चारुत्व में सहसा ग्रहण कर लेती है, काव्य में संकल्पनात्मक अनुभूति कही जा सकती है।''

सूर्यकान्त त्रिपाठी 'निराला' (1899-1961)

- सूर्यकान्त त्रिपाठी 'निराला' ने कुछ आलोचनात्मक पुस्तकें लिखी हैं। यथा—

  (1) 'रवीन्द्र कविता कानन', (2) 'पन्त और पल्लव' (1928), (3) 'प्रबन्ध पद्य', (4) 'काव्य में रूप और अरूप', (5) 'मेरे गीत और कला'।
- निराला ने हिन्दी का जातीय छन्द 'कवित्त' को कहा है।
- निराला ने विद्यापति और चण्डीदास पर समीक्षा लिखी।

निराला का महत्त्वपूर्ण कथन—

- ''कविता की भाषा से मनोरंजन तो होता है, परन्तु वह जीवन-संग्राम के काम नहीं आती।''
- ''साहित्य का उद्देश्य सार्वदेशिक और सार्वकालिक होना चाहिए हमें अपने साहित्य का उद्देश्य सार्वभौमिक करना है, संकीर्ण एकदेशीय नहीं।''

- ''मनुष्यों की मुक्ति की तरह कविता की भी मुक्ति होती है, मनुष्यों की मुक्ति कर्मों के बन्धन से छुटकारा पाना है और कविता की मुक्ति छन्दों के शासन से अलग हो जाना है।''
- ''कविता परिवेश की पुकार है।''

सुमित्रानन्दन पन्त (1900–1977)

- छायावादी काव्यों के बचाव में सर्वप्रथम सुमित्रानन्दन पन्त ने छायावादी कविता की समीक्षा की थी। उन्होंने सन् 1926 ई. में 'पल्लव' की भूमिका में छायावादी 'सौन्दर्यबोध एवं शिल्प' की समीक्षा प्रस्तुत की।
- सुमित्रानन्दन पन्त ने कुछ समीक्षा ग्रन्थों की रचना की है।
  (1) 'गद्य पथ' (1953), (2) 'शिल्प और दर्शन' (1961), (3) 'छायावाद : पुनर्मूल्यांकन' (1965 ई.), (4) 'युग पक्ष'।
- सुमित्रानन्दन पन्त ने 'स्वच्छन्दतावादी' या 'सौष्ठववादी' दृष्टिकोण अपनाते हुए कहा कि 'नवीन युग की नवीन आकांक्षाओं, क्रियाओं, नवीन इच्छाओं, आशाओं के अनुसार कवि की वीणा से नये गीत, नये छन्द, नये राग, नयी रागिनियाँ, नयी कल्पनाएँ फूट पड़ीं।
- 'पल्लव की भूमिका' को छायावाद में वही महत्त्व दिया जाता है। जो अंग्रेज़ी गद्य में विलियम वर्ड्सवर्थ के निबन्ध 'The Preface to lyrical Ballads' को प्राप्त है।
- पन्त ने सम्भवत: वर्ड्सवर्थ की रचना 'लिरिकल बैलेड्स' और शैली की रचना 'डिफ्रेंस ऑफ़ पोयट्री' से प्रेरणा प्राप्त कर 'पल्लव' (1927) और 'वीणा' (1929) की भूमिका लिखी।

सुमित्रानन्दन पन्त का कथन—

- ''कविता हमारे परिपूर्ण क्षणों की वाणी है।''
- ''कविता की भाषा चित्रात्मक होनी चाहिए। काव्य में शब्द और अर्थ का अभिन्न सम्बन्ध होता है तथा भावों को अभिव्यक्ति और भाषा सौष्ठव मुक्त छन्द में अधिक सुगमता से व्यक्त किया जा सकता है।

महादेवी वर्मा (1907–1987)

- सन् 1936 ई. में महादेवी वर्मा ने 'सांध्यगीत' की भूमिका में छायावादी रहस्यवाद को प्राचीन ग्रन्थों से ढूँढ़कर उसे छायावाद-रहस्यवाद के साथ जोड़ा।

- महादेवी वर्मा ने कुछ छायावादी समीक्षक ग्रन्थों की रचना की है, जो निम्न है—'यथार्थ और आदर्श', 'छायावाद और रहस्यवाद'।
- गंगाप्रसाद पाण्डेय ने 'महादेवी का विवेचनात्मक गद्य' नामक ग्रन्थ को प्रकाशित किया, जो महादेवी वर्मा की समीक्षक भूमिका का सार है।

महादेवी वर्मा का समीक्षा-कथन—

- "सत्य अपनी एकता में असीम रहता है, तो सौन्दर्य अपनी अनेकता में अनन्त।"
- "भावना, ज्ञान और कर्म जब एक सम पर मिलते हैं तभी युग प्रवर्तक साहित्यकार प्राप्त होता है।"

शुक्लोत्तर युगीन आलोचना

- शुक्लोत्तर युग की शुरुआत छायावादी काव्यों के मौलिक विवेचन से हुई है।
- इस युग में शुक्ल के छायावाद के प्रति उनके दृष्टिकोण की एक सन्तुलित समीक्षा हुई तथा छायावादी काव्यों को एक नयी दिशा प्रदान की गयी है।
- छायावादी समर्थक आलोचकों में नन्ददुलारे वाजपेयी, आचार्य हजारीप्रसाद द्विवेदी, डॉ. नगेन्द्र, शान्तिप्रिय द्विवेदी, पद्मसिंह शर्मा आदि प्रमुख हैं।

आचार्य नन्ददुलारे वाजपेयी (1906-1967)

- आचार्य नन्ददुलारे वाजपेयी ने छायावादी काव्य की विस्तृत समीक्षा के लिए सन् 1931 ई. में प्रसाद, निराला और पन्त पर अलग-अलग तीन निबन्ध लिखे हैं। उनके इन निबन्धों में प्रसाद के काव्य में 'मानवीय भूमि', निराला के काव्य में 'बुद्धि तत्त्व' तथा पन्त के काव्य में 'कल्पना' की प्रधानता है।
- आचार्य वाजपेयी ने कई समीक्षक ग्रन्थों की रचना की है—'आधुनिक साहित्य', 'नया साहित्य', 'नये प्रश्न', 'कवि निराला', 'प्रकीर्णिका', 'राष्ट्रीय साहित्य तथा अन्य निबन्ध' इत्यादि।
- उन्होंने काव्यों में 'सौन्दर्यबोध' की समीक्षा की तथा उसे 'जीवन-चेतना' के साथ जोड़ा।
- आचार्य वाजपेयी ने नाटकों एवं कथा-साहित्य की आलोचना इनके प्रभावकारी पक्ष को ध्यान में रखकर की है।
- प्रसाद जी ने नाटकों को 'स्वच्छन्दतावादी' तथा लक्ष्मीनारायण मिश्र ने नाटकों को 'पुनरुत्थानवादी' रूप में स्वीकार किया।

- उन्होंने अपनी आलोचना में 'रस' को महत्त्व नहीं दिया है। उन्होंने रस-सम्प्रदाय की अकर्मण्यता के सम्बन्ध में कहा कि वह कला के लिए कला के समान्तर है, तो उन्हें शुक्ल की परम्परा में कैसे रखा जा सकता है।
- आचार्य वाजपेयी मूलतः 'छायावादी' एवं 'स्वच्छन्दतावादी' समीक्षक के रूप में जाने जाते हैं।
- आचार्य नन्ददुलारे वाजपेयी का कथन—''काव्य के दोनों पक्षों का कवि की संवेदना और उसकी अभिव्यक्ति का समन्वित विवेचन ही काव्य समीक्षा के लिए उपादेय हो सकता है।''

शान्तिप्रिय द्विवेदी (1906-1967)

- शान्तिप्रिय द्विवेदी मूलतः 'सौन्दर्यवादी' आलोचक हैं। वे 'सौन्दर्य को वस्तु में नहीं सामाजिक मन' में निहित मानते हैं।
- उनका 'युग और साहित्य' के प्रति दृष्टिकोण 'प्रगतिवादी' है।

आचार्य हजारीप्रसाद द्विवेदी (1907-1979)

- आचार्य द्विवेदी ने काव्यों की प्रासंगिकता की 'मानवतावाद' और 'समाजशास्त्री' दृष्टिकोण से समीक्षा की है।
- आचार्य द्विवेदी की पहली पुस्तक 'सूर-साहित्य' (1930) में छायावाद की भावुकता की प्रधानता थी।
- उन्होंने अपनी पुस्तक 'हिन्दी साहित्य की भूमिका' (1940) में काव्यों के प्रयोजन के लिए सामाजिक, सांस्कृतिक एवं जातीय सातत्य होना ज़रूरी समझा।
- 'कबीर' (1941) पुस्तक में उनके प्रायोगिक दृष्टिकोण का आभास होता है।
- 'हिन्दी साहित्य का आदिकाल' (1952 ई.) पुस्तक में उन्होंने तुलसी, सूर आदि की समीक्षा मानवतावादी रूप से की है।
- 'कालिदास की लालित्य योजना' (1965 ई.) पुस्तक में उन्होंने कालिदास के माध्यम से भारतीय सौन्दर्य परम्परा के रूप में समीक्षा की।

आचार्य हजारीप्रसाद द्विवेदी का समीक्षा कथन—

- ''साहित्य का प्रयोजन' मनुष्य को संकीर्णता से उठाकर उदार और विवेकशील बनाना है।''
- ''भावावेग कल्पना और पदलालित्य को 'कविता' कहा जा सकता है।''

- साहित्य का दायित्व मनुष्यता का उन्नायक होना है, उन्होंने कहा कि— ''सारे समाज को सुन्दर बनाने की साधना का नाम 'साहित्य' है।''
- उनका 'काव्य सिद्धान्त' साहित्य का मूल्यांकन नहीं, साहित्य के मूल्यों की व्याख्या है।

डॉ. नगेन्द्र (1915-1999)

- डॉ. नगेन्द्र 'रसवादी' आलोचक हैं। उन्होंने हिन्दी आलोचना के क्रम में व्यावहारिक एवं सैद्धान्तिक दोनों पक्षों की समीक्षा की है।
- वे रस को मानवीय अनुभूति के साथ जोड़कर देखते हैं।
- डॉ. नगेन्द्र ने अपनी पुस्तक 'रीतिकाव्य की भूमिका' (1949) तथा 'देव और उनकी कविता' (1949) की भूमिका में रस, छन्द, अलंकार, ध्वनि आदि की समीक्षा नवीन दृष्टिकोण से की है।
- 'सुमित्रानन्दन पन्त' (1938) पुस्तक में डॉ. नगेन्द्र ने छायावादी काव्य की अन्तर्मुखी साधना, सौन्दर्य-चेतना की समीक्षा की है।
- 'एक अध्ययन' (1939) पुस्तक में उनका शास्त्रीय दृष्टिकोण परिलक्षित होता है।
- डॉ. नगेन्द्र ने छायावादी काव्यों की समीक्षा के क्रम में मनोविज्ञान आधारित काव्यों की भी आलोचना की है, जो उनके ग्रन्थ 'आधुनिक हिन्दी नाटक' (1949), 'विचार और अनुभूति' (1944), 'आधुनिक हिन्दी कविता की मुख्य प्रवृत्तियाँ' में दिखाई पड़ती है।
- 'कामायनी के अध्ययन की समस्याएँ' (1962) पुस्तक में उन्होंने 'नयी कविता', उपन्यासों और कहानियों के मूल्यांकन प्रस्तुत किये हैं।
- 'नये सन्दर्भ' (1970) पुस्तक में उन्होंने जीवन-मूल्यों का विघटन, सांस्कृतिक संकट, आधुनिकता जैसे समसामयिक प्रश्नों का मूल्यांकन प्रस्तुत किया है।
- डॉ. नगेन्द्र ने काव्य के तीन तत्त्वों में 'भाव' तत्त्व को प्रमुखता दी जबकि इसके दो अन्य 'कल्पना' और 'बुद्धि' को उससे कम माना है।
- डॉ. नगेन्द्र ने 'भारतीय काव्यशास्त्र की भूमिका' में संस्कृत काव्यशास्त्र की विवेचना की है।
- डॉ. नगेन्द्र ने 'अरस्तू का काव्यशास्त्र' और 'काव्य में उदात्ततत्त्व' की रचना पाश्चात्य काव्यशास्त्र के सन्दर्भ में की। भारतीय और पाश्चात्य साहित्यशास्त्री परम्पराओं को परस्पर पूरक माना।

- सुमित्रानन्दन पन्त के अनुसार—''डॉ. नगेन्द्र रसचेतना तथा रसद्रष्टा हैं, रस की अजस्त्र एवं निगूढ़ आनन्द साधना के लिए जिन बौद्धिक तथा हार्दिक गुणों अभीप्सा, सूक्ष्म संवेदन-क्षमता, अन्तर्दृष्टि, संकल्प-शक्ति, सत्य की प्रतीति तथा निश्छल निष्ठा आदि की आवश्यकता होती है, वे डॉ. नगेन्द्र में प्रचुर मात्रा में है।''

डॉ. रामविलास शर्मा (1912-2000)

- डॉ. रामविलास शर्मा हिन्दी के प्रख्यात मार्क्सवादी विचारक एवं समीक्षक हैं।
- रामविलास शर्मा की प्रथम आलोचना कृति 'प्रेमचन्द' (1941 ई.) है। इसमें प्रेमचन्द की प्रगतिवादी रूप में समीक्षा की गयी है।
- डॉ. रणजीत कुमार साहा ने रामविलास शर्मा की अधूरी पुस्तक के लेखों को संगृहित करके उसे 'भारतीय सौन्दर्यबोध और तुलसीदास' (2001) नाम से प्रकाशित किया।

डॉ. रामविलास शर्मा का दो स्तरों पर मूल्यांकन स्तर

(1) खण्डनात्मक

- मार्क्स के विचारों की आलोचना इन्हें बर्दाश्त नहीं होती थी। इसके लिए वे किसी भी हद तक जाकर वाद-विवाद कर लेते थे।
- इस आलोचना में व्यंग्य, तार्किकता तथा शास्त्रार्थ का सहारा लेते थे।

(2) मण्डनात्मक

- मण्डनात्मक आलोचना के द्वारा भारतेन्दु हरिश्चन्द्र, महावीर प्रसाद द्विवेदी, प्रेमचन्द और निराला को केन्द्र बनाकर उनके काव्यों की समीक्षा की है।
- मण्डनात्मक आलोचना के सैद्धान्तिक पक्षों की समीक्षा करने के कारण कुछ आलोचकों ने उन्हें 'वस्तुवादी' घोषित किया।
- डॉ. रामविलास शर्मा ने 'श्रृंगार' प्रयोजन को स्वीकार किया तथा श्रृंगार की 'करुणा' को काव्य का प्रमुख तत्त्व माना।
- रामविलास शर्मा का मानना है कि काव्य-सर्जना 'रूप', 'भावना' और 'विचार' के समान योग से बनती है।

विभिन्न कवियों व विद्वानों के सन्दर्भ में रामविलास शर्मा के विचार—

- ''मुक्तिबोध का काव्य उनके आत्मसंघर्ष की गाथा है। उनके आत्मसंघर्ष के

अनेक स्तर हैं, एक स्तर है, निम्न वर्ग की भूमि को छोड़कर सर्वहारा वर्ग से तादात्म्य स्थापित करने का, दूसरा स्तर है, मन के दुःस्वप्नों, पाप-बोध, मृत्यु-चिन्तन, असामान्य मानसिक स्थिति से निकलकर स्वयं को और संसार को वस्तुगत रूप से देखने का; तीसरा स्तर है, अपनी काव्यकला को निरन्तर विकसित करने का।''

- ''मुक्तिबोध के काव्य में 'अस्तित्ववाद' का 'लघुमानव' भी है और 'रहस्यवाद' का विराट पुरुष भी।''
- ''शमशेर बहादुर सिंह का काव्य रीतिवादी, रोमानी, सौन्दर्यबोध और मार्क्सवादी विवेक के द्वन्द्व का काव्य है।''
- ''नागार्जुन का काव्य दृढ़ क्रान्ति भावना की दृष्टि से महत्त्वपूर्ण है।''

रामविलास शर्मा की समीक्षा से सम्बन्धित कुछ महत्त्वपूर्ण तथ्य

- रामविलास शर्मा के प्रिय लेखक प्रेमचन्द व निराला हैं।
- उनके अनुसार—''साहित्य में जो रीति विरोधी क्रान्ति शुरू हुई, उसका पहला चरण है 'द्विवेदी-युग' और उसी का विकास 'छायावाद' और 'प्रगतिवाद' में होता है।''
- उनके अनुसार, ''काव्य में सूक्तियाँ ही अपेक्षित नहीं हैं, उनमें मानव जीवन का सजीव चित्रण भी होना चाहिए।''

डॉ. नामवर सिंह (1926-2019)

- डॉ. नामवर सिंह साहित्य के कलात्मक सौन्दर्य के ख़तरों के प्रति उतने ही सचेत हैं जितने आचार्य रामचन्द्र शुक्ल थे।
- डॉ. नामवर सिंह बुद्धि से तो मार्क्सवादी हैं, परन्तु मन से कलावादी हैं।
- उनकी आलाचेना की पहली पुस्तक 'हिन्दी के विकास में अपभ्रंश का योग' (1952) वस्तुतः एक 'शोधग्रन्थ' है।
- 'छायावाद' (1954) उनकी आलोचना की पहली वास्तविक पुस्तक है।
- 'कलात्मक सौन्दर्य के आधार' शीर्षक निबन्ध में उन्होंने प्रयोगवादियों की आलोचना की।
- 'दूसरी परम्परा की खोज' (1982) पुस्तक में उन्होंने हजारीप्रसाद द्विवेदी को केन्द्र में रखकर उनके मानवतावादी दृष्टिकोण का परीक्षण किया।
- 'आलोचना के मुख से' (2005) पुस्तक डॉ. नामवर सिंह के पटना

में 'प्रगतिशील लेखक संघ' में दिये गये भाषणों का संकलन है, जिसे खगेन्द्रनाथ ठाकुर ने प्रकाशित किया।

डॉ. नामवर सिंह का आलोचनात्मक कथन—

- ''सौन्दर्यशास्त्र मार्क्सवाद के मूल में है, उसका बाई प्रोडक्ट नहीं है, फोकट का माल नहीं है।''
- ''हिन्दी कविता की अपेक्षा कहानी में स्वस्थ सामाजिक शक्ति कहीं अधिक है और आज उपन्यास की तरह कहानी सामाजिक परिवर्तन के लिए जोरदार साहित्यिक शास्त्र का काम कर रही है।''
- ''चरम व्यक्तिवाद ही 'प्रयोगवाद' का केन्द्रबिन्दु है।''
- ''यह तथ्य अनदेखा नहीं किया जा सकता कि कविता के नये प्रतिमान के केन्द्र में मुक्तिबोध हैं।''
- ''नयी कविता में मुक्तिबोध की स्थिति वही है, जो छायावाद में निराला की थी।''

मुक्तिबोध (1917-1964)

- मुक्तिबोध का समीक्षा-दृष्टिकोण प्रगतिशील मानवतावाद के मार्मिक, सर्वांगीण चित्र से जुड़ा रहा है।
- मुक्तिबोध ने निम्न समीक्षा ग्रन्थों की रचना की है—
  'एक साहित्यिक की डायरी', 'नयी कविता का आत्मसंघर्ष', 'नये साहित्य का सौन्दर्यशास्त्र', 'कामायनी एक पुनर्विचार'।
- 'नयी कविता का आत्मसंघर्ष' पुस्तक में मुक्तिबोध ने बुद्धिजीवियों में विकसित होने वाले अवसरवाद के प्रति अपनी संवेदनाएँ ज़ाहिर की हैं।

मनोवैज्ञानिक या अन्तश्चेतनावादी आलोचना

- मनोविश्लेषण आलोचना की पृष्ठभूमि फ्रॉयड के काम दर्शन से हुई है।
- फ्रॉयड ने अन्तश्चेतनावादी कला-सिद्धान्त में कामवृत्ति को ही जीवन की सर्वप्रमुख शक्ति एवं प्रेरणा माना है। उन्होंने कहा कि इन दमित वासनाओं की अभिव्यक्ति कला एवं साहित्य के माध्यम से होती है।
- फ्रॉयड के शिष्य 'एडलर' और 'युंग' ने फ्रॉयड की मान्यताओं को आगे बढ़ाया है। 'एडलर' ने काम भावना से अधिक महत्त्व 'अधिकार भावना' को माना है और 'शारीरिक हीनता' को मूल माना है।
- युंग ने फ्रॉयड की 'काम भावना' तथा 'एडलर' की 'अधिकार भावना' दोनों को ही समान बताया है।

- हिन्दी साहित्य में मनोविश्लेषणवादी आलोचना-पद्धति से निम्न विद्वान जुड़े हुए थे—
  इलाचन्द्र जोशी, अज्ञेय, डॉ. देवराज उपाध्याय, डॉ. नगेन्द्र आदि।
- इलाचन्द्र जोशी ने मनोविश्लेषण आलोचना से सम्बन्धी निम्न कृतियों की रचना की है—
  'साहित्य-सर्जना' (1940 ई.), 'विवेचना' (1948) 'विश्लेषण' (1954), 'देखा-परखा' (1957)।
- इलाचन्द्र जोशी ने अपने उपन्यासों एवं निबन्धों में मनोविश्लेषण को प्रमुखता दी है यही कारण है कि उन्होंने 'फ्रॉयड' को 'दैत्यविचारक' रूप में सम्बोधित किया।
- इलाचन्द्र जोशी ने एक नवीन रस 'विषाद' की कल्पना की है जो 'साहित्य में दु:खवाद' से जुड़ा हुआ है।
- अज्ञेय मूलतः मनोवैज्ञानिक समीक्षक थे। वे एडलर की 'अधिकार भावना', 'शारीरिक हीनता' से प्रभावित थे।
- अज्ञेय के अनुसार—''अपनी अनुपयोगिता की अनुभूति से आहत होकर कलाकार जब विद्रोह कर देता है तो उसका यह विद्रोह ही कलात्मक सृष्टि के रूप में प्रकट होता है।''
- डॉ. देवराज मूलतः दार्शनिक अनुशासन के आलोचक हैं। वे टी.एस. इलियट से प्रभावित थे। उन्हें रोमांटिक कवि पसन्द नहीं हैं।
- डॉ. देवराज साहित्य को व्यापक सर्वांगीण चेतना के रूप में देखते हैं।
- डॉ. नगेन्द्र मूलतः रसवादी आलोचक हैं परन्तु वे मनोविज्ञान को 'रसवाद' से पृथक् नहीं 'पूरक' मानते हैं।

शुक्लोत्तर युगीन तथा समकालीन महत्त्वपूर्ण आलोचक एवं उनकी रचनाएँ

आलोचक (ई. में)	आलोचना (ई. में)
इलाचन्द्र जोशी (1902-1982)	'साहित्य सर्जना' (1940), 'विवेचना' (1948), 'विश्लेषण' (1954), 'साहित्य-चिन्तन' (1954), 'देखा-परखा' (1957)।
जैनेन्द्र कुमार (1905-1988)	'कहानी : अनुभव और शिल्प' (1967), 'प्रेमचंद : एक कृति व्यक्तित्व' (1967)।
डॉ. रामकुमार वर्मा (1905-1990)	'कबीर का रहस्यवाद', 'साहित्य समालोचना'।

डॉ. विद्यानिवास मिश्र (1905-2005)	'अज्ञेय वन का छन्द, 'आचार्य देवेन्द्रनाथ शर्मा समष्टिमय व्यक्तित्व', 'साहित्य के सरोकार', 'रीति विज्ञान, 'साहित्य का प्रयोजन'।
शान्तिप्रिय द्विवेदी (1906-1967)	'हमारे साहित्य निर्माता' (1934), 'कवि और काव्य' (1936), 'साहित्यिक' (1938), 'संचारिणी' (1939) युग और साहित्य' (1941), 'सामयिकी' (1944)।
आचार्य नन्ददुलारे वाजपेयी (1906-1967)	'जयशंकर प्रसाद' (1940), 'हिन्दी साहित्य : बीसवीं शताब्दी' (1942), 'आधुनिक साहित्य' (1950), 'नया साहित्य : नये प्रश्न' (1955), 'महाकवि सूरदास' (1952), 'प्रेमचन्द, 'महाकवि निराला' (1965), 'प्रकीर्णिका' (1965), 'कवि सुमित्रानन्दन पंत' (1976), 'नयी कविता' (1976), 'रस सिद्धान्त' (1977), 'साहित्य का आधुनिक युग' (1978), 'आधुनिक साहित्य : सृजन और समीक्षा' (1978), 'रीति और शैली' (1979), 'समीक्षा सम्बन्धी मेरी मान्यताएँ'।
आचार्य हजारीप्रसाद द्विवेदी (1907-1979)	सूर साहित्य' (1930), 'हिन्दी साहित्य की भूमिका' (1940), 'कबीर' (1942), 'हिन्दी साहित्य का आदिकाल' (1952), 'सहज साधना' (1963), 'कालिदास की लालित्य योजना' (1965), 'मध्यकालीन बोध का स्वरूप' (1970), 'हिन्दी साहित्य', 'सम्प्रदाय, 'साहित्य सहचर', 'हिन्दी साहित्य: उद्भव और विकास' (1952), 'साहित्य का मर्म, 'प्राचीन भारत में कलात्मक विनोद', 'मेघदूत : एक पुरानी कहानी', 'मध्यकालीन धर्म साधना'।
प्रकाशचन्द्र गुप्त (1908-1970)	'नया हिन्दी साहित्य' (1941), 'आधुनिक हिन्दी साहित्य : एक दृष्टि' (1955), 'हिन्दी-साहित्य की जनवादी परम्परा' (1953) 'साहित्यधारा' (1955)।
रामधारी सिंह 'दिनकर' (1908-1974)	'काव्य की भूमिका' (1957), 'पंत, 'प्रसाद और मैथिलीशरण' (1958), 'शुद्ध कविता की खोज' (1966)
डॉ. माताप्रसाद गुप्त (1909-1969)	'तुलसीदास' (1940)

डॉ. इन्द्रनाथ मदान (1910-1985)	'हिन्दी कहानी अपनी ज़बानी', 'कविता और कविता, 'प्रेमचंद : एक विवेचन, 'समकालीन आलोचना।
अज्ञेय (1911-1987)	त्रिशंकु' (1945), 'आत्मनेपद' (1960), 'भवन्ती' (1972), 'अन्तरा' (1975), 'आलवाल' (1977), 'अद्यतन' (1977), 'युग सन्धियों पर' (1982), 'धार और किनारे' (1982), 'आधुनिक हिन्दी साहित्य' (1976)।
शमशेर बहादुर सिंह (1911-1993)	'दो आब' (1948), 'कुछ गद्य रचनाएँ' (1988), 'कुछ और गद्य रचनाएँ' (1989)।
रामविलास शर्मा (1912-2000)	'प्रेमचंद' (1941), 'भारतेन्दु-युग' (1943), 'निराला' (1946), 'प्रगति और परम्परा' (1949), 'साहित्य और संस्कृति' (1949), 'प्रेमचंद और उनका युग' (1952), 'भारतेन्दु हरिश्चन्द्र' (1953), 'भाषा, 'साहित्य और संस्कृति' (1954), 'प्रगतिशील साहित्य की समस्याएँ' (1954), 'आचार्य रामचन्द्र शुक्ल और हिन्दी आलोचना' (1955), 'लोक-जीवन और साहित्य (1955), स्वाधीनता और राष्ट्रीय साहित्य' (1956), 'आस्था और सौन्दर्य' (1961), 'भाषा और समाज' (1961), 'भारत की भाषा-समस्या' (1965), 'साहित्यः स्थायी मूल्य और मूल्याकन' (1968)) निराला की साहित्य साधना' (पहला भाग-1969, 'दूसरा भाग-1972, 'तीसरा भाग-1976), 'भारतेन्दु-युग और हिन्दी भाषा की विकास-परम्परा' (1975), 'महावीर प्रसाद द्विवेदी और हिन्दी नवजागरण' (1977), 'नयी कविता और अस्तित्ववाद' (1978), 'भारत के प्राचीन भाषा परिवार और हिन्दी' (पहला खण्ड-1979, 'दूसरा खण्ड-1980, 'तीसरा खण्ड -1981), 'परम्परा का मूल्यांकन' (1981), 'भाषाः युगबोध और कविता' (1981), 'कथा विवेचन और गद्य शिल्प' (1982), 'मार्क्सवाद और प्रगतिशील साहित्य' (1984), 'लोकजागरण और हिन्दी साहित्य' (1985), 'हिन्दी जाति का साहित्य' (1986), 'भारतीय साहित्य के इतिहास की समस्याएँ' (1986), 'मार्क्स और पिछड़े

	हुए समाज' (1986), 'भारतीय साहित्य की भूमिका' (1996), 'भारतीय संस्कृति और हिन्दी प्रदेश' (दो खण्ड-1999) भारतीय सौन्दर्य बोध और तुलसीदास' (2001)।
डॉ. भगीरथ मिश्र (1914-1994)	'हिन्दी काव्यशास्त्र का इतिहास' (1947), 'काव्यशास्त्र (1963), 'काव्य मनीषा' (1965), 'पाश्चात्य काव्यशास्त्र' (1988)।
डॉ. लक्ष्मीसागर वार्ष्णेय (1914-1987)	'हिन्दी साहित्य और उसकी सांस्कृतिक भूमिका', 'आधुनिक हिन्दी साहित्य' (1940)।
डॉ. नगेन्द्र (1915-1999)	'सुमित्रानन्दन पंत' (1938), 'साकेत : एक अध्ययन' (1939), 'आधुनिक हिन्दी नाटक' (1940), 'विचार और विवेचन' (1944) रीतिकाव्य की भूमिका' (1949), 'देव और उनकी कविता' (1949), 'विचार और अनुभूति' (1949), 'आधुनिक हिन्दी कविता की मुख्य प्रवृत्तियाँ' (1951), 'विचार और विश्लेषण' (1955), 'भारतीय काव्यशास्त्र की भूमिका' (1955), 'अरस्तू का काव्यशास्त्र' (1957), 'काव्य में उदात्त तत्त्व' (1958), 'अनुसन्धान और आलोचना' (1961), 'कामायनी के अध्ययन की समस्याएँ' (1962), 'रस-सिद्धान्त' (1964), 'आलोचक की आस्था' (1966), 'काव्य-बिम्ब' (1976), 'चेतना के बिम्ब' (1976) आस्था के चरण' (1968), 'नयी समीक्षा : नए सन्दर्भ' (1970), 'भारतीय सौन्दर्यशास्त्र की भूमिका' (1972), 'शैली विज्ञान' (1976), 'मिथक और साहित्य' (1979), 'साहित्य का समाज शास्त्र' (1982), 'भारतीय समीक्षा और आचार्य शुक्ल की काव्यदृष्टि' (1985), 'मैथिलीशरण गुप्त का काव्य : पुनर्मूल्यांकन' (1986), 'प्रसाद और कामायनी : मूल्यांकन का प्रश्न' (1990), 'राम की शक्तिपूजा : निराला की कालजयी कृति' (1993), 'सियारामशरण गुप्त, 'हिन्दी साहित्य की प्रवृतियाँ।
नलिन विलोचन शर्मा (1916-1961)	'दृष्टिकोण, 'मानदण्ड', 'साहित्य का इतिहास दर्शन', 'हिन्दी उपन्यास : विशेषत : प्रेमचंद', 'दिनकर और

	उनकी काव्य कृतियाँ', 'छायावाद और प्रगतिवाद'।
डॉ. शम्भुनाथ सिंह (1916-1991)	हिन्दी में महाकाव्य का स्वरूप विकास' (1955)।
डॉ. उदयभानु सिंह (1917-2010)	'तुलसी दर्शन मीमांसा' (1959), 'कामायनी लोचन'।
डॉ. देवराज (1917-2000)	'छायावाद का पतन' (1948), 'साहित्य का मनोवैज्ञानिक अध्ययन' (1964), 'साहित्य चिन्ता', 'आधुनिक समीक्षा, 'प्रतिक्रियाएँ'।
मुक्तिबोध (1917-1964)	'कामायनी : एक पुनर्विचार' (1961), 'भारत : इतिहास और संस्कृति, 'एक साहित्यिक की डायरी' (1964), 'नयी कविता का आत्मसंघर्ष तथा अन्य निबन्ध' (1964), 'नये साहित्य का सौन्दर्यशास्त्र' (1971), 'समीक्षा की समस्याएँ' (1982)।
शिवदान सिंह चौहान (1918-2000)	'प्रगतिवाद' (1964), 'साहित्य की परख' (1946), 'हिन्दी साहित्य के अस्सी वर्ष' (1954), 'साहित्यानुशीलन' (1955), 'आलोचना के मान' (1958), 'साहित्य की समस्याएँ' (1958), 'परिप्रेक्ष्य को सही करते हुए' (1999)।
नेमिचन्द्र जैन (1918-2005)	'अधूरे साक्षात्कार' (1966), 'रंगदर्शन' (1967), 'बदलते परिप्रेक्ष्य' (1968), 'जनांतिक' (1981), 'दृश्य-अदृश्य' (1993), 'रंग-परम्परा' (1996), 'रंग कर्म की भाषा' (1996), 'तीसरा पाठ' (1998)।
गिरिजाकुमार माथुर (1919-1994)	'नयी कविता : सीमाएँ और संभावनाएँ' (1966)।
डॉ. रघुवंश (1921-2013)	'साहित्य का नया परिप्रेक्ष्य' (1963), 'समसामयिकता और आधुनिक हिन्दी कविता' (1977), 'आधुनिकता और सर्जनशीलता' (1980), 'भारती का काव्य' (1980), 'कबीर : एक नई दृष्टि', 'जायसी : एक नयी दृष्टि'।
अमृतराय (1921-1996)	'नयी समीक्षा' (1943), 'सह-चिन्तन' (1967), 'आधुनिक भावबोध की संज्ञा' (1972), 'विचारधारा और साहित्य' (1984)।

लक्ष्मीकान्त वर्मा (1922-2002)	'नयी कविता के प्रतिमान' (1957), 'नये प्रतिमान पुराने निकष' (1967)।
नरेश मेहता (1922-2000)	'मुक्तिबोध, एक अवधूत कविता', 'शब्द पुरुष अज्ञेय', 'काव्य का वैष्णव व्यक्तित्व, 'काव्यात्मकता का दिक्काल'।
विजयपाल सिंह (1923-2008)	'केशव और उनका साहित्य', 'केशव का आचार्यत्व' (1964), 'केशव की काव्य चेतना'।
रांगेय राघव (1923-1962)	'प्रगतिशील साहित्य के मानदण्ड' (1954), 'काव्य, कला और शास्त्र' (1955), 'समीक्षा और आदर्श' (1955), 'काव्य यथार्थ और प्रगति' (1955), 'आधुनिक हिन्दी कविता में प्रेम और शृंगार' (1961), 'आधुनिक हिन्दी कविता में विषय और शैली' (1962), 'काव्य के मूल विवेच्य'।
रामदरश मिश्र (1924)	'हिन्दी समीक्षा के स्वरूप और सन्दर्भ' (1974), 'आधुनिक हिन्दी कविता के सर्जनात्मक सन्दर्भ' (1986), 'हिन्दी उपन्यास : एक अन्तर्यात्रा, 'हिन्दी आलोचना का इतिहास'।
विजयदेव नारायण साही (1986)	'लघु मानव के बहाने हिन्दी कविता पर एक बहस' (1960-61), 'जायसी' (1983), 'साहित्य और साहित्यकार का दायित्व' (1983), 'छठवाँ दशक' (1987), 'साहित्य क्यों' (1988)।
चन्द्रबली सिंह (1924-2011)	'लोक दृष्टि और हिन्दी साहित्य', 'आलोचना का जनपक्ष'।
विश्वम्भरनाथ उपाध्याय (1925-2008)	'पंतजी का नूतन काव्य और दर्शन' (1955), 'हिन्दी की दार्शनिक पृष्ठभूमि' (1957), 'निराला की साहित्य साधना' (1958), 'आधुनिक कविता : सिद्धान्त और समीक्षा' (1960), 'कबीरदास' (1961), 'समकालीन सिद्धान्त और साहित्य' (1973), 'समकालीन कविता की भूमिका' (1973), 'उजले और उबलते प्रश्न' (1976), 'स्वातंत्र्योत्तर कथा साहित्य' (1978), 'भारतीय काव्यशास्त्र का द्वन्द्वात्मक आलोक में अध्ययन' (1980), 'मीमांसा और पुनर्मूल्यांकन' (1986), 'समकालीन

	मार्क्सवाद' (1987), 'सिद्ध सरहपा' (2004), 'भारतीय काव्यशास्त्र का इतिहास' (2005)
धर्मवीर भारती (1926-1997)	'सिद्ध साहित्य' (1953), 'साहित्य और मानव-मूल्य, 'प्रगतिवाद : एक समीक्षा'।
नामवर सिंह (1926-2019)	'हिन्दी के विकास में अपभ्रंश का योग' (1952), 'छायावाद (1955), 'इतिहास और आलोचना' (1957), 'आधुनिक साहित्य की प्रवृत्तियाँ' (1962), 'कहानी : नयी कहानी' (1965), 'कविता के नये प्रतिमान' (1968), 'दूसरी परम्परा की खोज' (1982), 'वाद-विवाद-संवाद' (1989), 'आलोचक के मुख से' (2005)।
जगदीश गुप्त (1927-2001)	'नयी कविता : शक्ति और सीमा', 'नयी कविता : स्वरूप और समस्याएँ'।
शिवप्रसाद सिंह (1928-1998)	'विद्यापति, 'सूरपूर्व ब्रजभाषा और उसका काव्य' (1957), 'कीर्तिलता और अवहट्ट भाषा'।
विष्णुकान्त शास्त्री (1929-2005)	'तुलसी के हिय हेरि', 'भक्ति और शरणागति'।
देवेन्द्रनाथ शर्मा	'पाश्चात्य काव्यशास्त्र' (1984)।
राजेन्द्र यादव (1929-2013)	'उपन्यास : स्वरूप और संवेदना, 'कहानी अनुभव और 'अभिव्यक्ति, 'कहानी : स्वरूप और संवेदना'।
देवीशंकर अवस्थी (1930-1966)	'भक्ति का सन्दर्भ', 'विवेक के रंग, 'आलोचना और आलोचना, 'रचना और आलोचना, 'नयी कहानी : सन्दर्भ और प्रकृति, 'आलोचना का द्वन्द्व' ।
शिवकुमार मिश्र (1931-2013)	'कामायनी और प्रसाद की कविता गंगा' (1954), ' वृन्दावनलाल वर्मा : उपन्यास और कला' (1956), 'नया हिन्दी काव्य' (1962), 'आधुनिक कविता और युगदृष्टि' (1966), 'प्रगतिवाद' (1966), 'मार्क्सवादी साहित्य-चिन्तन : इतिहास तथा सिद्धान्त' (1973), 'यथार्थवाद' (1975), 'साहित्य और सामाजिक सन्दर्भ' (1977), 'प्रेमचंद : विरासत का सवाल' (1981), 'भक्तिकाव्य और लोकजीवन' (1983), 'हिन्दी आलोचना की परम्परा और आचार्य रामचन्द्र शुक्ल' (1986), 'आलोचना

के प्रगतिशील आयाम' (1987), 'कहानीकार प्रेमचंद : रचनादृष्टि और रचनाशिल्प' (2002), 'मार्क्सवाद देवमूर्तियाँ नहीं गढ़ता' (2005), 'साहित्य : इतिहास और संस्कृति' (2010), 'मार्क्सवाद और साहित्य, 'हिन्दी साहित्य : संक्षिप्त इतिवृत्त, 'भक्ति आंदोलन और भक्तिकाल' (2010), 'प्रेमचंद की विरासत और गोदान' (2012), 'आलोचना के प्रगतिशील सरोकार' (2012)।

रमेश कुंतल 'मेघ' (1931)	'मिथक और स्वप्न : 'कामायनी' की मनस्सौन्दर्य सामाजिक भूमिका' (1962), 'मध्यकालीन रस दर्शन और समकालीन सौन्दर्यबोध' (1968), 'आधुनिक बोध और आधुनिकीकरण' (1969), 'तुलसी : आधुनिक वातायन से' (1973), 'कलाशास्त्र और मध्यकालीन भाषिकी क्रान्तियाँ, सौन्दर्य-मूल्य और मूल्यांकन' (1975), 'क्योंकि समय एक शब्द है' (1975), 'अथातो सौन्दर्य जिज्ञासा' (1977), 'साक्षी है सौन्दर्य प्राश्निक' (1980), 'कामायनी' पर नयी किताब'।
रामस्वरूप चतुर्वेदी (1931-2003)	'हिन्दी नवलेखन' (1960), 'भाषा और संवेदना' (1964), 'अज्ञेय और आधुनिक रचना की समस्या' (1968), 'हिन्दी साहित्य की अधुनातन प्रवृत्तियाँ' (1969), 'कामायनी का पुनर्मूल्यांकन' (1970), 'मध्यकालीन हिन्दी काव्यभाषा' (1974), 'कविता-यात्रा,' (रत्नाकर से अज्ञेय तक)' (1976), 'सर्जन और भाषिक संरचना' (1980), 'इतिहास और आलोचक-दृष्टि' (1982), 'हिन्दी-साहित्य और संवेदना का विकास' (1986), 'काव्यभाषा पर तीन निबन्ध' (1989), 'प्रसाद निराला अज्ञेय' (1989), 'कविता का पक्ष' (1994), 'हिन्दी गद्यविन्यास और विकास' (1996), 'आधुनिक कविता यात्रा' (1998), 'आचार्य रामचन्द्र शुक्लः आलोचना का अर्थ और अर्थ की आलोचना' (2001), 'भक्ति काव्य यात्रा' (2002)।

चन्द्रकान्त महादेव वांदिवडेकर' (1932)	'हिन्दी और मराठी के सामाजिक उपन्यासों का तुलनात्मक अध्ययन' (1960), 'अज्ञेय की कविता : एक मूल्यांकन' (1971) हिन्दी उपन्यास : स्थिति और गति' (1977), 'कविता की तलाश' (1983), 'जैनेन्द्र के उपन्यास: मर्म की तलाश' (1984), 'आधुनिक हिन्दी उपन्यास: सृजन और आलोचना' (1985), 'कथाकार अज्ञेय' (1993), 'चन्द्रकान्त देवताले की कविता : कविता का स्वभाव' (1995)।
विश्वनाथ त्रिपाठी (1933)	'हिन्दी आलोचना' (1970), 'लोकवादी तुलसीदास' (1974), 'मीरा का काव्य' (1979), 'देश के इस दौर में, 'हिन्दी साहित्य का सरल इतिहास, 'पेड़ का हाथ' (केदारनाथ अग्रवाल)।
केदारनाथ सिंह (1934-2018)	'आधुनिक हिन्दी कविता में बिम्ब-विधान, 'कल्पना और छायावाद', 'मेरे समय के शब्द'।
धनंजय वर्मा (1935)	'आस्वाद के धरातल' (1969), 'निराला काव्य का पुनर्मूल्यांकन' (1973), 'हस्तक्षेप' (1975), 'आलोचना की रचना-यात्रा' (1978), 'आधुनिक कविता के बारे में तीन अध्याय' (1984), 'आधुनिकता के प्रतिरूप' (1986), 'हिन्दी कहानी का रचनाशास्त्र' (1998), 'हिन्दी कहानी का सफ़रनामा' (2001)।
मलयज (1935-1982)	कविता से साक्षात्कार' (1979), 'संवाद और एकालाप' (1984), 'रामचन्द्र शुक्ल' (1987)
परमानन्द श्रीवास्तव (1935-2013)	'नयी कविता का परिप्रेक्ष्य' (1968), 'कविकर्म और काव्यभाषा' (1975), 'उपन्यास का यथार्थ और रचनात्मक भाषा' (1976), 'समकालीन कविता का व्याकरण' (1980), 'शब्द और मनुष्य' (1988), 'समकालीन कविता का यथार्थ' (1988) उपन्यास का पुनर्जन्म' (1995), 'कविता का अर्थात्' (1999), 'कविता का उत्तर जीवन' (2004), 'अँधेरे कुएँ से आवाज़' (2005), 'दूसरा सौन्दर्यशास्त्र क्यों?' (2005), 'शब्द और मनुष्य'

	(2014), 'अतल का अन्तरीप' (2014), 'समकालीन कविता : सम्प्रेषण का संकट' (2014), 'समकालीन कविता; नये प्रस्थान' (2014)।
नरेन्द्र मोहन (1935)	'समकालीन हिन्दी नाटक और रंगमंच', 'समकालीन कविता के बारे में'
कुमार विमल (1935-1997)	'सौन्दर्यशास्त्र के तत्त्व', 'छायावाद का सौन्दर्यशास्त्रीय अध्ययन', 'कला विवेचन'।
नन्दकिशोर नवल (1937)	'कविता की मुक्ति' (1980), 'हिन्दी आलोचना का विकास (1981), 'प्रेमचंद का सौन्दर्यशास्त्र' (1982), 'शब्द जहाँ सक्रिय हैं' (1984), 'यथा प्रसंग' (1992), 'मुक्तिबोध : ज्ञान और संवेदना' (1993), 'समकालीन काव्ययात्रा' (1994), 'दृश्यालेख' (1995), 'निराला कृति से साक्षात्कार' (दो भाग-1997, '2000), 'रचना का पक्ष' (2000), 'निराला काव्य की छवियाँ' (2002), 'कविता : पहचान का संकट' (2006), 'तुलसीदास'।
रमेशचन्द्र शाह (1937)	'छायावाद की प्रासंगिकता' (1973), 'समानान्तर' (1973), 'वागर्थ' (1981), 'सबद निरन्तर' (1987), 'भूलने के विरुद्ध' (1990), 'अज्ञेय : वागर्थ का वैभव' (1995), 'आलोचना का पक्ष' (1998)।
प्रभाकर श्रोत्रिय (1938-2016)	'शिवमंगल सिंह 'सुमन' : मनुष्य और स्रष्टा' (1972), 'प्रसाद का साहित्य : प्रेम तात्त्विक दृष्टि' (1975), 'कविता की तीसरी आँख' (1980), 'संवाद' (1982), 'काल यात्री है कविता' (1982), 'रचना एक यातना है' (1985), 'अतीत के हंस : मैथिलीशरण गुप्त' (1988), 'जयशंकर प्रसाद की प्रासंगिकता' (1990), 'मेघदूत : एक अन्तर्यात्रा' (1996), 'शमशेर बहादुर सिंह' (1997), 'नरेश मेहता' (2003), 'कवि परम्परा : तुलसी से त्रिलोचनं' (2006), 'मतिराम' (2008), 'साहित्य के नये प्रश्न' (2014)।
नित्यानन्द तिवारी (1938)	'आधुनिक हिन्दी साहित्य और इतिहास बोध', 'सृजनशीलता का संकट'।

कमलकिशोर गोयनका (1938)	'प्रेमचंद के उपन्यासों का शिल्पविधान' (1974), 'प्रेमचंद विश्वकोश' (दो खण्ड, '1981), 'प्रेमचंद और शतरंज के खिलाड़ी' (1980), 'प्रेमचंद : अध्ययन की नयी दिशाएँ' (1981), 'प्रेमचंद : अनछुए प्रसंग', 'रंगभूमि : नए आयाम' (1981), 'प्रभाकर माचवे-प्रतिनिधि रचनाएँ' (1984), 'प्रेमचंद का जीवन' (1984), 'अभिमन्यु अनत: एक बातचीत' (1985), 'जगदीश चतुर्वेदी : विवादास्पद रचनाकार' (1985), 'जिज्ञासाएँ मेरी, 'समाधान बच्चन के' (1985), 'प्रेमचंद : चित्रात्मक जीवनी' (1986), 'प्रेमचंद की हिन्दी-उर्दू कहानियाँ' (1990), 'प्रेमचंद रचना संकलन' (1994), 'लघुकथा के प्रतिमान' (1998), 'मॉरिशस की हिन्दी कहानियाँ' (2000), 'दिनेशनन्दिनी डालमिया से बातचीत' (2002), 'प्रेमचंद : देशप्रेम की कहानियाँ' (2002), 'प्रेमचंद की अप्राप्त कहानियाँ' (2005), 'गांधी : पत्रकारिता के प्रतिमान' (2008), 'हिन्दी प्रवासी साहित्य' (2008), 'प्रवासी साहित्य जोहांसबर्ग के आगे' (2008), 'प्रेमचंद कहानी रचनावली' (छह खण्ड, '2010), 'प्रेमचंद : वाद-विवाद संवाद' (2012). प्रेमचंद की कहानियों का कालक्रमानुसार अध्ययन' (2012), 'प्रेमचंद की कहानी यात्रा और भारतीयता' (2017)।
बलदेव वंशी (1938)	'आधुनिक हिन्दी कविता में विचार', 'दादू जीवन-दर्शन, 'कबीर की चिन्ता', 'लम्बी कविताएँ : वैचारिक सरोकार'।
विश्वनाथ प्रसाद तिवारी (1940)	'नये साहित्य का तर्कशास्त्र' (1975), 'आधुनिक हिन्दी कविता' (1977), 'समकालीन हिन्दी कविता' (1982), 'रचना के सरोकार' (1987), 'गद्य के प्रतिमान' (1996), 'कविता क्या है?' (1999), 'कुबेरनाथ राय' (2007), 'आलोचना के हाशिये' (2008)
विष्णु खरे (1940-2018)	आलोचना की पहली किताब
मैनेजर पांडेय (1941-2022)	साहित्य और इतिहास दृष्टि' (1981), 'शब्द और कर्म (1981), 'साहित्य के समाजशास्त्र की भूमिका' (1989),

	'भक्ति आंदोलन और सूरदास का काव्य' (1993), 'आलोचना की सामाजिकता' (2005), 'अनभै साँचा' (2012), 'हिन्दी कविता का अतीत और वर्तमान' (2013), 'आलोचना में सहमति-असहमति' (2013), 'उपन्यास और लोकतन्त्र' (2013), 'संवाद और परिसंवाद' (2013), 'भारतीय समाज में प्रतिरोध की परम्परा' (2013)।
अशोक वाजपेयी (1941)	'फ़िलहाल' (1970), 'कुछ पूर्वाग्रह' (1984), 'कविता का गल्प' (1997), 'कवि कह गया है' (2000)।
कृष्णदत्त पालीवाल (1943-2015)	'आधुनिकता : संवेदना और संप्रेषण, 'अज्ञेय होने का अर्थ (2011), 'अज्ञेय : अलीकी का आत्मदान' (2012), 'आलोचक अज्ञेय की उपस्थिति, 'उत्तर आधुनिकता और दलित साहित्य', 'हिन्दी आलोचना का सैद्धान्तिक आधार, 'हिन्दी आलोचना के नये वैचारिक सरोकार', 'मैथिलीशरण गुप्त : प्रासंगिकता के अन्त:सूत्र', 'सर्वेश्वर दयाल सक्सेना का रचना कर्म', 'सीय राममय सब जग जानी', 'भवानी प्रसाद मिश्र का काव्य संसार'।
नन्दकिशोर आचार्य (1945)	'अज्ञेय की काव्य तितीर्षा' (1970), 'रचना का सच' (1985), 'सर्जक का मन' (1889), 'अनुभव का भव' (1994), 'साहित्य का स्वभाव' (2001)
शम्भुनाथ (1948)	'दिनकर : कुछ पुनर्विचार' (1976), 'साहित्य और जनसंघर्ष (1980), 'तीसरा यथार्थ' (1984), 'मिथक और आधुनिक कविता' (1985)।
वीरभारत तलवार (1948)	'रस्साकशी सामना : रामविलास शर्मा की विवेचन पद्धति और मार्क्सवाद'।
सुधीश पचौरी (1948)	'अद्य गद्य बिन्दास', 'देरिदा : विखण्डन की सैद्धान्तिकी, 'उत्तर-यथार्थवाद', 'उत्तर-आधुनिक साहित्यिक विमर्श', 'उत्तर-आधुनिक समय और मार्क्सवाद', 'निर्मल वर्मा और उत्तर-उपनिवेशवाद', 'आलोचना से आगे', 'हिन्दुत्व और उत्तर आधुनिकता'।

अरुण कमल' (1954)	'गोलमेज', 'कथोपकथन', 'कविता और समय'।
पुरुषोत्तम अग्रवाल (1955)	'उत्तरअकथ कहानी प्रेम की : कबीर की कविता और उनका समय' (2010), 'तीसरा रुख़, 'कोलाज : अशोक वाजपेयी' (2012)।
डॉ. राम कमल राय (1934)	'नरेश मेहता : कविता की ऊर्ध्वयात्रा', 'हिन्दी कविता का वैयक्तिक परिप्रेक्ष्य, 'अज्ञेय : सृजन और संघर्ष'।

14
अन्य गद्य विधाएँ

हिन्दी गद्य की अन्य विधाएँ

आत्मकथा

- जब कोई लेखक या विद्वान अपने जीवन से जुड़ी प्रमुख घटनाओं या स्वयं के गुण-दोषों का विवेचन तटस्थ भाव से लिखता है तो उसे आत्मकथा या आत्मचरित कहते हैं।
- आत्मकथा से व्यक्ति की विचारधारा, उसके दृष्टिकोण के बोध का पता चलता है।
- हरिवंशराय बच्चन के अनुसार—''जीवन की एक तस्वीर है आत्मकथा।''
- 'अर्ध-कथानक' हिन्दी की प्रथम आत्मकथा है। इसे बनारसीदास ने अपने जीवन के पचपन वर्षों (सं. 1643 से 1698) का सच्चा विवरण ब्रजभाषा पद्य में लिखा है।
- 'जीवनसार' प्रेमचन्द की अपनी संक्षिप्त आत्मकथा है। इसे उन्होंने 'हंस' के आत्मकथा विशेषांक (1931 ई.) में प्रकाशित किया था।
- 'आत्मकथ्य' जयशंकर प्रसाद की आत्मकथा है। इसे उन्होंने हंस पत्रिका के 'आत्मकथा विशेषांक' (1931 ई.) में प्रकाशित किया। 'आत्मकथ्य' में जयशंकर प्रसाद के जीवन के यथार्थ एवं अभाव-पक्ष का उल्लेख किया गया है।
- हिन्दी की प्रथम महिला आत्मकथा लेखिका जानकी देवी बजाज को माना जाता है। इन्होंने अपनी आत्मकथा 'मेरी जीवन-यात्रा' (1956) में अपने जीवन की घटनाओं को रेखांकित किया है।

हिन्दी गद्य साहित्य में आत्मकथा लिखने वाले लेखक एवं उनकी आत्मकथा

लेखक	आत्मकथा	वर्ष (ई.)
सत्यानन्द अग्निहोत्री	'मुझमें देव-जीवन का विकास'	1910
स्वामी दयानन्द	'जीवन-चरित्र'	1917

रामविलास शुक्ल	'मैं क्रान्तिकारी कैसे बना'	1933
बाबू गुलाबराय	'मेरी असफलताएँ'	1941
राहुल सांकृत्यायन	'मेरी जीवन-यात्रा'	1946
हरिभाऊ उपाध्याय	'साधना के पथ पर'	1946
डॉ. राजेन्द्र प्रसाद	'आत्मकथा'	1947
वियोगी हरि	'मेरा जीवन-प्रवाह'	1948
यशपाल	'सिंहावलोकन—उनके राजनीतिक'	
	'विचारों की प्रमुखता है'	1951
सत्यदेव	'स्वतन्त्रता की खोज में'	1951
शान्तिप्रिय द्विवेदी	'परिव्राजक की खोज'	1952
देवेन्द्र सत्यार्थी	'चाँद सूरज के वीरन'	1952
	'नील यक्षिणी'	1985
गंगा प्रसाद उपाध्याय	'जीवन चक्र'	1954
चतुरसेन शास्त्री	'यादों की परछाइयाँ'	1956
	'मेरी आत्मकहानी'	1963
सेठ गोविन्ददास	'आत्मनिरीक्षण'	1958
देवराज उपाध्याय	'बचपन के दो दिन'	1958
	'यौवन के द्वार पर'	1970
पदुमलाल पुन्नालाल बख्शी	'मेरी अपनी कथा'	1958
पाण्डेय बेचन शर्मा 'उग्र'	'अपनी ख़बर'	1960
सन्तराम बी.ए.	'मेरे जीवन के अनुभव'	1963
भुवनेश्वर प्रसाद मिश्र	'जीवन के चार अध्याय'	1966
हरिवंशराय 'बच्चन'	'क्या भूलूँ क्या याद करूँ'	1969
	'नीड़ का निर्माण फिर'	1970
	'बसेरे से दूर'	1978
	'दशद्वार से सोपान तक'	1985
वृन्दावनलाल वर्मा	'अपनी कहानी	1970
रामावतार 'अरुण'	'अरुणायन'	1974
कृष्णचन्द्र	'आधे सफ़र की पूरी कहानी'	1979
बलराज साहनी	'मेरी फ़िल्मी आत्मकथा'	1974
रामविलास शर्मा	'घर की बात'	1983

शिवपूजन सहाय	'मेरा जीवन'	1985
हंसराज रहबर	'मेरे सात जनम'	1986
रामदरश मिश्र	'सहचर है समय'	1991
	'फ़ुरसत के दिन'	2000
कन्हैयालाल मिश्र 'प्रभाकर'	'तपती पगडण्डियों पर पदयात्रा'	1989
फणीश्वरनाथ रेणु	'आत्म-परिचय'	1988
अमृतलाल नागर	'टुकड़े-टुकड़े दस्तान'	1986
डा. नगेन्द्र	'अर्द्धकथा'	1988
यशपाल जैन	'मेरी जीवन-धारा'	1987
रामविलास शर्मा	'अपनी धरती अपने लोग'	1996
रवीन्द्र कालिया	'ग़ालिब छूट शराबअ	2000
कमलेश्वर	'जो मैंने जिया'	1992
	'यादों का चिराग़'	1997
	'जलती हुई नदी'	1999
भगवतीचरण वर्मा	'कहि न जाय का कहिए'	2001
राजेन्द्र यादव	'मुड़-मुड़ के देखता हूँ'	2001
अखिलेश '	'वह जो यथार्थ था'	2001
भीष्म साहनी	'आज के अतीत'	2003
अशोक वाजपेयी	'पावभर जीरे में ब्रह्मभोज'	2003
स्वदेश दीपक	'मैंने माण्डू नहीं देखा'	2003
रवीन्द्रनाथ त्यागी	'वसन्त से पतझर तक'	2005
विष्णु प्रभाकर	'पंखहीन'	2004
	'मुक्त गगन में'	2004
	'पंछी उड़ गया'	2004
कन्हैयालाल नन्दन	'एक अन्तहीन तलाश'	2007
	'कहाँ-कहाँ से गुज़रा'	2007
डा'. देवेश ठाकुर	'यों ही जिया'	2007
कृष्ण बलदेव वैद	'शम'अ हर रंग में'	2007
नन्द चतुर्वेदी	'अतीत राग'	2009
जाबिर हुसैन	'रेत पर ख़ेमा'	2013

सुमित्रनन्दन पन्त	'साठ वर्ष : एक रेखांकन'	1960
मिथिलेश्वर	'कहाँ तक कहे युगों की बात'	2011
स्वयं प्रकाश	'धूप में नंगे पाँव'	2019

स्त्री-आत्मकथा

लेखक	आत्मकथा	वर्ष (ई.)
जानकी देवी बजाज	'मेरी जीवन-यात्रा' (प्रथम आत्मकथा)	1956
प्रतिभा अग्रवाल	'दस्तक ज़िन्दगी की'	1990
	'मोड़ ज़िन्दगी का'	1996
कुसुम अंसल	'जो कहा नहीं गया'	1996
कृष्णा अग्निहोत्री	'लगता नहीं है दिल मेरा'	1997
पद्मा सचदेव	'बूँद बावड़ी'	1999
शीला झुनझुनवाला	'कुछ कही कुछ अनकही'	2000
मैत्रेयी पुष्पा	'कस्तूरी कुण्डल बसै'	2002
	'गुड़िया भीतर गुड़िया'	2008
रमणिका गुप्ता	'हादसे'	2005
	'आपहुदरी'	2016
मन्नू भण्डारी	'एक कहानी यह भी'	2007
प्रभा खेतान	'अन्या से अनन्या'	2007
चन्द्रकिरण सौनरेक्सा	'पिंजरे की मैना'	2008
अनीता राकेश	'सतरें और सतरें'	2002
ममता कालिया	'कितने शहरों में कितनी बार'	2011
चन्द्रकान्ता	'हाशिए की इबारतें'	2009

दलित आत्मकथाएँ

लेखक	आत्मकथा	वर्ष (ई.)
मोहनदास नैमिशराय	'अपने-अपने पिंजरे'	1995
ओमप्रकाश वाल्मीकि	'जूठन'	1997
कौशल्या बैसंत्री	'दोहरा अभिशाप'	1999
माता प्रसाद	'झोंपड़ी से राजभवन'	2002

सूरजपाल सिंह चौहान	'तिरस्कृत'	2002
	'सन्तप्त'	2002
श्यौराज सिंह 'बेचैन'	'बेवक़्त गुज़र गया माली'	2006
	'मेरा बचपन मेरे कन्धों पर'	2009
रमाशंकर आर्य	'घुटन'	2005
तुलसीराम	'मुर्दहिया'	2010
	'मणिकर्णिका'	2013
रूपनारायण सोनकर	'नागफनी'	2007
	'मेरे जीवन की बाइबिल'	2007
डॉ. धर्मवीर	'मेरी पत्नी और भेड़िया'	2009
सुशीला टाकभौरे	'शिकंजे का दर्द'	2011

जीवनी

- किसी व्यक्ति विशेष के जीवन-वृत्तान्त को 'जीवनी' कहते हैं।
- हिन्दी में क्रमबद्ध रूप से जीवनी-लेखन की शुरुआत भी भारतेन्दु-युग से ही हुई है।
- 1893 ई. में सर्वप्रथम बाबू कार्तिक प्रसाद खत्री ने मीराबाई का जीवन चरित्र लिखा।
- भारतेन्दु हरिश्चन्द्र ने निम्न विद्वानों की जीवनियाँ लिखीं; यथा—कालिदास, रामानुज, जयदेव, सूरदास, शंकराचार्य, वल्लभाचार्य आदि प्रमुख हैं।
- भारतेन्दु-युग के प्रमुख जीवनी-लेखक में मुंशी देवी-प्रसाद का प्रमुख स्थान है। इसमें राजा मालदेव का जीवन-चरित्र, उदयसिंह महाराजा, 'अकबरनामा', राजा भीम, जसवन्त सिंह आदि प्रमुख हैं।
- आचार्य महावीर प्रसाद द्विवेदी ने कई महापुरुषों की जीवनियाँ लिखी हैं, जो निम्न हैं—प्राचीन पण्डित, सुकवि संकीर्तन, कवि, चरित्र-चर्चा आदि प्रमुख हैं।

प्रमुख जीवनी लेखक एवं उनकी जीवनी

लेखक	जीवनी	वर्ष (ई.)
राधाकृष्ण दास	'भारतेन्दु बाबू हरिश्चन्द्र का 'जीवन-चरित्र'	1904
शिवनन्दन	'हरिश्चन्द्र'	1905
आचार्य रामचन्द्र शुक्ल	'बाबू राधाकृष्ण दास'	1913
घनश्यामदास बिड़ला	'बापू'	1940
सुशीला नायर	'बापू के कारावास की कहानी'	1949
ब्रजरत्नदास	'भारतेन्दु हरिश्चन्द्र'	1948
रामचन्द्र वर्मा	'महात्मा गांधी'	1919
रामवृक्ष बेनीपुरी	'जयप्रकाश नारायण'	1951

राहुल सांकृत्यायन	'स्तालिन'	1954
	'कार्ल मार्क्स'	1954
	'लेनिन'	1954
	'माओत्सेतुंग'	1954
ऋषि जैमिनी कौशिक बरुआ	'माखनलाल चतुर्वेदी'	1960
जैनेन्द्र	'अकाल पुरुष गांधी'	1968
हंसराज रहबर	'योद्धा संन्यासी विवेकानन्द'	1979
डॉ. शिवप्रसाद सिंह	'उत्तरयोगी श्री अरविन्द'	1972
अमृतलाल नागर	'चैतन्य महाप्रभु'	1975
चन्द्रशेखर शुक्ल	'आचार्य रामचन्द्र शुक्ल : जीवन और कृतित्व'	1963
रामविलास शर्मा	मार्क्स, त्रोत्स्की, एशियाई समाज'	1986
रामनिवास जाजू	मरुभूमि का वह मेघ' (घनश्यामदास बिड़ला)	1986
शिवरानी देवी	'प्रेमचन्द घर में'	1944
अमृतराय	'कलम का सिपाही'	1962
मदन गोयल	'कलम का मजदूर'	1964
भगवती प्रसाद सिंह	'मनीषी की लोकयात्रा'	1968
रामविलास शर्मा	'निराला की साहित्य-साधना'	1964
विष्णु प्रभाकर	'आवारा मसीहा' (शरतचन्द्र)	1974
शान्ति जोशी	'सुमित्रानन्दन पन्त : जीवनी और साहित्य'	1970
शिवसागर मिश्र	'दिनकर : एक सहज पुरुष'	1981
शोभाकान्त	'बाबूजी' (नागार्जुन)	1991
विष्णुचन्द्र शर्मा	'अग्निसेतु' (नज़रुल इस्लाम)	1976
जगदीशचन्द्र माथुर	'जिन्होंने जीना जाना'	1971
तेजबहादुर चौधरी	'मेरे बड़े भाई शमशेर जी'	1995
रामकमल राय	'शिखर से सागर तक' (अज्ञेय)	1986
कमला सांकृत्यायन	'महामानव महापण्डित' (राहुल सांकृत्यायन)	1995

विष्णुचन्द्र शर्मा	'समय साम्यवादी' (राहुल सांकृत्यायन)	1997
प्रतिभा अग्रवाल	'प्यारे हरिश्चन्द्रजू'	1997
सुलोचना रांगेय	'रांगेय राघव : एक अन्तरंग परिचय	1997
मदन मोहन ठाकौर	'राजेन्द्र यादव'	1999
बिन्दु अग्रवाल	'स्मृति के झरोखे से' (भारतभूषण अग्रवाल)	1999
ज्ञानचन्द्र जैन	'कथा शेष' (अमृतलाल नागर)	1999
महिमा मेहता	'उत्सव-पुरुष : नरेश मेहता'	2003
कुमुद नागर	'वटवृक्ष की छाया में' (अमृतलाल नागर)	2006
ज्ञानचन्द्र जैन	'भारतेन्दु हरिश्चन्द्र : एक व्यक्तित्व चित्र'	2004
गायत्री कमलेश्वर	'कमलेश्वर : मेरे हमसफ़र'	2005
कृष्ण बिहारी मिश्र	'कल्पतरन की उत्सव-लीला' (रामकृष्ण परमहंस)	2005
पुरुषोत्तम अग्रवाल	'कोलाज : अशोक वाजपेयी'	2012
विश्वनाथ त्रिपाठी	'व्योमकेश दरवेश' (हजारीप्रसाद द्विवेदी)	2011
अखिलेश	'मकबूल'	2011

संस्मरण

- संस्मरण का सामान्य अर्थ में किसी व्यक्ति के सम्बन्ध की स्मरणीय घटनाएँ या उनके बारे में उल्लेख को संस्मरण कहते हैं।
- बनारसीदास चतुर्वेदी के अनुसार—"संस्मरण, रेखाचित्र और आत्मचरित्र इन तीनों का एक-दूसरे से इतना घनिष्ठ सम्बन्ध है कि एक की सीमा दूसरे से कहाँ मिलती है और कहाँ अलग हो जाती है, इसका निर्णय करना कठिन है।"
- द्विवेदी-युग से हिन्दी संस्मरण-लेखन की शुरुआत हुई है। हजारीप्रसाद द्विवेदी ने स्वयं संस्मरणात्मक लेखों की रचना की है यथा—'अनुमोदन का अन्त', 'सभा की सत्यता', 'विज्ञानाचार्य बसु का मन्दिर' आदि।
- बालमुकुन्द गुप्त ने सर्वप्रथम हिन्दी में संस्मरण की पुस्तक 'हरिऔध जी के संस्मरण' की रचना की है।

प्रमुख संस्मरण लेखक एवं उनके संस्मरण

लेखक	संस्मरण	वर्ष (ई.)
पद्मसिंह शर्मा	'पद्म पराग'	1929
	'प्रबन्ध मंजरी'	
श्रीराम शर्मा	'शिकार'	1936
	'प्राणों का सौदा'	1939
	'जंगल के जीव'	1944
	'वे जीते कैसे हैं'	1957
शिवनारायण टण्डन	'झलक'	1938
घनश्यामदास बिड़ला	'बापू'	1940
रामनरेश त्रिपाठी	'तीस दिन मालवीय जी के साथ'	1942
बनारसीदास चतुर्वेदी	'हमारे आराध्य'	1952
	'संस्मरण'	1952

राधिकारमण प्रसाद सिंह	'टूटा तारा'	1940
महादेवी वर्मा	'पथ के साथी'	1956
जैनेन्द्र कुमार	'ये और वे'	
रामवृक्ष बेनीपुरी	'जंजीरें और दीवारें'	
राहुल सांकृत्यायन	'बचपन की स्मृतियाँ'	1955
	'जिनका मैं कृतज्ञ'	1957
सत्यजीवन वर्मा 'भारतीय'	'एलबम'	1949
ओंकार शरद	'लंका महाराजिन'	1950
कैलाशनाथ काटजू	'मैं भूल नहीं सकता'	1955
उपेन्द्रनाथ 'अश्क'	'मण्टो मेरा दुश्मन'	1959
	'ज़्यादा अपनी कम परायी'	1959
सेठ गोविन्ददास	'स्मृतिकण'	1959
इन्द्र विद्या वाचस्पति	'मैं इनका ऋणी हूँ'	1954
विनोदशंकर व्यास	'प्रसाद और उनके समकालीन'	1960
हरिवंशराय 'बच्चन'	'नये-पुराने झरोखे'	1962
सम्पूर्णानन्द	'कुछ स्मृतियाँ और स्फुट विचार'	1962
विष्णु प्रभाकर	'जाने-अनजाने'	1962
	'यादों की तीर्थयात्रा'	1981
	'मेरे अग्रज मेरे मीत, समान्तर रेखाएँ', 'हम उनके ऋणी हैं', 'एक दिशाहीन सफ़र, 'साहित्य के स्वप्न-पुरुष, राह चलते-चलते', 'हमारे पथ प्रदर्शक', 'हमसफ़र मिलते हैं', 'सृजन के सेतु', आकाश एक है', 'यादों की छाँव में'	
शिवपूजन सहाय	'वे दिन वे लोग'	1946
शान्तिप्रिय द्विवेदी	'स्मृतियाँ और कृतियाँ'	1966
रामधारी सिंह दिनकर	'लोकदेव नेहरू'	1965
	'स्मरण और श्रद्धांजलियाँ'	1969
कन्हैयालाल मिश्र 'प्रभाकर'	'ज़िन्दगी मुस्काई'	1953
लक्ष्मीनारायण 'सुधांशु'	'व्यक्तित्व की झाँकियाँ'	1970
पदुमलाल पुन्नालाल बख्शी	'अन्तिम अध्याय'	1972
प्रकाश चन्द्र गुप्त	'पुरानी स्मृतियाँ'	1947

काका कालेलकर	'गांधी : संस्मरण और विचार'	1968
लक्ष्मीशंकर व्यास	'स्मृति की त्रिवेणिका'	1974
अनीता राकेश	'चन्द सतरें और'	1975
कमलेश्वर	'मेरे हमदम मेरे दोस्त'	1975
क्षेमचन्द्र सुमन	'रेखाएँ और संस्मरण'	1975
रामनाथ सुमन	'मैंने स्मृति के दीप जलाये'	1976
परिपूर्णानन्द	'बीती यादें'	1976
विष्णुकान्त शास्त्री	'स्मरण को पाथेय बनने दो'	1978
	'सुधियाँ उस चन्दन के वन की'	1992
	'पर साथ-साथ चल रही याद'	2004
बिन्दु अग्रवाल	'भारतभूषण अग्रवाल : कुछ यादें' कुछ चर्चाएँ	1989
	'यादें और बातें'	1998
काशीनाथ सिंह	'याद हो के न याद हो'	1992
	'आछे दिन पाछे गये'	2004
	'घर का जोगी जोगड़ा'	2006
अजित कुमार	'निकट मन में'	1992
	'निकट मन में दूर वन में'	2012
दूधनाथ सिंह	'लौट आ ओ धार'	1995
	'एक शमशेर भी है'	2012
रामदरश मिश्र	'स्मृतियों का छन्द'	1995
	'अपने-अपने रास्ते'	2001
रवीन्द्र कालिया	'सृजन के सहयात्री'	1996
विष्णुचन्द्र शर्मा	'अभिन्न'	1996
कृष्णा सोबती	'हम हशमत' (भाग-2), 'हम हशमत' (भाग-3) 'शब्दों के आलोक में', सोबती एक सोहबत'	
रामनाथ अवस्थी	'याद आते हैं'	2000
मनोहर किशोर दीवान	'नेपथ्य नायक लक्ष्मीचन्द्र जैन'	2000
देवेन्द्र सत्यार्थी	'यादों के क़ाफ़िले'	2000
पुरुषोत्तमदास मोदी	'अन्तरंग संस्मरणों में प्रसाद'	2001

विश्वनाथ प्रसाद तिवारी	'एक नाव के यात्री'	2001
विद्यानिवास मिश्र	'चिड़िया रैन बसेरा'	2002
मनोहर श्याम जोशी	'लखनऊ मेरा लखनऊ'	2002
	'रघुवीर सहाय : रचनाओं के बहाने'	
	'एक संस्मरण'	2003
	'बातों-बातों में'	
कान्ति कुमार जैन	'लौट आना नहीं होगा'	2002
	'तुम्हारा परसाई'	2004
	'जो कहूँगा सच कहूँगा'	2006
	'अब तो बात फैल गयी'	2007
कृष्णबिहारी मिश्र	'नेह के नाते अनेक'	2002
राम कमल राय	'स्मृतियों का शुक्ल पक्ष'	2002
डॉ. विवेकी राय	'आँगन के वन्दनवार'	2003
	'मेरे सुहृदय श्रद्धेय'	2005
लक्ष्मीधर मालवीय	'साई हयात आये'	2004
विश्वनाथ त्रिपाठी	'नंगा तलाई का गाँव'	2004
	'व्योमकेश दरवेश'	2010
	'गंगा स्नान करने चलोगे'	2012
केशवचन्द्र वर्मा	'सुमिरन के बहाने'	2005
अमरकान्त	'कुछ यादें : कुछ बातें'	
नवनीता देव सेन	'किस पथ आये तुम्हारी करुँणा	
हर्ष मन्दर	'अनसुनी आवाज़ें'	
ज्ञानचन्द्र जैन	'कथाशेष'	
सुमन केसरी	'जे.एन.यू. में नामवर सिंह	
नीलाभ	'ज्ञानरंजन के बहाने'	2012
धर्मवीर भारती	'ठेले पर हिमालय'	
फ़णीश्वरनाथ रेणु	'बन तुलसी की गन्ध',	
	'समय की शिला पर'	
गौरापन्त शिवानी	'वातायन'	
जाबिर हुसैन	'लोगां, जो आगे हैं',	
	'अतीत का चेहरा', 'डोला बीवी का मज़ार'	

यात्रा-साहित्य

- 'यात्रा-साहित्य' में लेखक अपने यात्रा-सम्बन्धी विवरण को प्रस्तुत करते हैं। इसमें यात्रा-क्षेत्र के भौगोलिक, सामाजिक, मनोवैज्ञानिक, कलागत, ऐतिहासिक, राजनैतिक एवं साहित्यिक-सांस्कृतिक विश्लेषण को प्रस्तुत करते हैं।
- हिन्दी में यात्रा-वृत्तान्त की शुरुआत भारतेन्दु-युग से मानी जाती है।
- भारतेन्दु के द्वारा 'सरयूपार की यात्रा', 'मेंहदावल की यात्रा', लखनऊ की यात्रा आदि यात्रा-वृत्तान्तों की रचना की गयी है।
- 'हिन्दी प्रदीप' पत्रिका के मार्च 1894 के अंक में बालकृष्ण भट्ट की 'गयी यात्रा' प्रकाशित हुई।
- महापण्डित राहुल सांकृत्यायन ने हिन्दी में यात्रा-वृत्तान्त को एक नयी दिशा दी। वे हिन्दी के सबसे बड़ा यायावर माने जाते हैं। उन्होंने घुमक्कड़ी को धर्म की संज्ञा देते हुए 'घुमक्कड़-शास्त्र' नामक पुस्तक की रचना की।
- हिन्दी साहित्य में नागार्जुन, राहुल सांकृत्यायन और अज्ञेय को 'घुमक्कड़ वृहत्त्रयी' कहा जाता है।

हिन्दी के प्रमुख यात्रा-वृत्तान्त

लेखक	यात्रा	वर्ष (ई.)
बालकृष्ण भट्ट	'गया यात्रा'	1894
प्रताप नारायण मिश्र	'विलायत यात्रा'	1997
दामोदर शास्त्री	'मेरी पूर्व दिग्यात्रा'	1985
देवीप्रसाद खत्री	'रामेश्वर-यात्रा'	1983
	'बद्रिकाश्रम-यात्रा'	1902

शिवप्रसाद गुप्त	'पृथ्वी प्रदक्षिणा'	1914
रामनारायण मिश्र	'यूरोप यात्रा में छः मास'	1932
कन्हैयालाल मिश्र 'प्रभाकर'	'हमारी जापान-यात्रा'	1931
राहुल सांकृत्यायन	'मेरी तिब्बत-यात्रा'	1937
	'मेरी लद्दाख-यात्रा'	1939
	'किन्नर देश में'	1948
	'घुमक्कड़शास्त्र'	1948
	'राहुल यात्रावली'	1949
	'यात्रा के पन्ने'	1952
	'एशिया के दुर्गम भूखण्ड'	1956
	'चीन में कम्यून'	1959
	'चीन में क्या देखा'	1960
रामवृक्ष बेनीपुरी	'पैरों में पंख बाँधकर'	1952
	'उड़ते चलो उड़ते चलो'	1954
सत्यनारायण	'आवारे की यूरोप-यात्रा'	1940
	'यूरोप के झरोखे मे'	
	'युद्ध-यात्रा'	1940
भगवतशरण उपाध्याय	'वह दुनिया में'	1952
	'कलकत्ता से पीकिंग'	1955
सेठ गोविन्ददास	'सुदूर दक्षिण पूर्व'	1951
	'पृथ्वी-परिक्रमा'	1954
यशपाल	'लोहे की दीवार के दोनों ओर'	1953
काका कालेलकर	'हिमालय की यात्रा'	1948
	'सूर्योदय का देश'	1955
मुनि कान्तिसागर	'खोज की पगडण्डियाँ'	1953
	'खँडहरों का वैभव'	1953
श्रीनिधि सिद्धान्तालंकार	'शिवालिक की घाटियों में'	1953
अज्ञेय	'अरे यायावर रहेगा याद?'	1953
	'एक बूँद सहसा उछली'	1960
मोहन राकेश	'आख़िरी चट्टान तक'	1953

श्रीमती विमला कपूर	अनजाने देश में'	1955
रामधारी सिंह 'दिनकर'	'देश-विदेश'	1957
	'मेरी यात्राएँ'	1970
प्रभाकर द्विवेदी	'पार उतरि कह जइहौं'	1958
यशपाल जैन	'रूस के छियालीस दिन'	1960
ब्रजकिशोर नारायण	'नन्दन से लन्दन'	1957
प्रभाकर माचवे	'गोरी नज़रों में हम'	1964
निर्मल वर्मा	'चीड़ों पर चाँदनी'	1964
धर्मवीर भारती	'यादें यूरोप की', 'यात्रा-चक्र', 'ठेले पर हिमालय'	
विष्णु प्रभाकर	'हँसते निर्झर : दहकती भट्ठी	1966
	'ज्योतिपुंज हिमालय'	1982
	'हमसफ़र मिलते रहे'	1996
डॉ. नगेन्द्र	'तन्त्रलोक से यंत्रलोक तक'	1968
	'अप्रवासी की यात्राएँ'	1972
राजेन्द्र अवस्थी	'सैलानी की डायरी'	1977
श्रीकान्त वर्मा	'अपोलो का रथ'	1975
गोविन्द मिश्र	'धुन्ध भरी सुर्खी'	1979
	'दरख़्तों के पार शाम'	1980
	'झूलती जड़ें'	1990
	'परतों के बीच'	1997
	और यात्राएँ'	2005
कमलेश्वर	'खण्डित यात्राएँ'	1975
	'कश्मीर रात के बाद'	1997
	'आँखों देखा पाकिस्तान'	2006
बलराज साहनी	'रूसी सफ़रनामा'	1971
शिवानी	'यात्रिक'	1980
शंकरदयाल सिंह	'गांधी के देश से लेनिन के देश में'	1973
कन्हैयालाल नन्दन	'धरती लाल गुलाबी चेहरे'	1982
कृष्णनाथ	'स्फीतियों में बारिश',	

	'किन्नर धर्मलोक'	
	'लद्दाख़ में राग विराग'	
रामदरश मिश्र	'तना हुआ इन्द्रधनुष'	1990
	'भोर का सपना'	1993
	'पड़ोस की ख़ुशबू'	1999
शिवप्रसाद सिंह	'साब्जा पत्र कथा कहे'	1996
कर्ण सिंह चौहान	यूरोप में अन्तर्यात्राएँ'	1996
मंगलेश डबराल	'एक बार आयोबा'	1996
सतीश आलोक	'लिबर्टी के देश में'	1997
हिमांशु जोशी	'यातना शिविर में'	1998
विश्वनाथ प्रसाद तिवारी	'आत्म की धरती'	1999
	'अन्तहीन आकाश'	2005
पंकज बिष्ट	'ख़रामा-ख़रामा'	2012
ज्ञानरंजन	'कबाड़ख़ाना'	
विश्वनाथ प्रसाद तिवारी	'एक नाव के यात्री'	
असगर वजाहत	'चलते तो अच्छा था', 'रास्ते की तलाश में' (2012), 'अतीत का दरवाज़ा' (2018), 'स्वर्ग में पाँच दिन' (2019)	
निर्मला जैन	'दिल्ली : शहर-दर-शहर'	
नासिरा शर्मा	'जहाँ फ़व्वारे लहू रोते हैं'	2003
नरेश मेहता	'कितना अकेला आकाश'	2003
कृष्णदत्त पालीवाल	'जापान में कुछ दिन'	2003
रमेशचन्द्र शाह	'एक लम्बी छाँह'	2000

रेखाचित्र

- लेखक के द्वारा किसी वस्तु, व्यक्ति, घटना या निजी अनुभूतियों को कम से कम शब्दों में कलात्मक ढंग से अंकन ही रेखाचित्र कहा जाता है।
- डॉ. अमरनाथ के अनुसार—"रेखाचित्र कहानी और निबन्ध के बीच झूलती सर्वथा एक नयी विधा है। इसकी सफलता शब्दों और वाक्यों के कुशल संगुम्फन पर निर्भर करती है—स्केच की तरह रेखाचित्र में भी कम से कम शब्दों में कलात्मक ढंग से किसी वस्तु, व्यक्ति या दृश्य का अंकन किया जाता है। इसमें साधन शब्द होते हैं, रेखाएँ नहीं। इसलिए इसे शब्दचित्र भी कहते हैं।"
- हिन्दी का प्रथम रेखाचित्र संग्रह पद्मसिंह शर्मा कृत 'पद्मपराग' को माना जाता है।

प्रमुख रेखाचित्र लेखक एवं उनकी रचना

लेखक	रेखाचित्र	वर्ष (ई.)
बनारसीदास चतुर्वेदी	'रेखाचित्र'	1952
	'सेतुबन्ध'	1952
श्रीराम शर्मा	'बोलती प्रतिमा', प्राणों का सौदा', 'जंगल के जीव', 'वे जीते हैं?'	
महादेवी वर्मा	'अतीत के चलचित्र'	1941
	'स्मृति की रेखाएँ'	1943
	'मेरा परिवार'	1972
प्रकाशचन्द्र गुप्त	'रेखाचित्र'	1940
	'मिट्टी के पुतले', 'पुरानी स्मृतियाँ' 'नये स्केच'	
रामवृक्ष बेनीपुरी	'माटी की मूरतें'	1946

	'गेहूँ और गुलाब'	1950
	'लाल तारा'	1938
	'मील का पत्थर'	
कन्हैयालाल मिश्र 'प्रभाकर'	'माटी हो गयी सोना'	
	'दीप जले शंख बजे'	1959
विजय मोहन शर्मा	'रेखा और रंग'	1955
प्रेमनारायण टण्डन	'रेखाचित्र'	1959
डॉ. नगेन्द्र	'चेतना के बिम्ब'	1967
सेठ गोविन्ददास	'चेहरे जाने पहचाने'	1966
देवेन्द्र सत्यार्थी	'रेखाएँ बोल उठीं'	1949
कृष्णा सोबती	'हम हशमत'	1977
भीमसेन त्यागी	'आदमी से आदमी तक'	1982
सत्यवती मलिक	'अमिट रेखाएँ'	1951
उपेन्द्रनाथ 'अश्क'	'रेखाएँ और चित्र'	1955
विष्णु प्रभाकर	'कुछ शब्द : कुछ रेखाएँ'	1965
माखनलाल चतुर्वेदी	'समय के पाँव'	1952
जगदीश चन्द्र माथुर	'दस तस्वीरें'	1963

रिपोर्ताज

- रिपोर्ताज हिन्दी गद्य साहित्य की सबसे नवीन विधा है। रिपोर्ताज में लेखक के द्वारा किसी घटना सम्बन्धी बिन्दु को इस प्रकार प्रस्तुत किया जाता है कि श्रोता या पाठक उसे पढ़कर भावविभोर हो जाता है। इसका विकास द्वितीय विश्वयुद्ध के दौरान हुआ है।
- शिवदान सिंह चौहान को हिन्दी में रिपोर्ताज विधा का प्रवर्तक माना जाता है, इनका प्रथम रिपोर्ताज सन् 1938 ई. में 'रूपाभ' पत्रिका में 'लक्ष्मीपुरा' नाम से प्रकाशित हुआ था।
- 'हंस' पत्रिका ने रिपोर्ताज के विकास में महत्त्वपूर्ण योगदान दिया है। इस पत्रिका में 'अपना देश' और 'समाचार और विचार' स्तम्भों के अन्तर्गत विभिन्न लेखकों के रिपोर्ताज प्रकाशित किये जाते थे।

प्रमुख रिपोर्ताज लेखक एवं उनके रिपोर्ताज

लेखक	रिपोर्ताज	वर्ष (ई.)
शिवदान सिंह चौहान	'लक्ष्मीपुरा : मौत के ख़िलाफ़'	
	'ज़िन्दगी की लड़ाई'	1919
रांगेय राघव	'तूफ़ानों के बीच'	1941
प्रकाश चन्द्र गुप्त	'स्वराज्य भवन', 'अल्मोड़े के बाज़ार'	
	'बंगाल का अकाल'	
उपेन्द्रनाथ 'अश्क'	'पहाड़ों में प्रेममय संगीत'	
	'रेखाएँ और चित्र'	
रामनारायण उपाध्याय	'ग़रीब और अमीर पुस्तकें'	1958
	'नववर्षक समारोह में'	
कमलेश्वर	'क्रान्ति करते हुए आदमी को देखना'	
निर्मल वर्मा	'प्राग : एक स्वप्न'	

श्रीकान्त वर्मा	'मुक्ति फ़ौज'	
शिवसागर मिश्र	'वे लड़ेंगे हज़ार साल'	1966
धर्मवीर भारती	'युद्ध-यात्रा'	1972
कन्हैयालाल मिश्र 'प्रभाकर'	'क्षण बोले कण मुस्काये'	
भदन्त आनन्द कौसल्यायन	'देश की मिट्टी बुलाती है'	
शमशेर बहादुर सिंह	'प्लॉट का मोर्चा'	1952
फ़णीश्वरनाथ रेणु	'ऋणजल धनजल'	1977
	'नेपाली क्रान्ति-कथा'	1978
	'श्रुत-अश्रुत पूर्व'	1984
	'एकलव्य के नोट्स'	
विवेकी राय	'जुलूस रुका है'	1977
	'बाढ़! बाढ़! बाढ़!!!'	
डॉ. भगवतशरण उपाध्याय	'ख़ून के छींटे'	
रामकुमार वर्मा	'पेरिस के नोट्स'	
कैलाश नारद	'धरती के लिए'	
जगदीश प्रसाद चतुर्वेदी	'चीनियों द्वारा निर्मित काठमाण्डू'	
	'ल्हासा सड़क'	

डायरी

- डायरी हिन्दी साहित्य की आधुनिक विधा है। इसमें लेखक के द्वारा उनकी जीवन की घटनाओं को तिथिवार क्रम से अंकन किया जाता है। विधा के रूप में 'डायरी' आत्मकथा के एकदम निकटतम प्रतीत होती है।
- हिन्दी की प्रथम डायरी श्रीराम शर्मा कृत 'सेवग्राम' डायरी को माना जाता है।

प्रमुख डायरी लेखक एवं उनकी डायरी

लेखक	डायरी	वर्ष (ई.)
धीरेन्द्र वर्मा	'मेरी कॉलेज डायरी'	1954
घनश्याम दास बिड़ला	'डायरी के पन्ने'	1940
सियारामशरण गुप्त	'दैनिक'	
सुन्दरलाल त्रिपाठी	'दैनन्दिनी'	1885
उपेन्द्रनाथ 'अश्क'	'ज़्यादा अपनी कम परायी'	1959
रामधारी सिंह 'दिनकर'	'दिनकर की डायरी'	
हरिवंशराय 'बच्चन'	'प्रवासी की डायरी'	1971
राजेन्द्र अवस्थी	'सैलानी की डायरी'	1976
रघुवीर सहाय	'दिल्ली मेरा परदेश'	1976
मुक्तिबोध	'एक साहित्यिक की डायरी'	
अजित कुमार	'अंकित होने दो'	
मोहन राकेश	'मोहन राकेश की डायरी'	1985
रवीन्द्र कालिया	'स्मृतियों की जन्मपत्री'	1979
चन्द्रशेखर	'मेरी जेल डायरी'	1977
जयप्रकाश	'मेरी जेल डायरी'	1975-77
जमनालाल बजाज	'जमनालाल बजाज की डायरी'	1966
कमलेश्वर	'देश-देशान्तर'	1992

मलयज	'मलयज की डायरी' (तीन खण्ड)	2000
रमेशचन्द्र शाह	'अकेला मेला'	2009
रामदरश मिश्र	'आते-जाते दिन'	2008
कृष्ण बलदेव वैद	'ख्वाब है दीवाने का'	2005
बिशन टण्डन	'आपातकाल की डायरी' (तीन खण्ड)	2002, 2005

प्रवासी साहित्य

- प्रवासी साहित्य के अन्तर्गत वैसे साहित्यकारों को रखा जाता है, जो पूर्व में भारत के निवासी तो थे परन्तु किसी कारणवश ये किसी अन्य देश में जाकर बस गये हैं। इन प्रवासी विद्वानों के द्वारा जो हिन्दी साहित्य का सृजन किया गया, वह प्रवासी साहित्य कहलाता है।
- प्रवासी हिन्दी साहित्य के अन्तर्गत महाकाव्य, खण्ड काव्य, कविताएँ, उपन्यास, कहानियाँ, नाटक, एकांकी, अनुवाद, यात्रा-संस्मरण, आत्मकथा, रेखाचित्र आदि का सृजन हुआ।
- प्रवासी साहित्यकारों ने अपनी रचनाओं में 'भारतीयता' को सुरक्षित रखा है। प्रवासी साहित्य के सन्दर्भ में विभिन्न विद्वानों का मत निम्न है—
  मृदुला गर्ग के अनुसार—''प्रवासी साहित्य को अलग करके देखने के बजाय उसे हिन्दी की मुख्यधारा में स्थान दिया जाये।''

कुछ प्रमुख प्रवासी साहित्यकार एवं उनकी रचनाएँ

साहित्यकार	रचनाएँ
उषा प्रियंवदा	'कितना बड़ा झूठ', 'फिर बसन्त आया', 'ज़िन्दगी और गुलाब के फूल', 'एक कोई दूसरा', 'बेनवास' आदि कहानी- संग्रह। पचपन खम्भे लाल दीवारें', 'रुकोगी नहीं राधिका', 'शेष यात्रा', 'भया कबीर उदास', 'अन्तर्वंशी', 'अल्पविराम', 'नदी' (उपन्यास)।
अभिमन्यु अनत (1937–2018)	• 'गूँगा इतिहास', 'देख कबीर हँसी' (नाटक)। • 'इंसान और मशीन', 'अब कल आयेगा यमराज' (कहानी-संग्रह)। • 'लाल पसीना' (महाकाव्यात्मक उपन्यास)। • 'लहरों की बेटी', 'एक बीघा प्यार', 'कुहासे का दायरा' (लघु उपन्यास)।

	• 'कैक्टस के दाँत', 'नागफनी में उलझी साँसें' (कविता- संग्रह)।
दिव्या माथुर	• 'रेत का लिखा', 'अन्त:सलिला', 'ख़याल तेरा', 'चन्दन पानी', 'सितम्बर सपनों की राख तले और झूठ', 'झूठ और झूठ' (कविता-संग्रह)। • 'मेड-इन-इंडिया और अन्य कहानियाँ', 'तमन्ना', '2050 और अन्य कहानियाँ आशा', 'पंगा', 'आक्रोश' (कहानी-संग्रह)।
ज़किया जुबैरी	'उलझन', 'धूप का ढलता साया' (नयी रचनाओं में), 'साँकल' (कहानी-संग्रह)।
तेजेन्द्र शर्मा	• 'ये घर तुम्हारा है' (कविता-संग्रह)। • 'देह की क़ीमत', 'ये क्या हो गया। काला सागर', 'ढिबरी लाइट', 'पासपोर्ट का रंग', 'बेघर आँखें', 'सीधी रेखा की परतें', 'क़ब्र का मुनाफ़ा', 'प्रतिनिधि कहानियाँ', 'दीवार में रास्ता' (कहानी-संग्रह)।
अंजना संधीर	• 'धूप', 'छाँव और आँगन', 'बारिशों का मौसम' (ग़ज़ल-संग्रह)। • 'तुम मेरे पापा जैसे नहीं हो' (कविता-संग्रह)।
देव नागरानी	• 'चराग़े-दिल' (हिन्दी ग़ज़ल-संग्रह)। • 'ग़म में भीगी ख़ुशी' (सिन्धी ग़ज़ल-संग्रह)। • 'उड़ जा पंछी (सिन्धी भजन-संग्रह)।
सुषम वेदी	• 'चिड़िया और चील', 'अवसान' (कहानी)। • 'हवन', 'मैंने नाता तोड़ा' (उपन्यास)। • 'अतीत का अँधेरा', 'औरत' (कविता)।
रचना श्रीवास्तव	• 'पार्किंग' (कहानी-संग्रह)। • 'अभिलाषा', 'इस ठण्ड में' (नयी रचनाएँ)
उषाराजे सक्सेना	• 'वॉकिंग पार्टनर', 'प्रवास में', 'वह रात और अन्य कहानियाँ' (कहानी-संग्रह)। • 'इन्द्रधनुष की तलाश में', 'विश्वास की रजत सीपियाँ' (कविता-संग्रह)।

सुधा ओम ढींगरा	• 'तलाश पहचान की', 'मेरा दावा है', 'सफ़र यादों का', 'माँ ने कहा था' (कविता-संग्रह)। • 'क्षितिज से परे', 'टारनेडो', 'वसूली', 'कौन सी ज़मीन अपनी' (कहानी-संग्रह)।
प्राण शर्मा	• 'सुराही' (कविता-संग्रह)। • 'ग़ज़ल कहता हूँ' (गजल संग्रह)।
धनंजय कुमार	'निगाहों में', 'पाप और पुण्य', 'क्या इशारे हो गये', 'रंग फीका पड़ रहा', 'रेत का तूफ़ान', 'रोशनी का तीर', 'सफ़र का बहाना'।
पराशर गौड़	• 'बहस', 'बिगुल बज उठा', 'चाह' (छन्द मुक्त में)। • 'शादी का इश्तेहार', 'मुझे छोड़', 'अपनी सुना गया', 'गोष्ठी', 'पराशर गौड़ की सत्रह हँसिकाएँ' (हास्य-व्यंग्य रचना)।
शैल अग्रवाल	• 'समिधा' व नेति-नेति' (काव्य-संग्रह)। • 'ध्रुव-तारा' (कहानी-संग्रह)। • 'वापसी' (कहानी)।
नारनी पॉल	• 'तलाश', 'कुछ गाँव-गाँव कुछ शहर-शहर' (उपन्यास)।
भारतेन्दु श्रीवास्तवे	• 'रसमय गूँज', 'तन पराग'।
हिम्मत मेहता	• 'कितना सुन्दर है यह क्षण', 'कुछ बातें कही नहीं जातीं', 'तुमसे क्या माँगूँ भगवान', 'बात एक छोटी-सी', 'भगवान से वार्तालाप', 'चाय का निमन्त्रण'।
लालजी वर्मा	• 'उत्तिष्ठ भारत', 'अकेला', 'मेरे हमसफ़र', 'मुझमें हुंकार भर दो', 'चार छोटी कविताएँ', 'क्षणिकाएँ', 'समय चल पड़ा आदि।
इला प्रसाद	• 'विश्वास', 'सूरज', 'तलाश', 'अन्तर', 'दीपक', 'रास्ते बाक़ी कुछ', 'मूल्य', 'यात्रा' (कविता)। • 'उस स्त्री का नाम', 'इस कहानी का अन्त नहीं (कहानी-संग्रह)। • 'धूप का टुकड़ा' (कविता-संग्रह)। • 'रिक्त', 'सन्देश', 'ठण्ड (नयी रचनाएँ)।

15
पत्र-पत्रिकाएँ

- पत्र-पत्रिकाओं ने हिन्दी साहित्य के विकास में महत्त्वपूर्ण योगदान दिया है। हिन्दी के साहित्यकार या विद्वान के द्वारा सामाजिक जीवन से जुड़े विषयों पर अपनी आवाज़ बुलन्द करते थे तथा इन पत्रिकाओं के माध्यम से जनमानस को सचेत करते थे।
- हिन्दी पत्रिकारिता की शुरुआत 19वीं सदी के तीसरे दशक से हुई है। पत्रकारिता के विकास का अध्ययन सुविधा की दृष्टि से निम्न प्रकार से बाँट सकते हैं—

  प्रथम उत्थान (1826–1867 ई.)
  - भारतेन्दु-युगीन पत्रकारिता (1868–1900 ई.)।
  - द्विवेदी-युगीन पत्रकारिता (1900–1918 ई.)।
  - छायावाद युगीन पत्रकारिता (1918–1936 ई.)।
  - छायावादोत्तर पत्रकारिता (1936–1960 ई.)।
  - समकालीन पत्रकारिता (1960 ई. से अब तक)।

प्रथम उत्थान (1826–1867 ई.)

- इन दिनों जागरण का केन्द्र कलकत्ता था। हिन्दी पत्रकारिता का आरम्भ यहीं से हुआ था।
- हिन्दी का प्रथम समाचार-पत्र 'उदन्त मार्तण्ड' है जो 1826 ई. में प्रकाशित हुआ। इसके सम्पादक युगल किशोर थे। इसमें खड़ी बोली का उल्लेख 'मध्यदेशीय भाषा' नाम से हुआ।
- 'राष्ट्रीय हिन्दी पत्रकारिता दिवस 'उदन्त मार्तण्ड' के 30 मई के प्रकाशन दिन को आधार बनाकर मनाया जाता है।
- राजा राममोहन राय ने 1826 ई. में 'बंगदूत' को प्रकाशित किया।
- 'बनारस अख़बार' हिन्दी भाषी क्षेत्र में हिन्दी भाषा में प्रकाशित होने वाला प्रथम अख़बार है। सन् 1845 ई. को राजा शिवप्रसाद 'सितारेहिन्द' ने इसे

प्रकाशित किया। यह अख़बार हिन्दी एवं उर्दू दोनों भाषाओं में प्रकाशित होता था।

- 'समाचार सुधावर्षण' हिन्दी का प्रथम दैनिक पत्र है। इसके सम्पादक श्यामसुन्दर सेन थे, यह 1854 ई. में कोलकाता से प्रकाशित होता था।
- पं. अम्बिका प्रसाद वाजपेयी ने कहा कि, 'सन् 1846 ई. और 1847 ई. में 'मार्तण्ड', 'ज्ञानदीपक' और 'जगदीपक' नामक पत्र प्रकाशित हुए थे।
- तारामोहन मित्र ने 'सुधाकर' पत्रिका का प्रकाशन 'बनारस अख़बार' के विरोध में किया।

प्रथम उत्थान के प्रमुख पत्र-पत्रिकाएँ

पत्रिका/पत्र	सम्पादक	वर्ष (ई.)	स्थान	प्रकार
'उदन्त मार्तण्ड'	जुगल किशोर	1826	कलकत्ता	साप्ताहिक
'बंगदूत'	राजा राममोहन राय	1829	कलकत्ता	साप्ताहिक
'प्रजामित्र'		1834	कलकत्ता	साप्ताहिक
'बनारस अख़बार'	राजा शिवप्रसाद सिंह	1845	बनारस	साप्ताहिक
'मार्तण्ड'	मो. नासिरुद्दीन	1846	कलकत्ता	साप्ताहिक
'मालवा अख़बार'	प्रेम नारायण	1849	मालवा	साप्ताहिक
'सुधाकर'	बाबू तारामोहन मित्र	1850	काशी	साप्ताहिक
'बुद्धि प्रकाश'	मुंशी सदासुख लाल	1852	आगरा	साप्ताहिक
'समाचार सुधावर्षण'	श्यामसुन्दर सेन	1854	कलकत्ता	दैनिक
'जगदीपक भास्कर'	मो. नासिरुद्दीन	1846	कलकत्ता	
'प्रजा हितैषी'	राजा लक्ष्मण सिंह	1855	आगरा	
'लोकमित्र'	ईसाई मिशनरी	1863	आगरा	
'तत्त्वबोधिनी'	गुलाब शंकर	1865	बरेली	मासिक
'अख़बारे चुनार' (उर्दू पत्र)	बालमुकुन्द गुप्त	1866	चुनार	
'ज्ञान प्रदायिनी'	नवीनचन्द राय	1867	लाहौर	मासिक
'वृत्तान्त विलास'		1867	जम्मू	मासिक

भारतेन्दु-युगीन पत्र-पत्रिकाएँ (1868-1900 ई.)

- भारतेन्दु ने 'कविवचन सुधा' नामक पाक्षिक पत्रिका का सम्पादन सन्

1868 ई. में आरम्भ किया। आगे चलकर 1 सितम्बर 1873 ई. को यह पत्रिका 'साप्ताहिक' हो गयी। यह पत्रिका साहित्य के साथ-साथ समाचार और राजनीति से जुड़ी थी।

- भारतेन्दु द्वारा सम्पादित 'हरिश्चन्द्र मैगजीन' से सम्बन्धित विशेष तथ्य कई हैं।
- 'हरिश्चन्द्र मैगजीन' का प्रकाशन सन् 1873 ई. में भारतेन्दु ने आरम्भ किया।
- यह मासिक पत्रिका थी।
- 'हरिश्चन्द्र मैगजीन' का नाम बदलकर 'हरिश्चन्द्र चन्द्रिका' रख दिया गया। इसमें ये विषय यथा—साहित्यिक, राजनीतिक, वैज्ञानिक, धार्मिक, नाटक, कविताएँ, इतिहास, उपन्यास, हास्य एवं व्यंग्य प्रकाशित होते थे।
- 'हरिश्चन्द्र चन्द्रिका' पत्रिका का मूल स्वर देशभक्ति था, जिसके ज़रिये अंग्रेज़ी शासन की जर्जर व्यवस्थाओं को उजागर किया जाता था।
- 'हरिश्चन्द्र चन्द्रिका' में वेश्या संवाद प्रकाशित हुआ। जिसके कारण ब्रिटिश सरकार ने अश्लील कहकर पत्रिका की सरकारी ख़रीद को बन्द करवा दिया।
- भारतेन्दु ने 'हरिश्चन्द्र चन्द्रिका' के प्रकाशन को बन्द कर दिया तथा 'मोहन चन्द्रिका' नाम से इसका प्रकाशन करने लगे। इस पत्रिका को चलाने की ज़िम्मेवारी 'मोहन लाल विष्णुलाल पाण्ड्या' को दी गयी।
- भारतेन्दु को 'हरिश्चन्द्र चन्द्रिका' से अत्यधिक प्यार था। इसके कारण उन्होंने 'नवोदित हरिश्चन्द्र चन्द्रिका' नाम से पुनः इसे प्रकाशित किया परन्तु इसके दो अंक निकालने के पश्चात् इनकी मृत्यु हो गयी।
- भारतेन्दु ने महिला केन्द्रित पत्रिका 'बालाबोधिनी' का प्रकाशन सन् 1874 ई. में आरम्भ किया।
- 'गुरु सारिणी' नामक स्तम्भ (कॉलम) से 'बालाबोधिनी' में घरेलू हिसाब-किताब के सूत्र कविता में प्रकाशित होते रहते थे।
- भारतेन्दु विधि (Law) से जुड़े विषयों के लिए 'नीतिप्रकाश' नाम से पत्रिका प्रकाशित करना चाहते थे, इस सम्बन्ध में 'हरिश्चन्द्र चन्द्रिका' अप्रैल (1785) में उन्होंने लिखा है कि 'एक मासिक पत्र' 'नीति प्रकाश' नाम का बनारस से जारी होगा, इसमें अंग्रेज़ी और उर्दू क़ानूनों का तर्जुमा शाया हुआ करेगा और इसके सिवाय विलायत और हाईकोर्ट के फ़ैसले छपेंगे सन् 1877 ई. में बालकृष्ण भट्ट ने 'हिन्दी प्रदीप' का सम्पादन शुरू किया था।

- चिन्तामणि घोष ने 1884 ई. में 'इण्डियन प्रेस' की स्थापना इलाहाबाद में की।

नागरी प्रचारिणी पत्रिका (काशी) से सम्बन्धित विशेष तथ्य

- 'नागरी प्रचारिणी पत्रिका' का प्रकाशन सन् 1897 ई. को काशी से प्रारम्भ हुआ।
- इसके सम्पादक थे—श्यामसुन्दर दास, कालिदास सुधाकर द्विवेदी, राधाकृष्ण दास। बाद में इसके सम्पादकों में रामचन्द्र शुक्ल, रामचन्द्र वर्मा, गौरीशंकर हीराचन्द ओझा, चन्द्रधर शर्मा 'गुलेरी' आदि नाम प्रमुख हैं।
- 'नागरी प्रचारिणी पत्रिका' एक शोध पत्रिका थी।

भारतेन्दु-युगीन प्रमुख पत्र-पत्रिकाएँ

पत्रिका/पत्र	सम्पादक	वर्ष (ई.)	स्थान	प्रकार
'कविवचन सुधा'	भारतेन्दु हरिश्चन्द्र	1868	बनारस	मा.पा.सा.
'जगत् समाचार'		1869	आगरा	साप्ताहिक
'सुलभ समाचार'	केशवचन्द्र सेन	1871	कलकत्ता	साप्ताहिक
'अल्मोड़ा अख़बार'	सदानन्द सलवास	1871	अल्मोड़ा	साप्ताहिक
'बिहार बन्धु'	केशवराम भट्ट	1872	बाँकीपुर	मासिक
'हिन्दी दीप्ति प्रकाश'	कार्तिक प्रसाद खत्री	1872	कलकत्ता	साप्ताहिक
'चरणादि चन्द्रिका'		1873	बनारस	साप्ताहिक
'हरिश्चन्द्र मैगजीन'	भारतेन्दु हरिश्चन्द्र	1873	बनारस	मासिक
'बालाबोधिनी'	भारतेन्दु हरिश्चन्द्र	1874	बनारस	मासिक
'सदादर्श'	लाला श्रीनिवास दास	1874	काशी	मासिक
'भारतबन्धु'	बाबू तोताराम	1874	अलीगढ़	साप्ताहिक
'काशी पत्रिका'	बलदेव प्रसाद	1875	अलीगढ़	साप्ताहिक
'भारत मित्र'	रुद्रदत्त	1877	कलकत्ता	साप्ताहिक
'मित्र विलास	कन्हैयालाल	1877	लाहौर	साप्ताहिक
'आर्य दर्पण'	बख्तावर सिंह	1877	शाहजहाँपुर	साप्ताहिक
'हिन्दी प्रदीप'	बालकृष्ण भट्ट	1877	प्रयाग	मासिक
'कायस्थ समाचार'		1878	प्रयाग	मासिक
'उचित वक्ता'	दुर्गाप्रसाद मिश्र	1878	कलकत्ता	साप्ताहिक
'भारत सुदशा प्रवर्तक'	गणेश प्रसाद	1879	फ़र्रुख़ाबाद	साप्ताहिक
'सार सुधानिधि'	सदानन्द मिश्र	1879	कलकत्ता	साप्ताहिक

'सज्जन कीर्ति'	वंशीधर 1879	उदयपुर		सुधाकर
'क्षत्रिय पत्रिका'		1880	बाँकीपुर	मासिक
'आनन्द कादम्बिनी'	बदरीनारायण चौधरी 'प्रेमघन'	1881	मिर्ज़ापुर	मासिक
'देव नागरी प्रचारक'		1882	मेरठ	
'भारतेन्दु'	राधाचरण गोस्वामी	1883	कानपुर	मासिक
'ब्राह्मण'	प्रतापनारायण मिश्र	1883	कानपुर	मासिक
'काशी समाचार'		1883	काशी	साप्ताहिक
'इन्दु'		1883	लाहौर	मासिक
'दिनकर प्रकाश'	रामदास वर्मा	1883	लखनऊ	
'धर्म दिवाकर'	देवी सहाय	1883	कलकत्ता	
'प्रयाग समाचार'	देवकीनन्दन त्रिपाठी	1883	इलाहाबाद	
'शुभचिन्तक'	सीताराम	1883	जबलपुर	
'हिन्दोस्थान'	राजा रामपाल सिंह	1883	इंग्लैंड	दैनिक
'समाचार मार्तण्ड'	लालचन्द शास्त्री	1883	जयपुर	
'कान्यकुब्ज प्रकाश'		1884	लखनऊ	
'पीयूष प्रवाह'	अम्बिकादत्त व्यास	1884	काशी	
'भारत जीवन'	रामकृष्ण वर्मा	1884	काशी	
'कविकुल कुंज-दिवाकर'	रामनाथ शुक्ल	1884	बस्ती	
'भारतोदय'	सीताराम शर्मा	1885	कानपुर	दैनिक
'आर्यावर्त्त'		1887	कलकत्ता	साप्ताहिक
'रहस्य चन्द्रिका'		1888	बनारस	पाक्षिक
'कोहिनूर' (उर्दू)	बालमुकुन्द गुप्त	1888	लाहौर	
'द्विज पत्रिका'	दीनदयाल सिंह	1889	बाँकीपुर	पाक्षिक
'हिन्दी बंगवासी'	दीनदयाल सिंह	1890	कलकत्ता	साप्ताहिक
'भारत भूषण'	गोपालराम गहमरी	1892	मुम्बई	मासिक
'नागरी नीरद'	बदरी नारायण चौधरी 'प्रेमघन'	1893	मिर्ज़ापुर	साप्ताहिक
'साहित्य सुधानिधि'	देवकीनन्दन खत्री	1893	मुज़फ़्फ़रपुर	मासिक
'साहित्य सरोज'	गोपालराम गहमरी	1895	मेरठ	पाक्षिक

'श्री वेंकटेश्वर समाचार'		1895	मुम्बई	साप्ताहिक
'विद्या विनोद'		1895	बाँकीपुर	मासिक
'नागरी प्रचारिणी पत्रिका'	श्यामसुन्दर दास, रामनारायण मिश्र, शिवकुमार सिंह	1896	काशी	मासिक
'समस्यापूर्ति'		1897	बाँकीपुर	
'रसिक पत्रिका'		1897	कानपुर	साप्ताहिक
'उपन्यास'	गोपालराम गहमरी	1898	काशी	मासिक
'पण्डित पत्रिका'		1898	काशी	मासिक

द्विवेदी-युगीन पत्र-पत्रिकाएँ (1900-1918 ई.)

- सन् 1899 ई. में स्वामी चिन्तामणि घोष ने नागरी प्रचारिणी सभा को एक 'सुझाव प्रस्ताव' दिया कि सभा एक 'मासिक पत्रिका' के सम्पादन का भार ले तथा उसे प्रकाशित करें।
- इसके बाद 14 अक्टूबर 1899 ई. को नागरी प्रचारिणी सभा द्वारा 'सरस्वती' पत्रिका के सम्पादक-मण्डल के सदस्यों के नामों की घोषणा की गयी।
- 'सरस्वती' पत्रिका के सम्पादक मण्डल में बाबू जगन्नाथदास रत्नाकर, बाबू श्यामसुन्दर दास, राधाकृष्ण दास, किशोरीलाल गोस्वामी, कार्तिक प्रसाद खत्री थे।
- चिन्तामणि घोष ने ही 'सरस्वती' पत्रिका का नामकरण किया तथा इसका प्रथम अंक 1 जनवरी 1900 ई. को प्रकाशित हुआ।
- इण्डियन प्रेस, इलाहाबाद से 'सरस्वती' पत्रिका का प्रकाशन होता था तथा इसका सम्पादन कार्य काशी में होता था। सम्पादन का सारा दायित्व बाबू श्यामसुन्दर दास के पास था।

'सरस्वती' पत्रिका के सम्पादक का नाम तथा उनकी सम्पादन-कार्य-अवधि

सम्पादक	कार्य-अवधि (ई.)
श्यामसुन्दर दास	1900-1902
महावीर प्रसाद द्विवेदी	जनवरी 1903 से दिसम्बर 1920 तक

पदुमलाल पुन्नालाल बख्शी	1921–1925
देवीदत्त शुक्ल	1925
हरिकेशव घोष	1926
पदुमलाल पुन्नालाल बख्शी	1926–1928
पं. ठाकुर दत्त मिश्र	1928–1934
श्रीनाथ सिंह	1934–1935
उमेश चन्द्र मिश्र	1935–1945

- छायावादी प्रवृत्तियों की झलक 'सरस्वती' में पदुमलाल पुन्नालाल बख्शी के समय से दिखाई देने लगी।
- सन् 1900 ई. में 'छत्तीसगढ़ मित्र' मासिक पत्रिका का प्रकाशन प्रारम्भ हुआ। माधवराव सप्रे इसके सम्पादक थे।
- 'छत्तीसगढ़ मित्र' के अप्रैल 1901 ई. के अंक में माधवराव सप्रे की कहानी 'एक टोकरी भर मिट्टी' प्रकाशित हुई, जो हिन्दी की प्रथम मौलिक कहानी है।
- सन् 1902 ई. से चन्द्रधर शर्मा 'गुलेरी' ने 'समालोचक' पत्रिका का सम्पादन जयपुर से प्रारम्भ किया। इसमें नये प्रकाशनों की समीक्षा और आलोचनात्मक विषयों की विवेचना नियमित रूप से प्रकाशित होती थी।
- कृष्णकान्त मालवीय ने सन् 1909 ई. में प्रयाग से 'मर्यादा' नामक मासिक पत्रिका का सम्पादन प्रारम्भ किया। यह एक राजनीतिक पत्रिका थी। सन् 1922 ई. में डॉ. सम्पूर्णानन्द इसके सम्पादक बने।
- अम्बिका प्रसाद गुप्त ने महावीर प्रसाद द्विवेदी से मतभेद के चलते 1909 ई. में 'इन्दु' पत्रिका का प्रकाशन काशी से शुरू किया।
- 'इन्दु' पत्रिका को 'सरस्वती' पत्रिका के विरोधी और वैकल्पिक मंच के रूप में देखा जाता था।
- जयशंकर प्रसाद की 'इन्दु' पत्रिका पर स्पष्ट और गहरी छाप दिखाई देती है।
- कालूराम 'गंगराडे' ने सन् 1913 ई. में 'प्रभा' पत्रिका का सम्पादन खण्डवा से शुरू किया था। इस पत्रिका में 'भावों की भिड़न्त' नामक ऐतिहासिक लेख छपा था। इस लेख से यह सिद्ध किया गया था कि निराला की बहुत-सी कविताएँ रवीन्द्रनाथ ठाकुर की कविताओं की नक़ल हैं।

द्विवेदी-युगीन पत्र-पत्रिकाएँ

पत्रिका/पत्र	सम्पादक	वर्ष (ई.)	स्थान	प्रकार
'सरस्वती'	चिन्तामणि घोष	1900	काशी	मासिक
'सुदर्शन'	देवकीनन्दन खत्री	1900	काशी	मासिक
'छत्तीसगढ़'	माधवराव स्प्रे	1900	रायपुर	मासिक
'समालोचक'	चन्द्रधर शर्मा 'गुलेरी'	1902	जयपुर	मासिक
'हितवाणी'	रुद्रदत्त शर्मा और सखाराम गणेश	1904	कलकत्ता	
'अभ्युदय'	मदन मोहन मालवीय	1907	प्रयाग	साप्ताहिक
'देवनागर'	उमापति शर्मा और यशोदानन्दन अखौरी	1907	कलकत्ता	मासिक
'नृसिंह'	अम्बिका प्रसाद	1907	कलकत्ता	साप्ताहिक
'इन्दु'	अम्बिका प्रसाद गुप्त	1909	काशी	मासिक
'कर्मयोगी'	सुन्दरलाल	1909	प्रयाग	साप्ताहिक
'सम्मेलन पत्रिका'	धीरेन्द्र वर्मा और वियोगी हरि	1909	प्रयाग	शोध त्रैमासिक
'मर्यादा'	कृष्णकान्त मालवीय	1909	प्रयाग	मासिक
'मनोरंजन'	ईश्वरी प्रसाद शर्मा	1912	कानपुर	साप्ताहिक
'प्रताप'	गणेशंकर विद्यार्थी	1913	कानपुर	साप्ताहिक
'प्रभा'	कालूराम गंगराडे	1913	खण्डवा	मासिक
'पाटलिपुत्र'	काशी प्रसाद जायसवाल	1914	पटना	मासिक
'कलकत्ता समाचार'	अमृतलाल चक्रवर्ती	1914	कलकत्ता'	दैनिक
'श्री शारदा'	सेठ गोविन्द दास	1916	जबलपुर	मासिक
'विश्वमित्र'	मूलचन्द अग्रवाल	1916	कानपुर, दिल्ली, कलकत्ता, मुम्बई	दैनिक

छायावाद युगीन पत्र-पत्रिकाएँ (1918-1936 ई.)

- 'चाँद' का साप्ताहिक पत्र के रूप में प्रकाशन सन् 1920 ई. में इलाहाबाद से शुरू हुआ।

- सन् 1923 ई. में इसका प्रकाशन मासिक रूप से होने लगा।
- 'चाँद' पत्र में नारी विषयक समस्याओं तथा लेखिकाओं को विशेष रूप से प्राथमिकता मिलती थी।
- महादेवी वर्मा ने 'चाँद' और 'साहित्यकार' पत्रिका का सम्पादन कुछ वर्षों के लिए किया था।
- 'माधुरी' पत्रिका का सम्पादन 'दुलारेलाल भार्गव' ने सन् 1922 ई. से प्रारम्भ किया। परन्तु इसके वास्तविक सम्पादक रूपनारायण पाण्डेय और कृष्ण बिहारी मिश्र थे।
- 'माधुरी' पत्रिका के सम्पादक कुछ समय के लिए प्रेमचन्द तथा शिवपूजन सहाय भी रहे। यह छायावाद की समर्थक पत्रिकाओं में प्रमुख थी।
- सन् 1923 ई. में 'हिन्दी की प्रथम हास्य-व्यंग्य प्रधान' साप्ताहिक पत्रिका 'मतवाला' का प्रकाशन कलकत्ता से प्रारम्भ हुआ। इसके मुख्य सम्पादक महादेव सेठ थे। परन्तु इसके सम्पादकमण्डल में सूर्यकान्त त्रिपाठी 'निराला', शिवपूजन सहाय, नवजादिक लाल श्रीवास्तव भी थे।
- 'मतवाला' पत्रिका के स्थायी स्तम्भ 'चलती चक्की', 'चण्डूखाने की गप', 'रंगरूटों की फौट' थे।
- 'मतवाला' में निराला ने 'चाबुक' और 'कसौटी' स्तम्भों का नियमित लेखन किया था।
- सन् 1926 ई. में ईश्वरीदत्त शर्मा ने 'हिन्दू पंच' पत्रिका का प्रकाशन कोलकाता से शुरू किया।
- सन् 1930 ई. में 'हिन्दू पंच' का 'बलिदान अंक' प्रकाशित हुआ। इस अंक को अंग्रेज़ सरकार ने ज़ब्त कर लिया, इसे आज़ादी का महत्त्वपूर्ण दस्तावेज़ माना जाता है।
- मुंशी प्रेमचन्द ने सन् 1930 ई. में 'हंस' मासिक पत्रिका का सम्पादन शुरू किया। इसके नाम का सुझाव जयशंकर प्रसाद ने दिया था। 'हंस' पत्रिका के अलावा 'माधुरी' 'मर्यादा', 'जागरण' आदि पत्रिकाओं का सम्पादन इन्होंने किया था।
- निराला जी लम्बी अवधि तक 'सुधा' में अपने सम्पादकीय लिखते थे। वे 'रंगीला' नामक पत्र के सम्पादक, लेखक और प्रूफ़रीडर भी थे। वे कुछ समय के लिए 'समन्वय' पत्रिका के सम्पादक भी रहे।

छायावाद युगीन पत्र एवं पत्रिकाएँ

पत्रिका/पत्र	सम्पादक	वर्ष (ई.)	स्थान	प्रकार
'स्वदेश'	दशरथ प्रसाद द्विवेदी	1919	गोरखपुर	साप्ताहिक
'चाँद'	रामरख सहगल, चण्डी प्रसाद 'हृदयेश' महादेवी वर्मा	1920	प्रयाग	साप्ताहिक
'कर्मवीर'	संस्थापक माखनलाल चतुर्वेदी, सम्पादक माधवराव सप्रे	1920	जबलपुर	साप्ताहिक
'आज'	श्री प्रकाश, विष्णु पराड़कर	1920	वाराणसी	दैनिक
'हिन्दी नवजीवन'	महात्मा गांधी	1921	अहमदाबाद	साप्ताहिक
'समन्वय'	स्वामी माधवानन्द निराला	1922	कलकत्ता	मासिक
'किसान मित्र'	संस्थापक विष्णु नारायण भार्गव, सम्पादक दुलारेलाल भार्गव, रूपनारायण पाण्डेय, कृष्ण बिहारी मिश्र, प्रेमचन्द	1922	लखनऊ	मासिक
'मतवाला'	शिवपूजन सहाय, निराला, नवजादिक लाल, 'उग्र'	1923	कलकत्ता	साप्ताहिक
'सारथी'	द्वारका प्रसाद मिश्र	1924	जबलपुर	साप्ताहिक
'कल्याण'	संस्थापक जयदयाल गोयनका, सम्पादक हनुमान प्रसाद पोद्दार	1925	मुम्बई और गोरखपुर	मासिक
'सैनिक'	कृष्णदत्त पालीवाल	1925	आगरा	दैनिक
'श्रीकृष्ण सन्देश'	लक्ष्मण नारायण गर्दे	1925	कलकत्ता	साप्ताहिक
'सेनापति'	रामगोविन्द त्रिवेदी	1926	कलकत्ता	साप्ताहिक

'हिन्दू पंच'	ईश्वरी दत्त शर्मा	1926	कलकत्ता	साप्ताहिक
'वीणा'	अम्बिका प्रसाद त्रिपाठी, शान्तिप्रिय द्विवेदी	1927	इन्दौर	मासिक
'सरोज'	नवजादिक लाल श्रीवास्तव	1928	कलकत्ता	मासिक
'विशाल भारत'	बनारसीदास चतुर्वेदी	1928	कलकत्ता	मासिक
'युवक'	रामवृक्ष बेनीपुरी, गंगाशरण सिंह	1928	पटना	मासिक
'माया'	राजेश्वर प्रसाद सिंह, भैरवप्रसाद गुप्त	1929	प्रयाग	मासिक
'हंस'	प्रेमचन्द	1930	बनारस	मासिक
'जागरण'	शिवपूजन सहाय, प्रेमचन्द	1932	बनारस	साप्ताहिक
'वसुधा'	वंशीलाल, सन्तराम	1932	जम्मू-कश्मीर	मासिक
'विश्वबन्धु'	प्रेरक-मालवीय जी सम्पा.-वी.वी. गोस्वामी	1933	लाहौर	साप्ताहिक
'भारत'	नन्ददुलारे वाजपेयी	1933	इलाहाबाद	पाक्षिक
'वीर अर्जुन'	श्रीकृष्ण विद्यालंकार, इन्द्र वाचस्पति	1934	दिल्ली	दैनिक
'हिन्दुस्तान'	सत्यदेव विद्यालंकार, मुकुट बिहारी वर्मा रतनलाल जोशी	1936	दिल्ली	दैनिक
'नया साहित्य'	शमशेर बहादुर सिंह, रामविलास शर्मा	1936	मुम्बई	

छायावादोत्तर युगीन पत्र-पत्रिकाएँ (1936-1960 ई.)

- सन् 1950 ई. में टाइम्स ऑफ़ इण्डिया द्वारा 'धर्मयुग', 'साप्ताहिक' पत्रिका का प्रकाशन मुम्बई से प्रारम्भ हुआ। इस पत्रिका के प्रथम सम्पादक इलाचन्द्र जोशी थे।
- 'धर्मयुग' के सम्पादकों में हेमचन्द्र जोशी, सत्यदेव विद्यालंकार, धर्मवीर भारती, गणेश मन्त्री आदि प्रमुख नाम हैं।
- 'धर्मयुग' की लोकप्रियता प्रदान करने में डॉ. धर्मवीर भारती का बहुत बड़ा

योगदान है। उन्होंने बांग्लादेश के स्वतन्त्रता संग्राम (1971) का आँखों देखा हाल 'युद्धरत' शीर्षक में प्रस्तुत किया था।

- सन् 1990 से 'धर्मयुग' पाक्षिक हो गया।
- 2 अक्टूबर 1950 के 'साप्ताहिक हिन्दुस्तान' का प्रथम अंक दिल्ली से प्रकाशित हुआ। इसके प्रथम सम्पादक मुकुट बिहारी वर्मा थे।
- 'साप्ताहिक हिन्दुस्तान' के सम्पादकों में बाँके बिहारी भटनागर, मनोहर जोशी, शीला झुनझुनवाला, मृणाल पाण्डे आदि प्रमुख नाम हैं।
- 'साप्ताहिक हिन्दुस्तान' में कई स्थायी स्तम्भ प्रकाशित होते थे। इनमें चित्रकथा, बोलती छाया, आधी दुनिया, मन की उलझन, ऐसा भी हुआ फुलवार आदि प्रमुख हैं।
- भगवतीचरण वर्मा ने 'विचार' नामक साप्ताहिक पत्रिका का सम्पादन 1940 ई. में किया तथा 'नवजीवन' नामक दैनिक पत्रिका का सम्पादन 1948 ई. में किया था।

छायावादोत्तर युगीन पत्र-पत्रिकाएँ

पत्रिका/पत्र	सम्पादक	वर्ष (ई.)	स्थान	प्रकार
'साहित्य सन्देश'	बाबू गुलाबराय	1937	आगरा	मासिक
'रूपाभ'	सुमित्रानन्दन पन्त	1938	कालाकांकर	मासिक
'नया समाज'	मोहनसिंह सेंगर	1940	कलकत्ता	मासिक
'नया साहित्य'	डॉ. रामविलास शर्मा, प्रकाशचन्द्र शर्मा, यशपाल, रमेश सिन्हा, शमशेर बहादुर सिंह	1945	प्रयाग	मासिक
'आजकल'	प्रकाशन विभाग भारत सरकार	1945	दिल्ली	मासिक
'सरिता' 'मासिक' 'पाक्षिक'	विश्वनाथ	1945		नयी दिल्ली बाद में
'हिमालय'	शिवपूजन सहाय, रामवृक्ष बेनीपुरी	1946	पटना	

'ज्योत्सना'	नलिन विलोचन शर्मा	1947	पटना	मासिक
'कल्पना'	आर्येन्द्र शर्मा, बद्रीविशालपित्ती	1949	हैदराबाद	
'कल्पना'	बच्चन श्रीवास्तव	1950	नयी दिल्ली	मासिक
'साप्ताहिक' 'हिन्दुस्तान'	मुकुट बिहारी वर्मा, बाँके बिहारी भटनागर, शीला झुनझुनवाला आदि	1950	नयी दिल्ली	साप्ताहिक
'धर्मयुग'	इलाचन्द्र जोशी, धर्मवीर भारती	1950	मुम्बई	साप्ताहिक
'आलोचना'	शिवदान सिंह चौहान	1951	नयी दिल्ली	त्रैमासिक
'नवनीत'	रतनलाल जोशी, सत्यकाम विद्यालंकार, हरिप्रसाद नेवटिया	1952	मुम्बई	मासिक
'वसुधा'	राजेश्वर प्रसाद गुरु, हरिशंकर परसाई	1953	जबलपुर	मासिक
'नये पत्ते'	लक्ष्मीकान्त वर्मा	1953	इलाहाबाद	
'नयी कविता'	जगदीश गुप्त	1954	इलाहाबाद	अर्द्धवार्षिक
'ज्ञानोदय'	कन्हैयालाल मिश्र 'प्रभाकर'	1955	कलकत्ता	मासिक
'निकष'	धर्मवीर भारती	1956	इलाहाबाद	साप्ताहिक
'कृति'	नरेश मेहता, श्रीकान्त वर्मा	1958	दिल्ली	
'समालोचक'	रामविलास शर्मा	1958	आगरा	मासिक

समकालीन पत्र-पत्रिकाएँ (1960 के बाद)

- ❑ जनवरी 1965 ई. से 'दिनमान' साप्ताहिक पत्रिका का प्रकाशन प्रारम्भ हुआ।
- ❑ 'दिनमान' के प्रथम सम्पादक सच्चिदानन्द हीरानन्द वात्स्यायन 'अज्ञेय' थे। इस पत्रिका में 'चरचे और चरखे' नाम से सर्वेश्वरदयाल सक्सेना स्तम्भ लिखते थे। यह लेख अपने समय में बहुत लोकप्रिय था।
- ❑ सर्वेश्वरदयाल सक्सेना का 'चरचे और चरखे' नामक लेख-संग्रह 1986 में प्रकाशित हुआ।

❑ 'इंडिया टुडे' मूलतः समाचार पत्रिका है जो 1 नवम्बर 1986 ई. से प्रकाशित हो रही है। इसके प्रधान सम्पादक अरुण पुरी हैं तथा वरिष्ठ सम्पादक प्रभु चावला व मोहम्मद वकास हैं।

❑ विश्व हिन्दी समाचार का प्रकाशन 2009 ई. से प्रतिवर्ष विशेषांक के रूप में हो रहा है। यह विशेषांक विश्व हिन्दी सचिवालय द्वारा प्रकाशित किया जाता है।

समकालीन पत्र-पत्रिकाएँ

पत्रिका/पत्र	सम्पादक	वर्ष (ई.)	स्थान	प्रकार
'कादम्बिनी' दिल्ली	बाबू गुलाबराय	1960	इलाहाबाद	मासिक बाद में
'पहल'	ज्ञानरंजन	1960	जबलपुर	त्रैमासिक
'सारिका'	रतनलाल जोशी, मोहन राकेश, कमलेश्वर, चन्द्रगुप्त विद्यालंकार	1960	दिल्ली	मासिक
'तरुण भारत'	लल्लन प्रसाद व्यास	1961	लखनऊ	दैनिक
'बिलट्ज'	आर.के. करंजिया	1962	मुम्बई	साप्ताहिक
'क ख ग'	रघुवंश	1963	इलाहाबाद	त्रैमासिक
'माध्यम'	बालकृष्ण राव	1964	इलाहाबाद	मासिक
'नटरंग'	डॉ. नेमिचन्द्र जैन	1965	दिल्ली	त्रैमासिक
'दिनमान'	अज्ञेय, रघवीर सहाय, कन्हैयालाल नन्दन	1965	दिल्ली	साप्ताहिक
'अर्जक'	रामस्वरूप वर्मा	1965	लखनऊ	साप्ताहिक
'संचेतना'	महीप सिंह	1967	दिल्ली	त्रैमासिक
'समीक्षा'	देवेन्द्रनाथ शर्मा (गोपाल राय)	1968	पटना फिर	त्रैमासिक मासिक
'अचानक'	रामराज वर्मा, धीरज सिंह	1970	फतेहपुर	साप्ताहिक
'नवनीत'	लक्ष्मीनारायण गर्दे	1970	काशी/दिल्ली	मासिक
'कथा'	मार्कण्डेय	1972	इलाहाबाद फिर	त्रैमासिक मासिक

'प्रजानीति'	प्रभाष जोशी	1974	दिल्ली	साप्ताहिक
'पूर्वग्रह'	अशोक वाजपेयी	1974	भोपाल	मासिक
'साक्षात्कार'	शानी/प्रभाकर श्रोत्रिय	1976	भोपाल	त्रैमासिक
'रविवार'	सुरेन्द्र प्रताप सिंह	1977	कलकत्ता	साप्ताहिक
'दस्तावेज़'	विश्वनाथ प्रसाद तिवारी	1978	गोरखपुर	त्रैमासिक
'राष्ट्रभाषा सन्देश'	विभूति मिश्र	1980	इलाहाबाद	मासिक
'अभिप्राय'	राजेन्द्र कुमार	1981	इलाहाबाद	
'समकालीन' 'जनमत'	रामजी राय	1981	पटना/ इलाहाबाद	
'अक्षरा'	मध्य प्रदेश राष्ट्रभाषा प्रचार समिति	1982	भोपाल बाद में	त्रैमासिक द्विमासिक
'वर्तमान साहित्य'	विभूति नारायण राय	1984	इलाहाबाद	मासिक
'वागर्थ'	प्रभाकर श्रोत्रिय, रवीन्द्र कालिया, एकान्त श्रीवास्तव, कुसुम खेमानी	1995	कलकत्ता	मासिक
'साहित्य अमृत'	संस्थापक सम्पादक : विद्यानिवास मिश्र	1995	नयी दिल्ली	मासिक
'कथादेश'	हरिनारायण	1997	दिल्ली	मासिक
'तद्भव'	अखिलेश	1999	लखनऊ	त्रैमासिक
'कसौटी'	नन्दकिशोर नवल	1999	पटना	त्रैमासिक
'बहुवचन'	अशोक मिश्र	1999	वर्धा	त्रैमासिक
'भाषा'	केन्द्रीय हिन्दी निदेशालय		नयी दिल्ली	द्विमासिक
'आजकल'	वरिष्ठ सम्पादक राकेश रेणु, सम्पादक फरहत परवीन (प्रकाशन विभाग, भारत सरकार)		नयी दिल्ली	मासिक
'इन्द्रप्रस्थ भारती'	इन्द्र भारती एवं सचिव हिन्दी अकादमी, दिल्ली		नयी दिल्ली	मासिक
'हिन्दी समय'	अवधेश कुमार (महात्मा गांधी अन्तरराष्ट्रीय हिन्दी			

	विश्वविद्यालय		वर्धा	अनियमित ऑनलाइन
'मधुमति'	ब्रजरतन जोशी (राजस्थान साहित्य अकादमी)		उदयपुर	मासिक
'हंस' (पुन:प्रकाशन)	राजेन्द्र यादव	1986	नयी दिल्ली	मासिक
'गगनांचल'	हरीश नवल (भारतीय संस्कृति सम्बन्ध परिषद्)		दिल्ली	द्विमासिक
'उद्‌भावना'	अजय कुमार	1986	दिल्ली	
'कथाक्रम'	शैलेन्द्र कुमार	2000	लखनऊ	त्रैमासिक
'परख'	कृष्ण मोहन	2000	इलाहाबाद	त्रैमासिक
'सन्धान'	लाल बहादुर वर्मा	2001	इलाहाबाद	त्रैमासिक
'पुस्तक वार्ता'	अशोक मिश्र	2001	वर्धा	द्विमासिक
'नया ज्ञानोदय'	लीलाधर मंडलोई (भारतीय ज्ञानपीठ)	2003	नयी दिल्ली	मासिक
'प्रवासी संसार'	राकेश पाण्डेय	2004	नयी दिल्ली	द्विमासिक
'निकट' अर्द्धवार्षिक	कृष्ण बिहारी	2006	दुबई,	IJAE
'वाक्'	सुधीश पचौरी	2007	नयी दिल्ली	त्रैमासिक
'द्विभाषी' राष्ट्रसेवक	श्रीरदा कुमार शइकीया	2008	गुवाहाटी	मासिक
'पाखी'	अपूर्व जोशी	2008	नोएडा	मासिक
'विश्व हिन्दी समाचार'	राजेन्द्र प्रसाद मिश्र (विश्व हिन्दी सचिवालय, मॉरीशस)	2008	मॉरिशस	त्रैमासिक
'बनासजन'	पल्लव	2008	दिल्ली	त्रैमासिक
'विश्व हिन्दी पत्रिका'	प्रमुख सम्पादक विनोद कुमार मिश्र, सम्पादक माधुरी रामधारी	2009	मॉरीशस	वार्षिक
'अभिनव प्रयास'	अशोक अंजुम	2009	अलीगढ़	त्रैमासिक
'चिन्तन दिशा'	हृदयेश मयंक	2010	मुम्बई	त्रैमासिक

'भाषा पीयूष'	एच.बी. रामचन्द्रन	2011	बेंगलुरु	त्रैमासिक
'सृजन'	एस.टी. मेरवाडे	2012	बीजापुर	त्रैमासिक
'सृजन संवाद'	ब्रजेश	2013	लखनऊ	मासिक
'दूसरी परम्परा'	सुशील सिद्धार्थ	2013	लखनऊ	त्रैमासिक
'सामयिक सरस्वती'	महेश भारद्वाज	2015	नयी दिल्ली	त्रैमासिक
'अदहन'	डॉ. रविकान्त	2011	लखनऊ	द्विमासिक

पत्र/पत्रिका	सम्पादक
'लमही'	विजय राय
'पक्षधर'	विनोद तिवारी
'व्यंग्य यात्रा'	प्रेम जनमेजय
'अनभै साँचा'	द्वारिका प्रसाद चारुमित्र
'समकालीन रंगमंच'	राजेश
'कथा समवेत'	सोमनाथ शुक्ल

दलित पत्र-पत्रिकाएँ

- दलित पत्रिका की शुरुआत ज्योतिबा फुले की पत्रिका 'दीनबन्धु' से मानी जाती है।
- इस पत्रिका का प्रकाशन सन् 1899 ई. में मराठी भाषा में हुआ था।
- हिन्दी में दलित पत्रकारिता की शुरुआत डॉ. भीमराव अम्बेडकर द्वारा सम्पादित 'जनता' पत्र से मानी जाती है।
- 'जनता' पत्र 1956 ई. से 'प्रबुद्ध भारत' नाम से प्रकाशित होने लगा था।

दलित पत्र-पत्रिकाएँ

पत्रिका/पत्र	सम्पादक	वर्ष (ई.)	स्थान	प्रकार
'मूकनायक'	डॉ. भीमराव अम्बेडकर	1920		
'बहिष्कृत'	डॉ. भीमराव अम्बेडकर	1927		
'समता'	डॉ. भीमराव अम्बेडकर	1928		
'जनता'	डॉ. भीमराव अम्बेडकर	1930		
'दलित मित्र'	रघुनन्दन प्रसाद	1937	बिहार	
'अस्मितादर्श'		1961	महाराष्ट्र	

'पैंथर'	नामदेव ढसाल एवं जे.पी. पवार	1975		
'आक्रोश'	पैंथर संगठन द्वारा	1978	फ़रुख़ाबाद	
'प्रज्ञा साहित्य'	ओमप्रकाश वाल्मीकि	1995	फ़रुख़ाबाद	त्रैमासिक
'पश्यन्ती'	जयप्रकाश कर्दम	1997	दिल्ली	
'राष्ट्रीय सहारा'	विभांशु दिव्याल	1997	नोएडा	साप्ताहिक
'कल के लिए'	जयनारायण	1998	बहराइच	त्रैमासिक
'अम्बेडकर इन' 'इंडिया'	दयानाथ निगम	1999	कुशीनगर	मासिक
'तीसरा पक्ष'	देवेश चौधरी	2000	जबलपुर	त्रैमासिक
'अपेक्षा'	तेजसिंह	2000	दिल्ली	
'सम्यक् भारत'	मंजू मौर्या	2004	दिल्ली	मासिक
'बयान'	मोहनदास नैमिशराय	2006	दिल्ली	मासिक
'बहुरि नहिं आवना'	श्यौराज सिंह 'बेचैन' दिनेश राम	2008	दिल्ली	
'नागफनी'	रूपनारायण सोनकर	2010	दिल्ली	मासिक
'अम्बेडकर कल्चर'	कालीचरण सनेही	2013	लखनऊ	त्रैमासिक
'दलित संवेग'	टी.पी. राही	2014	लखनऊ	त्रैमासिक
'दलित दस्तक'	अशोक दास	2015	नयी दिल्ली	मासिक
'भारत अश्वघोष'	तुलसीदास		नागपुर	त्रैमासिक
'पल-प्रतिपल'	देश निर्मोही		पंचकूला	त्रैमासिक
'युद्धरत आम-आदमी'	रमणिका गुप्ता		दिल्ली	त्रैमासिक
'दलित साहित्य' वार्षिकी	जयप्रकाश कर्दम		दिल्ली	वार्षिक
'दलित अस्मिता'	विमल थोराट		दिल्ली	त्रैमासिक

16
विविध

- अपभ्रंश का प्रथम प्रबन्ध काव्य—'भविस्सयत्तकहा' (घनपाल)।
- हिन्दी का प्रथम कवि—सरहपा (9वीं शताब्दी)।
- खड़ी बोली हिन्दी के प्रथम कवि—अमीर ख़ुसरो।
- हिन्दी के सर्वप्रथम कोशकार—अमीर ख़ुसरो (ख़ालिक बारी)।
- हिन्दी का प्रथम महाकाव्य—'पृथ्वीराज रासो' (चन्दबरदाई)।
- हिन्दी खड़ी बोली का प्रथम महाकाव्य—'प्रियप्रवास' (हरिऔध)।
- हिन्दी काव्य में सर्वप्रथम बारहमासा वर्णन—बीसलदेव रासो (नरपति नाल्ह)।
- हिन्दी खड़ी बोली गद्य की प्रथम रचना—'चंद छन्दबरनन की महिमा' (गंग कवि)।
- हिन्दी खड़ी बोली का प्रथम गद्य ग्रन्थ—'भाषा योगवाशिष्ठ' (रामप्रसाद निरंजनी)।
- शुद्ध एवं परिमार्जित बोली के प्रथम लेखक—रामप्रसाद निरंजनी।
- हिन्दी काव्य में सर्वप्रथम नखशिख वर्णन—'राउलवेल' (रोड)।
- हिन्दी का प्रथम चम्पू काव्य—'राउलवेल' (रोड)।
- हिन्दी में सर्वप्रथम दोहा छन्द का प्रयोग—जोइन्दु (छठी शती)।
- हिन्दी में सर्वप्रथम दोहा-चौपाई पद्धति—सरहपा।
- हिन्दी के प्रथम गीतकार—विद्यापति।
- हिन्दी की प्रथम कवयित्री—मीराबाई।
- हिन्दी के प्रथम दलित कवि—सन्त रैदास।
- आधुनिक हिन्दी के प्रथम दलित कवि—हीरा डोम (अछूत की शिकायत)।
- हिन्दी खड़ी बोली का प्रथम काव्य-ग्रन्थ—एकान्तवासी योगी' (श्रीधर पाठक)।
- मुक्त छन्द के प्रथम प्रयोक्ता—'निराला' (जूही की कली)।

- हिन्दी में रीतिकाव्य का प्रथम ग्रन्थ—'हिततरंगिणी' (कृपाराम)।
- हिन्दी का प्रथम मौलिक नाटक—'नहुष' (गोपाल चन्द)।
- हिन्दी का प्रथम अभिनीत नाटक—'जानकी मंगल' (शीतला प्रसाद त्रिपाठी)।
- हिन्दी का प्रथम एकांकी—'एक घूँट' (जयशंकर प्रसाद)।
- हिन्दी की प्रथम अतुकान्त रचना—'प्रेमपथिक' (जयशंकर प्रसाद)।
- हिन्दी का प्रथम गद्यकाव्य—'साधना' (राय कृष्णदास)।
- हिन्दी की प्रथम मौलिक कहानी—'इन्दुमती' (किशोरीलाल गोस्वामी)।
- हिन्दी की प्रथम वैज्ञानिक कहानी—'चन्द्रलोक की यात्रा' (केशव प्रसाद)।
- हिन्दी की प्रथम दलित कहानी—'वचनबद्ध' (सतीश)।
  ['मुक्ति स्मारिका', 1975 ई. में प्रकाशित]।
- हिन्दी का प्रथम मौलिक उपन्यास—'परीक्षागुरु' (श्रीनिवास दास)।
- हिन्दी का प्रथम दलित उपन्यास—'छप्पर' (जयप्रकाश कर्दम)।
- हिन्दी की प्रथम महिला उपन्यासकार—'साध्वी सतीप्राण अबला' (मल्लिका देवी सुहासिनी, 1890)।
- हिन्दी की प्रथम आत्मकथा—'अर्द्धकथानक' (बनारसीदास जैन)।
- हिन्दी का प्रथम मानक जीवनी ग्रन्थ—'क़लम का सिपाही' (अमृतराय)।
- हिन्दी का प्रथम यात्रा संस्मरण—'लन्दन यात्रा' (श्रीमती हरदेवी 1883 ई.)।
- हिन्दी का प्रथम रिपोर्ताज—'लक्ष्मीपुरा' (शिवदान सिंह चौहान)।
- हिन्दी का प्रथम संस्मरण—'पद्मपराग' (पद्मसिंह शर्मा)।
- हिन्दी की प्रथम महिला-आत्मकथा—'मेरी जीवन-यात्रा' (जानकी देवी बजाज)।
- हिन्दी की प्रथम दलित महिला-आत्मकथा—'दोहरा अभिशाप' (कौशल्या वैसंत्री)।
- हिन्दी आलोचना की प्रथम पुस्तक—'समालोचना समुच्चय' (महावीर प्रसाद द्विवेदी)।
- हिन्दी में प्रथम तुलनात्मक आलोचना—'बिहारी और सादी' (पद्मसिंह शर्मा)।
- हिन्दी नाटक का प्रथम सैद्धांतिक ग्रन्थ—'रूपकरहस्य' (श्याम सुन्दर)।
- हिन्दी के प्रथम व्याकरणकार—जे.जे. केटलर (हॉलैंड)। ['हिन्दुस्तानी ग्रामर' डच भाषा में]।
- हिन्दी का प्रथम भारतीय व्याकरण—पं. श्रीलाल('भाषा चन्द्रोदय', 1855 ई.)।

- ❑ राजभाषा आयोग के प्रथम अध्यक्ष—'बालासाहेब गंगाधर खेर'।
- ❑ हिन्दी साहित्य परिषद् के प्रथम अध्यक्ष—'पुरुषोत्तम दास टण्डन'।
- ❑ राष्ट्रीय नाट्य विद्यालय के प्रथम अध्यक्ष—'इब्राहिम अलकाजी'।
- ❑ हिन्दी में प्रथम डी. लिट्. उपाधि प्राप्तकर्ता—'डॉ. पीताम्बरदत्त बड़थ्वाल'।
- ❑ नागरी प्रचारिणी सभा के प्रथम सभापति—'बाबू राधाकृष्णदास'।
- ❑ नागरी लिपि सुधार समिति के प्रथम सभापति—'महात्मा गांधी' (1935 ई.)।
- ❑ देवनागरी लिपि सुधार समिति के प्रथम अध्यक्ष—'आचार्य नरेन्द्र देव' (1947)।
- ❑ हिन्दुस्तानी के स्थान 'हिन्दी' शब्द का सर्वप्रथम प्रयोक्ता—'गिलक्राइस्ट'।
- ❑ 'खड़ी बोली' शब्द का प्रथम प्रयोक्ता—'लल्लूलाल'।
- ❑ 'गीतिकाव्य' शब्द का सर्वप्रथम प्रयोगकर्ता—'लोचन प्रसाद पाण्डेय'।
- ❑ 'जर्नलिस्ट' के लिए सर्वप्रथम 'पत्रकार' शब्द का प्रयोगकर्ता 'माखनलाल चतुर्वेदी'।
- ❑ कुण्डलिया छन्द के प्रथम प्रयोक्ता—'शारंगधर'।
- ❑ प्रगतिशील लेखक संघ के प्रथम सभापति—'मुंशी प्रेमचन्द'।

हिन्दी से जुड़ी संस्थाएँ

संस्था-स्थापना	वर्ष (ई.)
❑ तटीय समाज (भारतेन्दु हरिश्चन्द्र द्वारा)	1873
❑ हिन्दी उद्धारिणी प्रतिनिधि मध्य सभा, प्रयाग	1884
❑ इंडियन प्रेस इलाहाबाद (संस्थापक—चिन्तामणि घोष)	1884
❑ रामलीला नाटक मण्डली, इलाहाबाद	1889
❑ भारतेन्दु नाटक मण्डली, वाराणसी	1906
❑ नागरी प्रचारिणी सभा, वाराणसी	1893
❑ 'सरस्वती' पत्रिका (संस्थापक—चिन्तामणि घोष)	1900
❑ हिन्दी नाट्य परिषद्, कोलकाता	1906
❑ हिन्दी नाट्य समिति, इलाहाबाद	1910
❑ दक्षिण भारत हिन्दी प्रचार सभा, चेन्नयी	1915
❑ हिन्दी साहित्य सम्मेलन, इन्दौर	1918
❑ राष्ट्रभाषा प्रचार सभा, मणिपुर	1918
❑ अखिल भारतीय संगीत परिषद्	1919
❑ गुजरात विद्यापीठ, अहमदाबाद (संस्थापक—महात्मा गांधी)	1920

- नागरी लिपि सुधार समिति (काका कालेलकर) 1935
- प्रगतिशील लेखक संघ, लखनऊ (प्रेमचन्द की अध्यक्षता में) 1936
- राष्ट्रभाषा प्रचार समिति, वर्धा (महाराष्ट्र) 1936
- मुम्बई हिन्दी विद्यापीठ 1938
- 'ज्ञानलता' मण्डल (क्रान्तिकारी वातावरण से प्रभावित युवकों की संस्था) 1942
- इंडियन पीपुल्स थियेटर एसोसिएशन 'इप्टा' (नये लेखकों की संस्था) 1943
- भारतीय ज्ञानपीठ न्यास 1944
- राष्ट्रभाषा परिषद्, पुणे 1945
- फ़िल्म प्रभाग (सूचना एवं प्रसारण मंत्रालय के अधीन) 1948
- परिमल (नये लेखकों की संस्था) 1952
- हिन्दी साहित्य अकादेमी 1953
- संगीत नाटक अकादेमी 1954
- राजभाषा आयोग 1955
- पत्र सूचना कार्यालय, नयी दिल्ली 1956
- नेशनल बुक ट्रस्ट 1957
- आकाशवाणी (सूचना एवं प्रसारण मन्त्रालय) 1957
- दूरदर्शन 1959
- राष्ट्रीय नाट्य विद्यालय, नयी दिल्ली 1959
- केन्द्रीय हिन्दी निदेशालय (नई दिल्ली) 1960
- केन्द्रीय हिन्दी संस्थान (आगरा) 1960
- वैज्ञानिक एवं तकनीकी शब्दावली आयोग, नयी दिल्ली 1961
- राजभाषा विभाग 1975
- विश्व हिन्दी सचिवालय, मॉरीशस 12 नवम्बर 2002

साहित्यकारों की गुरु-शिष्य परम्परा

गुरु	शिष्य	गुरु	शिष्य
मत्स्येन्द्रनाथ	गोरखनाथ	निज़ामुद्दीन औलिया	अमीर ख़ुसरो
रामानन्द	कबीर	सन्त ज्ञानदेव	नामदेव
राघवानन्द	रामानन्द	रामानन्द	रैदास
रैदास	मीराबाई	बुड्ढन	दादू दयाल

दादू दयाल	रज्जब	दादू दयाल	सुन्दरदास
धनी देवचन्द	स्वामी प्राणनाथ (बुलाकीराम)	यारी साहब	बुल्ला
सुखदेव	चरनदास (रणजीत)	चरनदास	दयाबाई, सहजोबाई
शेख़ बुरहान	कुतुबन	सैयद मुहीउद्दीन	मलिक मुहम्मद जायसी
शेख़ मुहम्मद गौस	मंझन	निम्बार्क कांचीपूर्ण	जयदेव रामानुजाचार्य

गुरु	शिष्य
बल्लभाचार्य	सूरदास, कुम्भनदास, परमानन्ददास, कृष्णदास
विट्ठलनाथ	छीत स्वामी, गोविन्द स्वामी, चतुर्भुजदास, नन्ददास

गुरु	शिष्य	गुरु	शिष्य
नरहरिदास	तुलसीदास	अग्रदास	नाभादास
हरिव्यासदेव	रूपरसिकदेव	वृन्दावनदेव	घनानन्द
नरहरिदास	बिहारी	बिरजानन्द	दयानन्द सरस्वती

गुरु	शिष्य
शिवप्रसाद 'सितारेहिन्द'	भारतेन्दु हरिश्चन्द्र
महावीर प्रसाद द्विवेदी	मैथिलीशरण गुप्त
महावीर प्रसाद द्विवेदी	सूर्यकान्त त्रिपाठी 'निराला'
हीरामणि दीक्षित	सेनापति
नवनीतलाल चतुर्वेदी	जगन्नाथदास रत्नाकर
मोहिनी काल	जयशंकर प्रसाद

भारतीय साहित्यशास्त्र के सिद्धान्त तथा उसके प्रवर्तक

सिद्धान्त	प्रवर्तक
रीति	आचार्य वामन
अलंकार	आचार्य भामाह
रस	आचार्य भरत
ध्वनि	आनन्दवर्धन
वक्रोक्ति	कुन्तक

औचित्य	क्षेमेन्द्र
उत्पत्तिवाद	भट्ट लोल्लट
मुक्तिवाद या भोगवाद	आचार्य भट्टनायक
अभिव्यक्तिवाद	अभिनवगुप्त
छायावाद	जयशंकर प्रसाद
स्वच्छन्दतावाद	श्रीधर पाठक
हालावाद	हरिवंशराय 'बच्चन'
प्रयोगवाद	अज्ञेय
प्रपद्यवाद	नलिन विलोचन शर्मा, केसरी कुमार, नरेश कुमार

पाश्चात्य साहित्यशास्त्र के सिद्धान्त और उसके प्रवर्तक

सिद्धान्त	प्रवर्तक
अनुकरण	प्लेटो
विरेचन सिद्धान्त/त्रासदी	अरस्तू
उदात्तवाद	लोंजाइनस
अस्तित्ववाद	सॉरेन कीर्केगार्द
सम्प्रेषणवाद/मूल्यवाद	आई.ए. रिचर्ड्स
अभिव्यंजनावाद	बेनदेत्तो क्रोचे
स्वच्छन्दतावाद	वर्ड्सवर्थ
कल्पनावाद	कॉलरिज
द्वन्द्ववाद	हीगल
बिम्बवाद	टी.ई. ह्यूम, एजरा पाउंड
प्रतीकवाद	बॉदलेयर
यथार्थवाद	कार्वे
वस्तुनिष्ठ समीकरण	इलियट
निर्वैयक्तिकतावाद	इलियट
मनोवैज्ञानिक यथार्थवाद	फ्रायड
कुत्सित यथार्थवाद	फ्लावर्ट
समाजवादी यथार्थवाद	कार्ल मार्क्स

प्रकृतवाद	महान यथार्थवाद
विरोधाभास	राबर्ट पेन वारेन
अन्तर्विरोध	क्लींथब्रुक्स

प्रमुख सम्प्रदाय एवं उसके प्रवर्तक

प्रवर्तक	सम्प्रदाय
रामानुज	श्री सम्प्रदाय
निम्बार्क	सनक सम्प्रदाय
विष्णुस्वामी	रुद्र सम्प्रदाय
मध्वाचार्य	ब्रह्म सम्प्रदाय
रामानन्द	रामावत सम्प्रदाय
महात्मा चक्रधर	महानुभाव
सन्त ज्ञानेश्वर	भागवत
श्रीचंद	उदासी सम्प्रदाय
जम्भनाथ	विश्नोई सम्प्रदाय
हरिदास निरंजनी	निरंजनी सम्प्रदाय
गुरु नानकदेव	सिख सम्प्रदाय
वीरभान (दादू के समकालीन)	सतनामी सम्प्रदाय
शंकराचार्य	स्मार्त सम्प्रदाय
गोसाई हितहरिवंश	राधाबल्लभी सम्प्रदाय
स्वामी हरिदास	हरिदासी सम्प्रदाय (सखी)
चैतन्य महाप्रभु	चैतन्य या गौड़ीय सम्प्रदाय
रामानुजाचार्य	दास्यभाव भक्ति
बल्लभाचार्य	पुष्टिमार्ग
ख़्वाजा आबू अब्दुल्लाह चिश्ती	चिश्ती सम्प्रदाय
शेख़ अब्दुल क़ादिर जीलानी	क़ादरी सम्प्रदाय
सैयद जलालुद्दीन सुर्खपोश	सुहरावर्दी सम्प्रदाय
ख़्वाजा वहाउद्दीन नक्शबन्द	नक्शबन्दी सम्प्रदाय
शंकरदेव	एक शरण या महापुरुषीया सम्प्रदाय

प्रमुख दर्शन एवं उसके प्रवर्तक

प्रवर्तक	दर्शन
जैमिनी	मीमांसा दर्शन
कपिलमुनि	सांख्य दर्शन
पतंजलि	योग दर्शन
गौतम	न्याय दर्शन
कणाद	वैशेषिक दर्शन
वार्हस्पत्य	चार्वाक (लोकायत) दर्शन
पार्श्वनाथ	जैन दर्शन (स्यादवाद)
गौतम बुद्ध	संघातवाद (क्षणिकवाद)
शंकराचार्य	अद्वैतवाद
रामानुजाचार्य	विशिष्टाद्वैतवाद
मध्वाचार्य	द्वैतवाद
निम्बार्क	द्वैताद्वैतवाद
बल्लभाचार्य	शुद्धाद्वैतवाद

हिन्दी साहित्यकारों की रचनावलियों के सम्पादक

रचनावली	सम्पादक
'कबीर का समग्र अनभै संसार' (दो खण्ड)	गोविन्द रजनीश
'कबीर'	आचार्य हजारीप्रसाद द्विवेदी
'कबीर ग्रन्थावली'	श्यामसुन्दर दास
'अयोध्यासिंह उपाध्याय 'हरिऔध' ग्रन्थावली' (दस खण्ड)	सदानन्द शाही
'अवधी ग्रन्थावली' (दस खण्ड)	जगदीश पीयूष
'अशोक वाजपेयी : चुनी हुई रचनाएँ' (दो खण्ड)	मदन सोनी
'अमरकान्त संचयन'	रवीन्द्र कालिया
'अश्क रचनावली : समग्र उपन्यास'	नीलाभ
'आलम ग्रन्थावली'	विद्यानिवास मिश्र
'कमलेश्वर रचना संचयन'	गंगा प्रसाद विमल
'केशव ग्रन्थावली'	विश्वनाथ प्रसाद मिश्र

'कुँवरनारायण : संसार'	यतीन्द्र मिश्र
'कहानी-समग्र (तीन खण्ड)	नासिरा शर्मा
'जयशंकर प्रसाद ग्रन्थावली'	डॉ. सत्यप्रकाश मिश्र
'निराला रचनावली' (आठ खण्ड)	नन्दकिशोर नवल
'महादेवी वर्मा साहित्य' (चार खण्ड)	निर्मला जैन
'महादेवी वर्मा संचयिता'	निर्मला जैन
'हजारीप्रसाद द्विवेदी ग्रन्थावली' (बारह खण्ड)	मुकुन्द द्विवेदी
'निराला संचयिता'	रमेशचन्द्र शाह
'मैथिलीशरण गुप्त ग्रन्थावली' (बारह खण्ड)	कृष्णदत्त पालीवाल
'मैथिलीशरण गुप्त संचयिता'	नन्दकिशोर नवल
'अज्ञेय का रचना-संसार'	गंगा प्रसाद विमल
'अज्ञेय रचनावली'	कृष्णदत्त पालीवाल
'अज्ञेय : उपन्यास संचयन'	संजीव
'अज्ञेय : कहानी संचयन'	गीतांजलिश्री
'अज्ञेय : आलोचना संचयन'	ओम निश्चल
'अज्ञेय : संचयिता'	नन्दकिशोर आचार्य
'अपने-अपने अज्ञेय' (दो खण्ड)	ओम थानवी
'चिन्तामणि', भाग-1 (1939 ई.) पहले 13 निबन्ध प्रकाशित। बाद में चार अन्य निबन्ध जोड़कर 'चिन्तामणि' नाम से कुल 17 निबन्ध 1939 में प्रकाशित।	आचार्य रामचन्द्र शुक्ल
'चिन्तामणि', भाग-2 (1945 ई.) (इसमें तीन विस्तृत निबन्ध—'काव्य में प्राकृतिक दृश्य', 'काव्य में रहस्यवाद' और 'अभिव्यंजनावाद' संकलित हैं)।	आचार्य विश्वनाथ प्रसाद मिश्र
'चिन्तामणि', भाग-3 (1983 ई.) (इसमें शुक्ल जी के 21 निबन्ध संकलित हैं)।	आचार्यडॉ. नामवर सिंह
'चिन्तामणि', भाग-4 (इसमें आचार्य शुक्ल के सन् 1902 से 1939 ई. तक प्रकाशित कुल 47 निबन्ध संकलित हैं)।	कुसुम चतुर्वेदी एवं ओमप्रकाश सिंह

‘ख़ुसरो की हिन्दी कविता’	ब्रजरत्नदास
‘गिरिधर कविराय ग्रन्थावली’	डॉ. किशोरीलाल गुप्त
‘गुलेरी रचनावली’ (दो खण्ड)	मनोहर लाल
‘जगदीशचन्द्र माथुर रचनावली’ (चार खण्ड)	सुरेश अवस्थी
‘जायसी ग्रन्थावली’	आचार्य रामचन्द्र शुक्ल
‘जैनेन्द्र रचनावली’ (बारह खण्ड)	डॉ. निर्मला जैन
‘त्रिलोचन संचयिता’	डॉ. ध्रुव शुक्ल
‘दादू समग्र’ (दो खण्ड)	गोविन्द रजनीश
‘दिनकर रचनावली’ (चौदह खण्ड)	नन्दकिशोर नवल
‘दुष्यन्त कुमार रचनावली’ (चार खण्ड)	विजय बहादुर सिंह
‘देव की दीपशिखा’	विद्यानिवास मिश्र, शिवदत्त चतुर्वेदी
‘श्रीनरेश मेहता रचनावली’ (ग्यारह खण्ड)	प्रभाकर श्रोत्रिय
‘नरोत्तमदास ग्रन्थावली’	विश्वनाथ प्रसाद मिश्र
‘नागार्जुन रचनावली’ (सात खण्ड)	शोभाकान्त
‘नामवर सिंह संचयिता’	नन्दकिशोर नवल
‘नामदेव रचनावली’	गोविन्द रजनीश
‘निर्मल वर्मा : अन्तर्यात्रा’	नन्दकिशोर आचार्य
‘निर्मल वर्मा : अवलोकन’	नन्दकिशोर आचार्य
‘निर्मला जैन संचयिता’	रामेश्वर राय
‘पंत सहचर’	अशोक वाजपेयी, अपूर्वानन्द
‘पदुमलाल पुन्नालाल बख्शी ग्रन्थावली’ (आठ खण्ड)	नलिनी श्रीवास्तव
‘परसाई रचनावली’ (छह खण्ड)	कमला प्रसाद, धनंजय वर्मा, श्याम सुन्दर मिश्र, मलय, श्याम कश्यप
‘प्रतापनारायण मिश्र रचनावली’ (चार खण्ड)	चन्द्रिका प्रसाद शर्मा
‘प्रसाद साहित्य कोश’ (छह खण्ड, 2012 ई.)	डॉ. सुरेश गौतम, डॉ. वीणा गौतम

	भारत यायावर
'बच्चन रचनावली' (ग्यारह खण्ड)	अजित कुमार
'बालकृष्ण भट्ट रचनावली' (चार खण्ड)	समीर कुमार पाठक
'बेनीपुरी ग्रन्थावली' (आठ खण्ड)	सुरेश शर्मा
'भगवतीचरण वर्मा रचनावली' (चौदह खण्ड)	भगवतीचरण वर्मा
'भारतेन्दु हरिश्चन्द्र'	ब्रजरत्न दास
'भारतेन्दु ग्रन्थावली, भारतेन्दु समग्र'	हेमन्त शर्मा
'भूषण ग्रन्थावली'	विश्वनाथ प्रसाद मिश्र
'मतिराम ग्रन्थावली'	कृष्ण बिहारी मिश्र
'मलयज की डायरी' (तीन खण्ड)	डॉ. नामवर सिंह
'महात्मा ज्योतिबा फुले रचनावली' (दो खण्ड)	एल.जी. मेश्राम, विमल कीर्ति
'महावीर प्रसाद द्विवेदी रचनावली' (पन्द्रह खण्ड)	भारत यायावर
'महीप सिंह-रचना संचयन'	महीप सिंह
'माखनलाल चतुर्वेदी ग्रन्थावली' (दस खण्ड)	श्रीकान्त
'मीरा ग्रन्थावली' (दो खण्ड)	कल्याण सिंह शेखावत
'मुक्तिबोध रचनावली' (छह खण्ड)	डॉ. नेमिचन्द्र जैन
'मोहन राकेश रचनावली' (तेरह खण्ड)	जयदेव तनेजा
'मोहन राकेश रचना संचयन'	रवीन्द्र कालिया
'मैत्रेयी पुष्पा रचना संचयन' (2016 ई.)	सुशील सिद्धार्थ
'रघुवीर सहाय रचनावली' (छह खण्ड)	सुरेश शर्मा
'रघुवीर सहाय संचयिता'	कृष्ण कुमार
'रहीम रचनावली'	डॉ. सत्यप्रकाश मिश्र
'रामचन्द्र शुक्ल संचयन'	डॉ. नामवर सिंह
'राहुल वाङ्मय'	कमला सांकृत्यायन
'रैदास रचनावली'	गोविन्द रजनीश
'सुमित्रानन्दन पन्त ग्रन्थावली' (सात खण्ड)	सुमित्रानन्दन पन्त
'सर्वेश्वरदयाल सक्सेना ग्रन्थावली' (नौ खण्ड)	वीरेन्द्र जैन
'हंस के विमर्श' (दो खण्ड)	राजेन्द्र यादव
'श्रीलाल शुक्ल संचयिता'	डॉ. नामवर सिंह, सुशील सिद्धार्थ

प्रमुख साहित्यकारों का जीवनकाल

आदिकाल के साहित्यकारों का जीवनकाल

लुइपा (सिद्ध)	जन्म 730 ई.
शबरपा (सिद्ध)	जन्म 780 ई.
सरहपा (सिद्ध)	800-875 ई.
स्वयंभू	800-900 ई.
विरूपा (सिद्ध)	जन्म 830
भुसुकुपा (सिद्ध)	800 ई.
कण्हपा (सिद्ध)	925-1000 ई.
डोरियपा	जन्म 840 ई.
गोरखनाथ	845 ई.
दलपत विजय	9वीं सदी
मल्हसिंह भाट	12वीं सदी
चन्दबरदाई	1148-1192 ई.
चक्रधर महात्मा	1194-1274 ई.
नरपति नाल्ह	रचनाकाल 1155 ई.
जगनिक	13वीं सदी
श्रीधर	14वीं सदी
विद्यापति	1350-1440 ई.

भक्तिकाल के साहित्यकारों के जीवनकाल

रामानन्द	(1368-1668 ई.)
मुल्ला दाउद	(जन्म-1380 ई.)
रैदास	(1376-1448 ई.)
कबीर	(1398-1518 ई.)
जायसी	(1464-1542 ई.)
कुम्भनदास	(1468-1583 ई.)
सूरदास	(1478-1530 ई.)
गुरुनानक	(1469-1538 ई.)
कृष्णदास	(1496-1578 ई.)
तुलसीदास	(1497-1623 ई.)

परमानन्ददास	(जन्म-1493 ई.)
मीरा	(1504-1558 ई.)
नरोत्तमदास	(जन्म-1523 ई.)
चतुर्भुजदास	(1530-1585 ई.)
नन्ददास	(1533-1583 ई.)
रसखान	(1533-1618 ई.)
दादू दयाल	(1544-1603 ई.)
रहीम	(1556-1626 ई.)
केशवदास	(1555-1617 ई.)
नाभादास	(1570-1660 ई.)
मलूकदास	(1574-1682 ई.)
सेनापति	(जन्म 1589 ई.)
सुन्दरदास	(1596-1689 ई.)
रज्जव दास	(1567-1689 ई.)
गोविन्द स्वामी	(1505-1585 ई.)
छीत स्वामी	(1510-1585 ई.)
गंग कवि	(1538-1625 ई.)

रीतिकाल के साहित्यकारों का जीवनकाल

केशवदास	(1555-1617 ई.)
चिन्तामणि	(1604-1685 ई.)
भूषण	(1613-1715 ई.)
मतिराम	(जन्म-1617 ई.)
बिहारी	(1595-1663 ई.)
सेनापति	(1589 ई.)
रसनिधि (पृथ्वी सिंह)	(1603-1660 ई)
कुलपति मिश्र	(1642-1795 ई.)
महाराज जसवन्त सिंह	(1626-1688 ई.)
देव	(1673-1767 ई.)
तोषनिधि	(1710-1805 ई.)
भिखारी दास	(रचनाकाल 1725-1760 ई.)
रसलीन	(1699-1750 ई.)

पद्माकर	(1753–1833 ई.)
ग्वाल	(1791–1868 ई.)
अमीर दास	(1783 ई.)
रसिक गोविन्द	(1783–1838 ई.)
गोपकवि	(1716 ई.)
हठीजी	(1780 ई.)
नेवाल	(1680 ई.)
नृपशम्भु	(1657 ई.)
घनानन्द	(1689–1739 ई.)
बोधा	(1747 ई.)
ठाकुर	(1766–1833 ई.)

भारतेन्दु-युग के साहित्यकारों का जीवनकाल

बालकृष्ण भट्ट	(1844–1914 ई.)
भारतेन्दु हरिश्चन्द्र	(1850–1885 ई.)
लाला श्रीनिवास दास	(1851–1887 ई.)
बदरीनारायण चौधरी 'प्रेमघन'	(1855–1923 ई.)
प्रतापनारायण मिश्र	(1856–1894 ई.)
ठाकुर जगमोहन सिंह	(1857–1899 ई.)
अम्बिकादत व्यास	(1858–1900 ई.)
श्रीधर पाठक	(1859–1928 ई.)
राधाकृष्ण दास	(1865–1907 ई.)
बालमुकुन्द गुप्त	(1865–1907 ई.)
नवनीत चतुर्वेदी	(1868–1919 ई.)

द्विवेदी-युग के साहित्यकारों का जीवनकाल

श्रीधर पाठक	(1859–1928 ई.)
नाथूराम शर्मा शंकर	(1859–1932 ई.)
महावीर प्रसाद द्विवेदी	(1864–1938 ई.)
अयोध्यासिंह उपाध्याय 'हरिऔध'	(1865–1947 ई.)
जगन्नाथदास 'रत्नाकर'	(1866–1932 ई.)

राय देवीप्रसाद 'पूर्ण'	(1873-1920 ई.)
रामचरित उपाध्याय	(1872-1932 ई.)
कामताप्रसाद गुरु	(1875-1947 ई.)
सत्यनारायण 'कविरत्न'	(1880-1918 ई.)
गिरिधर शर्मा 'नवरत्न'	(1881-1961 ई.)
गयाप्रसाद शुक्ल 'सनेही'	(1883-1972 ई.)
लोचन प्रसाद पाण्डेय	(1886-1959 ई.)
मैथिलीशरण गुप्त	(1886-1964 ई.)
रामनरेश त्रिपाठी	(1889-1962 ई.)
मुकुटधर पाण्डेय	(1895-1989 ई.)
बालमुकुन्द गुप्त	(1865-1907 ई.)
लाला भगवानदीन	(1866-1930 ई.)

छायावादी साहित्यकारों का जीवनकाल

जयशंकर प्रसाद	(1889-1937 ई.)
सूर्यकान्त त्रिपाठी 'निराला'	(1899-1961 ई.)
सुमित्रानन्दन पन्त	(1900-1977 ई.)
रामकुमार वर्मा	(1905-1990 ई.)
महादेवी वर्मा	(1907-1987 ई.)
उदयशंकर भट्ट	(1898-1966 ई.)
मोहनलाल महतो वियोगी	(1899-1990 ई.)
लक्ष्मीनारायण मिश्र	(1907-1989 ई.)

उत्तर-छायावाद के साहित्यकारों का जीवनकाल

माखनलाल चतुर्वेदी	(1889-1968 ई.)
सियारामशरण गुप्त	(1895-1963 ई.)
बालकृष्ण शर्मा 'नवीन'	(1897-1960 ई.)
सुभद्रा कुमारी चौहान	(1904-1948 ई.)
रामधारी सिंह 'दिनकर'	(1908-1974 ई.)
जगन्नाथ प्रसाद मिलिंद	(1907-1986 ई.)
श्याम नारायण पाण्डेय	(1907-1991 ई.)

प्रेम और मस्ती के साहित्यकारों का जीवनकाल

भगवतीचरण वर्मा	(1903–1981 ई.)
हरिवंशराय 'बच्चन'	(1907–2003 ई.)
नरेन्द्र शर्मा	(1913–1989 ई.)
रामेश्वर शुक्ल 'अंचल'	(1915–1995 ई.)
जानकी-वल्लभ शास्त्री	(1916–2011 ई.)
हरिकृष्ण प्रेमी	(1908–1974 ई.)

प्रगतिवाद के साहित्यकारों का जीवनकाल

केदारनाथ अग्रवाल	(1911–2000 ई.)
नागार्जुन	(1911–1998 ई.)
शिवमंगल सिंह 'सुमन'	(1915–2002 ई.)
त्रिलोचन	(1917–2007 ई.)

प्रयोगवाद और नयी कविता के कवियों का जीवनकाल

केदारनाथ अग्रवाल	(1911–2000 ई.)
नागार्जुन	(1911–1998 ई.)
शिवमंगल सिंह 'सुमन'	(1915–2002 ई.)
त्रिलोचन	(1917–2007 ई.)
अज्ञेय	(1911–1987 ई.)
रामविलास शर्मा	(1912–2000 ई.)
मुक्तिबोध	(1917–1964 ई.)
प्रभाकर माचवे	(1917–1991 ई.)
नेमिचन्द्र जैन	(1919–2005 ई.)
गिरिजाकुमार माथुर	(1919–1994 ई.)
भारतभूषण अग्रवाल	(1919–1975 ई.)
शमशेर बहादुर सिंह	(1911–1993 ई.)
भवानीप्रसाद मिश्र	(1913–1985 ई.)
शकुन्तला माथुर	(1922–2004 ई.)
हरिनारायण व्यास	(1923–2013 ई.)
नरेश मेहता	(1922–2000 ई.)
धर्मवीर भारती	(1926–1997 ई.)

रघुवीर सहाय	(1929–1990 ई.)
प्रयागनारायण त्रिपाठी	(1919 ई.)
मदन वात्स्यायन	(1922–2004 ई.)
विजयदेव नारायण साही	(1924–1925 ई.)
सर्वेश्वरदयाल सक्सेना	(1927–1983 ई.)
कीर्ति चौधरी	(1934–2008 ई.)
अवधेश कुमार	(1945–1999 ई.)
राजकुमार कुम्भज	(1947 ई.)
स्वदेश भारती	(1939–2018 ई.)
नन्दकिशोर आचार्य	(1945 ई.)
सुमन राजे	(1938–2008 ई.)
श्रीराम वर्मा	(1935 ई.)

प्रमुख पुरस्कार

'ज्ञानपीठ' पुरस्कार प्राप्त हिन्दी साहित्यकार

वर्ष	साहित्यकार	रचना
1968	सुमित्रानन्दन पंत	'चिदंबरा' (काव्य)
1972	रामधारी सिंह 'दिनकर'	उर्वशीं (प्रबन्ध काव्य)
1978	अज्ञेय	कितनी नावों में कितनी बार (काव्य)
1982	महादेवी वर्मा	'यामा' (काव्य)
1992	नरेश मेहता	सम्पूर्ण साहित्य
1999	निर्मल वर्मा	सम्पूर्ण साहित्य
2005	कुँवर नारायण	सम्पूर्ण साहित्य
2009	श्रीलाल शुक्ल एवं अमरकान्त	सम्पूर्ण साहित्य
2013	केदारनाथ सिंह	सम्पूर्ण साहित्य
2017	कृष्णा सोबती	सम्पूर्ण साहित्य

नोट : 1983 ई. से ज्ञानपीठ पुरस्कार किसी एक कृति के बजाय सम्पूर्ण साहित्य के लिए दिया जाने लगा।

'साहित्य अकादेमी पुरस्कार' प्राप्त हिन्दी साहित्यकार

वर्ष	साहित्यकार	रचना
1955	माखनलाल चतुर्वेदी	'हिम-तरंगिनी' (काव्य)
1956	वासुदेव शरण अग्रवाल	'पद्मावत : संजीवनी व्याख्या'

1957	आचार्य नरेन्द्र देव	'बुद्धधर्म दर्शन'
1958	राहुल सांकृत्यायन	'मध्य एशिया का इतिहास' (इतिहास)
1959	रामधारी सिंह 'दिनकर'	'संस्कृति के चार अध्याय' (संस्कृति)
1960	सुमित्रानन्दन पंत	'कला और बूढ़ा चाँद' (काव्य)
1961	भगवतीचरण वर्मा	'भूले-बिसरे चित्र' (उपन्यास)
1963	अमृतराय	'क़लम का सिपाही' (जीवनी)
1964	अज्ञेय	'आँगन के पार द्वार' (काव्य)
1965	डॉ. नगेन्द्र	'रस सिद्धान्त' (समीक्षा)
1966	जैनेंद्र कुमार	'मुक्तिबोध' (लघु उपन्यास)
1967	अमृतलाल नागर	'अमृत और विष' (उपन्यास)
1968	हरिवंशराय 'बच्चन'	'दो चट्टानें' (काव्य)
1969	श्रीलाल शुक्ल	'राग दरबारी' (उपन्यास)
1970	गमविलास शर्मा	'निराला की साहित्य साधना' (जीवनी)
1971	नामवर सिंह	'कविता के नए प्रतिमान' (आलोचना)
1972	भवानी प्रसाद मिश्र	'बुनी हुई रस्सी' (काव्य)
1973	हजारीप्रसाद द्विवेदी	'आलोक पर्व' (निबंध)
1974	शिवमंगल सिंह 'सुमन'	'मिट्टी की बारात' (काव्य)
1975	भीष्म साहनी	'तमस' (उपन्यास)
1976	यशपाल	'मेरी तेरी उसकी बात' (उपन्यास)
1977	शमशेर	'चुका भी हूँ मैं नहीं!' (काव्य)
1978	भारतभूषण अग्रवाल	'उतना वह सूरज है' (काव्य)
1979	धूमिल	'कल सुनना मुझे' (काव्य)
1980	कृष्णा सोबती	'ज़िन्दगीनामा–ज़िन्दा' रुख़ (उपन्यास)
1981	त्रिलोचन	'ताप के ताए हुए दिन' (काव्य-संग्रह)

1982	हरिशंकर परसाई	विकलांग श्रद्धा का दौर' (व्यंग्य)
1983	सर्वेश्वर दयाल सक्सेना	खूँटियों पर टंगे लोग (काव्य)
1984	रघुवीर सहाय	लोग भूल गए हैं (काव्य)
1985	निर्मल वर्मा	कव्वे और काला पानी (कहानी-संग्रह)
1986	केदारनाथ अग्रवाल	अपूर्वा (काव्य)
1987	श्रीकान्त वर्मा	मगध (काव्य)
1988	नरेश मेहता	अरण्य (काव्य)
1989	केदारनाथ सिंह	अकाल में सारस (काव्य)
1990	शिव प्रसाद सिंह	नीला चाँद (उपन्यास)
1991	गिरिजाकुमार माथुर	मैं वक्त के हूँ सामने (काव्य)
1992	गिरिराज किशोर	ढाई घर (उपन्यास)
1993	विष्णु प्रभाकर	अर्द्धनारीश्वर (उपन्यास)
1994	अशोक वाजपेयी	कहीं नहीं वहीं (काव्य)
1995	कुँवर नारायण	कोई दूसरा नहीं (काव्य)
1996	सुरेंद्र वर्मा	मुझे चाँद चाहिए (उपन्यास)
1997	लीलाधर जगूड़ी	अनुभव के आकाश में चाँद (काव्य)
1998	अरुण कमल	नए इलाके में (काव्य)
1999	विनोद कुमार शुक्ल	दीवार में एक खिड़की रहती थी (उपन्यास)
2000	मंगलेश डबराल	हम जो देखते हैं (कविता)
2001	अलका सरावगी	कलिकथा : वाया बाई पास (उपन्यास)
2002	राजेश जोशी	दो पक्तियों के बीच (कविता)
2003	कमलेश्वर	कितने पाकिस्तान (उपन्यास)

2004	वीरेन डंगवाल	'दुष्चक्र में सृष्टा' (काव्य)
2005	मनोहर श्याम जोशी	'क्याप' (उपन्यास)
2006	ज्ञानेंद्रपति	'संशयात्मा' (काव्य)
2007	अमरकान्त	'इन्हीं हथियारों से' (उपन्यास)
2008	गोविंद मिश्र	'कोहरे में क़ैद रंग' (उपन्यास)
2009	कैलाश वाजपेयी	'हवा में हस्ताक्षर' (काव्य)
2010	उदय प्रकाश	'मोहनदास' (लम्बी कहानी)
2011	काशीनाथ सिंह	'रेहन पर रग्घू' (उपन्यास)
2012	चन्द्रकान्त देवताले	'पत्थर फेंक रहा हूँ' (काव्य)
2013	मदला गर्ग	'मिलजुल मन' (उपन्यास)
2014	रमेशचन्द्र शाह	'विनायक' (उपन्यास)
2015	रामदरश मिश्र	'आग की हँसी' (काव्य)
2016	नासिरा शर्मा	'पारिजात' (उपन्यास)
2017	रमेश कुंतल मेघ	'विश्व मिथक सरित्सागर' (साहित्यिक आलोचना)
2018	चित्रा मुद्‌गल	'पोस्ट बॉक्स नं. 203–नाला सोपा' (उपन्यास)
2019	नन्दकिशोर आचार्य	'छीलते हुए अपने को' (काव्य)
2020	अनामिका	'टोकरी में दिगन्त : थेरी गाथा' (काव्य)
2021	दयाप्रकाश सिन्हा	'सम्राट अशोक' (नाटक)
2022	बद्री नारायण	'तुमड़ी के शब्द' (काव्य)
2023	संजीव	'मुझे पहचानो' (उपन्यास)
2024	गगन गिल	'मैं जब तक आई बाहर'(काव्य)
नोट : 1962 (भारत-चीन युद्ध) में पुरस्कार नहीं प्रदान किया गया था।		

‘सरस्वती सम्मान’ प्राप्त हिन्दी साहित्यकार

वर्ष	साहित्यकार	रचना
1991	हरिवंशराय ‘बच्चन’	आत्मकथा (चारों भाग)
2013	गोविन्द मिश्र	‘धूल पौधों पर’
2021	रामदरश मिश्र	‘मैं तो यहाँ हूँ’ (काव्य-संग्रह)

‘व्यास सम्मान’ प्राप्त हिन्दी साहित्यकार

वर्ष	साहित्यकार	रचना
1991	रामविलास शर्मा	‘भारत के प्राचीन भाषा परिवार और हिन्दी’ (तीनों भाग)
1992	शिवप्रसाद सिंह	‘नीला चाँद’ (उपन्यास)
1993	गिरिजाकुमार माथुर	‘मैं वक़्त के हूँ सामने’ (काव्य-संग्रह)
1994	धर्मवीर भारती	‘सपना अभी भी’ (काव्य-संग्रह)
1995	कुँवर नारायण	‘आत्मजयी’ (काव्य)
1996	रामस्वरूप चतुर्वेदी	‘हिन्दी साहित्य और संवेदना का विकास’
1997	केदारनाथ सिंह	‘उत्तर कबीर तथा अन्य कविताएँ’
1998	गोविन्द मिश्र	‘पाँच आँगनों वाला घर’ (उपन्यास)
1999	श्रीलाल शुक्ल	‘बिस्रामपुर का सन्त’ (उपन्यास)
2000	गिरिराज किशोर	‘पहला गिरमिटिया’ (उपन्यास)
2001	रमेशचन्द्र शाह	‘आलोचना का पक्ष’
2002	कैलाश वाजपेयी	‘पृथ्वी का कृष्णपक्ष’ (प्रबन्ध काव्य)
2003	चित्रा मुद्गल	‘आवां’ (उपन्यास)
2004	मृदुला गर्ग	‘कठगुलाब’ (उपन्यास)
2005	चन्द्रकान्ता	‘कथा सतीसर’ (उपन्यास)

2006	परमानन्द श्रीवास्तव	'कविता का अर्थात्' (आलोचना)
2007	कृष्णा सोबती	'समय सरगम'
2008	मन्नू भंडारी	'एक कहानी यह भी' (आत्मकथा)
2009	अमरकान्त	'इन्हीं हथियारों से' (उपन्यास)
2010	विश्वनाथ प्रसाद तिवारी	'फिर भी कुछ रह जायेगा' (काव्य-संग्रह)
2011	रामदरश मिश्र	'आम के पत्ते '(काव्य-संग्रह)
2012	नरेन्द्र कोहली	'न भूतो न भविष्यति' (उपन्यास)
2013	विश्वनाथ त्रिपाठी	'व्योमकेश दरवेश' (संस्मरणात्मक जीवनी)
2014	कमलकिशोर गोयनका	'प्रेमचन्द की कहानियों का कालक्रमानुसार अध्ययन'
2015	सुनीता जैन	'क्षमा' (काव्य-संग्रह)
2016	सुरेन्द्र वर्मा	'काटना शमी का वृक्ष : पद्मपंखुरी की धार से' (उपन्यास)
2017	ममता कालिया	'दुक्खम-सुक्खम' (उपन्यास)
2018	लीलाधर जगूड़ी	'जितने लोग उतने प्रेम' (काव्य-संग्रह)
2019	नासिरा शर्मा	'काग़ज़ की नाव' (उपन्यास)
2020	शरद पगारे	'पाटलिपुत्र की सम्राज्ञी' (उपन्यास)
2021	असग़र वजाहत	'महाबली' (नाटक)
2022	डॉ. ज्ञान चतुर्वेदी	'पागलख़ाना' (उपन्यास)
2023	पुष्पा भारती	'यादें, यादें और यादें' (संस्मरण)
2023	सूर्यबाला	'कौन देस को वासी : वेणु की डायरी'

विश्व हिन्दी सम्मेलन

- विश्व हिन्दी सम्मेलन हिन्दी भाषा का सबसे बड़ा सम्मेलन है। सन् 1973 में 'राष्ट्रभाषा प्रचार समिति' की कार्यकारिणी में 'विश्व हिन्दी सम्मेलन' आयोजित करने का प्रस्ताव पारित किया गया।
- प्रथम विश्व हिन्दी सम्मेलन के अध्यक्ष शिवसागर रामगुलाम (मॉरीशस) थे। इन्होंने ही 'विश्व हिन्दी सचिवालय' की स्थापना का प्रस्ताव प्रस्तुत किया।
- मॉरीशस के संसद ने सन् 2002 में एक अधिनियम पारित करके 'विश्व हिन्दी सचिवालय' की स्थापना की।
- 'विश्व हिन्दी सचिवालय' के संचालन के लिए भारत और मॉरीशस के कला और संस्कृति मन्त्रालय तथा विदेश मन्त्रालय के अधिकारी एवं विद्वान कार्यरत हैं। इस संस्था के द्वारा 2009 ई. से प्रतिवर्ष विशेषांक के रूप में 'विश्व हिन्दी' पत्रिका का नियमित प्रकाशन हो रहा है।

विश्व हिन्दी सम्मेलन का आयोजन स्थल

क्रम	सम्मेलन	आयोजन स्थल
प्रथम	10 से 14 जनवरी, 1975	नागपुर (भारत)
द्वितीय	28 से 30 अगस्त, 1976	पोर्टलुई (मॉरीशस)
तृतीय	28 से 30 अक्टूबर, 1983	नयी दिल्ली (भारत)
चतुर्थ	02 से 04 दिसम्बर, 1993	पोर्टलुई (मॉरिशस)
पंचम	04 से 08 अप्रैल, 1996	पोर्ट ऑफ़ स्पेन (त्रिनिदाद)
षष्ठम	14 से 18 सितम्बर, 1999	लन्दन (ब्रिटेन)
सप्तम	05 से 09 जून, 2003	पारामारिबो (सूरीनाम)
अष्टम	13 से 15 जुलाई, 2007	न्यूयॉर्क (अमेरिका)
नवम	21 से 24 सितम्बर, 2012	जोहांसबर्ग (दक्षिण अफ्रीका
दशम	10 से 12 सितम्बर, 2015	भोपाल (भारत)
एकादश	18 से 20 अगस्त, 2018	पोर्टलुई (मॉरीशस)
द्वादश	15 से 17 फरवरी, 2023	नाड़ी (फिजी)

भारत भूषण अग्रवाल स्मृति पुरस्कार से सम्मानित

वर्ष	साहित्यकार	रचना
1980	अरुण कमल	उर्वर प्रदेश
1981	उदय प्रकाश	तिब्बत
1982	विनोद भारद्वाज	हवा
1983	शरद बिल्लौरे	तय तो यही हुआ था
1984	राजेन्द्र धोड़पकर	अन्तिम आदमी
1985	गगन गिल	एक दिन लौटेगी लड़की
1986	स्वप्निल श्रीवास्तव	ईश्वर बाबू
1987	विमल कुमार	सपने में एक औरत से बातचीत
1988	देवी प्रसाद मिश्र	प्रार्थना के शिल्प में नहीं
1989	कुमार अम्बुज	किवाड़
1990	तेजी ग्रोवर	तेरे सपने में थोड़े हूँ
1991	बद्री नारायण	प्रेम पत्र
1992	संजय चतुर्वेदी	पतंग
1993	अनिल कुमार सिंह	अयोध्या
1994	पंकज चतुर्वेदी	एक सम्पूर्णता के लिये
1995	शिरीष मुरलीधर ढोबले	प्रदक्षिणा है यह
1996	अनामिका	अनुवाद
1997	नीलेश रघुवंशी	हंडा
1998	संजय कुंदन	अजनबी शहर में
1999	बोधिसत्व	पागलदास
2000	गिरिराज किराड़	मेज
2001	हेमन्त कुकरेती	सिलबट्टा

2002	आर. चेतनक्रांति	सीलमपुर की लड़कियाँ
2003	सुन्दर चंद ठाकुर	कविता के मुक्तिबोध का समय नहीं यह
2004	प्रेमरंजन अनिमेष	इक्कीसवीं सदी की सुबह झाड़ू देती स्त्री
2005	यतीन्द्र मिश्र	बारामासा
2006	जितेन्द्र श्रीवास्तव	जरूर जाऊँगा कलकत्ता
2007	गीत चतुर्वेदी	मदर इंडिया
2008	निशान्त	अट्ठाइस साल की उम्र में
2009	मनोज कुमार झा	स्थगन
2010	व्योमेश शुक्ल	बहुत सारे संघर्ष स्थानीय रह जाते हैं
2011	अनुज लुगुन	अघोषित उलगुलान
2012	कुमार अनुपम	कुछ न समझे खुदा करे कोई
2013	प्रांजल धर	कुछ भी कहना खतरे से खाली नहीं
2014	आस्तिक वाजपेयी	विध्वंस की शताब्दी
2015*	–	–
2016	शुभमश्री	पोएट्री मैनेजमेंट
2017	अच्युतानंद मिश्र	बच्चे धर्मयुद्ध लड़ रहे हैं
2018	अदनान कफील दरवेश	किबला
2019	विहाग वैभव	चाय पर शत्रु सैनिक
2020	अनामिका अनु	माँ अकेली रह गई
2021	सुधांशु फिरदौस	अधूरे स्वाँगों के दरमियान
2022	सौम्य मालवीय	घर एक नामुमकिन जगह
2023	देवेन्द्र पथ सरिया	नूह की नाव
2024	प्रिया वर्मा	स्वप्न से बाहर पांव